德國刑法翻譯與解析

Übersetzung und Kommentierung des deutschen Strafgesetzbuchs

甘添貴 總主編

林東茂 主　編

五南圖書出版公司 印行

編輯 審查 譯者 群

總主編：甘添貴

主　編：林東茂

副主編：王皇玉、張麗卿

總審查：甘添貴、張麗卿

審查【譯者】：
林東茂【王皇玉、張麗卿、許絲捷】
柯耀程【林東茂、高金桂、鄭文中】
高金桂【周慶東、柯耀程、馬躍中】
張麗卿【陳俊榕、陳俊偉、葛祥林】

翻譯條次【譯者】：
一、第1條～第35條【林東茂】（慕尼黑（München）大學法學博士、東
　　吳大學法學院教授）
二、第36條～第58條【柯耀程】（慕尼黑（München）大學法學博士、中
　　正大學法學院教授）
三、第59條～第69b條【葛祥林】（台灣（Taiwan）大學法學博士、德國
　　Osnabrück（奧斯納布呂克）大學法學院教授）
四、第70條～第79b條【王皇玉】（海德堡（Heidelberg）大學法學博士、
　　台灣大學法學院教授）
五、第80條～第101a條【鄭文中】（帕紹（Passau）大學法學博士、文化

總主編序

　　德、日兩國均屬歐陸法系之理論重鎮，刑法學之思想與理論浩瀚艱深，該二國學者均長期深炙於刑法理論之創研及犯罪理論體系之建構，經百餘年來之殫精竭慮，創造極富邏輯推理之現代刑法理論。如所周知，我國近代刑法學之發展，早期深受日本刑法學之影響，不但刑法典之制定，仰賴日本刑法學者代為起草，即刑法理論亦皆承受自日本學者之啟迪，晚近則受德國刑法學之陶冶極深。因任何思想、學說或理論，均不外為時代與環境之產物。刑法學之思想與理論，每受時代與環境之變遷，而有傳統與現代之變動。德、日兩國之刑法學，因國情與民俗之差異，學說理論或有參差，惟整個犯罪理論體系大體上則極為相近。我國亦屬歐陸法系之一環，近代有關刑法學之基本思維與基礎理論，幾均取經於德、日兩國之刑法學，且刑罰法規之制定與修正，亦大皆師法德、日兩國之刑罰法規。

　　法律為人民從事社會生活之規範，自須隨時與時俱進，始能發揮行為規範之功能。日本刑法制定於1907年，迄今已施行一百餘年，隨著時代演進以及環境變遷，有不少規定已無法適應人民現實社會生活之需要，雖中間曾有廿餘度之小幅修正，今年6月中旬甫又修正有關強制性交之部分，但因日本刑法自頒布施行迄今，時隔久遠，尤其二次戰前與戰後國民之價值觀念丕變，該國刑法學界與司法實務界，曾花費無數心力數度研擬有關刑法修正之草案，例如1940年之改正刑法仮案、1961年之改正刑法準備草案以及1974年之改正刑法草案。尤其最後之改正刑法草案，更備受重視，惜因各界意見紛紜，迄未經國會審議通過，而未能施行。雖然，其法案之內容，仍甚具參考價值，頗值吾人修法及研究之參酌。惟該日本改正刑法草案因已廢置甚久，資料散佚，經余振華教授百般搜尋，且親自一條一條、一字一句繕打完成，備極辛勞。1998年大陸清華大學張明楷教授翻譯日本刑法典時，亦不敢忽略該草案之價值，曾將該草案進行翻

譯，並附錄於書後，俾供立法、修法及刑法學者研究之參考。

現行德國刑法淵源於1871年之德意志帝國刑法，中間歷經威瑪共和國時期之刑法改革運動，1949年頒布基本法，1969年復進行徹底翻修，1975年再度頒布新版本之刑法總則；分則之修正，亦迭經不斷修改，尤其為肆應兩德之統一，1987年版本之刑法典基於1990年之兩德統一條約，更進行大幅度之翻修。近期復為符合社會之期待與需要，更大幅修正有關沒收之規定。

翻譯外國刑法典，知難行亦難，尤其德國刑法典頗為浩瀚，翻譯工作更顯艱鉅。1993年已故蔡墩銘教授因精通德、日語文，曾獨力完成「德、日刑法典」之翻譯工作，工程浩大，其嘉惠後代及用心，仍深受學界所敬仰。因時代不斷遞嬗，環境亦不停變動，為肆應時代與環境之需要，德、日刑法典修正頗為頻繁，其內容甚多已與往昔大相逕庭，蔡譯《德、日刑法典》自出版後，因時隔久遠，已與現行刑法之內容，差異極大，自難以因應各界之所需。因而，2015年初旬，台灣刑事法學會理事長張麗卿教授與五南出版公司楊榮川董事長偶而相聚，獲悉楊董事長有意出版德、日刑法典之翻譯，張理事長乃自2015年3月開始籌劃工作，百般洽請曾經留學德、日兩國之年輕學者著手進行翻譯之艱鉅工程。為使各界深入瞭解德、日刑法之精髓，決定採中德、日文之對照性版面，格式則以上下三段式之形式編排，上為中譯文、中為德、日原文、後為條文精要解析。因德、日刑法之翻譯及解析工作，均係群策群力，始克完成，且因各人之筆調不同，行文走句間未免互有參差，撰寫格式亦難期劃一，為使格式一致，譯文及解析臻於信達雅之境界，實為頗具難度之挑戰。尤其在進行翻譯期間，德、日刑法典復有修正，例如，德國刑法有關沒收規定之修正；日本刑法有關性侵害規定之修正，均需重新加以翻譯與解析，過程均甚為繁瑣與艱辛。

參與德、日二國刑法典之翻譯及解析者，均為目前活躍於刑法學界之佼佼者，除平日忙於教學及研究外，特別撥冗於課後餘暇從事翻譯與解析工作，實頗難能可貴。本人被委以重任，忝為總主編，就德、日二國刑法典之翻譯工作，除就撰寫格式加以修正，並力求整齊一致外，曾逐章逐節逐條加以審查，並就有缺漏、或有疑義、或尚待釐清之處，轉請譯者再加

以補充或修正。所幸譯者均極爲熱心負責，終使《日本刑法翻譯與解析》
及《德國刑法翻譯與解析》二書得以付諸剞劂。期盼德、日二國刑法典翻
譯與解析本之出書，能有益於刑法學界及司法實務界研究之參酌，並於有
關機關從事刑罰法規之修法時，能有所裨益。

甘添貴　謹序
台灣刑事法學會榮譽理事長
於挹翠山莊半半齋
2017年10月

Vorwort des Gesamtredakteurs

Deutschland und Japan sind beides Länder, die in der kontinentaleuropäischen Rechtstradition stehen und deren Gedanken und Theorien zum Strafrecht umfassend und tiefgehend sind. Die Strfrechtler dieser beiden Nationen haben seit langem an der Konstruktion und Verbesserung des strafrechtlichen Theoriegebäudes gearbeitet und in mehr als einhundert Jahren unsere moderne Strafrechtstheorie hervorgebracht. Wie allseits bekannt, war unsere eigene Strafrechtswissenschaft in ihren Anfängen sehr stark von der japanischen beeinflusst, ja sogar die erste Kodifizierung eines modernen Strafrechts war von einem japanischen Strafrechtler durchgeführt worden. Damit war aber auch die strafrechtliche Theorie von Anfang an stark durch die japanische beeinflusst; erst später setzte eine intensive Auseinandersetzung mit der deutschen Strafrechtswissenschaft ein. Jeder Gedanke, jede Lehre und jede Theorie sind ein Produkt ihrer Zeit und ihrer Umwelt. Die Gedanken und Theorien de Strafrechts bilden dabei keine Ausnahme, sie nehmen die Veränderungen von Kultur und Umwelt auf, so dass es zu einer Interaktion zwischen Tradition und Moderne kommt. Daher kommt es auch auf Grund der Unterschiede in Gewohnheiten und Lebensart zu Unterschieden in der strafrechtlichen Theorie von Deutschland und Japan, wobei sich beide nachwievor in ihren Theorien zu Verbrechen und Strafe sehr ähnlich sind. Auch Taiwan ist ein Glied der kontinentaleuropäischen Rechtstradition und seine Strafrechtler haben sich im Rahmen der Grundgedanken und grundlegenden Theorien des Strafrechts bemüht, von der Strafrechtslehre

Deutschlands und Japans zu lernen. Auch der Strafgesetzgeber hat hat bei der Erarbeitung und Anpassung von Normen immer das deutsche bzw. japanische Vorbild vor Augen.

Das Gesetz normiert das gesellschaftliche Zusammenleben des Volkes, weswegen es im Laufe der Zeit sukzessive an gesellschaftliche Veränderungen angepasst werden muss, so dass es dieser Aufgabe der Normierung von Handlungen weiter nachkommen kann. Das japanische Strafgesetzbuch war 1907 verfasst worden und ist mittlerweile seit mehr als hundert Jahren in Kraft. Viele seiner Bestimmungen wurden im Laufe der Zeit und unter dem Eindruck sozialer Veränderungen angepasst; es gibt aber trotzdem Bestimmungen, die mittlwerweile nicht mehr dem Bedarf der Bevölkerung im Alltag entsprechen. Obwohl es mehr als 20 Anpassungen des Gesetzes gab, die letzte zu Straftaten gegen die sexuelle Selbstbestimmung erfolgte Juni diesen Jahres, waren die Änderungen meist relativ beschränkt. Dabei muss berücksichtigt werden, dass die Wertordnung vor und nach dem Krieg einem großen Wandel unterlag. Vertreter aus Wissenschaft und Praxis hatten daher mehrfach keine Mühen gescheut und versucht einen Entwurf für ein neues Strafgesetzbuch vorzulegen, so zB der Reformentwurf von 1940, die Vorarbeiten zu einer Strafrechtsreform von 1961 und diejenige von 1974. Insbesondere der letzte Vorschlag fand allseits Beachtung. Leider gingen zu viele unterschiedliche Reaktionen ein, so dass er vom Parlament nicht verabschiedet wurde und daher natürlich auch keine Gesetzeskraft gewann. Dennoch ist er für weitere Reformüberlegungen und Forschungen eine wichtige Quelle. Leider ist der Entwurf lange her, so dass die Materialien hierzu verstreut sind. Prof. Yu ist es dennoch gelungen alle Teile des Werks wieder zusammenzutragen und diese in mühsamer Arbeit Wort für Wort in ein elektronisches Dateiformat zu bringen, was eine umfangreiche Arbeit darstellt. Als Prof. ZHANG Ming-Kai 1998 an der Qinghua Universität in Peking das Projekt eine Übersetzung des japanischen Strafgesetzbuchs in Angriff nahm, hatte er ebenfalls diesen Entwurf beachtet und den geltenden Bestimmungen gegenübergestellt. Auf diese Weise war und ist es Experten in Wissenschaft und Praxis möglich, diesen Entwurf für die gesetzgeberische Arbeit zu Rate zu ziehen.

Das geltende deutsche Strafgesetzbuch wurde zum ersten Mal im Jahr 1871 als Reichsstrafgesetzbuch verabschiedet. Es erlebte den Reformeifer der Weimarer Republik und die Erarbeitung des Grundgesetzes im Jahr 1949. Die beiden großen Reformgesetze von 1969 und 1975 veränderten sowohl den allgemeinen Teil, als auch weite Teile des besonderen Teils. Weitere häufige Änderungen nahmen nicht zuletzt Rücksicht auf die deutsche Wiedervereinigung, so dass sich die Ausgabe von 1987 seit 1990 schon wieder in vielen Dingen verändert hat. Im Zuge der gesellschaftlichen Erwartungen und der Vorgaben zur Harmonisierung relvanter Bestimmungen sei hier nur an die jüngste Reform der Einziehung erinnert.

Das Vorhaben, ein ausländisches Strafgesetzbuch zu übersetzen ist so schwer gefasst, wie es umzusetzen ist. Insbesondere das deutsche Strafgesetzbuch ist ein umfangreiches Normwerk, dessen Übersetzung einen vor große Herausforderungen stellt. Wie der leider mittlerweile verstorbene Prof. TSAI Tun-Ming im Jahre 1993 seine Übersetzung des deutschen und des japanischen Strafgesetzbuchs vorstellte, da hat er dies in Eigenarbeit erstellt. Auch wenn er exzellent Deutsch und Japanisch beherrschte, war dies eine gigantische Arbeit, die nach wie vor allseits Anerkennung findet. Da aber seither viel Zeit vergangen ist und sich die Strafgesetze in Deutschland und Japan auf Grund der gesellschaftlichen Veränderungen in vielen Reformschritten weiterentwickelt haben, ist der Inhalt der Übersetzung von einst in vielen Bereichen nicht mehr aktuell, so dass sie den allseits bestehenden Bedarf nicht mehr befriedigen kann. Wie dann der Direktor der Wunan Publ. Ltd. Herr YANG Rong-Chuan zu Beginn des Jahres 2015 bei gelegentlichen Treffen mit der Vorsitzenden der taiwanischen Gesellschaft für Strafrecht Prof. CHANG Li-Ching erwähnte, dass er an einer neuen Übersetzung der Strafgesetzbücher Deutschlands und Japans interessiert sei, begann Prof. CHANG im Juni 2015 mit der Planung des Übersetzungsprojekts.

Sie kontaktierte Kolleginnen und Kollegen, die einst in Deutschland oder Japan Strafrecht studiert hatten und bat sie, sich der Herusforderung dieses Projekts zu stellen. Um der interessierten Öffentlichkeit ein tiefergehendes Verständnis der einzelnen Bestimmungen zu ermöglichen, sind jeweils der deutsche und der chinesische bzw. der japanische und der chinesische Text einander gegenübergestellt. Somit findet sich zu jeder Bestimmung ein dreigliedriger Text: zu Anfang ist die chinesische Übersetzung, danach folgt die deutsche bzw. japanische Originalversion, an welche sich ein kurzer Kommentar anschließt. Da Übersetzung und Kommentierung des deutschen bzw. japanischen Strafgesetzbuchs durch ein Kollektiv erarbeitet wurden, konnte zwar die Arbeit als solche bewältigt werden, brachte aber einen Rohtext zustande, der sich in Stil und Wortwahl durchaus unterschied. Die Vereinheitlichung der Sprache und des Layouts war eine weitere umfangreiche Arbeit, die sehr viel Konzentration und Disziplin erforderte. Dabei waren immer wieder Neuerungen der Originaltexte einzuarbeiten, wie etwa die Reform der Einziehung in Deutschland oder die Reform der Straftaten gegen die sexuelle Selbstbestimmung in Japan. Vieles war daher am Ende doppelt übersetzt worden und es war nicht einfach, bei alledem die Übersicht über die einzelnen Textbausteine zu behalten.

Alle, die an der Übersetzung und Kommentierung des deutschen und des japanischen Strafrechtsteilgenommen hatten, sind in der taiwanischen Strafrechtswissenschaft aktiv und haben ihre täglichen Verpflichtungen in Lehre und Forschung. Es musste also immer außer der Reihe ein wenig Zeit gefunden werden, um zu übersetzen und zu kommentieren, was nicht einfach ist. Ich selbst wurde mit der schweren Aufgabe des Gesamtredakteurs betraut. Dabei war nicht nur die Frage der Strukturierung zu klären, um durch Anpassungen ein einheitliches Ganzes zu schaffen, sondern ich bin Kapitel für Kapitel, Abschnitt für Abschnitt, Paragraph für Paragraph die Texte durchgegangen und habe überprüft, ob es Auslassungen gab, oder Zweifel, oder Klärungsbedarf, was dann immer zu Bitten um Nachbesserungen an die einzelnen Übersetzerinnen und Übersetzer führte. Zum Glück waren alle mit ganzem Herzen bei der Sache, so dass die, Übersetzung und Kommentierung des japanischen Strafgesetzbuchs 'sowie die, Übersetzung und Kommentierung des deutschen Strafgesetzbuchs' nunmehr abgeschlossen werden kann. So erwarte ich die Drucklegung dieser beiden Werke und hoffe, dass sie für die Strafrechtswissenschaft, für die juristische Praxis, und für diejenigen, die sich in Institutionen mit Gesetzesnovellen befassen, gleichermaßen von Nutzen sind.

Kan, Tian-Kuei
Ehrenvorstand, Taiwanische Gesellschaft für Strafrecht
in der Banban Wohnung, Itsui Ressort
October 2017

主編序

　　德國刑法呈現德國刑法學人的集體智慧，這部刑法對於許多國家都具有典範上的意義。各國刑法研究者與實務工作者對於德國刑法的動向，莫不高度重視。台灣刑事法學會受五南圖書出版公司的付託，將德國刑法翻譯出書，醞釀已久。

　　台灣刑事法學會希望會員參與，並把譯本列為學會的叢書之一。邀集的譯者，都在德國獲有博士學位。我們依照德國刑法的條次，分配工作範圍。翻譯的初稿大約在2016年春季收齊，開始進行審閱。審閱期間，有漏譯或誤譯者，請求改正。在往返請求改正的期間，德國刑法持續不斷的修正，有零星的修正，也有大幅度的重要修正，這些都造成譯者很大的負擔。最明顯的例子是，2017年4月德國刑法的沒收制度有重大變革，7月1日開始施行，於是舊的譯稿必須大加更動。又例如：德國交通刑法於今年10月再次修正，譯者只好及時跟進改譯。我們根據2018年1月3日的德國刑法版本為翻譯對象，稍後的修正，再也不能顧及。

　　翻譯工作吃力不討好，有些譯者避之無恐不及，是因為人情的緣故而承接。學術評價上一般都看輕翻譯，可是翻譯卻比較能夠完整呈現外國著作的原貌，實在不能低視。這本德國刑法的翻譯，不只是條文的中德文字對照而已，我們針對每個條文都寫了精要的解析，以便讀者瞭解。

　　在審閱與修改期間，必須感謝兩位靈魂人物。台灣刑事法學會榮譽理事長甘添貴教授，逐字逐句審閱德國刑法，指出譯稿的缺漏與瑕疵，反覆請求修改，才能讓這本書接近圓滿。學會理事長張麗卿教授居中聯繫協

調，讓譯者反覆不斷修改。送印之後，出版社的責任編輯還有很多的辛勞。讀者手上拿到的這本書，實有數不清的心力付出。

林東茂　謹序
東吳大學法學院教授
於東吳大學法學院
2018年1月

Vorwort des verantwortlichen Redakteurs

Das deutsche Strafrecht drückt die kollektive Weisheit der deutschen Strafrechtswissenschaft aus und besitzt für viele Länder eine Paradigmenfunktion. Viele Strafrechtswissenschaftler anderer Länder beobachten dabei jede Veränderung des deutschen Strafrechts. Unter diesen Vorzeichen bat die Wunan Publ. Ltd. die taiwanische Gesellschaft für Strafrecht, das deutsche Strafrecht zu übersetzen und zu kommentieren.

Die taiwanische Gesellschaft für Strafrecht hat dabei versucht, ihre Mitglieder einzubinden und die Übersetzung in ihre Publikationsreihe einzubinden. Alle, die zur Übersetzung eingeladen wurden, haben in Deutschlad promoviert. Wir hatten dann nach Paragraphen und Abschnitten die Arbeit unter uns aufgeteilt und konnten die erste Rohfassung im Frühjahr 2016 zusammenfügen. Seit dieser Zeit waren wir damit beschäftigt, das Werk zu redigieren. Wo Passagen fehlten oder missverstanden waren, wurden die Übersetzer gebeten, Korrekturen einzufügen. Während des hin und her der Korrekturen veränderte sich das deutsche Strafrecht permanent, einige Gesetzesänderungen waren nur von geringem Ausmaß, einge waren beachtlich, was die Belastung für die Übersetzer noch vergrößerte. Das auffälligste Beispiel ist die grundsätzliche Reform der Einziehung im April 2017, die am 1. Juli 2017 in Kraft trat. Auch das Verkehrsstrafrecht ist im Oktober 2017 Zum Teil geändert. Das hatte selbstverständlich zur Folge, dass die damit zusammenhängenden Übersetzungen alle ebenfalls in großem Umfang angepasst werden mussten. Der Redaktionsschluß dieser Ausgabe ist der 31. October 2017, spätere Gesetzesänderungen können nicht berücksichtigt werden.

Die Arbeit des Übersetzens ist keine dankbare und einige der Übersetzerinnen und Übersetzer hatten sich durchaus davor gefürchtet, so dass sie nur auf Grund persönlicher Bitten zu einer Teilnahme bereit erklärten. In akademischer Hinsicht wird die Übersetzung meist nicht wirklich als Leistung anerkannt. Dies, obwohl es sehr anspruchsvoll ist, in der Übersetzung das Original wirklich vollständig zur Geltung zu bringen. Daher sollte keine gute Übersetzung gering geachtet werden. Im Fall der Übersetzung des deutschen Strafrechts haben wir nicht nur die Paragraphen einen nach dem anderen ins Chinesische übertragen, sondern auch zu jeder Bestimmung eine kurze Erläuterung und Analyse erarbeitet, um dadurch den Lesern ein tiefergehendes Verständnis zu ermöglichen.

Für die Unterstützung während der Zeit der Korrekturen und des Redigierens muss ich mich bei zwei zentralen Personen dieses Projekts bedanken. Der Ehrenvorsitzende der taiwanischen Gesellschaft für Strafrecht Prof. Dr. KAN Tian-Kuei hat das deutsche Strafrecht Satz für Satz durchgearbeitet und dabei Lücken und Fehler aufgezeigt, um dann immer und immer wieder auf eine Verbesserung zu drängen. Ohne dies wäre diese Publikation nicht in dieser Qualität entstanden. Die Vorsitzende Prof. Dr. CHANG Li-Ching hat dabei unermüdlich den Kontakt zu den einzelnen Übersetzern gehalten und diese eins ums andere Mal um Nachbesserungen gebeten. Nach der Eingabe zum Druck ist noch viel Arbeit für die verantwortliche Redakteurin beim Verlag geblieben. Daher ist das Buch, das der Leser jetzt in der Hand hat, aus dem Engagment vieler Herzen entstanden.

Lin, Dong-Mao
Professor (Soochow Universität)
in Soochow Universität Taipei
Januar 2018

陳興良序

　　台灣著名刑法學家甘添貴教授擔任總主編，台灣東吳大學林東茂教授和台灣警察大學余振華教授擔任主編，張麗卿教授、柯耀程教授、王皇玉教授、鄭善印教授、黃朝義教授等人組成的翻譯團隊，經過艱苦努力，新近翻譯了《德國刑法翻譯與解析》和《日本刑法翻譯與解析》，即將由五南圖書出版公司在台灣出版，不久亦將在中國大陸出版，這是又一個德日刑法典的漢語譯本問世。對於海峽兩岸從事刑法理論研究的學者來說，這是一件幸事。林東茂教授熱情邀我爲德日刑法典的五南譯本作序，我感到十分榮幸。

　　自從清末刑法改革以來，承襲了二千多年的中華法系傳統爲之中斷，引入了以德日爲主的歐陸法制，開始制定近代刑法典。以清末制定的《大清新刑律》爲例，在很大程度上受到德日刑法典的影響。此後各個時期的刑法典，亦是如此。因此，德日刑法典對於兩岸刑法理論研究的重要參考作用是不言而喻的。目前，坊間已經有數個不同的德日刑法典的漢語譯本，這些譯本都對刑法理論研究帶來極大的便利。現在，德日刑法典的五南譯本即將在海峽兩岸出版，又增加了海峽兩岸刑法學者的選擇餘地，爲精準地理解德日刑法典的內容提供了可能。

　　各國刑法隨著社會的發展和犯罪的演變，總是處於不斷的變動之中，刑法典的修訂亦是常有之事。例如，2017年6月16日日本關於性犯罪的「修正部分刑法的法律案」獲得國會通過，並從7月13日開始施行。該法案對日本刑法典中性犯罪的相關條款做了重大修改，取消性別差異，強姦罪這一罪名被變更爲強制性交等罪。刑法典的不斷變動性，決定了刑法典的翻譯不是一勞永逸的，而也是需要隨著刑法典的修改而對譯本的內容隨時進行修訂。德日刑法典的五南譯本的出版問世，對於海峽兩岸刑法學者及時瞭解並跟進德日刑法典的最新立法動向，具有重要意義。

對本國刑法的研究，不能離開對他國刑法的參照，比較研究對於刑法理論研究來說，是一個不可或缺的視角。因此，對於其他國家刑法典的翻譯是獲取刑法研究素材的一個重要視窗。目前，中國大陸已經翻譯出版了數十個國家的刑法典，其中當然包括德日刑法典，而且不止一個版本。在此，我必須指出，德日刑法典的翻譯具有其特殊意義。因爲，當前中國大陸正在引入德日的刑法教義學，以此成爲刑法知識轉型的參照。而德日刑法理論在一定程度上是以其刑法規定爲邏輯起點進行演繹推理的結果，因此各種刑法教義學原理都是建立在其刑法規定之上的。如果脫離了這種刑法規定，是難以準確地把握其刑法教義學原理的。而且，在引入德日刑法教義學的時候，還要照顧到兩國刑法規定之間的差異性，並消除由於這種刑法規定之間的差異所帶來的刑法理論適用上的窒礙，唯此才能順暢地進行刑法教義學原理的交流與吸收。因此，我們不僅應當通曉德日刑法教義學原理，而且應當知曉作爲德日刑法教義學原理的規範根據的德日刑法典。

尤其值得向讀者推薦的是，德日刑法典的五南譯本在編排上別具一格，不僅中文與德文、中文與日文並列，以便對照參閱；而且對德日刑法典的條文做了簡略的重點說明，具有極簡版的註釋書的性質，對於讀者理解德日刑法典的條文精義起到指引作用，因而不同於其他德日刑法典譯本。

任何語言之間的轉換都是一件難事，更何況是以嚴謹細密爲第一要素的法典。近人嚴復對翻譯曾經提出信、達、雅三項標準。信是指譯文的準確性，達是指譯文的通暢性，雅是指譯文的優美性。對於法典的翻譯來說，信是最高的追求，只有建立在準確基礎之上的翻譯，才能正確地轉達德日刑法典的規範內容。我期待德日刑法典的五南譯本對於海峽兩岸的刑法理論研究起到積極的推動作用，同時也期待該譯本早日在中國大陸出版。

是爲序。

陳興良　謹序
北京大學法學院教授
於北京海澱錦秋知春寓所
2017年10月12日

Vorwort von Chen Xingliang

Die neue Übersetzung des 'deutschen Strafgesetzbuchs' und des 'japanischen Strafgesetzbuchs', bei welcher der berühmte taiwanische Strafrechtslehrer Kan Tian-Kuei die Gesamtredaktion übernahm, bei welcher die Professoren Lin Tong-Mao und Yu Chen-Hua die Einzelredaktionen versahen, an der die Professoren Chang Li-Ching, Ke Yao-Cheng, Wang Huang-Yu, Cheng Shan-Yin, Huang Chao-Yi und andere als Übersetzergruppe mitwirkten, ist ein Werk, das nach viel Arbeit und Mühe demnächst bei der Wunan Publ. Corp. in Taiwan und bald darauf bei einem Verlag auf dem chinesischen Festland erscheinen wird. Dass diese Neuübersetzung des deutschen und des japanischen Strafgesetzbuchs entstehen konnte, ist für die Wissenschaftler, die auf beiden Seiten der Straße von Taiwan das Strafrecht studieren, ein großer Glücksfall. Es ist mir daher eine große Ehre, dass Prof. Lin Tong-Mao mich um dieses Vorwort zur Übersetzung der Strafgesetzbücher von Deutschland und Japan in der Wunan Publ. Corp. gebeten hat.

Seit der Strafrechtsreform am Ende der Qing-Dynastie ist die mehr als zweitausendjährige Tradition des chinesischen Rechts zu Ende gegangen, das kontinentaleuropäische Recht, das auf Deutschland und Japan fußt, wurde eingeführt und ein modernes Strafgesetzbuch wurde verfasst. So weist zB das ‚Neue Strafgesetzbuch der großen Qing-Dynastie‘ (大清新刑律) zu einem großen Teil Einflüsse aus Deutschland und Japan auf. Alle Strafgesetzbücher, die seither in China entstanden sind, weisen ebenfalls dieses Charakteristikum auf. Aus diesem Grund wird die Wichtigkeit des Studiums des deutschen und des japanischen Strafrechts für die Strafrechtswissenschaft auf beiden Seiten der Straße von Taiwan selbstredend klar. Im Moment gibt es bereits mehrere Übersetzungen der Strafgesetzbücher aus Deutschland und Japan ins Chinesische, die alle das Studium der Strafrechtstheorie sehr stark erleichtert haben. Wenn demnächst die neue Übersetzung der Wunan Publ. Corp. auf beiden Seiten der Straße von Taiwan publiziert wird, wird sich dadurch die Wahlmöglichkeit der Strafrechtswissenschaft wiederum erweitern. Die Möglichkeit, den Inhalt der Strafgesetzbücher Deutschlands und Japans im Detail zu erfassen, wurde dadurch abermals vergrößert.

Das Strafrecht eines jeden Staates muss sich an die Veränderungen in der Gesellschaft und im Verbrechen anpassen; daher ist es ständigen Veränderungen unterworfen, was Strafrechtsnovellen zu einem häufigen Phänomen macht. So hat beispielsweise das japanische Parlament am 16.6.2017 den ‚Gesetzentwurf zur Änderung von Teilen des Strafrechts' verabschiedet. Diese Neufassung der Straftaten gegen die sexuelle Selbstbestimmung trat am 13.7. dieses Jahr in Kraft. Das Gesetz hat die Bestimmungen des japanischen Strafrechts zu Straftaten gegen die sexuelle Selbstbestimmung sehr stark verändert, die Diskriminierung der Geschlechter aufgehoben, und u.a. aus dem Straftatbestand der Vergewaltigung von Frauen einen Straftatbestand gemacht, der nurmehr von gewaltsamem Geschlechtsverkehr spricht. Die Tatsache, dass das Strafgesetzbuch notwendigerweise ein sich veränderndes ist, bedingt, dass eine einmalige Übersetzung nicht für immer und für ewig ist. Die Übersetzung muss mit den Veränderungen des Strafrechts mithalten und sich ebenfalls anpassen. Daher ist die Publikation der Strafgesetzbücher von Deutschland und Japan durch die Wunan Publ. Corp. sehr wichtig, um der Strafechtswissenschaft auf beiden Seiten der Straße von Taiwan ein schnelles Verständnis der aktuellen Situation und der legislativen Veränderungen der jeweiligen Strafgesetzbücher zu ermöglichen.

Das Studium unseres eigenen Strafrechts darf dem Vergleich mit dem Strafrecht anderer Staaten nicht ausweichen. Vergleichende Analysen sind für die Entwicklung der strafrechtlichen Theorie eine unerlässliche Perspektive. Daher ist auch die Übersetzung der Strafgesetzbücher anderer Staaten ein wichtiges Fenster um der strafrechtlichen Forschung weitere Einblicke zu gewähren. Momentan existieren auf dem chinesischen Festland Übersetzungen der Strafgesetzbücher von mehreren Dutzend Staaten, darunter befinden sich auch mehrere Ausgaben der Strafgesetzbücher von Deutschland und Japan. Dabei muss ich betonen, dass der Übersetzung der Strafgesetzbücher aus Deutschland und Japan besondere Bedeutung zukommt. Das chinesische Festland ist dabei, die deutsche und japanische Strafrechtsdogmatik als wichtige Referenzquelle einzuführen. Dabei ist zu berücksichtigen, dass die strafrechtliche Theorie in Deutschland und Japan zu einem beachtlichen Teil von strafrechtlichen Bestimmungen als logischem Ausgangspunkt ausgeht und sich insofern aus der Deduktion dieser Bestimmungen ableitet. Jede strafrechtliche Dogmatik baut auf den positiven Bestimmungen des jeweiligen Stafrechts auf. Verlässt man die Basis dieser strafrechtlichen Bestimmungen, dann gestaltet sich eine genaue Erfassung der strafrechtlichen Dogmatik als schwierig. Dazu gilt es bei der Rezeption der deutschen und japanischen Strafrechtsdogmatik die Unterschiede in den strafrechtlichen Bestimmungen beider Länder zu berücksichtigen, um dadurch die auf diesen Unterschieden beruhenden Unterschiede in der Dogmatik erklären und in hermeneutischer Reduktion als Störquelle beseitigen zu können. Durch diesen Abbau der Verständnisprobleme wird ein Austausch über und eine gelungene Rezeption von Strafrechtsdogmatik erst wirklich ermöglicht. Es reicht daher nicht, wenn wir über die deutsche und japanische Strafrechtsdogmatik Bescheid wissen, wir müssen auch über die normative Grundlage dieser Strafrechtsdogmatik im deutschen und japanischen Strafgesetzbuch Bescheid wissen.

Was bei der Ausgabe des deutschen und japanischen Strafgesetzes durch die Wunan Publ. Corp. besonders gegenüber dem Leser erwähnt werden sollte, ist die Tatsache, dass die Edition nicht nur die Originaltexte des Deutschen und des Japanischen der Übersetzung gegenüberstellt, sie fügt auch noch eine kurze Erklärung zum Verständnis der jeweiligen Bestimmungen bei, wodurch sie den Charakter eines sehr komprimierten Kommentars bekommt. Der Leser kann dadurch einen Einblick in den tieferen Sinn der jeweiligen Paragraphen bekommen. Diese Ausgabe ist daher verschieden von den bisher bestehenden Übersetzungen des deutschen bzw. japanischen Strafrechts.

Jede Übertragung aus einer Sprache in eine andere Sprache ist schwierig. Das gilt natürlich insbesondere für ein Gesetzbuch, dessen Sprache streng und komplex ist. In der Moderne stellt man an Übersetzungen den Anspruch, ‚verlässlich, effektiv und elegant‘ zu sein. Verlässlich bedeutet dabei, dass der übersetzte Text tatsächlich dem Original entspricht, effektiv bedeutet, dass die Übersetzung in der Zielsprache flüssig zu lesen ist, elegant bedeutet, dass der Übersetzungstext auch in literarischer Hinsicht einen ästethischen Wert besitzt. Bei der Übersetzung eines Gesetzestextes ist die Verlässlichkeit das wichtigste Ziel; einzig eine Übersetzung, welche den Originaltext zuverlässig erfasst, kann den normativen Inhalt der Strafgesetzbücher Deutschlands und Japans ausdrücken. Ich erhoffe mir, dass die Herausgabe des deutschen und des japanischen Strafgesetzbuchs durch die Wunan Publ. Corp. einen aktiven, positiven Impuls auf die strafrechtstheoretische Forschung auf beiden Seiten der Straße von Taiwan ausübt; gleichzeitig hoffe ich, dass diese Übersetzung möglichst bald auch auf dem chinesischen Festland publiziert wird.

Dies zum Geleit

Chen, Xing-liang
Professor (Peking Universität)
Peking Universität, Haidian, Beijing
12 October 2017

|辛恩序|

眼前的作品是一群譯者的非凡成就。從事刑法研究的台灣學者,不辭辛勞的承擔了翻譯的任務。他們不僅成功翻譯德日兩國的刑事法典,還爲此寫了精要的釋義文,並藉此提升法律使用者及刑法科學的當下論述。這成就值得讚嘆,達乎此,需要深刻理解德國及日本等國的法制。

新譯的版本彌補一個很大的缺陷:雖然以前的譯稿也難能可貴,但當年譯者的成就已經無法正確呈現當前的立法實況,尤其是刑法分則。現在則可以重新藉由現行法,進行比較法的分析與研究。藉此,譯者們使得未來有更多的共同研究得以實現。比較法研究的基本要件之一,在於相關問題、體系等等都可以回溯到當下的現行法。然而法規範必須隨手可及,才可能實現此要求。法規範隨手可及,意指任何研究者可以依他所理解的語言獲得相關文本。譯者團隊達到了此一目標。依此,不僅留學德日等國之研究者才能夠經由他們的語言能力而認知到德國及日本的刑法體系,任何在台灣或在中國大陸有興趣的學者,都可以親自認知相關體系。

台灣刑法發展與日本及德國等刑法發展密切相關。最近,台灣修正不法所得的沒收。立法者在此所參考的立法例,有德國於2017年7月1日之前所適用的規範。然而本書所翻譯的條文已經是德國自2017年7月1日起所施行的現行法版本,譯者團隊掌握了最新的立法現況。

所有參與本計畫的人都延續這三個法律制度的長年傳統、合作與彼此之間的尊重。爲此,我要誠心感謝整個翻譯團隊。所有參與者爲這個譯本投入很多時間與精神,學者要親自承擔翻譯的辛苦,這不是一件當然的事。恰好因爲如此,所以本著作特別有意義,每位學者都保障翻譯上的品質及內容上的正確。

在此尤其感謝台灣刑事法學會理事長張麗卿教授。要不是她構思及不斷推動本書,它的形成以及它的完成似乎不可能。同時要感謝台灣刑事法

學會榮譽理事長甘添貴教授，他承擔了總編輯的工作。另外要感謝五南出版社願意支持本書的誕生，並且將本書納入他們的出版目錄。

經由刑事法科學，我過去10年在台灣的研究機構、大學以及五院中至少四個院都結交了不少朋友。在此之際也體驗到，學術交流和彼此的溝通與討論，使得很多新的認知與理解出現。眼前的譯稿與釋義文證明，台灣、德國與日本的學者們具有良好的合作關係。

我希望本著作能夠獲得公眾的注意，並且成為未來研究的基石，同時促成新的友誼與交流。

辛恩　謹序
德國奧斯納布呂克大學教授兼國際刑事法中心主任
台灣高雄大學名譽教授
於巴德義堡（BadIburg）
2017年10月

Vorwort von Arndt Sinn

Das vorliegende Werk ist das Ergebnis außergewöhnlicher Anstrengungen und Mühen, die ein Team von Übersetzern, darunter erfahrene Strafrechtswissenschaftlerinnen und -wissenschaftler aus Taiwan, auf sich genommen haben. Es ist ihnen gelungen, nicht nur das deutsche und japanische Strafgesetzbuch zu übersetzen, sondern auch eine Kurzkommentierung anzufügen, um praktische Wegweisungen zur Rechtsanwendung und zum Stand der wissenschaftlichen Diskussion zu geben. Das allein verdient höchste Anerkennung, setzt dies doch vertiefte Kenntnisse der Rechtsordnungen in Deutschland und Japan voraus.

Mit der neuen Übersetzung wird eine große Lücke geschlossen, denn die wertvollen geleisteten Vorarbeiten anderer Übersetzer(teams) spiegeln insbesondere im Besonderen Teil des StGB nicht mehr den aktuellen Stand der Gesetzgebung wider. Jetzt wird es wieder möglich, rechtsvergleichende Untersuchungen und Forschungen anhand der geltenden Gesetzeslage zu unternehmen. Damit stößt das Übersetzerteam eine große Tür für weitere gemeinsame Projekte auf. Eine Grundvoraussetzung rechtsvergleichender Forschung ist, dass die zu untersuchenden Fragestellungen, Probleme und Systeme auf das jeweils geltende Recht bezogen werden können. Das setzt voraus, dass die Gesetzestexte zugänglich sind. Zugang zu Gesetzestexten bedeutet, dass die Texte in einer jedem Forscher verständlichen Sprache vorliegen müssen. Das hat das Team erreicht, indem alle Texte ins Chinesische übertragen wurden. Damit wird es möglich, dass nicht nur die taiwanesischen Forscher, die in Deutschland oder Japan studiert oder promoviert haben aufgrund der dabei erworbenen Sprachkenntnisse Einblick in die

Strafrechtssysteme Deutschlands und Japans erhalten, sondern die interessierte akademische Öffentlichkeit an den Universitäten und Forschungseinrichtungen Taiwans und Chinas.

Die Strafrechtsentwicklung Taiwans ist eng mit der Japans und Deutschlands verbunden. Zuletzt wurde das Recht der Vermögensabschöpfung in Taiwan reformiert. Dabei hat der Gesetzgeber sich stark an das in Deutschland vor dem 1.7.2017 geltende Recht angelehnt. Auch in dieser Hinsicht schlägt das vorliegende Werk ein neues Kapitel auf, denn das neue seit dem 1.7.2017 in Deutschland geltende Recht hat das Übersetzerteam schon berücksichtigt.

Alle, die an diesem Werk mitgearbeitet haben, setzen mit diesem Werk die langjährige Tradition, Zusammenarbeit und Wertschätzung fort, welche die drei Rechtsordnungen seit vielen Jahren miteinander verbindet. Dafür möchte ich dem gesamten Übersetzerteam sehr herzlich danken. Alle Beteiligten haben viel Zeit und Energie in dieses Werk investiert, und es ist nicht selbstverständlich, dass Wissenschaftler sich selbst die Mühen einer Übersetzung auferlegen. Aber gerade deshalb ist das Werk von Besonderer Bedeutung, bürgt jeder Wissenschaftler doch für die Qualität der Übersetzung und die inhaltliche Richtigkeit.

Besonderer Dank gilt der Vorsitzenden der Taiwanesischen Gesellschaft für Strafrecht, Frau Prof. Dr. CHANG Li-Chin. Ohne ihre Idee für dieses Werk und den unermüdlichen Einsatz während der Entstehung wäre es wohl nicht möglich gewesen, die Arbeit zu vollenden. Ebenso gebührt Dank dem Ehrenvorsitzenden der Taiwanesischen Gesellschaft für Strafrecht, Herrn Prof. Dr. KAN Tian-Kuei, der die Gesamtredaktion übernommen hatte. Nicht zuletzt ist dem Verlag Wunan Publ. Ltd. zu danken, der die Entstehung des Buches stets gefördert und es in sein Verlagsprogramm aufgenommen hat.

Durch die Strafrechtswissenschaft habe ich in Taiwan in den letzten 10 Jahren an den Forschungseinrichtungen, Universitäten und den vier Gewalten viele Kontakte und auch akademische Freunde finden können. Dabei hat sich immer wieder gezeigt, dass die Kooperation, der Austausch und der Diskurs wichtige Schlüssel zur Erkenntnis sind. Die vorliegende Übersetzung und Kurzkommentierung ist ein Beleg für die fruchtbare Zusammenarbeit zwischen Wissenschaftlerinnen und -wissenschaftlern aus Taiwan, Deutschland und Japan.

Ich wünsche dem Werk, dass es in der wissenschaftlichen Öffentlichkeit viel Beachtung finden und zur Grundlage weiterer Forschung, des Austausches und der Knüpfung neuer Freundschaften werden wird.

Arndt Sinn
Direktor des Zeis an der Universität Osnabrück
Prof. Dr. Prof. h.c. (Kaohsiung Universität, Taiwan)
Bad Iburg im October 2017

謝辭

擊破秋空欲出形

　　擊破秋空欲出形，德日刑法翻譯與解析，經過漫長時間的翻譯、解析、審閱、修改，終於在酷熱的初秋可以編輯。譯稿的完成與送印，歷經很多周折，要感謝的人很多。

　　首先，要感謝五南圖書出版公司楊榮川董事長的大力贊助。1993年五南即有蔡墩銘教授翻譯的《德日刑法典》，受到法律研究者及實務界的高度重視。時移勢易，這許多年來德日刑法的變動很大，舊的譯文難免脫離現實，必須重譯。楊董事長秉持文化傳承的心願，與台灣刑事法學會商談翻譯事宜，允以不錯的報酬。這是德日刑法新譯的緣由。即使是出版界的門外漢也知道，法典的翻譯很難有市場，楊董事長不計盈虧，只是為了實現純粹的文化使命與傳承。出版公司有這種純粹的使命，很值得讀者大眾的禮敬。

　　德日刑法的譯者都是台灣刑事法學會的會員，大家平日忙於研究教學，利用有限的零碎時間，從事翻譯工作。參與翻譯的會員不乏資深教師，都不假手他人，而是親自親為，如余振華、鄭善印、黃朝義、林東茂、高金桂、張麗卿、柯耀程、王皇玉等教授。其他的青壯學者則為：江玉女、謝庭晃、李錫棟、李傑清、劉芳伶、周慶東、馬躍中、鄭文中、陳俊榕、陳俊偉、許絲捷等教授。所有的譯稿及解析內容，都由資深教授交互審閱修改。

　　德國奧斯納布呂克（Osnabrück）大學法學院比較法教席葛祥林教授雖然是德國人，但是中文的素養極佳，對於中國傳統文化的熱愛與熟悉都超過許多華人學者，他也參與了翻譯，並提供不少寶貴的意見。

　　翻譯不是一件容易的事，先要清楚理解原文，然後轉化成中文。轉化的方法可能是抓其精髓而「義譯」，或謹守原文而「字譯」。外國法典的翻譯似乎比較不宜「義譯」，當以謹守原文爲本。但一味的「字譯」卻可能使得譯文顯得晦澀，失去親切感。試想即使是中文的法典都不免使人讀之生畏，更何況外國法律的譯文？

　　翻譯是一種再創造，只有嚐過箇中滋味才能體會。參與德日刑法翻譯的每一個優秀的學者不計榮枯，很值得感謝。尤其，爲了讓讀者更能掌握條文精髓，於每個條文之後，更有精要的解析。因此，本學會此次出版的德日刑法翻譯與解析，可說是一本「小型註釋書（Kleiner Kommentar）」的內涵。

　　德日刑法的翻譯與解析，由本學會的榮譽理事長甘添貴教授擔任總主編。這個總主編不是掛名的虛銜，而是紮紮實實的編審者。譯稿尚未完成之前，甘老師時刻追蹤工作進度，所有參與翻譯的學者因此不敢怠慢。儘管如此，從分配工作到交稿，也歷時兩年。交稿之後，甘老師極其用心，費時費力把日本與德國刑法的譯文逐字逐句閱讀調校，提出疑問，再請求改譯。工作之仔細與不畏繁瑣，令人由衷敬佩。我與甘老師密切聯繫，居中幹旋協調，所以深知這項翻譯工程的步步艱難。舉例說，德國刑法瞬息萬變，譯稿交出之後，間隔一段時間，就有不小的增刪，使譯者與編者不勝困擾。我們爲了求其新，在正式付印前，不斷追蹤新的規定，不斷更新。

　　台灣刑事法學會創會以來舉辦許多學術活動，邀集學界與實務界參與，頗獲好評。對於刑法與刑事訴訟法的修正，學會有其重要貢獻。學會陸續不斷出版叢書，希望可以提供學界與司法實務參考。《德日刑法翻譯與解析》，列爲台灣刑事法學會的叢書之一，希望同樣受到重視。會務的發展需要會員的參與，我們也要衷心感謝默默付出的所有會員。

　　在譯稿初步審閱調整後，五南圖書出版公司的副總編輯劉靜芬還有艱辛的校對與排版工作。這兩本譯稿以何種樣貌問世，都需要責任編輯的智慧與用心，因此致上衷心感謝。

　　尤其，要特別感謝我的論文指導學生，高雄大學財經法律研究所碩士生葉蕙禎、趙雨柔以及蔡岳玲。蕙禎、雨柔兩人極其細心與辛勞的與我一

起協助校對，德文與中文的不協調之處，並追蹤最新（迄至2018年1月3日）的德國刑法典；岳玲仔細找出日文翻譯的誤植與文字疏漏。他們的努力付出，使本書得以臻至無瑕的呈現給讀者。

　　值得一提的是，本書也即將在大陸同時出版，我們由衷感謝北京大學法學院陳興良教授，為本書推薦作序，增添本書無限光彩；德國奧斯納布呂克（Osnabrück）大學法學院教授、歐洲暨國際刑法研究中心（ZEIS）主任Arndt Sinn教授、日本早稻田大學法學院松原芳博教授均為本書的出版作序，肯定這個譯作的價值。更讓我們覺得鼓舞！我謹代表台灣刑事法學會的全體理監事及會員，致上最高的謝忱！

張麗卿 謹序

台灣刑事法學會理事長

高雄大學特聘教授

2018年1月6日

Worte des Dankes
Gestaltwerdung im Herbst

Nach einer langen Zeit des Übersetzens, der Analyse, des Abgleichens, des Korrigierens kommt die Übersetzung des deutschen und des japanischen Strafgesetzbuchs nunmehr zu einem Abschluss und es ist abzushen, dass die Publikation in diesen schwülwarmen Tagen des Frühherbst endlich in den Druck geht und Gestalt annimmt. Dass dies möglich wurde, bedurfte der Überwindung vieler Hindernisse und der Hilfe einer Vielzahl von Personen, denen an dieser Stelle ein aufrichtiger Dank gelten soll.

Als erstes gilt mein Dank Herrn YANG Rong-Chuan, Direktor der Wunan Publ. Ltd., der diese Publikation von Anfang an sehr unterstützt hat. Es war das Jahr 1993, als die Wunan Publ. Ltd. eine erste Übersetzung des deutschen und des japanischen Strafrechts publizierte, welche damals von Prof. Tsai Tun-Ming erstellt wurde. Dieses Werk hatte über die Jahre viel Beachtung auf Seiten der Wissenschaft und auf Seiten der Praxis erfahren. Da sich aber im Laufe der Jahre die Strafgesetzbücher in Deutschland und Japan doch sehr stark verändert haben, ist das alte Werk in vielen Dingen nicht mehr aktuell, weswegen eine erneute Übersetzung notwendig war. Direktor Yang hatte in der Absicht, eine kulturelle Kontinuität zu ermöglichen, das Vorhaben einer Neuübersetzung mit der Taiwanischen Gesellschaft für Strafrecht erörtert und eine gute Rahmenvereinbarung für die Finanzierung des Projekts von sich aus angeboten. Somit kam das Projekt einer abrmaligen Übersetzung des deutschen und des japanischen Strafgesetzbuchs auf den Weg. Dass aber mit der Übersetzung eines Gesetzes auf dem Markt nicht viel Geld zu verdienen ist, das sieht auch jeder, der vom Verlagswesen nichts versteht. Es ging und geht also Direktor Yang nicht um den Gewinn, sondern einzig um einen kulturellen Auftrag und die Kontinuität desselben. Diese Grundhaltung eines Verlags verdient große Anerkennung von Seiten der Öffentlichkeit.

Das Team, das die Strafgesetzbücher aus Deutschland und Japan übersetzt hat, besteht durchweg aus Mitgliedern der taiwanischen Gesellschaft für Strafrecht (台灣刑事法學會); üblicherweise sind sie alle involviert in Forschung und Lehre, so dass sich jeder die Zeit zusammenkratzen musste, um dieses zusätzliche Übersetzungsprojekt in Angriff zu nehmen und auch abzushließen. Unter den Übersetzern finden sich viele Professoren, welche bereits auf eine lange Karriere zurückblicken und die sich der Aufgabe dennoch nicht verweigert haben: zu nennen wären hier insbesondere die Kolleginnen und Kollegen YU Chen-Hua, CHENG Shan-Yin, HUANG Chao-Yi, LIN Dong-Mao, GAO Chin-Kuei, CHANG Li-Ching, KE Yao-Cheng und WANG Huang-Yu. Ihnen sei hiermit ein herzlicher Dank ausgesprochen. Unter den jüngeren Kollegen gilt der Dank insbesondere CHIANG Yu-Nu, XIE Ting-Huang, LI Hsi-Tong, LI Chieh-Ching, LIU Fang-Ling, ZHOU Qing-Dong, MA Yao-Chong, CHENG Wen-Chong, CHEN Chun-Rong, CHEN Chun-Wei, HSU Shi-Chieh. Alle Texte der Übersetzung und des Kommentars waren von erfahrenen Professoren wechselseitig Korrektur gelesen worden. Auch dafür gilt mein Dank an alle Beteiligten.

Der Kollege Georg Gesk, welcher den Lehrstuhl für chinesisches Recht an der Universität Osnabrück inne hat, verfügt über so gute Kenntnisse der chinesischen Sprache und Kultur, dass er trotz der Tatsache, dass er ein Deutscher ist, an der Überestzung aktiv mitwirkte und auch darüber hinaus wertvolle Hinweise gab.

Eine Übersetzung ist keine einfache Sache, denn erst muss der Originaltext vollständig erfasst werden, bevor dieser ins Chinesische übertragen werden kann. Bei dieser Übertragung kann man entweder versuchen, im weiteren Sinne die Bedeutung zu betonen, oder sich im engeren

Sinne an den Wortlaut des Textes halten. Die Übersetzung eines Gesetzeswerkes aus einer ausländischen Sprache eignet sich nicht für eine sinnbetonte Übersetzung und muss notwendigerweise eng am Text erfolgen. Das führt aber nicht nur dazu, dass die Sprache stilistisch leidet, sondern entfremdet den Text gleichzeitig. Jetzt ist aber schon ein chinesischer Gesetzestext eine Textgattung, die den Leser meist zu einem respektvollen Abstand veranlasst; um wie viel mehr muss das für eine Übersetzung gelten?

Eine Übersetzung ist eine Reproduktion und den kreativen Prozess, der dabei abläuft, versteht nur, wer dies selbst in all seinen Facetten getan hat. Jede und jeder der Kolleginnen und Kollegen, die an dieser Übersetzung teilnahmen, haben die damit verbundenen Mühen nicht gescheut. Dafür gebührt ihnen Dank. Um den Leser weiter in die eigentliche Bedeutung der übersetzten Paragraphen einzuführen, sind alle Normen im Anschluss an die direkte Übersetzung in zusammenfassender Weise erläutert. Daher kann die Übersetzung des deutschen und japanischen Strafrechts mit Fug und Recht auch als ‚kleiner Kommentar'bezeichnet werden.

Die Gesamtredaktion der Übersetzung und Kommentierung der Strafgesetzbücher aus Deutschland und Japan versah der Ehrenvorsitzende der taiwanischen Gesellschaft für Strafrecht KAN Tian-Kuei. Dabei hat Prof. Kan diese Aufgabe keineswegs nur als eine symbolische Beteiligungverstanden, sondern mit großem Elan und Einsatz ausgeführt. Vor der Fertigstellung der Übersetzung hat er sich ständig nach dem Fortgang der Arbeit erkundigt, weswegen die Teilnehmenden alle eine große Disziplin bewiesen und keiner hintan blieb. Trotz dieses unermüdlichen Einsatzes vergingen von der Aufteilung der Arbeit bis zu ihrer Fertigstellung zwei ganze Jahre. Nach dem Eingang der einzelnen Manuskripte hat Prof. Kan alle Texte Wort für Wort gelesen, mit viel Einsatz in eine einheitliche Sprache gebracht, und an Passagen, an welchen Unklarheiten bestanden, Fragen gestellt und um Nachbesserung gebeten. Der Mut und Wille zum Detail fordern mir großen Respekt ab. Ich habe in dieser Zeit mit Prof. Kan oft Kontakt gehabt und wir haben uns in vielen Dingen abgesprochen, weswegen ich Einblick in die Probleme hatte, welche zu überwinden waren. Um nur eines der Probleme zu beleuchten: das deutsche Strafrecht wird oft angpasst, so dass immer wieder ein Teil der bereits fertiggestellten Arbeit angepasst werden musste. All das hat zur Belastung der Übersetzer und des Redakteurs beigetragen. Dennoch haben wir die damit verbundenen Mühen nicht gescheut und bis zum Redaktionsschluss ständig die jeweiligen Texte auf den jeweils neuesten Stand gebracht.

Seit Gründung der taiwanischen Gesellschaft für Strafrecht haben wir eine ganze Reihe an akademischen Aktivitäten entfaltet und dabei Experten aus Wissenschaft und Praxis einladen können. Dafür gab es in der Vergangenheit bereits wiederholte Anerkennung. Unsere Vereinigung hat sich auch für die Reform von materiellem und prozessualem Strafrecht eingesetzt und dabei wichtige Impulse gegeben. Im Laufe all dieser Aktivitäten ist eine ganze Reihe von Publikationen entstanden, von denen wir hoffen, dass sie für Theorie und Praxis des Strafrechts von Nutzen sind. ‚Übersetzung und Kommentar des deutschen und japanischen Strafrechts ‘ wird zu einem Teil dieser Publikationsreihe der taiwanischen Gesellschaft für Strafrecht und wir hoffen, dass auch diese Publikation die ihr gebührende Beachtung findet. Eine Vereinigung kann nur so viel tun, wie ihre Mitglieder zu tun bereit sind; von daher möchte ich an dieser Stelle auch all den Mitgliedern danken, die sich für unsere Projekte einsetzen, die aber hier nicht namentlich genannt sind.

Nach der vorläufigen Korrektur sind das Setzen des Textes und die abschließende Korrektur die mühsame Aufgabe der stellvertretenden Chefredakteurin der Wunan Publishing Ltd. Frau LIU Jingfen. Wie das Werk am Ende das Licht der Welt erblickt, das bedarf der Weisheit und Erfahrung der verantwortlichen Redaktion; auch dafür sei an dieser Stelle herzlich gedankt.

Ein besonderer Dank geht hier an die von mir am Graduierteninstitut für Finanzrecht der National University of Kaohsiung betreuten Studierenden Yeh

Hui-Chen, Zhao Yu-Rou und Tsai Yueh-Ling. Hui-Chen und Yu-Rou haben in mühevoller Kleinarbeit mit mir zusammen die Diskrepanzen zwischen deutschem und chinesischem Text gesucht und geglättet und dabei die jüngsten Änderungen (3.1.2018) des deutschen StGB eingearbeitet. Yueh-Ling hat die Fehler und Zeichenaulassungen im japanischen Text abermals redigiert. Ihr aufmerksamer und fleißiger Einsatz für die Exaktheit dieser Publikation wird hier der Leserschaft offenbart.

Es sollte hier noch erwähnt werden, dass diese Publikation demnächst auch auf dem chinesischen Festland beinahe zeitgleich erscheint. Wir bedanken uns an dieser Stelle aufrichtig bei Prof. Dr. Chen Xingliang von der Peking Universität für sein Vorwort, welches diesem Buch zusätzlichen Glanz verleiht. Auch die Vorworte der Kollegen Prof. Dr. Arndt Sinn, Direktor des ZEIS (Zentrum für europäisches und internationales Strafrecht) an der Universität Osnabrück, und Prof. Dr. Yoshihiro Matsubara von der Waseda Universität in Tokyo haben diesem Buch ein Vorwort geschenkt und dadurch den Wert dieser Übersetzung anerkannt. Dies ist uns ein großer Ansporn. Ich möchte mich hierfür an dieser Stelle im Namen aller Vorstände und aller Mitglieder der taiwanischen Gesellschaft für Strafrecht aufrichtig bedanken.

Chang, Li-Ching
Vorstand, Taiwanische Gesellschaft für Strafrecht
Distinguished Professor (Kaohsiung Universität)
6 Januar 2018

目　　錄

Contents

第一編　總則

Allgemeiner Teil

第一章　法例

Erster Abschnitt Das Strafgesetz

第一節　適用領域

Erster Titel Geltungsbereich

第1條　　無法律即無刑罰

行為之處罰，以行為前法律有明文規定其可罰性者為限。

§ 1 Keine Strafe ohne Gesetz

Eine Tat kann nur bestraft werden, wenn die Strafbarkeit gesetzlich bestimmt war, bevor die Tat begangen wurde.

解析

1. 本條規定「罪刑法定原則」。主要內涵是：沒有法律規定，就沒有處罰；沒有法律規定，就沒有犯罪。
2. 行為之處罰，以「行為前」法律有明文規定者為限，清楚指出刑法之適用不得溯及既往。
3. 法律有明文規定，意指構成要件之明確性。刑法構成要件之安排，必須使一般人得以理解，知道何種行為可能違法，知所趨避，刑法之一般預防功能因此得以實現。

4. 行為之處罰，以法律有明文規定者為限，意指禁止類推適用。行為之處罰，不能援引類似之刑法規定。「不完整性」屬於刑法之本質之一。刑法必有漏洞，漏洞不能藉由類推適用加以填補。

第2條　　時間效力

(1) 刑罰及其附屬效果，依行為時有效之法律規定。

(2) 行為時，刑罰規定有變更者，適用行為終了時之法律。

(3) 行為終了時所適用之法律，於裁判前變更者，適用最輕之法律。

(4) 僅於特定時間適用之法律，當其失效時，若行為實行於此法律有效期間者，亦適用該法律。法律另有規定者，不適用之。

(5) 沒收及銷毀，適用第1項至第4項之規定。

(6) 如法律別無規定，關於矯治與保安處分之裁判，適用裁判時之法律。

§ 2 Zeitliche Geltung

(1) Die Strafe und ihre Nebenfolgen bestimmen sich nach dem Gesetz, das zur Zeit der Tat gilt.

(2) Wird die Strafdrohung während der Begehung der Tat geändert, so ist das Gesetz anzuwenden, das bei Beendigung der Tat gilt.

(3) Wird das Gesetz, das bei Beendigung der Tat gilt, vor der Entscheidung geändert, so ist das mildeste Gesetz anzuwenden.

(4) Ein Gesetz, das nur für eine bestimmte Zeit gelten soll, ist auf Taten, die während seiner Geltung begangen sind, auch dann anzuwenden, wenn es außer Kraft getreten ist. Dies gilt nicht, soweit ein Gesetz etwas anderes bestimmt.

(5) Für Einziehung und Unbrauchbarmachung gelten die Absätze 1 bis 4 entsprechend.

(6) Über Maßregeln der Besserung und Sicherung ist, wenn gesetzlich nichts anderes bestimmt ist, nach dem Gesetz zu entscheiden, das zur Zeit der Entscheidung gilt.

1. 本條規定，法律有變更時，如何適用。原則上，依照行爲時之法律規定；如果行爲終了法律有變更，適用終了時之法律。如果裁判時法律有變更，比較變更前後之規定，適用最輕之法律。
2. 第4項規定限時法之適用。行爲時，在限時法之適用期間，即使日後限時法失效，仍然適用限時法之規定。
3. 關於沒收與銷毀，適用前四項之規定，亦即「從舊從輕原則」。銷毀（Unbrauchbarmachung）主要是依據武器管制法，對於武器之銷毀。
4. 關於矯治與保安處分之裁判，適用裁判時之法律，不適用行爲時之法律，也不考慮從輕原則。矯治與保安處分之本質是前瞻未來，去除行爲人之危險性。有無矯治或保安處分之必要，必須以行爲人在裁判時之狀況爲基礎。

第3條　　境內效力

行爲於德國境內所犯者，適用德國刑法。

§ 3　Geltung für Inlandstaten

Das deutsche Strafrecht gilt für Taten, die im Inland begangen werden.

　　本條清楚指出德國刑法適用上之「屬地原則」。基本上，凡是在德國境內之犯罪，無論犯罪人之國籍，一律適用德國刑法。

第4條　　對德國船艦與航空器犯罪之效力

於合法懸掛德國國旗或國籍標誌之船艦或航空器內犯罪者，無論犯罪地之法律如何規定，均適用德國刑法。

§ 4 Geltung für Taten auf deutschen Schiffen und Luftfahrzeugen

Das deutsche Strafrecht gilt, unabhängig vom Recht des Tatorts, für Taten, die auf einem Schiff oder in einem Luftfahrzeug begangen werden, das berechtigt ist, die Bundesflagge oder das Staatszugehörigkeitszeichen der Bundesrepublik Deutschland zu führen.

解 析

　　懸掛德國國旗或國籍標誌之船艦或航空器，宛如德國國土。船艦或航空器如在境外，有如國土之延伸，在船艦或航空器上犯罪，一律適用德國刑法。

第5條　　侵害國內法益之境外犯罪

下列實行於國外之犯罪，無論犯罪地法律規定如何，均適用德國刑法：

(1) 刪除；

(2) 叛亂（第81條至第83條）；

(3) 危害民主法治國情形

　　a. 第89條，第90a條第1項，第90b條之案件，行為人為德國人，其住生活基礎於本法效力範圍內。

　　b. 第90條與第90a條第2項案件；

(4) 叛國與外患（第94條至第100a條）；

(5) 危害國防情形

　　a. 第109條及第109e條至第109g條之案件

　　b. 第109a條，第109d條至第109h條之案件，行為人為德國人，其生活基礎於本法效力範圍內；

(6) 妨害個人自由犯罪

　　a. 第234a條與第241a條之案件，行為對於國內有住所或一般居所之人所犯者；

　　b. 第235條第2項第2款之案件，被害人於國內有住所或一般居所；

　　c. 第237條之案件，行為人於行為時為德國人，或行為時被害人於國
　　　內有住所或一般居所；

(7) 侵害於本法效力範圍內具有營業處所企業之工商秘密，或侵害於國外
　　有處所之企業秘密，此國外企業附屬於本法效力範圍內之企業，並相
　　互建立為關係企業；

(8) 第174條第1、2及第4項，第176至178條及第182條之侵害性自主決定
　　之犯罪，行為人於行為時為德國人；

(9) 侵害生命之犯罪
　　a. 第218條第2項第2款與第4項第1款之案件，行為人於行為時為德國
　　　人；
　　b. 其他第218條之案件，行為人於行為時為德國人並於國內有其生活
　　　基礎；

(9a)傷害犯罪
　　a. 第226條第1項第1款連結第2項之損害生殖能力，行為人於行為時為
　　　德國人；
　　b. 第226a條，行為人於行為時為德國人，或行為時被害人於國內有住
　　　所或一般居所；

(10)於本法效力範疇內之法院訴訟虛偽陳述或偽證，或於其他受理宣誓或
　　替代宣誓之德國機關對於替代宣誓之保險虛偽陳述或偽證（第153條
　　至第156條）；

(10a)運動競賽詐欺與操縱職業運動競賽廣告（第265c條與第265d條），涉
　　及運動競賽之行為於國內發生；

(11)第324、326、330、330a條之環境犯罪，其於德國專屬經濟領域所
　　犯，而依國際公約為保護海洋所允許加以追訴者；

(11a)第328條第2項第3、4款與第4、5項之犯罪，連結第330條之犯罪，行
　　為人於行為時為德國人；

(12)德國公務員或公共職務上負有特別義務者，於職務執行期間犯罪或實
　　行職務有關之犯罪；

(13)外國人具有公務員身分而犯罪，或外國人在公共職務上負有特別義務
　　而犯罪；

(14)任何針對公務員之犯罪，或針對公共職務上負有特別義務者之犯罪，
　　 或針對聯邦軍人執行職務時或有關職務執行之犯罪；

(15)第331至337條之職務犯罪，

　　 a. 行爲人於行爲時爲德國人，

　　 b. 行爲人於行爲時爲歐洲公務員而於國內有其公務處所，

　　 c. 行爲所針對之公務員，於公法上負有特別義務或屬於聯邦之軍人或

　　 d. 行爲所針對之歐洲公務員或仲裁人，於行爲時爲德國人，或行爲針
　　　 對第335a條所指之人，行爲時爲德國人；

(16)受賄罪（第108e條），

　　 a. 行爲人於行爲時爲德國人，或爲德國議會之成員或

　　 b. 針對德國人或德國議會之成員而實行；

(17)買賣器官與屍身（器官移植法第18條），行爲人於行爲時爲德國人。

§ 5　Auslandstaten mit besonderem Inlandsbezug

Das deutsche Strafrecht gilt, unabhängig vom Recht des Tatorts, für folgende
Taten, die im Ausland begangen werden:

(1) weggefallen

(2) Hochverrat (§§ 81 bis 83);

(3) Gefährdung des demokratischen Rechtsstaates

　　 a. in den Fällen der §§ 89, 90a Abs. 1 und des § 90b, wenn der Täter
　　　 Deutscher ist und seine Lebensgrundlage im räumlichen Geltungsbereich
　　　 dieses Gesetzes hat, und

　　 b. in den Fällen der §§ 90 und 90a Abs. 2;

(4) Landesverrat und Gefährdung der äußeren Sicherheit (§§ 94 bis 100a);

(5) Straftaten gegen die Landesverteidigung

　　 a. in den Fällen der §§ 109 und 109e bis 109g und

　　 b. in den Fällen der §§ 109a, 109d und 109h, wenn der Täter Deutscher
　　　 ist und seine Lebensgrundlage im räumlichen Geltungsbereich dieses
　　　 Gesetzes hat;

(6) Straftaten gegen die persönliche Freiheit

　　a. in den Fällen der §§ 234a und 241a, wenn die Tat sich gegen eine Person richtet, die zur Zeit der Tat Deutsche ist und ihren Wohnsitz oder gewöhnlichen Aufenthalt im Inland hat,

　　b. in den Fällen des § 235 Absatz 2 Nummer 2, wenn die Tat sich gegen eine Person richtet, die zur Zeit der Tat ihren Wohnsitz oder gewöhnlichen Aufenthalt im Inland hat, und

　　c. in den Fällen des § 237, wenn der Täter zur Zeit der Tat Deutscher ist oder wenn die Tat sich gegen eine Person richtet, die zur Zeit der Tat ihren Wohnsitz oder gewöhnlichen Aufenthalt im Inland hat;

(7) Verletzung von Betriebs- oder Geschäftsgeheimnissen eines im räumlichen Geltungsbereich dieses Gesetzes liegenden Betriebs, eines Unternehmens, das dort seinen Sitz hat, oder eines Unternehmens mit Sitz im Ausland, das von einem Unternehmen mit Sitz im räumlichen Geltungsbereich dieses Gesetzes abhängig ist und mit diesem einen Konzern bildet;

(8) Straftaten gegen die sexuelle Selbstbestimmung in den Fällen des § 174 Absatz 1, 2 und 4, der §§ 176 bis 178 und des § 182, wenn der Täter zur Zeit der Tat Deutscher ist;

(9) Straftaten gegen das Leben

　　a. in den Fällen des § 218 Absatz 2 Satz 2 Nummer 1 und Absatz 4 Satz 1, wenn der Täter zur Zeit der Tat Deutscher ist, und

　　b. in den übrigen Fällen des § 218, wenn der Täter zur Zeit der Tat Deutscher ist und seine Lebensgrundlage im Inland hat;

(9a) Straftaten gegen die körperliche Unversehrtheit

　　a. in den Fällen des § 226 Absatz 1 Nummer 1 in Verbindung mit Absatz 2 bei Verlust der Fortpflanzungsfähigkeit, wenn der Täter zur Zeit der Tat Deutscher ist, und

　　b. in den Fällen des § 226a, wenn der Täter zur Zeit der Tat Deutscher ist oder wenn die Tat sich gegen eine Person richtet, die zur Zeit der Tat ihren Wohnsitz oder gewöhnlichen Aufenthalt im Inland hat;

(10) falsche uneidliche Aussage, Meineid und falsche Versicherung an Eides Statt

(§§ 153 bis 156) in einem Verfahren, das im räumlichen Geltungsbereich dieses Gesetzes bei einem Gericht oder einer anderen deutschen Stelle anhängig ist, die zur Abnahme von Eiden oder eidesstattlichen Versicherungen zuständig ist;

(10a)Sportwettbetrug und Manipulation von berufssportlichen Wettbewerben (§§ 265c und 265d), wenn sich die Tat auf einen Wettbewerb bezieht, der im Inland stattfindet;

(11)Straftaten gegen die Umwelt in den Fällen der §§ 324, 326, 330 und 330a, die im Bereich der deutschen ausschließlichen Wirtschaftszone begangen werden, soweit völkerrechtliche Übereinkommen zum Schutze des Meeres ihre Verfolgung als Straftaten gestatten;

(11a)Straftaten nach § 328 Abs. 2 Nr. 3 und 4, Abs. 4 und 5, auch in Verbindung mit § 330, wenn der Täter zur Zeit der Tat Deutscher ist;

(12)Taten, die ein deutscher Amtsträger oder für den öffentlichen Dienst besonders Verpflichteter während eines dienstlichen Aufenthalts oder in Beziehung auf den Dienst begeht;

(13)Taten, die ein Ausländer als Amtsträger oder für den öffentlichen Dienst besonders Verpflichteter begeht;

(14)Taten, die jemand gegen einen Amtsträger, einen für den öffentlichen Dienst besonders Verpflichteten oder einen Soldaten der Bundeswehr während der Ausübung ihres Dienstes oder in Beziehung auf ihren Dienst begeht;

(15)Straftaten im Amt nach den §§ 331 bis 337, wenn

    a. der Täter zur Zeit der Tat Deutscher ist,

    b. der Täter zur Zeit der Tat Europäischer Amtsträger ist und seine Dienststelle ihren Sitz im Inland hat,

    c. die Tat gegenüber einem Amtsträger, einem für den öffentlichen Dienst besonders Verpflichteten oder einem Soldaten der Bundeswehr begangen wird oder

    d. die Tat gegenüber einem Europäischen Amtsträger oder Schiedsrichter, der zur Zeit der Tat Deutscher ist, oder einer nach § 335a gleichgestellten

Person begangen wird, die zur Zeit der Tat Deutsche ist;

(16)Bestechlichkeit und Bestechung von Mandatsträgern (§ 108e), wenn

　　a. der Täter zur Zeit der Tat Mitglied einer deutschen Volksvertretung oder Deutscher ist oder

　　b. die Tat gegenüber einem Mitglied einer deutschen Volksvertretung oder einer Person, die zur Zeit der Tat Deutsche ist, begangen wird;

(17)Organ- und Gewebehandel (§ 18 des Transplantationsgesetzes), wenn der Täter zur Zeit der Tat Deutscher ist.

解析

1. 犯罪地在德國境外，如有本條規定之情形，依然適用德國刑法。這類境外之犯罪，通常屬於重罪，為保護法益，無論犯罪地之法律如何規定，均適用德國刑法。

2. 屬於重罪之情況，例如，依刑法第80條，預備發動侵略戰爭，並因而使德國陷入戰爭之危險，處終身監禁或十年以上自由刑。其他如叛亂、外患、危害國防、拐帶與陷害政治嫌疑（第234a條，第241a條）等等。

3. 境外犯罪有可能不屬於重罪，但涉及生命法益，亦適用德國刑法，例如，墮胎罪（依刑法第218條，處三年以下自由刑或科罰金）。

4. 境外犯罪之行為人，可能「負有特別義務」，亦適用德國刑法。例如，負有養育、教育、生活照顧義務者，與十六歲未滿之人發生性關係（第174條第1項）；職場上有監督權者與未滿十八歲之人發生性關係（第174條第2項）；與具有血親關係或收養關係之未滿十八歲兒童發生性關係（第174條第3項）。前述行為，處三月以上五年以下自由刑，雖非重罪，但涉及特別義務之違反，犯罪地即使在境外，亦適用德國刑法。

5. 第153條至第156條之偽證罪，亦可能不是重罪（第153條之罪，處三月以上五年以下自由刑），但涉及德國司法權之侵害，犯罪地雖在境外，仍適用德國刑法。

6. 有些環境犯罪（第324，326，330，330a條）並非「一年以上自由刑」之重罪，但水域被污染，或傾倒有害健康之垃圾，或情節重大，爲保護環境之重要價值，犯罪地雖在境外，亦適用德國刑法。第324條之污染水域以及第326條之傾倒垃圾，法定刑均爲五年以下自由刑或罰金。第330條之情節重大，則爲六月以上十年以下自由刑。

7. 依照本條規定，若干公務員犯罪或以公務員爲侵害對象之犯罪，犯罪地雖在境外，亦適用德國刑法。

第6條　　侵害國際保護法益之國外犯罪

下列實行於國外之犯罪，無論行爲地之法律如何規定，均適用德國刑法：

(1) 刪除；

(2) 第307條，第308條第1至4項，第309條第2項與第310條之核能犯罪，爆裂物犯罪與放射犯罪；

(3) 攻擊空中運輸與海上運輸之犯罪（第316c條）；

(4) 人口買賣而以性剝削及勞動力剝削爲目之，或協助人口買賣（第232至233a條）；

(5) 非法交易麻醉物品；

(6) 第184a條與第184b條第1至3項，並連結第184c條第1句之散布猥褻書類；

(7) 僞造貨幣與僞造有價證券（第146，151，152條），僞造具有保證功能之給付卡與歐洲卡（第152b條第1至4項）及其預備犯罪（第149，151，152條與第152b條第5項）；

(8) 經濟輔助詐欺（第264條）；

(9) 犯罪行爲於國外實行，基於跨國公約，聯邦德國受有約束，亦得加以追訴者。

§ 6 Auslandstaten gegen international geschützte Rechtsgüter

Das deutsche Strafrecht gilt weiter, unabhängig vom Recht des Tatorts, für folgende Taten, die im Ausland begangen werden:

(1) (weggefallen)

(2) Kernenergie-, Sprengstoff- und Strahlungsverbrechen in den Fällen der §§ 307 und 308 Abs. 1 bis 4, des § 309 Abs. 2 und des § 310;

(3) Angriffe auf den Luft- und Seeverkehr (§ 316c);

(4) Menschenhandel (§ 232);

(5) unbefugter Vertrieb von Betäubungsmitteln;

(6) Verbreitung pornographischer Schriften in den Fällen der §§ 184a, 184b Absatz 1 und 2 und § 184c Absatz 1 und 2, jeweils auch in Verbindung mit § 184d Absatz 1 Satz 1;

(7) Geld- und Wertpapierfälschung (§§ 146, 151 und 152), Fälschung von Zahlungskarten mit Garantiefunktion und Vordrucken für Euroschecks (§ 152b Abs. 1 bis 4) sowie deren Vorbereitung (§§ 149, 151, 152 und 152b Abs. 5);

(8) Subventionsbetrug (§ 264);

(9) Taten, die auf Grund eines für die Bundesrepublik Deutschland verbindlichen zwischenstaatlichen Abkommens auch dann zu verfolgen sind, wenn sie im Ausland begangen werden.

 解 析

1. 本條為「世界法原則」之具體化，亦即所謂之國際刑法。

2. 核能犯罪、爆裂物犯罪與放射犯罪、攻擊空中運輸與海上運輸之犯罪、人口買賣、非法交易麻醉物品、散布猥褻書類、偽造貨幣與偽造有價證券、偽造具有保證功能之給付卡與歐洲卡及其預備犯罪、經濟輔助詐欺等，犯罪地雖在境外，亦適用德國刑法。

第7條　適用本法之其他國外犯罪

(1) 於國外針對德國人之犯罪，行為地對該行為有處罰規定或行為地並無

刑罰權，均適用德國刑法。

(2) 其他於國外實行之犯罪，如行為地對該行為有刑罰規定或行為地並無刑罰權，而行為人有下列情形者，適用德國刑法：

　　1. 行為時為德國人或行為後為德國人，或

　　2. 行為時為外國人，境內被捕，雖引渡法依其行為類型允許引渡，但於特定期間內不能執行引渡或引渡無法執行。

§ 7 Geltung für Auslandstaten in anderen Fällen

(1) Das deutsche Strafrecht gilt für Taten, die im Ausland gegen einen Deutschen begangen werden, wenn die Tat am Tatort mit Strafe bedroht ist oder der Tatort keiner Strafgewalt unterliegt.

(2) Für andere Taten, die im Ausland begangen werden, gilt das deutsche Strafrecht, wenn die Tat am Tatort mit Strafe bedroht ist oder der Tatort keiner Strafgewalt unterliegt und wenn der Täter

1. zur Zeit der Tat Deutscher war oder es nach der Tat geworden ist oder

2. zur Zeit der Tat Ausländer war, im Inland betroffen und, obwohl das Auslieferungsgesetz seine Auslieferung nach der Art der Tat zuließe, nicht ausgeliefert wird, weil ein Auslieferungsersuchen innerhalb angemessener Frist nicht gestellt oder abgelehnt wird oder die Auslieferung nicht ausführbar ist.

解析

1. 針對德國人之犯罪，行為地在德國境外，無論行為地對於這個行為有無處罰規定，均適用德國刑法。

2. 犯罪在德國境外實行，行為人於行為時為德國人，或行為後才取得德國國籍，適用德國刑法。犯罪在德國境外實行，行為時為外國人，但無法執行引渡，仍適用德國刑法。

第8條　　行為時

行為時，以行為人或其共犯實行之行為為準；不作為犯以其應作為時為準。結果何時發生，非判斷標準。

§ 8　Zeit der Tat

Eine Tat ist zu der Zeit begangen, zu welcher der Täter oder der Teilnehmer gehandelt hat oder im Falle des Unterlassens hätte handeln müssen. Wann der Erfolg eintritt, ist nicht maßgebend.

解析

　　本條規定「行為時」之意義。如係作為犯，所謂「行為時」，以行為人或其共犯實行之「行為」為準；如係不作為犯，以其「應作為時」為準。結果之發生，並非判斷行為時之標準。

第9條　　行為地

(1) 行為地，為行為人實行犯罪之地，或不作為犯應有作為之地，或構成要件結果發生之地，或依行為人想像應發生結果之地。
(2) 參與者之行為地，為行為實行之地或共犯實行行為之地，或不作為犯應實行行為之地或依行為人想像應實行行為之地。參與國外之犯罪而於國內實行，雖其行為依行為地之法律不罰，仍適用德國刑法。

§ 9　Ort der Tat

(1) Eine Tat ist an jedem Ort begangen, an dem der Täter gehandelt hat oder im Falle des Unterlassens hätte handeln müssen oder an dem der zum Tatbestand gehörende Erfolg eingetreten ist oder nach der Vorstellung des Täters eintreten sollte.
(2) Die Teilnahme ist sowohl an dem Ort begangen, an dem die Tat begangen ist, als auch an jedem Ort, an dem der Teilnehmer gehandelt hat oder im Falle des Unterlassens hätte handeln müssen oder an dem nach seiner

Vorstellung die Tat begangen werden sollte. Hat der Teilnehmer an einer Auslandstat im Inland gehandelt, so gilt für die Teilnahme das deutsche Strafrecht, auch wenn die Tat nach dem Recht des Tatorts nicht mit Strafe bedroht ist.

解析

1. 本條規定「行爲地」之意義。如係作爲犯，行爲地爲行爲人實行犯罪之地。如係不作爲犯，則爲應有作爲之地。構成要件結果發生之地，或行爲人想像應發生結果之地，亦均屬於行爲地。

2. 共同正犯、間接正犯、幫助犯或教唆犯等之行爲地，爲行爲實行之地或共犯實行行爲之地，或不作爲犯應實行行爲之地，或依行爲人想像應實行行爲之地。

3. 參與國外之犯罪，而在德國境內實行，如該行爲依照行爲地之法律不罰，仍適用德國刑法。

第10條　　對於少年與青年之特別規定
少年與青年之犯罪，僅於少年法院法別無規定時，適用本法。

§ 10 Sondervorschriften für Jugendliche und Heranwachsende
Für Taten von Jugendlichen und Heranwachsenden gilt dieses Gesetz nur, soweit im Jugendgerichtsgesetz nichts anderes bestimmt ist

解析

1. 針對十八歲未滿之行爲人，德國有「少年法院法」之規定。十八歲以上二十一歲未滿之人，如經專家之整體評估，認爲此人之成熟狀況與少年無異，仍由少年法院法審理。這類人，少年法稱爲「青年」（Heranwachsende）。德文之原意爲「甫成年」，係指方從少年踏入成年階段，但整體人格狀態還停滯在少年時期。這類人仍可由少年法

審理，與一般少年犯之審理程序完全相同，享有一般少年犯之法律效果。

2. 關於少年與青年之犯罪，適用刑法之規定，除非少年法院法有特別之規定。

第二節　語言使用

Zweiter Titel Sprachgebrauch

第11條　　人與物之概念

(1) 本法有關之概念

1. 親屬：

為下列之人：

a. 直系血親及直系姻親，配偶，同居人，同居法意義中之戀人，兄弟姊妹，兄弟姊妹之配偶或同居人，配偶或同居人之兄弟姊妹，婚姻或同居關係不復存在或血親或姻親消滅，不影響前述親屬身分，

b. 養父母及養子女；

2. 公職人員：

指依德國法

a. 為公務員或法官，

b. 具有其他公法上職務關係，

c. 服務於其他機關或部門，或無關任務履行之組織型態而受委託負有公共行政任務；

2a.歐盟公務員指：

a. 歐盟執行委員會、歐盟中央銀行、歐盟審計法院或歐盟法院之成員，

b. 歐盟或依歐盟法成立之機關的公務員或其他雇員，

　　　　c. 受委託執行歐盟或依歐盟法成立之機關之事務者，

　　3. 法官：

　　　　指依德國法而爲職業法官或名譽法官；

　　4. 於公共事務負有特別義務者：

　　　　指並非公職人員，基於法律負有特定義務之履行，服務或受僱：

　　　　a. 於機關或或其他部門掌管公共行政任務，或

　　　　b. 於社團或其他聯合組織，營利事業或企業服務，而執行機關或其

　　　　　他公共行政任務；

　　5. 違法行爲：

　　　　指實現刑法構成要件之行爲；

　　6. 行爲之實行：

　　　　未遂及既遂；

　　7. 機關：

　　　　包括法院；

　　8. 措施：

　　　　任何矯治與保安措施，沒收與銷毀；

　　9. 對價：

　　　　含有財產利益之對待給付。

(2) 本法所指之故意行爲，亦包括行爲人故意實現法定構成要件，卻由於
　　過失引起特殊之結果。

(3) 儲存於聲音與影像載體之文書、資訊貯存、圖像或其他呈現方法，於
　　相關規定，視同文書。

§ 11 Personen- und Sachbegriffe

(1) Im Sinne dieses Gesetzes ist

　　1. Angehöriger:

　　　　wer zu den folgenden Personen gehört:

　　　　a. Verwandte und Verschwägerte gerader Linie, der Ehegatte, der
　　　　　Lebenspartner, der Verlobte, auch im Sinne des Lebenspartnerschaftsgesetzes,
　　　　　Geschwister, Ehegatten oder Lebenspartner der Geschwister,

Geschwister der Ehegatten oder Lebenspartner, und zwar auch dann,
wenn die Ehe oder die Lebenspartnerschaft, welche die Beziehung
begründet hat, nicht mehr besteht oder wenn die Verwandtschaft oder
Schwägerschaft erloschen ist,

b. Pflegeeltern und Pflegekinder;

2. Amtsträger:

wer nach deutschem Recht

a. Beamter oder Richter ist,

b. in einem sonstigen öffentlich-rechtlichen Amtsverhältnis steht oder

c. sonst dazu bestellt ist, bei einer Behörde oder bei einer sonstigen
Stelle oder in deren Auftrag Aufgaben der öffentlichen Verwaltung
unbeschadet der zur Aufgabenerfüllung gewählten Organisationsform
wahrzunehmen;

2a. Europäischer Amtsträger:

Wer

a. Mitglied der Europäischen Kommission, der Europäischen Zentralbank,
des Rechnungshofs oder eines Gerichts der Europäischen Union ist,

b. Beamter oder sonstiger Bediensteter der Europäischen Union oder einer
auf der Grundlage des Rechts der Europäischen Union geschaffenen
Einrichtung ist oder

c. mit der Wahrnehmung von Aufgaben der Europäischen Union oder von
Aufgaben einer auf der Grundlage des Rechts der Europäischen Union
geschaffenen Einrichtung beauftragt ist;

3. Richter:wer nach deutschem Recht Berufsrichter oder ehrenamtlicher
Richter ist;

4. für den öffentlichen Dienst besonders Verpflichteter:
wer, ohne Amtsträger zu sein,

a. bei einer Behörde oder bei einer sonstigen Stelle, die Aufgaben der
öffentlichen Verwaltung wahrnimmt, oder

b. bei einem Verband oder sonstigen Zusammenschluß, Betrieb oder

Unternehmen, die für eine Behörde oder für eine sonstige Stelle Aufgaben der öffentlichen Verwaltung ausführen, beschäftigt oder für sie tätig und auf die gewissenhafte Erfüllung seiner Obliegenheiten auf Grund eines Gesetzes förmlich verpflichtet ist;

5. rechtswidrige Tat:

nur eine solche, die den Tatbestand eines Strafgesetzes verwirklicht;

6. Unternehmen einer Tat:deren Versuch und deren Vollendung;

7. Behörde:auch ein Gericht;

8. Maßnahme:jede Maßregel der Besserung und Sicherung, die Einziehung und die Unbrauchbarmachung;

9. Entgelt: jede in einem Vermögensvorteil bestehende Gegenleistung.

(2) Vorsätzlich im Sinne dieses Gesetzes ist eine Tat auch dann, wenn sie einen gesetzlichen Tatbestand verwirklicht, der hinsichtlich der Handlung Vorsatz voraussetzt, hinsichtlich einer dadurch verursachten besonderen Folge jedoch Fahrlässigkeit ausreichen läßt.

(3) Den Schriften stehen Ton-und Bildträger, Datenspeicher, Abbildungen und andere Darstellungen in denjenigen Vorschriften gleich, die auf diesen Absatz verweisen.

　　本條規定若干刑法上之概念，包括：親屬、公職人員、法官、公共事務負有特別義務者、違法行為、行為之實行、機關、措施、對價等。

第12條　　重罪與輕罪

(1) 重罪，指違法之行為，其最輕本刑為一年以上自由刑。

(2) 輕罪，指違法之行為，其處罰為較輕之自由刑或科罰金。

(3) 依總則之規定或因情節特別重大或較不重大，致處罰加重或減輕，不影響重罪與輕罪之分類。

§ 12　Verbrechen und Vergehen

(1) Verbrechen sind rechtswidrige Taten, die im Mindestmaß mit Freiheitsstrafe von einem Jahr oder darüber bedroht sind.

(2) Vergehen sind rechtswidrige Taten, die im Mindestmaß mit einer geringeren Freiheitsstrafe oder die mit Geldstrafe bedroht sind.

(3) Schärfungen oder Milderungen, die nach den Vorschriften des Allgemeinen Teils oder für besonders schwere oder minder schwere Fälle vorgesehen sind, bleiben für die Einteilung außer Betracht.

解析

1. 本條規定重罪與輕罪之意義。重罪與輕罪之區分，依照法定刑之輕重。違法行為之法定刑為一年以上自由刑，屬於重罪。如最輕法定刑不是一年自由刑，則為輕罪。違法行為可能有加重或減輕處罰之情形，但不影響重罪與輕罪之分類。

2. 重罪與輕罪之區分，具有重要之意義。例如，重罪之未遂，一律處罰；輕罪之未遂，其處罰須有特別規定（第23條第1項）。

第二章 犯罪行為

Zweiter Abschnitt Die Tat

第一節 可罰性之基礎

Erster Titel Grundlagen der Strafbarkeit

第13條　藉由不作為而實行

(1) 行為人依法承擔不使結果發生之責任，不排除刑法構成要件結果之發生，且法定構成要件實現之不作為與作為相當，依本法處罰。

(2) 處罰得依第49條第1項減輕。

§ 13 Begehen durch Unterlassen

(1) Wer es unterläßt, einen Erfolg abzuwenden, der zum Tatbestand eines Strafgesetzes gehört, ist nach diesem Gesetz nur dann strafbar, wenn er rechtlich dafür einzustehen hat, daß der Erfolg nicht eintritt, und wenn das Unterlassen der Verwirklichung des gesetzlichen Tatbestandes durch ein Tun entspricht.

(2) Die Strafe kann nach § 49 Abs. 1 gemildert werden.

解析

1. 本條規定「不純正不作為犯」之法律依據。行為人須有「法之義務」防止結果發生，但卻不排除結果之發生，而且不作為與作為之評價相等。

2. 本條所規定「法之義務」，依照德國通說，包括：法律規定、自願承擔保護義務、密切之生活關係、危險源之監督義務、危險共同體、違反義務之危險前行為。

3. 本條第2項規定，不作爲犯「得減輕」處罰。主要理由爲，與作爲犯相
　 較，不作爲犯之犯罪能量顯然更少。

第14條　　爲他人行爲

(1) 行爲人依其特殊之身分屬性、關係或條件（特殊身分要素）而成立可
　　罰性之法律，縱此要素不發生於代理人，而發生於被代理人，亦適用
　　於代理人：
　　1. 爲法人之代理權機關或此機關之成員，
　　2. 爲合法社團法人之代理權成員，或
　　3. 爲他人之法定代理人。
(2) 行爲人受營利事業所有人委託，基於此項委託，因特殊身分關係而成
　　立可罰性之法律，縱此身分關係存在於營利事業所有人而非受委託
　　人，該法律亦適用於受委託人：
　　1. 受委託管理或部分管理事業，或
　　2. 受委託以事業所有人之職責承擔自己責任。
　　第1句所指之事業，同於企業。行爲人基於相關委託而承擔公共行政
　　任務，亦適用第1句之規定。
(3) 若依代理權或委託關係所形成之法律行爲爲無效時，亦適用第1及第2
　　項之規定。

§ 14 Handeln für einen anderen

(1) Handelt jemand

　　1. als vertretungsberechtigtes Organ einer juristischen Person oder als
　　　 Mitglied eines solchen Organs,

　　2. als vertretungsberechtigter Gesellschafter einer rechtsfähigen
　　　 Personengesellschaft oder

　　3. als gesetzlicher Vertreter eines anderen,

　　so ist ein Gesetz, nach dem besondere persönliche Eigenschaften,
　　Verhältnisse oder Umstände (besondere persönliche Merkmale) die

Strafbarkeit begründen, auch auf den Vertreter anzuwenden, wenn diese Merkmale zwar nicht bei ihm, aber bei dem Vertretenen vorliegen.

(2) Ist jemand von dem Inhaber eines Betriebs oder einem sonst dazu Befugten

1. beauftragt, den Betrieb ganz oder zum Teil zu leiten, oder

2. ausdrücklich beauftragt, in eigener Verantwortung Aufgaben wahrzunehmen, die dem Inhaber des Betriebs obliegen,

und handelt er auf Grund dieses Auftrags, so ist ein Gesetz, nach dem besondere persönliche Merkmale die Strafbarkeit begründen, auch auf den Beauftragten anzuwenden, wenn diese Merkmale zwar nicht bei ihm, aber bei dem Inhaber des Betriebs vorliegen. Dem Betrieb im Sinne des Satzes 1 steht das Unternehmen gleich. Handelt jemand auf Grund eines entsprechenden Auftrags für eine Stelle, die Aufgaben der öffentlichen Verwaltung wahrnimmt, so ist Satz 1 sinngemäß anzuwenden.

(3) Die Absätze 1 und 2 sind auch dann anzuwenden, wenn die Rechtshandlung, welche die Vertretungsbefugnis oder das Auftragsverhältnis begründen sollte, unwirksam ist.

解析

1. 本條之規定意旨，是基於刑事政策上之考量，將構成要件之適用範圍擴大。某些構成要件有其特定之規範對象，依照本條規定，其規範對象擴大適用於代理人，代理人在事實上或法律上承接規範對象之特別義務。

2. 本條並非自然人「在企業內義務違反行為」之一般性刑法責任規定，而只限定在負有特別義務者之代理人。

第15條　　故意與過失行為

如本法未有處罰過失之規定，僅處罰故意之行為。

§ 15　Vorsätzliches und fahrlässiges Handeln

Srafbar ist nur vorsätzliches Handeln, wenn nicht das Gesetz fahrlässiges Handeln ausdrücklich mit Strafe bedroht.

解析

1. 本條規定，以處罰故意為原則，過失犯之處罰屬於例外。過失犯之處罰，須在分則有特別規定。
2. 本條僅有立法技術上之意義，並無實質內涵。德國刑法並沒有故意或過失之立法定義。故意或過失之意義，由實務判決或學說加以具體化，並在犯罪論體系上加以定位。

第16條　　事實情況錯誤

(1) 行為人於行為時，不認識屬於法定構成要件之事實，其行為無故意，過失行為之可罰性不受影響。
(2) 行為人於行為時，誤以為實現較輕處罰規定之事實，其故意所犯者，得依較輕之規定處罰。

§ 16　Irrtum über Tatumstände

(1) Wer bei Begehung der Tat einen Umstand nicht kennt, der zum gesetzlichen Tatbestand gehört, handelt nicht vorsätzlich. Die Strafbarkeit wegen fahrlässiger Begehung bleibt unberührt.
(2) Wer bei Begehung der Tat irrig Umstände annimmt, welche den Tatbestand eines milderen Gesetzes verwirklichen würden, kann wegen vorsätzlicher Begehung nur nach dem milderen Gesetz bestraft werden.

解析

1. 本條規定「事實錯誤」之法律效果。對於事實情狀之誤認，排除故意，僅能依照過失犯處罰。

2. 行為人以為實行者為處罰較輕之構成要件，例如，以為是受請求殺人（德國刑法第216條），事實上並未受請求，其行為仍係故意，但可以依照較輕之規定處罰。意指，如為前述情況，不依照較重之殺人罪處罰（五年以上自由刑），而是依照受請求殺人罪處罰（六月以上五年以下自由刑）。

第17條　　禁止錯誤

行為人於行為時欠缺不法認識，如錯誤無法避免，其行為無罪責。如行為人之錯誤可以避免，得依第49條第1項減輕處罰。

§ 17 Verbotsirrtum

Fehlt dem Täter bei Begehung der Tat die Einsicht, Unrecht zu tun, so handelt er ohne Schuld, wenn er diesen Irrtum nicht vermeiden konnte. Konnte der Täter den Irrtum vermeiden, so kann die Strafe nach § 49 Abs. 1 gemildert werden.

解析

1. 禁止錯誤，指行為人欠缺不法認識，屬於法律錯誤。
2. 如何評價法律錯誤？依照早期之故意理論（古典犯罪論體系），故意屬於罪責，罪責包括構成要件之認識、實現構成要件之願望、不法認識；行為人欠缺不法認識，等於欠缺故意，只能依過失犯處罰。故意理論是賓頂（Binding）在將近一百年前所極力主張之。
3. 依照罪責理論（目的犯罪論體系），罪責不包括故意，不法認識屬於罪責之核心，行為人欠缺不法認識，並不影響故意，只能影響罪責之程度。
4. 早年之德國實務判決，採取故意理論。1952年3月18日，德國聯邦最高法院之一項判決（BGHSt 2, 194）改採罪責理論，後來之判決陸續跟進，罪責理論獲得歷史性之勝利。1975年1月1日，罪責理論明文化，規定在德國刑法第17條。

5. 本條所指之不法認識，並非「刑罰制裁」之認識，而是一般之法律意識。只要行為人認識自己之行為可能發生一切之法律效果，即具有不法認識。

6. 錯誤能否避免之判斷標準，依照一般法律門外漢之認知。如果法律門外漢可以避免發生錯誤，行為人之法律錯誤，即被評價為可以避免。

第18條　　特殊行為結果之加重處罰

法律有加重處罰特定行為結果者，須行為人或參與者對於該結果至少有過失。

§ 18　Schwerere Strafe bei besonderen Tatfolgen

Knüpft das Gesetz an eine besondere Folge der Tat eine schwerere Strafe, so trifft sie den Täter oder den Teilnehmer nur, wenn ihm hinsichtlich dieser Folge wenigstens Fahrlässigkeit zur Last fällt.

解析

1. 本條規定「加重結果犯」之適用範圍。加重結果犯為實行基礎之行為，但出現更嚴重之結果。例如，實施傷害行為，卻導致被害人之死亡（德國刑法第227條）。

2. 加重結果犯之法定刑大幅提升，例如，傷害致死罪（德國刑法第227條），處三年以上自由刑，所以在適用上必須謹慎。

3. 依照本條，加重結果之發生，必須行為人或參與者有過失，才能令其承擔加重結果犯之處罰。所謂有過失，是指對於結果之發生，行為人可以依照自己之生活經驗而預見，例如，追毆被害人，被害人奔逃跌落深溝死亡。

4. 基本行為與加重結果之間，是否具備相當因果關係即為已足？解釋學上有爭執。德國學說有認為，兩者之間必須具有「直接之關連性」，例如，毆打被害人，被害人因為傷重而死亡。至於單純之相當因果關

係（如因爲追毆，被害人跌落深溝死亡），不成立加重結果犯。關於
這個問題，尚未得到最後之澄清。

第19條　兒童無罪責能力
行爲人於行爲時未滿十四歲者，無罪責能力。

§ 19 Schuldunfähigkeit des Kindes
Schuldunfähig ist, wer bei Begehung der Tat noch nicht vierzehn Jahre alt ist.

解析
　　本條規定十四歲未滿之行爲人，無罪責能力。這個規定在解釋學上之
意義是，絕對不能以反證推翻。是否十四歲未滿，以行爲時（德國刑法第
8條）爲準，而非訴訟時。

第20條　精神障礙無罪責能力
行爲人於行爲時，因疾病之精神障礙、深度意識障礙、心智缺陷或其他
重大之精神缺陷，缺乏行爲不法之認識或依其認知所爲者，其行爲無罪
責。

§ 20 Schuldunfähigkeit wegen seelischer Störungen
Ohne Schuld handelt, wer bei Begehung der Tat wegen einer krankhaften
seelischen Störung, wegen einer tiefgreifenden Bewußtseinsstörung oder wegen
Schwachsinns oder einer schweren anderen seelischen Abartigkeit unfähig ist,
das Unrecht der Tat einzusehen oder nach dieser Einsicht zu handeln.

解析
1.本條規定由於精神障礙而排除罪責之情況。有三種情況可能排除罪

責：（一）精神障礙；（二）深度意識障礙；（三）心智缺陷或其他重大之精神缺陷。這三種情況導致行為人無法認識自己行為之不法，或欠缺依此認識而決定自己行為之能力。簡單說，由於精神障礙等情況而喪失認識不法之能力，或喪失控制自己行為之能力。

2. 行為如完全缺乏意識或意志之支配（如反射動作或睡夢中之反應），則非本條所指之精神障礙等之行為。行為如完全不具有意識活動之成分，不屬於刑法意義上之行為。換言之，在「行為論」之層次就須加以排除。

第21條　　減輕罪責能力

行為人認識行為不法之能力或依此認識而行為之能力，於行為時，基於第20條所規定之原因顯著減弱者，得依第49條第1項減輕處罰。

§ 21 Verminderte Schuldfähigkeit

Ist die Fähigkeit des Täters, das Unrecht der Tat einzusehen oder nach dieser Einsicht zu handeln, aus einem der in § 20 bezeichneten Gründe bei Begehung der Tat erheblich vermindert, so kann die Strafe nach § 49 Abs. 1 gemildert werden.

解析

　　本條規定減輕罪責能力之情況。行為人如有前條規定之精神障礙等情況，因而顯著減損不法之認識能力或自我控制能力，得依第49條第1項減輕處罰。

第二節　未遂犯

Zweiter Titel Versuch

第22條　概念規定
行為人於行為時，依其想像，已直接進入構成要件之實現者，為未遂。

§ 22 Begriffsbestimmung
Eine Straftat versucht, wer nach seiner Vorstellung von der Tat zur Verwirklichung des Tatbestandes unmittelbar ansetzt.

解析

1. 本條規定未遂之概念定義。從條文之字義看，行為是否已經進入未遂階段，以行為人之主觀想像為準。何謂「直接進入構成要件之實現」？留有很大之解釋餘地。
2. 德國實務認為，是指依照行為人之認知，對於被保護之法益形成直接之危險。
3. 德國學說意見相當分歧，但「印象理論」似為通說。行為人表露對於法規範之敵對意志，這種意志之表露，足以撼動一般人對於法律之信賴。

第23條　未遂之可罰性
(1) 重罪之未遂，罰之；輕罪之未遂處罰，以有明文規定者為限。
(2) 未遂之處罰，得依既遂規定減輕之（第49條第1項）。
(3) 行為人由於重大誤解，錯認行為之客體或實施之手段，致使未遂行為根本無法既遂者，法院得免除刑罰或依裁量減輕處罰（第49條第2項）。

§ 23 Strafbarkeit des Versuchs

(1) Der Versuch eines Verbrechens ist stets strafbar, der Versuch eines Vergehens nur dann, wenn das Gesetz es ausdrücklich bestimmt.

(2) Der Versuch kann milder bestraft werden als die vollendete Tat (§ 49 Abs. 1).

(3) Hat der Täter aus grobem Unverstand verkannt, daß der Versuch nach der Art des Gegenstandes, an dem, oder des Mittels, mit dem die Tat begangen werden sollte, überhaupt nicht zur Vollendung führen konnte, so kann das Gericht von Strafe absehen oder die Strafe nach seinem Ermessen mildern (§ 49 Abs. 2).

解析

1. 本條第1項規定未遂犯之處罰範圍。重罪（法定刑一年以上自由刑）之未遂，一律處罰。重罪以外之輕罪，其未遂之處罰須有明文規定。

2. 依本條第2項，未遂犯得依既遂犯之規定減輕處罰。

3. 本條第3項，規定不能犯之成立要件與法律效果。依照本項，不能犯是指，行為人錯認行為客體，或錯認實行之手段，以致於行為根本無法既遂。行為人之所以錯認，是因為「重大誤解」（aus grobem Unverstand）。

4. 依本條第3項，不能犯之類型，只有「客體不能」與「手段不能」。至於學說所指之「主體不能」，本項並未規定。

5. 不能犯之法律效果，為「免除刑罰或減輕處罰」，而非「不罰」。

第24條　中止

(1) 自願放棄行為繼續實行或防止行為既遂，其未遂不罰。如行為人自願且誠摯防止行為既遂，既遂之不發生雖非由於中止者之加工，行為人不罰。

(2) 行為有數人參與，行為人自願防止行為既遂，其未遂不罰。如行為人自願且誠摯努力防止行為既遂，既遂之不發生非由於行為人之加工或

無關先前之行為參與，則行為人亦不罰。

§ 24 Rücktritt

(1) Wegen Versuchs wird nicht bestraft, wer freiwillig die weitere Ausführung der Tat aufgibt oder deren Vollendung verhindert. Wird die Tat ohne Zutun des Zurücktretenden nicht vollendet, so wird er straflos, wenn er sich freiwillig und ernsthaft bemüht, die Vollendung zu verhindern.

(2) Sind an der Tat mehrere beteiligt, so wird wegen Versuchs nicht bestraft, wer freiwillig die Vollendung verhindert. Jedoch genügt zu seiner Straflosigkeit sein freiwilliges und ernsthaftes Bemühen, die Vollendung der Tat zu verhindern, wenn sie ohne sein Zutun nicht vollendet oder unabhängig von seinem früheren Tatbeitrag begangen wird.

解析

1. 本條規定中止犯之成立要件與法律效果。中止犯可能出現在未了未遂或既了未遂之情況。在未了未遂之情況是，行為尚未完成，行為人可以繼續但自願放棄。既了未遂則是，行為已經完成，但行為人自願防止行為既遂。中止犯之最基本前提是：基於自願，放棄繼續實行或防止既遂。

2. 中止犯之法律效果，為不罰。

3. 行為人自願且積極努力防止既遂，但既遂之不發生卻與行為人之努力無關，學說稱為「準中止犯」。例如，行兇之後，行為人自己電召救護車，積極防止被害人死亡，但救護車尚未抵達，被害人已經受到他人送醫並且倖存。依照本條，準中止犯之法律效果，亦為不罰。

4. 數人參與犯罪，如行為人自願防止行為既遂，不罰。參與者出現「準中止犯」之情況，其法律效果，亦為不罰。

第三節　正犯與共犯

Dritter Titel Täterschaft und Teilnahme

第25條　　正犯
(1) 自己實行犯罪行為或藉由他人實行者，依正犯處罰。
(2) 數人合意共同實行犯罪行為者，各人皆依正犯處罰（共同正犯）。

§ 25 Täterschaft
(1) Als Täter wird bestraft, wer die Straftat selbst oder durch einen anderen begeht.
(2) Begehen mehrere die Straftat gemeinschaftlich, so wird jeder als Täter bestraft (Mittäter).

解析

1. 本條規定正犯。第1項規定直接正犯與間接正犯；第2項規定共同正犯。直接正犯係自己實行犯罪之人，間接正犯則係藉由他人實行犯罪。數人合意共同實行犯罪，參與之各人均依照正犯處罰（法條上特別標明第2項為共同正犯）。
2. 關於過失之共同正犯，因為缺乏共同實行犯罪之決意，所以德國通說不承認。數人由於過失而引致結果，只能依照同時犯處罰各人。

第26條　　教唆犯
故意引起他人為故意之違法行為，為教唆犯，依正犯規定罰之。

§ 26 Anstiftung
Als Anstifter wird gleich einem Täter bestraft, wer vorsätzlich einen anderen zu dessen vorsätzlich begangener rechtswidriger Tat bestimmt hat.

解 析

1. 本條規定教唆犯之成立要件與法律效果。

2. 教唆犯須爲「故意」唆使他人從事「故意」之「違法行爲」。由於過失而引發他人從事違法行爲，並非教唆犯。

3. 依德國通說，所謂「故意」之唆使，教唆者須有雙重之故意。這是指，不但故意誘使他人從事違法行爲，而且依照教唆犯之想像，被教唆之人須完成違法行爲（既遂），並非只在未遂階段。

4. 本條清楚規定，唆使他人「從事違法行爲」，而非「從事犯罪行爲」。依此，唆使兒童或精神障礙者從事違法行爲，亦爲教唆犯。

5. 教唆犯視同正犯處罰，沒有減輕處罰之規定。

第27條　幫助犯

(1) 故意協助他人從事故意之違法行爲，依幫助犯處罰。

(2) 幫助犯依正犯之刑度而處罰。處罰依第49條第1項減輕之。

§ 27 Beihilfe

(1) Als Gehilfe wird bestraft, wer vorsätzlich einem anderen zu dessen vorsätzlich begangener rechtswidriger Tat Hilfe geleistet hat.

(2) Die Strafe für den Gehilfen richtet sich nach der Strafdrohung für den Täter. Sie ist nach § 49 Abs. 1 zu mildern.

解 析

1. 本條規定幫助犯之定義及其法律效果。

2. 幫助犯係指，「故意」協助他人從事「故意」之違法行爲。因此，過失提供一個機會，使他人得以順利從事違法行爲，並非幫助犯。協助他人從事「違法行爲」，即爲幫助犯。這與教唆犯之情況相同。

3. 幫助犯依照正犯之刑度處罰，但須減輕處罰。這與教唆犯不同，教唆犯並無減輕處罰之規定。

第28條　　特殊身分要素

(1) 共犯（教唆犯或幫助犯）缺乏正犯可罰性成立之特殊身分要素（第14條第1項），其處罰依第49條第1項減輕之。

(2) 因特殊身分要素而法律有加重、減輕或免除刑罰之規定者，僅適用於有此身分之參與者（正犯或共犯）。

§ 28　Besondere persönliche Merkmale

(1) Fehlen besondere persönliche Merkmale (§ 14 Abs. 1), welche die Strafbarkeit des Täters begründen, beim Teilnehmer (Anstifter oder Gehilfe), so ist dessen Strafe nach § 49 Abs. 1 zu mildern.

(2) Bestimmt das Gesetz, daß besondere persönliche Merkmale die Strafe schärfen, mildern oder ausschließen, so gilt das nur für den Beteiligten (Täter oder Teilnehmer), bei dem sie vorliegen.

解析

1. 第14條第1項規定，行為人依其特殊之身分屬性、關係或條件（特殊身分要素）而成立可罰性之法律，縱然這個要素不發生於代理人，而發生於被代理人，亦適用於代理人。這些情況包括：為法人之代理權機關或此機關之成員；為法律行為合夥人之代理權成員；為他人之法定代理人。依照本條第1項，共犯不具有特殊身分要素時，須減輕處罰。

2. 因為特殊身分要素，法律可能有「加重、減輕或免除刑罰」之規定，如正犯或共犯不具有這種特殊身分要素，即不適用「加重、減輕或免除刑罰」之規定。

第29條　　參與者之獨立可罰性

各參與者依其罪責而受處罰，無關其他參與者之罪責。

§ 29 Selbständige Strafbarkeit des Beteiligten

Jeder Beteiligte wird ohne Rücksicht auf die Schuld des anderen nach seiner Schuld bestraft.

 解析

　　本條揭示「限制從屬原則」。共同正犯、教唆犯或幫助犯，參與他人「故意之違法行為」，即可處罰，與罪責無關。

第30條　　參與之未遂

(1) 挑起或教唆他人實行重罪而未遂者，依重罪之未遂處罰規定處罰。其處罰依第49條第1項減輕之。第23條第3項準用之。

(2) 行為人聲稱，已接受他人要約或與他人約定，實行重罪或教唆他人實行，亦處罰之。

§ 30 Versuch der Beteiligung

(1) Wer einen anderen zu bestimmen versucht, ein Verbrechen zu begehen oder zu ihm anzustiften, wird nach den Vorschriften über den Versuch des Verbrechens bestraft. Jedoch ist die Strafe nach § 49 Abs. 1 zu mildern. § 23 Abs. 3 gilt entsprechend.

(2) Ebenso wird bestraft, wer sich bereit erklärt, wer das Erbieten eines anderen annimmt oder wer mit einem anderen verabredet, ein Verbrechen zu begehen oder zu ihm anzustiften.

解析

1. 本條是針對重罪，把刑罰擴張之規定。對於重罪之開始預備行為加以處罰，甚至掌握不能未遂之重罪預備行為，但是排除幫助。

2. 第1項主要規範未遂教唆（versuchte Anstiftung）。未遂教唆之型態包括三種：被教唆者尚未有行為之決定、被教唆者沒有行為之實行、被教

唆者在受到教唆之前早有行為之決定[1]。

3. 第2項主要是掌握預備階段之其他參與行為。處罰之重點是，聲明（Bereiterklaren）實行重罪，或聲明教唆他人實行重罪。依照實務判決，這項聲明，須為嚴肅之聲明（BGH 6, 347）。聲明者須為有意願接受他人之請託。聲明者接受他人之要約，表示願意參與重罪之實行。即使提出要約之人並非嚴肅，而接受要約者卻是嚴肅，亦屬於本項所指之聲明。所謂約定（Verabreden），是針對兩人以上實行重罪之嚴肅意思表示，約定成為共同正犯。

第31條　　參與者未遂之中止

(1) 第30條而有下列自願情形者，不罰：

　　1. 放棄挑起他人實行重罪之未遂，並防止他人實行重罪所引發之危險者，

　　2. 宣稱準備實行重罪後，放棄其計畫，或，

　　3. 於約定實行重罪或接受他人實行重罪之邀約後，阻止行為之實行。

1　Lackner/Kühl, StGB, 28 Aufl., 2014, § 30. Rn. 4. 可以把未遂教唆更細微之分成七種（分類上略有重複）：

　a. 失敗教唆。例如，被教唆之人不為所動，根本沒有行為決意。

　b. 無結果之教唆。教唆行為喚起行為決意，被教唆者隨後放棄決意，沒有進入未遂階段。

　c. 不能之教唆。教唆未遂之對象在行為時即不存在。

　d. 無效之教唆。被教唆之人先有行為決意，隨後放棄決意；卻又基於新之決意，與先前受到之教唆完全無關，而實行犯罪。

　e. 不完全之教唆。教唆者不知道，被教唆之人誤解教唆內容，而不具故意之實現構成要件。

　f. 行為人之逾越。行為人因教唆而形成動機，但實行有別於教唆之行為。

　g. 部分既遂之教唆。被教唆人受指定實行較重之罪（如加重強盜），但卻實行較輕之罪（如普通強盜）。

(2) 中止者放棄行為繼續實行或行為事實無關其前行為，行為不罰則以其自由意思或真摯努力防止結果發生為已足。

§ 31 Rücktritt vom Versuch der Beteiligung

(1) Nach § 30 wird nicht bestraft, wer freiwillig

1. den Versuch aufgibt, einen anderen zu einem Verbrechen zu bestimmen, und eine etwa bestehende Gefahr, daß der andere die Tat begeht, abwendet,

2. nachdem er sich zu einem Verbrechen bereit erklärt hatte, sein Vorhaben aufgibt oder,

3. nachdem er ein Verbrechen verabredet oder das Erbieten eines anderen zu einem Verbrechen angenommen hatte, die Tat verhindert.

(2) Unterbleibt die Tat ohne Zutun des Zurücktretenden oder wird sie unabhängig von seinem früheren Verhalten begangen, so genügt zu seiner Straflosigkeit sein freiwilliges und ernsthaftes Bemühen, die Tat zu verhindern.

解析

本條主要規定「參與重罪之未遂」，其中止者，在特定條件下不受處罰（第1項）。本條所指之中止，包括準中止（第2項）。行為人誠摯努力防止「行為之實行」，但行為之未能實行與誠摯努力無關，一樣不受處罰。

第四節 正當防衛與緊急避難

Vierter Titel Notwehr und Notstand

第32條 正當防衛

(1) 基於正當防衛之許可，所為之行為不違法。

(2) 正當防衛，乃為防禦自己或他人現在所受之違法攻擊，所為必要之防衛行為。

§ 32 Notwehr

(1) Wer eine Tat begeht, die durch Notwehr geboten ist, handelt nicht rechtswidrig.

(2) Notwehr ist die Verteidigung, die erforderlich ist, um einen gegenwärtigen rechtswidrigen Angriff von sich oder einem anderen abzuwenden.

解 析

1. 本條第1項規定，行為出於正當防衛者，排除違法性。法條明文規定：「不違法」，而非「不罰」。

2. 第2項規定正當防衛之意義。正當防衛，係指防禦自己或他人所受現在之不法侵害。僅能針對「現時之違法攻擊」，方能正當防衛。攻擊如果尚未發生，或已成過去，均不能防衛。針對合法之攻擊，自然不能防衛。

3. 依第2項規定，正當防衛為「必要之防衛行為」。所謂必要，指防衛行為係終結攻擊之必要手段。至於所謂「相當性」，亦即保護之法益與防衛所造成之法益侵害，兩者間之利益衡量，則不受要求。

第33條 防衛過當

行為人出於迷惘、恐懼或驚嚇而逾越正當防衛之界線者，不受處罰。

§ 33　Überschreitung der Notwehr

Überschreitet der Täter die Grenzen der Notwehr aus Verwirrung, Furcht oder Schrecken, so wird er nicht bestraft.

　　本條規定罪責排除事由（德國通說）。行為人出於迷惘、恐懼或驚嚇等情緒而正當防衛，但是超越必要之程度，罪責排除。誤想防衛，不適用本條。至於刻意超越必要之防衛程度，仍依照故意犯罪處罰。

第34條　　合法之緊急避難

為排除自己或他人現時之生命、身體、自由、名譽、財產或其他法益之危險，而出於不得已之行為，經利益衡量，所保護之利益明顯超越所侵害之利益，則行為不違法。行為屬於排除危險之適當手段者，方有前段之適用。

§ 34　Rechtfertigender Notstand

Wer in einer gegenwärtigen, nicht anders abwendbaren Gefahr für Leben, Leib, Freiheit, Ehre, Eigentum oder ein anderes Rechtsgut eine Tat begeht, um die Gefahr von sich oder einem anderen abzuwenden, handelt nicht rechtswidrig, wenn bei Abwägung der widerstreitenden Interessen, namentlich der betroffenen Rechtsgüter und des Grades der ihnen drohenden Gefahren, das geschützte Interesse das beeinträchtigte wesentlich überwiegt. Dies gilt jedoch nur, soweit die Tat ein angemessenes Mittel ist, die Gefahr abzuwenden.

解析

1. 本條規定緊急避難之行為，其違法性受到排除（不違法）。
2. 針對自己或他人「生命、身體、自由、財產、名譽或其他法益」之危險，均可採取避難措施。採取避難措施，須出於「不得已」，意指別

無其他和緩之手段可以選擇。避難是否出於不得已，依照德國實務判
決，須嚴格判斷。

3. 緊急避難應當經過利益衡量。行為人所保護之法益價值，須優越於所
犧牲之法益價值。

第35條　　阻卻罪責之緊急避難

(1) 為排除自己、親屬或其他親近之人生命、身體或自由之現時危險而出
於不得已之違法行為，無罪責。行為人自招危難，或行為人因特殊法
律關係而受期待須承擔危險，不適用前段規定；如行為人不具特殊法
律關係而無須承擔危險者，得依第49條第1項減輕處罰。

(2) 行為人誤認第1項阻卻責任之情狀而實行違法行為，如其誤認得以避
免，則受處罰。處罰得依第49條第1項減輕之。

§ 35 Entschuldigender Notstand

(1) Wer in einer gegenwärtigen, nicht anders abwendbaren Gefahr für Leben,
Leib oder Freiheit eine rechtswidrige Tat begeht, um die Gefahr von
sich, einem Angehörigen oder einer anderen ihm nahestehenden Person
abzuwenden, handelt ohne Schuld. Dies gilt nicht, soweit dem Täter nach
den Umständen, namentlich weil er die Gefahr selbst verursacht hat oder
weil er in einem besonderen Rechtsverhältnis stand, zugemutet werden
konnte, die Gefahr hinzunehmen; jedoch kann die Strafe nach § 49 Abs. 1
gemildert werden, wenn der Täter nicht mit Rücksicht auf ein besonderes
Rechtsverhältnis die Gefahr hinzunehmen hatte.

(2) Nimmt der Täter bei Begehung der Tat irrig Umstände an, welche ihn nach
Absatz 1 entschuldigen würden, so wird er nur dann bestraft, wenn er den
Irrtum vermeiden konnte. Die Strafe ist nach § 49 Abs. 1 zu mildern.

解析

1. 本條規定排除罪責之緊急避難。
2. 本條與前條「阻卻違法之緊急避難」不同。本條之緊急避難，有更為嚴格之條件。為排除「自己、親屬或其他親近之人」之「生命、身體或自由之現時危險」所採取之避難行為，才可以依照本條排除罪責。所謂其他親近之人，如同居或同住一屋之人。
3. 本條之緊急避難，顯然不符合利益衡量（避難過當），所以不能阻卻違法，但由於情況特殊，罪責受到排除。
4. 本條之緊急避難，仍然要出於不得已。
5. 行為人自招危難，或行為人因特殊法律關係而受期待須承擔危險，不能排除罪責。「因特殊法律關係而受期待須承擔危險」之人，例如：警察、軍人、消防員、水手、法官或醫師。

第五節　議會言論及報告之免責

Fünfter Titel Straflosigkeit parlamentarischer Äußerungen und Berichte

第36條　　議會言論

聯邦眾議院、聯邦大會或各邦立法機關之成員，其於議會或委員會中所為之表決或言論，於議會之外不負任何責任。但具誹謗性之侮辱者，不在此限。

§ 36 Parlamentarische Äußerungen

Mitglieder des Bundestages, der Bundesversammlung oder eines Gesetzgebungsorgans eines Landes dürfen zu keiner Zeit wegen ihrer Abstimmung oder wegen einer Äußerung, die sie in der Körperschaft oder in einem ihrer Ausschüsse getan haben, außerhalb der Körperschaft zur Verantwortung gezogen werden. Dies gilt nicht für verleumderische Beleidigungen.

　　民意代表之言論免責權規定，限定於議會或委員會中，針對具體事項之言論免責。其主要涉及刑法分則第十四章侵害名譽罪章所規定之罪名（§§185～200）。

第37條　　議會報告
前條規定所定之人，於議會或委員會之公開性會議所爲眞實性之報告者，亦適用之。

§ 37 Parlamentarische Berichte
Wahrheitsgetreue Berichte über die öffentlichen Sitzungen der in § 36 bezeichneten Körperschaften oder ihrer Ausschüsse bleiben von jeder Verantwortlichkeit frei.

　　議會議員或委員會委員於會議中所爲言論，屬於具體報告事項之言論免責規定。

第三章 犯罪之法律效果

Dritter Abschnitt Rechtsfolgen der Tat

第一節 刑罰

Erster Titel Strafen

自由刑

Freiheitsstrafe

第38條　　自由刑期間

(1)法無明定為終身自由刑者，自由刑為有期間的。

(2)自由刑之期間為十五年以下一月以上。

§ 38 Dauer der Freiheitsstrafe

(1) Die Freiheitsstrafe ist zeitig, wenn das Gesetz nicht lebenslange Freiheitsstrafe androht.

(2) Das Höchstmaß der zeitigen Freiheitsstrafe ist fünfzehn Jahre, ihr Mindestmaß ein Monat.

解析

1. 第三編§§38～76a之規定為刑法法律效果之規定。分為七節：第一節刑罰（§§38、39自由刑、§§40～43罰金刑、§43a財產刑、§44附屬刑、§§45～45b從屬效果）；第二節刑罰裁量（§§46～51）；第三節數罪併罰（§§52～55）；第四節刑之豁免付管束（§§56～58）；第五節告誡

附刑罰保留（§§59～60）；第六節保安處分（§§61、32、§§63～67g剝奪自由之處分、§§68～68g保護管束、§§69～69b駕駛許可剝奪、§§70～70b職業禁止及§§71、72共同性規範）；第七節沒收（§§73～76a）。

2. 德國刑法並無死刑之規定（德國基本法第102條宣示廢除死刑），其僅有自由刑之規定，包含終身自由刑及有期自由刑（即無期徒刑與有期徒刑之義）。本條為自由刑之規定，法無明文規定法定刑為終身自由刑者，其所稱自由刑之類型，均為有期自由刑。

第39條　自由刑之計算

一年以下自由刑之期間，以週、月計；一年以上期間者，以年、月計。

§ 39 Bemessung der Freiheitsstrafe

Freiheitsstrafe unter einem Jahr wird nach vollen Wochen und Monaten, Freiheitsstrafe von längerer Dauer nach vollen Monaten und Jahren bemessen.

 解析

　　本條為宣告刑期間之規定，並非法定刑刑度之規定。如宣告刑為一年以下者，刑度之期間，以週及月計，例如宣告3個月2週有期自由刑；如宣告刑為一年以上者，則以年、月計。

罰金刑

Geldstrafe

第40條　日額之科處

(1) 罰金刑以日額方式科處。如法無特別規定者，罰金刑為五日額以上，

三百六十日額以下。

(2) 法院科處日額時，應考量行為人個人及經濟條件。其應從行為人平均每日之淨所得或可能所得量定之。日額為一歐元以上，三萬歐元以下。

(3) 日額之裁量，應從行為人之收入、其財產及其他條件量定之。

(4) 裁判應為日額之數及折算數額宣告之。

§ 40 Verhängung in Tagessätzen

(1) Die Geldstrafe wird in Tagessätzen verhängt. Sie beträgt mindestens fünf und, wenn das Gesetz nichts anderes bestimmt, höchstens dreihundertsechzig volle Tagessätze.

(2) Die Höhe eines Tagessatzes bestimmt das Gericht unter Berücksichtigung der persönlichen und wirtschaftlichen Verhältnisse des Täters. Dabei geht es in der Regel von dem Nettoeinkommen aus, das der Täter durchschnittlich an einem Tag hat oder haben könnte. Ein Tagessatz wird auf mindestens einen und höchstens dreißigtausend Euro festgesetzt.

(3) Die Einkünfte des Täters, sein Vermögen und andere Grundlagen für die Bemessung eines Tagessatzes können geschätzt werden.

(4) In der Entscheidung werden Zahl und Höhe der Tagessätze angegeben.

解析

1. 罰金刑並非以罰金數額為宣告，而是以日額之形式作為罰金宣告刑之型態。

2. 法定刑有罰金者，如未規定罰金額度，其額度為五日額以上，三百六十日額以下。

3. 日額之折算標準，為一歐元以上，三萬歐元以下。

4. 罰金刑以日額為宣告者，應於裁判中載明日額之數額及其折算標準。

5. 科處日額之具體運作方式，並非先確認罰金之金額，再轉換為日額，而係直接為日額之宣告，並同時為日額折算金額之標準。

第41條　　自由刑併罰金刑

行為人因行為而得利或有得利可能者，於衡量行為人個人及經濟因素為適當者，得於自由刑之外，或科或併科罰金。

§ 41　Geldstrafe neben Freiheitsstrafe

Hat der Täter sich durch die Tat bereichert oder zu bereichern versucht, so kann neben einer Freiheitsstrafe eine sonst nicht oder nur wahlweise angedrohte Geldstrafe verhängt werden, wenn dies auch unter Berücksichtigung der persönlichen und wirtschaftlichen Verhältnisse des Täters angebracht ist.

 解 析

1. 自由刑與罰金刑原則上不併科，本條為例外得為併科情形。
2. 屬於得利性之犯罪，行為人因犯罪而取得利益者，得為自由刑外之科或併科罰金。自由刑併科罰金者，罰金刑仍以日額形式宣告。
3. 本條規定屬於裁量性之罰金科處，亦即於無法定或僅作部分得為罰金刑規定者，得於自由刑之外，另為罰金刑之科處。

第42條　　繳納和緩措施

受判決人因其個人或經濟因素，無法期待其罰金即時完納者，法院得許其一定之完納期間，或許以刑罰為特定部分金額之易處。但受判決人無法如期完納部分罰金者，法院得撤銷罰金特定部分金額繳納之許可。如無繳納和緩之許可，有顯著危及因犯罪行為所生損害之損害回復者，法院亦得為繳納和緩措施之許可；對此，受判決人應為損害回復之證明。

§ 42　Zahlungserleichterungen

Ist dem Verurteilten nach seinen persönlichen oder wirtschaftlichen Verhältnissen nicht zuzumuten, die Geldstrafe sofort zu zahlen, so bewilligt ihm das Gericht eine Zahlungsfrist oder gestattet ihm, die Strafe in bestimmten Teilbeträgen zu zahlen.Das Gericht kann dabei anordnen, daß die Vergünstigung, die Geldstrafe in bestimmten Teilbeträgen zu zahlen, entfällt, wenn der Verurteilte einen Teilbetrag nicht rechtzeitig zahlt.Das Gericht soll Zahlungserleichterungen auch gewähren, wenn ohne die Bewilligung die Wiedergutmachung des durch die Straftat verursachten Schadens durch den Verurteilten erheblich gefährdet wäre; dabei kann dem Verurteilten der Nachweis der Wiedergutmachung auferlegt werden.

1. 若受罰金科處者，其無法一次完納，法院得以採取彈性之方式，使其完納。
2. 令法院除考量受罰金科處之人之經濟情況外，亦應考慮損害修復可能性。如不予以許可其作罰金繳納之和緩措施，恐有影響對於被害人之賠償或是損害修復者，法院亦得採用罰金和緩機制。
3. 若受科處之人，得有因欲致力損害修復，而得緩和措施之許可者，應負有證明之義務。

第43條　　易科自由刑

罰金刑無法完納者，易服自由刑。一日額折算自由刑一日。易服自由刑最低為一日。

§ 43 Ersatzfreiheitsstrafe

An die Stelle einer uneinbringlichen Geldstrafe tritt Freiheitsstrafe. Einem Tagessatz entspricht ein Tag Freiheitsstrafe. Das Mindestmaß der Ersatzfreiheitsstrafe ist ein Tag.

解析

　　此爲罰金易服自由刑之規定。當罰金無法完納者，一日額折算方式，一日額易服自由刑一日。

第43a條　　刪除

§ 43a　weggefallen

附屬刑

Nebenstrafe Nebenfolgen

第44條　　駕駛禁止

(1) 犯罪受自由刑或罰金行之宣告者，法院得對行爲人宣告一月以上、六月以下駕駛任何汽車，或特定駕駛方式的禁止。犯罪非因駕駛動力交通工具，或因違反駕駛人義務所致者，基於作用於行爲人或法秩序防衛所必要，或藉此得免除刑罰或其執行者，其所得爲之駕駛禁止，亦同。因違反刑法第315條c第1項第1款a、3項或第316條之罪，而未爲刑法第69條吊銷駕駛許可之判決者，應爲駕駛禁止之宣告。

(2) 駕駛禁止之生效，於判決確定後駕照繳回主管機關起算，最遲不得逾確定後一月。駕駛禁止期間由德國機關製發之本國或國際駕照，由主管機關吊扣之。駕照由歐盟成員國、或歐洲經濟圈協約國機關所製發者，而所有人於本國有住居所者，亦適用之。於其他外國駕照，則應爲駕駛禁止之註記。

(3) 駕照交機關保管，或於外國駕照爲駕駛禁止之註記者，其禁止期間由實際發生時起算。行爲因行政處分而受管束者，拘禁期間不算入禁止期間。

(4) 行爲人受數個駕駛禁止之宣告者，禁止期間併計算之。禁止期間之執行先後，依先行生效之駕駛禁止爲先。同時生效者，依判決宣告較早者爲先。同時宣告者，依較先爲的行爲爲先。

§ 44 Fahrverbot

(1) Wird jemand wegen einer Straftat zu einer Freiheitsstrafe oder einer Geldstrafe verurteilt, so kann ihm das Gericht für die Dauer von einem Monat bis zu sechs Monaten verbieten, im Straßenverkehr Kraftfahrzeuge jeder oder einer bestimmten Art zu führen. Auch wenn die Straftat nicht bei oder im Zusammenhang mit dem Führen eines Kraftfahrzeugs oder unter Verletzung der Pflichten eines Kraftfahrzeugführers begangen wurde, kommt die Anordnung eines Fahrverbots namentlich in Betracht, wenn sie zur Einwirkung auf den Täter oder zur Verteidigung der Rechtsordnung erforderlich erscheint oder hierdurch die Verhängung einer Freiheitsstrafe oder deren Vollstreckung vermieden werden kann. Ein Fahrverbot ist in der Regel anzuordnen, wenn in den Fällen einer Verurteilung nach § 315c Abs. 1 Nr. 1 Buchstabe a, Abs. 3 oder § 316 die Entziehung der Fahrerlaubnis nach § 69 unterbleibt.

(2) Das Fahrverbot wird wirksam, wenn der Führerschein nach Rechtskraft des Urteils in amtliche Verwahrung gelangt, spätestens jedoch mit Ablauf von einem Monat seit Eintritt der Rechtskraft. Für seine Dauer werden von einer deutschen Behörde ausgestellte nationale und internationale Führerscheine amtlich verwahrt. Dies gilt auch, wenn der Führerschein von einer Behörde eines Mitgliedstaates der Europäischen Union oder eines anderen Vertragsstaates des Abkommens über den Europäischen Wirtschaftsraum ausgestellt worden ist, sofern der Inhaber seinen ordentlichen Wohnsitz im Inland hat. In anderen ausländischen Führerscheinen wird das Fahrverbot vermerkt.

(3) Ist ein Führerschein amtlich zu verwahren oder das Fahrverbot in einem ausländischen Führerschein zu vermerken, so wird die Verbotsfrist erst von

dem Tage an gerechnet, an dem dies geschieht. In die Verbotsfrist wird die Zeit nicht eingerechnet, in welcher der Täter auf behördliche Anordnung in einer Anstalt verwahrt worden ist.

(4) Werden gegen den Täter mehrere Fahrverbote rechtskräftig verhängt, so sind die Verbotsfristen nacheinander zu berechnen. Die Verbotsfrist auf Grund des früher wirksam gewordenen Fahrverbots läuft zuerst. Werden Fahrverbote gleichzeitig wirksam, so läuft die Verbotsfrist auf Grund des früher angeordneten Fahrverbots zuerst, bei gleichzeitiger Anordnung ist die frühere Tat maßgebend.

1. 駕駛禁止之效果，只要行為人因罪而受自由刑或罰金型的宣告，基於對行為人作用效應的考量，或是基於法秩序防衛的必要者，即得為駕駛禁止的宣告。並不以行為須針對以交通工具為犯罪工具，或以違反駕駛人之特別義務而為犯罪者為必要。德國刑法附屬刑僅有一種，即駕駛禁止。

2. 關於駕駛剝奪之方式有二：一為附屬刑之駕駛禁止；另一為保安處分措施之駕駛許可剝奪（第69條）。二者間主要之差異，在於駕駛禁止者，乃是以交通工具之使用作為犯罪手段；而駕駛許可剝奪（註銷駕照，僅得在許可時間後重新考照，此許可時間依第69條之規定，為六月以上五年以下之期間，由法院定之）者，主要是因駕駛交通工具之犯罪。

3. 行為人觸犯第315條c第1項第1款a酒駕及第3項因過失行為所致之危險駕駛規定，或第316條酒醉駕駛之規定者，如未為駕駛剝奪者，應另予宣告駕駛禁止。

4. 駕駛禁止之執行方式，為吊扣駕照，或於外國駕照上予以註記。

5. 因行政處分而受拘禁者，不得算入駕駛禁止之期間。

6. 宣告多數駕駛禁止時，併執行之。其執行的先後順序，判別標準有三：
   (1)以判決生效先後定之；(2)同時確定者，以宣告時間的先後定之；
   (3)同時宣告者，以行為先後定之，其順序在先者，先為執行之計算。

從屬效果

Nebenfolgen

第45條　褫奪公權

(1) 犯重罪而受一年以上自由刑之判決者，褫奪五年為公職或為公共選舉之公權。

(2) 如法有特別規定者，法院得對受判決人前項所定權利，為二至五年之褫奪。

(3) 喪失為公務員之資格與權利者，受判決人同時失其既有之法定職位及權利。

(4) 喪失為公共選舉之資格與權利者，如法無特別規定者，受判決人同時失其既有之法定職位及權利。

(5) 如法有特別規定，法院亦得對受判決人為二至五年參與公共事務選舉或表決權利之褫奪。

§ 45 Verlust der Amtsfähigkeit, der Wählbarkeit und des Stimmrechts

(1) Wer wegen eines Verbrechens zu Freiheitsstrafe von mindestens einem Jahr verurteilt wird, verliert für die Dauer von fünf Jahren die Fähigkeit, öffentliche Ämter zu bekleiden und Rechte aus öffentlichen Wahlen zu erlangen.

(2) Das Gericht kann dem Verurteilten für die Dauer von zwei bis zu fünf Jahren die in Absatz 1 bezeichneten Fähigkeiten aberkennen, soweit das Gesetz es besonders vorsieht.

(3) Mit dem Verlust der Fähigkeit, öffentliche Ämter zu bekleiden, verliert der Verurteilte zugleich die entsprechenden Rechtsstellungen und Rechte, die er innehat.

(4) Mit dem Verlust der Fähigkeit, Rechte aus öffentlichen Wahlen zu erlangen, verliert der Verurteilte zugleich die entsprechenden Rechtsstellungen und

Rechte, die er innehat, soweit das Gesetz nichts anderes bestimmt.

(5) Das Gericht kann dem Verurteilten für die Dauer von zwei bis zu fünf Jahren das Recht, in öffentlichen Angelegenheiten zu wählen oder zu stimmen, aberkennen, soweit das Gesetz es besonders vorsieht.

解析

1. 從屬效果僅有褫奪公權一種，須從屬於自由刑而存在。
2. 受一年以上刑之宣告者，應受五年褫奪公權之從刑。
3. 褫奪公權之內容，爲擔任公職（爲公務員之資格與權利）或爲公共選舉之公權。
4. 如法律有特別規定者，法院亦得爲二至五年褫奪公權之宣告。

第45a條　褫奪之生效

(1) 褫奪公權於裁判確定時生效。
(2) 褫奪公權期間，自自由刑執行完畢、時效完成或釋放時起算。
(3) 緩刑、假釋或保護管束或赦免，褫奪公權期間，自緩刑期滿、假釋釋放或保安處分期滿起算。

§ 45a Eintritt und Berechnung des Verlustes

(1) Der Verlust der Fähigkeiten, Rechtsstellungen und Rechte wird mit der Rechtskraft des Urteils wirksam.

(2) Die Dauer des Verlustes einer Fähigkeit oder eines Rechts wird von dem Tage an gerechnet, an dem die Freiheitsstrafe verbüßt, verjährt oder erlassen ist. Ist neben der Freiheitsstrafe eine freiheitsentziehende Maßregel der Besserung und Sicherung angeordnet worden, so wird die Frist erst von dem Tage an gerechnet, an dem auch die Maßregel erledigt ist.

(3) War die Vollstreckung der Strafe, des Strafrestes oder der Maßregel zur Bewährung oder im Gnadenweg ausgesetzt, so wird in die Frist die

Bewährungszeit eingerechnet, wenn nach deren Ablauf die Strafe oder der Strafrest erlassen wird oder die Maßregel erledigt ist.

解析

1. 褫奪公權之效力，原則上從判決確定時生效。
2. 褫奪公權期間之計算，係自刑執行完畢、時效完成或釋放時開始起算。
3. 受緩刑、或假釋者，期間自其所附保護管束期間開始起算，而保安處分於執行完畢後起算。
4. 德國刑法緩刑及假釋者，原則上均應付保護管束。

第45b條　　資格回復及復權

(1) 下列情形，法院得對依刑法第45條第1、2項喪失資格及依第45條第5項權利喪失者，為回復之宣告：
　　1. 褫奪公權期間經過二分之一以上，已收褫奪之效者；
　　2. 可預期受判決人未來不致有故意犯罪者。
(2) 褫奪公權因受行政處分而管束之期間，不算入褫奪期間。

§45b　Wiederverleihung von Fähigkeiten und Rechten

(1) Das Gericht kann nach § 45 Abs. 1 und 2 verlorene Fähigkeiten und nach § 45 Abs. 5 verlorene Rechte wiederverleihen, wenn
　　1. der Verlust die Hälfte der Zeit, für die er dauern sollte, wirksam war und
　　2. zu erwarten ist, daß der Verurteilte künftig keine vorsätzlichen Straftaten mehr begehen wird.
(2) In die Fristen wird die Zeit nicht eingerechnet, in welcher der Verurteilte auf behördliche Anordnung in einer Anstalt verwahrt worden ist.

解析

1. 本條爲褫奪公權權利回復之規定。
2. 當褫奪公權期間已逾二分之一，且認爲已收效果，且受褫奪之人，可預期不再罹於犯罪者，得提前爲權利回復之宣告。
3. 受褫奪公權之宣告，如有因行政處分而受拘禁之期日，不算入褫奪公權之期間。

第二節　刑罰裁量

Zweiter Titel Strafbemessung

第46條　　刑罰裁量原則

(1) 行爲人之罪責爲刑罰裁量之基礎。量刑應考量刑罰對行爲人未來社會生活所預期之作用。

(2) 量刑時法院應對行爲人有利及不利之情狀，一併審酌，尤應注意下列事項：

行爲人之動機與目的，尤含種族仇視、排外或其他人類仇恨之動機與目的。

行爲意識及行爲意思、義務違反程度、行爲實行方式及其所生結果。

行爲人之素行，其生活與經濟狀況及犯後態度，特別是行爲人致力於損害之修復及與被害人之和解。

(3) 法定構成要件已有之情狀，不得再予審酌。

§ 46 Grundsätze der Strafzumessung

(1) Die Schuld des Täters ist Grundlage für die Zumessung der Strafe. Die Wirkungen, die von der Strafe für das künftige Leben des Täters in der Gesellschaft zu erwarten sind, sind zu berücksichtigen.

(2) Bei der Zumessung wägt das Gericht die Umstände, die für und gegen den

Täter sprechen, gegeneinander ab. Dabei kommen namentlich in Betracht:

die Beweggründe und die Ziele des Täters, besonders auch rassistische, fremdenfeindliche oder sonstige menschenverachtende,

die Gesinnung, die aus der Tat spricht, und der bei der Tat aufgewendete Wille, das Maß der Pflichtwidrigkeit, die Art der Ausführung und die verschuldeten Auswirkungen der Tat,

das Vorleben des Täters, seine persönlichen und wirtschaftlichen Verhältnisse sowie

sein Verhalten nach der Tat, besonders sein Bemühen, den Schaden wiedergutzumachen, sowie das Bemühen des Täters, einen Ausgleich mit dem Verletzten zu erreichen.

(3) Umstände, die schon Merkmale des gesetzlichen Tatbestandes sind, dürfen nicht berücksichtigt werden.

解析

1. §46～§51為刑罰裁量之規定。
2. 行為人之罪責為刑罰裁量之基礎。量刑所應注意之刑罰效應，以行為人受刑之作用，對其未來社會生活之正面效應為主要可量。
3. 量刑時應對於行為人之利與不利因素一併審酌。
4. 刑罰裁量之具體內容，應包括行為動機與目的；行為人之意識、行為違反義務之程度，行為方式及結果之損害程度；行為人之素行、生活及經濟狀況，以及犯後態度，特別是犯後對損害修復之努力，以及致力與被害人之和解。
5. 構成要件之要素，於刑罰裁量中，不得重複予以審查。

第46a條　　行為人與被害人和解、損害修復

行為人具有下列情形時，法院得依第49條第1項之規定，減輕其刑。所犯為最重法定本刑一年以下自由刑或最重三百六十日額以下罰金之罪者，

得免除其刑：

1. 致力與被害人和解，完全或爲大部分之損害修復，或眞誠努力於損害修復者；
2. 其具有自主性決定爲損害修復與否之情況下，而對被害人完全獲絕大部分之賠償者。

§ 46a Täter-Opfer-Ausgleich, Schadenswiedergutmachung

Hat der Täter

1. in dem Bemühen, einen Ausgleich mit dem Verletzten zu erreichen (Täter-Opfer-Ausgleich), seine Tat ganz oder zum überwiegenden Teil wiedergutgemacht oder deren Wiedergutmachung ernsthaft erstrebt oder

2. in einem Fall, in welchem die Schadenswiedergutmachung von ihm erhebliche persönliche Leistungen oder persönlichen Verzicht erfordert hat, das Opfer ganz oder zum überwiegenden Teil entschädigt, so kann das Gericht die Strafe nach § 49 Abs. 1 mildern oder, wenn keine höhere Strafe als Freiheitsstrafe bis zu einem Jahr oder Geldstrafe bis zu dreihundertsechzig Tagessätzen verwirkt ist, von Strafe absehen.

解 析

1. 損害修復及與被害人和解之誠摯努力，作爲刑罰減輕或免除之事由。
2. 損害修復及與被害人之和解，可以作爲刑法第49條第1項法定特別減輕規定之事由。
3. 如有損害修復及與被害人和解之事由時，其所犯之最重法定本刑爲1年以下之輕罪者，亦得免除其刑。

第46b條　　協助舉報或阻止重大犯罪

(1) 行爲人有下列情狀者，得依第49條第1項之規定，減輕之；所犯之罪爲唯一終身自由刑之罪者，減輕爲十年以上自由刑；最輕本刑爲加重

自由刑之罪，僅減輕其加重及無法定減輕之刑。行爲人有參與犯罪，其應爲逾自身參與部分之舉報協助。行爲人之情節輕微，且其所犯之罪，僅爲有期之自由刑或受三年以下自由刑之宣告者，得予以免除其刑。

1. 基於自由意願有效協助發現與刑事訴訟法第100a條第2項所定相關之罪者；

2. 基於自由意願及時揭露與刑事訴訟法第100a條第2項所定相關之罪，其犯罪處所及其所知悉之計畫，而得以阻止者。

(2) 法院依第一項所定事由爲裁判時，應注意下列情狀：

1. 揭露事實之方式與範圍及其舉報與阻止犯罪之意義，舉報之時間，對於刑事追訴機關協助之程度及其舉報之犯罪嚴重性。

2. 前款所稱犯罪嚴重性情狀與行爲人罪責之關係。

(3) 行爲人揭露其意思之後，其所犯被裁定開啓主審程序（刑事訴訟法第207條）者，依第1項規定之減輕或免除其刑，不適用之。

§ 46b Hilfe zur Aufklärung oder Verhinderung von schweren Straftaten

(1) Wenn der Täter einer Straftat, die mit einer im Mindestmaß erhöhten Freiheitsstrafe oder mit lebenslanger Freiheitsstrafe bedroht ist,

1. durch freiwilliges Offenbaren seines Wissens wesentlich dazu beigetragen hat, dass eine Tat nach § 100a Abs. 2 der Strafprozessordnung, die mit seiner Tat im Zusammenhang steht, aufgedeckt werden konnte, oder

2. freiwillig sein Wissen so rechtzeitig einer Dienststelle offenbart, dass eine Tat nach § 100a Abs. 2 der Strafprozessordnung, die mit seiner Tat im Zusammenhang steht und von deren Planung er weiß, noch verhindert werden kann,

kann das Gericht die Strafe nach § 49 Abs. 1 mildern, wobei an die Stelle ausschließlich angedrohter lebenslanger Freiheitsstrafe eine Freiheitsstrafe nicht unter zehn Jahren tritt. Für die Einordnung als Straftat, die mit einer im Mindestmaß erhöhten Freiheitsstrafe bedroht ist, werden nur Schärfungen für besonders schwere Fälle und keine

Milderungen berücksichtigt. War der Täter an der Tat beteiligt, muss sich sein Beitrag zur Aufklärung nach Satz 1 Nr. 1 über den eigenen Tatbeitrag hinaus erstrecken. Anstelle einer Milderung kann das Gericht von Strafe absehen, wenn die Straftat ausschließlich mit zeitiger Freiheitsstrafe bedroht ist und der Täter keine Freiheitsstrafe von mehr als drei Jahren verwirkt hat.

(2) Bei der Entscheidung nach Absatz 1 hat das Gericht insbesondere zu berücksichtigen:

1. die Art und den Umfang der offenbarten Tatsachen und deren Bedeutung für die Aufklärung oder Verhinderung der Tat, den Zeitpunkt der Offenbarung, das Ausmaß der Unterstützung der Strafverfolgungsbehörden durch den Täter und die Schwere der Tat, auf die sich seine Angaben beziehen, sowie

2. das Verhältnis der in Nummer 1 genannten Umstände zur Schwere der Straftat und Schuld des Täters.

(3) Eine Milderung sowie das Absehen von Strafe nach Absatz 1 sind ausgeschlossen, wenn der Täter sein Wissen erst offenbart, nachdem die Eröffnung des Hauptverfahrens (§ 207 der Strafprozessordnung) gegen ihn beschlossen worden ist.

解析

1. 重大犯罪行為人協助舉發該重大犯罪，或作為污點證人為舉發，並阻止重大犯罪之發生，得作為刑法第49條第1項之特別減輕事由。

2. 行為人基於自由意願有效協助發現，或基於自由意願及時揭露重大犯罪者，得為該條之適用。

3. 重大犯罪所指者，為刑事訴訟法第100a條第1項所規定之重大犯罪。其中有屬刑法規定者，有屬附屬刑法規定者，包括刑法中之20種犯罪類型、稅法中逃漏稅犯罪類型、藥物法、難民程序法、居留法、外貿法、麻醉藥品法、原物料管制法、軍事武器管制法、國際刑法、武器

法等所規定之罪。

4. 減免標準爲，終身自由刑減爲十年有期自由刑，有期自由刑依減輕規定減輕之。行爲情節輕微，且法定本刑僅爲有期之自由刑，或受三年以下自由刑之宣告者，得予以免除其刑。

5. 限定自願性協助意思之表示，須於主審程序開啓裁定之前。行爲人於刑事訴訟法第207條裁定開啓主審程序之後，方願爲之者，並不適用本條減輕或免除其刑之規定。

第47條　　例外情況之短期自由刑

(1) 法院僅得於特別情狀下，基於事實或行爲人人格之考量，而有使行爲人受自由刑之處罰或因法制序防衛之必要者，方爲六個月以下自由刑之科處。

(2) 法定刑無罰金刑或最重爲六月以下自由刑者，其無前項非科處自由刑之必要事由者，法院得爲罰金刑之科處。法定自由刑定有較高之低度刑者，其罰金刑之額度，依前段法定自由刑之低度刑定之；以三十日額折抵自由刑一月。

§ 47 Kurze Freiheitsstrafe nur in Ausnahmefällen

(1) Eine Freiheitsstrafe unter sechs Monaten verhängt das Gericht nur, wenn besondere Umstände, die in der Tat oder der Persönlichkeit des Täters liegen, die Verhängung einer Freiheitsstrafe zur Einwirkung auf den Täter oder zur Verteidigung der Rechtsordnung unerläßlich machen.

(2) Droht das Gesetz keine Geldstrafe an und kommt eine Freiheitsstrafe von sechs Monaten oder darüber nicht in Betracht, so verhängt das Gericht eine Geldstrafe, wenn nicht die Verhängung einer Freiheitsstrafe nach Absatz 1 unerläßlich ist. Droht das Gesetz ein erhöhtes Mindestmaß der Freiheitsstrafe an, so bestimmt sich das Mindestmaß der Geldstrafe in den Fällen des Satzes 1 nach dem Mindestmaß der angedrohten Freiheitsstrafe; dabei entsprechen dreißig Tagessätze einem Monat Freiheitsstrafe.

1. 本條規定短期自由刑僅在例外之情況下，方得為科處。
2. 短期自由刑者，為六個月以下之自由刑。
3. 如法定刑無罰金刑之規定，或者最重本刑為六個月以下之自由刑者，其並無非可處短期自由刑不可之情形，則以罰金刑替代。
4. 其易以罰金刑之基準，依法定刑之低度刑定之。易處之標準，為三十日額易自由刑一月。

第48條　　刪除

§ 48 weggefallen

第49條　　特別法定減輕事由

(1) 減輕依本法規定或許可者，依下列方式減輕之：

1. 終身自由刑減輕為三年以上自由刑。
2. 有期自由得處至本刑之四分之三。罰金刑之最高日額準用之。
3. 法定刑訂有較高之低度刑者，其低度刑為十年或五年者，減輕為二年；低度刑為三年或二年者，減輕為六月；低度刑為一年者，減輕為三月；餘者依法定低度刑定之。

(2) 法院依適用本條規定之法律而予以酌量減輕者，得減輕至法定刑所定之低度刑，或替代自由刑，以罰金刑易之。

§49 Besondere gesetzliche Milderungsgründe

(1) Ist eine Milderung nach dieser Vorschrift vorgeschrieben oder zugelassen, so gilt für die Milderung folgendes:

1. An die Stelle von lebenslanger Freiheitsstrafe tritt Freiheitsstrafe nicht unter drei Jahren.

2. Bei zeitiger Freiheitsstrafe darf höchstens auf drei Viertel des angedrohten Höchstmaßes erkannt werden.

Bei Geldstrafe gilt dasselbe für die Höchstzahl der Tagessätze.

3. Das erhöhte Mindestmaß einer Freiheitsstrafe ermäßigt sich im Falle eines Mindestmaßes von zehn oder fünf Jahren auf zwei Jahre, im Falle eines Mindestmaßes von drei oder zwei Jahren auf sechs Monate, im Falle eines Mindestmaßes von einem Jahr auf drei Monate, im übrigen auf das gesetzliche Mindestmaß.

(2) Darf das Gericht nach einem Gesetz, das auf diese Vorschrift verweist, die Strafe nach seinem Ermessen mildern, so kann es bis zum gesetzlichen Mindestmaß der angedrohten Strafe herabgehen oder statt auf Freiheitsstrafe auf Geldstrafe erkennen.

解析

1. 本條規定為刑之減輕標準。分為上度及下度之減輕規定。

2. 終身自由刑減輕為三年以上自由刑（上度為十五年以下）；有期自由刑減輕至四分之一（得科處至本刑之四分之三），日額之減輕，依有期自由刑之減輕規定。

3. 如有較高低度刑之法定刑，如低度刑為十年或五年者，低度刑減輕為二年；低度刑為三年或二年者，減為六月；低度刑為一年者，減輕為三月；其他低度刑，則依法定低度刑定之。其高度刑部分則依四分之三之規定。

4. 酌減者，依此規定為減輕之。

第50條　　減輕事由競合

個別或有其他情節輕微情狀，其同時屬於刑法第49條所定之減輕事由者，僅得為一次減輕。

§ 50 Zusammentreffen von Milderungsgründen

Ein Umstand, der allein oder mit anderen Umständen die Annahme eines minder schweren Falles begründet und der zugleich ein besonderer gesetzlicher Milderungsgrund nach § 49 ist, darf nur einmal berücksichtigt werden.

 解析

數個減輕事由同時存在者，僅能為一次減輕。

第51條　折抵

(1) 受判決人於刑事程序中，因犯罪而受或曾受羈押或其他自由剝奪之處分者，得折抵自由刑或罰金刑。法院得衡酌受判決人犯後之行為，認有不適當者，亦得全數不為折抵或僅部分折抵。

(2) 裁判確定所定之刑因後程序而更定其刑者，依所更定之刑折抵已執行之刑或已折抵之刑。

(3) 受判決人因同一犯罪曾於外國受處罰，依所科之刑折抵於外國已執行之刑。第1項之規定，於外國受自由剝奪之處分者，準用之。

(4) 罰金刑或準用罰金刑之折抵，以一日額折抵自由剝奪一日。受外國之處罰或自由剝奪者，其折抵標準由法官量定之。

(5) 第1項之規定，於暫時駕駛許可剝奪（刑事訴訟法第111a條）折抵依第44條所為駕駛禁止期間之折抵，準用之。駕照被交付保管、吊扣或扣押者（刑事訴訟法第94條），視同暫時性駕駛許可剝奪。

§ 51 Anrechnung

(1) Hat der Verurteilte aus Anlaß einer Tat, die Gegenstand des Verfahrens ist oder gewesen ist, Untersuchungshaft oder eine andere Freiheitsentziehung erlitten, so wird sie auf zeitige Freiheitsstrafe und auf Geldstrafe angerechnet. Das Gericht kann jedoch anordnen, daß die Anrechnung ganz oder zum Teil unterbleibt, wenn sie im Hinblick auf das Verhalten des

Verurteilten nach der Tat nicht gerechtfertigt ist.

(2) Wird eine rechtskräftig verhängte Strafe in einem späteren Verfahren durch eine andere Strafe ersetzt, so wird auf diese die frühere Strafe angerechnet, soweit sie vollstreckt oder durch Anrechnung erledigt ist.

(3) Ist der Verurteilte wegen derselben Tat im Ausland bestraft worden, so wird auf die neue Strafe die ausländische angerechnet, soweit sie vollstreckt ist. Für eine andere im Ausland erlittene Freiheitsentziehung gilt Absatz 1 entsprechend.

(4) Bei der Anrechnung von Geldstrafe oder auf Geldstrafe entspricht ein Tag Freiheitsentziehung einem Tagessatz. Wird eine ausländische Strafe oder Freiheitsentziehung angerechnet, so bestimmt das Gericht den Maßstab nach seinem Ermessen.

(5) Für die Anrechnung der Dauer einer vorläufigen Entziehung der Fahrerlaubnis (§ 111a der Strafprozeßordnung) auf das Fahrverbot nach § 44 gilt Absatz 1 entsprechend. In diesem Sinne steht der vorläufigen Entziehung der Fahrerlaubnis die Verwahrung, Sicherstellung oder Beschlagnahme des Führerscheins (§ 94 der Strafprozeßordnung) gleich.

解析

1. 本條規定為程序中受自由拘束處分時，得為受宣告確定之刑折抵之。

2. 原則上程序之拘束自由處分，得折抵自由刑及罰金刑（以日額之形式為折抵），但如法院對於行為人受判決後之行為，認為有不適當之理由者，亦可裁定不予折抵。

3. 折抵之條件，亦適用於同一犯罪曾於外國受刑之執行，或於外國程序中曾受之拘束自由處分。

4. 受自由拘束之處分，如為折抵罰金刑者，其折抵標準授權由法官量定之。

5. 如程序中受到暫時性之駕駛許可剝奪者，其得作為駕駛禁止期間之折抵。

第三節　數罪併罰

Dritter Titel Strafbemessung bei mehreren Gesetzesverletzungen

第52條　案件同一

(1) 一行為而觸犯數罪名或同一罪名數次者，從一刑罰處斷。

(2) 觸犯數罪名者，從一重刑處斷，其不得低於其他適用之法律規定。

(3) 依刑法第41條規定之條件，罰金刑得與自由刑分別科處。

(4) 處犯罪名有規定或許可科處從刑、附隨效果或保安處分者（第11條第1項第8款），其亦應或得予以科處。

§ 52 Tateinheit

(1) Verletzt dieselbe Handlung mehrere Strafgesetze oder dasselbe Strafgesetz mehrmals, so wird nur auf eine Strafe erkannt.

(2) Sind mehrere Strafgesetze verletzt, so wird die Strafe nach dem Gesetz bestimmt, das die schwerste Strafe androht. Sie darf nicht milder sein, als die anderen anwendbaren Gesetze es zulassen.

(3) Geldstrafe kann das Gericht unter den Voraussetzungen des § 41 neben Freiheitsstrafe gesondert verhängen.

(4) Auf Nebenstrafen, Nebenfolgen und Maßnahmen (§ 11 Absatz 1 Nummer 8) muss oder kann erkannt werden, wenn eines der anwendbaren Gesetze dies vorschreibt oder zulässt.

解析

1. 本節為想像競合及一人犯數罪法律效果處理之規定，亦即競合論之規範。

2. 本條為犯罪事實單一之規定，亦即學理所稱想像競合之法律效果規定，其根本性之意涵應稱為「案件單一」，惟因屬刑法之規定，故譯

爲「犯罪事實單一」。

3. 一行爲觸犯數罪名者，從一重刑處斷，但科刑之下限，不得低於較高之低度刑，此爲學理所稱結合刑原則。

4. 想像競合科刑時，得將自由刑與罰金刑分別科處。此爲自由刑與罰金刑分別科處之例外。

5. 想像競合有科處財產刑之情形，其與終身自由刑，或是科處最重二年以下自由刑時，亦得併科處之。從屬刑及附隨效果或保安處分，亦均得分別科處。

第53條　　複數案件

(1) 一人犯數罪，而同時受裁判者，受宣告之多數自由刑或罰金刑，依一整體刑論處之。

(2) 自由刑與罰金刑競合者，依一整體刑論處，亦得將罰金刑分別論處；若數罪均爲罰金刑之宣告者，依一整體罰金刑論處。

(3) 第52條第3項、第4項之規定適用之。

§ 53　Tatmehrheit

(1) Hat jemand mehrere Straftaten begangen, die gleichzeitig abgeurteilt werden, und dadurch mehrere Freiheitsstrafen oder mehrere Geldstrafen verwirkt, so wird auf eine Gesamtstrafe erkannt.

(2) Trifft Freiheitsstrafe mit Geldstrafe zusammen, so wird auf eine Gesamtstrafe erkannt. Jedoch kann das Gericht auf Geldstrafe auch gesondert erkennen; soll in diesen Fällen wegen mehrerer Straftaten Geldstrafe verhängt werden, so wird insoweit auf eine Gesamtgeldstrafe erkannt.

(3) § 52 Abs. 3 und 4 gilt sinngemäß.

1. 本條為數罪併罰之規範，即一行為人所犯獨立之數罪時，決定法律效果之處理機制。

2. 數罪併罰之前提條件，並非以裁判確定前犯數罪，均得為併罰處理。原則上得為併罰處理者，主要以數罪同時受裁判之情形。倘若非同時受裁判，而是先後受裁判者，則須依第55條之要求，僅於前科刑裁判前所犯之他罪，方得以為併罰之處理，此為動態性之認定機制。

3. 數罪併罰之意旨，在於以整體刑之概念，作為數罪併合處罰之法律效果。

4. 數罪併罰以整體刑之概念，作為具體科刑之基礎。整體刑之形成關係，對於不同法律效果者，若自由刑與罰金刑同時存在時，原則上罰金刑以日額之形式，與自由刑形成一整體刑，但亦得分別科刑。

5. 整體刑有其他不同之效果存在時，則依共同之要求，為整體刑之形成。故第52條第3、4項之不同效果應予分別科處，亦適用於併罰之情形。

6. 除罰金與自由刑外，不同法律效果，個別依其同質關係為整體刑之形成；再依是否分別科處，作為最終科刑併罰之處理。

第54條　　整體刑之形成

(1) 宣告最重為終身自由刑者，整體刑依終身自由刑論處；其他情形之整體刑形成，為宣告最高刑以上，不同類型之刑罰依其類型所宣告之最重刑以上定之。行為人人格及各罪應予整體審酌。

(2) 整體刑之上度不得逾個別刑之總和。有期自由刑合併不得逾十五年；罰金刑不得逾七百二十日額。

(3) 整體刑由自由刑及罰金所形成者，確定個別刑之總和時，一日額相當自由刑一日。

§ 54 Bildung der Gesamtstrafe

(1) Ist eine der Einzelstrafen eine lebenslange Freiheitsstrafe, so wird als Gesamtstrafe auf lebenslange Freiheitsstrafe erkannt. In allen übrigen Fällen wird die Gesamtstrafe durch Erhöhung der verwirkten höchsten Strafe, bei Strafen verschiedener Art durch Erhöhung der ihrer Art nach schwersten Strafe gebildet. Dabei werden die Person des Täters und die einzelnen Straftaten zusammenfassend gewürdigt.

(2) Die Gesamtstrafe darf die Summe der Einzelstrafen nicht erreichen. Sie darf bei zeitigen Freiheitsstrafen fünfzehn Jahre und bei Geldstrafe siebenhundertzwanzig Tagessätze nicht übersteigen.

(3) Ist eine Gesamtstrafe aus Freiheits- und Geldstrafe zu bilden, so entspricht bei der Bestimmung der Summe der Einzelstrafen ein Tagessatz einem Tag Freiheitsstrafe.

解析

整體刑之形成方式如下：

1. 宣告多次或終身自由刑者，以終身自由刑作爲整體刑。

2. 宣告多數之刑，以同類型之之最高度以上，刑之總和以下，具體量定一整體刑。

3. 有期自由刑之併罰上限爲十五年；罰金刑上限爲七百二十日額；財產刑不得逾行爲人之財產總額。

4. 自由刑與罰金刑同時存在者，應先分別定其數額，各受其上限之限制，再作統一或分別之整體刑處理。

第55條　　事後整體刑形成

(1) 受判決確定之人，於前裁判前犯他罪，而於該罪確定後、應執行之刑執行完畢前、時效完成前或釋放前受裁判者，刑法第53條及第54條亦適用之。此稱前裁判者，謂於前程序中據以爲最終事實審確認之判決

屬之。

(2) 前判決中所科處之從刑、附屬效果及保安措施（第11條第1項第8款），其未因新裁判而失效者，仍予以維持。

§ 55 Nachträgliche Bildung der Gesamtstrafe

(1) Die §§ 53 und 54 sind auch anzuwenden, wenn ein rechtskräftig Verurteilter, bevor die gegen ihn erkannte Strafe vollstreckt, verjährt oder erlassen ist, wegen einer anderen Straftat verurteilt wird, die er vor der früheren Verurteilung begangen hat. Als frühere Verurteilung gilt das Urteil in dem früheren Verfahren, in dem die zugrundeliegenden tatsächlichen Feststellungen letztmals geprüft werden konnten.

(2) Nebenstrafen, Nebenfolgen und Maßnahmen (§ 11 Abs. 1 Nr. 8), auf die in der früheren Entscheidung erkannt war, sind aufrechtzuerhalten, soweit sie nicht durch die neue Entscheidung gegenstandslos werden.

解析

1. 本條規範數罪有不同裁判存在者，其數罪併罰之條件及處理方式。
2. 數罪併罰有數裁判者，其處理方式有二：(1)依本條規定，於前所受科刑判決確定後，其刑執行完畢前，或行刑時效完成或釋放前而受裁判，應是用第53及54條之整體刑效果；(2)依刑事訴訟法第460條之規定，如無法直接適用第53、54條，則授權法院為整體刑改定之裁定。
3. 倘若前確定判決已經執行完畢、時效已完成或已釋放者，自無得在為整體刑形成之適用。

第四節　刑之豁免付管束

Vierter Titel Strafaussetzung zur Bewährung

第56條　緩刑

(1) 受一年以下自由刑之宣告，如判決已收對受判決人之警示效應，且其雖不受刑罰之執行，於未來亦不致罹於犯罪者，得宣告豁免其刑之執行而付管束。爲緩刑宣告時，應審酌行爲人之人格、素行、行爲情狀、犯罪後態度、生活狀況及預期之緩刑效應。

(2) 基於犯罪整體之衡量及受判決人之人格，而有特別情況存在者，法院亦得對受二年以下自由刑之宣告者，依第1項之條件而爲付管束之緩刑宣告。受判決人致力修復其行爲所生之損害，判決時亦應審酌。

(3) 受六個月以上自由刑之宣告，基於法秩序防衛之必要者，得不爲緩刑之宣告。

(4) 緩刑不得爲部分刑之限制。緩刑不因羈押之折抵或其他刑罰免除而受限。

§ 56 Strafaussetzung

(1) Bei der Verurteilung zu Freiheitsstrafe von nicht mehr als einem Jahr setzt das Gericht die Vollstreckung der Strafe zur Bewährung aus, wenn zu erwarten ist, daß der Verurteilte sich schon die Verurteilung zur Warnung dienen lassen und künftig auch ohne die Einwirkung des Strafvollzugs keine Straftaten mehr begehen wird. Dabei sind namentlich die Persönlichkeit des Verurteilten, sein Vorleben, die Umstände seiner Tat, sein Verhalten nach der Tat, seine Lebensverhältnisse und die Wirkungen zu berücksichtigen, die von der Aussetzung für ihn zu erwarten sind.

(2) Das Gericht kann unter den Voraussetzungen des Absatzes 1 auch die Vollstreckung einer höheren Freiheitsstrafe, die zwei Jahre nicht übersteigt, zur Bewährung aussetzen, wenn nach der Gesamtwürdigung von Tat und

Persönlichkeit des Verurteilten besondere Umstände vorliegen. Bei der Entscheidung ist namentlich auch das Bemühen des Verurteilten, den durch die Tat verursachten Schaden wiedergutzumachen, zu berücksichtigen.

(3) Bei der Verurteilung zu Freiheitsstrafe von mindestens sechs Monaten wird die Vollstreckung nicht ausgesetzt, wenn die Verteidigung der Rechtsordnung sie gebietet.

(4) Die Strafaussetzung kann nicht auf einen Teil der Strafe beschränkt werden. Sie wird durch eine Anrechnung von Untersuchungshaft oder einer anderen Freiheitsentziehung nicht ausgeschlossen.

解析

1. 德國緩刑與假釋均用刑罰豁免之用詞。刑罰豁免之意義，乃指刑罰執行之豁免之義，故簡譯為刑罰豁免，主要涉及者為執行刑執行豁免之緩刑，以及餘刑執行豁免之假釋。

2. 緩刑條件，原則上為受宣告一年以下之自由刑；僅於特別情狀之衡量，得於受二年以下自由刑宣告者，為緩刑宣告（第2項）。

3. 受六月以下刑之宣告，如基於特殊原因，法秩序所不允許者，亦得不為緩刑之宣告。

4. 緩刑前提之科刑基礎，為受判決人最終應執行之刑，故數罪併罰之情況，亦有緩刑之適用。

5. 緩刑係針對最終之執行刑，故無個別宣告刑適用之問題。

第56a條　　管束期間

(1) 法院應定管束期間。其期間為五年以下二年以上。

(2) 管束期間自緩刑判決確定起算。管束期間得於事後縮減至最低度，或於其期滿前延長至最高度。

§ 56a Bewährungszeit

(1) Das Gericht bestimmt die Dauer der Bewährungszeit. Sie darf fünf Jahre nicht überschreiten und zwei Jahre nicht unterschreiten.

(2) Die Bewährungszeit beginnt mit der Rechtskraft der Entscheidung über die Strafaussetzung. Sie kann nachträglich bis auf das Mindestmaß verkürzt oder vor ihrem Ablauf bis auf das Höchstmaß verlängert werden.

解析

1. 緩刑與假釋，均應付管束。
2. 緩刑管束期間爲二年以上五年以下，故緩刑期間多以管束期間標定之。
3. 緩刑期間（以管束期間爲標示），自裁判確定起算，其得縮短及延長（刑訴第453條之規定）。縮短及延長，以管束期間之上下限爲界限。

第56b條　附負擔條件

(1) 法院認爲衡平所犯之不法爲適當者，得對受判決人可以負擔條件，其不得逾受判決人所能承擔之範圍。

(2) 法院得命受判決人爲負擔條件者，
    1. 致力修復因犯罪所生之損害；
    2. 向公益機構爲一定金額之給付，若其考量犯罪及行爲人人格爲是當者；
    3. 其他有益公益之勞務；
    4. 向公庫支付一定之金額。
    依第1項第2至4款所命負擔條件之履行，不得有牴觸損害之修復。

(3) 受判決人主動請求爲衡平所犯不法之適當勞務者，如法院認爲請求適當者，得暫時免除負擔條件。

§ 56b Auflagen

(1) Das Gericht kann dem Verurteilten Auflagen erteilen, die der Genugtuung

für das begangene Unrecht dienen. Dabei dürfen an den Verurteilten keine unzumutbaren Anforderungen gestellt werden.

(2) Das Gericht kann dem Verurteilten auferlegen,

1. nach Kräften den durch die Tat verursachten Schaden wiedergutzumachen,

2. einen Geldbetrag zugunsten einer gemeinnützigen Einrichtung zu zahlen, wenn dies im Hinblick auf die Tat und die Persönlichkeit des Täters angebracht ist,

3. sonst gemeinnützige Leistungen zu erbringen oder

4. einen Geldbetrag zugunsten der Staatskasse zu zahlen.

Eine Auflage nach Satz 1 Nr. 2 bis 4 soll das Gericht nur erteilen, soweit die Erfüllung der Auflage einer Wiedergutmachung des Schadens nicht entgegensteht.

(3) Erbietet sich der Verurteilte zu angemessenen Leistungen, die der Genugtuung für das begangene Unrecht dienen, so sieht das Gericht in der Regel von Auflagen vorläufig ab, wenn die Erfüllung des Anerbietens zu erwarten ist.

解析

1. 緩刑宣告除付管束之外，亦得為必要之要求及命令（本條及第56c條）。此負擔條件者，主要係使行為人得對其行為所生損害予以填補及修復。故負擔條件為屬於對已生之犯罪所為之要求。

2. 科以負擔條件，主要是為平衡已有之犯罪，包括為損害修復、對被害人之賠償、對公益團體及公庫之支付或勞務等方式。

3. 負擔須為行為人能力所及，需遵守比例原則，不得逾必要程度。

4. 受判決人得主動以一定勞務之履行，作為免除負擔之請求。

第56c條　必要命令（指示）

(1) 法院得對受判決人於管束期間附預防再犯之必要命令，其不得超出受

判決人正常生活期待之範圍。

(2) 法院得對受判決人爲下列之必要命令：

　　1. 遵守關於生活、教育、工作、休閒或其經濟活動之必要要求；

　　2. 定時向法院或其他指定機關報到；

　　3. 對被害人、特定人或特定團體之人，其有促使或引誘再犯之虞者，不得爲接觸、交往、爲其工作、教育或容留；

　　4. 具有促使或引誘再犯之虞之特定物，不得持有、使用或收藏；

　　5. 善盡教養義務。

(3) 下列必要命令應得受判決人同意：

　　1. 施以身體侵犯性之治療或戒除之療程；

　　2. 收容於適當之處所或機構。

(4) 受判決人基於自願陳述其所預爲之未來生活方式，法院認其可行且適當者，得暫時免除必要命令。

§ 56c　Weisungen

(1) Das Gericht erteilt dem Verurteilten für die Dauer der Bewährungszeit Weisungen, wenn er dieser Hilfe bedarf, um keine Straftaten mehr zu begehen. Dabei dürfen an die Lebensführung des Verurteilten keine unzumutbaren Anforderungen gestellt werden.

(2) Das Gericht kann den Verurteilten namentlich anweisen,

　　1. Anordnungen zu befolgen, die sich auf Aufenthalt, Ausbildung, Arbeit oder Freizeit oder auf die Ordnung seiner wirtschaftlichen Verhältnisse beziehen,

　　2. sich zu bestimmten Zeiten bei Gericht oder einer anderen Stelle zu melden,

　　3. zu der verletzten Person oder bestimmten Personen oder Personen einer bestimmten Gruppe, die ihm Gelegenheit oder Anreiz zu weiteren Straftaten bieten können, keinen Kontakt aufzunehmen, mit ihnen nicht zu verkehren, sie nicht zu beschäftigen, auszubilden oder zu beherbergen,

　　4. bestimmte Gegenstände, die ihm Gelegenheit oder Anreiz zu weiteren

Straftaten bieten können, nicht zu besitzen, bei sich zu führen oder verwahren zu lassen oder

5. Unterhaltspflichten nachzukommen.

(3) Die Weisung,

1. sich einer Heilbehandlung, die mit einem körperlichen Eingriff verbunden ist, oder einer Entziehungskur zu unterziehen oder

2. in einem geeigneten Heim oder einer geeigneten Anstalt Aufenthalt zu nehmen, darf nur mit Einwilligung des Verurteilten erteilt werden.

(4) Macht der Verurteilte entsprechende Zusagen für seine künftige Lebensführung, so sieht das Gericht in der Regel von Weisungen vorläufig ab, wenn die Einhaltung der Zusagen zu erwarten ist.

解析

1. 附必要之命令（文意為指示，但以譯為必要命令較佳），係法院要求受判決人對其未來行為之應遵守事項。

2. 必要命令者，主要係基於特別預防之再犯防止構想，對於受判決人做一定事項之要求，以促其遵守遠離犯罪。

3. 對於有形拘束受判決人人身自由之命令，應得其同意，如將其送治療或戒癮，或是將其送一定之收容機構者。

4. 受判決人如基於自願之方式，主動提出其未來生活之規劃，法院認為適當可行者，亦得暫時為必要命令之免除。

第56d條　　觀護輔助

(1) 為有效防止犯罪，法院得將受判決之人，於全部或一部管束期間內，交付觀護輔助人為監督與指導。

(2) 受九月自由刑之宣告及受判決人未滿二十七歲而宣告緩刑者，法院應依第1項之規定為必要命令。

(3) 觀護輔助人應為協助及照護受判決人。觀護輔助人承法院之命，為負

擔及必要命令，以及自請及自陳事項確實履行之監督，並向法院報告
受判決人於期間內之生活狀況。如有輕率或蓄意違反負擔、命令、自
請及自陳事項者，觀護輔助人應即通知法院。

(4) 觀護輔助人由法院指定之。法院得對觀護輔助人為依第3項所定具體
事項為指示。

(5) 觀護輔助人為專職或榮譽職。

§ 56d Bewährungshilfe

(1) Das Gericht unterstellt die verurteilte Person für die Dauer oder einen Teil
der Bewährungszeit der Aufsicht und Leitung einer Bewährungshelferin
oder eines Bewährungshelfers, wenn dies angezeigt ist, um sie von
Straftaten abzuhalten.

(2) Eine Weisung nach Absatz 1 erteilt das Gericht in der Regel, wenn es eine
Freiheitsstrafe von mehr als neun Monaten aussetzt und die verurteilte
Person noch nicht 27 Jahre alt ist.

(3) Die Bewährungshelferin oder der Bewährungshelfer steht der verurteilten
Person helfend und betreuend zur Seite. Sie oder er überwacht im
Einvernehmen mit dem Gericht die Erfüllung der Auflagen und Weisungen
sowie der Anerbieten und Zusagen und berichtet über die Lebensführung der
verurteilten Person in Zeitabständen, die das Gericht bestimmt. Gröbliche
oder beharrliche Verstöße gegen Auflagen, Weisungen, Anerbieten oder
Zusagen teilt die Bewährungshelferin oder der Bewährungshelfer dem
Gericht mit.

(4) Die Bewährungshelferin oder der Bewährungshelfer wird vom Gericht
bestellt. Es kann der Bewährungshelferin oder dem Bewährungshelfer für
die Tätigkeit nach Absatz 3 Anweisungen erteilen.

(5) Die Tätigkeit der Bewährungshelferin oder des Bewährungshelfers wird
haupt- oder ehrenamtlich ausgeübt.

1. 本條為具體管束方式之規定。法院對於刑罰執行豁免之緩刑與假釋，得於其管束期間內，認為為防止犯罪之必要，得將受管束人交與觀護輔助人輔導及監督。
2. 交付觀護輔助人輔導及監督者有二種情況：(1)得交付，此於法院認為有必要時為之；(2)應交付，若受判決人受九月以上自由刑之宣告，或是其尚未滿二十七歲者，於受緩刑宣告時，應交付觀護輔助人輔導。
3. 觀護輔助人為專職或榮譽職二種，其承法院之命為觀護輔導時，應定時或隨時向法院報告觀護之情形。

第56e條　　事後裁定

法院對第56b條至第56d條所規定之事項，得為事後裁定、變更或撤銷。

§ 56e Nachträgliche Entscheidungen

Das Gericht kann Entscheidungen nach den §§ 56b bis 56d auch nachträglich treffen, ändern oder aufheben.

　　緩刑付管束期間，法院所為之負擔條件、必要命令及交付觀護者，法院得為事後裁定、變更或撤銷之（刑事訴訟法第453條參照）。

第56f條　　緩刑之撤銷

(1) 有下列情形之一者，法院得對受判決人為緩刑之撤銷：
    1. 管束期內犯罪，足認無法收緩刑之效者；
    2. 輕率或蓄意違反必要命令，或刻意規避觀護輔助人之監督與指導，而足認有再犯罪之虞者；
    3. 輕率或蓄意違反負擔條件者。於緩刑宣告之裁判後確定前，或在整

體刑形成之情形，於緩刑之相關裁判後、整體刑裁判確定前，更犯
罪者，第1款之規定準用之。

(2) 有下列情形之一，亦得不爲緩刑撤銷：

1. 賦予新負擔條件或必要命令，特別係將受判決人交付觀護輔助人；

2. 延長管束或交付觀護期間。

第2款所定管束期間之延長，不得逾原管束期間之二分之一。

(3) 受判決人未履行所付負擔條件、其自願之請求、必要命令及其自陳
實現事項者。但受判決人依第56b條第2項前段第2至4款所付之負擔條
件，或依第56b條第3項所爲請求事項，其已履行者，於緩刑撤銷時，
得爲刑罰之折抵。

§ 56f Widerruf der Strafaussetzung

(1) Das Gericht widerruft die Strafaussetzung, wenn die verurteilte Person

1. in der Bewährungszeit eine Straftat begeht und dadurch zeigt, daß die
   Erwartung, die der Strafaussetzung zugrunde lag, sich nicht erfüllt hat,

2. gegen Weisungen gröblich oder beharrlich verstößt oder sich der Aufsicht
   und Leitung der Bewährungshelferin oder des Bewährungshelfers
   beharrlich entzieht und dadurch Anlaß zu der Besorgnis gibt, daß sie
   erneut Straftaten begehen wird, oder

3. gegen Auflagen gröblich oder beharrlich verstößt.

   Satz 1 Nr. 1 gilt entsprechend, wenn die Tat in der Zeit zwischen der
   Entscheidung über die Strafaussetzung und deren Rechtskraft oder
   bei nachträglicher Gesamtstrafenbildung in der Zeit zwischen der
   Entscheidung über die Strafaussetzung in einem einbezogenen Urteil
   und der Rechtskraft der Entscheidung über die Gesamtstrafe begangen
   worden ist.

(2) Das Gericht sieht jedoch von dem Widerruf ab, wenn es ausreicht,

1. weitere Auflagen oder Weisungen zu erteilen, insbesondere die verurteilte
   Person einer Bewährungshelferin oder einem Bewährungshelfer zu
   unterstellen, oder

2. die Bewährungs- oder Unterstellungszeit zu verlängern.

In den Fällen der Nummer 2 darf die Bewährungszeit nicht um mehr als die Hälfte der zunächst bestimmten Bewährungszeit verlängert werden.

(3) Leistungen, die die verurteilte Person zur Erfüllung von Auflagen, Anerbieten, Weisungen oder Zusagen erbracht hat, werden nicht erstattet. Das Gericht kann jedoch, wenn es die Strafaussetzung widerruft, Leistungen, die die verurteilte Person zur Erfüllung von Auflagen nach § 56b Abs. 2 Satz 1 Nr. 2 bis 4 oder entsprechenden Anerbieten nach § 56b Abs. 3 erbracht hat, auf die Strafe anrechnen.

解 析

1. 本條為緩刑撤銷之規定。
2. 緩刑撤銷之條件，如管束期內更犯罪、管束無法收其效果、有違反負擔條件或必要命令者。
3. 如審查緩刑付管束之成效，尚有實現可能者，亦可以替代性方式，而不予撤銷緩刑，如賦予新之負擔、命令或交付觀護輔助人輔導；或是延長其管束或交付觀護期間。
4. 撤銷緩刑時，其有履行之義務者，如得為折抵刑罰之條件（第56b條第2項前段第2至4款所付之負擔條件，或依第56b條第3項所為請求事項），於撤銷緩刑後，得為刑罰之折抵。

第56g條　　刑之免除效力

(1) 管束期滿緩刑未經撤銷者，其刑予以免除。第56f條第3項前段之規定，準用之。
(2) 受判決人於管束期內故意犯罪，而受六月以上自由刑之裁判者，法院得撤銷其刑之免除。刑之免除撤銷，僅得於管束期滿後一年內及所犯之罪判決確定後六個月內為之。第56f條第1項第2句及第3項之規定，準用之。

§ 56g Straferlaß

(1) Widerruft das Gericht die Strafaussetzung nicht, so erläßt es die Strafe nach Ablauf der Bewährungszeit. § 56f Abs. 3 Satz 1 ist anzuwenden.

(2) Das Gericht kann den Straferlaß widerrufen, wenn der Verurteilte wegen einer in der Bewährungszeit begangenen vorsätzlichen Straftat zu Freiheitsstrafe von mindestens sechs Monaten verurteilt wird. Der Widerruf ist nur innerhalb von einem Jahr nach Ablauf der Bewährungszeit und von sechs Monaten nach Rechtskraft der Verurteilung zulässig. § 56f Abs. 1 Satz 2 und Abs. 3 gilt entsprechend.

1. 本條為緩刑期滿未受撤銷之效力規範，其所為宣告刑失其效力。

2. 緩刑期滿未經撤銷者，其刑之宣告失其效力，此為緩刑期滿未撤銷之刑罰免除效力。

3. 若緩刑期滿未撤銷，但發現有緩刑付管束期內故意犯罪，而受六月以上自由刑之宣告者，法院仍得撤銷。惟撤銷緩刑之界限，應於緩刑期滿後一年內，以及所犯之罪裁判確定後六個月內為之。

第57條　有期自由刑餘刑之假釋

(1) 審酌下列情形，法院得為有期自由刑餘刑之假釋付管束：

　　1. 應執行之刑已執行刑期之三分之二，其最低已執行二個月。

　　2. 基於整體社會安全利益之考量，且

　　3. 經受刑人之同意。

　　為假釋裁定時，應特別注意受刑人之人格、其素行、其犯罪之情狀、法益受再犯威脅之程度、受刑人執行時之表現，以及預期假釋後之生活狀況及影響。

(2) 行已執行逾二分之一，且至少執行逾六個月，法院於下列情況之一，亦得為假釋免付管束之裁定：

1. 受刑人為初犯，且受二年以下刑之執行者；
2. 基於事實之整體評估、受刑人之人格及其於刑罰執行中之特殊性表現，且均符合第1項所定之條件者。

(3) 第56a條至第56e條之規定，準用之。付管束期間，即使事後縮減，亦不得低於餘刑期間。假釋付管束前受刑人已執行逾一年之刑期，法院應於管束期內或部分管束期內，將受假釋人交付觀護輔助人為監督與指導。

(4) 自由刑全數折抵者，視為第1項至第3項所規定之已執行之刑。

(5) 第56f條及第56g條之規定準用之。受刑人於裁判後、刑之免除裁定前犯罪，其於刑之免除裁定時，因事實上之理由，未能為法院所審及，且其足以否定刑之免除者，法院得為假釋之撤銷。此稱之裁判者，其為據為最終事實審確認之判決屬之。

(6) 因假釋人不充分或虛偽之陳述，致使無從發覺應沒收物之下落而無從沒收者，法院得撤銷其付管束之假釋及沒收犯罪物所得。

(7) 法院得定最高六個月之期間，期間屆滿前，不准受刑人為餘刑付管束之假釋申請。

§ 57 Aussetzung des Strafrestes bei zeitiger Freiheitsstrafe

(1) Das Gericht setzt die Vollstreckung des Restes einer zeitigen Freiheitsstrafe zur Bewährung aus, wenn

1. zwei Drittel der verhängten Strafe, mindestens jedoch zwei Monate, verbüßt sind,

2. dies unter Berücksichtigung des Sicherheitsinteresses der Allgemeinheit verantwortet werden kann, und

3. die verurteilte Person einwilligt.

Bei der Entscheidung sind insbesondere die Persönlichkeit der verurteilten Person, ihr Vorleben, die Umstände ihrer Tat, das Gewicht des bei einem Rückfall bedrohten Rechtsguts, das Verhalten der verurteilten Person im Vollzug, ihre Lebensverhältnisse und die Wirkungen zu berücksichtigen, die von der Aussetzung für sie zu erwarten sind.

(2) Schon nach Verbüßung der Hälfte einer zeitigen Freiheitsstrafe, mindestens jedoch von sechs Monaten, kann das Gericht die Vollstreckung des Restes zur Bewährung aussetzen, wenn

1. die verurteilte Person erstmals eine Freiheitsstrafe verbüßt und diese zwei Jahre nicht übersteigt oder

2. die Gesamtwürdigung von Tat, Persönlichkeit der verurteilten Person und ihrer Entwicklung während des Strafvollzugs ergibt, daß besondere Umstände vorliegen, und die übrigen Voraussetzungen des Absatzes 1 erfüllt sind.

(3) Die §§ 56a bis 56e gelten entsprechend; die Bewährungszeit darf, auch wenn sie nachträglich verkürzt wird, die Dauer des Strafrestes nicht unterschreiten. Hat die verurteilte Person mindestens ein Jahr ihrer Strafe verbüßt, bevor deren Rest zur Bewährung ausgesetzt wird, unterstellt sie das Gericht in der Regel für die Dauer oder einen Teil der Bewährungszeit der Aufsicht und Leitung einer Bewährungshelferin oder eines Bewährungshelfers.

(4) Soweit eine Freiheitsstrafe durch Anrechnung erledigt ist, gilt sie als verbüßte Strafe im Sinne der Absätze 1 bis 3.

(5) Die §§ 56f und 56g gelten entsprechend. Das Gericht widerruft die Strafaussetzung auch dann, wenn die verurteilte Person in der Zeit zwischen der Verurteilung und der Entscheidung über die Strafaussetzung eine Straftat begangen hat, die von dem Gericht bei der Entscheidung über die Strafaussetzung aus tatsächlichen Gründen nicht berücksichtigt werden konnte und die im Fall ihrer Berücksichtigung zur Versagung der Strafaussetzung geführt hätte; als Verurteilung gilt das Urteil, in dem die zugrunde liegenden tatsächlichen Feststellungen letztmals geprüft werden konnten.

(6) Das Gericht kann davon absehen, die Vollstreckung des Restes einer zeitigen Freiheitsstrafe zur Bewährung auszusetzen, wenn die verurteilte Person unzureichende oder falsche Angaben über den Verbleib von Gegenständen macht, die der Einziehung von Taterträgen unterliegen.

(7) Das Gericht kann Fristen von höchstens sechs Monaten festsetzen, vor deren Ablauf ein Antrag der verurteilten Person, den Strafrest zur Bewährung auszusetzen, unzulässig ist.

解析

1. 本條文意為刑罰餘刑之豁免，其義等同於假釋，故譯為假釋。本條為假釋及撤銷假釋之規範。
2. 假釋之條件分為二種形式：(1)一般性假釋：自由刑執行須逾三分之二，且最少應已執行逾二個月，基於整體性之考量，並經受刑人同譯者；(2)特殊性假釋：自由刑執行逾二分之一，且至少已執行六個月，因受刑人為初犯，且係受二年以下之自由刑，而於服刑有特殊表現者。
3. 假釋期間付管束，管束之方式與緩刑同。
4. 自由刑經折抵後，視為已執行之刑。
5. 第56f條及第56g條之撤銷緩刑及未撤銷緩刑之效力規定，於撤銷假釋，及其效力關係，亦適用之。
6. 法院於受刑人符合假釋之基本條件時，亦得定最高六個月之觀察期，作為決定是否假釋之參考，此期間內不得為假釋之申請。

第57a條　　終身自由刑之假釋

(1) 基於下列情形之考量，法院得對終身自由刑為付管束之假釋：
　　1. 已執行之刑逾十五年；
　　2. 受刑人之罪責，無特別嚴重之程度，而須繼續執行；
　　3. 有第57條第1項第1句第2款及第3款所定之情狀存在者。
　　第57條第1項第2句及第6項之規定，準用之。
(2) 第1項第1句第1款所稱已執行之刑，含受刑人因犯罪所受之任何自由剝奪。
(3) 假釋付管束期間為五年。第56a條第2項第1句及第56b條至第56g條、第57條第3項第2句及第5項第2句之規定，準用之。

(4) 法院得定最高二年之期間，期間屆滿前，不准受刑人爲餘刑付管束之假釋申請。

§ 57a Aussetzung des Strafrestes bei lebenslanger Freiheitsstrafe

(1) Das Gericht setzt die Vollstreckung des Restes einer lebenslangen Freiheitsstrafe zur Bewährung aus, wenn

1. fünfzehn Jahre der Strafe verbüßt sind,

2. nicht die besondere Schwere der Schuld des Verurteilten die weitere Vollstreckung gebietet und

3. die Voraussetzungen des § 57 Abs. 1 Satz 1 Nr. 2 und 3 vorliegen.

§ 57 Abs. 1 Satz 2 und Abs. 6 gilt entsprechend.

(2) Als verbüßte Strafe im Sinne des Absatzes 1 Satz 1 Nr. 1 gilt jede Freiheitsentziehung, die der Verurteilte aus Anlaß der Tat erlitten hat.

(3) Die Dauer der Bewährungszeit beträgt fünf Jahre. § 56a Abs. 2 Satz 1 und die §§ 56b bis 56g, 57 Abs. 3 Satz 2 und Abs. 5 Satz 2 gelten entsprechend.

(4) Das Gericht kann Fristen von höchstens zwei Jahren festsetzen, vor deren Ablauf ein Antrag des Verurteilten, den Strafrest zur Bewährung auszusetzen, unzulässig ist.

解 析

1. 本條爲終身自由刑假釋及假釋期間之規範。

2. 終身自由刑已執行逾十五年者，認無續予執行之必要者。

3. 終身自由刑假釋付管束期間爲五年，其關於撤銷假釋及假釋未撤銷效力之規定均準用之。

4. 終身自由刑符合假釋條件者，法院得定最長二年之觀察期，此期間內不得爲假釋申請。

第57b條　　整體刑爲終身自由刑之假釋

整體刑爲終身自由刑時，其假釋於考量罪責特別嚴重程度之確認時（第57a條第1項第1句之2款），應將個別犯罪做整體性之衡量。

§ 57b Aussetzung des Strafrestes bei lebenslanger Freiheitsstrafe als Gesamtstrafe

Ist auf lebenslange Freiheitsstrafe als Gesamtstrafe erkannt, so werden bei der Feststellung der besonderen Schwere der Schuld (§ 57a Abs. 1 Satz 1 Nr. 2) die einzelnen Straftaten zusammenfassend gewürdigt.

 解 析

本條規定爲整體刑爲終身自由刑時之假釋考量。

第58條　　整體刑與刑之豁免

(1) 一人犯數罪，其爲刑之豁免時，依第56條之規定，以整體刑之上度爲基準。

(2) 如依第55條第1項所規定之情況，前判決所科之刑已執行完畢，或爲餘刑之假釋，以及如亦對整體刑爲刑之付管束而免執行者，基於已經過之管束期間，得爲更定新管束最低期間之縮短，但不得低於一年。如整體刑不得付管束者，準用第56f條第3項之規定。

§ 58 Gesamtstrafe und Strafaussetzung

(1) Hat jemand mehrere Straftaten begangen, so ist für die Strafaussetzung nach § 56 die Höhe der Gesamtstrafe maßgebend.

(2) Ist in den Fällen des § 55 Abs. 1 die Vollstreckung der in der früheren Entscheidung verhängten Freiheitsstrafe ganz oder für den Strafrest zur Bewährung ausgesetzt und wird auch die Gesamtstrafe zur Bewährung ausgesetzt, so verkürzt sich das Mindestmaß der neuen Bewährungszeit um

die bereits abgelaufene Bewährungszeit, jedoch nicht auf weniger als ein Jahr. Wird die Gesamtstrafe nicht zur Bewährung ausgesetzt, so gilt § 56f Abs. 3 entsprechend.

解析

1. 本條爲數罪併罰所生整體刑，作爲判斷緩刑與假釋之規定。
2. 數罪而有整體刑之情況，其緩刑之條件，依整體刑之上限爲斷。
3. 事後形成之整體刑，如前判決已執行完畢，或涉有餘刑假釋情況者，其於假釋付管束期間，因事後整體刑之形成，得做管束期間之更定，其得爲期間縮短，但不得低於一年。
4. 如整體刑不得付管束者，準用折抵規定。

第五節　保留刑罰之警告；免刑

Fünfter Titel Verwarnung mit Strafvorbehalt Absehen von Strafe

第59條　　保留刑罰警告之條件

(1) 應科處最高一百八十日之罰金時，法院除宣告有罪外，亦可警告之，確定刑罰，但保留該刑罰之判處，其條件在於：
　　1. 可預期該行爲人即便沒有判處該刑，將來仍不會犯罪；
　　2. 經行爲人之行爲與人格之整體評價後，有特殊情況可免除刑罰，以及
　　3. 不需爲防衛法秩序而判處該刑罰，準用第56條第1項第2句。
(2) 除警告外，可以宣告沒收或使之不堪用。處保安處分時，不得另宣告附刑罰保留之警告。

§ 59 Voraussetzungen der Verwarnung mit Strafvorbehalt

(1) Hat jemand Geldstrafe bis zu einhundertachtzig Tagessätzen verwirkt, so kann das Gericht ihn neben dem Schuldspruch verwarnen, die Strafe bestimmen und die Verurteilung zu dieser Strafe vorbehalten, wenn

1. zu erwarten ist, dass der Täter künftig auch ohne Verurteilung zu Strafe keine Straftaten mehr begehen wird,

2. nach der Gesamtwürdigung von Tat und Persönlichkeit des Täters besondere Umstände vorliegen, die eine Verhängung von Strafe entbehrlich machen, und

3. die Verteidigung der Rechtsordnung die Verurteilung zu Strafe nicht gebietet.

§ 56 Abs. 1 Satz 2 gilt entsprechend.

(2) Neben der Verwarnung kann auf Einziehung oder Unbrauchbarmachung erkannt werden. Neben Maßregeln der Besserung und Sicherung ist die Verwarnung mit Strafvorbehalt nicht zulässig.

解析

1. 警告之前提，在於刑罰沒有超出易科罰金之範圍。

2. 法官確信受判決人之再犯風險極低，所以可合理期待受判決人將來不再犯罪；法官除評估特殊預防利益外，亦需考慮一般預防利益。法官認為刑罰無必要時，可將刑事處罰之法律效果予以緩刑。

3. 雖然如此，仍可沒收犯罪工具、沒收不法所得、使犯罪工具不堪使用，即消除犯罪有關之物品與利益。

4. 在此應注意，過去可同時裁定沒收及徵收，在德國立法者單一適用沒收，則規範不再提及徵收，唯法官仍可核定沒收不法所得。

5. 若仍需另採取保安處分，表示一定程度再犯之虞，仍然存在，故不得同時判處警告與保安處分。

第59a條　　假釋期間、假釋義務、假釋指令

(1) 法院決定假釋期間。假釋期間不得長於二年，不得短於一年。

(2) 法院可命令受警告者：

1. 誠摯努力與被害人調解或以其他方法彌補所造成之損害，

2. 履行其扶助義務，

3. 支付一定金額給公益團體或國庫，

4. 參與開放式治療或開放式戒癮，

5. 參與社會訓練課程或

6. 參與交通訓練課程。

不得對受警告者之生活模式提出不可期待之要求；第1句第3款至第6款之條件與命令不得與犯罪人所施行之犯罪行為不成比例。準用第56c條第3項及第4項以及第56e條。

§ 59a Bewährungszeit, Auflagen und Weisungen

(1) Das Gericht bestimmt die Dauer der Bewährungszeit. Sie darf zwei Jahre nicht überschreiten und ein Jahr nicht unterschreiten.

(2) Das Gericht kann den Verwarnten anweisen,

1. sich zu bemühen, einen Ausgleich mit dem Verletzten zu erreichen oder sonst den durch die Tat verursachten Schaden wiedergutzumachen,

2. seinen Unterhaltspflichten nachzukommen,

3. einen Geldbetrag zugunsten einer gemeinnützigen Einrichtung oder der Staatskasse zu zahlen,

4. sich einer ambulanten Heilbehandlung oder einer ambulanten Entziehungskur zu unterziehen,

5. an einem sozialen Trainingskurs teilzunehmen oder

6. an einem Verkehrsunterricht teilzunehmen.

Dabei dürfen an die Lebensführung des Verwarnten keine unzumutbaren Anforderungen gestellt werden; auch dürfen die Auflagen und Weisungen nach Satz 1 Nummer 3 bis 6 zur Bedeutung der vom Täter begangenen Tat nicht außer Verhältnis stehen. § 56c Abs. 3 und 4 und § 56e gelten entsprechend.

解析

1. 雖然法官確信，受判決人之再犯風險極低，但原先應判處之一百八十日額以下之罰金，仍可宣告緩刑。
2. 除警告與各式沒收之外，法官亦可核定有關未來行為模式調整之指令，尤其可要求受判決人與被害人調解、行使扶助義務、支付一定金額給公益團體或給國庫；其次，可要求輕於保安處分之措施，尤其以門診方式尋求治療、戒癮、訓練本身之社會能力或參加交通課程。
3. 相關行為指令需維持比例原則，即考慮受判決人具體情況以及其被合理要求及自我調整等之可能性。

第59b條　　判處原所保留之刑罰

(1) 判處原所保留之刑罰時，準用第56f條。
(2) 受警告者沒有被判處所保留之刑罰時，法院在假釋期間屆滿時確認，僅判處警告。

§ 59b　Verurteilung zu der vorbehaltenen Strafe

(1) Für die Verurteilung zu der vorbehaltenen Strafe gilt § 56f entsprechend.
(2) Wird der Verwarnte nicht zu der vorbehaltenen Strafe verurteilt, so stellt das Gericht nach Ablauf der Bewährungszeit fest, dass es bei der Verwarnung sein Bewenden hat.

 解析

1. 撤銷警告中輕刑之緩刑，準用一般撤銷緩刑之規範。
2. 緩刑期間屆滿時，若緩刑未予撤銷，則法院確認受判決人於本案無刑罰效果。

第59c條　整體刑與附刑罰保留之警告

(1) 行為人犯數罪，若法院預判附刑罰保留之警告時，則決定刑罰時，應準用第53條至第55條等規定。

(2) 受警告者在處警告之後，因警告前所實施之犯罪行為而被判處刑罰，應適用整體刑之規定（第53條至第55條及第58條）。在第55條之情況，所保留之刑罰與判處之刑罰同。

§ 59c Gesamtstrafe und Verwarnung mit Strafvorbehalt

(1) Hat jemand mehrere Straftaten begangen, so sind bei der Verwarnung mit Strafvorbehalt für die Bestimmung der Strafe die §§ 53 bis 55 entsprechend anzuwenden.

(2) Wird der Verwarnte wegen einer vor der Verwarnung begangenen Straftat nachträglich zu Strafe verurteilt, so sind die Vorschriften über die Bildung einer Gesamtstrafe (§§ 53 bis 55 und 58) mit der Maßgabe anzuwenden, dass die vorbehaltene Strafe in den Fällen des § 55 einer erkannten Strafe gleichsteht.

解析

1. 即便是輕罪之初犯，亦可能犯數罪。因此，輕罪之實質競合有所可能。一旦發生之，則準用一般犯罪有關數罪併罰及整體刑（Gesamtstrafe）等規定。

2. 假如受判決人事後再行故意犯罪，且被判刑，則之前所判處之未屆滿之緩刑保留被撤銷。原先所保留之刑與新科處之刑，皆納入與整體刑之量刑範圍內。

3. 假如受判決人事後未再犯刑，且實行其依指令而應履行之義務，則聯邦中央登記系統（Bundeszentralregister）中原先所登錄之資訊應予塗銷（聯邦中央登記系統法（BZRG）第12條第2項）；未塗銷者，有適用禁止（同法第51條）。

第60條　　免刑

行為人因其行為而遭遇之後果嚴重，法院認為科處刑罰顯然不當，則予以免刑。但行為人應科處一年以上之自由刑，則不適用之。

§ 60 Absehen von Strafe

Das Gericht sieht von Strafe ab, wenn die Folgen der Tat, die den Täter getroffen haben, so schwer sind, dass die Verhängung einer Strafe offensichtlich verfehlt wäre. Dies gilt nicht, wenn der Täter für die Tat eine Freiheitsstrafe von mehr als einem Jahr verwirkt hat.

1. 本規定於量刑中反應具憲法地位之比例原則。
2. 為此，其將輕罪與重罪之區分，由法定刑延伸至法院具體所判處之刑。法院具體衡量時，若確定刑度在一年自由刑之下，則應具體評斷，行為人所造成之損害與其本人所遭遇之損失相比如何。若後者明顯比前者嚴重，則不予處罰。
3. 若具體量刑之結果在一年以上自由刑，則國家應罰之利益明顯較大，使法院再不問起加害人本身究竟遭到多大損害，主要僅考慮其應負之責任。

第六節　　改善及保護處分

Sechster Titel Maßregeln der Besserung und Sicherung

第61條　　概述

改善與保護處分有：
1. 安置於精神病院，

2. 安置於戒治所，

3. 安置於保安監禁，

4. 保護管束，

5. 吊銷駕駛執照，

6. 執業禁止。

§ 61 Übersicht

Maßregeln der Besserung und Sicherung sind

1. die Unterbringung in einem psychiatrischen Krankenhaus,

2. die Unterbringung in einer Entziehungsanstalt,

3. die Unterbringung in der Sicherungsverwahrung,

4. die Führungsaufsicht,

5. die Entziehung der Fahrerlaubnis,

6. das Berufsverbot.

解析

1. 德國之保安處分區分兩類：直接限制人身自由以及其他預防再犯風險之措施。

2. 第61條之目錄，無輕重之排名。換言之，三種安置方式皆限制人身自由，其時間之長短，未必有明顯差異，其對個人生活方式之限制，恐無法相互區分上下。三種日常生活中之保安處分對個人生活之干涉，在基本權利之干涉程度上，也未必有明顯差異。

3. 雖然大部分之保安處分規定有期限，但例外仍可能無限期一再延長，或甚至從核定時就稱「無限期」（unbegrenzt），即未設任何期限。整體來講，尤其保安監禁對人身自由之基本權利限制，或許超越刑罰之力度。

第62條　比例原則

改善與保護處分，與行為人所施行或未來可能施行之行為以及由該行為人所產生之危險程度與該處分不合比例時，則不得宣告該處分。

§ 62　Grundsatz der Verhältnismäßigkeit

Eine Maßregel der Besserung und Sicherung darf nicht angeordnet werden, wenn sie zur Bedeutung der vom Täter begangenen und zu erwartenden Taten sowie zu dem Grad der von ihm ausgehenden Gefahr außer Verhältnis steht.

1. 本規定為原則性主張，保安處分與
   a. 過去行為之重要性
   b. 未來行為之危險性
   等兩種現象間須維持一定相當性。
2. 何謂相當，立法者原先留下極大詮釋空間；然，為避免經常出現刑罰輕微、保安處分沉重之體系矛盾，本規定以具體的、明文之方式要求，風險評估需考慮，受判決人之再犯風險是否近期極可能實現。換言之，進行評估之專家不必長期保障無再犯之可能。
3. 此比例原則之運用，不限於保安處分，亦適用於保安處分內所提出之個案式具體行為規範，即所謂指令。法院為降低再犯風險，得要求受判決人遵守一定行為準則，但不得經由相關指令過度要求受判決人。其行為模式之調整，亦須符合第62條所明列之比例原則。

剝奪自由之處分
Freiheitsentziehende Maßregeln

第63條　　安置於精神病院

處於無責任能力狀態（第20條）或限制責任能力狀態（第21條），且施行違法行為者，法院宣告安置於精神病院。但以行為人及行為之整體評估顯示，該行為人因其精神狀況很可能將來施行重大違法行為，該行為將對被害人之心理或身體造成重大損害或重大危險或導致嚴重的經濟損失，並有公共危險者為限。違法行為非第1句的重大違法犯行者，法院僅於特別情況下，可預期行為人依其狀態會再犯此類重大違法行為時，才可宣告安置於精神病院。

§ 63 Unterbringung in einem psychiatrischen Krankenhaus

Hat jemand eine rechtswidrige Tat im Zustand der Schuldunfähigkeit (§ 20) oder der verminderten Schuldfähigkeit (§ 21) begangen, so ordnet das Gericht die Unterbringung in einem psychiatrischen Krankenhaus an, wenn die Gesamtwürdigung des Täters und seiner Tat ergibt, dass von ihm infolge seines Zustandes erhebliche rechtswidrige Taten, durch welche die Opfer seelisch oder körperlich erheblich geschädigt oder erheblich gefährdet werden oder schwerer wirtschaftlicher Schaden angerichtet wird, zu erwarten sind und er deshalb für die Allgemeinheit gefährlich ist. Handelt es sich bei der begangenen rechtswidrigen Tat nicht um eine im Sinne von Satz 1 erhebliche Tat, so trifft das Gericht eine solche Anordnung nur, wenn besondere Umstände die Erwartung rechtfertigen, dass der Täter infolge seines Zustandes derartige erhebliche rechtswidrige Taten begehen wird.

1. 安置於精神病院，以受判決人患有精神疾病為前提。立法者回應醫學

上之認知，除非封閉性治療，否則難以防止部分病人對社會之危害轉變成實害。換言之，目的在於醫學上協助當事人獲得適當治療並同時維護社會安全。因此，限制受判決人之人身自由僅爲必然手段，但並非目的。

2. 無責任能力或限制責任能力者，如實行構成要件該當之違法行爲，需針對其未來行爲表現加以評估和預測，即須進行鑑定。

3. 如無責任能力或限制責任能力者之鑑定結果顯示，其後續很可能實行嚴重之犯罪行爲，則應予核定安置於精神病院，即基於醫學及保護公眾等多種利益，採取與公眾隔離之措施。

4. 如病人無治療之可能，但卻有嚴重傷害他人之虞，則仍然安置於精神病院。換言之，安置於精神病院不以治療成效爲要件。因此，病情未好轉不可能成爲對醫療之放棄及出院等理由。

5. 在實務上，無責任能力人犯行後安置於精神病院之比例相當高，但相對於受自由刑宣告者之人數，其數目又很小。2015年安置於精神病院者，一共有812人，其中無責任能力者有635人；同時，因無責任能力而獲得不罰待遇者，同年爲802人。在三種監禁式處分中，安置於精神病院之人數占三者中約百分之二十五。相對於此，受自由刑宣告者有107,089人，所以安置於精神病院者不到受自由刑宣告者千分之一。

第64條　　安置於戒治所

傾向於酗酒或過度使用其他易醉物品者，因醉意或基於該傾向而施行不法行爲受科刑，或僅因缺乏責任能力或因可能缺乏責任能力而未受科刑，且該傾向使行爲人具再犯嚴重違法行爲之危險，則法院應安置該人於戒治所。安置於戒治所以可期待療程具體有效爲前提。所謂療效係指，或使該人之癮症在第67條第12項第1或3句的期限內可治癒，或使該人在一定期間內避免癮症重新發作，且可藉此防止其再度因癮醉等而實行嚴重違法行爲。

§ 64 Unterbringung in einer Entsziehungsanstalt

Hat eine Person den Hang, alkoholische Getränke oder andere berauschende Mittel im Übermaß zu sich zu nehmen, und wird sie wegen einer rechtswidrigen Tat, die sie im Rausch begangen hat oder die auf ihren Hang zurückgeht, verurteilt oder nur deshalb nicht verurteilt, weil ihre Schuldunfähigkeit erwiesen oder nicht auszuschließen ist, so soll das Gericht die Unterbringung in einer Entziehungsanstalt anordnen, wenn die Gefahr besteht, dass sie infolge ihres Hanges erhebliche rechtswidrige Taten begehen wird. Die Anordnung ergeht nur, wenn eine hinreichend konkrete Aussicht besteht, die Person durch die Behandlung in einer Entziehungsanstalt innerhalb der Frist nach § 67d Absatz 1 Satz 1 oder 3 zu heilen oder über eine erhebliche Zeit vor dem Rückfall in den Hang zu bewahren und von der Begehung erheblicher rechtswidriger Taten abzuhalten, die auf ihren Hang zurückgehen.

解析

1. 安置於戒治所，以受判決人之酒癮或毒癮為前提。酒癮及毒癮，兩者對身體及心理之傷害相當嚴重，但卻不容易戒治。因此，多數人在戒癮期間需與外界隔離一段時間，否則會逃避戒癮之痛苦。換言之，除非暫時限制上癮者之人身自由，否則難以期待戒癮成功。監禁式處遇，在此同樣有其功能性之必然性，但並非處分本身之目的。

2. 監禁式保安處分中，安置於戒治所之人數最多（2015年監禁式保安處分合計有3,276人，其中2,417人（約百分之七十四）安置於戒治所）。

3. 安置於戒治所，以戒治處分有具體成效之期待為限。有無成效，不需肯定未來不可能再行上癮，只要在一定期間內使受處分人不再濫用酒類或其他引起癮症之物質即可。有無成效之具體期待，相當程度需參考行為人之戒治意願以及其過去癮症及戒治或治療之經驗。

4. 安置於戒治所，其核定與否之問題，獨立於刑事責任存在。易言之，安置於戒治所只要考慮有無構成要件該當之違法行為以及有無成效之具體期待，即可。

第65條　　刪除

§ 65　weggefallen

第66條　　安置於保安監禁

(1) 除科刑外，法院得核定保安監禁，其要件如下：

1. 行為人因故意犯罪而被判處二年以上自由刑，且該犯罪行為侵犯：

 a. 生命、身體健康、個人自由或性自主權，

 b. 屬於刑法分則第1章、第7章、第20章或第28章或民族刑法或麻醉藥品法之罪名，且該罪名之法定刑最輕本刑十年以上之自由刑，或

 c. 該當第145a條之構成要件，且保護管束之原因在於上述a目或b目，

2. 行為人於再犯行為前，已二度被判處一年以上之自由刑，

3. 行為人於再犯行為前，為了一行為或數行為已服刑二年以上之自由刑或執行監禁式保安處分以及

4. 行為人及其行為之整體評價顯示，其因傾向於嚴重罪行，尤其因傾向於嚴重傷害被害人之心理與身體，所以在判處刑罰當時構成公眾危險。在判斷其罪行是否符合第1句第1款目b時，準用第12條第3項；第1句第1款目c所指之保護管束是否結束，準用第68b條第1項第4句。

(2) 犯三次以上前項第1句第1款之罪者，若每次為此判處一年以上自由刑，且其中一罪判處三年以上自由刑時，則法院在前項第1句第4款之條件下，不需先前有判刑或自由刑之宣告，仍可在刑罰外核定保安監禁。

(3) 為符合第1項第1句第1款犯罪或為犯刑法第89a條第1項至第3項、第89c條第1項至第3項、第129a條第1項、第174條至174c條、第176條、第177條第2項第1款、第3項及第6項、第180條、182、224、225條第1項或第2項或為故意犯第323a條等罪，且在酒醉〔或因其他原因使意識不清醒〕之違法行為而判處二年以上之自由刑者，法院可在刑罰外

核定保安監禁，但需行為人因其中一個或數個犯罪行為曾判處三年以上自由刑，且符合第1項第1句第3和第4款之要件。犯第1句所列舉之犯罪行為二次以上者，且為此二度被判處二年以上自由刑，並宣告三年以上整體刑（Gesamtstrafe），則在第1項第1句第4款之要件下，法院可在判處刑罰或自由刑（第1項第1句第2及第3款）外，另核定保安監禁。第1項及第2項之規定不受本規定之影響。

(4) 依第1項第1句第2款之規定，宣告刑視為單一判處刑罰事件。若羈押或其他限制人身自由的方式折算刑期，則視為第1項第1句第3款所服之刑。若前一罪行與下一罪行間經過五年以上，則前一罪行不予考量；唯侵犯性自主權之行為，需相隔十五年以上。但行為人依官方核定收容於機關之期間不在此內。於本刑法適用範圍外所判刑之行為，與在本刑法適用範圍內所判刑之行為同，但需該當第1項第1句第1款所列之罪名，或在第3項之情形，需該當第3項第1句所列之罪名。

註：依聯邦憲法法院2011/05/04之判決（2 BvR 2365/09等），第66條依2003/12/27（G v. 27.12.2003 I 3007）以及2010/12/22（G v. 22.12.2010 I 2300）等 法案之版本與基本法第100條之1不相容。此為實現憲法法院之要求，參看2012/12/05及2013/06/01之修正法案（G v. 5.12.2012 I 2425 mWv 1.6.2013）。

§ 66 Unterbringung in der Sicherungsverwahrung

(1) Das Gericht ordnet neben der Strafe die Sicherungsverwahrung an, wenn

1. jemand zu Freiheitsstrafe von mindestens zwei Jahren wegen einer vorsätzlichen Straftat verurteilt wird, die

a) sich gegen das Leben, die körperliche Unversehrtheit, die persönliche Freiheit oder die sexuelle Selbstbestimmung richtet,

b) unter den Ersten, Siebenten, Zwanzigsten oder Achtundzwanzigsten Abschnitt des Besonderen Teils oder unter das Völkerstrafgesetzbuch oder das Betäubungsmittelgesetz fällt und im Höchstmaß mit Freiheitsstrafe von mindestens zehn Jahren bedroht ist oder

c) den Tatbestand des § 145a erfüllt, soweit die Führungsaufsicht auf

Grund einer Straftat der in den Buchstaben a oder b genannten Art eingetreten ist, oder den Tatbestand des § 323a, soweit die im Rausch begangene rechtswidrige Tat eine solche der in den Buchstaben a oder b genannten Art ist,

2. der Täter wegen Straftaten der in Nummer 1 genannten Art, die er vor der neuen Tat begangen hat, schon zweimal jeweils zu einer Freiheitsstrafe von mindestens einem Jahr verurteilt worden ist,

3. er wegen einer oder mehrerer dieser Taten vor der neuen Tat für die Zeit von mindestens zwei Jahren Freiheitsstrafe verbüßt oder sich im Vollzug einer freiheitsentziehenden Maßregel der Besserung und Sicherung befunden hat und

4. die Gesamtwürdigung des Täters und seiner Taten ergibt, dass er infolge eines Hanges zu erheblichen Straftaten, namentlich zu solchen, durch welche die Opfer seelisch oder körperlich schwer geschädigt werden, zum Zeitpunkt der Verurteilung für die Allgemeinheit gefährlich ist. Für die Einordnung als Straftat im Sinne von Satz 1 Nummer 1 Buchstabe b gilt § 12 Absatz 3 entsprechend, für die Beendigung der in Satz 1 Nummer 1 Buchstabe c genannten Führungsaufsicht § 68b Absatz 1 Satz 4.

(2) Hat jemand drei Straftaten der in Absatz 1 Satz 1 Nummer 1 genannten Art begangen, durch die er jeweils Freiheitsstrafe von mindestens einem Jahr verwirkt hat, und wird er wegen einer oder mehrerer dieser Taten zu Freiheitsstrafe von mindestens drei Jahren verurteilt, so kann das Gericht unter der in Absatz 1 Satz 1 Nummer 4 bezeichneten Voraussetzung neben der Strafe die Sicherungsverwahrung auch ohne frühere Verurteilung oder Freiheitsentziehung (Absatz 1 Satz 1 Nummer 2 und 3) anordnen.

(3) Wird jemand wegen eines die Voraussetzungen nach Absatz 1 Satz 1 Nummer 1 Buchstabe a oder b erfüllenden Verbrechens oder wegen einer Straftat nach § 89a Absatz 1 bis 3, § 89c Absatz 1 bis 3 § 129a Absatz 5 Satz 1 erste Alternative, auch in Verbindung mit § 129b Absatz 1, den §§ 174 bis

174c, 176, 177 Absatz 2 Nummer 1, Abs. 3 und 6, §§ 180, 182, 224, 225 Abs. 1 oder 2 oder wegen einer vorsätzlichen Straftat nach § 323a, soweit die im Rausch begangene Tat eine der vorgenannten rechtswidrigen Taten ist, zu Freiheitsstrafe von mindestens zwei Jahren verurteilt, so kann das Gericht neben der Strafe die Sicherungsverwahrung anordnen, wenn der Täter wegen einer oder mehrerer solcher Straftaten, die er vor der neuen Tat begangen hat, schon einmal zu Freiheitsstrafe von mindestens drei Jahren verurteilt worden ist und die in Absatz 1 Satz 1 Nummer 3 und 4 genannten Voraussetzungen erfüllt sind. Hat jemand zwei Straftaten der in Satz 1 bezeichneten Art begangen, durch die er jeweils Freiheitsstrafe von mindestens zwei Jahren verwirkt hat und wird er wegen einer oder mehrerer dieser Taten zu Freiheitsstrafe von mindestens drei Jahren verurteilt, so kann das Gericht unter den in Absatz 1 Satz 1 Nummer 4 bezeichneten Voraussetzungen neben der Strafe die Sicherungsverwahrung auch ohne frühere Verurteilung oder Freiheitsentziehung (Absatz 1 Satz 1 Nummer 2 und 3) anordnen. Die Absätze 1 und 2 bleiben unberührt.

(4) Im Sinne des Absatzes 1 Satz 1 Nummer 2 gilt eine Verurteilung zu Gesamtstrafe als eine einzige Verurteilung. Ist Untersuchungshaft oder eine andere Freiheitsentziehung auf Freiheitsstrafe angerechnet, so gilt sie als verbüßte Strafe im Sinne des Absatzes 1 Satz 1 Nummer 3. Eine frühere Tat bleibt außer Betracht, wenn zwischen ihr und der folgenden Tat mehr als fünf Jahre verstrichen sind; bei Straftaten gegen die sexuelle Selbstbestimmung beträgt die Frist fünfzehn Jahre. In die Frist wird die Zeit nicht eingerechnet, in welcher der Täter auf behördliche Anordnung in einer Anstalt verwahrt worden ist. Eine Tat, die außerhalb des räumlichen Geltungsbereichs dieses Gesetzes abgeurteilt worden ist, steht einer innerhalb dieses Bereichs abgeurteilten Tat gleich, wenn sie nach deutschem Strafrecht eine Straftat der in Absatz 1 Satz 1 Nummer 1, in den Fällen des Absatzes 3 der in Absatz 3 Satz 1 bezeichneten Art wäre.

Fußnote
§ 66 idF d. G v. 27.12.2003 I 3007 u. d. G v. 22.12.2010 I 2300: Nach Maßgabe der Entscheidungsformel mit GG (100-1) unvereinbar gem. BVerfGE v. 4.5.2011 I 1003 (2 BvR 2365/09 u. a.). Zur Umsetzung der Anforderungen des BVerfG vgl. G v. 5.12.2012 I 2425 mWv 1.6.2013

解析

1. 安置於保安監禁，以受判決人具暴力傾向或具侵犯性自主傾向等為前提。雖然受判決人對他人呈現相當危險之特性，但該危險之來源並非精神疾病或毒癮等。因此，不可能安置於精神病院，亦難以安置於其他療養院所。然，為防止受判決人因無從控制自己情緒而重新犯罪，為防止社會上其他人受嚴重心理或生理上之損傷，所以有必要將受判決人以保安理由而刑後繼續與社會隔離。

2. 歐洲人權法院認為，此隔離之特性，表示該處分不僅是再社會化過程中之監禁式處遇，亦視之為刑事制裁的一種。聯邦憲法法院堅持德國制度設置邏輯，但要求該處分之外在條件須明顯比監獄之待遇好（間距原則Abstandsgebot），同時須以再社會化為處分目標（再社會化原則Resozialisierungsgebot）。依此，德國刑法學者由該判決以來肯定，聯邦憲法法院藉此已將受判決人之再社會化利益提升至憲法地位，即承認再社會化屬於受判決人之特殊基本權利。

3. 德國刑事司法於2015年核定安置於保安監禁者僅四十七位，表示該處分在實務上十分稀見。其中二十九位受處分人之原因行為違反性自主權有關之罪名。易言之，所有受自由刑宣告者中，只有千分之四十四的人被核定保安監禁；在因違反性自主罪名而判處自由刑者中，只有百分之八十三的人在自由刑外另被核定保安監禁。可見，德國刑事庭在檢核相關要件時，其所使用之標準十分嚴格。

4. 雖然如此，法規範所要求之危險性評估仍然包含相當大的誤差。近幾年已有多篇犯罪學報告指出，部分專家所撰之再犯風險鑑定，顯示當事人具極高再犯風險，但法院後來仍拒絕核定保安監禁。在此未被監

禁者之人群中，只有約五分之一的人於幾年內眞的重新犯了較嚴重罪行。因此，確實被監禁者間應該同樣有一定比例的人遭到誤判。由於精神鑑定及未來行爲之長期預測可能性偏低，所以此現象似乎必然存在。

5. 保安監禁之法定門檻制定得相當高，得以核定安置於保安監禁之理由，依本條有四種：(1)已多次判自由刑（第1項）；(2)多次實行犯罪行爲（第2項）；(3)實行一定類型之犯罪行爲（因而降低第1項或第2項之要求）（第3項第2句）；(4)具有「一定程度之再犯危險」（第1項第1句第4款）。然，部分罪行不在法院應予考量之範圍內（第4項）。

6. 本條第三項自2017年7月1日起，將部分恐攻之準備及融資等行爲納入保安監禁範圍，即允許偏向極端主義之所謂「危害者」（Gefährder）在刑後安置於保安監禁。

7. 本規定首要反應刑事司法對重犯之實質經驗與相關考量，但未經概念演繹及概念之體系化過程。因此，法所明定之四種理由，其內在關聯性並不高，使部分要件難以單獨考量。換言之，當事人究竟係因過去多次判刑，還是過去多次行使罪行，還是行使一定罪章之罪行，才核定保安監禁，有時並不甚明。

8. 本條所附之註，係德國聯邦司法部在正式公布條文中所包含之說明，即強調現行法版本合乎憲法法院之要求。然而，實行早於2011年1月1日之舊案，原則仍適用被宣告爲違憲之舊版本的第66條，但依從輕原則得例外適用新法。

第66a條　　安置於保安監禁之保留

(1) 法院於裁判當時得保留保安監禁之宣告，但〔受處分人〕需

　　1. 所判之刑符合第66條第3項第1句，

　　2. 具備第66條第3項其他要件，但指向第66條第1項第1句第4款之要件除外，以及

　　3. 雖然不能確認第66條第1項第1句第4款之要件存在與否，但該要件可能存在。

(2) 法院亦可宣告第1項之保留，當行爲人

1. 因侵犯一次或數次生命、身體健康、人身自由、性自主權、分則第28章或第250、251條,或許因一併該當第252條或第255條而受五年以上之自由刑,
2. 不具備第66條之〔一般〕要件,但
3. 足以確認或至少具高度可能,〔其中〕第66條第1項第1句第4款之要件存在。

(3) 依第1項或第2項保留保安監禁之宣告,法院需於第一審後、執行自由刑完畢之前行之;假釋後執行剩餘自由刑時,亦同。若受判決人因過去之單一或數行為等罪行以及其於宣告前之整體評估表示,其日後可能再度實施相當嚴重之罪行,使被害者遭受心理或生理上之重大傷害,則法院宣告保安監禁。

註:

第66a條:依2010/12/22之法案第1條第3項之規定(2300 mWv 1.1.2011);依聯邦憲法法院之判決要旨(BVerfGE v. 4.5.2011 I 1003 (2 BvR 2365/09 u. a.))與基本法第100條之1(GG 100-1)不相容。為實現憲法法院之要求,參看2012/12/05及2013/06/01之法案(G v. 5.12.2012 I 2425 mWv 1.6.2013)。

§ 66a Vorbehalt der Unterbringung in der Sicherungsverwahrung

(1) Das Gericht kann im Urteil die Anordnung der Sicherungsverwahrung vorbehalten, wenn

1. jemand wegen einer der in § 66 Absatz 3 Satz 1 genannten Straftaten verurteilt wird,

2. die übrigen Voraussetzungen des § 66 Absatz 3 erfüllt sind, soweit dieser nicht auf § 66 Absatz 1 Satz 1 Nummer 4 verweist, und

3. nicht mit hinreichender Sicherheit feststellbar, aber wahrscheinlich ist, dass die Voraussetzungen des § 66 Absatz 1 Satz 1 Nummer 4 vorliegen.

(2) Einen Vorbehalt im Sinne von Absatz 1 kann das Gericht auch aussprechen, wenn

1. jemand zu einer Freiheitsstrafe von mindestens fünf Jahren wegen

eines oder mehrerer Verbrechen gegen das Leben, die körperliche Unversehrtheit, die persönliche Freiheit, die sexuelle Selbstbestimmung, nach dem Achtundzwanzigsten Abschnitt oder nach den §§ 250, 251, auch in Verbindung mit § 252 oder § 255, verurteilt wird,

2. die Voraussetzungen des § 66 nicht erfüllt sind und

3. mit hinreichender Sicherheit feststellbar oder zumindest wahrscheinlich ist, dass die Voraussetzungen des § 66 Absatz 1 Satz 1 Nummer 4 vorliegen.

(3) Über die nach Absatz 1 oder 2 vorbehaltene Anordnung der Sicherungsverwahrung kann das Gericht im ersten Rechtszug nur bis zur vollständigen Vollstreckung der Freiheitsstrafe entscheiden; dies gilt auch, wenn die Vollstreckung des Strafrestes zur Bewährung ausgesetzt war und der Strafrest vollstreckt wird. Das Gericht ordnet die Sicherungsverwahrung an, wenn die Gesamtwürdigung des Verurteilten, seiner Tat oder seiner Taten und ergänzend seiner Entwicklung bis zum Zeitpunkt der Entscheidung ergibt, dass von ihm erhebliche Straftaten zu erwarten sind, durch welche die Opfer seelisch oder körperlich schwer geschädigt werden.

Fußnote

§ 66a: IdF d. Art. 1 Nr. 3 G v. 22.12.2010 I 2300 mWv 1.1.2011; nach Maßgabe der Entscheidungsformel mit GG (100-1) unvereinbar gem. BVerfGE v. 4.5.2011 I 1003 (2 BvR 2365/09 u. a.). Zur Umsetzung der Anforderungen des BVerfG vgl. G v. 5.12.2012 I 2425 mWv 1.6.2013

解 析

1. 本規定想要協調預防利益與人權保障。如法官於判刑時無從得知，受判決人再犯風險及其對社會之危險性程度究竟有多高，則難以下結論。或許犧牲公眾安全之考量，或許在不必要程度侵害受判決人之人身自由。因此，容許法官判處刑罰，但同時將保安處分之核定予以保留，等經驗基礎更確定時，再行決定相關事宜。

2. 最晚在刑期執行完畢之前，法官需基於受判決人於刑罰執行所表現之實況，判斷要否核定保安監禁。

3. 法官在此不可能運用直觀之非專業眼光，反而同樣需經過專家鑑定。

4. 依此，除前條核定保安監禁之四個理由之外，本條另提出二個可能核定保安監禁理由：

　(1)受判決人已實現第66條第3項之特定罪名，但法官無法確認其是否具社會危害性，故此要等刑罰執行一段時間，觀察受判決人之行為舉止有無形成較可靠之經驗基礎，再行決定相關事宜。

　(2)保安監禁通常以多次犯案為必然要件；惟本條第2項規定，一次犯特定罪名而判處五年以上自由刑者，亦可保留保安監禁之核定，即在經過獄中之觀察，再行決定是否刑後不得直接回歸社會，反而需經過保安監禁之再社會化課程等，方得以重新融入一般社會生活。

第66b條　　事後核定安置於保安監禁

依第67d條第6項宣告終止安置於精神病院，且裁定解除安置時，原無責任能力或限制責任能力之狀態不存在，則法院可事後核定安置於保安監禁，但以具備下列要件為前提：

1. 受處分人依第63條安置於精神病院之理由屬於第66條第3項第1句數個所列舉之行為，或受處分人在依第63條安置於精神病院之一個或數個原因行為前，已受三年以上自由刑之有罪判決或曾安置於精神病院，並且

2. 若下列三種要素：行為人、其行為以及其行為後至核定前之人格發展等之整體性評估顯示，該行為人再犯嚴重罪行之機率高，且相關罪行將造成被害人之心理或生理上之重大傷害。

若在依第63條安置於精神病院之後，仍有自由刑應全部或部分加以執行，亦同。

註：

第66b條：依2004/07/23之法案第1條第2款之規定（1838 mWv 29.7.2004）；依2010/12/22之法案（2300 mWv 1.1.2011），之前之第1項及第2項被刪除，之前之第3項現為僅存之規定；依聯邦憲法法院之判決

（BVerfGE v. 4.5.2011 I 1003 (2 BvR 2365/09 u. a.)）要旨與基本法第100條之1一（GG (100-1)）不相容。爲實現憲法法院之要求，參看2012/12/05及2013/06/01之法案（G v. 5.12.2012 I 2425 mWv 1.6.2013）。

§ 66b Nachträgliche Anordnung der Unterbringung in der Sicherungsverwahrung

Ist die Unterbringung in einem psychiatrischen Krankenhaus nach § 67d Abs. 6 für erledigt erklärt worden, weil der die Schuldfähigkeit ausschließende oder vermindernde Zustand, auf dem die Unterbringung beruhte, im Zeitpunkt der Erledigungsentscheidung nicht bestanden hat, so kann das Gericht die Unterbringung in der Sicherungsverwahrung nachträglich anordnen, wenn

1. die Unterbringung des Betroffenen nach § 63 wegen mehrerer der in § 66 Abs. 3 Satz 1 genannten Taten angeordnet wurde oder wenn der Betroffene wegen einer oder mehrerer solcher Taten, die er vor der zur Unterbringung nach § 63 führenden Tat begangen hat, schon einmal zu einer Freiheitsstrafe von mindestens drei Jahren verurteilt oder in einem psychiatrischen Krankenhaus untergebracht worden war und

2. die Gesamtwürdigung des Betroffenen, seiner Taten und ergänzend seiner Entwicklung bis zum Zeitpunkt der Entscheidung ergibt, dass er mit hoher Wahrscheinlichkeit erhebliche Straftaten begehen wird, durch welche die Opfer seelisch oder körperlich schwer geschädigt werden.

Dies gilt auch, wenn im Anschluss an die Unterbringung nach § 63 noch eine daneben angeordnete Freiheitsstrafe ganz oder teilweise zu vollstrecken ist.

Fußnote

§ 66b: Eingef. durch Art. 1 Nr. 2 G v. 23.7.2004 I 1838 mWv 29.7.2004; früherer Abs. 1 u. 2 aufgeh., früherer Abs. 3 jetzt einziger Text gem. Art. 1 Nr. 4 Buchst. a u. Buchst. b DBuchst. aa G v. 22.12.2010 I 2300 mWv 1.1.2011; nach Maßgabe der Entscheidungsformel mit GG (100-1) unvereinbar gem. BVerfGE v. 4.5.2011 I 1003 (2 BvR 2365/09 u. a.). Zur Umsetzung der Anforderungen des BVerfG vgl. G v. 5.12.2012 I 2425 mWv 1.6.2013

1. 本規定之合憲性過去引起相當多爭議，故經過多次修正，且在具體使用時，需參考聯邦憲法法院之若干意見，即限縮原規範所明定之施行範圍。

2. 本規定之適用對象非受刑人，而是原安置於精神病院者。

3. 若原未判刑之原因在無責任能力或限制責任能力，則恢復責任能力時，當事人有無犯下嚴重罪行之虞，在原核定安置於精神病院時不可能預期。因此要精神恢復正常時，再經鑑定，方得以知曉。

4. 形式要件需
   (1)原因行為該當特定罪名，並重複為之（第1項第1款），
   (2)受判決人未經再犯風險評估之原因係裁判當時之精神狀態，即有效鑑定之客觀不能（第1項前段）。

5. 實質要件在於受判決人將嚴重傷害他人身體或心理之高度機率（第1項第2款）。

6. 在此前提之下核定保安處分，可與他案中所判處之自由刑並存。

第66c條　　安置於保安監禁及前置服刑之具體執行

(1) 保安監禁應安置於機構，該機構

　　1. 依詳細診斷及定期所調整、延續性執行計畫提供照顧，該照顧

　　　a. 係個別化、密集，且適合引起及強化被安置者之參與意願，尤其提供心理學、精神醫學及社會矯治之療程等，若一般性療程無實效之期待，則應為受安置者個別化設計相關療程，且

　　　b. 照顧之目標在於讓受安置者對公眾之危險性降低，使該處分盡早得以假釋或宣告終止，

　　2. 保障安置處分

　　　a. 應盡可能減少被安置者之負擔，並合乎第1款之照顧要件以及在安全無虞之前提下合乎一般生活狀況，且

　　　b. 執行保安監禁之房舍及部門等與服刑有別，但依第一款之照顧有

　　特殊需求除外，且

3. 爲達到第1款目b所指之目標

　a. 應容許開放性執行該處分以及作出釋放準備，但有重大理由與此抵觸則除外，後者尤其係指，有具體理由顯示，受安置者有逃脫後續執行保安監禁之虞或有利用相關處分來實行重大罪行之虞，並

　b. 應經由與國立或私立承辦單位之合作，使處分後之自由中仍有後續照顧之可能。

(2) 法院於裁判（第66條）中、依原先之保留（第66a條第3項）或事後（第66b條）而核定安置於保安監禁，或法院於判決中保留未來核定該安置（第66a條第1項及第2項），則行爲人於服刑中應已獲得第1項第1款之照顧，尤其應獲得社會矯治之課程；該照顧與診療之目的在於使保安監禁將無執行之必要（第67c條第1句第1款）或該核定本身盡可能變成無必要。

§ 66c Ausgestaltung der Unterbringung in der Sicherungsverwahrung und des vorhergehenden Strafvollzugs

(1) Die Unterbringung in der Sicherungsverwahrung erfolgt in Einrichtungen, die

1. dem Untergebrachten auf der Grundlage einer umfassenden Behandlungsuntersuchung und eines regelmäßig fortzuschreibenden Vollzugsplans eine Betreuung anbieten,

　a) die individuell und intensiv sowie geeignet ist, seine Mitwirkungsbereitschaft zu wecken und zu fördern, insbesondere eine psychiatrische, psycho- oder sozialtherapeutische Behandlung, die auf den Untergebrachten zugeschnitten ist, soweit standardisierte Angebote nicht Erfolg versprechend sind, und

　b) die zum Ziel hat, seine Gefährlichkeit für die Allgemeinheit so zu mindern, dass die Vollstreckung der Maßregel möglichst bald zur Bewährung ausgesetzt oder sie für erledigt erklärt werden kann,

2. eine Unterbringung gewährleisten,

    a) die den Untergebrachten so wenig wie möglich belastet, den Erfordernissen der Betreuung im Sinne von Nummer 1 entspricht und, soweit Sicherheitsbelange nicht entgegenstehen, den allgemeinen Lebensverhältnissen angepasst ist, und

    b) die vom Strafvollzug getrennt in besonderen Gebäuden oder Abteilungen erfolgt, sofern nicht die Behandlung im Sinne von Nummer 1 ausnahmsweise etwas anderes erfordert, und

3. zur Erreichung des in Nummer 1 Buchstabe b genannten Ziels

    a) vollzugsöffnende Maßnahmen gewähren und Entlassungsvorbereitungen treffen, soweit nicht zwingende Gründe entgegenstehen, insbesondere konkrete Anhaltspunkte die Gefahr begründen, der Untergebrachte werde sich dem Vollzug der Sicherungsverwahrung entziehen oder die Maßnahmen zur Begehung erheblicher Straftaten missbrauchen, sowie

    b) in enger Zusammenarbeit mit staatlichen oder freien Trägern eine nachsorgende Betreuung in Freiheit ermöglichen.

(2) Hat das Gericht die Unterbringung in der Sicherungsverwahrung im Urteil (§ 66), nach Vorbehalt (§ 66a Absatz 3) oder nachträglich (§ 66b) angeordnet oder sich eine solche Anordnung im Urteil vorbehalten (§ 66a Absatz 1 und 2), ist dem Täter schon im Strafvollzug eine Betreuung im Sinne von Absatz 1 Nummer 1, insbesondere eine sozialtherapeutische Behandlung, anzubieten mit dem Ziel, die Vollstreckung der Unterbringung (§ 67c Absatz 1 Satz 1 Nummer 1) oder deren Anordnung (§ 66a Absatz 3) möglichst entbehrlich zu machen.

解析

1. 保安監禁之執行，應以除去本處分之必要性爲目標。

2. 聯邦憲法法院對保安監禁（之執行）提出七種要求，即

    (1)最後手段原則，即隨時思索，有無干涉基本權利程度較輕之處遇的

可能；

(2)個別化原則，即不得僅因機關編制無足夠人力為由而拒絕成效可期之矯治課程；

(3)鼓勵原則，即喚起受處分人得以回歸社會之期待；

(4)間距原則，即不僅在內容上與一般再社會化處遇不同，在場所方面亦需維持差異性；

(5)減輕原則，即為進行專業評估，宜否減輕管控程度，應設置以矯治專家為成員之委員會；

(6)救濟原則，即提供受處分人專門之救濟管道；

(7)監控原則，即要求至少每年需重新評斷，有無持續執行之必要。

3. 以上之要求，僅間距原則及減輕原則之部分事項未予落實：

(1)尤其因部分矯治課程需以群體為之，但受保安監禁者之人數過少，所以部分仍與受刑人共同進行，即因故而未徹底實現間距原則。

(2)矯治專家所組成之評估委員會尚未成立。

4. 如戒治或精神疾病之療程得以提高再社會化之成效，則甚至可於保安監禁前，先改定安置於戒治所或安置於精神病院，且在確實看到成效良好時，不予執行保安監禁。此屬最後手段原則之具體表現。

第67條　　執行之順序

(1) 同時依第63條及第64條核定安置於機構以及判處自由刑，則保安處分之執行優先於刑罰之執行。

(2) 優先執行刑罰之全部或一部分使得該保安處分之目的較容易達成，法院得決定將刑罰之全部或一部分執行在先，將保安處分之執行在後。自由刑高達三年以上，同時核定安置於戒治機構，部分刑罰應執行於保安處分前。在部分刑罰先行執行，接續行使安置時，應使第5項第1句之決定有其可能。受判決人在服完刑負離境義務，且可期待其在服刑中或直接於服完刑離開本刑法之適用範圍，法院應決定刑罰之執行優於保安處分之執行。

(3) 受判決人之個人狀況顯示，應核定、修正或終止依第2項第1句或第22

句之處分，法院可事後行之。法院亦可依第2項第4句事後作出處分。
若受判決人終止其於本法適用範圍之停留已無期待之可能，法院撤銷
其依第2項第4句之處分。

(4) 處分之執行全部或部分在服刑前，處分之執行期間折算刑期，該折算
至多到刑期之三分之二。

(5) 當保安處分之執行在刑法之全部或部分執行前，且當刑罰之執行已達
到二分之一時，則法院得在刑法第57條第1項第1句第2款及第3款之前
提下決定，剩餘刑罰之執行將因假釋而停止。若剩餘刑罰不予假釋，
則繼續執行保安處分；但法院認定受判決人之個人狀況表現相當理由
時，則可決定刑罰之執行。

(6) 他程序刑罰之執行構成受刑人之不合理待遇，法院可將該刑罰納入於
第4項折算之範圍內。在此決定，法院應考量已服刑期相對於所判處
刑期之長短、療效與具體危險以及受刑人執行過程中之行為舉止。他
程序刑罰之原因行為發生於核定處分後，原則上不得將其納入於折
算。第5項第2句予以適用。

註：

第67條第4項：依2007/07/16 I 1327之法案第1項第2款c目以及2007/07/20
之法案，過去之第2句已加以刪除；該規定依聯邦憲法法院之判決要旨
（BVerfGE v. 27.3.2012 I 1021 (2 BvR 2258/09)）與基本法第100條之1
（GG (100-1)）不相容。為實現憲法法院之要求，參看2016/07/08 I 1610
及2013/06/01之法案。

§ 67 Reihenfolge der Vollstreckung

(1) Wird die Unterbringung in einer Anstalt nach den §§ 63 und 64 neben einer Freiheitsstrafe angeordnet, so wird die Maßregel vor der Strafe vollzogen.

(2) Das Gericht bestimmt jedoch, dass die Strafe oder ein Teil der Strafe vor der Maßregel zu vollziehen ist, wenn der Zweck der Maßregel dadurch leichter erreicht wird. Bei Anordnung der Unterbringung in einer Entziehungsanstalt neben einer zeitigen Freiheitsstrafe von über drei Jahren soll das Gericht bestimmen, dass ein Teil der Strafe vor der Maßregel zu vollziehen ist.

Dieser Teil der Strafe ist so zu bemessen, dass nach seiner Vollziehung und einer anschließenden Unterbringung eine Entscheidung nach Absatz 5 Satz 1 möglich ist. Das Gericht soll ferner bestimmen, dass die Strafe vor der Maßregel zu vollziehen ist, wenn die verurteilte Person vollziehbar zur Ausreise verpflichtet und zu erwarten ist, dass ihr Aufenthalt im räumlichen Geltungsbereich dieses Gesetzes während oder unmittelbar nach Verbüßung der Strafe beendet wird.

(3) Das Gericht kann eine Anordnung nach Absatz 2 Satz 1 oder Satz 2 nachträglich treffen, ändern oder aufheben, wenn Umstände in der Person des Verurteilten es angezeigt erscheinen lassen. Eine Anordnung nach Absatz 2 Satz 4 kann das Gericht auch nachträglich treffen. Hat es eine Anordnung nach Absatz 2 Satz 4 getroffen, so hebt es diese auf, wenn eine Beendigung des Aufenthalts der verurteilten Person im räumlichen Geltungsbereich dieses Gesetzes während oder unmittelbar nach Verbüßung der Strafe nicht mehr zu erwarten ist.

(4) Wird die Maßregel ganz oder zum Teil vor der Strafe vollzogen, so wird die Zeit des Vollzugs der Maßregel auf die Strafe angerechnet, bis zwei Drittel der Strafe erledigt sind.

(5) Wird die Maßregel vor der Strafe oder vor einem Rest der Strafe vollzogen, so kann das Gericht die Vollstreckung des Strafrestes unter den Voraussetzungen des § 57 Abs. 1 Satz 1 Nr. 2 und 3 zur Bewährung aussetzen, wenn die Hälfte der Strafe erledigt ist. Wird der Strafarrest nicht ausgesetzt, so wird der Vollzug der Maßregel fortgesetzt; das Gericht kann jedoch den Vollzug der Strafe anordnen, wenn Umstände in der Person des Verurteilten es angezeigt erscheinen lassen.

(6) Das Gericht bestimmt, dass eine Anrechnung nach Absatz 4 auch auf eine verfahrensfremde Strafe erfolgt, wenn deren Vollzug für die verurteilte Person eine unbillige Härte wäre. Bei dieser Entscheidung sind insbesondere das Verhältnis der Dauer des bisherigen Freiheitsentzugs zur Dauer der verhängten Strafen, der erzielte Therapieerfolg und seine

konkrete Gefährdung sowie das Verhalten der verurteilten Person im Vollstreckungsverfahren zu berücksichtigen. Die Anrechnung ist in der Regel ausgeschlossen, wenn die der verfahrensfremden Strafe zugrunde liegende Tat nach der Anordnung der Maßregel begangen worden ist. Absatz 5 Satz 2 gilt entsprechend.

Fußnote

§ 67 Abs. 4: Früherer Satz 2 aufgeh. durch Art. 1 Nr. 2 Buchst. c G v. 16.7.2007 I 1327 mWv 20.7.2007; nach Maßgabe der Entscheidungsformel mit GG (100-1) unvereinbar gem. BVerfGE v. 27.3.2012 I 1021 (2 BvR 2258/09). Zur Umsetzung der Anforderungen des BVerfG vgl. G v. 8.7.2016 I 1610 mWv 1.8.2016

解析

1. 雖然立法者希望避免過度處罰，所以盡可能消除刑罰與監禁式保安處分之競合，但保安監禁除外。

2. 因聯邦最高法院要求，任何實行殺人、重傷等嚴重暴力性犯罪行為者需進行精神鑑定，否則判決違背法令，所以刑事司法對相關問題之敏感度過去幾十年越來越高。因此，安置於精神病院及安置於戒治所之人數逐年提高。依此，保安處之監禁期間得否與刑期加以折算，確有實益。

3. 再社會化利益近年已提升至受刑人基本權利之地位，法院及執行機關都需評估，戒治或醫治等處遇，是否更加提升受判決人之再社會化可能。

4. 第2項第2句正視刑罰之執行使得戒治成效降低；可是，先戒治，或許使得刑罰之執行已經無必要。因此，可在一定條件下先進行戒治而後行假釋，即以戒治之期間為行刑期間。

第67a條　　轉移至其他保安處分之執行

(1) 法院宣告安置於精神病院或安置於戒治所，且事實顯示，其他保安處分對受處分人之再社會化更佳，法院得事後將該受處分人轉移至其他保安處分之執行。

(2) 在第1項之前提下，法院亦可以將核定保安監禁者轉移至其他於第1項所列舉之保安處分之執行。第1項之條件存在，且事實顯示應予轉移至治療或轉移至戒治，則仍在服刑者有機會事後轉移至其他保安處分，其是否先前受安置於保安監禁之宣告或該宣告有所保留，在所不問。

(3) 事後發現，其他保安處分更能夠促使被安置者之再社會化，法院可以更改或廢除依第1項及第2項之決定。事後有事實顯示，第1項所列舉處分之執行無效，法院亦可取消其依第2項之決定。

(4) 安置之期間及其檢核，依判決所核定安置類別之規定。在第2項第2句之情形，法院在未執行完畢之前，每年在該年度尚未屆滿之前，應予調查有無依第3項第2句之決定條件。

§ 67a　Überweisung in den Vollzug einer anderen Maßregel

(1) Ist die Unterbringung in einem psychiatrischen Krankenhaus oder einer Entziehungsanstalt angeordnet worden, so kann das Gericht die untergebrachte Person nachträglich in den Vollzug der anderen Maßregel überweisen, wenn ihre Resozialisierung dadurch besser gefördert werden kann.

(2) Unter den Voraussetzungen des Absatzes 1 kann das Gericht nachträglich auch eine Person, gegen die Sicherungsverwahrung angeordnet worden ist, in den Vollzug einer der in Absatz 1 genannten Maßregeln überweisen. Die Möglichkeit einer nachträglichen Überweisung besteht, wenn die Voraussetzungen des Absatzes 1 vorliegen und die Überweisung zur Durchführung einer Heilbehandlung oder Entziehungskur angezeigt ist, auch bei einer Person, die sich noch im Strafvollzug befindet und deren Unterbringung in der Sicherungsverwahrung angeordnet oder vorbehalten

worden ist.

(3) Das Gericht kann eine Entscheidung nach den Absätzen 1 und 2 ändern oder aufheben, wenn sich nachträglich ergibt, dass die Resozialisierung der untergebrachten Person dadurch besser gefördert werden kann. Eine Entscheidung nach Absatz 2 kann das Gericht ferner aufheben, wenn sich nachträglich ergibt, dass mit dem Vollzug der in Absatz 1 genannten Maßregeln kein Erfolg erzielt werden kann.

(4) Die Fristen für die Dauer der Unterbringung und die Überprüfung richten sich nach den Vorschriften, die für die im Urteil angeordnete Unterbringung gelten. Im Falle des Absatzes 2 Satz 2 hat das Gericht bis zum Beginn der Vollstreckung der Unterbringung jeweils spätestens vor Ablauf eines Jahres zu prüfen, ob die Voraussetzungen für eine Entscheidung nach Absatz 3 Satz 2 vorliegen.

解析

1. 本規定完全由受判決人之再社會化利益出發。法院可以在各種監禁式處遇之間，選擇對受判決人之再社會化利益最佳方案，且依此改變既有待遇，換成更有利再社會化之待遇。
2. 處遇之更改，若可避免保安監禁將有執行之必要，可為此而減少行刑之期間，另行戒治或精神治療。
3. 若其他處遇使受判決人之個人情況改善，使其不再成社會危險源，則可停止或撤銷保安監禁。
4. 若其他替代性措施無效，則應改原來處遇之執行。此用意並不在受刑人再社會化之考量，反而保障各個有關機構之功能。

第67b條　同時宣告與停止〔安置處分〕

(1) 法院宣告安置於精神病院或安置於戒治所，且同時有特別情況足以法院期待，該處分之目的得經由處分之停止而達成，得經由假釋而停止

該處分之執行。行為人仍應執行同時於保安處分所宣告之自由刑，且該徒刑不予假釋，保安處分不予停止。

(2) 自保安處分停止時，進行保護管束。

§ 67b Aussetzung zugleich mit der Anordnung

(1) Ordnet das Gericht die Unterbringung in einem psychiatrischen Krankenhaus oder einer Entziehungsanstalt an, so setzt es zugleich deren Vollstreckung zur Bewährung aus, wenn besondere Umstände die Erwartung rechtfertigen, dass der Zweck der Maßregel auch dadurch erreicht werden kann. Die Aussetzung unterbleibt, wenn der Täter noch Freiheitsstrafe zu verbüßen hat, die gleichzeitig mit der Maßregel verhängt und nicht zur Bewährung ausgesetzt wird.

(2) Mit der Aussetzung tritt Führungsaufsicht ein.

解 析

1. 本規定實現保安處分之依附性原則。保安處分之核定，以受判決人再社會化利益上之必要性為要件；其執行亦同。因此，若核定有必要，但執行無必要，則可同時核定與宣告停止有關處分。

2. 為監管該處遇之有效性，應與停止處分同時核定保護管束。

第67c條　　延後執行安置

(1) 因同一行為而同時宣告自由刑與安置，自由刑之執行又早於安置，且自由刑執行屆滿前所必要之檢核顯示，

1. 為處分目的已不需進行安置或

2. 因行為人之執行經過的整體性檢核顯示，其未獲得依第66c條第2項與第66c條第1項第1款之足夠照顧，使安置於保安監禁違反比例原則，則法院停止安置之執行，並宣告假釋；隨著處分執行之停止，實行保護管束。第一審核定保安監禁，且該核定之時間與刑罰執行

屆滿期間不及一年，不需進行第1句第1款之檢核。

(2) 安置之核定生效後三年內未開始執行該處分，且不具備第1項或第67b條之情形，需法院核定該安置之執行，方可為之。前述期間不列入行為人依機關之命令安置於機構中之期間。若為處分目的之達成仍有安置之必要，法院決定其執行。若處分之目的尚未實現，但有特殊情況足以認定，在處分停止之條件下仍可達成該目的，則法院以假釋而停止安置之執行；隨著處分之停止實行保護管束。若實現處分之目的，則法院取消之。

§ 67c Späterer Beginn der Unterbringung

(1) Wird eine Freiheitsstrafe vor einer wegen derselben Tat oder Taten angeordneten Unterbringung vollzogen und ergibt die vor dem Ende des Vollzugs der Strafe erforderliche Prüfung, dass

1. der Zweck der Maßregel die Unterbringung nicht mehr erfordert oder

2. die Unterbringung in der Sicherungsverwahrung unverhältnismäßig wäre, weil dem Täter bei einer Gesamtbetrachtung des Vollzugsverlaufs ausreichende Betreuung im Sinne des § 66c Absatz 2 in Verbindung mit § 66c Absatz 1 Nummer 1 nicht angeboten worden ist,

setzt das Gericht die Vollstreckung der Unterbringung zur Bewährung aus; mit der Aussetzung tritt Führungsaufsicht ein. Der Prüfung nach Satz 1 Nummer 1 bedarf es nicht, wenn die Unterbringung in der Sicherungsverwahrung im ersten Rechtszug weniger als ein Jahr vor dem Ende des Vollzugs der Strafe angeordnet worden ist.

(2) Hat der Vollzug der Unterbringung drei Jahre nach Rechtskraft ihrer Anordnung noch nicht begonnen und liegt ein Fall des Absatzes 1 oder des § 67b nicht vor, so darf die Unterbringung nur noch vollzogen werden, wenn das Gericht es anordnet. In die Frist wird die Zeit nicht eingerechnet, in welcher der Täter auf behördliche Anordnung in einer Anstalt verwahrt worden ist. Das Gericht ordnet den Vollzug an, wenn der Zweck der Maßregel die Unterbringung noch erfordert. Ist der Zweck der Maßregel

nicht erreicht, rechtfertigen aber besondere Umstände die Erwartung, dass er auch durch die Aussetzung erreicht werden kann, so setzt das Gericht die Vollstreckung der Unterbringung zur Bewährung aus; mit der Aussetzung tritt Führungsaufsicht ein. Ist der Zweck der Maßregel erreicht, so erklärt das Gericht sie für erledigt.

解析

1. 監禁式保安處分之核定與執行間，或間隔不久，或間隔相當長。為避免原先似乎必然應執行之保安處分，後來確實無執行之必要，因而違背比例原則，就要建立審查機制，以免造成受判決人之人身自由之不必要侵害。

2. 法院判刑當時無從預期，行刑對受判決人之影響如何，該人因其他原因之人格發展又如何。故此，判決當時應依當時之理解而諭知特定保安處分，但執行該保安處分前，應由執行法庭再度審查，有無執行之必要。

3. 法院判刑時，不得因未來有執行法庭審核相關處分而在不予審察之前提下片面核定監禁式保安處分。

4. 尤其保安監禁之處分應盡可能避免。因此，行刑在前，保安監禁在後，應於行刑時已安排矯治課程，使保安監禁無執行必要。若三年內未安排合適課程，表示行刑機構無協助受刑人之實質意願，即違背其照顧義務；在結果上，行刑機構如此之表現損及受刑人之再社會化利益。在此前提之下，後續之保安監禁變違法，故本規定第1項第2款明定，在此情況下應將保安監禁改為保護管束。

5. 第2項因同理而指出，判刑後三年未開始進行安置，該安置有無必要，應重新予以評估。

第67d條　　安置之期間

(1) 安置於戒治所之期間不得超越二年。〔安置之〕期間自〔執行〕安置起算。若同時判處自由刑與監禁式保安處分，且監禁式保安處分之執行在行刑前，則該處分之最長期限納入自由刑之期間，但以處分折算刑期為要件。

(2) 未預設最長期間或該期間尚未屆滿，則法院得以假釋而停止處分之執行，但需以受處分人在處分執行外不再施行重大違法行為之期待為要件。若法院確認，因受處分人在法院所核定之期間內、最遲在六個月內，並未獲得依第66c條第1項第1款之足夠照顧，則繼續執行安置將違背比例原則，因而〔情況與前句〕相同；若〔執行機關〕不提供如此足夠之照顧，則法院在檢核要否停止執行時，需明定應提供何處分。若依第1句或依第2句停止〔處分之執行〕，則實行保護管束。

(3) 執行保安監禁已達十年者，法院宣告該處分應予取消，但若受處分人仍有再行嚴重犯罪之虞，且〔該犯罪一旦發生，〕被害人將受到嚴重心理或生理上之傷害，不在此內。自安置執行之釋放起，實行保護管束。

(4) 最長期間屆滿，應釋放受安置者。處分由釋放〔之日〕起被取消。自安置執行之釋放起，實行保護管束。

(5) 若第64條第2句之條件已不存在，法院宣告安置於戒治所被取消。自安置執行之釋放起，實行保護管束。

(6) 安置於精神病院開始執行之後，法院確認該處分之前提已不存在，或後續執行該處分違背比例原則，則宣告該處分之取消。安置執行已逾六年，且依受安置者狀態，已無實行重大違法行為之危險性，而造成被害人心理或身體之重大損害或重大損害之危險者，繼續執行通常不符合比例原則。執行安置處分已達十年者，準用第3項第1句之規定。自安置執行之釋放起，實行保護管束。若可期待受處分人不再實行犯罪行為，則法院核定保護管束之不予執行。

註：第67d條第3項：與基本法（第100條之1）相容（聯邦憲法法院 2004/02/05 I 1069 (2 BvR 2029/01) 之判決）。

§ 67d Dauer der Unterbringung

(1) Die Unterbringung in einer Entziehungsanstalt darf zwei Jahre nicht übersteigen. Die Frist läuft vom Beginn der Unterbringung an. Wird vor einer Freiheitsstrafe eine daneben angeordnete freiheitsentziehende Maßregel vollzogen, so verlängert sich die Höchstfrist um die Dauer der Freiheitsstrafe, soweit die Zeit des Vollzugs der Maßregel auf die Strafe angerechnet wird.

(2) Ist keine Höchstfrist vorgesehen oder ist die Frist noch nicht abgelaufen, so setzt das Gericht die weitere Vollstreckung der Unterbringung zur Bewährung aus, wenn zu erwarten ist, dass der Untergebrachte außerhalb des Maßregelvollzugs keine erheblichen rechtswidrigen Taten mehr begehen wird. Gleiches gilt, wenn das Gericht nach Beginn der Vollstreckung der Unterbringung in der Sicherungsverwahrung feststellt, dass die weitere Vollstreckung unverhältnismäßig wäre, weil dem Untergebrachten nicht spätestens bis zum Ablauf einer vom Gericht bestimmten Frist von höchstens sechs Monaten ausreichende Betreuung im Sinne des § 66c Absatz 1 Nummer 1 angeboten worden ist; eine solche Frist hat das Gericht, wenn keine ausreichende Betreuung angeboten wird, unter Angabe der anzubietenden Maßnahmen bei der Prüfung der Aussetzung der Vollstreckung festzusetzen. Mit der Aussetzung nach Satz 1 oder 2 tritt Führungsaufsicht ein.

(3) Sind zehn Jahre der Unterbringung in der Sicherungsverwahrung vollzogen worden, so erklärt das Gericht die Maßregel für erledigt, wenn nicht die Gefahr besteht, dass der Untergebrachte erhebliche Straftaten begehen wird, durch welche die Opfer seelisch oder körperlich schwer geschädigt werden. Mit der Entlassung aus dem Vollzug der Unterbringung tritt Führungsaufsicht ein.

(4) Ist die Höchstfrist abgelaufen, so wird der Untergebrachte entlassen. Die Maßregel ist damit erledigt. Mit der Entlassung aus dem Vollzug der Unterbringung tritt Führungsaufsicht ein.

(5) Das Gericht erklärt die Unterbringung in einer Entziehungsanstalt für erledigt, wenn die Voraussetzungen des § 64 Satz 2 nicht mehr vorliegen. Mit der Entlassung aus dem Vollzug der Unterbringung tritt Führungsaufsicht ein.

(6) Stellt das Gericht nach Beginn der Vollstreckung der Unterbringung in einem psychiatrischen Krankenhaus fest, dass die Voraussetzungen der Maßregel nicht mehr vorliegen oder die weitere Vollstreckung der Maßregel unverhältnismäßig wäre, so erklärt es sie für erledigt. Dauert die Unterbringung sechs Jahre, ist ihre Fortdauer in der Regel nicht mehr verhältnismäßig, wenn nicht die Gefahr besteht, dass der Untergebrachte infolge seines Zustandes erhebliche rechtswidrige Taten begehen wird, durch welche die Opfer seelisch oder körperlich schwer geschädigt werden oder in die Gefahr einer schweren körperlichen oder seelischen Schädigung gebracht werden. Sind zehn Jahre der Unterbringung vollzogen, gilt Absatz 3 Satz 1 entsprechend. Mit der Entlassung aus dem Vollzug der Unterbringung tritt Führungsaufsicht ein. Das Gericht ordnet den Nichteintritt der Führungsaufsicht an, wenn zu erwarten ist, dass der Betroffene auch ohne sie keine Straftaten mehr begehen wird.

Fußnote

§ 67d Abs. 3: Mit GG (100-1) vereinbar gem. BVerfGE v. 5.2.2004 I 1069 (2 BvR 2029/01). Zur Umsetzung der Anforderungen des BVerfG vgl. G v. 8.7.2016 I 1610 mWv 1.8.2016

解析

1. 監禁式保安處分之目的，重在預防。然，相關處分之執行成效如何，有時難以預期。因此，判刑當時不得諭知，監禁式保安處分之確定執行期間。

2. 本規定因而僅依處分類型而規範，何時依何條件可停止相關處分。

3. 若再社會化評估相對良好，則監禁式保安處分應改爲保護管束。

4. 戒治之期間，原則以二年爲限，但折抵刑期時，應加所折抵之期間。

5. 戒治無效時，應提前停止該處分。

6. 保安監禁，原則以十年爲期限，但受處分人過十年仍具高度危險性時，得延長該期間。唯，執行機關未安排合於再社會化之課程與活動時，不得繼續行使之。

7. 安置於精神病院，只有相對的期限。因此，在嚴重損害他人身體或心理之高度風險下，該處分可延長。雖然可延長，但應予檢核，是否有延長之必要（關於此點，參看第67e條）。

8. 停止監禁式保安處分時，應依法行使保護管束處分（參看第68條第2項）

第67e條　檢核

(1) 法院可隨時檢核，是否以假釋而停止或取消安置之後續執行。法院必須在特定期間屆滿前進行該檢核。

(2) 應予檢核之期間，在安置於戒治所爲六個月，在安置於精神病院爲一年，在安置於保安監禁爲一年，在安置之執行超過十年後爲九個月。

(3) 法院可以縮短該期間。在法定檢核期間之範圍內，法院亦可核定不得申請檢核之期間。

(4) 期間自安置之開始起加以計算。若法院拒絕宣告停止或取消安置，則該期間自法院之決定起重新計算。

§ 67e Überprüfung

(1) Das Gericht kann jederzeit prüfen, ob die weitere Vollstreckung der Unterbringung zur Bewährung auszusetzen oder für erledigt zu erklären ist. Es muss dies vor Ablauf bestimmter Fristen prüfen.

(2) Die Fristen betragen bei der Unterbringung in einer Entziehungsanstalt sechs Monate, in einem psychiatrischen Krankenhaus ein Jahr, in der Sicherungsverwahrung ein Jahr, nach dem Vollzug von zehn Jahren der Unterbringung neun Monate.

(3) Das Gericht kann die Fristen kürzen. Es kann im Rahmen der gesetzlichen Prüfungsfristen auch Fristen festsetzen, vor deren Ablauf ein Antrag auf Prüfung unzulässig ist.

(4) Die Fristen laufen vom Beginn der Unterbringung an. Lehnt das Gericht die Aussetzung oder Erledigungserklärung ab, so beginnen die Fristen mit der Entscheidung von neuem.

解析

1. 依比例原則（參看第62條）得知，除非保安處分有必要，且其所保護之利益大於其所造成之損害，否則不得為之。因此，法院可隨時檢核，監禁式保安處分有無繼續執行之必要性。
2. 為了避免法院疏於檢核，本規定第2項指出，各該處分最遲應何時檢核。
3. 法院得將檢核密度提高。
4. 為安定執行機關相關課程之可預期性及藉此提高其成效，法院可限制受處分人申請處分停止之權利，即核定最早可申請之時間。

第67f條　　重複宣告保安處分

法院宣告安置於戒治所，前所宣告之相同處分已結束。

§ 67f Mehrfache Anordnung der Maßregel

Ordnet das Gericht die Unterbringung in einer Entziehungsanstalt an, so ist eine frühere Anordnung der Maßregel erledigt.

解析

1. 戒治處分之核定，依核定當時對預防可能之評估為主，所以在發生戒治處分競合時，應予從新。
2. 因此，當後來之戒治處分生效時，先前之戒治處分失效。

第67g條　　停止〔安置處分〕之撤銷

(1) 當受判決人

　　1. 在保護管束期間行使違法行為，

　　2. 嚴重或常態性違背依第68b條之指令或

　　3. 常態性避開觀護人或監督機構之監督與輔導，且由此得知，處分目的〔之實現〕以安置為必要要件，法院撤銷安置之停止。若撤銷之原因發生在停止執行之決定及保護管束（第68c條第4項）之開始間，則準用第1句第1款。

(2) 停止依第63、64條所核定之安置時，若在保護管束期間發現，受判決人因個人狀態有行使違法行為之虞，因而處分目的〔之實現〕以安置為必要要件，則法院撤銷該停止決定。

(3) 法院在保護管束期間得知，有事實原本應導致不予准許處分之停止，即處分目的〔之實現〕以安置為必要要件，則法院撤銷停止決定。

(4) 停止安置前之執行期間以及撤銷停止決定後之執行期間之合併期間不得超越該處分之法定最高期限。

(5) 法院未撤銷安置之停止，保護管束過後，該處分已完畢。

(6) 受判決人為履行指令之支出不予補償。

§ 67g Widerruf der Aussetzung

(1) Das Gericht widerruft die Aussetzung einer Unterbringung, wenn die verurteilte Person

　　1. während der Dauer der Führungsaufsicht eine rechtswidrige Tat begeht,

　　2. gegen Weisungen nach § 68b gröblich oder beharrlich verstößt oder

　　3. sich der Aufsicht und Leitung der Bewährungshelferin oder des Bewährungshelfers oder der Aufsichtsstelle beharrlich entzieht und sich daraus ergibt, dass der Zweck der Maßregel ihre Unterbringung erfordert. Satz 1 Nr. 1 gilt entsprechend, wenn der Widerrufsgrund zwischen der Entscheidung über die Aussetzung und dem Beginn der Führungsaufsicht (§ 68c Abs. 4) entstanden ist.

(2) Das Gericht widerruft die Aussetzung einer Unterbringung nach den §§

63 und 64 auch dann, wenn sich während der Dauer der Führungsaufsicht ergibt, dass von der verurteilten Person infolge ihres Zustands rechtswidrige Taten zu erwarten sind und deshalb der Zweck der Maßregel ihre Unterbringung erfordert.

(3) Das Gericht widerruft die Aussetzung ferner, wenn Umstände, die ihm während der Dauer der Führungsaufsicht bekannt werden und zur Versagung der Aussetzung geführt hätten, zeigen, dass der Zweck der Maßregel die Unterbringung der verurteilten Person erfordert.

(4) Die Dauer der Unterbringung vor und nach dem Widerruf darf insgesamt die gesetzliche Höchstfrist der Maßregel nicht übersteigen.

(5) Widerruft das Gericht die Aussetzung der Unterbringung nicht, so ist die Maßregel mit dem Ende der Führungsaufsicht erledigt.

(6) Leistungen, die die verurteilte Person zur Erfüllung von Weisungen erbracht hat, werden nicht erstattet.

解析

1. 法院停止監禁式保安處分之後,有可能取消該停止決定。
2. 取消停止決定之原因有二:
   (1)受處分人之行爲表現者,
   (2)受處分人所處之狀態。
   後者雖然與受處分人之行爲表現無關,但在特別預防上仍然重要。由於核定保安處分之唯一依據係對受處分人未來行爲之整體性評估,所以多少包含許多不確定性因素。因此,在使用上應謹愼爲之,尤其應注意比例原則。
3. 第3項例外容許法院在受處分人之行爲及個人狀態全然無變化之前提下,仍然取消原停止處分之決定。當法院在原來核定停止之後,另得知原先已存在之事實,且依此能夠判斷,原來風險評估之認知基礎有錯,則可重新評估,該停止決議是否正確,且可依後來評估之結果重新行使相關核定,不受原核定之拘束。

第67h條　　重新執行之期限；緊急干涉

(1) 停止安置人之情況急性惡化或該人之上癮習慣復發，且重新執行原處分具必要性，以免相關情況導致第67g條之撤銷，法院得在保護管束之期間內重新依第63條及第64條核定安置。在第1句之前提下，法院可重新核定該處分或可延長該處分之期間；但處分之期間總供不得超越六個月。第67g條第4項準用。

(2) 處分目的已實現時，法院在第1項之期限內取消該處分。

§ 67h Befristete Wiederinvollzugsetzung; Krisenintervention

(1) Während der Dauer der Führungsaufsicht kann das Gericht die ausgesetzte Unterbringung nach § 63 oder § 64 für eine Dauer von höchstens drei Monaten wieder in Vollzug setzen, wenn eine akute Verschlechterung des Zustands der aus der Unterbringung entlassenen Person oder ein Rückfall in ihr Suchtverhalten eingetreten ist und die Maßnahme erforderlich ist, um einen Widerruf nach § 67g zu vermeiden. Unter den Voraussetzungen des Satzes 1 kann es die Maßnahme erneut anordnen oder ihre Dauer verlängern; die Dauer der Maßnahme darf insgesamt sechs Monate nicht überschreiten. § 67g Abs. 4 gilt entsprechend.

(2) Das Gericht hebt die Maßnahme vor Ablauf der nach Absatz 1 gesetzten Frist auf, wenn ihr Zweck erreicht ist.

解析

1. 本規定限於安置於精神病院及安置於戒治所等處分。無論是精神疾病或上癮等，都有可能短時間內出現相當大的變化，使執行機關有緊急切入之必要，以免出現嚴重犯罪行為。

2. 因安置於保安監禁之理由在於受處分人之人格與常態性行為模式，所以不可能出現突變。因此，該處分不在本規定之緊急應變範圍內。

3. 緊急處分之執行期間限於六個月，亦可執行短於六個月的期間。假如仍有延長之必要，得以正常之檢核機制（參看第67d、67e等條）採取相應處分。

保護管束
Führungsaufsicht

第68條　　保護管束之要件

(1) 侵犯依法明定保護管束之罪名者，若宣告六月以上自由刑，則法院可同時宣告自由刑與保護管束，但以該人有再犯之虞爲要件。

(2) 法定保護管束之規定（第67b、67c、67d條第2項至第6項及第68f條）不受影響。

§ 68 Voraussetzungen der Führungsaufsicht

(1) Hat jemand wegen einer Straftat, bei der das Gesetz Führungsaufsicht besonders vorsieht, zeitige Freiheitsstrafe von mindestens sechs Monaten verwirkt, so kann das Gericht neben der Strafe Führungsaufsicht anordnen, wenn die Gefahr besteht, dass er weitere Straftaten begehen wird.

(2) Die Vorschriften über die Führungsaufsicht kraft Gesetzes (§§ 67b, 67c, 67d Abs. 2 bis 6 und § 68f) bleiben unberührt.

解析

1. 保護管束在實務上不得與免刑、緩刑、假釋等處遇中之處分與附條件指令（Weisung）加以混淆。前者在實務上稀見（2015年合計78件），後者每年有上萬件。

2. 保護管束處分之發生原因有二：一爲法定原因，即總則在保安監禁後所要求之「應予保護管束」（如第68b條等）；二爲分則特定罪名中「得以保護管束」處分（如第89a條第6項、第129a條第9項、第181b條等）。前者不需作任何再犯風險評估，後者依本規定第1項之規定必然進行再犯風險評估。

3. 就非法定保護管束案件，除了過去違犯特定罪名，且除了刑期在六個月以上自由刑等要件之外，受判決人需具備一定程度之再犯風險，且該

風險須經鑑定而確認，否則不得核定保護管束。

4. 再犯風險評估於裁判當時進行；假如受判決人事後失去其高度再犯風險之特徵，則可撤銷依第1項而核定之保護管束，以免違背比例原則。

第68a條　　監督機構、觀護制度、法醫門診

(1) 受判決人受監督機構之監督；法院在保護管束期間爲受判決人指定觀護人。

(2) 觀護人與監督機構需相互合作，並協助與照顧受判決人。

(3) 監督機構與法院共同監控受判決人之行爲及其實行指令之情況；觀護人協助監督機構。

(4) 監督機構與觀護人在有關受判決人之協助與照顧的問題上無法達成共識，則由法院裁示。

(5) 法院可以向監督機構及觀護人提出工作上之要求。

(6) 在提出依第145a條第2句之申請前，監督機構應聽取觀護人之意見；第4項應予準用。

(7) 依第68b條第2項第2句及第3句提出指令，則法醫門診聯同第2項所列舉之人員來協助與照顧受判決人。除此之外，第3項至第6項有關觀護人之規定使用於法醫門診。

(8) 第1項所列舉之人員及第203條第1項第1、2、6款所列舉法醫門診之工作人員，必須在受第203條所保護之範圍內或經由其他情況而獲得之祕密相互告知，但須以協助受判決人不再犯爲目的。　除此之外，若第203條第1項第1、2、6款所指之法醫門診工作人員理解到，受判決人具備下列事宜：

　　1. 在監督上具必要性，才可能判斷受判決人有無符合依第68b條第1項第1句第11款之執行指令，或有無依第68b條第2項第2句及第3句之指令範圍進行治療，

　　2. 判決人之行爲或狀況顯示，應採取依第67g條、67h條或68c條第2項或第3項之措施或

　　3. 有必要，方得以防止第三人生命、身體健康、人身自由或性自主之

重大現行危險，則應該告知監督機構及法院相關事宜。

在第1句及第2句第2款及第3款之情況，當法醫門診之工作人員依第203條第1項告知相關事宜時，則該事宜僅得使用於該條所指之目的。

§ 68a Aufsichtsstelle, Bewährungshilfe, forensische Ambulanz

(1) Die verurteilte Person untersteht einer Aufsichtsstelle; das Gericht bestellt ihr für die Dauer der Führungsaufsicht eine Bewährungshelferin oder einen Bewährungshelfer.

(2) Die Bewährungshelferin oder der Bewährungshelfer und die Aufsichtsstelle stehen im Einvernehmen miteinander der verurteilten Person helfend und betreuend zur Seite.

(3) Die Aufsichtsstelle überwacht im Einvernehmen mit dem Gericht und mit Unterstützung der Bewährungshelferin oder des Bewährungshelfers das Verhalten der verurteilten Person und die Erfüllung der Weisungen.

(4) Besteht zwischen der Aufsichtsstelle und der Bewährungshelferin oder dem Bewährungshelfer in Fragen, welche die Hilfe für die verurteilte Person und ihre Betreuung berühren, kein Einvernehmen, entscheidet das Gericht.

(5) Das Gericht kann der Aufsichtsstelle und der Bewährungshelferin oder dem Bewährungshelfer für ihre Tätigkeit Anweisungen erteilen.

(6) Vor Stellung eines Antrags nach § 145a Satz 2 hört die Aufsichtsstelle die Bewährungshelferin oder den Bewährungshelfer; Absatz 4 ist nicht anzuwenden.

(7) Wird eine Weisung nach § 68b Abs. 2 Satz 2 und 3 erteilt, steht im Einvernehmen mit den in Absatz 2 Genannten auch die forensische Ambulanz der verurteilten Person helfend und betreuend zur Seite. Im Übrigen gelten die Absätze 3 und 6, soweit sie die Stellung der Bewährungshelferin oder des Bewährungshelfers betreffen, auch für die forensische Ambulanz.

(8) Die in Absatz 1 Genannten und die in § 203 Absatz 1 Nummer 1, 2 und 6 genannten Mitarbeiterinnen und Mitarbeiter der forensischen Ambulanz

haben fremde Geheimnisse, die ihnen im Rahmen des durch § 203 geschützten Verhältnisses anvertraut oder sonst bekannt geworden sind, einander zu offenbaren, soweit dies notwendig ist, um der verurteilten Person zu helfen, nicht wieder straffällig zu werden. Darüber hinaus haben die in § 203 Absatz 1 Nummer 1, 2 und 6 genannten Mitarbeiterinnen und Mitarbeiter der forensischen Ambulanz solche Geheimnisse gegenüber der Aufsichtsstelle und dem Gericht zu offenbaren, soweit aus ihrer Sicht

1. dies notwendig ist, um zu überwachen, ob die verurteilte Person einer Vorstellungsweisung nach § 68b Abs. 1 Satz 1 Nr. 11 nachkommt oder im Rahmen einer Weisung nach § 68b Abs. 2 Satz 2 und 3 an einer Behandlung teilnimmt,

2. das Verhalten oder der Zustand der verurteilten Person Maßnahmen nach § 67g, § 67h oder § 68c Abs. 2 oder Abs. 3 erforderlich erscheinen lässt oder

3. dies zur Abwehr einer erheblichen gegenwärtigen Gefahr für das Leben, die körperliche Unversehrtheit, die persönliche Freiheit oder die sexuelle Selbstbestimmung Dritter erforderlich ist.

In den Fällen der Sätze 1 und 2 Nr. 2 und 3 dürfen Tatsachen im Sinne von § 203 Abs. 1, die von Mitarbeiterinnen und Mitarbeitern der forensischen Ambulanz offenbart wurden, nur zu den dort genannten Zwecken verwendet werden.

解析

1. 對執行機關而言，保安處分之執行，部分必然具潛在利害衝突。保安處分執行時，一方面要協助受處分人，另方面要考慮，是否取消保安處分之執行，恢復監禁式處遇。前者應獲得受處分人之信任，否則難以執行，後者很可能造成受處分人之抵制，即導致受處分人不信賴社工等人員。因此，德國刑事司法設置所謂「監督機構」，即在邦法院（Landgericht）專門設置保安處分之監督機構。

2. 基於本規定，保護管束之觀護人及司法門診僅協助監督機構，但不適用有關觀護人於假釋期間監督義務之規定（第56d條第1、3項），也不適用刑事訴訟法有關法院於假釋期間監督義務之規定（刑事訴訟法第453b條）。

3. 因此，平日進行再社會化工作之社工人員、心理治療師等，與本規定所指之監督機構有別。監督機構屬於司法部門，社工等平時屬於社福部門或內政部門。

4. 本規定所列之司法門診部門，有存在必要（以免急需照顧與醫療資源之受處分人需先到診所掛號，等待若干時間，才或許獲得協助），但僅在部分地方法院有專責機構之設置，部分法院反而需與公私立醫院等個別約定相關事宜。因此，規範用意與現實之設置有一定落差。

5. 何受處分人由何觀護人來協助，由法院來安排。然，由於裁判當時離保護管束之期間或許還很長，所以可於判刑後由執行庭來決定。

6. 監督職權包括向其他機構訊問之權利，（即其他機關須答覆之義務）。其依刑事訴訟法第463a條第1項第1句之職權平行與檢察官依刑事訴訟法第161條之職權。

7. 監督機構所監督之內容，首先是受處分人有關處分目的之行為舉止，其次應檢視，受處分人是否遵守應遵守之指令。

8. 假如受處分人違背依第68b條第1項之指令，則應負依第145a條第2句之刑事責任。因此，監督機構職權上之評估，不僅影響到後續保安處分之執行，也可能影響到受處分人是否因保安處分之執行不利而重新遭到起訴之問題。

9. 監督機構、觀護人及法醫門診三者應照顧與協助受處分人。雖然規範在用詞上無相互區分該照顧等義務，但基於各司所職之事實，其應提供之協助等卻有區別。

10. 雖然監督機構具個案之監督義務，但法院仍決定重要框架事宜。因此，第三項要求法院與監督機構應合意而為。假如兩者之意見不一，且各持己見，就應以法院之意見為主。由於觀護人亦應遵守監督機構之意見，所以通常僅間接落實法院之意見。

11. 法院無從直接命令司法門診。後者僅在客觀上有再犯風險之條件下，

才具有通知監督機構（以及藉此通知法院）之義務。因此，現實上大部分區分醫學上之認知及外在事實，前者（如病歷）大部分保密，後者（如受處分人有無定時報到）反而迅速通知其他機構。然，若司法門診之醫師基於醫療行為而得知其他有關未來再犯風險之重要事實（如有無遵守有關戒毒之命令等），仍應向監督機構通知相關現象。

第68b條　　指令

(1) 法院得指令受判決人在保護管束之全部或一部分期間：
1. 未獲得監督機構許可，不得離開住所或居所或特定場域，
2. 當特定場所使得其獲得再犯之機會，或受到相關刺激時，不得接近該場所，
3. 不得與被害人或與提供再犯機會或再犯刺激之特定人或特定團體聯絡、交往或雇用之、或教育之、或容留之，
4. 當特定活動可為犯罪而濫用，則不得從事該特定活動，
5. 當特定物品形成再犯機會或再犯刺激，則不得擁有、攜帶或使他人保管之，
6. 依情況或以動用汽車或特定動用汽車或其他車輛為犯罪工具，則不得自己所有之或使用之，
7. 應於特定時間前往監督機構、特定機關或觀護人來報到，
8. 立即向監督機構說明任何居住或工作上之變動，
9. 失業時須通知勞動局之管轄機構或其他具介紹勞動許可之機構，
10. 有事實足認為，飲食或使用含酒精之飲料或其他使人醉之物品，促使再犯，則不得飲用或使用之，且須接受非侵入性酒測或毒測，
11. 須在特定時間或每過特定期間向醫生或向精神治療者或向法醫門診報到，
12. 須隨身攜帶電子監控在地之科技設備，且不得干涉其功能。

法院應於指令中明確指出，其所要求或所禁止之行為係何等行為。依第1句第12款之指令，在不影響第5句的情況下，非以下列要件為之，則不合法：

1. 保護管束之原因係三年以上之自由刑、宣告刑執行完畢、保安處分進行完畢，

2. 判處自由刑或宣告刑或核定安置之原因在於侵犯一次或數次第66條第3項第1句所列舉之罪名，

3. 受判決人有再犯第66條第3項第1句所列舉罪名之虞，且

4. 指令似乎有必要，方得以依刑事訴訟法第463a條第4項第2句利用資訊來監控受判決人有無遵守依第1句第1款及第2款之指令，並藉此防止其再犯第66條第3項第1句所列舉之罪。

第3句第1款及第2款等規定所指之保護管束是否依第68e條第1項第1句已結束，與該規定之要件存在與否無關。不同於第3句第1款，本規定亦適用於一般刑或宣告刑之刑期二年以上者，但需因本法分則第一章或第七章之一罪或數罪而判刑；第3句第2款至第4款所列之罪行，亦包括依第129a條第5項第2句之罪行，亦可與第129b條第1項加以結合。

(2) 法院可以在保護管束之全部或部分期間核定其他指令，並要求受判決人遵守之；該指令尤其可要求有關教育、工作、休閒、個人財務管理或履行扶養義務等事項。法院尤其可要求受判決人受精神醫學、心理學或社會矯治之照顧與治療（治療指令）。前述照顧與治療可由法醫門診為之。本規定準用第56c條第3項，此亦適用於侵入性酒測與毒測。

(3) 指令不得過度要求受判決人之生活方式。

(4) 保護管束發生時，同時另有依第68e條第1項第1句第3款之保護管束終止，則法院在決定指令時，應參考先前保護管束所核定之指令。

(5) 依第1項第11款對受判決人之照顧或依第2項對其之治療未經法醫門診而行使，則準用第68a條第8項。

§ 68b Weisungen

(1) Das Gericht kann die verurteilte Person für die Dauer der Führungsaufsicht oder für eine kürzere Zeit anweisen,

1. den Wohn- oder Aufenthaltsort oder einen bestimmten Bereich nicht ohne

Erlaubnis der Aufsichtsstelle zu verlassen,

2. sich nicht an bestimmten Orten aufzuhalten, die ihr Gelegenheit oder Anreiz zu weiteren Straftaten bieten können,

3. zu der verletzten Person oder bestimmten Personen oder Personen einer bestimmten Gruppe, die ihr Gelegenheit oder Anreiz zu weiteren Straftaten bieten können, keinen Kontakt aufzunehmen, mit ihnen nicht zu verkehren, sie nicht zu beschäftigen, auszubilden oder zu beherbergen,

4. bestimmte Tätigkeiten nicht auszuüben, die sie nach den Umständen zu Straftaten missbrauchen kann,

5. bestimmte Gegenstände, die ihr Gelegenheit oder Anreiz zu weiteren Straftaten bieten können, nicht zu besitzen, bei sich zu führen oder verwahren zu lassen,

6. Kraftfahrzeuge oder bestimmte Arten von Kraftfahrzeugen oder von anderen Fahrzeugen nicht zu halten oder zu führen, die sie nach den Umständen zu Straftaten missbrauchen kann,

7. sich zu bestimmten Zeiten bei der Aufsichtsstelle, einer bestimmten Dienststelle oder der Bewährungshelferin oder dem Bewährungshelfer zu melden,

8. jeden Wechsel der Wohnung oder des Arbeitsplatzes unverzüglich der Aufsichtsstelle zu melden,

9. sich im Fall der Erwerbslosigkeit bei der zuständigen Agentur für Arbeit oder einer anderen zur Arbeitsvermittlung zugelassenen Stelle zu melden,

10. keine alkoholischen Getränke oder andere berauschende Mittel zu sich zu nehmen, wenn aufgrund bestimmter Tatsachen Gründe für die Annahme bestehen, dass der Konsum solcher Mittel zur Begehung weiterer Straftaten beitragen wird, und sich Alkohol- oder Suchtmittelkontrollen zu unterziehen, die nicht mit einem körperlichen Eingriff verbunden sind,

11. sich zu bestimmten Zeiten oder in bestimmten Abständen bei einer Ärztin oder einem Arzt, einer Psychotherapeutin oder einem Psychotherapeuten

oder einer forensischen Ambulanz vorzustellen oder

12. die für eine elektronische Überwachung ihres Aufenthaltsortes erforderlichen technischen Mittel ständig in betriebsbereitem Zustand bei sich zu führen und deren Funktionsfähigkeit nicht zu beeinträchtigen.

Das Gericht hat in seiner Weisung das verbotene oder verlangte Verhalten genau zu bestimmen. Eine Weisung nach Satz 1 Nummer 12 ist, unbeschadet des Satzes 5, nur zulässig, wenn

1. die Führungsaufsicht auf Grund der vollständigen Vollstreckung einer Freiheitsstrafe oder Gesamtfreiheitsstrafe von mindestens drei Jahren oder auf Grund einer erledigten Maßregel eingetreten ist,

2. die Freiheitsstrafe oder Gesamtfreiheitsstrafe oder die Unterbringung wegen einer oder mehrerer Straftaten der in § 66 Absatz 3 Satz 1 genannten Art verhängt oder angeordnet wurde,

3. die Gefahr besteht, dass die verurteilte Person weitere Straftaten der in § 66 Absatz 3 Satz 1 genannten Art begehen wird, und

4. die Weisung erforderlich erscheint, um die verurteilte Person durch die Möglichkeit der Datenverwendung nach § 463a Absatz 4 Satz 2 der Strafprozessordnung, insbesondere durch die Überwachung der Erfüllung einer nach Satz 1 Nummer 1 oder 2 auferlegten Weisung, von der Begehung weiterer Straftaten der in § 66 Absatz 3 Satz 1 genannten Art abzuhalten.

Die Voraussetzungen von Satz 3 Nummer 1 in Verbindung mit Nummer 2 liegen unabhängig davon vor, ob die dort genannte Führungsaufsicht nach § 68e Absatz 1 Satz 1 beendet ist. Abweichend von Satz 3 Nummer 1 genügt eine Freiheits- oder Gesamtfreiheitsstrafe von zwei Jahren, wenn diese wegen einer oder mehrerer Straftaten verhängt worden ist, die unter den Ersten oder Siebenten Abschnitt des Besonderen Teils fallen; zu den in Satz 3 Nummer 2 bis 4 genannten Straftaten gehört auch eine Straftat nach § 129a Absatz 5 Satz 2, auch in Verbindung mit § 129b Absatz 1.

(2) Das Gericht kann der verurteilten Person für die Dauer der Führungsaufsicht

oder für eine kürzere Zeit weitere Weisungen erteilen, insbesondere solche, die sich auf Ausbildung, Arbeit, Freizeit, die Ordnung der wirtschaftlichen Verhältnisse oder die Erfüllung von Unterhaltspflichten beziehen. Das Gericht kann die verurteilte Person insbesondere anweisen, sich psychiatrisch, psycho- oder sozialtherapeutisch betreuen und behandeln zu lassen (Therapieweisung). Die Betreuung und Behandlung kann durch eine forensische Ambulanz erfolgen. § 56c Abs. 3 gilt entsprechend, auch für die Weisung, sich Alkohol- oder Suchtmittelkontrollen zu unterziehen, die mit körperlichen Eingriffen verbunden sind.

(3) Bei den Weisungen dürfen an die Lebensführung der verurteilten Person keine unzumutbaren Anforderungen gestellt werden.

(4) Wenn mit Eintritt der Führungsaufsicht eine bereits bestehende Führungsaufsicht nach § 68e Abs. 1 Satz 1 Nr. 3 endet, muss das Gericht auch die Weisungen in seine Entscheidung einbeziehen, die im Rahmen der früheren Führungsaufsicht erteilt worden sind.

(5) Soweit die Betreuung der verurteilten Person in den Fällen des Absatzes 1 Nr. 11 oder ihre Behandlung in den Fällen des Absatzes 2 nicht durch eine forensische Ambulanz erfolgt, gilt § 68a Abs. 8 entsprechend.

解析

1. 本規定之指令與假釋處分中之指令（第56c條）大致相同。惟本規定未使用「協助」（Hilfe）之字眼。立法者藉此凸顯保護管束之特別預防目的，即藉此特別強調，保安處分之最終目的在防止受處分人重新犯罪。

2. 雖然如此，相關指令只具間接之強制性，雖然不能直接的強力加以貫徹指令，但受處分人一旦違背第1項之指令時，且藉此危及處分目的，則應負第145a條之刑事責任，即利用間接強制力來嚇阻受處分人。

3. 法院是否給予保安處分之指令，由法院依職權而決定。至於受處分人自願承擔或承諾特定事項，是否導致法院對指令之放棄，由法院來決

定。

4. 本規定所列舉之指令內容並不完整，法院可依個案特性而決定其他指令。

5. 若新舊保護管束銜接，則應考慮相關指令是否亦應銜接。

6. 指令之界限，主要在基本權利之考量；如比例原則、身體不可侵犯等等。

7. 依第1項第12款之電子監控，主要應監督在場義務（第1款）或在場禁止（第2款）等指令。其他監控目的並未禁止，但在資訊自主權爲基本權的前提之下，要在其他情況使用電子監控，應由法院謹愼評估，以免遭到合憲性質問。

8. 施行電子監控之門檻很高；依第2句受該指令者應
   (1)因暴力傾向或性犯罪傾向所犯之罪而受刑，
   (2)所判處之自由刑在三年以上，
   (3)實施該指令之目的在防止再犯同類別（但個案中未必相同）之罪。

9. 由於近日歐洲各國受恐攻事件之頻率明顯增加，且由於部分犯罪者在實行恐攻之前或曾參與近東之所謂「聖戰組織」，或於網路上表示支持相關組織及其核心訴求，但另未侵犯傳統重罪，所以德國立法者於2017年7月1日針對相關現象設置刑罰規範，且將之納入於保安處分範圍內。除上述第66條第3項有關保安監禁之外，本規定亦同，即允許對該「危害者」核定電子監控之處分。

10. 依第2項之指令，若受處分人違背之，則不得依第145a條提起訴訟。但由於該指令之遵守與否直接影響監督機構及法院有關保護管束之維持、取消或停止之決定，所以仍然有相當大的規制作用。

11. 第2項所明列之指令，在干涉受處分人之力度上甚至超越第1項之指令，例如第1項第1句第11款僅容許依門診方式檢測毒品，第2項容許以侵入性方式檢測毒品。

第68c條　　保護管束之期間

(1) 保護管束之期間至少二年，最多五年。法院可縮短最長期間。

(2) 法院可不受第1項第1句最長期間之限制而核定不限期保護管束，但受判決人需符合下列要件：

1. 不同意依第56c條第3項第1款之安置或

2. 不遵守接受治療或勒戒或矯治指令，且有經再犯嚴重罪行而危害大眾之虞。

受判決人在第1句第1款之情況事後表示同意，則法院核定保護管束之期間。其他情況使用第68e條第3項。

(3) 法院可不受第1項第1句最長期間之限制而核定不限期保護管束，但需符合下列要件：

1. 依第67d條第2項停止安置於精神醫院，但有特定事實足認，受判決人近期內陷入第20條或第21條之狀態，且藉此有經再犯嚴重罪行而危害公眾之虞，或

2. 因違背第68b條第1項或第2項或因其他特定事實有具體線索顯示，有經再犯嚴重罪行而危害公眾之虞，且

   a. 受判決人因違犯第181b條所列之罪名而被判處二年以上之自由刑或宣告刑，或因此被安置於精神醫院或戒治所，或

   b. 保護管束係依第68b條第1項第3句第1款之條件而核定，且因一次或數次侵犯生命、身體健康、人身自由或依第250條及第251條，或依前兩條加上第252條或第255條等罪名而判處自由刑或宣告刑或核定安置。

   在終止保護管束準用第68b條第1項第4句。

(4) 在第68條第1項之情形，保護管束自核定生效而開始，在第67b條第2項，在第67c條第1項第1句及第2項第4句以及在第67d條第2項第3句，保護管束自各該停止決議生效或自法院所確定的、更晚的期間而開始。受判決人逃逸、藏匿或依機關之核定而被安置於機構之期間不列入保護管束期間之計算。

§ 68c Dauer der Führungsaufsicht

(1) Die Führungsaufsicht dauert mindestens zwei und höchstens fünf Jahre. Das Gericht kann die Höchstdauer abkürzen.

(2) Das Gericht kann eine die Höchstdauer nach Absatz 1 Satz 1 überschreitende unbefristete Führungsaufsicht anordnen, wenn die verurteilte Person

1. in eine Weisung nach § 56c Abs. 3 Nr. 1 nicht einwilligt oder

2. einer Weisung, sich einer Heilbehandlung oder einer Entziehungskur zu unterziehen, oder einer Therapieweisung nicht nachkommt und eine Gefährdung der Allgemeinheit durch die Begehung weiterer erheblicher Straftaten zu befürchten ist.

Erklärt die verurteilte Person in den Fällen des Satzes 1 Nr. 1 nachträglich ihre Einwilligung, setzt das Gericht die weitere Dauer der Führungsaufsicht fest. Im Übrigen gilt § 68e Abs. 3.

(3) Das Gericht kann die Führungsaufsicht über die Höchstdauer nach Absatz 1 Satz 1 hinaus unbefristet verlängern, wenn

1. in Fällen der Aussetzung der Unterbringung in einem psychiatrischen Krankenhaus nach § 67d Abs. 2 aufgrund bestimmter Tatsachen Gründe für die Annahme bestehen, dass die verurteilte Person andernfalls alsbald in einen Zustand nach § 20 oder § 21 geraten wird, infolge dessen eine Gefährdung der Allgemeinheit durch die Begehung weiterer erheblicher rechtswidriger Taten zu befürchten ist, oder

2. sich aus dem Verstoß gegen Weisungen nach § 68b Absatz 1 oder 2 oder auf Grund anderer bestimmter Tatsachen konkrete Anhaltspunkte dafür ergeben, dass eine Gefährdung der Allgemeinheit durch die Begehung weiterer erheblicher Straftaten zu befürchten ist, und

a) gegen die verurteilte Person wegen Straftaten der in § 181b genannten Art eine Freiheitsstrafe oder Gesamtfreiheitsstrafe von mehr als zwei Jahren verhängt oder die Unterbringung in einem psychiatrischen Krankenhaus oder in einer Entziehungsanstalt angeordnet wurde oder

b) die Führungsaufsicht unter den Voraussetzungen des § 68b Absatz 1 Satz 3 Nummer 1 eingetreten ist und die Freiheitsstrafe oder Gesamtfreiheitsstrafe oder die Unterbringung wegen eines oder mehrerer Verbrechen gegen das Leben, die körperliche Unversehrtheit, die persönliche Freiheit oder nach den §§ 250, 251, auch in Verbindung mit § 252 oder § 255, verhängt oder angeordnet wurde.

Für die Beendigung der Führungsaufsicht gilt § 68b Absatz 1 Satz 4 entsprechend.

(4) In den Fällen des § 68 Abs. 1 beginnt die Führungsaufsicht mit der Rechtskraft ihrer Anordnung, in den Fällen des § 67b Abs. 2, des § 67c Absatz 1 Satz 1 und Abs. 2 Satz 4 und des § 67d Abs. 2 Satz 3 mit der Rechtskraft der Aussetzungsentscheidung oder zu einem gerichtlich angeordneten späteren Zeitpunkt. In ihre Dauer wird die Zeit nicht eingerechnet, in welcher die verurteilte Person flüchtig ist, sich verborgen hält oder auf behördliche Anordnung in einer Anstalt verwahrt wird.

解析

1. 依再犯風險評估所核定之保護管束,最短為二年,最長為五年。
2. 依法必然發生之保護管束,原則無期限。
3. 具期限之保護管束,可由法院從一開始先核定五年,然後依具體成效縮短該處分,也可由法院從一開始核定較短之期間,且藉此使受判決人感受到法官對其個人之信任,即感受到鼓勵之意。法院優先採取何種方式,由法院依個案而決定。
4. 第2項及第3項之無限期保護管束不適用時效之規定(比較第79條第4項第1句)。
5. 無限期保護管束之立法目的在於強化社會對性犯罪及暴力犯罪之行為人的長期監控。因此,第3項所指之再犯風險,並不指一般犯罪風險,反而限於應予保護管束或得以保護管束之法定罪名。
6. 依此,原先具期限之保護管束,在第3項所指高度再犯風險之條件下,可改為無限期之保護管束。換言之,若當事人對社會構成現行危險時,則法院可以經由保護管束之核定而維護公共安全,即防止當事人再犯相關罪名。

第68d條　　事後決議，審查期間

(1) 依第68a條第1項及第5項，依第68b條及第68c條第1項第2句及第2項、第3項之決議，法院亦可事後為之，或更改之，或撤銷之。

(2) 依第68b條第1項第1句第12款之指令，法院於二年期間內需審查，是否撤銷之。本規定準用第67e條第3項及第4項。

§ 68d Nachträgliche Entscheidungen; Überprüfungsfrist

(1) Das Gericht kann Entscheidungen nach § 68a Abs. 1 und 5, den §§ 68b und 68c Abs. 1 Satz 2 und Abs. 2 und 3 auch nachträglich treffen, ändern oder aufheben.

(2) Bei einer Weisung gemäß § 68b Absatz 1 Satz 1 Nummer 12 prüft das Gericht spätestens vor Ablauf von zwei Jahren, ob sie aufzuheben ist. § 67e Absatz 3 und 4 gilt entsprechend.

解析

1. 因保護管束應予實現特別預防目的，故法院可依當時之必要而更改其先前之處分決定。

2. 法院之裁量權，以處分目的為限。至於受處分人是否配合觀護人，只要不影響處分目的，則不重要。

3. 因電子監控對受處分人之基本權利的干涉程度較大，所以單獨指出其應予檢核之要求及進行該檢核之期間。

第68e條　　保護管束之終止或停止

(1) 除非保護管束無限期或發生在監禁式保安處分（第67b條第2項，第67c條第1項第1句、第2項第4句，第67d條第2項第3句）之停止後，保護管束在下列條件之下應予終止：

　1. 自開始執行監禁式保安處分時，

　2. 自開始執行自由刑時，但以同時核定監禁式保安處分為限，

3. 自新保護管束開始時。

在其他案件中，執行自由刑或監禁式保安處分中，保護管束停止。若監禁式保安處分後發生保護管束，且該保護管束因第1句第1款至第3款所列舉之原因而不再具必要性，則法院取消該保護管束。若新保護管束與既有無限期之保護管束或因監禁式保安處分停止而發生保護管束之間發生競合，法院取消新處分，但以該處分缺乏必要性為要件。

(2) 若可期待，受判決人無保護管束，仍無再犯之虞，則法院取消保護管束。非經過法定最短期間，不得取消保護管束。法院可核定期間，在該期間屆滿前，受保護管束者不得申請取消之，但該期間不得逾六個月。

(3) 若發生無限期之保護管束，則法院審查：

1. 在第68c條第2項第1句之案件中，至遲於第68c條第2項第1句之最長期間時，

2. 在第68c條第3項之案件中，在二年屆滿前，

是否應行使依第2項第1句之決定。若法院拒絕取消保護管束，則需於接續之二年期間屆滿前重新決定，是否取消保護管束。

§ 68e Beendigung oder Ruhen der Führungsaufsicht

(1) Soweit sie nicht unbefristet oder nach Aussetzung einer freiheitsentziehenden Maßregel (§ 67b Absatz 2, § 67c Absatz 1 Satz 1, Absatz 2 Satz 4, § 67d Absatz 2 Satz 3) eingetreten ist, endet die Führungsaufsicht

1. mit Beginn des Vollzugs einer freiheitsentziehenden Maßregel,

2. mit Beginn des Vollzugs einer Freiheitsstrafe, neben der eine freiheitsentziehende Maßregel angeordnet ist,

3. mit Eintritt einer neuen Führungsaufsicht.

In den übrigen Fällen ruht die Führungsaufsicht während der Dauer des Vollzugs einer Freiheitsstrafe oder einer freiheitsentziehenden Maßregel. Das Gericht ordnet das Entfallen einer nach Aussetzung einer freiheitsentziehenden Maßregel eingetretenen Führungsaufsicht an, wenn es ihrer nach Eintritt eines in Satz 1 Nummer 1 bis 3 genannten Umstandes nicht mehr bedarf. Tritt eine neue Führungsaufsicht zu einer bestehenden unbefristeten oder nach Aussetzung einer freiheitsentziehenden Maßregel eingetretenen Führungsaufsicht hinzu, ordnet das Gericht das Entfallen der neuen Maßregel an, wenn es ihrer neben der bestehenden nicht bedarf.

(2) Das Gericht hebt die Führungsaufsicht auf, wenn zu erwarten ist, dass die verurteilte Person auch ohne sie keine Straftaten mehr begehen wird. Die Aufhebung ist frühestens nach Ablauf der gesetzlichen Mindestdauer zulässig. Das Gericht kann Fristen von höchstens sechs Monaten festsetzen, vor deren Ablauf ein Antrag auf Aufhebung der Führungsaufsicht unzulässig ist.

(3) Ist unbefristete Führungsaufsicht eingetreten, prüft das Gericht

   1. in den Fällen des § 68c Abs. 2 Satz 1 spätestens mit Verstreichen der Höchstfrist nach § 68c Abs. 1 Satz 1,

   2. in den Fällen des § 68c Abs. 3 vor Ablauf von zwei Jahren,

ob eine Entscheidung nach Absatz 2 Satz 1 geboten ist. Lehnt das Gericht eine Aufhebung der Führungsaufsicht ab, hat es vor Ablauf von zwei Jahren von neuem über eine Aufhebung der Führungsaufsicht zu entscheiden.

解析

1. 保安處分之目的在特別預防。因此，應同時促使受處分人不再犯刑以及保護社會。依此，保護管束之存在，亦應以該處分能夠達到其應有之特別預防目的爲限。

2. 假如受處分人因再犯或因其他原因而施行自由刑或監禁式保安處分，受處分人多般不可能繼續實行其應遵守之指令。因此，在自由刑之行刑期間以及在執行監禁式保安處分之期間內，應（永久性）撤銷或（暫時）停止保護管束之執行。

3. 若二以上之保護管束理由發生競合時，應擇一執行。

4. 保護管束之執行無實意之情形，部分係由具體情況必然所致；因此，在該情形出現時，就依法撤銷保護管束處分。

5. 部分情況應依個案之處分成效而判斷，因此由法院行使裁量權。該裁量之決議應以處分目的之實現與否為裁量標準。

第68f條　　不予假釋後之保護管束

(1) 因故意犯罪而判處二年以上自由刑或宣告刑，或因違犯第181b條之罪名而判處一年以上之自由刑或宣告刑，且完全執行之，則受判決人自獲得假釋之後，應予保護管束。但刑罰之執行後進行監禁式保安處分，不在此內。

(2) 可期待受判決人不受保護管束時，仍不再犯，則法院取消該處分。

§ 68f Führungsaufsicht bei Nichtaussetzung des Strafrestes

(1) Ist eine Freiheitsstrafe oder Gesamtfreiheitsstrafe von mindestens zwei Jahren wegen vorsätzlicher Straftaten oder eine Freiheitsstrafe oder Gesamtfreiheitsstrafe von mindestens einem Jahr wegen Straftaten der in § 181b genannten Art vollständig vollstreckt worden, tritt mit der Entlassung der verurteilten Person aus dem Strafvollzug Führungsaufsicht ein. Dies gilt nicht, wenn im Anschluss an die Strafverbüßung eine freiheitsentziehende Maßregel der Besserung und Sicherung vollzogen wird.

(2) Ist zu erwarten, dass die verurteilte Person auch ohne die Führungsaufsicht keine Straftaten mehr begehen wird, ordnet das Gericht an, dass die Maßregel entfällt.

解析

1. 不予假釋受刑人之再犯風險通常偏高。因此，該受刑人在行刑後依法應施行保護管束。

2. 惟部分受刑人不予假釋之原因，不在再社會化之缺陷。因此，法院負相關檢核義務，即應予檢核有無執行保護管束之必要。非必要時，應予撤銷之。

第68g條　　保護管束與假釋

(1) 法院決定緩刑或剩餘刑罰之假釋或職業禁止之假釋，且受判決人同時因該案或他案受保護管束，監督與核定指令僅適用第68a條及第68b條之規定。保護管束不得在假釋期間屆滿前予以終止。

(2) 假釋與保護管束因同一罪行而核定，法院可以決定，假釋期間屆滿前，保護管束停止。在此情形，假釋期間不列入保護管束期間。

(3) 假釋期間屆滿時，取消刑罰或剩餘刑罰或職業禁止，因同一罪行所核定之保護管束同時終止。但無限期之保護管束（第68c條第2項第1句或第3項），不在此內。

§ 68g Führungsaufsicht und Aussetzung zur Bewährung

(1) Ist die Strafaussetzung oder Aussetzung des Strafrestes angeordnet oder das Berufsverbot zur Bewährung ausgesetzt und steht der Verurteilte wegen derselben oder einer anderen Tat zugleich unter Führungsaufsicht, so gelten für die Aufsicht und die Erteilung von Weisungen nur die §§ 68a und 68b. Die Führungsaufsicht endet nicht vor Ablauf der Bewährungszeit.

(2) Sind die Aussetzung zur Bewährung und die Führungsaufsicht auf Grund derselben Tat angeordnet, so kann das Gericht jedoch bestimmen, dass die Führungsaufsicht bis zum Ablauf der Bewährungszeit ruht. Die Bewährungszeit wird dann in die Dauer der Führungsaufsicht nicht eingerechnet.

(3) Wird nach Ablauf der Bewährungszeit die Strafe oder der Strafrest erlassen oder das Berufsverbot für erledigt erklärt, so endet damit auch eine wegen derselben Tat angeordnete Führungsaufsicht. Dies gilt nicht, wenn die Führungsaufsicht unbefristet ist (§ 68c Abs. 2 Satz 1 oder Abs. 3).

解 析

1. 保護管束與假釋處遇處分之性質大致相同；因此，發生競合時，需排定優先順序。本條因而規定保護管束之優先使用。

2. 為避免銜接問題，保護管束不得短於假釋處遇處分。

3. 因同案同時核定假釋處遇處分以及保護管束，可先執行假釋處遇處分，後執行保護管束。

4. 假釋處遇處分之再社會化成效良好，使剩餘刑罰被取消時，保護管束同時被撤銷，但由於無限期之保護管束處分原則認定，受處分人之人格具有一定危險性，所以無限期之保護管束不因假釋處遇處分成效好而撤銷。

吊銷駕駛執照

Entziehung der Fahrerlaubnis

第69條　　吊銷駕駛執照

(1) 因駕駛動力車輛，或與駕駛動力車輛有關，或因違背動力車輛駕駛之義務等違法行為而被判刑，或其未予判刑之唯一原因係其確實或疑似無責任能力，且法院依該犯罪行為認定，受判決人不適合駕駛動力車輛，則法院吊銷其駕駛執照。不需另依第62條進行審查。

(2) 通常應認定下列行為人不宜駕駛動力車輛：
其依
1. 危險駕駛（第315c條），
1a.禁止之動力交通工具競速駕駛，
2. 酒醉駕駛（第316條），
3. 未經許可而離開車禍現場（第142條），但需行為人明知或應知，車禍中有人死亡或受非輕傷或他人財產發生相當損害，或
4. 迷醉（第323a條），且其行為與第1款至第3款有關，
等罪名所實行之第1項違法行為屬於輕罪。

(3) 駕駛執照自判決生效起失其效力。德國機關所辦發之駕駛執照在判決中予以沒收。

§69　Entziehung der Fahrerlaubnis

(1) Wird jemand wegen einer rechtswidrigen Tat, die er bei oder im Zusammenhang mit dem Führen eines Kraftfahrzeuges oder unter Verletzung der Pflichten eines Kraftfahrzeugführers begangen hat, verurteilt oder nur deshalb nicht verurteilt, weil seine Schuldunfähigkeit erwiesen oder nicht auszuschließen ist, so entzieht ihm das Gericht die Fahrerlaubnis, wenn sich aus der Tat ergibt, dass er zum Führen von Kraftfahrzeugen ungeeignet ist.

Einer weiteren Prüfung nach § 62 bedarf es nicht.

(2) Ist die rechtswidrige Tat in den Fällen des Absatzes 1 ein Vergehen

1. der Gefährdung des Straßenverkehrs (§ 315c),

1a.des verbotenen Kraftfahrzeugrennens (§ 316),

2. der Trunkenheit im Verkehr (§ 316),

3. des unerlaubten Entfernens vom Unfallort (§ 142), obwohl der Täter weiß oder wissen kann, dass bei dem Unfall ein Mensch getötet oder nicht unerheblich verletzt worden oder an fremden Sachen bedeutender Schaden entstanden ist, oder

4. des Vollrausches (§ 323a), der sich auf eine der Taten nach den Nummern 1 bis 3 bezieht,

so ist der Täter in der Regel als ungeeignet zum Führen von Kraftfahrzeugen anzusehen.

(3) Die Fahrerlaubnis erlischt mit der Rechtskraft des Urteils. Ein von einer deutschen Behörde ausgestellter Führerschein wird im Urteil eingezogen.

1. 基於未來風險管理之措施，受判決人有無能力安全駕駛，其未來之再犯風險是否仍然很高，不能全然依賴刑罰之嚇阻效果，部分反而應該經由具體防範措施而從根本來避免。假如駕駛於犯罪時無責任能力，法官無判刑之可能，但仍得核定保安處分。因此，無論有罪與否，法官在任何該當相關罪名之交通事故應予考量，是否吊銷當事人之駕駛

執照。

2. 吊銷駕駛執照的原因行爲，大部分是單純的酒駕，即未發生車禍等嚴重後果之酒駕。同時，吊銷駕駛執照是最常見的保安處分（2015年，吊銷駕駛執照有88,189件，等於整體保安處分之94.5%）。

3. 吊銷駕駛執照之案件數，亦明顯大於從刑之禁駕令（後者於2015年僅爲25,106件）。

4. 依第2項之規定，該當酒駕等特定罪名，屬於吊銷駕駛執照之法定理由。

5. 依第1項之規定，其他構成要件該當之違法行爲，若顯示行爲人無安全駕駛能力，法官亦可依個案裁量而吊銷駕駛執照。

第69a條　　辦發駕駛執照之考照禁止期間

(1) 法院吊銷駕駛執照時，同時決定在六個月至五年期間內，不得重新辦發新駕駛執照（考照禁止期間）。預期法定考照禁止期間不足以防範來自行爲人之危險，法院可決定永久性之考照禁止期間。行爲人無照駕駛，法院僅核定考照禁止期間。

(2) 法院可以例外容許某類動用汽車不列入考照禁止，但以特殊情況足以確信該例外不危及處分目的爲限。

(3) 行爲人在行爲前三年內已被核定考照禁止處分，則考照禁止期間不得短於一年。

(4) 行爲人之駕駛執照因行爲而被吊扣（刑事訴訟法第111a條），考照禁止期間之下限要扣除暫行吊扣發生效力之期間。但不得短於三個月。

(5) 考照禁止期間自判決生效起算。因該行爲而吊扣駕駛執照之期間折算考照禁止期間，但吊扣期間需於宣判時已屆滿，且判決係該處分之事實原因之最後可能審核機會。

(6) 駕駛執照之保管、保全或扣押（刑事訴訟法第94條）與前述第4項及第5項之吊扣駕駛執照相同。

(7) 有事實足認爲，行爲人再無不適合駕駛動用汽車，法院可以提前解除考照禁止期間。但解除考照禁止需該期間至少滿三個月，在第3項之

情況，須滿一年；第5項第2句及第6項予以準用。

§ 69a Sperre für die Erteilung einer Fahrerlaubnis

(1) Entzieht das Gericht die Fahrerlaubnis, so bestimmt es zugleich, dass für die Dauer von sechs Monaten bis zu fünf Jahren keine neue Fahrerlaubnis erteilt werden darf (Sperre). Die Sperre kann für immer angeordnet werden, wenn zu erwarten ist, dass die gesetzliche Höchstfrist zur Abwehr der von dem Täter drohenden Gefahr nicht ausreicht. Hat der Täter keine Fahrerlaubnis, so wird nur die Sperre angeordnet.

(2) Das Gericht kann von der Sperre bestimmte Arten von Kraftfahrzeugen ausnehmen, wenn besondere Umstände die Annahme rechtfertigen, dass der Zweck der Maßregel dadurch nicht gefährdet wird.

(3) Das Mindestmaß der Sperre beträgt ein Jahr, wenn gegen den Täter in den letzten drei Jahren vor der Tat bereits einmal eine Sperre angeordnet worden ist.

(4) War dem Täter die Fahrerlaubnis wegen der Tat vorläufig entzogen (§ 111a der Strafprozessordnung), so verkürzt sich das Mindestmaß der Sperre um die Zeit, in der die vorläufige Entziehung wirksam war. Es darf jedoch drei Monate nicht unterschreiten.

(5) Die Sperre beginnt mit der Rechtskraft des Urteils. In die Frist wird die Zeit einer wegen der Tat angeordneten vorläufigen Entziehung eingerechnet, soweit sie nach Verkündung des Urteils verstrichen ist, in dem die der Maßregel zugrunde liegenden tatsächlichen Feststellungen letztmals geprüft werden konnten.

(6) Im Sinne der Absätze 4 und 5 steht der vorläufigen Entziehung der Fahrerlaubnis die Verwahrung, Sicherstellung oder Beschlagnahme des Führerscheins (§ 94 der Strafprozessordnung) gleich.

(7) Ergibt sich Grund zu der Annahme, dass der Täter zum Führen von Kraftfahrzeugen nicht mehr ungeeignet ist, so kann das Gericht die Sperre vorzeitig aufheben. Die Aufhebung ist frühestens zulässig, wenn die Sperre

drei Monate, in den Fällen des Absatzes 3 ein Jahr gedauert hat; Absatz 5 Satz 2 und Absatz 6 gelten entsprechend.

解析

1. 考照禁止，僅為吊銷駕駛執照之附隨處分，並不屬於保安處分本身；其目的於吊銷駕駛執照相同，即保障交通安全。
2. 吊銷駕駛執照時，需由法院核定考照禁止期間；無照駕駛時，亦同。後者雖然不為附隨吊銷之處分，但仍可單獨為之。
3. 考照禁止可限於特定車種，但需考慮行為人之再犯危險具體何在。
4. 考照禁止之期間至少三個月，於再犯相關罪名，且先前已核定過相關禁止之情況下，考照禁止之期間至少一年。
5. 法院看到受判決人之情況改善，得縮短考照禁止之期間，但不得短於法定最低門檻。

第69b條　　吊銷外國駕駛執照之效力

(1) 行為人得因國外所辦發之駕駛執照在國內駕駛動用汽車，且德國機關未給予駕駛執照，則吊銷駕駛執照之效力在取消於國內使用駕駛執照之許可。在國內駕駛動用汽車之許可，自前述決定生效起消滅。在考照禁止期間內，不得再使用外國駕駛執照，也不得辦發國內之駕駛執照。

(2) 外國駕駛執照由歐盟會員國或由歐洲經濟領域之締約國之機關所辦發，且持有該駕駛執照者之住所於國內，則駕駛執照經判決而被沒收，並寄回原辦發之機關。在其他情況，須於外國駕駛執照上註明駕駛許可之吊銷及考照禁止之期間。

§ 69b Wirkung der Entziehung bei einer ausländischen Fahrerlaubnis

(1) Darf der Täter auf Grund einer im Ausland erteilten Fahrerlaubnis im Inland Kraftfahrzeuge führen, ohne dass ihm von einer deutschen Behörde eine

Fahrerlaubnis erteilt worden ist, so hat die Entziehung der Fahrerlaubnis die Wirkung einer Aberkennung des Rechts, von der Fahrerlaubnis im Inland Gebrauch zu machen. Mit der Rechtskraft der Entscheidung erlischt das Recht zum Führen von Kraftfahrzeugen im Inland. Während der Sperre darf weder das Recht, von der ausländischen Fahrerlaubnis wieder Gebrauch zu machen, noch eine inländische Fahrerlaubnis erteilt werden.

(2) Ist der ausländische Führerschein von einer Behörde eines Mitgliedstaates der Europäischen Union oder eines anderen Vertragsstaates des Abkommens über den Europäischen Wirtschaftsraum ausgestellt worden und hat der Inhaber seinen ordentlichen Wohnsitz im Inland, so wird der Führerschein im Urteil eingezogen und an die ausstellende Behörde zurückgesandt. In anderen Fällen werden die Entziehung der Fahrerlaubnis und die Sperre in den ausländischen Führerscheinen vermerkt.

1. 吊銷國外所頒發之駕駛執照時，不可隨著判刑而取消該駕照之效力。因此，需特別規定，該駕照於國內使用許可之情形。

2. 歐盟國家相互承認駕駛執照，其仍然不得直接互相吊銷他國公民於境內所使用之駕駛執照。故此，法院在沒收該執照之後，將原件退還給原頒發之機關。同時取消該外國駕照於國內使用之許可。

3. 不屬於歐盟國家或歐洲經濟領域之國家，其直接相互承認彼此之主權行為有限。因此，吊銷駕駛執照時，不予沒收之，但在駕駛上註明駕駛許可之註銷以及考照禁止之期間。

執業禁止

Berufsverbot

第70條　　執業禁止命令

(1) 因濫用職業或嚴重侵害其職業相關義務之違法行為，而受有罪判決之宣告，或僅因無責任能力或不能排除其無責任能力之情事，而未受有罪判決宣告，且從行為人或其行為之整體評價，顯露出其可能於後續職業、職業部門、業務或業務部門之執行時，有實行上開種類之嚴重違法行為危險者，法院得對其宣告一年以上，五年未滿之禁止其職業、職業部門、業務或業務部門之執行。本命令之法定期間上限不足以防止上開危險者，法院得反覆宣告之。

(2) 行為人之職業、職業部門、業務或業務部門之執行受暫時禁止之宣告（刑事訴訟法第132a條），其禁止期間之下限縮短至前述暫時禁止執業命令生效時，但不得低於三個月。

(3) 禁止執業命令生效時起，行為人亦不得為他人或指示他人執行職業、職業部門、業務或業務部門。

(4) 禁止執業命令自判決發生效力時起生效。因犯罪之暫時禁止執業，其事實基礎最終得於判決中審查，且於判決宣示後消滅者，其期間亦計入執業禁止之期間。行為人受監禁之期間，不予計入。

§ 70 Anordnung des Berufsverbots

(1) Wird jemand wegen einer rechtswidrigen Tat, die er unter Mißbrauch seines Berufs oder Gewerbes oder unter grober Verletzung der mit ihnen verbundenen Pflichten begangen hat, verurteilt oder nur deshalb nicht verurteilt, weil seine Schuldunfähigkeit erwiesen oder nicht auszuschließen ist, so kann ihm das Gericht die Ausübung des Berufs, Berufszweiges, Gewerbes oder Gewerbezweiges für die Dauer von einem Jahr bis zu fünf Jahren verbieten, wenn die Gesamtwürdigung des Täters und der

Tat die Gefahr erkennen läßt, daß er bei weiterer Ausübung des Berufs, Berufszweiges, Gewerbes oder Gewerbezweiges erhebliche rechtswidrige Taten der bezeichneten Art begehen wird. Das Berufsverbot kann für immer angeordnet werden, wenn zu erwarten ist, daß die gesetzliche Höchstfrist zur Abwehr der von dem Täter drohenden Gefahr nicht ausreicht.

(2) War dem Täter die Ausübung des Berufs, Berufszweiges, Gewerbes oder Gewerbezweiges vorläufig verboten (§ 132a der Strafprozeßordnung), so verkürzt sich das Mindestmaß der Verbotsfrist um die Zeit, in der das vorläufige Berufsverbot wirksam war. Es darf jedoch drei Monate nicht unterschreiten.

(3) Solange das Verbot wirksam ist, darf der Täter den Beruf, den Berufszweig, das Gewerbe oder den Gewerbezweig auch nicht für einen anderen ausüben oder durch eine von seinen Weisungen abhängige Person für sich ausüben lassen.

(4) Das Berufsverbot wird mit der Rechtskraft des Urteils wirksam. In die Verbotsfrist wird die Zeit eines wegen der Tat angeordneten vorläufigen Berufsverbots eingerechnet, soweit sie nach Verkündung des Urteils verstrichen ist, in dem die der Maßregel zugrunde liegenden tatsächlichen Feststellungen letztmals geprüft werden konnten. Die Zeit, in welcher der Täter auf behördliche Anordnung in einer Anstalt verwahrt worden ist, wird nicht eingerechnet.

 解析

　　執業禁止根據德國刑法第61條規定，屬保安處分之一種。此制度我國並無設置。本條乃關於執業禁止之方式與內容。

第70a條　　執業禁止之停止

(1) 宣告執業禁止後，有事實足證，行為人實行第70條第1項中所規定之重大違法行為之危險已不存在者，法院得停止並延緩執行執業禁止命

令。

(2) 前項之命令，法院於執業禁止命令屆滿一年後，始得宣告。暫時禁止執業命令之期間，合於第70條第4項第2句規定之期間者，亦予計入。行為人受監禁之期間，不予計入。

(3) 執業禁止命令停止並延緩執行者，第56a條、第56c條至第56e條之規定，準用之。但延緩執行期間，於受判決人因犯罪而受宣告之自由刑或剝奪自由處分執行期間，延長之。

§ 70a Aussetzung des Berufsverbots

(1) Ergibt sich nach Anordnung des Berufsverbots Grund zu der Annahme, daß die Gefahr, der Täter werde erhebliche rechtswidrige Taten der in § 70 Abs. 1 bezeichneten Art begehen, nicht mehr besteht, so kann das Gericht das Verbot zur Bewährung aussetzen.

(2) Die Anordnung ist frühestens zulässig, wenn das Verbot ein Jahr gedauert hat. In die Frist wird im Rahmen des § 70 Abs. 4 Satz 2 die Zeit eines vorläufigen Berufsverbots eingerechnet. Die Zeit, in welcher der Täter auf behördliche Anordnung in einer Anstalt verwahrt worden ist, wird nicht eingerechnet.

(3) Wird das Berufsverbot zur Bewährung ausgesetzt, so gelten die §§ 56a und 56c bis 56e entsprechend. Die Bewährungszeit verlängert sich jedoch um die Zeit, in der eine Freiheitsstrafe oder eine freiheitsentziehende Maßregel vollzogen wird, die gegen den Verurteilten wegen der Tat verhängt oder angeordnet worden ist.

 解析

　本條是關於執業禁止之停止、暫緩執行與期間的規定。

第70b條　　撤銷延緩執行與執業禁止之消滅

(1) 受判決人有下列情形，致執業禁止必須繼續執行已達其目的者，法院應撤銷延緩禁止之命令：

1. 於延緩執行期間內，實行濫用職業或嚴重侵害其職業相關義務之違法行為者；
2. 持續嚴重違反指示者；
3. 持續不予遵循延緩執行人員之監督與指導者。

(2) 法院於延緩執行期間始知悉，將導致拒絕延緩執行之事實，足證執業禁止必須繼續執行已達其目的者，法院亦應撤銷延緩禁止之命令。

(3) 停止並延緩執行之期間，不計入執業禁止之期間。

(4) 受判決人為履行指示或合意之給付，不予歸還。

(5) 延緩執行期間屆滿，法院應宣告執業禁止命令消滅。

§ 70b Widerruf der Aussetzung und Erledigung des Berufsverbots

(1) Das Gericht widerruft die Aussetzung eines Berufsverbots, wenn die verurteilte Person

1. während der Bewährungszeit unter Mißbrauch ihres Berufs oder Gewerbes oder unter grober Verletzung der mit ihnen verbundenen Pflichten eine rechtswidrige Tat begeht,
2. gegen eine Weisung gröblich oder beharrlich verstößt oder
3. sich der Aufsicht und Leitung der Bewährungshelferin oder des Bewährungshelfers beharrlich entzieht und sich daraus ergibt, daß der Zweck des Berufsverbots dessen weitere Anwendung erfordert.

(2) Das Gericht widerruft die Aussetzung des Berufsverbots auch dann, wenn Umstände, die ihm während der Bewährungszeit bekannt werden und zur Versagung der Aussetzung geführt hätten, zeigen, daß der Zweck der Maßregel die weitere Anwendung des Berufsverbots erfordert.

(3) Die Zeit der Aussetzung des Berufsverbots wird in die Verbotsfrist nicht eingerechnet.

(4) Leistungen, die die verurteilte Person zur Erfüllung von Weisungen oder

Zusagen erbracht hat, werden nicht erstattet.

(5) Nach Ablauf der Bewährungszeit erklärt das Gericht das Berufsverbot für erledigt.

本條是關於執業禁止之撤銷與宣告執業禁止命令消滅之規定。

共通規定

Gemeinsame Vorschriften

第71條　獨立宣告

(1) 行為人因為無責任能力或無接受審判之能力，致刑事程序無法進行者，法院得獨立宣告，將行為人收容於精神病院或戒治機構。

(2) 前項規定，於剝奪駕駛許可與執業禁止之處分，亦適用之。

§ 71　Selbständige Anordnung

(1) Die Unterbringung in einem psychiatrischen Krankenhaus oder in einer Entziehungsanstalt kann das Gericht auch selbständig anordnen, wenn das Strafverfahren wegen Schuldunfähigkeit oder Verhandlungsunfähigkeit des Täters undurchführbar ist.

(2) Dasselbe gilt für die Entziehung der Fahrerlaubnis und das Berufsverbot.

本條規定，乃針對無責任能力或無接受審判能力之人，對其為保安處分措施之收容於精神病院或戒治機構，得以單獨宣告。

第72條　　處分之連結

(1) 行為人符合宣告多數處分之規定，但宣告其一即得達成目的者，法院應僅宣告該處分；行為人符合數個處分中，應優先宣告使行為人負擔最輕微之處分。

(2) 其他情形，法律無特別規定者，法院應宣告多數處分。

(3) 法院宣告多數剝奪自由之處分者，應確定執行順位。前順位之處分執行完畢前，仍須收容以達處分之目的者，法院應宣告次順位處分之執行。第67c條第2項第4句與第5句，亦適用之。

§ 72 Verbindung von Maßregeln

(1) Sind die Voraussetzungen für mehrere Maßregeln erfüllt, ist aber der erstrebte Zweck durch einzelne von ihnen zu erreichen, so werden nur sie angeordnet. Dabei ist unter mehreren geeigneten Maßregeln denen der Vorzug zu geben, die den Täter am wenigsten beschweren.

(2) Im übrigen werden die Maßregeln nebeneinander angeordnet, wenn das Gesetz nichts anderes bestimmt.

(3) Werden mehrere freiheitsentziehende Maßregeln angeordnet, so bestimmt das Gericht die Reihenfolge der Vollstreckung. Vor dem Ende des Vollzugs einer Maßregel ordnet das Gericht jeweils den Vollzug der nächsten an, wenn deren Zweck die Unterbringung noch erfordert. § 67c Abs. 2 Satz 4 und 5 ist anzuwenden.

解析

　　本條規定乃宣告多數保安處分措施時，雖得同時宣告，但應考量比例原則，亦即宣告其一即得達成目的者，法院應僅宣告該處分，且優先宣告使行為人負擔最輕微之處分。如果所宣告者，為多數剝奪自由之保安處分，應事先確定執行順位。

第七節　沒收（2017年7月1日之最新規定）

Siebenter Titel Einziehung

第73條　正犯或參與犯犯罪所得之沒收

(1) 正犯或參與犯從違法行為或實行違法行為之所得，法院應宣告沒收。

(2) 正犯或參與犯從犯罪所得而生之利益，法院亦應沒收。

(3) 正犯或參與犯有以下情形之一者，法院亦得對之沒收：

1. 處分犯罪所得而獲取之物，或該物遭毀棄污損或剝奪所獲之賠償。

2. 因違法行為所生權利而獲取之物。

§ 73 Einziehung von Taterträgen bei Tätern und Teilnehmern

(1) Hat der Täter oder Teilnehmer durch eine rechtswidrige Tat oder für sie etwas erlangt, so ordnet das Gericht dessen Einziehung an.

(2) Hat der Täter oder Teilnehmer Nutzungen aus dem Erlangten gezogen, so ordnet das Gericht auch deren Einziehung an.

(3) Das Gericht kann auch die Einziehung der Gegenstände anordnen, die der Täter oder Teilnehmer erworben hat

1. durch Veräußerung des Erlangten oder als Ersatz für dessen Zerstörung, Beschädigung oder Entziehung oder

2. aufgrund eines erlangten Rechts.

解析

1. 沒收之最新修正規定自2017年7月1日施行。舊法沒收之用語分為：犯罪所得沒收（Verfall）與犯罪物沒收（Einziehung）。新法統一稱為Einziehung，如果所沒收者為犯罪所得（Taterträge），則以Einziehung von Taterträgen，取代Verfall。

2. 第1項規定，無論是正犯或參與者，凡是從（durch）違法行為而有所得，都必須沒收，標示所得與違法行為之間必須有因果關連。

3. 第2項、第3項規定犯罪所得之衍生利益與替代物的沒收。

第73a條　　正犯或參與者犯罪所得之擴大沒收

(1) 實行違法行為之正犯或參與犯，從其他違法行為或實行其他違法行為取得之物，法院亦應沒收之。

(2) 宣告第1項之沒收後，正犯或參與犯因其他違法行為，而再受沒收之宣告，法院應衡酌已宣告之沒收。

§ 73a Erweiterte Einziehung von Taterträgen bei Tätern und Teilnehmern

(1) Ist eine rechtswidrige Tat begangen worden, so ordnet das Gericht die Einziehung von Gegenständen des Täters oder Teilnehmers auch dann an, wenn diese Gegenstände durch andere rechtswidrige Taten oder für sie erlangt worden sind.

(2) Hat sich der Täter oder Teilnehmer vor der Anordnung der Einziehung nach Absatz 1 an einer anderen rechtswidrigen Tat beteiligt und ist erneut über die Einziehung seiner Gegenstände zu entscheiden, berücksichtigt das Gericht hierbei die bereits ergangene Anordnung.

 解 析

　　本條為擴大沒收之規定，我國刑法並未規定，但洗錢防制法第18條第2項有類似之規定，亦即正犯或參與犯所為之違法行為因而被查扣之財產，有事實足認源自或產自其他違法行為，亦得擴大宣告沒收。

第73b條　　第三人犯罪所得之沒收

(1) 正犯或參與犯以外之他人，有以下情形之一者，依73條與第73a條沒收之：

　　1. 正犯或參與犯為他人實行違法行為，該他人因而有所得。

2. 他人

  a. 無償或無法律上原因而獲取犯罪所得。

  b. 明知犯罪所得源自違法行為或可得而知者。

3. 他人因以下身分取得犯罪所得

  a. 繼承人。

  b. 特留分繼承人或遺產受贈人。

  他人不知或非可得而知犯罪所得源自違法行為，而有償且具法律上原因取得犯罪所得者，不適用第1句第2款與第3款。

(2) 第1項第1句第2款或第3款之情形，對於他人取得符合犯罪所得價值之物或利益，法院亦應沒收。

(3) 第1項第1句第2款或第3款之情形，法院亦得沒收以下所得

1. 從處分犯罪所得而獲取之物，或該物遭毀棄污損或剝奪所獲之賠償。

2. 因違法行為所生權利而取得之物。

§ 73b　Einziehung von Taterträgen bei anderen

(1) Die Anordnung der Einziehung nach den §§ 73 und 73a richtet sich gegen einen anderen, der nicht Täter oder Teilnehmer ist, wenn

1. er durch die Tat etwas erlangt hat und der Täter oder Teilnehmer für ihn gehandelt hat,

2. ihm das Erlangte

  a) unentgeltlich oder ohne rechtlichen Grund übertragen wurde oder

  b) übertragen wurde und er erkannt hat oder hätte erkennen müssen, dass das Erlangte aus einer rechtswidrigen Tat herrührt, oder

3. das Erlangte auf ihn

  a) als Erbe übergegangen ist oder

  b) als Pflichtteilsberechtigter oder Vermächtnisnehmer übertragen worden ist.

Satz 1 Nummer 2 und 3 finden keine Anwendung, wenn das Erlangte zuvor einem Dritten, der nicht erkannt hat oder hätte erkennen müssen, dass das Erlangte aus einer rechtswidrigen Tat herrührt, entgeltlich und mit rechtlichem Grund übertragen wurde.

(2) Erlangt der andere unter den Voraussetzungen des Absatzes 1 Satz 1 Nummer 2 oder Nummer 3 einen Gegenstand, der dem Wert des Erlangten entspricht, oder gezogene Nutzungen, so ordnet das Gericht auch deren Einziehung an.

(3) Unter den Voraussetzungen des Absatzes 1 Satz 1 Nummer 2 oder Nummer 3 kann das Gericht auch die Einziehung dessen anordnen, was erworben wurde,

1. durch Veräußerung des erlangten Gegenstandes oder als Ersatz für dessen Zerstörung, Beschädigung oder Entziehung oder

2. aufgrund eines erlangten Rechts.

解析

1. 本條將沒收的範圍擴大。正犯或參與者為他人施行違法行為，該他人因此一違法行為而有所得，也必須宣告沒收。

2. 有下列情形都必須宣告沒收：他人無償或無法律上原因而獲取犯罪所得；他人明知犯罪所得源自違法行為或可得而知者；他人因繼承或遺產受贈而有所得。

3. 有下列情形亦得宣告沒收：從處分犯罪所得而獲取之物，或該物遭毀棄污損或剝奪所獲之賠償；因違法行為所生權利而取得之物。

第73c條　　犯罪所得替代價額之沒收

因犯罪所得之特性或其他事由而不能沒收，或未依第73條第3項或第73b條第3項沒收替代物時，法院應宣告沒收與犯罪所得相當之替代價額。沒收物價值低於犯罪所得者，法院於沒收該物外，亦應宣告沒收其差額。

§ 73c Einziehung des Wertes von Taterträgen

Ist die Einziehung eines Gegenstandes wegen der Beschaffenheit des Erlangten oder aus einem anderen Grund nicht möglich oder wird von der Einziehung eines Ersatzgegenstandes nach § 73 Absatz 3 oder nach § 73b Absatz 3 abgesehen, so ordnet das Gericht die Einziehung eines Geldbetrages an, der dem Wert des Erlangten entspricht. Eine solche Anordnung trifft das Gericht auch neben der Einziehung eines Gegenstandes, soweit dessen Wert hinter dem Wert des zunächst Erlangten zurückbleibt.

1. 犯罪所得之物可能基於物的特殊性而無法沒收（如無法久存），或未能依照第73條第3項或第73b條第3項沒收替代物時，法院應宣告沒收與犯罪所得「相當之替代價額」，如此便可以無所遺漏的剝奪犯罪所得。
2. 所謂沒收犯罪所得的「替代價額」，實際上即是追徵犯罪所得的價額。本條規定，相當於我國刑法第38條之1第3項。

第73d條　　犯罪所得數額之認定與估算

(1) 認定犯罪所得價額時，應扣除正犯、參與犯或他人之支出。實行犯罪或預備犯罪所支出或投資者，不予扣除，但履行對被害人因犯罪行為所生之給付除外。

(2) 犯罪所得之範圍與價額及應扣除之支出，得估算之。

§ 73d Bestimmung des Wertes des Erlangten; Schätzung

(1) Bei der Bestimmung des Wertes des Erlangten sind die Aufwendungen des Täters, Teilnehmers oder des anderen abzuziehen. Außer Betracht bleibt jedoch das, was für die Begehung der Tat oder für ihre Vorbereitung aufgewendet oder eingesetzt worden ist, soweit es sich nicht um Leistungen

zur Erfüllung einer Verbindlichkeit gegenüber dem Verletzten der Tat handelt.

(2) Umfang und Wert des Erlangten einschließlich der abzuziehenden Aufwendungen können geschätzt werden.

解 析

1. 本條規定犯罪所得之扣除。正犯或參與者之支出，應予以扣除。但是，正犯或參與犯因為實行犯罪或預備犯罪之支出，則不予扣除。例如，為了販毒而租車，租車費用十萬元，販毒所得五十萬元，租車費用不予以扣除。至於因犯罪而對於被害人所生之損害賠償，則仍予以扣除。

2. 應扣除之支出，必須與取得利益之違法行為具有關連性。獲取犯罪所得之後的支出，例如逃亡、藏匿財產或使用財產的開銷，不可以扣除。

3. 犯罪所得之範圍與價值之認定，得以估算方式為之。本條相當於我國刑法第第38條之2第1項規定。

第73e條　　犯罪所得沒收與追徵之排除

(1) 犯罪被害人取回犯罪所得或所得價額之請求權消滅，免除第73條至第73c條之沒收。

(2) 第73b條，並連同第73c條之情形，如犯罪所得價值不存於受宣告人之財產，免除沒收，但受宣告人失其不當利得時，對於本應向正犯或參與犯宣告沒收之情況，知情或因重大過失而不知，不適用之。

§ 73e Ausschluss der Einziehung des Tatertrages oder des Wertersatzes

(1) Die Einziehung nach den §§ 73 bis 73c ist ausgeschlossen, soweit der Anspruch, der dem Verletzten aus der Tat auf Rückgewähr des Erlangten oder auf Ersatz des Wertes des Erlangten erwachsen ist, erloschen ist.

(2) In den Fällen des § 73b, auch in Verbindung mit § 73c, ist die Einziehung
darüber hinaus ausgeschlossen, soweit der Wert des Erlangten zur Zeit der
Anordnung nicht mehr im Vermögen des Betroffenen vorhanden ist, es sei
denn, dem Betroffenen waren die Umstände, welche die Anordnung der
Einziehung gegen den Täter oder Teilnehmer ansonsten zugelassen hätten,
zum Zeitpunkt des Wegfalls der Bereicherung bekannt oder infolge von
Leichtfertigkeit unbekannt.

解析

1. 本條規定犯罪所得沒收與追徵之排除。犯罪被害人已經取回犯罪所
   得，或所得價額之請求權已經消滅，免除第73條至第73c條之沒收。
2. 犯罪所得如果已經不存在於受宣告人之財產，免除沒收。

第74條　正犯及參與者犯罪產物，犯罪工具與客體之沒收

(1) 因故意犯罪所生之物，或實行犯罪或預備犯罪所用之物，或指定為犯
    罪所用之物，得沒收之。
(2) 犯罪所涉之物，其沒收依特別條款之規定。
(3) 犯罪物於裁判時屬於正犯或參與犯或由其管理，始得沒收。依第一項
    以外所規定或所許可之沒收，亦同。

§ 74 Einziehung von Tatprodukten, Tatmitteln und Tatobjekten bei
Tätern und Teilnehmern

(1) Gegenstände, die durch eine vorsätzliche Tat hervorgebracht (Tatprodukte)
    oder zu ihrer Begehung oder Vorbereitung gebraucht worden oder bestimmt
    gewesen sind (Tatmittel), können eingezogen werden.
(2) Gegenstände, auf die sich eine Straftat bezieht (Tatobjekte), unterliegen der
    Einziehung nach der Maßgabe besonderer Vorschriften.
(3) Die Einziehung ist nur zulässig, wenn die Gegenstände zur Zeit der
    Entscheidung dem Täter oder Teilnehmer gehören oder zustehen. Das gilt

auch für die Einziehung, die durch eine besondere Vorschrift über Absatz 1 hinaus vorgeschrieben oder zugelassen ist.

 解析

1. 本條規定沒收之一般要件。因故意犯罪所生之物（犯罪產物 Tatprodukte），或實行犯罪或預備犯罪所用之物，或指定為犯罪所用之物（皆稱為犯罪工具Tatmittel），得沒收之。
2. 犯罪所涉之物（犯罪客體Tatobjekte），其沒收依特別條款之規定。
3. 沒收之宣告，必須是裁判時，犯罪物屬於行為人或由其支配，始得為之。

第74a條　　第三人犯罪產物，犯罪工具與犯罪客體之沒收
犯罪物於裁判時屬於第三人或由其管理，而有下列情形，得不依第74條第3項之規定而宣告沒收：
1. 第三人因重大過失而使該物成為犯罪工具或犯罪客體，或
2. 第三人知悉該物應受沒收，但以可非難之方式而獲得該物。

§ 74a Einziehung von Tatprodukten, Tatmitteln und Tatobjekten bei anderen
Verweist ein Gesetz auf diese Vorschrift, können Gegenstände abweichend von § 74 Absatz 3 auch dann eingezogen werden, wenn derjenige, dem sie zur Zeit der Entscheidung gehören oder zustehen,
1. mindestens leichtfertig dazu beigetragen hat, dass sie als Tatmittel verwendet worden oder Tatobjekt gewesen sind, oder
2. sie in Kenntnis der Umstände, welche die Einziehung zugelassen hätten, in verwerflicher Weise erworben hat.

解析

1. 本條規定擴大沒收。

2. 犯罪物原則上以屬於行爲人或由其支配管理,始得宣告沒收(第74條第3項)。但是,裁判時犯罪物可能屬於第三人或歸其管理支配,此時依照本條規定,有兩種情況之一,仍然可以沒收。這兩種情況是:「第三人因重大過失而使該物成爲犯罪工具或犯罪客體」,或「第三人知悉該物應受沒收,但以可非難之方式而獲得該物。」換言之,第三人在這兩種情況下,不能主張善意第三人,而坐擁犯罪物。

第74b條　　保安沒收

(1) 危險物品依其種類與情狀,存有危及公眾或提供違法行爲使用之危險,而有下列情形者,亦得沒收:

1. 正犯或參與犯缺乏罪責而使用,或

2. 第三人居於正犯或參與犯之地位而擁有或管理該物。

(2) 第1項第2款之情形,視沒收物之交易價值,第三人受國庫金錢補償。因沒收而滅失或損及第三人權利,亦同。

(3) 下列情形不提供補償:

1. 依第2項規定之補償權利人:

　　a. 重大過失而使該物成爲犯罪工具或犯罪客體之用,

　　b. 知悉犯罪物或犯罪物之權利將受沒收宣告,卻可非難而獲得該物。

2. 依照得成立沒收之事由,基於刑法以外之法律規定,允許對於補償權利人持續無償沒收其犯罪物或沒收對於犯罪物之權利。如拒絕補償之理由難以成立,得無視第1句之規定,仍予以補償。

§ 74b Sicherungseinziehung

(1) Gefährden Gegenstände nach ihrer Art und nach den Umständen die Allgemeinheit oder besteht die Gefahr, dass sie der Begehung rechtswidriger Taten dienen werden, können sie auch dann eingezogen werden, wenn

1. der Täter oder Teilnehmer ohne Schuld gehandelt hat oder

2. die Gegenstände einem anderen als dem Täter oder Teilnehmer gehören

oder zustehen.

(2) In den Fällen des Absatzes 1 Nummer 2 wird der andere aus der Staatskasse unter Berücksichtigung des Verkehrswertes des eingezogenen Gegenstandes angemessen in Geld entschädigt. Das Gleiche gilt, wenn der eingezogene Gegenstand mit dem Recht eines anderen belastet ist, das durch die Entscheidung erloschen oder beeinträchtigt ist.

(3) Eine Entschädigung wird nicht gewährt, wenn

1. der nach Absatz 2 Entschädigungsberechtigte

   a) mindestens leichtfertig dazu beigetragen hat, dass der Gegenstand als Tatmittel verwendet worden oder Tatobjekt gewesen ist, oder

   b) den Gegenstand oder das Recht an dem Gegenstand in Kenntnis der Umstände, welche die Einziehung zulassen, in verwerflicher Weise erworben hat oder

2. es nach den Umständen, welche die Einziehung begründet haben, auf Grund von Rechtsvorschriften außerhalb des Strafrechts zulässig wäre, dem Entschädigungsberechtigten den Gegenstand oder das Recht an dem Gegenstand ohne Entschädigung dauerhaft zu entziehen.

Abweichend von Satz 1 kann eine Entschädigung jedoch gewährt werden, wenn es eine unbillige Härte wäre, sie zu versagen.

解析

1. 本條規定保安沒收，意指預防性沒收。其要件爲，危險物品可能危及公眾，或可能提供當作違法行爲而使用，正犯或參與犯在缺乏罪責之情況下擁有該物品，或第三人居於正犯或參與犯之地位而擁有該物。

2. 第三人在前述情況下受到預防性沒收，得由國庫依照該物之交易價值予以補償。

3. 對於第三人，也可能例外不予補償。其情形有二：（一）第三人重大過失而使該成爲犯罪工具或犯罪客體之用；（二）第三人知悉犯罪物或犯罪物之權利將受沒收宣告，卻在可受非難之情況下獲得該物。

第74c條　犯罪產物，犯罪工具與犯罪客體價值之沒收

(1) 正犯或參與犯處分、使用或有其他情形，致特定犯罪物無法沒收，法院得依犯罪物之相當價值，諭知金錢數額之沒收。

(2) 正犯或參與犯於沒收裁判前，使第三人對於犯罪物獲得權利，權利並未喪失或未受補償不得宣告沒收（第74b條第2、3項及第75條第2項），法院於犯罪物沒收之外或取代犯罪物之沒收，得爲犯罪物價值之沒收。法院諭知犯罪物價值之沒收，得依該物之負擔價值而衡量。

(3) 犯罪物及其負擔之價值，法院得估算之。

§ 74c Einziehung des Wertes von Tatprodukten, Tatmitteln und Tatobjekten bei Tätern und Teilnehmern

(1) Ist die Einziehung eines bestimmten Gegenstandes nicht möglich, weil der Täter oder Teilnehmer diesen veräußert, verbraucht oder die Einziehung auf andere Weise vereitelt hat, so kann das Gericht gegen ihn die Einziehung eines Geldbetrages anordnen, der dem Wert des Gegenstandes entspricht.

(2) Eine solche Anordnung kann das Gericht auch neben oder statt der Einziehung eines Gegenstandes treffen, wenn ihn der Täter oder Teilnehmer vor der Entscheidung über die Einziehung mit dem Recht eines Dritten belastet hat, dessen Erlöschen nicht oder ohne Entschädigung nicht angeordnet werden kann (§ 74b Absatz 2 und 3 und § 75 Absatz 2). Trifft das Gericht die Anordnung neben der Einziehung, bemisst sich die Höhe des Wertersatzes nach dem Wert der Belastung des Gegenstandes.

(3) Der Wert des Gegenstandes und der Belastung kann geschätzt werden.

解析

1. 本條規定犯罪物不能沒收時之處置。犯罪物可能已經被行爲人處分，或有其他事由，以致於無法宣告沒收。此時，依本條規定，法院得估算犯罪物之交易價值，宣告相當數額之金錢沒收（實即追徵）。

2. 如果行爲人已經於沒收之裁判前，將犯罪物轉讓第三人，以致於國庫

必須補償第三人始得沒收，則法院亦得對於行為人宣告相當數額之金錢沒收（追徵）。

第74d條　　文書之沒收與銷毀

(1) 行為人知悉故意散布文書（第11條第3項）具有實現刑法構成要件之內涵，該文書之部分經由違法行為而散布或預定為散布之用，沒收之。供製造文書所用或具有多方用途之特定設備，宣告銷毀。

(2) 文書之沒收，僅及於該文書為散布或準備散布之關係人所持有，或公開陳列，或該文書以寄送方式散布而尚未送達收件人。

(3) 故意散布之文書，需有其他行為情狀發生，始能實現刑法構成要件者，準用第1項之文書。沒收與銷毀僅於下列情形始得宣告：

1. 文書與第1項第2句所稱之設備為正犯、參與犯或他人所持有，正犯或參與犯為該他人實行犯罪，或受該人指示散布。

2. 為防止第1款所稱之人違法散布，必要之措施。

(4) 以展覽、公告、演出或他法，使公眾得以接觸文書或文書之部分，亦為第1項至第3項所稱之散布。

(5) 沒收或銷毀之裁判發生效力時，物之所有權屬於正犯或參與犯以外之第三人，或犯罪物已對第三人設定權利，此權利因裁判而滅失或受損害，國庫依物之交易價值對於第三人提供相當數額之金錢補償。第74b條第3項準用之。

§ 74d Einziehung von Schriften und Unbrauchbarmachung

(1) Schriften (§ 11 Absatz 3), die einen solchen Inhalt haben, dass jede vorsätzliche Verbreitung in Kenntnis ihres Inhalts den Tatbestand eines Strafgesetzes verwirklichen würde, werden eingezogen, wenn mindestens ein Stück durch eine rechtswidrige Tat verbreitet oder zur Verbreitung bestimmt worden ist. Zugleich wird angeordnet, dass die zur Herstellung der Schriften gebrauchten oder bestimmten Vorrichtungen, die Vorlage für die Vervielfältigung waren oder sein sollten, unbrauchbar gemacht werden.

(2) Die Einziehung erstreckt sich nur auf die Stücke, die sich im Besitz der bei ihrer Verbreitung oder deren Vorbereitung mitwirkenden Personen befinden oder öffentlich ausgelegt oder beim Verbreiten durch Versenden noch nicht dem Empfänger ausgehändigt worden sind.

(3) Absatz 1 gilt entsprechend für Schriften (§ 11 Absatz 3), die einen solchen Inhalt haben, dass die vorsätzliche Verbreitung in Kenntnis ihres Inhalts nur bei Hinzutreten weiterer Tatumstände den Tatbestand eines Strafgesetzes verwirklichen würde. Die Einziehung und Unbrauchbarmachung werden jedoch nur angeordnet, soweit

1. die Stücke und die in Absatz 1 Satz 2 bezeichneten Vorrichtungen sich im Besitz des Täters, des Teilnehmers oder eines anderen befinden, für den der Täter oder Teilnehmer gehandelt hat, oder von diesen Personen zur Verbreitung bestimmt sind und

2. die Maßnahmen erforderlich sind, um ein gesetzwidriges Verbreiten durch die in Nummer 1 bezeichneten Personen zu verhindern.

(4) Dem Verbreiten im Sinne der Absätze 1 bis 3 steht es gleich, wenn eine Schrift (§ 11 Absatz 3) oder mindestens ein Stück der Schrift durch Ausstellen, Anschlagen, Vorführen oder in anderer Weise öffentlich zugänglich gemacht wird.

(5) Stand das Eigentum an der Sache zur Zeit der Rechtskraft der Entscheidung über die Einziehung oder Unbrauchbarmachung einem anderen als dem Täter oder Teilnehmer zu oder war der Gegenstand mit dem Recht eines Dritten belastet, das durch die Entscheidung erloschen oder beeinträchtigt ist, wird dieser aus der Staatskasse unter Berücksichtigung des Verkehrswertes angemessen in Geld entschädigt. § 74b Absatz 3 gilt entsprechend.

解析

1. 本條規定文書之沒收與銷毀。文書如果涉及犯罪構成要件之實現，而且經由違法行為散布，或提供散布之用，予以沒收。至於供製造文書

所用或具有多方用途之特定設備，則予以銷毀。

2. 文書之沒收，僅限於該文書爲散布或準備散布之關係人所持有，或公開陳列，或該文書以寄送方式散布而尚未送達收件人。

3. 以展覽、公告、演出或他法，使公眾得以接觸文書或文書之部分，亦爲第1項至第3項所稱之散布。

4. 本條第5項規定對於第三人沒收或銷毀的補償。沒收或銷毀之裁判發生效力時，物之所有權屬於（正犯或參與犯以外之）第三人，或犯罪物已對第三人設定權利，此權利因裁判而滅失或受損害，依物之交易價值對於第三人提供相當數額之金錢補償。

第74e條　　對於機構與代理人之特別規定

(1) 實行特定行爲，依第74條至第74c條而受宣告沒收或替代價值沒收，或不予補償，其行爲於適用各該規定時，而有下列情形，應歸屬於其代理者：

1. 具有代表權之法人機關或其成員，

2. 不具權利能力團體之理事會或其成員，

3. 有權利能力之人合公司，其具代表權之合夥人，

(2) 一般代理人或居於領導地位而作爲代理人或法人之代理人，或第2款、第3款之人合團體成員，

(3) 其他負責領導法人或第2款、第3款人合團體之經營或運作、監理組織，並基於領導地位而實施其他控管權限。

§ 74e Sondervorschrift für Organe und Vertreter

Hat jemand

(1) als vertretungsberechtigtes Organ einer juristischen Person oder als Mitglied eines solchen Organs,

1. als Vorstand eines nicht rechtsfähigen Vereins oder als Mitglied eines solchen Vorstandes,

2. als vertretungsberechtigter Gesellschafter einer rechtsfähigen

Personengesellschaft,

3. als Generalbevollmächtigter oder in leitender Stellung als Prokurist oder Handlungsbevollmächtigter einer juristischen Person oder einer in Nummer 2 oder 3 genannten Personenvereinigung oder

(2) als sonstige Person, die für die Leitung des Betriebs oder Unternehmens einer juristischen Person oder einer in Nummer 2 oder 3 genannten Personenvereinigung verantwortlich handelt, wozu auch die Überwachung der Geschäftsführung oder die sonstige Ausübung von Kontrollbefugnissen in leitender Stellung gehört,

(3) eine Handlung vorgenommen, die ihm gegenüber unter den übrigen Voraussetzungen der §§ 74 bis 74c die Einziehung eines Gegenstandes oder des Wertersatzes zulassen oder den Ausschluss der Entschädigung begründen würde, wird seine Handlung bei Anwendung dieser Vorschriften dem Vertretenen zugerechnet. § 14 Absatz 3 gilt entsprechend.

本條規定機構與代理人的責任歸屬。實行特定行為，依第74條至第74c條而受宣告沒收或替代價值之沒收，或不予補償，其行為於適用各該規定時，有本條規定的情形，應歸屬於其代理者。

第74f條　　比例原則

(1) 第74條與第74a條之情形，就其行為之實行與可受之非難，如宣告沒收失其比例，則不得宣告。第74條至第74b條與第74d條之情形，如宣告沒收之目的得以較輕微之措施而達成，法院應宣告保留沒收。宣告保留沒收，應指示下列事項：

1. 銷毀犯罪物，

2. 撤除與犯罪物有關之設備或標記，或其他針對犯罪物狀態之改變，

3. 對於犯罪物為其他處分。

指示之事項如已實現，法院撤銷保留沒收；如未實現，法院事後宣告沒收。如未規定沒收，得對於犯罪物之部分爲沒收。

(2) 第74d條第1項第2句與第3項規定之銷毀，準用第1項第2、3句之規定。

§ 74f Grundsatz der Verhältnismäßigkeit

(1) Ist die Einziehung nicht vorgeschrieben, so darf sie in den Fällen der §§ 74 und 74a nicht angeordnet werden, wenn sie zur begangenen Tat und zum Vorwurf, der den von der Einziehung Betroffenen trifft, außer Verhältnis stünde. In den Fällen der §§ 74 bis 74b und 74d ordnet das Gericht an, dass die Einziehung vorbehalten bleibt, wenn ihr Zweck auch durch eine weniger einschneidende Maßnahme erreicht werden kann. In Betracht kommt insbesondere die Anweisung,

1. die Gegenstände unbrauchbar zu machen,

2. an den Gegenständen bestimmte Einrichtungen oder Kennzeichen zu beseitigen oder die Gegenstände sonst zu ändern oder

3. über die Gegenstände in bestimmter Weise zu verfügen.

Wird die Anweisung befolgt, wird der Vorbehalt der Einziehung aufgehoben; andernfalls ordnet das Gericht die Einziehung nachträglich an. Ist die Einziehung nicht vorgeschrieben, kann sie auf einen Teil der Gegenstände beschränkt werden.

(2) In den Fällen der Unbrauchbarmachung nach § 74d Absatz 1 Satz 2 und Absatz 3 gilt Absatz 1 Satz 2 und 3 entsprechend.

解析

1. 本條規定沒收應當注意比例原則。宣告沒收，應當考量行爲情狀與行爲人可受非難之程度。第一項另外規定「保留沒收」，附條件暫緩沒收。如果可以使用程度更輕微的措施，得暫緩沒收之宣告，但法院得做若干指示。

2. 法院指示之事項如已實現，撤銷保留沒收；如未實現，則事後宣告沒收。

第75條　一般沒收之效力

(1) 沒收物之所有權或其他權利，於沒收裁判確定時移轉爲國家所有，當沒收物

　1. 裁判時屬於被宣告人，或

　2. 屬於他人，而該他人爲實行犯罪或於知悉犯罪情況下爲其他目的而提供者。

　於其他情形，沒收物之所有權或其他權利於沒收裁判確定之通知滿六個月時，移轉爲國家所有，但沒收物之所有權人或權利人期滿前向執行機關登記其權利者，不適用之。

(2) 第三人對沒收物之權利不受影響。第74b條之情形，法院宣告第三人權利喪失。第74條與第74a條之情形，有下列情況，得宣告第三人權利喪失：

　1. 重大過失使物品成爲犯罪工具或犯罪客體；

　2. 物品可能受沒收宣告，卻以非難之方式而獲得該物之權利。

(3) 所有權或其他權利移轉前，沒收裁判或沒收之保留裁判有《民法》第136條禁止處分之效力。

(4) 《債務清償法》第91條之規定於《刑事訴訟法》第111d條第2項情形，不適用之。

§ 75 Wirkung der Einziehung

(1) Wird die Einziehung eines Gegenstandes angeordnet, so geht das Eigentum an der Sache oder das Recht mit der Rechtskraft der Entscheidung auf den Staat über, wenn der Gegenstand

　1. dem von der Anordnung Betroffenen zu dieser Zeit gehört oder zusteht oder

　2. einem anderen gehört oder zusteht, der ihn für die Tat oder andere

Zwecke in Kenntnis der Tatumstände gewährt hat.

In anderen Fällen geht das Eigentum an der Sache oder das Recht mit Ablauf von sechs Monaten nach der Mitteilung der Rechtskraft der Einziehungsanordnung auf den Staat über, es sei denn, dass vorher derjenige, dem der Gegenstand gehört oder zusteht, sein Recht bei der Vollstreckungsbehörde anmeldet.

(2) Im Übrigen bleiben Rechte Dritter an dem Gegenstand bestehen. In den in § 74b bezeichneten Fällen ordnet das Gericht jedoch das Erlöschen dieser Rechte an. In den Fällen der §§ 74 und 74a kann es das Erlöschen des Rechts eines Dritten anordnen, wenn der Dritte

1. wenigstens leichtfertig dazu beigetragen hat, dass der Gegenstand als Tatmittel verwendet worden oder Tatobjekt gewesen ist, oder

2. das Recht an dem Gegenstand in Kenntnis der Umstände, welche die Einziehung zulassen, in verwerflicher Weise erworben hat.

(3) Bis zum Übergang des Eigentums an der Sache oder des Rechts wirkt die Anordnung der Einziehung oder die Anordnung des Vorbehalts der Einziehung als Veräußerungsverbot im Sinne des § 136 des Bürgerlichen Gesetzbuchs.

(4) In den Fällen des § 111d Absatz 1 Satz 2 der Strafprozessordnung findet § 91 der Insolvenzordnung keine Anwendung.

解析

1. 本條規定沒收犯罪所得之效力，亦即，所有權移轉為國家所有。
2. 比照德國民法遺失物拾得之招領規定（§ 973 BGB），被害人有6個月的延緩沒收期限，以確保所有被害人都有參與償還之機會。

第76條　嗣後宣告沒收替代價額

宣告沒收後，因發生或發見第73c條或第74c條規定之要件，致使不能沒收或沒收不足者，法院得嗣後宣告沒收其替代價額。

§ 76 Nachträgliche Anordnung der Einziehung des Wertersatzes

Ist die Anordnung der Einziehung eines Gegenstandes unzureichend oder nicht ausführbar, weil nach der Anordnung eine der in den §§ 73c oder 74c bezeichneten Voraussetzungen eingetreten oder bekanntgeworden ist, so kann das Gericht die Einziehung des Wertersatzes nachträglich anordnen.

解析

本條乃法院得於判決後，嗣後宣告沒收其替代價額，屬於「事後追徵」之規定。

第76a條　　獨立沒收

(1) 無特定人因犯罪受追訴或受判決，若沒收或不得使用之其他要件成立時，法院應或得單獨宣告沒收或銷毀。對於得宣告沒收之物，法院得依第1句之要件單獨宣告沒收。告訴、授權或請求乃論之罪，欠缺告訴、授權或請求，或對是否宣告沒收之裁判確定者，不得沒收。

(2) 第73條、第73b條與第73c條之要件，犯罪行為之追訴時效期滿者，亦得獨立宣告犯罪所得之沒收與追徵。具備第74b條與第74d條之要件，同樣適用於保安沒收，文書沒收與銷毀之獨立宣告。

(3) 法院諭知免刑，或訴訟程序依法由檢察官、法院裁量終止或雙方同意終止者，亦適用第1項規定。

(4) 產自違法行為之物，因涉嫌第3句所列犯罪而於刑事程序保全者，如保全之利害關係人未能因犯罪被追訴或判決有罪，亦應獨立宣告沒收。沒收物之所有權或其他權利，於沒收裁判確定時移轉為國家所有；第75條第3項準用之。第1句所稱犯罪，如下：

1. 依據本法：

  a. 第89a條預備犯重大危害國家之暴力犯罪與第89條c第1項至第4項資助恐怖主義。

  b. 第129條第1項成立犯罪組織與第129a條第1項、第2項、第4項、

第5項成立恐怖組織，及各與第129條第1項連結者。

c. 與第181a條第3項連結的第181a條第1項之媒介性交易。

d. 第184b條第2項之散布、取得與持有兒童色情文書。

e. 常業性和集團性犯第232條至第232b條之買賣人口、強迫賣淫和強迫工作，以及第233條和第233a條集團性剝削勞動力及在剝奪自由下的剝削。

f. 第261條第1項、第2項、第4項洗錢和隱匿不法獲得財產。

2. 依據《租稅法》：

a. 第370條第3項第5款規定之逃漏稅。

b. 第373條常業性、暴力及集團性之走私。

c. 第374條第2項收受逃漏稅贓物。

3. 依據《難民法》：

a. 第84條第3項唆使濫用難民申請。

b. 第84a條常業和集團性唆使濫用難民申請。

4. 依據《居留法》：

a. 第96條第2項使外國人非法入境。

b. 第97條非法入境致人於死及常業性和集團性偷渡。

5. 依據《外貿法》：

第17至18條之故意犯罪。

6. 依據《麻醉藥品管制法》：

a. 符合第29條第3項第2句第1款要件且係該規定所稱犯罪。

b. 第29a條、第30條第1項第1款、第2款、第4款及第30a條、第30b條之犯罪。

7. 依據《戰爭武器管制法》：

a. 第19條第1項至第3項、第20條第1項、第2項與第20a條第1項至第3項，以及各與第21條連結之犯罪。

b. 第22a條第1項至3項之犯罪。

8. 依據《武器法》：

a. 第51條第1項至第3項之犯罪

b. 第52條第1項第1款與第2款編號c、d及第5項、第6項之犯罪。

§ 76a Selbständige Einziehung

(1) Kann wegen der Straftat keine bestimmte Person verfolgt oder verurteilt werden, so ordnet das Gericht die Einziehung oder die Unbrauchbarmachung selbständig an, wenn die Voraussetzungen, unter denen die Maßnahme vorgeschrieben ist, im Übrigen vorliegen. Ist sie zugelassen, so kann das Gericht die Einziehung unter den Voraussetzungen des Satzes 1 selbständig anordnen. Die Einziehung wird nicht angeordnet, wenn Antrag, Ermächtigung oder Strafverlangen fehlen oder bereits rechtskräftig über sie entschieden worden ist.

(2) Unter den Voraussetzungen der §§ 73, 73b und 73c ist die selbständige Anordnung der Einziehung des Tatertrages und die selbständige Einziehung des Wertes des Tatertrages auch dann zulässig, wenn die Verfolgung der Straftat verjährt ist. Unter den Voraussetzungen der §§ 74b und 74d gilt das Gleiche für die selbständige Anordnung der Sicherungseinziehung, der Einziehung von Schriften und der Unbrauchbarmachung.

(3) Absatz 1 ist auch anzuwenden, wenn das Gericht von Strafe absieht oder wenn das Verfahren nach einer Vorschrift eingestellt wird, die dies nach dem Ermessen der Staatsanwaltschaft oder des Gerichts oder im Einvernehmen beider zulässt.

(4) Ein aus einer rechtswidrigen Tat herrührender Gegenstand, der in einem Verfahren wegen des Verdachts einer in Satz 3 genannten Straftat sichergestellt worden ist, soll auch dann selbständig eingezogen werden, wenn der von der Sicherstellung Betroffene nicht wegen der Straftat verfolgt oder verurteilt werden kann. Wird die Einziehung eines Gegenstandes angeordnet, so geht das Eigentum an der Sache oder das Recht mit der Rechtskraft der Entscheidung auf den Staat über; § 75 Absatz 3 gilt entsprechend. Straftaten im Sinne des Satzes 1 sind

1. aus diesem Gesetz:

    a) Vorbereitung einer schweren staatsgefährdenden Gewalttat nach § 89a und Terrorismusfinanzierung nach § 89c Absatz 1 bis 4,

b) Bildung krimineller Vereinigungen nach § 129 Absatz 1 und Bildung terroristischer Vereinigungen nach § 129a Absatz 1, 2, 4, 5, jeweils auch in Verbindung mit § 129b Absatz 1,

c) Zuhälterei nach § 181a Absatz 1 auch in Verbindung mit Absatz 3,

d) Verbreitung, Erwerb und Besitz kinderpornografischer Schriften in den Fällen des § 184b Absatz 2,

e) gewerbs- und bandenmäßige Begehung des Menschenhandels, der Zwangsprostitution und der Zwangsarbeit nach den §§ 232 bis 232b sowie bandenmäßige Ausbeutung der Arbeitskraft und Ausbeutung unter Ausnutzung einer Freiheitsberaubung nach den §§ 233 und 233a,

f) Geldwäsche und Verschleierung unrechtmäßig erlangter Vermögenswerte nach § 261 Absatz 1, 2 und 4,

2. aus der Abgabenordnung:

a) Steuerhinterziehung unter den in § 370 Absatz 3 Nummer 5 genannten Voraussetzungen,

b) gewerbsmäßiger, gewaltsamer und bandenmäßiger Schmuggel nach § 373,

c) Steuerhehlerei im Fall des § 374 Absatz 2,

3. aus dem Asylgesetz:

a) Verleitung zur missbräuchlichen Asylantragstellung nach § 84 Absatz 3,

b) gewerbs- und bandenmäßige Verleitung zur missbräuchlichen Asylantragstellung nach § 84a,

4. aus dem Aufenthaltsgesetz:

a) Einschleusen von Ausländern nach § 96 Absatz 2,

b) Einschleusen mit Todesfolge sowie gewerbs- und bandenmäßiges Einschleusen nach § 97,

5. aus dem Außenwirtschaftsgesetz:

vorsätzliche Straftaten nach den §§ 17 und 18,

6. aus dem Betäubungsmittelgesetz:

a) Straftaten nach einer in § 29 Absatz 3 Satz 2 Nummer 1 in Bezug genommenen Vorschrift unter den dort genannten Voraussetzungen,

b) Straftaten nach den §§ 29a, 30 Absatz 1 Nummer 1, 2 und 4 sowie den §§ 30a und 30b,

7. aus dem Gesetz über die Kontrolle von Kriegswaffen:

a) Straftaten nach § 19 Absatz 1 bis 3 und § 20 Absatz 1 und 2 sowie § 20a Absatz 1 bis 3, jeweils auch in Verbindung mit § 21,

b) Straftaten nach § 22a Absatz 1 bis 3,

8. aus dem Waffengesetz:

a) Straftaten nach § 51 Absatz 1 bis 3,

b) Straftaten nach § 52 Absatz 1 Nummer 1 und 2 Buchstabe c und d sowie Absatz 5 und 6.

　　本條乃單獨宣告沒收之規定，例如第1項，無人可受追訴或判決，犯罪物依然得宣告沒收。我國刑法第40條第3項有類似規定。

第76b條　　犯罪所得擴大沒收與追徵之時效

(1) 第73a條、第76a條犯罪所得或追徵之擴大沒收與單獨沒收，逾三十年不得爲之。時效期間，自正犯、參與犯或第73b條之他人取得犯罪所得之違法行爲終了之日起算。第78b條、第78c條準用之。

(2) 第73a條、第76a條犯罪所得沒收或追徵之擴大沒收與單獨沒收，於第78條第2項與《國際刑法》第5條情形，不適用時效之規定。

§ 76b Verjährung der Einziehung von Taterträgen und des Wertes von Taterträgen

(1) Die erweiterte und die selbständige Einziehung des Tatertrages oder des Wertes des Tatertrages nach den §§ 73a und 76a verjähren in 30 Jahren. Die Verjährung beginnt mit der Beendigung der rechtswidrigen Tat, durch oder für die der Täter oder Teilnehmer oder der andere im Sinne des § 73b etwas

erlangt hat. Die §§ 78b und 78c gelten entsprechend.

(2) In den Fällen des § 78 Absatz 2 und des § 5 des Völkerstrafgesetzbuches verjähren die erweiterte und die selbständige Einziehung des Tatertrages oder des Wertes des Tatertrages nach den §§ 73a und 76a nicht.

本條規定犯罪所得或追徵之擴大沒收與單獨沒收之時效期間爲三十年。

第七節　犯罪所得之沒收與一般沒收 （2017年7月1日前之規定）

Siebenter Titel Verfall und Einziehung (StGB a. F.)

第73條　　沒收犯罪所得之要件

(1) 正犯或參與犯因爲實行違法行爲或產自實行違法行爲之所得，法院應宣告沒收。但被害人因該違法行爲而具有請求權，且行使該請求權將剝奪正犯或參與犯之犯罪所得者，不適用之。

(2) 犯罪所得而衍生之孳息與收益、因正犯或參與犯轉讓犯罪所得而取得之物、或因其遭毀損或剝奪所得之賠償，或因違法行爲所得之權利而取得之物，亦沒收之。

(3) 正犯或參與犯爲他人實行違法行爲之所得與使他人取得犯罪所得者，亦依前二項沒收之。

(4) 沒收第三人所有或具支配權之物，以其係爲實行違法行爲而提供該物或知悉違法行爲情狀仍提供該物者爲限。

§ 73 Voraussetzungen des Verfalls

(1) Ist eine rechtswidrige Tat begangen worden und hat der Täter oder Teilnehmer für die Tat oder aus ihr etwas erlangt, so ordnet das Gericht dessen Verfall an. Dies gilt nicht, soweit dem Verletzten aus der Tat ein Anspruch erwachsen ist, dessen Erfüllung dem Täter oder Teilnehmer den Wert des aus der Tat Erlangten entziehen würde.

(2) Die Anordnung des Verfalls erstreckt sich auf die gezogenen Nutzungen. Sie kann sich auch auf die Gegenstände erstrecken, die der Täter oder Teilnehmer durch die Veräußerung eines erlangten Gegenstandes oder als Ersatz für dessen Zerstörung, Beschädigung oder Entziehung oder auf Grund eines erlangten Rechts erworben hat.

(3) Hat der Täter oder Teilnehmer für einen anderen gehandelt und hat dadurch dieser etwas erlangt, so richtet sich die Anordnung des Verfalls nach den Absätzen 1 und 2 gegen ihn.

(4) Der Verfall eines Gegenstandes wird auch angeordnet, wenn er einem Dritten gehört oder zusteht, der ihn für die Tat oder sonst in Kenntnis der Tatumstände gewährt hat.

解析

1. 本條乃規範「犯罪所得」之沒收，其要件、沒收範圍、流入第三人亦得宣告沒收之規定，相當於我國刑法第38條之1第1、2、4項規定。

2. 由於我國於2016年公布施行之犯罪所得沒收新法，以德國2017年7月1日前之規定體系為藍本，為了便於對照，因此將德國原來規定一併附上。

第73a條　　犯罪所得替代價額之沒收

因犯罪所得之特性或其他事由而不能沒收，或不能依前條第二項第二句沒收替代所得者，法院應宣告沒收與犯罪所得相當之替代價額。沒收物價值低於犯罪所得者，法院於沒收該物外，亦應宣告沒收其差額。

§ 73a Verfall des Wertersatzes

Soweit der Verfall eines bestimmten Gegenstandes wegen der Beschaffenheit des Erlangten oder aus einem anderen Grunde nicht möglich ist oder von dem Verfall eines Ersatzgegenstandes nach § 73 Abs. 2 Satz 2 abgesehen wird, ordnet das Gericht den Verfall eines Geldbetrags an, der dem Wert des Erlangten entspricht. Eine solche Anordnung trifft das Gericht auch neben dem Verfall eines Gegenstandes, soweit dessen Wert hinter dem Wert des zunächst Erlangten zurückbleibt.

　　本條乃針對犯罪所得有一部或全部不能沒收時，應宣告追徵其價額之規定，相當於我國刑法第38條之1第3項規定。

第73b條　　估算

犯罪所得之範圍與價值，以及行使後將剝奪正犯或參與犯犯罪所得之請求權價額，得估算之。

§ 73b Schätzung

Der Umfang des Erlangten und dessen Wert sowie die Höhe des Anspruchs, dessen Erfüllung dem Täter oder Teilnehmer das aus der Tat Erlangte entziehen würde, können geschätzt werden.

　　犯罪所得之範圍與價值之認定，得以估算方式為之，本條相當於我國刑法第第38條之2第1項規定。

第73c條　　過苛條款

(1) 對利害關係人而言，沒收屬無法忍受之苛刻，不宣告之。宣告沒收時，犯罪所得之價值已不復存在於利害關係人之財產中，或價值極低者，得不宣告之。

(2) 沒收給付價額之減免，第42條之規定準用之。

§ 73c　Härtevorschrift

(1) Der Verfall wird nicht angeordnet, soweit er für den Betroffenen eine unbillige Härte wäre. Die Anordnung kann unterbleiben, soweit der Wert des Erlangten zur Zeit der Anordnung in dem Vermögen des Betroffenen nicht mehr vorhanden ist oder wenn das Erlangte nur einen geringen Wert hat.

(2) Für die Bewilligung von Zahlungserleichterungen gilt § 42 entsprechend.

　　沒收犯罪所得如有無法忍受之過苛情形，得不予沒收。相當於我國刑法第38條之2第3項過苛條款之規定。

第73d條　　犯罪所得之擴大沒收

(1) 如有針對違法行為之特別規定，且有事實足認正犯或參與犯因為實行或產自實行違法行為所得者，法院亦應宣告沒收之。僅因正犯或參與犯因為實行或產自實行違法行為所得，而非屬正犯或參與犯所有或不具支配權者，亦適用之。第73條第1項第2句，連結第73b條與第73條第2項，準用之。

(2) 特定物於行為後全部或一部不能沒收者，第73a條、b於合乎意義之範圍內，準用之。

(3) 依第1項宣告沒收後，正犯或參與犯因其他違法行為，而應再宣告沒收時，法院應衡酌已宣告之沒收。

(4) 第73c條準用之。

§ 73d Erweiterter Verfall

(1) Ist eine rechtswidrige Tat nach einem Gesetz begangen worden, das auf diese Vorschrift verweist, so ordnet das Gericht den Verfall von Gegenständen des Täters oder Teilnehmers auch dann an, wenn die Umstände die Annahme rechtfertigen, daß diese Gegenstände für rechtswidrige Taten oder aus ihnen erlangt worden sind. Satz 1 ist auch anzuwenden, wenn ein Gegenstand dem Täter oder Teilnehmer nur deshalb nicht gehört oder zusteht, weil er den Gegenstand für eine rechtswidrige Tat oder aus ihr erlangt hat. § 73 Abs. 1 Satz 2, auch in Verbindung mit § 73b, und § 73 Abs. 2 gelten entsprechend.

(2) Ist der Verfall eines bestimmten Gegenstandes nach der Tat ganz oder teilweise unmöglich geworden, so finden insoweit die §§ 73a und 73b sinngemäß Anwendung.

(3) Ist nach Anordnung des Verfalls nach Absatz 1 wegen einer anderen rechtswidrigen Tat, die der Täter oder Teilnehmer vor der Anordnung begangen hat, erneut über den Verfall von Gegenständen des Täters oder Teilnehmers zu entscheiden, so berücksichtigt das Gericht hierbei die bereits ergangene Anordnung.

(4) §73c gilt entsprechend.

解析

　　本條擴大沒收規定，我國刑法並未規定，但洗錢防制法第18條第2項有類似之規定，亦即正犯或參與犯所為之違法行為因而被查扣之財產，有事實足認源自或產自其他違法行為，亦得擴大宣告沒收。

第73e條　　沒收犯罪所得之效力

(1) 宣告沒收犯罪所得，沒收物之所有權或沒收之權利，於沒收裁判生效時，原屬於沒收利害關係人者，移轉為國家所有。第三人對於犯罪所得之權利，不受影響。

(2) 沒收之宣告，於判決發生效力前，具民法第136條禁止轉讓之效力；轉讓以外之其他處分，亦同。

§ 73e Wirkung des Verfalls

(1) Wird der Verfall eines Gegenstandes angeordnet, so geht das Eigentum an der Sache oder das verfallene Recht mit der Rechtskraft der Entscheidung auf den Staat über, wenn es dem von der Anordnung Betroffenen zu dieser Zeit zusteht. Rechte Dritter an dem Gegenstand bleiben bestehen.

(2) Vor der Rechtskraft wirkt die Anordnung als Veräußerungsverbot im Sinne des § 136 des Bürgerlichen Gesetzbuches; das Verbot umfaßt auch andere Verfügungen als Veräußerungen.

 解析

　　本條規定乃關於沒收犯罪所得之效力，亦即所有權移轉爲國家所有。

第74條　　一般沒收之要件

(1) 因故意犯罪所生，供故意犯罪所用，或爲故意犯罪預備或特定之物，沒收之。

(2) 有下列之事由者，始得爲前項之沒收

　1. 得沒收之物，於判決時屬正犯或參與犯所有，或有權支配之。

　2. 根據物之種類與狀態，將對公眾有危險，或其有作爲違法行爲工具之虞者。

(3) 前項第2款之事由，於行爲人無責任能力時，亦適用之。

(4) 本法以外有一般沒收之規定而取代第1項者，第2項與第3項，準用之。

§ 74 Voraussetzungen der Einziehung

(1) Ist eine vorsätzliche Straftat begangen worden, so können Gegenstände,

die durch sie hervorgebracht oder zu ihrer Begehung oder Vorbereitung gebraucht worden oder bestimmt gewesen sind, eingezogen werden.

(2) Die Einziehung ist nur zulässig, wenn

　　1. die Gegenstände zur Zeit der Entscheidung dem Täter oder Teilnehmer gehören oder zustehen oder

　　2. die Gegenstände nach ihrer Art und den Umständen die Allgemeinheit gefährden oder die Gefahr besteht, daß sie der Begehung rechtswidriger Taten dienen werden.

(3) Unter den Voraussetzungen des Absatzes 2 Nr. 2 ist die Einziehung der Gegenstände auch zulässig, wenn der Täter ohne Schuld gehandelt hat.

(4) Wird die Einziehung durch eine besondere Vorschrift über Absatz 1 hinaus vorgeschrieben oder zugelassen, so gelten die Absätze 2 und 3 entsprechend.

 解 析

　　本條乃關於犯罪工具、供犯罪預備之物的沒收規定。相當於我國刑法第38條第2項。

第74a條　　擴大一般沒收之要件

關於一般沒收之規定，除得沒收之物，於判決時屬於第74條第2項第1款所列之人外，對於得沒收物屬於下列各款之人者，亦適用之：

1. 至少具有重大過失，而使其物或權利成為犯罪的工具或供作犯罪預備之用者。

2. 知悉得宣告沒收之事由，而以可歸責之方法獲得該物者。

§ 74a Erweiterte Voraussetzungen der Einziehung

Verweist das Gesetz auf diese Vorschrift, so dürfen die Gegenstände abweichend von § 74 Abs. 2 Nr. 1 auch dann eingezogen werden, wenn derjenige, dem sie zur Zeit der Entscheidung gehören oder zustehen,

1. wenigstens leichtfertig dazu beigetragen hat, daß die Sache oder das Recht Mittel oder Gegenstand der Tat oder ihrer Vorbereitung gewesen ist, oder

2. die Gegenstände in Kenntnis der Umstände, welche die Einziehung zugelassen hätten, in verwerflicher Weise erworben hat.

犯罪工具如屬第三人所有，且第三人重大過失地提供給犯罪人使用，亦得擴大沒收屬於第三人之物。本條相當於我國刑法第38條第3項規定。

第74b條　比例原則

(1) 非義務沒收，且從所違犯之行為意義與對該行為之責難來看，對正犯或參與犯之沒收有失衡平者，在第74條第2項第1款與第74a條之情形，得宣告沒收。

(2) 於第74條與第74a條之情形，若沒收之目的得以其他干預較輕之措施達成者，法院應宣告保留沒收。尤其應考量下列處分：

1. 銷毀得沒收之物。

2. 移除得沒收物之特定裝置或標籤，或以他法改變之。

3. 以特定方式處置得沒收物。

得被沒收之人遵循處分者，撤銷該保留沒收處分；未遵循者，法院嗣應宣告沒收。

(3) 非義務沒收者，法院仍得宣告一部沒收。

§ 74b Grundsatz der Verhältnismäßigkeit

(1) Ist die Einziehung nicht vorgeschrieben, so darf sie in den Fällen des § 74 Abs. 2 Nr. 1 und des § 74a nicht angeordnet werden, wenn sie zur Bedeutung der begangenen Tat und zum Vorwurf, der den von der Einziehung betroffenen Täter oder Teilnehmer oder in den Fällen des § 74a den Dritten trifft, außer Verhältnis steht.

(2) Das Gericht ordnet in den Fällen der §§ 74 und 74a an, daß die Einziehung vorbehalten bleibt, und trifft eine weniger einschneidende Maßnahme, wenn der Zweck der Einziehung auch durch sie erreicht werden kann. In Betracht kommt namentlich die Anweisung,

　　1. die Gegenstände unbrauchbar zu machen,

　　2. an den Gegenständen bestimmte Einrichtungen oder Kennzeichen zu beseitigen oder die Gegenstände sonst zu ändern oder

　　3. über die Gegenstände in bestimmter Weise zu verfügen.

Wird die Anweisung befolgt, so wird der Vorbehalt der Einziehung aufgehoben; andernfalls ordnet das Gericht die Einziehung nachträglich an.

(3) Ist die Einziehung nicht vorgeschrieben, so kann sie auf einen Teil der Gegenstände beschränkt werden.

解析

　　對於犯罪工具與犯罪預備之物的沒收，應符合罪責原則與犯罪物價值之衡平性。

第74c條　　替代價額之沒收

(1) 正犯或參與犯於宣告沒收之判決前，使用、移轉犯罪時歸屬其或具有支配權，且可能被宣告沒收之物，或妨礙沒收者，法院得對於正犯或參與犯，宣告沒收最高相當於得沒收物價額之金額。

(2) 正犯或參與犯於法院判決沒收前，得沒收物上有屬第三人之負擔，而非補償其損失不能使負擔消滅，或不能宣告沒收者（第74e條第2項及第74f條），法院得於沒收特定物之外，或代替沒收特定物，宣告本條替代價額之沒收；法院於沒收特定物之外，宣告沒收替代價額者，其額度按特定物之負擔之價值計算。

(3) 得沒收之物與負擔之價值，得估算之。

(4) 沒收給付價額之減免，適用第42條之規定

§ 74c Einziehung des Wertersatzes

(1) Hat der Täter oder Teilnehmer den Gegenstand, der ihm zur Zeit der Tat gehörte oder zustand und auf dessen Einziehung hätte erkannt werden können, vor der Entscheidung über die Einziehung verwertet, namentlich veräußert oder verbraucht, oder hat er die Einziehung des Gegenstandes sonst vereitelt, so kann das Gericht die Einziehung eines Geldbetrags gegen den Täter oder Teilnehmer bis zu der Höhe anordnen, die dem Wert des Gegenstandes entspricht.

(2) Eine solche Anordnung kann das Gericht auch neben der Einziehung eines Gegenstandes oder an deren Stelle treffen, wenn ihn der Täter oder Teilnehmer vor der Entscheidung über die Einziehung mit dem Recht eines Dritten belastet hat, dessen Erlöschen ohne Entschädigung nicht angeordnet werden kann oder im Falle der Einziehung nicht angeordnet werden könnte (§ 74e Abs. 2 und § 74f); trifft das Gericht die Anordnung neben der Einziehung, so bemißt sich die Höhe des Wertersatzes nach dem Wert der Belastung des Gegenstandes.

(3) Der Wert des Gegenstandes und der Belastung kann geschätzt werden.

(4) Für die Bewilligung von Zahlungserleichterungen gilt § 42.

行為人故意妨礙或干擾犯罪工具之沒收時，法院得宣告追其價額。

第74d條　　文書之沒收與銷毀

(1) 知悉其內容而故意散布將構成犯罪之文書（第11條第3項），且至少一部透過違法行為散布或預定散布者，應予沒收；供製造或預定供製造前述文書使用之裝置，如印刷版、模型等，亦應銷毀。

(2) 沒收之宣告，對於參與散布或參與準備散布之人所持有、或公開陳列或以郵寄方式散布而尚未送達之文件，亦生效力。

(3) 第1項於知悉其內容而故意散布外，尚須其他行為情狀始構成犯罪之
文書，準用之。但僅合乎下列情形者，始得宣告沒收與銷毀：

1. 正犯、參與犯持有或由第三人所持有且是為正犯或參與犯之行為而
持有，或預定將其散布之人而持有該文書及第1項第2句中之物。

2. 為防止前款之人違法散布所必要者。

(4) 以展覽、公告、演出或他法，使公眾得觸及一部或全部之文書（第11
條第3項）者，亦適用第1項至第3項之規定。

(5) 第74b條第2項與第3項準用之。

§ 74d Einziehung von Schriften und Unbrauchbarmachung

(1) Schriften (§ 11 Abs. 3), die einen solchen Inhalt haben, daß jede vorsätzliche
Verbreitung in Kenntnis ihres Inhalts den Tatbestand eines Strafgesetzes
verwirklichen würde, werden eingezogen, wenn mindestens ein Stück durch
eine rechtswidrige Tat verbreitet oder zur Verbreitung bestimmt worden ist.
Zugleich wird angeordnet, daß die zur Herstellung der Schriften gebrauchten
oder bestimmten Vorrichtungen, wie Platten, Formen, Drucksätze,
Druckstöcke, Negative oder Matrizen, unbrauchbar gemacht werden.

(2) Die Einziehung erstreckt sich nur auf die Stücke, die sich im Besitz der bei
ihrer Verbreitung oder deren Vorbereitung mitwirkenden Personen befinden
oder öffentlich ausgelegt oder beim Verbreiten durch Versenden noch nicht
dem Empfänger ausgehändigt worden sind.

(3) Absatz 1 gilt entsprechend bei Schriften (§ 11 Abs. 3), die einen solchen
Inhalt haben, daß die vorsätzliche Verbreitung in Kenntnis ihres Inhalts nur
bei Hinzutreten weiterer Tatumstände den Tatbestand eines Strafgesetzes
verwirklichen würde. Die Einziehung und Unbrauchbarmachung werden
jedoch nur angeordnet, soweit

1. die Stücke und die in Absatz 1 Satz 2 bezeichneten Gegenstände sich
im Besitz des Täters, Teilnehmers oder eines anderen befinden, für den
der Täter oder Teilnehmer gehandelt hat, oder von diesen Personen zur
Verbreitung bestimmt sind und

2. die Maßnahmen erforderlich sind, um ein gesetzwidriges Verbreiten durch diese Personen zu verhindern.

(4) Dem Verbreiten im Sinne der Absätze 1 bis 3 steht es gleich, wenn eine Schrift (§ 11 Abs. 3) oder mindestens ein Stück der Schrift durch Ausstellen, Anschlagen, Vorführen oder in anderer Weise öffentlich zugänglich gemacht wird.

(5) §74b Abs. 2 und 3 gilt entsprechend.

 解 析

　　關於特殊文書與其製造的器械或原料，法院除了沒收之外，亦得宣告銷毀。我國刑法並無銷毀之相關規定。

第74e條　　一般沒收之效力

(1) 沒收物之所有權或沒收之權利，於沒收裁判生效時，移轉為國家所有。

(2) 第三人對沒收物之權利，不受影響。但有第74條第2項第2款情形存在時，法院應據此宣告權利解消；無法依第74f條第2項第1款或第2款補償第三人時，亦同。

(3) 尚未生效之沒收與保留沒收之宣告，亦準用第73e條第2項之規定。

§ 74e Wirkung der Einziehung

(1) Wird ein Gegenstand eingezogen, so geht das Eigentum an der Sache oder das eingezogene Recht mit der Rechtskraft der Entscheidung auf den Staat über.

(2) Rechte Dritter an dem Gegenstand bleiben bestehen. Das Gericht ordnet jedoch das Erlöschen dieser Rechte an, wenn es die Einziehung darauf stützt, daß die Voraussetzungen des § 74 Abs. 2 Nr. 2 vorliegen. Es kann das Erlöschen des Rechts eines Dritten auch dann anordnen, wenn diesem eine

Entschädigung nach § 74f Abs. 2 Nr. 1 oder 2 nicht zu gewähren ist.

(3) §73e Abs. 2 gilt entsprechend für die Anordnung der Einziehung und die Anordnung des Vorbehalts der Einziehung, auch wenn sie noch nicht rechtskräftig ist.

 解 析

本條乃沒收效力之規定。

第74f條　　補償

(1) 沒收物之所有權或沒收之權利，於沒收或銷毀之裁判生效時，屬於第三人，或沒收物上具有第三人之權利，其將因該裁判而解消或受影響者，國家應考量交易價值，以現金適當補償之。

(2) 有下列各款事由者，不予補償：

　1. 該第三人至少重大過失，而使其物或權利成為犯罪或犯罪預備之工具者。

　2. 該第三人知悉得宣告沒收或銷毀之事由，而以可歸責之方法獲得該物或其上之權利者。

　3. 構成得宣告沒收或銷毀之事由，根據刑法以外之其他法法律規定，對該第三人得不補償。

(3) 有前項各款之事由，不予補償係屬過苛者，仍得補償之。

§ 74f Entschädigung

(1) Stand das Eigentum an der Sache oder das eingezogene Recht zur Zeit der Rechtskraft der Entscheidung über die Einziehung oder Unbrauchbarmachung einem Dritten zu oder war der Gegenstand mit dem Recht eines Dritten belastet, das durch die Entscheidung erloschen oder beeinträchtigt ist, so wird der Dritte aus der Staatskasse unter Berücksichtigung des Verkehrswertes angemessen in Geld entschädigt.

(2) Eine Entschädigung wird nicht gewährt, wenn

1. der Dritte wenigstens leichtfertig dazu beigetragen hat, daß die Sache oder das Recht Mittel oder Gegenstand der Tat oder ihrer Vorbereitung gewesen ist,

2. der Dritte den Gegenstand oder das Recht an dem Gegenstand in Kenntnis der Umstände, welche die Einziehung oder Unbrauchbarmachung zulassen, in verwerflicher Weise erworben hat oder

3. es nach den Umständen, welche die Einziehung oder Unbrauchbarmachung begründet haben, auf Grund von Rechtsvorschriften außerhalb des Strafrechts zulässig wäre, den Gegenstand dem Dritten ohne Entschädigung dauernd zu entziehen.

(3) In den Fällen des Absatzes 2 kann eine Entschädigung gewährt werden, soweit es eine unbillige Härte wäre, sie zu versagen.

　　本條乃針對被害人之補償規定。由於沒收之效力乃由國家取得其所有權，被害人對該物之所有權因而喪失，爲避免被害人之財產權因此被犧牲，故本條規定國家應考量交易價值，以現金補償被害人。本條規定爲我國刑法所沒有。

第75條　　機關或代表之特別規定

1. 具有代表權之法人機關或其成員者。
2. 不具權利能力團體之理事會或其成員者。
3. 有權利能力之人合公司，其具代表權之合夥人者。
4. 一般代理人或居於領導地位而作爲代理人或法人之代理人，或第2款、第3款之人合團體成員者。
5. 其他負責領導法人或第2、3款人合團體之經營或運作、監理組織，並基於領導地位而實施其他控管權限者。

實行特定行為，而被依第74條至第74c條、第74f條之規定沒收特定物或替代價值，或不予補償者，其行為於適用各該規定時，應歸屬於其所代表者。第14條第3項之規定，準用之。

§ 75 Sondervorschrift für Organe und Vertreter

Hat jemand

1. als vertretungsberechtigtes Organ einer juristischen Person oder als Mitglied eines solchen Organs,

2. als Vorstand eines nicht rechtsfähigen Vereins oder als Mitglied eines solchen Vorstandes,

3. als vertretungsberechtigter Gesellschafter einer rechtsfähigen Personengesellschaft,

4. als Generalbevollmächtigter oder in leitender Stellung als Prokurist oder Handlungsbevollmächtigter einer juristischen Person oder einer in Nummer 2 oder 3 genannten Personenvereinigung oder

5. als sonstige Person, die für die Leitung des Betriebs oder Unternehmens einer juristischen Person oder einer in Nummer 2 oder 3 genannten Personenvereinigung verantwortlich handelt, wozu auch die Überwachung der Geschäftsführung oder die sonstige Ausübung von Kontrollbefugnissen in leitender Stellung gehört,

eine Handlung vorgenommen, die ihm gegenüber unter den übrigen Voraussetzungen der §§ 74 bis 74c und 74f die Einziehung eines Gegenstandes oder des Wertersatzes zulassen oder den Ausschluß der Entschädigung begründen würde, so wird seine Handlung bei Anwendung dieser Vorschriften dem Vertretenen zugerechnet. § 14 Abs. 3 gilt entsprechend.

 解 析

　　本條乃針對法人為正犯或參與犯，於沒收時，法人與其代表人各自應如何界定責任歸屬之規定。

共通規定

Gemeinsame Vorschriften

第76條　嗣後宣告沒收替代價額

宣告沒收後，因發生或發現第73a條、第73d條第2項或第74c條之要件，致使不能沒收或沒收不足者，法院得嗣後宣告沒收其替代價額。

§ 76　Nachträgliche Anordnung von Verfall oder Einziehung des Wertersatzes

Ist die Anordnung des Verfalls oder der Einziehung eines Gegenstandes nicht ausführbar oder unzureichend, weil nach der Anordnung eine der in §§ 73a, 73d Abs. 2 oder § 74c bezeichneten Voraussetzungen eingetreten oder bekanntgeworden ist, so kann das Gericht den Verfall oder die Einziehung des Wertersatzes nachträglich anordnen.

本條乃法院得於判決後嗣後宣告沒收其替代價額。

第76a條　單獨宣告

(1) 基於事實上之理由，無特定人因犯罪受追訴或受判決，且合乎應沒收或得沒收之要件者，法院應或得單獨宣告一般沒收或沒收犯罪所得或沒收替代價額或銷毀。

(2) 有下列各款事由，且該當第74條第2項第2款、第3項與第74d條之要件者，亦適用第1項之規定

　　1. 犯罪追訴時效已完成。

　　2. 基於法律上之事由，無特定人能受追訴且法律上並無其他規定者。但欠缺告訴、授權、或請求者，不得宣告沒收或銷毀。

(3) 法院宣告免除刑罰或刑事程序依檢察官或法官之裁量而緩起訴，或因雙方合致而中止者，亦有第1項之適用。

§ 76a Selbständige Anordnung

(1) Kann wegen der Straftat aus tatsächlichen Gründen keine bestimmte Person verfolgt oder verurteilt werden, so muß oder kann auf Verfall oder Einziehung des Gegenstandes oder des Wertersatzes oder auf Unbrauchbarmachung selbständig erkannt werden, wenn die Voraussetzungen, unter denen die Maßnahme vorgeschrieben oder zugelassen ist, im übrigen vorliegen.

(2) Unter den Voraussetzungen des § 74 Abs. 2 Nr. 2, Abs. 3 und des § 74d ist Absatz 1 auch dann anzuwenden, wenn

1. die Verfolgung der Straftat verjährt ist oder

2. sonst aus rechtlichen Gründen keine bestimmte Person verfolgt werden kann und das Gesetz nichts anderes bestimmt.

Einziehung oder Unbrauchbarmachung dürfen jedoch nicht angeordnet werden, wenn Antrag, Ermächtigung oder Strafverlangen fehlen.

(3) Absatz 1 ist auch anzuwenden, wenn das Gericht von Strafe absieht oder wenn das Verfahren nach einer Vorschrift eingestellt wird, die dies nach dem Ermessen der Staatsanwaltschaft oder des Gerichts oder im Einvernehmen beider zuläßt.

 解 析

本條乃單獨宣告沒收之規定，類似於我國刑法第40條第2項。

第四章　告訴、授權、請求

Vierter Abschnitt Strafantrag, Ermächtigung, Strafverlangen

第77條　告訴權人

(1) 告訴乃論之罪，法律無其他規定者，被害人得爲告訴。

(2) 被害人已死亡者，法律有規定者，告訴權移轉至配偶、生活伴侶及子女。被害人無配偶、生活伴侶及子女，或其於告訴期間內死亡者，告訴權移轉至父母，父母亦於告訴期間內死亡者，移轉至兄弟姊妹及孫子女。前開親屬參與犯罪或其親屬關係消滅者，告訴權對其不移轉。刑事追訴與被害人明示之意思相反者，告訴權不移轉。

(3) 告訴權人爲無行爲能力或限制行爲能力人者，其處理個人事務之法定代理人及對告訴權人負有照護之責者，得爲告訴。

(4) 告訴權人有多數者，皆得獨立爲告訴。

§ 77 Antragsberechtigte

(1) Ist die Tat nur auf Antrag verfolgbar, so kann, soweit das Gesetz nichts anderes bestimmt, der Verletzte den Antrag stellen.

(2) Stirbt der Verletzte, so geht sein Antragsrecht in den Fällen, die das Gesetz bestimmt, auf den Ehegatten, den Lebenspartner und die Kinder über. Hat der Verletzte weder einen Ehegatten, oder einen Lebenspartner noch Kinder hinterlassen oder sind sie vor Ablauf der Antragsfrist gestorben, so geht das Antragsrecht auf die Eltern und, wenn auch sie vor Ablauf der Antragsfrist gestorben sind, auf die Geschwister und die Enkel über. Ist ein Angehöriger an der Tat beteiligt oder ist seine Verwandtschaft erloschen, so scheidet er bei dem Übergang des Antragsrechts aus. Das Antragsrecht geht nicht über, wenn die Verfolgung dem erklärten Willen des Verletzten widerspricht.

(3) Ist der Antragsberechtigte geschäftsunfähig oder beschränkt geschäftsfähig,

so können der gesetzliche Vertreter in den persönlichen Angelegenheiten und derjenige, dem die Sorge für die Person des Antragsberechtigten zusteht, den Antrag stellen.

(4) Sind mehrere antragsberechtigt, so kann jeder den Antrag selbständig stellen.

本條乃關於告訴權人之規定。

第77a條　　上級公務員之告訴權

(1) 公務員、對公共事務負有特別義務者或聯邦軍隊之軍人犯罪或對此等人犯罪，且屬上級公務員提起告訴始追訴者，行為時之上級公務員得為告訴。

(2) 前項情形，職業法官之上級為實行職務監督者；軍人之上級為具懲戒權者。

(3) 公務員或對公共事務負有特別義務而無上級者，其所工作之部門，得為告訴。公務員或對公共事務負有特別義務者為部門主管者，國家監督機關得為告訴。

(4) 於聯邦政府成員之情形，聯邦政府得為告訴；於邦政府成員之情形，邦政府得為告訴。

§ 77a Antrag des Dienstvorgesetzten

(1) Ist die Tat von einem Amtsträger, einem für den öffentlichen Dienst besonders Verpflichteten oder einem Soldaten der Bundeswehr oder gegen ihn begangen und auf Antrag des Dienstvorgesetzten verfolgbar, so ist derjenige Dienstvorgesetzte antragsberechtigt, dem der Betreffende zur Zeit der Tat unterstellt war.

(2) Bei Berufsrichtern ist an Stelle des Dienstvorgesetzten antragsberechtigt,

wer die Dienstaufsicht über den Richter führt. Bei Soldaten ist Dienstvorgesetzter der Disziplinarvorgesetzte.

(3) Bei einem Amtsträger oder einem für den öffentlichen Dienst besonders Verpflichteten, der keinen Dienstvorgesetzten hat oder gehabt hat, kann die Dienststelle, für die er tätig war, den Antrag stellen. Leitet der Amtsträger oder der Verpflichtete selbst diese Dienststelle, so ist die staatliche Aufsichtsbehörde antragsberechtigt.

(4) Bei Mitgliedern der Bundesregierung ist die Bundesregierung, bei Mitgliedern einer Landesregierung die Landesregierung antragsberechtigt.

 解析

　　本條針對聯邦政府機關、聯邦軍隊為被害人時，告訴權人為何人之規定。我國刑法或刑事訴訟法並無相關規定。

第77b條　　告訴期間

(1) 告訴乃論之罪，告訴權人於三個月內未提出告訴者，不得追訴。期間之末日為星期日、一般節日或星期六者，以其休息日之次工作日代之。

(2) 前項之告訴期間，自得為告訴之人知悉犯罪或行為人之日起算。法定代理人或照護人之告訴權，自其知悉之日起算。

(3) 告訴權人或參與之行為人有數人，為其或對其提起告訴之期間分別起算。

(4) 被害人死亡而告訴權移轉至家屬者，最早於被害人死亡後三個月內，最晚至被害人死亡後六個月內，期間終止。

(5) 自和解機關依刑事訴訟法第380條試行和解時起，至告訴權人依刑事訴訟法第380條第1項第3句，提出證明時止，告訴期間中斷。

§ 77b Antragsfrist

(1) Eine Tat, die nur auf Antrag verfolgbar ist, wird nicht verfolgt, wenn der Antragsberechtigte es unterläßt, den Antrag bis zum Ablauf einer Frist von drei Monaten zu stellen. Fällt das Ende der Frist auf einen Sonntag, einen allgemeinen Feiertag oder einen Sonnabend, so endet die Frist mit Ablauf des nächsten Werktags.

(2) Die Frist beginnt mit Ablauf des Tages, an dem der Berechtigte von der Tat und der Person des Täters Kenntnis erlangt. Für den Antrag des gesetzlichen Vertreters und des Sorgeberechtigten kommt es auf dessen Kenntnis an.

(3) Sind mehrere antragsberechtigt oder mehrere an der Tat beteiligt, so läuft die Frist für und gegen jeden gesondert.

(4) Ist durch Tod des Verletzten das Antragsrecht auf Angehörige übergegangen, so endet die Frist frühestens drei Monate und spätestens sechs Monate nach dem Tod des Verletzten.

(5) Der Lauf der Frist ruht, wenn ein Antrag auf Durchführung eines Sühneversuchs gemäß § 380 der Strafprozeßordnung bei der Vergleichsbehörde eingeht, bis zur Ausstellung der Bescheinigung nach § 380 Abs. 1 Satz 3 der Strafprozeßordnung.

本條乃告訴期間、起算與告訴期間中斷之規定。

第77c條　　互為犯罪

雙方互為犯罪屬相互關聯之告訴乃論犯罪，一方對他方提出告訴，而他方至第一審言詞辯論終結前，未提出告訴者，他方之告訴權消滅。他方已逾告訴期間者，仍得為告訴。

§ 77c Wechselseitig begangene Taten

Hat bei wechselseitig begangenen Taten, die miteinander zusammenhängen und nur auf Antrag verfolgbar sind, ein Berechtigter die Strafverfolgung des anderen beantragt, so erlischt das Antragsrecht des anderen, wenn er es nicht bis zur Beendigung des letzten Wortes im ersten Rechtszug ausübt. Er kann den Antrag auch dann noch stellen, wenn für ihn die Antragsfrist schon verstrichen ist.

解 析

　　本條乃雙方互為犯罪且屬相互關聯之告訴乃論之罪，其告訴期間之特別規定。

第77d條　　訴之撤回

(1) 告訴人得於刑事程序終結前撤回告訴。撤回告訴之人，不得再行告訴。

(2) 被害人或其死亡後之告訴權人，於告訴後死亡者，被害人之配偶、生活伴侶、子女、父母、孫子女得依第77條第2項之順位，撤回告訴。同一順位之家屬僅得共同撤回告訴。參與犯罪之家屬，不得撤回告訴。

§ 77d Zurücknahme des Antrags

(1) Der Antrag kann zurückgenommen werden. Die Zurücknahme kann bis zum rechtskräftigen Abschluß des Strafverfahrens erklärt werden. Ein zurückgenommener Antrag kann nicht nochmals gestellt werden.

(2) Stirbt der Verletzte oder der im Falle seines Todes Berechtigte, nachdem er den Antrag gestellt hat, so können der Ehegatte, der Lebenspartner, die Kinder, die Eltern, die Geschwister und die Enkel des Verletzten in der Rangfolge des § 77 Abs. 2 den Antrag zurücknehmen. Mehrere Angehörige des gleichen Ranges können das Recht nur gemeinsam ausüben. Wer an der Tat beteiligt ist, kann den Antrag nicht zurücknehmen.

本條乃關於告訴撤回及撤回效力之規定。

第77e條　　授權與請求

授權或請求乃論之罪，準用第77條至第77d條之規定。

§ 77e Ermächtigung und Strafverlangen

Ist eine Tat nur mit Ermächtigung oder auf Strafverlangen verfolgbar, so gelten die §§ 77 und 77d entsprechend.

授權或請求乃論之罪，其授權或請求準用告訴之規定。

第五章　時效

Fünfter Abschnitt Verjährung

第一節　追訴權時效

Erster Titel Verfolgungsverjährung

第78條　追訴權時效期間

(1) 追訴犯罪與宣告處分（第11條第1項第8款）權，因時效完成而消滅。第76a條第2項不受影響。

(2) 第211條之犯罪（謀殺罪），追訴權不消滅。

(3) 追訴權之時效期間如下：

    1. 犯終身自由刑之罪者，三十年。

    2. 犯最重判處十年以上自由刑之罪者，二十年。

    3. 犯最重判處五年以上十年以下自由刑之罪者，十年。

    4. 犯最重判處一年以上五年以下自由刑之罪者，五年。

    5. 其他犯罪者，三年。

(4) 本刑應加重或減輕者，追訴權之時效期間，仍依本刑計算。

§ 78　Verjährungsfrist

(1) Die Verjährung schließt die Ahndung der Tat und die Anordnung von Maßnahmen (§ 11 Abs. 1 Nr. 8) aus. § 76a Absatz 2 bleibt unberührt.

(2) Verbrechen nach § 211 (Mord) verjähren nicht.

(3) Soweit die Verfolgung verjährt, beträgt die Verjährungsfrist

    1. dreißig Jahre bei Taten, die mit lebenslanger Freiheitsstrafe bedroht sind,

    2. zwanzig Jahre bei Taten, die im Höchstmaß mit Freiheitsstrafen von mehr als zehn Jahren bedroht sind,

3. zehn Jahre bei Taten, die im Höchstmaß mit Freiheitsstrafen von mehr als fünf Jahren bis zu zehn Jahren bedroht sind,

4. fünf Jahre bei Taten, die im Höchstmaß mit Freiheitsstrafen von mehr als einem Jahr bis zu fünf Jahren bedroht sind,

5. drei Jahre bei den übrigen Taten.

(4) Die Frist richtet sich nach der Strafdrohung des Gesetzes, dessen Tatbestand die Tat verwirklicht, ohne Rücksicht auf Schärfungen oder Milderungen, die nach den Vorschriften des Allgemeinen Teils oder für besonders schwere oder minder schwere Fälle vorgesehen sind.

本條乃追訴權時效期間之規定。

第78a條　　起算

追訴權時效，於犯罪終了時起算。構成要件之結果發生於後者，自結果發生時起算。

§ 78a Beginn

Die Verjährung beginnt, sobald die Tat beendet ist. Tritt ein zum Tatbestand gehörender Erfolg erst später ein, so beginnt die Verjährung mit diesem Zeitpunkt.

本條乃追訴權時效期間之起算。

第78b條　　停止

(1) 有下列情形者，追訴權時效停止：

　　1. 第174條至第174c條、第176條至第178條、第180條第3項、第182條、第225條、第226a條與第237條之被害人，滿三十一歲前。

　　2. 依法不得開始追訴或繼續追訴者；欠缺告訴、授權或請求而不能追訴者，不在此限。

(2) 行為人為聯邦議會或邦立法機關之成員，而不能追訴者，追訴時效自下列期日起，停止計算：

　　1. 檢察官、警察機關或警察知悉犯罪及行為人時

　　2. 有對行為人之告發或告訴者（刑事訴訟法第158條）

(3) 第一審判決於追訴權時效完成前宣示者，追訴權時效於程序終結前，不完成。

(4) 有對特別嚴重之情形而加重刑罰至五年以上自由刑之規定，且於邦法院進行主審程序者，於第78條第3項第4款之情形，自開始主審程序時起，追訴時效停止計算，但最長不逾五年；第3項之規定，不受影響。

(5) 行為人居留於外國，且經主管機關對該國正式提出引渡請求者，追訴時效自請求到達該國時起，至下列之時點止，停止計算：

　　1. 至行為人移交德國主管機關時。

　　2. 至行為人以其他方式離開被請求國之主權範圍時。

　　3. 至被請求國之拒絕到達德國主管機關時。

　　4. 至撤回請求時。

　　引渡請求到達外國之日期不明者，自提出或移交請求一個月後，視為已到達，但以請求機關不知其請求並未到達或請求於上開時點以後到達者為限。對此引渡請求，於被請求國有基於2002年6月13日歐盟理事會通過、關於歐盟逮捕令及成員國間移送程序之框架協議（ABI. EG Nr. L 190 S.1），或基於國際條約而來之相當於第83c條之國際刑事司法互助之期間規定者，第1句之規定，不適用之。

(6) 於第78條第3項第1款至第3款之情形，追訴期間自行為人移交至國際刑事法院或執行國起，至重新移交至德國主管機關或國際刑事法院或

執行國釋放行為人止，停止計算。

§ 78b　Ruhen

(1) Die Verjährung ruht

1. bis zur Vollendung des 30. Lebensjahres des Opfers bei Straftaten nach den §§ 174 bis 174c, 176 bis 178, 180 Absatz 3, §§ 182, 225, 226a und 237,

2. solange nach dem Gesetz die Verfolgung nicht begonnen oder nicht fortgesetzt werden kann; dies gilt nicht, wenn die Tat nur deshalb nicht verfolgt werden kann, weil Antrag, Ermächtigung oder Strafverlangen fehlen.

(2) Steht der Verfolgung entgegen, daß der Täter Mitglied des Bundestages oder eines Gesetzgebungsorgans eines Landes ist, so beginnt die Verjährung erst mit Ablauf des Tages zu ruhen, an dem

1. die Staatsanwaltschaft oder eine Behörde oder ein Beamter des Polizeidienstes von der Tat und der Person des Täters Kenntnis erlangt oder

2. eine Strafanzeige oder ein Strafantrag gegen den Täter angebracht wird (§ 158 der Strafprozeßordnung).

(3) Ist vor Ablauf der Verjährungsfrist ein Urteil des ersten Rechtszuges ergangen, so läuft die Verjährungsfrist nicht vor dem Zeitpunkt ab, in dem das Verfahren rechtskräftig abgeschlossen ist.

(4) Droht das Gesetz strafschärfend für besonders schwere Fälle Freiheitsstrafe von mehr als fünf Jahren an und ist das Hauptverfahren vor dem Landgericht eröffnet worden, so ruht die Verjährung in den Fällen des § 78 Abs. 3 Nr. 4 ab Eröffnung des Hauptverfahrens, höchstens jedoch für einen Zeitraum von fünf Jahren; Absatz 3 bleibt unberührt.

(5) Hält sich der Täter in einem ausländischen Staat auf und stellt die zuständige Behörde ein förmliches Auslieferungsersuchen an diesen Staat, ruht die Verjährung ab dem Zeitpunkt des Zugangs des Ersuchens beim

ausländischen Staat

1. bis zur Übergabe des Täters an die deutschen Behörden,

2. bis der Täter das Hoheitsgebiet des ersuchten Staates auf andere Weise verlassen hat,

3. bis zum Eingang der Ablehnung dieses Ersuchens durch den ausländischen Staat bei den deutschen Behörden oder

4. bis zur Rücknahme dieses Ersuchens.

Lässt sich das Datum des Zugangs des Ersuchens beim ausländischen Staat nicht ermitteln, gilt das Ersuchen nach Ablauf von einem Monat seit der Absendung oder Übergabe an den ausländischen Staat als zugegangen, sofern nicht die ersuchende Behörde Kenntnis davon erlangt, dass das Ersuchen dem ausländischen Staat tatsächlich nicht oder erst zu einem späteren Zeitpunkt zugegangen ist. Satz 1 gilt nicht für ein Auslieferungsersuchen, für das im ersuchten Staat auf Grund des Rahmenbeschlusses des Rates vom 13. Juni 2002 über den Europäischen Haftbefehl und die Übergabeverfahren zwischen den Mitgliedstaaten (ABl. EG Nr. L 190 S. 1) oder auf Grund völkerrechtlicher Vereinbarung eine § 83c des Gesetzes über die internationale Rechtshilfe in Strafsachen vergleichbare Fristenregelung besteht.

(6) In den Fällen des § 78 Absatz 3 Nummer 1 bis 3 ruht die Verjährung ab der Übergabe der Person an den Internationalen Strafgerichtshof oder den Vollstreckungsstaat bis zu ihrer Rückgabe an die deutschen Behörden oder bis zu ihrer Freilassung durch den Internationalen Strafgerichtshof oder den Vollstreckungsstaat.

本條乃追訴權時效之停止。

第78c條　　中斷

(1) 追訴時效，因下列事由而中斷：

1. 第一次訊問被告，宣布對被告已進行偵查程序或已爲訊問或宣布之命令。

2. 法院對被告已爲訊問或已命令對被告爲訊問。

3. 法官或檢察官選任鑑定，且被告此前已受鑑定或已宣布對被告所進行之偵查程序。

4. 法院簽發之搜索或扣押，以及維持搜索或扣押之裁判。

5. 逮捕令、收容令、拘票，以及維持逮捕、收容或拘提之裁判。

6. 提起公訴。

7. 開啓主審程序。

8. 確定審判期日時。

9. 處刑命令或其他相當於判決之決定。

10.因被告缺席而暫時中斷審判程序，及法院或檢察官因此程序中斷或於被告缺席之審判程序中，命確認被告所在或保全證據。

11.因被告無就審能力而暫時中斷審判程序，及法院或檢察官因此程序中斷而命檢查被告之就審能力。

12.法院請求外國實行搜索。

保全程序或獨立程序中，追訴時效因相當於第1句中，進行保全或獨立程序之行爲而中斷。

(2) 以書面方式作成之命令或裁判，於簽名時，起算追訴期間。文書並非簽名後立即發出者，以實際發出時，起算追訴期間。

(3) 中斷事由消滅後，追訴期間重行起算。但最遲至第78a條所訂之法定追訴期間之二倍時起，追訴權消滅；特別法之追訴期間短於三年者，至少已逾三年者，亦同。第78b條不受影響。

(4) 中斷僅對於與行爲相關者有效。

(5) 行爲終了前所適用之法律，於裁判前有變更，而縮短追訴期間，即使依新法，於中斷時已逾追訴期間者，新法生效前之中斷行爲，仍具效力。

§ 78c Unterbrechung

(1) Die Verjährung wird unterbrochen durch

1. die erste Vernehmung des Beschuldigten, die Bekanntgabe, daß gegen ihn das Ermittlungsverfahren eingeleitet ist, oder die Anordnung dieser Vernehmung oder Bekanntgabe,

2. jede richterliche Vernehmung des Beschuldigten oder deren Anordnung,

3. jede Beauftragung eines Sachverständigen durch den Richter oder Staatsanwalt, wenn vorher der Beschuldigte vernommen oder ihm die Einleitung des Ermittlungsverfahrens bekanntgegeben worden ist,

4. jede richterliche Beschlagnahme- oder Durchsuchungsanordnung und richterliche Entscheidungen, welche diese aufrechterhalten,

5. den Haftbefehl, den Unterbringungsbefehl, den Vorführungsbefehl und richterliche Entscheidungen, welche diese aufrechterhalten,

6. die Erhebung der öffentlichen Klage,

7. die Eröffnung des Hauptverfahrens,

8. jede Anberaumung einer Hauptverhandlung,

9. den Strafbefehl oder eine andere dem Urteil entsprechende Entscheidung,

10. die vorläufige gerichtliche Einstellung des Verfahrens wegen Abwesenheit des Angeschuldigten sowie jede Anordnung des Richters oder Staatsanwalts, die nach einer solchen Einstellung des Verfahrens oder im Verfahren gegen Abwesende zur Ermittlung des Aufenthalts des Angeschuldigten oder zur Sicherung von Beweisen ergeht,

11. die vorläufige gerichtliche Einstellung des Verfahrens wegen Verhandlungsunfähigkeit des Angeschuldigten sowie jede Anordnung des Richters oder Staatsanwalts, die nach einer solchen Einstellung des Verfahrens zur Überprüfung der Verhandlungsfähigkeit des Angeschuldigten ergeht, oder

12. jedes richterliche Ersuchen, eine Untersuchungshandlung im Ausland vorzunehmen.

Im Sicherungsverfahren und im selbständigen Verfahren wird die Verjährung durch die dem Satz 1 entsprechenden Handlungen zur Durchführung des Sicherungsverfahrens oder des selbständigen Verfahrens unterbrochen.

(2) Die Verjährung ist bei einer schriftlichen Anordnung oder Entscheidung in dem Zeitpunkt unterbrochen, in dem die Anordnung oder Entscheidung unterzeichnet wird. Ist das Dokument nicht alsbald nach der Unterzeichnung in den Geschäftsgang gelangt, so ist der Zeitpunkt maßgebend, in dem es tatsächlich in den Geschäftsgang gegeben worden ist.

(3) Nach jeder Unterbrechung beginnt die Verjährung von neuem. Die Verfolgung ist jedoch spätestens verjährt, wenn seit dem in § 78a bezeichneten Zeitpunkt das Doppelte der gesetzlichen Verjährungsfrist und, wenn die Verjährungsfrist nach besonderen Gesetzen kürzer ist als drei Jahre, mindestens drei Jahre verstrichen sind. § 78b bleibt unberührt.

(4) Die Unterbrechung wirkt nur gegenüber demjenigen, auf den sich die Handlung bezieht.

(5) Wird ein Gesetz, das bei der Beendigung der Tat gilt, vor der Entscheidung geändert und verkürzt sich hierdurch die Frist der Verjährung, so bleiben Unterbrechungshandlungen, die vor dem Inkrafttreten des neuen Rechts vorgenommen worden sind, wirksam, auch wenn im Zeitpunkt der Unterbrechung die Verfolgung nach dem neuen Recht bereits verjährt gewesen wäre.

本條乃追訴權時效中斷之事由。

第二節　執行權時效

Zweiter Titel Vollstreckungsverjährung

第79條　　執行權時效期間

(1) 對於確定判決所宣告之刑罰或處分（第11條第1項第8款），其執行權，於期間內未執行而消滅。

(2) 宣告終身自由刑者，執行權不消滅。

(3) 執行權之時效期間如下：

　　1. 宣告十年以上自由刑者，五十年。

　　2. 宣告五年以上十年未滿自由刑者，二十年。

　　3. 宣告一年以上五年未滿自由刑者，十年。

　　4. 宣告一年未滿自由刑及三十日日額罰金以上者，五年。

　　5. 宣告三十日日額罰金未滿者，三年。

(4) 宣告保安監禁與不定期之行為監督者（第68c條第2項第1句或第3項），執行權不消滅。其他執行權之時效期間如下：

　　1. 宣告行為監督之特別情形及第一次收容於戒治機構者，五年。

　　2. 宣告其他處分者，十年。

(5) 同時宣告自由刑或罰金刑，或宣告刑罰外，亦宣告剝奪自由之措施、一般沒收或銷毀者，其一刑罰或處分之執行權，不早於令一執行權消滅。同時宣告之保安監禁，不在此限。

(6) 執行時效，自裁判生效時起算。

§ 79 Verjährungsfrist

(1) Eine rechtskräftig verhängte Strafe oder Maßnahme (§ 11 Abs. 1 Nr. 8) darf nach Ablauf der Verjährungsfrist nicht mehr vollstreckt werden.

(2) Die Vollstreckung von lebenslangen Freiheitsstrafen verjährt nicht.

(3) Die Verjährungsfrist beträgt

　　1. fünfundzwanzig Jahre bei Freiheitsstrafe von mehr als zehn Jahren,

2. zwanzig Jahre bei Freiheitsstrafe von mehr als fünf Jahren bis zu zehn Jahren,

3. zehn Jahre bei Freiheitsstrafe von mehr als einem Jahr bis zu fünf Jahren,

4. fünf Jahre bei Freiheitsstrafe bis zu einem Jahr und bei Geldstrafe von mehr als dreißig Tagessätzen,

5. drei Jahre bei Geldstrafe bis zu dreißig Tagessätzen.

(4) Die Vollstreckung der Sicherungsverwahrung und der unbefristeten Führungsaufsicht (§ 68c Abs. 2 Satz 1 oder Abs. 3) verjähren nicht. Die Verjährungsfrist beträgt

1. fünf Jahre in den sonstigen Fällen der Führungsaufsicht sowie bei der ersten Unterbringung in einer Entziehungsanstalt,

2. zehn Jahre bei den übrigen Maßnahmen.

(5) Ist auf Freiheitsstrafe und Geldstrafe zugleich oder ist neben einer Strafe auf eine freiheitsentziehende Maßregel, auf Einziehung oder Unbrauchbarmachung erkannt, so verjährt die Vollstreckung der einen Strafe oder Maßnahme nicht früher als die der anderen. Jedoch hindert eine zugleich angeordnete Sicherungsverwahrung die Verjährung der Vollstreckung von Strafen oder anderen Maßnahmen nicht.

(6) Die Verjährung beginnt mit der Rechtskraft der Entscheidung.

 解析

　　本條乃執行權時效之期間。

第79a條　　停止

有下列情形者，執行權時效停止：

1. 依法不能執行或不能繼續執行者。

2. 受判決人

　　a. 得延期或中斷執行者。

b. 因裁判或赦免而被釋放者。

c. 罰金、沒收之給付價額減免者。

3. 受判決人於國內或外國，因主管機關之命令而受監禁者。

§ 79a Ruhen

Die Verjährung ruht,

1. solange nach dem Gesetz die Vollstreckung nicht begonnen oder nicht fortgesetzt werden kann,

2. solange dem Verurteilten

a) Aufschub oder Unterbrechung der Vollstreckung,

b) Aussetzung zur Bewährung durch richterliche Entscheidung oder im Gnadenweg oder

c) Zahlungserleichterung bei Geldstrafe oder Einziehungbewilligt ist,

3. solange der Verurteilte im In- oder Ausland auf behördliche Anordnung in einer Anstalt verwahrt wird.

本條乃執行權時效之停止。

第79b條　時效延長

受判決人居留於無法引渡或移交之地區者，法院得於時效完成前，因執行機關之申請，延長執行時效至法定時效期間之一半一次。

§ 79b Verlängerung

Das Gericht kann die Verjährungsfrist vor ihrem Ablauf auf Antrag der Vollstreckungsbehörde einmal um die Hälfte der gesetzlichen Verjährungsfrist verlängern, wenn der Verurteilte sich in einem Gebiet aufhält, aus dem seine Auslieferung oder Überstellung nicht erreicht werden kann.

解析

　　本條乃執行權時效之延長。

第二編　分則

Besonderer Teil

第一章　背叛和平、內亂及危害民主法治國體之犯罪

Erster Abschnitt Friedensverrat, Hochverrat und Gefährdung des demokratischen Rechtsstaates

第一節　破壞和平罪

Erster Titel Friedensverrat

第80條　刪除

§ 80 weggefallen

第80a條　煽動進行侵略戰爭罪

於本法之空間效力範圍內，公然於集會，或以散布文書（第11條第3項）之方式，煽動進行侵略戰爭（國際刑法典第13條）者，處三月以上五年以下自由刑。

§ 80a Aufstacheln zum Verbrechen der Aggression

Wer im räumlichen Geltungsbereich dieses Gesetzes öffentlich, in einer

Versammlung oder durch Verbreiten von Schriften (§ 11 Abs. 3) zum Verbrechen der Aggression (§ 13 des Völkerstrafgesetzbuches) aufstachelt, wird mit Freiheitsstrafe von drei Monaten bis zu fünf Jahren bestraft.

解析

1. 所謂煽動，指以影響閱聽者或閱讀者之思想及感情爲目標，挑起、說服、鼓動其熱情之行爲。易言之，在此所稱之煽動，並非一般之挑逗，須能夠引發對公眾之敵對情緒，挑起他人之好戰情緒，始足當之。

2. 煽動須公然地於集會中進行，即須面對一定數目之人發表演說進行煽動，亦得以其他方式，如戲劇、傳媒，甚或爲一般人所理解之動作、行爲等。散布文書，則係以文字之方式進行，例如，散發傳單及在公眾場合張貼布告等。

3. 本罪之處罰，僅對於犯罪行爲於德國境內實行者，對於於德國境外所實行者，並未予以處罰，與第80條不同。

4. 本罪是行爲犯，只要行爲人爲上述行爲，即構成犯罪，無需實際造成發動侵略戰爭之結果。

第二節　內亂罪

Zweiter Titel Hochverrat

第81條　對抗聯邦之內亂罪

(1) 以暴力或暴力脅迫，而實行下列行爲之一者，處終身自由刑或十年以上自由刑。

1. 妨害聯邦德國之存在或
2. 變更建立在聯邦德國基本法上之憲政秩序。

(2) 前項行爲情節輕微者，處一年以上十年以下自由刑。

§ 81 Hochverrat gegen den Bund

(1) Wer es unternimmt, mit Gewalt oder durch Drohung mit Gewalt

1. den Bestand der Bundesrepublik Deutschland zu beeinträchtigen oder

2. die auf dem Grundgesetz der Bundesrepublik Deutschland beruhende verfassungsmäßige Ordnung zu ändern, wird mit lebenslanger Freiheitsstrafe oder mit Freiheitsstrafe nicht unter zehn Jahren bestraft.

(2) In minder schweren Fällen ist die Strafe Freiheitsstrafe von einem Jahr bis zu zehn Jahren.

解析

1. 本條規定之目的，在於保護聯邦德國疆域及憲法秩序之完整性。德國疆域之完整性，係指聯邦德國領土之存在及其作為聯邦國家之主權及國家法律效力（參見第92條第1項）；聯邦德國基本法之憲法秩序，則係包括自由民主、法治國及基本權利在內之憲法主要內涵（參見第92條第2項）。

2. 本罪所稱之行為實施，包括行為既遂及未遂之情形，即所謂之企行犯（Unternehmensdelikt）（參見第11條第1項第6款）。除德國人外，依第5條第2款，外國人亦得為本罪之行為人。

3. 第1項所稱之暴力，並不以物理上之強制，亦即以生理上之強制（physischer Zwang）為限。所謂「擴張之強暴概念」，並不以物理上之強制為限，亦得以間接方式為之，例如對第三人（以市民為人質、大罷工），或針對物，造成心理上之強制（psychischeZwang）。以暴力脅迫，則是指告知被害人得以察覺之惡害，而此種惡害須符合前述暴力之內涵，且不以實際實施為必要，行為人確實地向被害人提出為已足。

4. 本條之保護法益，在於保護聯邦德國疆域及憲法秩序之完整性，而非保護個人法益。因此，並非所有滿足構成要件涵攝範圍內之暴力、暴力脅迫行為，皆應予以處罰。本罪之適用範圍，應依本條規範目的之意旨予以限縮。換言之，本條之強制手段，需做較嚴格之解釋，倘若

依照國家機關對於公眾所具有之特別義務，得以期待其能承受壓力情況者，此時之強制作用將不具有應罰性。

第82條　對抗邦之內亂罪

(1) 以暴力或暴力脅迫，而實行下列行為之一者，處一年以上十年以下自由刑。

　　1. 使一邦領土之全部或部分與聯邦德國之其他邦合併，或使一邦領土之部分自該邦分離，或

　　2. 變更建立在一邦憲法之上的憲政秩序

(2) 前項行為情節輕微者，處六月以上五年以下自由刑。

§ 82 Hochverrat gegen ein Land

(1) Wer es unternimmt, mit Gewalt oder durch Drohung mit Gewalt

　　1. das Gebiet eines Landes ganz oder zum Teil einem anderen Land der Bundesrepublik Deutschland einzuverleiben oder einen Teil eines Landes von diesem abzutrennen oder

　　2. die auf der Verfassung eines Landes beruhende verfassungsmäßige Ordnung zu ändern,

　　wird mit Freiheitsstrafe von einem Jahr bis zu zehn Jahren bestraft.

(2) In minder schweren Fällen ist die Strafe Freiheitsstrafe von sechs Monaten bis zu fünf Jahren.

解析

1. 本條規定之目的，在於保護聯邦德國所組成各邦領土及憲法秩序之完整性。

2. 第1項第1款所稱之合併，係指降低或消融一邦領土之完整性；至於分離，則係指組成新的邦或與併入另一個邦。換言之，第1項所處罰之行為，是聯邦德國內部各邦領土之變更；若是自聯邦德國獨立，則應以

第81條第1項第1款相繩。

3. 第1項第2款所稱之變更一邦憲法秩序，則準用第81條第1項第2款變更聯邦德國基本法憲法秩序之情形。

4. 本罪所稱之行為實施，包括行為既遂及未遂之情形，即所謂之企行犯。

第83條　預備叛亂罪

(1) 預備實行對抗聯邦德國之特定叛亂行為者，處一年以上十年以下自由刑；情節輕微者，處一年以上五年以下自由刑。

(2) 預備實行對抗邦之特定叛亂行為者，處三月以上五年以下自由刑。

§ 83 Vorbereitung eines hochverräterischen Unternehmens

(1) Wer ein bestimmtes hochverräterisches Unternehmen gegen den Bund vorbereitet, wird mit Freiheitsstrafe von einem Jahr bis zu zehn Jahren, in minder schweren Fällen mit Freiheitsstrafe von einem Jahr bis zu fünf Jahren bestraft.

(2) Wer ein bestimmtes hochverräterisches Unternehmen gegen ein Land vorbereitet, wird mit Freiheitsstrafe von drei Monaten bis zu fünf Jahren bestraft.

解析

1. 相對於第81、82條所處罰者係既遂與及未遂之叛亂行為，本條所處罰者則為預備叛亂行為。一個國家若欲有效地防止劇烈地振動，刑法對於任何內亂之意圖必須及早地加以因應，特別是刑法在此一階段最有可能產生效果。因此，本條處罰預備犯應有正當性。

2. 本條處罰之目的，仍在於保護聯邦及邦之領土及憲法秩序之完整性，而非在於維護內部安全。

3. 凡直接或間接促進叛亂行為實施之一切行為，均該當於本條所稱之預備。依照本條文義，所稱之預備，包含一項特定叛亂實施行為之所有

可能預備行為，

4. 本條之預備行為，雖不以致生具體危險為條件，然須內含有一定之危險性，而在客觀上以任何形式，不論直接或間接地促進叛亂行為之實施。

第83a條　悛悔實據

(1) 於第81條及第82條之情形，行為人自願放棄行為之續行，並防止或實質地降低其所知悉之他人繼續實行該活動之危險，或自願阻止該行為之既遂者，法院得酌情減輕其刑罰（第49條第2項）或根據此項規定免除其處罰。

(2) 於第83條之情形，行為人自願放棄其計畫，並防止或實質地降低其所導致或所知悉之他人繼續準備或實行該活動之危險，或其自願地阻止該行為之既遂者，法院得根據第1項之規定處理。

(3) 危險之防止、實質降低或行為既遂之阻止非因行為人之行為所致者，以行為人自願及誠摯之努力為已足。

§ 83a Tätige Reue

(1) In den Fällen der §§ 81 und 82 kann das Gericht die Strafe nach seinem Ermessen mildern (§ 49 Abs. 2) oder von einer Bestrafung nach diesen Vorschriften absehen, wenn der Täter freiwillig die weitere Ausführung der Tat aufgibt und eine von ihm erkannte Gefahr, daß andere das Unternehmen weiter ausführen, abwendet oder wesentlich mindert oder wenn er freiwillig die Vollendung der Tat verhindert.

(2) In den Fällen des § 83 kann das Gericht nach Absatz 1 verfahren, wenn der Täter freiwillig sein Vorhaben aufgibt und eine von ihm verursachte und erkannte Gefahr, daß andere das Unternehmen weiter vorbereiten oder es ausführen, abwendet oder wesentlich mindert oder wenn er freiwillig die Vollendung der Tat verhindert.

(3) Wird ohne Zutun des Täters die bezeichnete Gefahr abgewendet oder

wesentlich gemindert oder die Vollendung der Tat verhindert, so genügt sein freiwilliges und ernsthaftes Bemühen, dieses Ziel zu erreichen.

解析

1. 第1項關於第81、82條之悛悔實據與第24條規定之情形類似，區分成未了未遂及既了未遂。於前者之情形，行為人必須自願地放棄行為之續行，或實質地降低或其所知悉之他人繼續實行該活動之危險；於後者之情形，則是自願地阻止行為之既遂。
2. 第2項則關於第83條之悛悔實據。解釋上不論是已經完成或尚未完成之準備行為，行為人均須自願放棄其計畫，並防止或實質地降低其所導致或所知悉之他人繼續準備或實行該活動之危險，或其自願地阻止該行為之既遂，始得比照第1項處理。

第三節　危害民主法制國體罪

Dritter Titel Gefährdung des demokratischen Rechtsstaates

第84條　　維持遭宣告違憲之黨派罪

(1) 於本法空間效力範圍內，以首謀或幕後操縱，維持下列組織凝聚力，
　1. 遭聯邦憲法法院宣告違憲之政黨，或
　2. 遭聯邦憲法法院判定為一個被禁止政黨的替代組織政黨，處三月以上五年以下自由刑。未遂犯罰之。
(2) 作為第1項所稱政黨之黨員參與活動，或支持其組織維繫者，處五年以下自由刑或罰金。
(3) 違反聯邦憲法法院依照基本法第21條第2款或政黨法第33條第2款規定之程序所為之判決，或違反執行依此程序作成之判決所採取之可能執行措施者，處五年以下自由刑或罰金。依照基本法第18條規定之程序

視同第1句所稱之程序。

(4) 於第1項第2句、第2項及第3項第1句之情形，法院得審酌其罪責輕微及其作用具有從屬意義，減輕參與者之刑罰（第49條第2項）或依照規定免除其刑。

(5) 於第1項至第3項第1句之情形，行為人自願並誠摯地努力防止該政黨之繼續存在，法院得減輕其刑（第49條第2項），或依規定免除其刑；倘若行為人實現該目標，或該目標之實現非因其努力所致，不罰。

§ 84 Fortführung einer für verfassungswidrig erklärten Partei

(1) Wer als Rädelsführer oder Hintermann im räumlichen Geltungsbereich dieses Gesetzes den organisatorischen Zusammenhalt

1. einer vom Bundesverfassungsgericht für verfassungswidrig erklärten Partei oder

2. einer Partei, von der das Bundesverfassungsgericht festgestellt hat, daß sie Ersatzorganisation einer verbotenen Partei ist,

aufrechterhält, wird mit Freiheitsstrafe von drei Monaten bis zu fünf Jahren bestraft. Der Versuch ist strafbar.

(2) Wer sich in einer Partei der in Absatz 1 bezeichneten Art als Mitglied betätigt oder wer ihren organisatorischen Zusammenhalt oder ihre weitere Betätigung unterstützt, wird mit Freiheitsstrafe bis zu fünf Jahren oder mit Geldstrafe bestraft.

(3) Wer einer anderen Sachentscheidung des Bundesverfassungsgerichts, die im Verfahren nach Artikel 21 Abs. 2 des Grundgesetzes oder im Verfahren nach § 33 Abs. 2 des Parteiengesetzes erlassen ist, oder einer vollziehbaren Maßnahme zuwiderhandelt, die im Vollzug einer in einem solchen Verfahren ergangenen Sachentscheidung getroffen ist, wird mit Freiheitsstrafe bis zu fünf Jahren oder mit Geldstrafe bestraft. Den in Satz 1 bezeichneten Verfahren steht ein Verfahren nach Artikel 18 des Grundgesetzes gleich.

(4) In den Fällen des Absatzes 1 Satz 2 und der Absätze 2 und 3 Satz 1 kann

das Gericht bei Beteiligten, deren Schuld gering und deren Mitwirkung von untergeordneter Bedeutung ist, die Strafe nach seinem Ermessen mildern (§ 49 Abs. 2) oder von einer Bestrafung nach diesen Vorschriften absehen.

(5) In den Fällen der Absätze 1 bis 3 Satz 1 kann das Gericht die Strafe nach seinem Ermessen mildern (§ 49 Abs. 2) oder von einer Bestrafung nach diesen Vorschriften absehen, wenn der Täter sich freiwillig und ernsthaft bemüht, das Fortbestehen der Partei zu verhindern; erreicht er dieses Ziel oder wird es ohne sein Bemühen erreicht, so wird der Täter nicht bestraft.

 解析

1. 本條第1、2項之處罰須以德國聯邦憲法法院依照基本法第21條第2項併同聯邦法院法第46條之規定之或依政黨法第33條第1項宣告違憲之政黨或其替代組織為前提，且聯邦憲法法院之此項判決對於刑事法院有拘束力。

2. 本條為抽象危險犯之行為類型，並不要求需證明行為對於自由民主法治國之法益造成具體危險。且本罪為繼續犯，特別是第1項及第2項之構成要件經常存在大量之片段行動，在此並非接續行為，而係依照構成要件之構造為法定之行為單數。

3. 第1項所稱之行為係指。凡以維持政黨團結為導向之積極行為，均屬之。所謂之首謀，係指於政黨中擔任領導角色（須為黨員）者，而所謂幕後操縱者則係以局外人（非黨員）之姿，在精神上或經濟上對於領導政黨有顯著影響者，其地位與首謀堪稱相當，但不具有形式上之指令權。關於首謀及幕後操縱者之情形，參見第129、129a條。第2項處罰者則是黨員之贊助、促進行為，及非黨員對於該組織之支持行為。第3項之處罰在於補充第1、2項之規定，對象為違反聯邦憲法法院之其他實體判決或執行措施。第3項第1句，其一係對聯邦憲法法院依基本法第21條第2項或依政黨法第33條第1項規定所進行之實體判決藉由刑法加以確保，倘其未包含於政黨禁止本身之內；其二則是執行聯邦憲法法院依基本法第21條第2項及依政黨法第33條第1項規定所為判決之

可能執行措施。

第85條　　違反結社禁止罪

(1) 於本法空間效力範圍內，以首謀或幕後操縱、維持，

  1. 根據政黨法第33條第3款規定之程序而無爭議地遭判定爲一個被禁
    止政黨之替代組織之政黨或社團者，或

  2. 因違反憲法秩序或違反民族間相互理解思想而無爭議地遭禁止之社
    團，或其無爭議地遭判定爲此種被禁止之社團的替代組織者，處五
    年以下自由刑或罰金。未遂犯，罰之。

(2) 以第1項所稱政黨或社團成員身分參與活動，或支持其組織維繫者，
    處三年以下自由刑或罰金。

(3) 第84條第4項和第5項，準用之。

§ 85 Verstoß gegen ein Vereinigungsverbot

(1) Wer als Rädelsführer oder Hintermann im räumlichen Geltungsbereich
dieses Gesetzes den organisatorischen Zusammenhalt

  1. einer Partei oder Vereinigung, von der im Verfahren nach § 33 Abs. 3 des
    Parteiengesetzes unanfechtbar festgestellt ist, daß sie Ersatzorganisation
    einer verbotenen Partei ist, oder

  2. einer Vereinigung, die unanfechtbar verboten ist, weil sie sich gegen
    die verfassungsmäßige Ordnung oder gegen den Gedanken der
    Völkerverständigung richtet, oder von der unanfechtbar festgestellt ist,
    daß sie Ersatzorganisation einer solchen verbotenen Vereinigung ist,

aufrechterhält, wird mit Freiheitsstrafe bis zu fünf Jahren oder mit Geldstrafe
bestraft. Der Versuch ist strafbar.

(2) Wer sich in einer Partei oder Vereinigung der in Absatz 1 bezeichneten
Art als Mitglied betätigt oder wer ihren organisatorischen Zusammenhalt
oder ihre weitere Betätigung unterstützt, wird mit Freiheitsstrafe bis zu drei
Jahren oder mit Geldstrafe bestraft.

(3) § 84 Abs. 4 und 5 gilt entsprechend.

解析

1. 本條處罰以政黨及團體之正式禁止之確定判決為前提，其處罰之對象為符合此一目的之行為，即維持此類遭到禁止之組織及其替代組織之組織維繫。且第1項第2款遭禁止之團體及其替代組織，其遭禁止之理由，須以違反憲法秩序或民族間相互理解思想（德國基本法第9條第2項）為必要。
2. 本條為抽象危險犯之規定，行為是否對於所保護之法益，及自由民主法治國造成具體之危險，並非所問。
3. 本條第1項及第2項之行為人須有維持此類遭到禁止之組織及其替代組織之組織維繫的行為，且行為人須以首謀或幕後操縱者之身分從事前述之行為。
4. 本罪所稱之團體，係指基於一項共同目的而由人員自由連結，以持續一段時間者，其外在組織型態如何並非考慮重點。立法者雖於第85條使用團體（Vereingung）之概念，然而在協會法第2條之規定，關於協會禁止（協會法第3條以下）則又與本條規定產生作用。換言之，刑法第85條所連結者並非團體之概念，而是協會。

第86條　散布違憲組織之宣傳品罪

(1) 於國內，為下列組織散布，或為散布而於國內或國外制作、保管、輸入或輸出，或於資料存取設備中公開供瀏覽之宣傳品者，處三年以下自由刑，或罰金，
　　1. 遭聯邦憲法法院宣告為違憲政黨，或無爭議地遭判定為此種政黨替代組織之政黨或社團，
　　2. 因其違反憲法秩序或違反民族間相互理解思想而無爭議地遭禁止之團體，或無爭議地遭判定為此種被禁止團體之替代組織，
　　3. 在本法空間效力範圍外為第1款及第2款所稱之政黨或團體之目的而

活動之政府、團體或機構，或

4. 依照其內容被確定爲致力於延續前國家社會主義組織之宣傳品。

(2) 第1項所稱之宣傳品，係指其內容違反自由民主之基本秩序，或違反民族間相互理解思想之文書（第11條第3項）。

(3) 第1項之規定於系爭宣傳品，或行爲係基於公民教育、防止違憲之努力、藝術或科學、研究或教學、對事件或歷史發生過程之報導及類似之目的者，不適用之。

(4) 罪責輕微者，法院得依本項規定免除其刑。

§ 86 Verbreiten von Propagandamitteln verfassungswidriger Organisationen

(1) Wer Propagandamittel

1. einer vom Bundesverfassungsgericht für verfassungswidrig erklärten Partei oder einer Partei oder Vereinigung, von der unanfechtbar festgestellt ist, daß sie Ersatzorganisation einer solchen Partei ist,

2. einer Vereinigung, die unanfechtbar verboten ist, weil sie sich gegen die verfassungsmäßige Ordnung oder gegen den Gedanken der Völkerverständigung richtet, oder von der unanfechtbar festgestellt ist, daß sie Ersatzorganisation einer solchen verbotenen Vereinigung ist,

3. einer Regierung, Vereinigung oder Einrichtung außerhalb des räumlichen Geltungsbereichs dieses Gesetzes, die für die Zwecke einer der in den Nummern 1 und 2 bezeichneten Parteien oder Vereinigungen tätig ist, oder

4. Propagandamittel, die nach ihrem Inhalt dazu bestimmt sind, Bestrebungen einer ehemaligen nationalsozialistischen Organisation fortzusetzen,

im Inland verbreitet oder zur Verbreitung im Inland oder Ausland herstellt, vorrätig hält, einführt oder ausführt oder in Datenspeichern öffentlich zugänglich macht, wird mit Freiheitsstrafe bis zu drei Jahren oder mit Geldstrafe bestraft.

(2) Propagandamittel im Sinne des Absatzes 1 sind nur solche Schriften (§ 11

Abs. 3), deren Inhalt gegen die freiheitliche demokratische Grundordnung oder den Gedanken der Völkerverständigung gerichtet ist.

(3) Absatz 1 gilt nicht, wenn das Propagandamittel oder die Handlung der staatsbürgerlichen Aufklärung, der Abwehr verfassungswidriger Bestrebungen, der Kunst oder der Wissenschaft, der Forschung oder der Lehre, der Berichterstattung über Vorgänge des Zeitgeschehens oder der Geschichte oder ähnlichen Zwecken dient.

(4) Ist die Schuld gering, so kann das Gericht von einer Bestrafung nach dieser Vorschrift absehen.

解析

1. 就實質而言，本條是屬於支持遭禁止團體之範疇，由於其可以連結至一項違反基本法之組織，因而是一項間接的組織犯（mittelbares Organisationsdelikt）。本條亦係所謂宣傳犯（Propagandadelikte），在於規範禁止處理違憲組織之宣傳品（第2項併同第11條第3項），即文書、錄音及錄影、資訊儲存裝置，圖畫及其他內容違反自由民主之基本秩序或憲法秩序或違反民族間相互理解思想者。

2. 所謂自由民主之基本秩序之範圍較憲法秩序為狹隘，主要是與刑法第92條第2項所規定之憲法原則重合，然而範圍同樣也是更為狹隘。而所謂違反民族間相互理解思想之宣傳品，其中民族間相互理解係將基本法第9條第2項之規定提升為法益，而使得本條之保護範圍擴及其他民族。儘管不論就歷史或想像上，其雖緊扣自由民主基本秩序，然而此項保護客體之在概念上並未融入至自由民主基本秩序。而違反民族間相互理解思想之宣傳品，依實務見解僅限於攻擊聯邦德國之自由民主基本秩序之文書，藉由以附件更新的方式，而使得此種文書不致隨著時間而失去其主要構成部分。此類文書只需要朝向破壞、妨害、預備後續之排除，而不是如同叛國一樣地朝向修正或排除基本秩序。不過其必須顯現出一項積極進取之好戰傾向，而這種傾向必須出現在文書本身中，文書製作者、散布者或其他參與者之動機並非所問。從文書之內容至少可以辨識出此種傾向之蹤影，而理解的一般讀者

（Durchschnittsleser）得以讀出弦外之音，即為已足。

3. 第1項第1及第2款之規定直接連結至第84及第85條，係針對為遭宣告為違憲政黨，或遭禁止之團體及此種政黨或團體之替代組織散布宣傳品等之行為加以處罰。第3項則是擴大至在本法空間效力範圍外為第1款及第2款所稱之政黨或社團之目的而活動之政府、團體或機構。國內的團體在此僅係輔助組織。第4款之文書除須符合違反自由民主之基本秩序或憲法秩序或違反民族間相互理解思想之要件外，依照其內容，尚且必須被確定為致力於延續前國家社會主義組織之宣傳品。為納粹政府廣告或是讚揚其意識形態者並不足以該當本款，而必須以決定致力於延續前國家社會主義組織為必要。

4. 本罪之客觀行為為散布、為散布而制作，保管、輸入或輸出，或於資料存取設備中公開供瀏覽。所謂散布，係指對特定或不特定多數人為散發分布之行為，張貼、揭示之行為亦屬之。而有鑒於現代複製之多樣可能性，製作一張手稿亦可能足以構成要件該當，倘若散布之危險藉此已至緊密相接之程度，特別是所欲公開之內容已經確定，複製技術之途徑已經獲得許可。資訊數據已經傳輸至使用者之計算機（Rechner），已該當於網路散布，而不問是否已經有使用（資訊數據）。

5. 第3項之規定，依照該項法條文字之構成及排除於刑事處罰外之各項情況之目的，德國通說認為本項規定係構成要件限制（Tatbestandseinschränkung）之規定，而不是特別的阻卻違法事由（Rechtfertigungsgrund）。不過須注意的是，立法理由中，則是稱此為社會相當性條款（Sozialadäquanzklausel）。

第86a條　　使用違憲組織標識罪

(1) 有下列行為之一者，處三年以下自由刑或罰金：

1. 於國內散布第86條第1項第1款、第2款及第4款所稱之政黨或社團之標識，或公然於集會或於其所散布之文書（第11條第3款）使用，或

2. 爲於國內或國外散布或使用而以第1款所稱之方式及方法製作、保
　 管、輸入或輸出代表或含有此種標識之物品。
(2) 第1項所稱之標識，係指旗幟、徽章、制服、口號及敬禮方式。易混
　 淆之類似標識視同爲第1句所稱之標識。
(3) 第86條第3項及第4項之規定，準用之。

§ 86a Verwenden von Kennzeichen verfassungswidriger Organisationen
(1) Mit Freiheitsstrafe bis zu drei Jahren oder mit Geldstrafe wird bestraft, wer

1. im Inland Kennzeichen einer der in § 86 Abs. 1 Nr. 1, 2 und 4
　 bezeichneten Parteien oder Vereinigungen verbreitet oder öffentlich, in
　 einer Versammlung oder in von ihm verbreiteten Schriften (§ 11 Abs. 3)
　 verwendet oder

2. Gegenstände, die derartige Kennzeichen darstellen oder enthalten, zur
　 Verbreitung oder Verwendung im Inland oder Ausland in der in Nummer
　 1 bezeichneten Art und Weise herstellt, vorrätig hält, einführt oder
　 ausführt.

(2) Kennzeichen im Sinne des Absatzes 1 sind namentlich Fahnen, Abzeichen,
　 Uniformstücke, Parolen und Grußformen. Den in Satz 1 genannten
　 Kennzeichen stehen solche gleich, die ihnen zum Verwechseln ähnlich sind.
(3) § 86 Abs. 3 und 4 gilt entsprechend.

解析

1. 本條係所謂宣傳犯（Propagandadelikte），在於規範禁止處理違憲
　 組織之標識。本罪之行爲客體係第86條第1項第1、2及第4款意義下
　 之違憲組織的標識。凡是感官知覺所能察覺之具象或非具象之符號
　 （Symbol），而向客觀之第三人傳達違憲組織之支持者對外具有歸
　 屬感、團結之印象者。第2項第1句係關於標識概念之規定，而皆由一
　 項非窮盡式之列舉規定方式（旗幟、徽章、制服、口號及敬禮方式）
　 予以具體化。此外第2項第2句尚且包括與第2項第1句中所稱之標識容

易混淆之標識，其原因係在於，行為人為規避刑事處罰，經常藉由變更、修改違憲組織之旗幟、徽章、制服、口號及敬禮方式，因此德國立法者於1994年重大犯罪防治法（Verbrechensbekämpfungsgesetz中將易造成混淆之類似標識也視為同項第1句所稱之標識。

2. 對於違憲組織標識概括性之禁止及公然使用，及準用第86條第3項社會相當性條款之規定，立法者並未妥善地解決其任務。而此所造成之結果即是有著為數眾多，但欠缺顯著確定性之聯邦最高法院判決，而此項構成要件之適用亦如同警匪遊戲一般，總是有著新式的標識，並且有新的變化。本條所保護之法益於其制定之時即已經有著不同之性質於其中，一方面在於防衛相對應之努力嘗試，而另一方面則是在避免於外國形成負面印象，而藉以防衛聯邦德國之聲望，而後者藉由構成要件要素中之輸出（Ausfuhr）更是獲得強化。而兩項法益均有其正當性。尤其於構成要件更涵蓋了，為了突顯新納粹在聯邦德國所造成之危險，而由外國情報組織所委託之納粹塗鴉。然而有疑問的是，即是在同一條文內出現上述歸納總結之情形。德國聯邦最高法院即曾認為，販賣忠於原始造型之德國空軍飛機之模型（上有鐵十字）是可罰的，理由為此將對於觀察發生在聯邦德國事件之人產生影響。

3. 本罪之客觀行為為散布及使用。所謂散布，係指對特定或不特定多數人為散發分布之行為，張貼、揭示之行為亦屬之。販賣單個（Verkauf von Einzelstücken）旗幟、徽章、制服等違憲組織標識並不符合散布之概念，為販賣而公開展示亦非散布。至於使用之概念則特別顯現出與保護法益有關之疑問。一方面，正面的或中性的使用應非必要，另一方面，同時著重於強調誹謗他人之情形亦不足夠。純粹的除去行為（Veralberung）並不足以該當於疏遠。基於商業目的之使用已足該當。

4. 第1項第1及第2款所稱之公然，與地點無關，而係指藉由一項較大關聯性，而非經由個人關係所連結之能見度，亦不需考慮出現之人員範圍。使用本身不是公然地進行，純粹地向公眾公開，例如藉由解釋或是開啟一本書，並不足夠。刑法上所稱之集會，係指一群為數眾多之人為了追求一項共同目的所預計之會議，因此於此種意義下經常是公然的，因此在此所稱之集會應僅係指於集會法（Versammlungsrecht）

意義下所謂之非公開集會之情形，而藉由構成要件之規定予以明確化。不論是散布或者是公然使用必須於德國境內進行。然而根據第9條隔地犯之規定藉由電視轉播傳送前述之情形者，亦該當之。不過在德國以外之國家大多無相對應之犯罪構成要件之規定。

5. 第86條第3項立法者所稱之社會相當性條款，於本條中亦有適用。此種條款僅於規範保護目的為遭侵害時，始有適用。其中包括供國民教育使用之書籍之古物交易在內，但並不包含制服及武器。

第87條　　破壞目的之間諜活動罪

(1) 意圖危害聯邦德國之存在及安全或違反憲政秩序，受本法空間效力範圍外之政府、社團或機構之委託，為準備於本法空間效力範圍內實行破壞行為，而有下列行為之一者，處五年以下自由刑或罰金：

1. 準備依照上述機構之指示實行破壞行為，
2. 刺探破壞目標，
3. 制作、為自己或他人取得、保存、轉讓破壞工具或將之輸入至此地域，
4. 設置、維持或檢查存放破壞工具之倉庫或進行破壞活動之據點，
5. 為實行破壞行為而接受訓練或對他人進行訓練，
6. 為實行破壞行為之間諜（第1款至第5款）而與上述機構建立或維持聯絡途徑。

(2) 第1項所稱之破壞行為係指，

1. 實現第109e條、第305條、第306條至第306c條、第307條至第309條、第313條、第315條、第315b條、第316b條、第316c條第1項第2款、第317條或第318條之構成要件行為，及
2. 其他對於國防、保衛人民免於戰爭危險，或於總體經濟有重要性之企業所使用之物品予以毀棄、損壞、變更或致令不堪使用，或切斷企業所需之特定能源之行為

(3) 行為人自願放棄其行為，或將其知悉之內容及時地向相關部門供述，以致尚能阻止其知悉計畫之破壞行為，法院得依規定免除其刑。

§ 87 Agententätigkeit zu Sabotagezwecken

(1) Mit Freiheitsstrafe bis zu fünf Jahren oder mit Geldstrafe wird bestraft, wer einen Auftrag einer Regierung, Vereinigung oder Einrichtung außerhalb des räumlichen Geltungsbereichs dieses Gesetzes zur Vorbereitung von Sabotagehandlungen, die in diesem Geltungsbereich begangen werden sollen, dadurch befolgt, daß er

1. sich bereit hält, auf Weisung einer der bezeichneten Stellen solche Handlungen zu begehen,

2. Sabotageobjekte auskundschaftet,

3. Sabotagemittel herstellt, sich oder einem anderen verschafft, verwahrt, einem anderen überläßt oder in diesen Bereich einführt,

4. Lager zur Aufnahme von Sabotagemitteln oder Stützpunkte für die Sabotagetätigkeit einrichtet, unterhält oder überprüft,

5. sich zur Begehung von Sabotagehandlungen schulen läßt oder andere dazu schult oder

6. die Verbindung zwischen einem Sabotageagenten (Nummern 1 bis 5) und einer der bezeichneten Stellen herstellt oder aufrechterhält,

und sich dadurch absichtlich oder wissentlich für Bestrebungen gegen den Bestand oder die Sicherheit der Bundesrepublik Deutschland oder gegen Verfassungsgrundsätze einsetzt.

(2) Sabotagehandlungen im Sinne des Absatzes 1 sind

1. Handlungen, die den Tatbestand der §§ 109e, 305, 306 bis 306c, 307 bis 309, 313, 315, 315b, 316b, 316c Abs. 1 Nr. 2, der §§ 317 oder 318 verwirklichen, und

2. andere Handlungen, durch die der Betrieb eines für die Landesverteidigung, den Schutz der Zivilbevölkerung gegen Kriegsgefahren oder für die Gesamtwirtschaft wichtigen Unternehmens dadurch verhindert oder gestört wird, daß eine dem Betrieb dienende Sache zerstört, beschädigt, beseitigt, verändert oder unbrauchbar gemacht oder daß die für den Betrieb bestimmte Energie entzogen wird.

(3) Das Gericht kann von einer Bestrafung nach diesen Vorschriften absehen, wenn der Täter freiwillig sein Verhalten aufgibt und sein Wissen so rechtzeitig einer Dienststelle offenbart, daß Sabotagehandlungen, deren Planung er kennt, noch verhindert werden können.

解析

1. 本條之基本思考，在於與受外國勢力委託諜報活動有關之預備及特定型態之準備行為。本條並非單純的事實關係，而是有關行為構成要件之規定，特別是於修法前過去於第1項第1款未能達成者。

2. 立法者因此特別致力於，盡可能地於第2項將間諜活動之概念清楚地予以定義。特定犯罪行為，尤其是對於公眾產生危險之犯罪，總是被認為是適格之間諜破壞行為（第1款）。第2款則是透過「其他對於國防、保衛人民免於戰爭危險，或於總體經濟有重要性之企業所使用之物品予以毀棄、損壞、變更或致令不堪使用，或切斷企業所需之特定能源之行為」予以補充。功能破壞之手段必須是客觀上能夠理解之攻擊，而其他非直接損害財物之攻擊手段則直接被涵攝於第88、89條。

3. 於第1項各款之情形，立法者更進一步地將可罰之預備行為決疑地（kasuistisch）予以指明。第1款涉及所謂靜態間諜（Stillhaltagenten），其受有指定單位的指令，而於適當時機實行間諜破壞行為；第2款則是涉及對於諜報行動客體之偵察，即調查、收集諜報行為可能目標之知識；第3至第6款則是與其他間諜行為有關之預備行為，第3款之製作間諜破壞手段，設置倉庫或據點則是第4款，第5款之人員訓練及第6款之聯繫間諜等。

4. 行為人主觀上必須有意或明知自身投入於敵視國家或憲法之活動。於考慮到所有其他的構成要件要素，間接故意已足當之。

5. 第3項免除其刑之規定於行為為僅有為防止結果發生之誠摯努力，仍不足以當之。

第88條　　敵視憲法之破壞罪

(1) 意圖危害聯邦德國之存在及安全或違反憲政秩序，於本法空間效力範圍內，爲使下列設施之大部分或整體失其效用，或不能達成其特定之目的，以團體首謀或幕後操縱者之身分，或不與團體或不爲團體爲其行爲，而獨自施行行爲者，處五年以下自由刑或罰金：

1. 提供公共服務之郵政活動或公共運輸之企業或設施，

2. 提供公共目的使用之通訊設施，

3. 提供公共服務之水、電、熱或動力及其他對供應民眾生活重要之企業或設施，或

4. 提供整體或主要公共安全及秩序的極其重要的之機關、設備、設施或物品。

(2) 未遂犯，罰之。

§ 88 Verfassungsfeindliche Sabotage

(1) Wer als Rädelsführer oder Hintermann einer Gruppe oder, ohne mit einer Gruppe oder für eine solche zu handeln, als einzelner absichtlich bewirkt, daß im räumlichen Geltungsbereich dieses Gesetzes durch Störhandlungen

1. Unternehmen oder Anlagen, die der öffentlichen Versorgung mit Postdienstleistungen oder dem öffentlichen Verkehr dienen,

2. Telekommunikationsanlagen, die öffentlichen Zwecken dienen,

3. Unternehmen oder Anlagen, die der öffentlichen Versorgung mit Wasser, Licht, Wärme oder Kraft dienen oder sonst für die Versorgung der Bevölkerung lebenswichtig sind, oder

4. Dienststellen, Anlagen, Einrichtungen oder Gegenstände, die ganz oder überwiegend der öffentlichen Sicherheit oder Ordnung dienen,

ganz oder zum Teil außer Tätigkeit gesetzt oder den bestimmungsmäßigen Zwecken entzogen werden, und sich dadurch absichtlich für Bestrebungen gegen den Bestand oder die Sicherheit der Bundesrepublik Deutschland oder gegen Verfassungsgrundsätze einsetzt, wird mit Freiheitsstrafe bis zu fünf Jahren oder mit Geldstrafe bestraft.

(2) Der Versuch ist strafbar.

解析

1. 本條涵蓋針對一系列重要設施之間諜行為，即針對郵政及提供公共運輸服務之企業與設施（第1項第1款），供公共目的使用之通訊設施（第1項第2款），於生活有重要性之公共能源供給企業或設施（第1項第3款）及提供公共安全及秩序之機關、設施及物品（第1項第4款）。此類企業或設施必須完全或部分失其效用或剝奪其預期達成之目的。藉由對於此種企業或設施聲望之妨害及內部洩密所形成之間接危害並不足以該當第1項各款之構成要件。

2. 不同於毀損罪係以對財物之毀棄、損壞為前提，於本罪之所有情形皆係足以致生干擾、破壞效果之行為態樣，即所謂的干擾行為（Störungshandlungen）。

3. 本項各款所稱之企業、設施或物品等行為客體須位於本法適用效力範圍內，干擾破壞行為固然無第5、6條擴張行為地於外國之情形，然仍有第9條隔地犯之適用。

4. 行為人之範圍，除團體之首謀或幕後操縱外，亦包括個別之行為人。於本條有重要意義之團體，其單純跟隨者（Mitläufer）並不在構成要件設定之範圍內。在構造上，間諜行為係實害犯（Verletzungsdelikte）之規定，倘若此類受保護之企業或設施完全或部分無法運作或其預期達成之目的遭到剝奪，即屬既遂，故而第2項未遂之處罰有其必要。

5. 行為人主觀人須有一項雙重意圖（Doppelte Absicht）。藉由干擾破壞行為，行為人須意圖導致有關的企業或設施完全或部分失其作用，其次行為人必須有致力於對抗聯邦德國之存在或其安全或對抗憲法基本秩序之意圖。

第89條　　對於聯邦國防軍或公共安全機關之憲法敵視之效用罪

(1) 意圖危害聯邦德國之存在及安全或違反憲政秩序，有計畫地削弱聯邦國防軍或公共安全機關成員維持聯邦德國安全及憲法秩序之履行義務

決心者，處五年以下自由刑或者罰金。

(2) 前項未遂犯，罰之。

(3) 第86條第4項之規定，準用之。

§89 Verfassungsfeindliche Einwirkung auf Bundeswehr und öffentliche Sicherheitsorgane

(1) Wer auf Angehörige der Bundeswehr oder eines öffentlichen Sicherheitsorgans planmäßig einwirkt, um deren pflichtmäßige Bereitschaft zum Schutz der Sicherheit der Bundesrepublik Deutschland oder der verfassungsmäßigen Ordnung zu untergraben, und sich dadurch absichtlich für Bestrebungen gegen den Bestand oder die Sicherheit der Bundesrepublik Deutschland oder gegen Verfassungsgrundsätze einsetzt, wird mit Freiheitsstrafe bis zu fünf Jahren oder mit Geldstrafe bestraft.

(2) Der Versuch ist strafbar.

(3) § 86 Abs. 4 gilt entsprechend.

解析

1. 本罪之行爲本質，係爲維持聯邦德國之安全及憲法秩序之履行義務之決心，而有計畫地影響聯邦國防軍或公共安全機關成員之行爲。在此所指之公共安全機關特別是指聯邦邊境防衛隊及警察。於開始公共服務前交付文書則並不構成本罪之行爲，倘若文書係於開始公共服務之前散發，而文書收受者於加入公共服務後，始得閱讀者。削弱決心必須是有計畫地加以進行，所謂有計畫化地係指系統性的、目的性的影響。個別的、自發性的基於當下原因所爲之削弱行爲並不與之。蓋然而鑑於關於致力投入之必要參與，此項構成要件要素則是贅文。

2. 此外，本條之規定欠缺對於外部行爲之任何進一步說明，而單獨置於意圖上。影響、削弱之結果於本罪並非必要，甚至無須致生具體危險。同樣地，削弱保護決心之影響行爲並無所謂適當者，然而其必須以致生心理層面之作用爲目的，引誘濫用煙毒或性放蕩並不足以構

成。於此一範圍內，不僅是藉由廣告或煽動，同時亦可能藉由脅迫及詐欺實現此種心理層面之影響。此種影響之進一步前提條件為，要求關於保護人員認知之陳述。於其他情形，未遂犯幾無空間。

3. 主觀構成要件之部分，以主觀上有瓦解之意圖為前提，即在一般情況下，行為人意欲影響、削弱機關成員之投入決心。在個別情況下，致力於違反義務之行為，針對此一部分基本上並不足夠，除非於此種個別之情況時已經動搖了受影響者之履行職務決心。至於削弱意圖是涉及削弱、破壞之結果係朝向何者而定。行為人之行為上有其他動機或是期待有個人效果，則不該當破壞、削弱之要件。此外，行為人此項行為投入需有致力於對抗聯邦德國之存在或安全或對抗憲法基本原則之意圖為必要。

第89a條　　預備重大危害國家之暴力行為罪

(1) 預備重大危害國家之暴力行為者，處六月以上十年以下自由刑。重大危害國家之暴力行為係指，於第211條或第212條針對生命，或於第239a條或第239b條針對個人自由之具體且適當之犯罪行為，而妨害國家或國際組織之存在或安全，或排除聯邦德國之憲法原則、使其失效或喪失。

(2) 行為人藉由下列情形之一，預備重大危害國家之暴力行為時，始得適用第1項之規定：

　　1. 指示他人或受他人指示製造或處理槍枝，爆裂物、爆炸或燃燒裝置，核燃料或其他放射性物質，含有毒性或能產生毒性之物質，其他損害健康之物質，為實行行為必要之特殊裝置或其他供於第1項所稱之犯罪行為之實行所用之技能，

　　2. 製造、取得或提供、保管或交付第1款所稱之武器、物質或裝置，或

　　3. 取得或保管對於製造第1款所稱種類之武器、物質或裝置必要之物品或原料。

(2a) 預備重大危害國家之暴力行為，藉由實施基於實行重大危害國家之

暴力行爲或於第2項第1款所稱行爲之目而離開聯邦德國,爲了於一個國家實現第2項第1款所稱之他人指示,第1項亦有適用。

(3) 於國外所爲之預備行爲,第1項之規定亦適用之。預備行爲係於歐洲聯盟會員國以外之國家所爲者,第1項之規定僅於行爲人爲德國人或於德國有住所之外國人或預備之危害國家之重大暴力行爲於國內,或由德國人實行,或針對德國人時,始得適用之。

(4) 於第3項第2句所稱之情形,犯罪追訴需由聯邦司法暨消費者保護部之授權。預備行爲係於其他歐洲聯盟會員國所爲,而該預備行爲非由德國人所爲,且準備之危害國家之重大暴力行爲非於國內實行,亦非由德國人所爲或針對德國人,犯罪追訴需由聯邦司法暨消費者保護部之授權。

(5) 情節較輕微者,處三月以上五年以下自由刑。

(6) 法院得命行爲監督(第68條第1項)。

(7) 行爲人自願放棄進一步準備危害國家之重大暴力行爲,並將其所引起或知悉之危險,其他人將繼續預備或實行此一行爲,予以防止或顯著降低,或其自願阻止此一行爲之既遂,法院得酌情減輕其刑(第49條第2項)或依本規定免除其刑。上述所稱危險之防止或顯著降低或阻止該項危害國家之重大暴力行爲之既遂,非因行爲人行爲所致,而行爲人已自願並誠摯地盡力爲防止行爲者,亦同。

§ 89a Vorbereitung einer schweren staatsgefährdenden Gewalttat

(1) Wer eine schwere staatsgefährdende Gewalttat vorbereitet, wird mit Freiheitsstrafe von sechs Monaten bis zu zehn Jahren bestraft. Eine schwere staatsgefährdende Gewalttat ist eine Straftat gegen das Leben in den Fällen des § 211 oder des § 212 oder gegen die persönliche Freiheit in den Fällen des § 239a oder des § 239b, die nach den Umständen bestimmt und geeignet ist, den Bestand oder die Sicherheit eines Staates oder einer internationalen Organisation zu beeinträchtigen oder Verfassungsgrundsätze der Bundesrepublik Deutschland zu beseitigen, außer Geltung zu setzen oder zu untergraben.

(2) Absatz 1 ist nur anzuwenden, wenn der Täter eine schwere staatsgefährdende Gewalttat vorbereitet, indem er

1. eine andere Person unterweist oder sich unterweisen lässt in der Herstellung von oder im Umgang mit Schusswaffen, Sprengstoffen, Spreng- oder Brandvorrichtungen, Kernbrenn- oder sonstigen radioaktiven Stoffen, Stoffen, die Gift enthalten oder hervorbringen können, anderen gesundheitsschädlichen Stoffen, zur Ausführung der Tat erforderlichen besonderen Vorrichtungen oder in sonstigen Fertigkeiten, die der Begehung einer der in Absatz 1 genannten Straftaten dienen,

2. Waffen, Stoffe oder Vorrichtungen der in Nummer 1 bezeichneten Art herstellt, sich oder einem anderen verschafft, verwahrt oder einem anderen überlässt oder

3. Gegenstände oder Stoffe sich verschafft oder verwahrt, die für die Herstellung von Waffen, Stoffen oder Vorrichtungen der in Nummer 1 bezeichneten Art wesentlich sind.

(2a) Absatz 1 ist auch anzuwenden, wenn der Täter eine schwere staatsgefährdende Gewalttat vorbereitet, indem er es unternimmt, zum Zweck der Begehung einer schweren staatsgefährdenden Gewalttat oder der in Absatz 2 Nummer 1 genannten Handlungen aus der Bundesrepublik Deutschland auszureisen, um sich in einen Staat zu begeben, in dem Unterweisungen von Personen im Sinne des Absatzes 2 Nummer 1 erfolgen.

(3) Absatz 1 gilt auch, wenn die Vorbereitung im Ausland begangen wird. Wird die Vorbereitung außerhalb der Mitgliedstaaten der Europäischen Union begangen, gilt dies nur, wenn sie durch einen Deutschen oder einen Ausländer mit Lebensgrundlage im Inland begangen wird oder die vorbereitete schwere staatsgefährdende Gewalttat im Inland oder durch oder gegen einen Deutschen begangen werden soll.

(4) In den Fällen des Absatzes 3 Satz 2 bedarf die Verfolgung der Ermächtigung durch das Bundesministerium der Justiz und für Verbraucherschutz.

Wird die Vorbereitung in einem anderen Mitgliedstaat der Europäischen Union begangen, bedarf die Verfolgung der Ermächtigung durch das Bundesministerium der Justiz und für Verbraucherschutz, wenn die Vorbereitung weder durch einen Deutschen erfolgt noch die vorbereitete schwere staatsgefährdende Gewalttat im Inland noch durch oder gegen einen Deutschen begangen werden soll.

(5) In minder schweren Fällen ist die Strafe Freiheitsstrafe von drei Monaten bis zu fünf Jahren.

(6) Das Gericht kann Führungsaufsicht anordnen (§ 68 Abs. 1).

(7) Das Gericht kann die Strafe nach seinem Ermessen mildern (§ 49 Abs. 2) oder von einer Bestrafung nach dieser Vorschrift absehen, wenn der Täter freiwillig die weitere Vorbereitung der schweren staatsgefährdenden Gewalttat aufgibt und eine von ihm verursachte und erkannte Gefahr, dass andere diese Tat weiter vorbereiten oder sie ausführen, abwendet oder wesentlich mindert oder wenn er freiwillig die Vollendung dieser Tat verhindert. Wird ohne Zutun des Täters die bezeichnete Gefahr abgewendet oder wesentlich gemindert oder die Vollendung der schweren staatsgefährdenden Gewalttat verhindert, genügt sein freiwilliges und ernsthaftes Bemühen, dieses Ziel zu erreichen.

解析

1. 早於1979年刑法修正，增定第129a條，將為恐怖組織招募成員或為其宣傳單獨列入犯罪構成要件後，德國對於從恐怖主義犯罪之實體法上介入已經提前至預備階段。2009年7月通過之追訴預備重大危害國家暴力行為法，則是恐怖主義預備行為入罪化擴大範圍，而該法之制定有其時代背景。第89a條係關於預備重大危害國家之暴力行為，第89b條則是關於為預備重大危害國家之暴力行為而建立關係。並且於第89a條第2項將可罰之預備行為限定於特定範圍內。其中包括：為恐怖主義分子提供恐怖活動技能訓練和參與恐怖活動技能訓練；製造、處理、提供或

保管武器或特定物品；為製造犯罪活動需要之武器、物質及前期預備的目的，處理或保管對犯罪行為起根本作用的物品或基本物質；為恐怖攻擊提供資金。

2. 第89a條是涉及國家保護法（Staatsschutzrecht）之諸多刑法條文法，關於預備行為之構成要件規定最為廣泛之條文，於其之前則為同法第83條之規定。相較於第83條之規定，第89a條所擴大之入罪化預備行為有兩項特徵：其一為，關於妨害聯邦德國之存在與改變憲法秩序及妨害聯邦德國之安全與排除憲法基本原則；其二為，第89a條並毋須為特定對抗國家及憲法之著手犯進行準備。然而相對於第83條，第89a條也有如下之限制：首先，並非所有的憲法秩序均受保護，而是僅有憲法基本原則（第92條第2項）；其次僅有預備特定犯罪行為（第211、第212、第239a或第239b條）須予以刑罰，且這些犯罪行為雖然不需要符合細節，然而必須依照犯罪類型得以特定。最末如此，依本條第2項之規定，以有具體之預備行為為必要，不過範圍相當廣泛。以第2項第1款為例，包括2（指示他人或受他人指示）、X（製造或處理）、X11（該款所稱之物品），即有44種犯罪實行之指行，依此類推，第2款有55種、第3款有22種及第4款有3種，合計124種構成要件選擇。

3. 此項巨大之預備行為處罰之目錄將預備行為此一模糊概念予以明確化，係其值得讚揚之處。然而此目錄之範圍則需要大量的註釋加以確認，實則顯示出，在此之明確化僅是一種表象。此外，這些構成要件選擇之中，部分是有疑慮而不確定的，及社會相當性之行為。蓋依照第1款之物品製造行為，及依照第3款取得生產物質係預備行為，而在此範圍內則是涉及預備行為之預備行為。

第89b條　　實行重大危害國家之暴力行為而建立關係罪

(1) 意圖實行危害國家之重大暴力行為，依照第89a條第2項第1款接受他人指示，而與第129a及併同第129b條意義下之團體建立或維持關係者，處三年以下自由刑或罰金。

(2) 第1項於行爲僅係用於履行合法職業或公務義務者，亦適用之。

(3) 第1項於關係之建立或維持係於國外所完成者，亦適用之。關係之建立或維持係於於歐洲聯盟會員國以外之國家所完成，而行爲人係德國人或於國內有住所之外國人者，第1項亦適用之。

(4) 有以下情形之一者，犯罪追訴需由聯邦司法暨消費者保護部之授權：

1. 第3項第2句之情形或，

2. 關係之建立或維持係於其他歐洲聯盟會員國所完成，且行爲人非德國人者

(5) 罪責輕微者，法院得依本規定免除其刑。

§ 89b Aufnahme von Beziehungen zur Begehung einer schweren staatsgefährdenden Gewalttat

(1) Wer in der Absicht, sich in der Begehung einer schweren staatsgefährdenden Gewalttat gemäß § 89a Abs. 2 Nr. 1 unterweisen zu lassen, zu einer Vereinigung im Sinne des § 129a, auch in Verbindung mit § 129b, Beziehungen aufnimmt oder unterhält, wird mit Freiheitsstrafe bis zu drei Jahren oder mit Geldstrafe bestraft.

(2) Absatz 1 gilt nicht, wenn die Handlung ausschließlich der Erfüllung rechtmäßiger beruflicher oder dienstlicher Pflichten dient.

(3) Absatz 1 gilt auch, wenn das Aufnehmen oder Unterhalten von Beziehungen im Ausland erfolgt. Außerhalb der Mitgliedstaaten der Europäischen Union gilt dies nur, wenn das Aufnehmen oder Unterhalten von Beziehungen durch einen Deutschen oder einen Ausländer mit Lebensgrundlage im Inland begangen wird.

(4) Die Verfolgung bedarf der Ermächtigung durch das Bundesministerium der Justiz und für Verbraucherschutz

1. in den Fällen des Absatzes 3 Satz 2 oder

2. wenn das Aufnehmen oder Unterhalten von Beziehungen in einem anderen Mitgliedstaat der Europäischen Union nicht durch einen Deutschen begangen wird.

(5) Ist die Schuld gering, so kann das Gericht von einer Bestrafung nach dieser
   Vorschrift absehen.

解析

1. 第89b條之標題是一項法律的不正確（Unaufrichtigkeit：第89b條之犯罪
   構成要件所涵蓋者並非爲實行重大危害國家之暴力行爲而建立關係，
   而是基於依照第89a條第2項第1款之預備行爲而建立關係，因此係爲預
   備行爲所爲之準備，而引發非常重大之疑慮。

2. 第1項中之「與第129a及併同第129b條意義下之團體建立或關係」之
   法條文字，提出代表的問題。依照本條之立法理由，與該團體之成員
   建立關係固然屬之，僅是與支持者建立關係亦屬之。然而值得注意的
   是，幕後操縱者，則不包括在內。

第89c條　　資助恐怖主義罪

(1) 明知或有意募集、接受或提供財產，而於下列犯罪行爲之一使用者，
   處六月以上十年以下自由刑：

   1. 謀殺（第211條）、故意殺人（第212條）、種族滅絕（國際刑法典
      第6條）、危害人類罪（國際刑法典第7條）、戰爭犯罪（國際刑法
      典第8、第9、第10、第11、第12條）、依照第224條致他人身體或
      心理重大損害之傷害罪，特別是第226條所稱之方式。

   2. 擄人勒贖（第239a條）或綁架人質（第239b條），

   3. 第303b條，第305條，第305a之犯罪，或第306條至第306c條或第
      307條第1項至3項、第308條第1項至4項，第309條第1項至5項，第
      313條，第314條或第315條第1、3、4項，第316b條第1、3項或第
      316c條第1項至3項或第317條第1項之公共危險罪，

   4. 第330a條第1項至3項針對環境之犯罪，

   5. 戰爭武器管制法第19條第1項至3項，第20條第1、2項，第20a條第1
      項至3項，第19條第2項第2款、第3項第2款，第20條第1、2項、或
      第20a條第1至3項，各併同第21條，或依照第22a條第1項至3項所稱

之犯罪，

6. 武器法第51條第1項至3項之犯罪，

7. 第328條第1、2項、或第310條第1、2項之犯罪，

8. 第89a條第2a項之犯罪。

於第1款至第7款之情形，上述的犯罪行為之目的為，以重大方式恐嚇公眾，違法使用武力或威脅以武力強迫機關或國際組織，或消除或嚴重妨害一國或國際組織之政治、組織法、經濟或社會之基礎架構，或因其實行方式或結果得致生一國或國際組織之重大損害者，第1句始得適用之。

(2) 意圖自行實行第1項第1句所稱之犯罪，而於第1項第2句之前提募集，接受或堤供財產者，亦處罰之。

(3) 第1項及第2項之規定於行為係於國外實行者，亦適用之。行為於歐洲聯盟會員國以外之國家所實行，而行為人係德國人或於國內有住所之外國人或所資助之犯罪行為於國內實行或針對德國人而實行者，第1項及第2項之規定亦適用之。

(4) 於第3項第2句所稱之情形，犯罪追訴需由聯邦司法暨消費者保護部之授權。行為係於其他歐洲聯盟會員國所實行，而該行為非由德國人所實行，且所資助之犯罪行為非於國內實行，亦非由德國人或針對德國人而實行者，犯罪追訴需由聯邦司法暨消費者保護部之授權。

(5) 於第1項或第2項之行為所涉及之財產價值輕微者，處三月以上五年以下自由刑。

(6) 罪責輕微者，法院得依法減輕（第49條第1項）或免除其刑。

(7) 行為人自願放棄進一步準備危害國家之重大暴力行為，並將其所引起或知悉之危險，其他人將繼續預備或實行此一行為，予以防止或顯著降低，或其自願阻止此一行為之既遂，法院得酌情減輕其刑（第49條第2項）或依本規定免除其刑。上述所稱危險之防止或顯著降低或阻止該項危害國家之重大暴力行為之既遂，非因行為人行為所致，而行為人已自願並誠摯地盡力為防止行為者，亦同。

§ 89c Terrorismusfinanzierung

(1) Wer Vermögenswerte sammelt, entgegennimmt oder zur Verfügung stellt mit dem Wissen oder in der Absicht, dass diese von einer anderen Person zur Begehung

1. eines Mordes (§ 211), eines Totschlags (§ 212), eines Völkermordes (§ 6 des Völkerstrafgesetzbuches), eines Verbrechens gegen die Menschlichkeit (§ 7 des Völkerstrafgesetzbuches), eines Kriegsverbrechens (§§ 8, 9, 10, 11 oder 12 des Völkerstrafgesetzbuches), einer Körperverletzung nach § 224 oder einer Körperverletzung, die einem anderen Menschen schwere körperliche oder seelische Schäden, insbesondere der in § 226 bezeichneten Art, zufügt,

2. eines erpresserischen Menschenraubes (§ 239a) oder einer Geiselnahme (§ 239b),

3. von Straftaten nach den §§ 303b, 305, 305a oder gemeingefährlicher Straftaten in den Fällen der §§ 306 bis 306c oder 307 Absatz 1 bis 3, des § 308 Absatz 1 bis 4, des § 309 Absatz 1 bis 5, der §§ 313, 314 oder 315 Absatz 1, 3 oder 4, des § 316b Absatz 1 oder 3 oder des § 316c Absatz 1 bis 3 oder des § 317 Absatz 1,

4. von Straftaten gegen die Umwelt in den Fällen des § 330a Absatz 1 bis 3,

5. von Straftaten nach § 19 Absatz 1 bis 3, § 20 Absatz 1 oder 2, § 20a Absatz 1 bis 3, § 19 Absatz 2 Nummer 2 oder Absatz 3 Nummer 2, § 20 Absatz 1 oder 2 oder § 20a Absatz 1 bis 3, jeweils auch in Verbindung mit § 21, oder nach § 22a Absatz 1 bis 3 des Gesetzes über die Kontrolle von Kriegswaffen,

6. von Straftaten nach § 51 Absatz 1 bis 3 des Waffengesetzes,

7. einer Straftat nach § 328 Absatz 1 oder 2 oder § 310 Absatz 1 oder 2,

8. einer Straftat nach § 89a Absatz 2a

verwendet werden sollen, wird mit Freiheitsstrafe von sechs Monaten bis zu zehn Jahren bestraft. Satz 1 ist in den Fällen der Nummern 1 bis 7 nur anzuwenden, wenn die dort bezeichnete Tat dazu bestimmt ist, die

Bevölkerung auf erhebliche Weise einzuschüchtern, eine Behörde oder eine internationale Organisation rechtswidrig mit Gewalt oder durch Drohung mit Gewalt zu nötigen oder die politischen, verfassungsrechtlichen, wirtschaftlichen oder sozialen Grundstrukturen eines Staates oder einer internationalen Organisation zu beseitigen oder erheblich zu beeinträchtigen, und durch die Art ihrer Begehung oder ihre Auswirkungen einen Staat oder eine internationale Organisation erheblich schädigen kann.

(2) Ebenso wird bestraft, wer unter der Voraussetzung des Absatzes 1 Satz 2 Vermögenswerte sammelt, entgegennimmt oder zur Verfügung stellt, um selbst eine der in Absatz 1 Satz 1 genannten Straftaten zu begehen.

(3) Die Absätze 1 und 2 gelten auch, wenn die Tat im Ausland begangen wird. Wird sie außerhalb der Mitgliedstaaten der Europäischen Union begangen, gilt dies nur, wenn sie durch einen Deutschen oder einen Ausländer mit Lebensgrundlage im Inland begangen wird oder die finanzierte Straftat im Inland oder durch oder gegen einen Deutschen begangen werden soll.

(4) In den Fällen des Absatzes 3 Satz 2 bedarf die Verfolgung der Ermächtigung durch das Bundesministerium der Justiz und für Verbraucherschutz. Wird die Tat in einem anderen Mitgliedstaat der Europäischen Union begangen, bedarf die Verfolgung der Ermächtigung durch das Bundesministerium der Justiz und für Verbraucherschutz, wenn die Tat weder durch einen Deutschen begangen wird noch die finanzierte Straftat im Inland noch durch oder gegen einen Deutschen begangen werden soll.

(5) Sind die Vermögenswerte bei einer Tat nach Absatz 1 oder 2 geringwertig, so ist auf Freiheitsstrafe von drei Monaten bis zu fünf Jahren zu erkennen.

(6) Das Gericht mildert die Strafe (§ 49 Absatz 1) oder kann von Strafe absehen, wenn die Schuld des Täters gering ist.

(7) Das Gericht kann die Strafe nach seinem Ermessen mildern (§ 49 Absatz 2) oder von einer Bestrafung nach dieser Vorschrift absehen, wenn der Täter freiwillig die weitere Vorbereitung der Tat aufgibt und eine von ihm verursachte und erkannte Gefahr, dass andere diese Tat weiter vorbereiten

oder sie ausführen, abwendet oder wesentlich mindert oder wenn er
freiwillig die Vollendung dieser Tat verhindert. Wird ohne Zutun des Täters
die bezeichnete Gefahr abgewendet oder wesentlich gemindert oder die
Vollendung der Tat verhindert, genügt sein freiwilliges und ernsthaftes
Bemühen, dieses Ziel zu erreichen.

1. 第1項第1句第1至第8款是將與恐怖主義可能產生關聯之各項犯罪編排
而成之目錄。其中第1款至第7款之情形，依據同項第2句之規定僅於
「以重大方式恐嚇公眾，違法使用武力或威脅以武力強迫機關或國際
組織，或消除或嚴重妨害一國或國際組織之政治、組織法、經濟或社
會之基礎架構，或因其實行方式或結果得致生一國家或國際組織之重
大損害者」，始有適用。而藉由此類犯罪行為之實行對於一國或國際
組織所致生重大損害，係指特別引起公眾注目之行動或強調針對性之
暴行，及其所產生之大規模恐慌、激化國家內部之暴力行為或損害範
圍等效應。

2. 依照第1項第2句之規定，犯罪構成要件之成立，行為人之行為必
須是以重大方式恐嚇公眾，必須是與被波及之某一國之大部分民眾
有關。德國刑法典分則第一章是關於背叛和平、內亂和危害民主的
法治國家之規定。於第一章規定之範圍內，於依照第130條第1項
第1款及第2項第1a款煽惑族群罪（Volksverhetzung）變種構成要件
（Tatbestandsvarianten）之情形，依條文規定，行為人有煽動對於部分
民眾（Teile der Bevölkerung）之仇恨，即可成立本罪，而於第129a條
第2項之情形，法條文字則是用民眾（Bevölkerung）。部分民眾及民
眾這兩個構成要件上之概念，在解釋上，其分別所能涵蓋之範圍應有
所不同。於本條之立法過程中，德國聯邦參議會（Bundesrat）即曾經
指出，此項構成要件之前提並未考慮到其所欲追求之目標。在許多國
家，即近東及中東地區，有部分不同宗教背景形成之多種族民眾生活
在一起，彼此激烈對抗並非罕見，而這些激烈對抗往往也並不是以整
體民眾，或者僅是以大多數民眾為攻擊對象。

3. 第1項第1句之構成要件行為係募集、接受或提供財產，於第1項目錄之犯罪行目使用。所謂募集，係指一項有計畫地、持續不斷的接受或要求財產之行為，純粹儉約所而積累（Ansammeln）財產之行為，依照第2項之法條文字敘述，亦包括在內；所謂提供，係指朝向目的地交付予第三人，特別是指保存、保管，此外匯款（Überweisungen）亦包括在內。第1項所稱之財產（Vermögenswert），並不以金錢為限，能以金錢計算價值之物品義保括在內，尤其是例如武器、爆裂物質、車輛等。財產價值輕微則依第5項之規定處斷。

4. 第1項及第2項之行為於德國境外實行者，亦得予以處罰；第3項第2句之行為於歐盟境外實行者，須於符合下列條件：行為人係德國人，或於德國有住所之外國人，或所資助之犯罪行為於德國實行，或針對德國人而實行行為，始得予以處罰，且對於此種犯罪行為之追訴，須先獲得聯邦司法暨消費者保護部之授權，始得進行。針對於歐盟境內所實行之犯罪，行為非由德國人所實行，且所資助之犯罪行為非於德國境內實行，亦非針對德國人而實行者，犯罪追訴需由聯邦司法暨消費者保護部授權後，始得進行。

5. 第1項第1句及第3項之犯罪，行為人主觀須有明知，甚或有意使第三人之行為於第1項第1句第1至第8款所列之犯罪行為時加以利用為必要，間接故意之情形並不以構成本罪。於第3項第2句之故意，亦包含在此所稱之前提條件。第2項之故意，尚要求行為人有意自行實行第1項第1句之犯罪行為，始得成立。

第90條　　誹謗聯邦總統罪

(1) 公然於集會或以散布文書（第11條第3項）誹謗聯邦總統者，處三月以上五年以下自由刑。

(2) 情節輕微者，法院得酌情減輕其刑（第49條第2項），倘若不符合第188條之前提者。

(3) 倘若該行為係誹謗（第187條）或行為人意圖藉由其行為危害聯邦德國之存在或違反憲法基本原則，處六月以上五年以下自由刑。

(4) 本行爲非經聯邦總統之請求，不得追訴。

§ 90 Verunglimpfung des Bundespräsidenten

(1) Wer öffentlich, in einer Versammlung oder durch Verbreiten von Schriften (§ 11 Abs. 3) den Bundespräsidenten verunglimpft, wird mit Freiheitsstrafe von drei Monaten bis zu fünf Jahren bestraft.

(2) In minder schweren Fällen kann das Gericht die Strafe nach seinem Ermessen mildern (§ 49 Abs. 2), wenn nicht die Voraussetzungen des § 188 erfüllt sind.

(3) Die Strafe ist Freiheitsstrafe von sechs Monaten bis zu fünf Jahren, wenn die Tat eine Verleumdung (§ 187) ist oder wenn der Täter sich durch die Tat absichtlich für Bestrebungen gegen den Bestand der Bundesrepublik Deutschland oder gegen Verfassungsgrundsätze einsetzt.

(4) Die Tat wird nur mit Ermächtigung des Bundespräsidenten verfolgt.

解析

1. 本罪處罰之行爲，是針對詆毀聯邦總統之功能（Funktion）及擔任總統職位之個人，而非針對聯邦總統之職位（Amt）及其個人。詆毀聯邦總統職位之行爲，一般而言則是屬於詆毀憲法秩序。聯邦總統做爲憲法機關，詆毀行爲並不涉及其地位（Stellung）。所謂詆毀，涵蓋任何依照其形式、內容、伴隨之狀態（Begleitumständen）或動機，嚴重侵害名譽之行爲，即使是出於私人之因素而爲者，亦包括在內，但行爲須公然於集會或以散布文書之方式實行。

2. 本罪係請求乃論之罪（Ermächtigunsdelikte），須經聯邦總統向犯罪訴追機關提出請求後，始得加以追訴。

3. 第3項規定是加重處罰之規定。行爲人第1項之行爲是刑法第187條之誹謗行爲或是行爲人意圖藉由其行爲危害聯邦德國之存在或違反憲法基本原則者，得對行爲人施予最重可達五年之自由刑。

第90a條　　詆毀國家及其象徵罪

(1) 公然於集會或以散布文書（第11條第3項），而有下列情形之一者，處三年以下自由刑或罰金：

　　1. 侮辱或蔑視聯邦德國或其中一邦或其憲法秩序，或

　　2. 詆毀聯邦德國或其中一邦之象徵色彩、旗幟、國徽或國歌。

(2) 除去、毀棄、損壞對於聯邦德國或其邦之一公開展示之旗幟，或官方公開裝置之聯邦德國或其邦之一之主權符碼，或致令不堪使用或不可辨識者或對之從事蔑視之行為者，亦處罰之。未遂犯，罰之。

(3) 意圖以犯罪行為故意危害聯邦德國之存在，或違反憲法基本原則者，處五年以下自由刑或罰金。

§ 90a　Verunglimpfung des Staates und seiner Symbole

(1) Wer öffentlich, in einer Versammlung oder durch Verbreiten von Schriften (§ 11 Abs. 3)

　　1. die Bundesrepublik Deutschland oder eines ihrer Länder oder ihre verfassungsmäßige Ordnung beschimpft oder böswillig verächtlich macht oder

　　2. die Farben, die Flagge, das Wappen oder die Hymne der Bundesrepublik Deutschland oder eines ihrer Länder verunglimpft,

　　wird mit Freiheitsstrafe bis zu drei Jahren oder mit Geldstrafe bestraft.

(2) Ebenso wird bestraft, wer eine öffentlich gezeigte Flagge der Bundesrepublik Deutschland oder eines ihrer Länder oder ein von einer Behörde öffentlich angebrachtes Hoheitszeichen der Bundesrepublik Deutschland oder eines ihrer Länder entfernt, zerstört, beschädigt, unbrauchbar oder unkenntlich macht oder beschimpfenden Unfug daran verübt. Der Versuch ist strafbar.

(3) Die Strafe ist Freiheitsstrafe bis zu fünf Jahren oder Geldstrafe, wenn der Täter sich durch die Tat absichtlich für Bestrebungen gegen den Bestand der Bundesrepublik Deutschland oder gegen Verfassungsgrundsätze einsetzt.

1. 第1項保護的是聯邦德國及其所屬各邦，在此是指作為社會國，而不是由憲法秩序自我保護所推得知自由民主政體。不受保護的是國家設施（Staatapparat）及國家機關，更遑論是個別之公務員。

2. 不同於憲法本文（形式的憲法），第1項第1款所稱之憲法秩序，係指在聯邦德國的土地上政治生活得以發揮所根據之各項主要原則，參見第92條第2項。

3. 第1項第2款所保護的是聯邦德國或其中一邦之象徵色彩、旗幟、國徽或國歌。德國國歌是指德意志之歌（Deutschlandslied）的第三節部分。

4. 第3項加重處罰之規定，行為人除有第1項或第2項之行為外，其主觀上有危害聯邦德國之存在，或違反憲法基本原則之意圖時，始得施加本項之法律效果。

5. 本罪之成立，行為人主觀上有間接故意即可。然而第1項第1款所稱之蔑視（Verächtlichmachung）尚要求一項惡意（Böswilligkeit），意即犯罪行為之實行須以敵對態度（feindliche Gesinnung）或應受譴責之動機。

6. 本罪保護之法益為國家及憲法之尊嚴。然而是否為侮辱，無論如何需要要求一項行為任個人之立場、態度，雖然此對於其所保護之法益而言，並非妥適。不過在此知此項前提條件不應太過度。複製、影印侮辱或蔑視他人之文本者，在無明確之疏離、異化時，於一般情況下，應即認為行為人認同文本內容。輿論及有事實根據之陳述受到基本法第5條之保護，倘若這些輿論及陳述具有表達立場、意見或行為等要素之性質，則此時構成要件之適用可能性將所剩無幾，而根據此一觀點，於重大詆毀之情況下，言論自由之保障應有所退讓。此種解釋幾乎無法相容，因為侮辱之構成要件要素必須是具有侵害性之陳述內容。

7. 第2項之處罰，除除去、毀壞外，尚且包括對於國家及憲法象徵之實際侮辱（Real-Injurien）。相對於第1項之規定，第2項之處罰必須是行為人之行為係針對一項具體的國家或憲法象徵，行為人與之有無財產關

係並非所問，財物所有人亦得爲犯罪行爲人。未遂犯於第2項之情形亦可加以處罰。

第90b條　　對於憲法機關進行敵視憲法詆毀罪

(1) 意圖危害聯邦德國之存在或憲法原則，公然於集會或散布文書（第11條第3項），以危害國家聲譽之方式詆毀聯邦或邦所屬之立法機關、政府或憲法法院或其成員者，處三月以上五年以下自由刑。

(2) 本行爲非經相關憲法機關或其成員之請求，不得追訴。

§ 90b Verfassungsfeindliche Verunglimpfung von Verfassungsorganen

(1) Wer öffentlich, in einer Versammlung oder durch Verbreiten von Schriften (§ 11 Abs. 3) ein Gesetzgebungsorgan, die Regierung oder das Verfassungsgericht des Bundes oder eines Landes oder eines ihrer Mitglieder in dieser Eigenschaft in einer das Ansehen des Staates gefährdenden Weise verunglimpft und sich dadurch absichtlich für Bestrebungen gegen den Bestand der Bundesrepublik Deutschland oder gegen Verfassungsgrundsätze einsetzt, wird mit Freiheitsstrafe von drei Monaten bis zu fünf Jahren bestraft.

(2) Die Tat wird nur mit Ermächtigung des betroffenen Verfassungsorgans oder Mitglieds verfolgt.

解析

1. 本罪保護之對象，是立法機關，包括聯邦眾議會（Bundestag）、聯邦參議會（Bundesrat）及各邦邦議會、聯邦政府、各邦邦政府、聯邦憲法法院及各邦憲法法院，及前述各機關之成員。

2. 本罪之詆毀行爲，須致生國家聲望之具體危害。此非但無法加以確定，而且混合了憲法及國家之法益。在此所指涉者，並非是將聯邦共和國與其他國家相比，亦不是國家與無政府狀態之相比，在此所指稱

者爲，作爲自由民主政體之聯邦共和國。

3. 倘若被侵害者係前述各機關之成員，該被害人之親屬應不得撤回其先前對犯罪訴追機關所提出追訴請求，職位後繼者亦不得撤回訴追請求。因爲於此類案件中，依照第90a條經常涉及一項對於憲法秩序之間接侵害。

第91條　　唆使重大危害國家之暴力行爲罪

(1) 有下列情形之一者，處三年以下自由刑或罰金。

　　1. 文書（第11條第3項）依其內容用於唆使實行重大危害國家之暴力行爲（第89a條第1項）爲適當，頌揚或使他人接觸，若其散布情況係適當，而促使或喚醒他人實行重大危害國家暴力行爲之意願者

　　2. 爲實行重大危害國家之暴力行爲，而取得第1款所稱之爲文書

(2) 有以下情形之一者，第1項第1款不適用之：

　　1. 行爲有關公民教育、防止違憲之努力、藝術或科學、研究或教學、對事件或歷史發生過程之報導及類似之目的者，或

　　2. 行爲純粹係履行正當職業上或職務上之義務。

(3) 罪責輕微者，法院得依本項規定不罰。

§ 91　Anleitung zur Begehung einer schweren staatsgefährdenden Gewalttat

(1) Mit Freiheitsstrafe bis zu drei Jahren oder mit Geldstrafe wird bestraft, wer

　　1. eine Schrift (§ 11 Abs. 3), die nach ihrem Inhalt geeignet ist, als Anleitung zu einer schweren staatsgefährdenden Gewalttat (§ 89a Abs. 1) zu dienen, anpreist oder einer anderen Person zugänglich macht, wenn die Umstände ihrer Verbreitung geeignet sind, die Bereitschaft anderer zu fördern oder zu wecken, eine schwere staatsgefährdende Gewalttat zu begehen,

　　2. sich eine Schrift der in Nummer 1 bezeichneten Art verschafft, um eine schwere staatsgefährdende Gewalttat zu begehen.

(2) Absatz 1 Nr. 1 ist nicht anzuwenden, wenn

1. die Handlung der staatsbürgerlichen Aufklärung, der Abwehr verfassungswidriger Bestrebungen, der Kunst und Wissenschaft, der Forschung oder der Lehre, der Berichterstattung über Vorgänge des Zeitgeschehens oder der Geschichte oder ähnlichen Zwecken dient oder

2. die Handlung ausschließlich der Erfüllung rechtmäßiger beruflicher oder dienstlicher Pflichten dient.

(3) Ist die Schuld gering, so kann das Gericht von einer Bestrafung nach dieser Vorschrift absehen.

解析

1. 第1項第1款係仿效自1986年防制恐怖主義法增修之刑法第130a條第1項之規定而來。法條文字中所稱之「依其內容」，促使或喚醒他人實行重大危害國家暴力行為之意願者，將藉由純粹的「其散布情況係適當」之規定而弱化，因而將使得僅有依其內容係中立之文書才會被納入。然而此種表達方式是一種誤導，因為無論如何必須是依照其內容，文書用於唆使實行重大危害國家之暴力行為是適當的。而中立僅是與促使（他人）實行重大危害國家之暴力行為之意願有關。

2. 第1項第2款僅是涉及單純的個人增益（Verschaffen）。在此行為人必須具有實行重大危害國家之暴力行為之意圖。

3. 第2項第1款係仿效自第86條第3項而制定之規定。

第91a條　　適用範圍

第84條、第85條及第87條之規定，僅適用於在本法空間效力範圍內所實行之行為。

§ 91a Anwendungsbereich

Die §§ 84, 85 und 87 gelten nur für Taten, die durch eine im räumlichen Geltungsbereich dieses Gesetzes ausgeübte Tätigkeit begangen werde.

解析

　　本條所適用之情形，僅限於德國刑法典有適用之地域，參見第3、第4及第5條之規定。

第四節　共同規定

Vierter Titel Gemeinsame Vorschriften

第92條　　概念確定

(1) 本法所稱之妨害聯邦德國之存在，係指剝奪其不依附外國統治之自由、消除其國家之統一，或分裂其所屬之領土。

(2) 本法所稱之憲法基本原則，係指：

　1. 國民有以選舉及表決之方式與藉由立法、行政及司法之特別機關行使國家權力之權利，並以普通、直接、自由、平等及秘密之選舉方式選舉民意代表之權利，

　2. 立法應遵循憲法秩序，行政及司法應依照實定法和其他法律，

　3. 成立並行使議會反對黨之權利，

　4. 得解散政府及對民意代表負責，

　5. 司法獨立

　6. 排除任何形式之暴力及獨裁統治。

(3) 本法所稱之

　1. 危害聯邦德國存在之行為，係指行為人致力於妨害聯邦德國存在之行為（第1項），

　2. 危害聯邦德國安全之行為，係指行為致力於妨害聯邦德國之外部或內部安全之行為，

　3. 危害聯邦德國安全之行為，係指行為致力於排除憲法基本原則（第2項）、使之失去效力或不復存在之行為。

§ 92 Begriffsbestimmungen

(1) Im Sinne dieses Gesetzes beeinträchtigt den Bestand der Bundesrepublik Deutschland, wer ihre Freiheit von fremder Botmäßigkeit aufhebt, ihre staatliche Einheit beseitigt oder ein zu ihr gehörendes Gebiet abtrennt.

(2) Im Sinne dieses Gesetzes sind Verfassungsgrundsätze

1. das Recht des Volkes, die Staatsgewalt in Wahlen und Abstimmungen und durch besondere Organe der Gesetzgebung, der vollziehenden Gewalt und der Rechtsprechung auszuüben und die Volksvertretung in allgemeiner, unmittelbarer, freier, gleicher und geheimer Wahl zu wählen,

2. die Bindung der Gesetzgebung an die verfassungsmäßige Ordnung und die Bindung der vollziehenden Gewalt und der Rechtsprechung an Gesetz und Recht,

3. das Recht auf die Bildung und Ausübung einer parlamentarischen Opposition,

4. die Ablösbarkeit der Regierung und ihre Verantwortlichkeit gegenüber der Volksvertretung,

5. die Unabhängigkeit der Gerichte und

6. der Ausschluß jeder Gewalt- und Willkürherrschaft.

(3) Im Sinne dieses Gesetzes sind

1. Bestrebungen gegen den Bestand der Bundesrepublik Deutschland solche Bestrebungen, deren Träger darauf hinarbeiten, den Bestand der Bundesrepublik Deutschland zu beeinträchtigen (Absatz 1),

2. Bestrebungen gegen die Sicherheit der Bundesrepublik Deutschland solche Bestrebungen, deren Träger darauf hinarbeiten, die äußere oder innere Sicherheit der Bundesrepublik Deutschland zu beeinträchtigen,

3. Bestrebungen gegen Verfassungsgrundsätze solche Bestrebungen, deren Träger darauf hinarbeiten, einen Verfassungsgrundsatz (Absatz 2) zu beseitigen, außer Geltung zu setzen oder zu untergraben.

1. 本條主要係針對本章各項犯罪之個別構成要件要素之含義以及所使用的概念、術語、定義所作之說明，即一般所稱之立法解釋。
2. 本條適用時，應參照德國基本法之有關規定及德國聯邦憲法法院之相關解釋。

第92a條　附隨效果

犯本章之罪，而受六月以上自由刑之宣告者，法院得剝奪擔任公職之資格、爲公職候選人之資格及在公共事務中選舉或投票之權利（第45條第2項和第5項）。

§ 92a Nebenfolgen

Neben einer Freiheitsstrafe von mindestens sechs Monaten wegen einer Straftat nach diesem Abschnitt kann das Gericht die Fähigkeit, öffentliche Ämter zu bekleiden, die Fähigkeit, Rechte aus öffentlichen Wahlen zu erlangen, und das Recht, in öffentlichen Angelegenheiten zu wählen oder zu stimmen, aberkennen (§ 45 Abs. 2 und 5)

解析

1. 本條所稱之附隨效果，即是我國法上所稱之褫奪公權，褫奪受判決之人爲公務員的資格、爲公職候選人之資格及投票權。
2. 德國刑法褫奪公權之基礎規定，參見刑法總則第45條第1項規定，係採義務宣告原則，受判決之人須犯重罪而遭法院科處一年以上之自由刑者，法院應宣告褫奪公權。
3. 刑法分則中則有採任意宣告原則之規定，即分析犯罪構成要件，依犯罪之性質，由法院依照個案具體情狀，認爲有褫奪公權之必要者，宣告褫奪公權，以符合罪刑法定原則。本條之規定，即屬之。
4. 褫奪公權之其他規定，則應適用刑法總則第45、45a及第45b條之規定。

第92b條　　沒收

犯本章之罪者，下列物品得沒收之。第74a條之規定得適用之。

1. 犯罪所生或供犯罪所用或犯罪預備之物，及

2. 與第80a條、第86條、第86a條、第89a條至第91條規定之犯罪有關之物品。

§ 92b　Einziehung

Ist eine Straftat nach diesem Abschnitt begangen worden, so können

1. Gegenstände, die durch die Tat hervorgebracht oder zu ihrer Begehung oder Vorbereitung gebraucht worden oder bestimmt gewesen sind, und

2. Gegenstände, auf die sich eine Straftat nach den §§ 80a, 86, 86a, 89a bis 91 bezieht.

eingezogen werden. § 74a ist anzuwenden.

　　本條之沒收，除針對行為人的一般沒收（第74條）外，尚且包括針對第三人所有財產之沒收規定，即一般所稱之擴大沒收。

第二章　叛國及危害外部安全（外患）之犯罪

Zweiter Abschnitt Landesverrat und Gefährdung der äußeren Sicherheit

第93條　　國家秘密之概念

(1) 國家秘密，係指爲使聯邦德國免於外部重大不利益之危險，而僅對限定範圍之人員公開，且應對外國勢力保守秘密之事實、物品或資訊。

(2) 違反自由民主之基本秩序之事實，或違反國際軍備限制條約，而對聯邦德國之契約對造應保守秘密者，非國家秘密。

§ 93　Begriff des Staatsgeheimnisses

(1) Staatsgeheimnisse sind Tatsachen, Gegenstände oder Erkenntnisse, die nur einem begrenzten Personenkreis zugänglich sind und vor einer fremden Macht geheimgehalten werden müssen, um die Gefahr eines schweren Nachteils für die äußere Sicherheit der Bundesrepublik Deutschland abzuwenden.

(2) Tatsachen, die gegen die freiheitliche demokratische Grundordnung oder unter Geheimhaltung gegenüber den Vertragspartnern der Bundesrepublik Deutschland gegen zwischenstaatlich vereinbarte Rüstungsbeschränkungen verstoßen, sind keine Staatsgeheimnisse.

解析

1. 本條關於國家秘密之定義係採行實質意義之概念，而非形式意義之概念。是否爲本罪章中所稱之國家秘密而有保守秘密之必要者，須於具體個案中加以判斷。第1項所指涉者係正面地規定屬於國家秘密範圍之事實、物品或者資訊，而2項則是負面地界定不屬於國家秘密之事項者之範圍。

2. 應保守秘密之客體，第1項規定係指事實、物品或資訊，舉凡所有眞實存在的及精神上的事實均包含在內。第1項所稱之事實係指現在或過去之事件，而未來將出現之事件，則是所謂之資訊。而私人的創新發明亦可以視爲資訊。內部事實與外部事實相同對待。第1項所稱之物品，特別是指、武器、計畫、圖畫等。此類物品依其性質並無法通知，然而在概念上已可以歸類在事實項下。此三者之共通性爲，須總是與眞正之事實、眞實之物品及資訊有關。且三項客體須符合保守秘密適格，即於行爲時，仍屬於秘密外，且僅對限定範圍之人公開，僅具有保守秘密需要者，並不該當於第1項所稱之國家秘密。

3. 第1項所稱之限定範圍內之人員並非取決於此項限定範圍之大小，特別是人數範圍，人員姓名之明確性或可資識別之人員之多寡。此項構成要件要素毋寧原則上盡可能是以負面方式予以理解，亦即非對於每一個人公開，而只有對一定限度範圍內之人員公開。此種人員有限定性通常是藉由相關聯之構成要件要素予以確定，例如考慮於應保守秘密事項所在範圍內之特定企業、公務機關或其所屬部門之隸屬關係，更進一步則是考慮特定之服務單位或其他共同有關聯之任務加以決定。

4. 對於國家秘密之必要保護，往往會與其他值得保護之利益相衝突，例如意見自由及新聞自由等基本權利，特別是當涉及將國家秘密公開時。基於此種考量，第2項特別規定所謂非法國家秘密（illegales Staatsgeheimnis），而將此類事項從國家秘密之概念中予以解消，同時將此類違法國家機密之保護限定於將之洩漏於外國勢力及諜報人員時，始以刑法項相繩（第97a、第97b條）。

5. 第1項所稱之外國勢力係指，於德國基本法效力範圍外，代表最高階層公權力來源，但並不包括其權力來源係由聯邦德國國家權力所衍生者。最常見者即是代表外國國家權力之外國政府，或其他於國與國之間或國際間存在之相同或類似之權力代表機構，並不以合法或爲國際間所承認者爲限，於外國領土內意欲並實際能夠行使統治權力者，縱使爲流亡政府或武裝反抗組織，亦足當之。

6. 第2項所稱之違法國家秘密，其一爲違反自由民主之基本秩序之事實，凡違反法治國家之統治須排除任何暴力及恣意統治，而應建立在自

由、平等及民族自決之基礎上之事實者；其二爲違反國際軍備限制條
約者。

第94條　　叛國罪

(1) 洩漏國家秘密與下列之人，致使聯邦德國之外部安全受有重大不利益
之危險者，處一年以上自由刑：

1. 外國勢力或其派遣之人，或

2. 其他損害聯邦德國或有利於外國勢力，而向無權知悉國家秘密之人
公開或將之公告周知。

(2) 情節特別重大者，處終身自由刑或五年以上自由刑。情節特別重大情
形，通常係指，

1. 負有保守國家秘密特別義務之人濫用職權（而洩漏國家秘密），或

2. 因其行爲致聯邦德國之外部安全遭受特別重大不利之危險。

§ 94 Landesverrat

(1) Wer ein Staatsgeheimnis

1. einer fremden Macht oder einem ihrer Mittelsmänner mitteilt oder

2. sonst an einen Unbefugten gelangen läßt oder öffentlich bekanntmacht,
um die Bundesrepublik Deutschland zu benachteiligen oder eine fremde
Macht zu begünstigen,und dadurch die Gefahr eines schweren Nachteils
für die äußere Sicherheit der Bundesrepublik Deutschland herbeiführt,
wird mit Freiheitsstrafe nicht unter einem Jahr bestraft.

(2) In besonders schweren Fällen ist die Strafe lebenslange Freiheitsstrafe oder
Freiheitsstrafe nicht unter fünf Jahren. Ein besonders schwerer Fall liegt in
der Regel vor, wenn der Täter

1. eine verantwortliche Stellung mißbraucht, die ihn zur Wahrung von
Staatsgeheimnissen besonders verpflichtet, oder

2. durch die Tat die Gefahr eines besonders schweren Nachteils für die
äußere Sicherheit der Bundesrepublik Deutschland herbeiführt.

解析

1. 本條為具體危險犯之規定，行為人之行為須造成聯邦德國外部安全之重大不利益之具體危險。

2. 第1項第1款之客觀構成要件行為，係行為人將行為時仍是國家秘密之事實、物品或資訊洩漏予外國或其派遣之人，且此所稱之洩漏必須直接發生，亦即行為人假手他人間接傳遞之情形，並無本款之適用，而應適用同項第2款。第1項第2款之行為態樣包括，透過不具有權限知悉國家秘密之人將國家秘密傳遞予外國勢力，或將國家秘密公開之情形。外國勢力實際上是否已經知悉國家秘密，並非重點，行為人只需將國家秘密向無權限之人透露或公告周知，構成要件已屬該當。所謂無權限之人係指，行為人對之無告知義務，有權要求行為人告知者，且亦非外國政府必要信賴之人。

3. 第1項第1款所稱之外國勢力派遣之人指受外國勢力之命令、派遣、指使、委託為外國勢力服務或傳達外國勢力指令，而派駐於外國之官方或半官方機構內之人員，例如大使館或代表處人員、新聞通訊人員。外國勢力派駐於國際組織內或代表團之成員，皆包括在內。

4. 本條第1項行為之成立，行為人主觀上必須符合（至少是有條件的）雙重故意（Doppelvorsatz），亦即行為人除須對於其行為有故意外，對於致生之危害亦應有知與欲。第1項第2款中，行為人尚且必須有損害聯邦德國或有利於外國勢力之意圖。

第95條　　公開國家秘密罪

(1) 使無權者獲得由公務機關保守或受其要求而應保守之國家秘密，或將之公告周知，致生聯邦德國之外部安全重大不利益之危險，而不受第94條之規定處罰者，處六月以上五年以下自由刑。

(2) 未遂犯，罰之。

(3) 情節特別重大者，處一年以上十年以下自由刑。第94條第2項第2句之規定，適用之。

§ 95　Offenbaren von Staatsgeheimnissen

(1) Wer ein Staatsgeheimnis, das von einer amtlichen Stelle oder auf deren Veranlassung geheimgehalten wird, an einen Unbefugten gelangen läßt oder öffentlich bekanntmacht und dadurch die Gefahr eines schweren Nachteils für die äußere Sicherheit der Bundesrepublik Deutschland herbeiführt, wird mit Freiheitsstrafe von sechs Monaten bis zu fünf Jahren bestraft, wenn die Tat nicht in § 94 mit Strafe bedroht ist.

(2) Der Versuch ist strafbar.

(3) In besonders schweren Fällen ist die Strafe Freiheitsstrafe von einem Jahr bis zu zehn Jahren. § 94 Abs. 2 Satz 2 ist anzuwenden.

解析

1. 第1項所稱之國家秘密必須經由公務機關或至少是由受其委託者保守之。而此所稱之公務機關係指，於行政、立法或司法等三項領域中，負有一定國家義務者。經由專利局依照專利法第50條以下個條文及實用新型法第9條，認爲含有國家秘密於內之專利及實用新型（Patente und Gebrauchsmuster）而禁止公開者，亦屬之。經由其他機構，例如未有國家機關委託之企業製造廠，所爲之事實性的秘密保守，與本項之規定無涉。

2. 第1項構成要件中所稱之公告周知，係指經由媒體記者、作家、科學家出版工作者，公開披露或發表，而使得社會大眾知悉國家秘密之情形，而所謂使無權之人知悉則是指，此項構成要件係由上述出版工作者之消息來源者，特別是由保守秘密之人本身或公務員，爲察覺可能的漏洞而間接經由不具權限之第三人社會大眾公開而實現構成要件之行爲。

3. 本條爲具體危險犯之規定，行爲人之行爲須致生聯邦德國外部安全之重大不利益之具體危險，始成立本罪。

第96條　叛國之間諜行為；刺探國家秘密罪

(1) 意圖叛國而取得國家秘密（第94條）者，處一年以上十年以下自由刑。

(2) 意圖公開（第95條）而取得由公務機關保守或受其要求而應保守之國家秘密者，處六月以上五年以下自由刑。未遂犯，罰之。

§ 96 Landesverräterische Ausspähung; Auskundschaften von Staatsgeheimnissen

(1) Wer sich ein Staatsgeheimnis verschafft, um es zu verraten (§ 94), wird mit Freiheitsstrafe von einem Jahr bis zu zehn Jahren bestraft.

(2) Wer sich ein Staatsgeheimnis, das von einer amtlichen Stelle oder auf deren Veranlassung geheimgehalten wird, verschafft, um es zu offenbaren (§ 95), wird mit Freiheitsstrafe von sechs Monaten bis zu fünf Jahren bestraft. Der Versuch ist strafbar.

解析

1. 本條規定係將第94條之預備行為設計成獨立構成要件。純粹偶然知悉國家秘密者，並不構成第1項之犯罪。自有權知悉或持有國家秘密者處聽聞國家秘密，意圖洩漏而以授權之方式取得現有之國家秘密者，亦符合第1項之構成要件。同時有第94條及第96條第1項之行為該當，後者將視為前者之預備行為而被吸收。

2. 第1項意圖叛國之間諜行為視為第94條之預備行為而施加刑罰，而第2項則是與第1項平行，將公開（使無權之人知悉或公告周知）國家秘密之預備行為加以處罰。第2項之法定刑與第95條相同，且有處罰未遂之規定，係與第1項不同處。同時有第95條及第96條第2項之行為該當，後者將視為前者之預備行為而被吸收。

3. 本條之客觀行為刺探，係指一項積極、朝向取得國家秘密有關之事實、物品或資訊之行為，此種行為並無固定之態樣，然必須與行為之意志方向緊密關聯，即藉此達實現行為人接觸國家秘密之目的。行為

人事先是否知悉國家秘密內容與否並非所問，行為人僅須使得獲取之國家秘密保持在得以繼續傳遞之狀態，即為已足。

第97條　　洩漏國家秘密罪
(1) 故意使無權者獲得由公務機關保守或受其要求而應保守之國家秘密，或將之公告周知，過失致生聯邦德國之外部安全重大不利益之危險者，處五年以下自由刑或罰金。
(2) 重大過失使無權者獲得曾因職務、職位或受公務機關之委託而接觸之由公務機關保守或受其要求而應保守之國家秘密者，過失致生聯邦德國之外部安全重大不利益之危險者，處三年以下自由刑或罰金。
(3) 本罪非經聯邦政府之請求，不得追訴。

§ 97 Preisgabe von Staatsgeheimnissen

(1) Wer ein Staatsgeheimnis, das von einer amtlichen Stelle oder auf deren Veranlassung geheimgehalten wird, an einen Unbefugten gelangen läßt oder öffentlich bekanntmacht und dadurch fahrlässig die Gefahr eines schweren Nachteils für die äußere Sicherheit der Bundesrepublik Deutschland verursacht, wird mit Freiheitsstrafe bis zu fünf Jahren oder mit Geldstrafe bestraft.

(2) Wer ein Staatsgeheimnis, das von einer amtlichen Stelle oder auf deren Veranlassung geheimgehalten wird und das ihm kraft seines Amtes, seiner Dienststellung oder eines von einer amtlichen Stelle erteilten Auftrags zugänglich war, leichtfertig an einen Unbefugten gelangen läßt und dadurch fahrlässig die Gefahr eines schweren Nachteils für die äußere Sicherheit der Bundesrepublik Deutschland verursacht, wird mit Freiheitsstrafe bis zu drei Jahren oder mit Geldstrafe bestraft.

(3) Die Tat wird nur mit Ermächtigung der Bundesregierung verfolgt.

解析

1. 相對於第95條第1項及第2項所處罰者爲故意犯罪行爲，本條第1項爲部分過失犯之規定，第2項則是全然爲過失犯之處罰規定。

2. 第1項之客觀構成要件行爲有二，一爲故意使無權者獲得由公務機關保守或受其要求而應保守之國家秘密，或將之公告周知；一爲因過失使無權者獲得由公務機關保守或，受其要求而應保守之國家秘密，或將之公告周知，從而致生聯邦德國之外部安全重大不利益之危險。

3. 相對於第1項之法律效果，第2項係減輕處罰之規定，當行爲人重大過失使無權限之人獲得國家秘密，因而過失地致生危害國家之情形者。與第1項不同者，第2項之過失行爲處罰並未包括將國家秘密公告周知之情形。蓋第1項以故意概念爲前提之處罰情形，於第2項所規定之先決條件並無法加以實行。

4. 本罪是身分犯之規定。適格之行爲人爲根據職位、職務或受公務機關之委託而得以接觸國家秘密者，且行爲人對於前述之情形主觀上有所認識。

第97a條　　違法秘密之洩漏罪

向外國或其派遣之人洩漏因第93條第2項所稱之違反而非屬於國家秘密之秘密，致生聯邦德國之外部安全重大不利益之危險者，視同叛國罪（第94條）處罰之，第94條第1項第1款同第96條第1項準用於第1句中所稱之秘密。

§ 97a Verrat illegaler Geheimnisse

Wer ein Geheimnis, das wegen eines der in § 93 Abs. 2 bezeichneten Verstöße kein Staatsgeheimnis ist, einer fremden Macht oder einem ihrer Mittelsmänner mitteilt und dadurch die Gefahr eines schweren Nachteils für die äußere Sicherheit der Bundesrepublik Deutschland herbeiführt, wird wie ein Landesverräter (§ 94) bestraft. § 96 Abs. 1 in Verbindung mit § 94 Abs. 1 Nr. 1 ist auf Geheimnisse der in Satz 1 bezeichneten Art entsprechend anzuwenden.

解析

1. 行為人依照第94條第1項第1款規定，以隱密的方式傳遞予外國勢力或其派遣之人，披露違法但對安全具有重要性之秘密者，得依照本條之規定處罰。其行為結果亦如同第1條第1項之情形，須致生聯邦得國外部安全之重大不利益之具體危險者，使該當本罪之處罰，為具體危險犯之規定。

2. 於行為人有錯誤之情形：行為人將違法秘密錯誤地認為是合法國家秘密，而洩漏予外國或其派遣之人，則行為人此時應依本條第1句加以處罰，而非依照第94條第1項第1款（不能）未遂之叛國罪予以處罰，此由第94條第1項第1款及本條第1具之適用關係中可推知；相反有爭議者為，行為人將合法國家秘密誤認為違法秘密，學說有認為應依本條，而非第97b條第1項第1款處斷。行為人於依第94條第1項第1款之方式洩漏違法國家秘密，已視同叛國罪加以處罰。前述之情形必須是行為所洩漏者為合法國家秘密，然而其卻錯誤地相信，所洩漏者為違法國家秘密，則此時第97b條所要求之其他前提已無法達成，而不符合第97b條之法條文字。此種爭論在實務上並不具意義，蓋將秘密洩漏予外國勢力或其派遣之人，並非治癒此種想像中秘密違法性質之適當途徑，此時得依第94條第1項第1款予以處罰。倘若行為人知悉所洩漏者為違法國家秘密，然而行為誤認為，洩漏五種違法國家秘密係刑法所不處罰者，此時涉及禁止錯誤之情形，應依第97a條，而非依第97b條論處。

3. 本條第2句係關係刺探違法國家秘密之處罰。行為人取得此類國家秘密之行為，其主觀上必須有將之洩漏予外國勢力或其派遣之人的意圖。倘若行為人占有違法國家秘密，而將之公告周知或使無權之人知悉者，並不在處罰之列。不同於第96條第1項，第94條第1項第2款之洩漏態樣則被排除。

第97b條　　洩漏誤認為違法秘密罪

(1) 於第94條至第97條之情形，誤認國家秘密係第97a條稱之秘密而洩漏者，而有下列情況之一者，依上述各條之規定處罰之。

1. 錯誤可歸責於行為人，

2. 行為人故意地未抵制可以避免之違法行為，或

3. 依照情況其行為非屬於符合該目的之適當手段，

行為人未預先請求聯邦議會成員予以補救，其行為原則係不適當之手段。

(2) 曾為公務員或聯邦國防軍軍人因職務持有或知悉國家秘密，其未預先向上級長官請求予以補救者，亦處罰之。於公共事務上負有特別義務之人及第353b條第2項負有義務之人，本項之規定亦適用之。

§ 97b Verrat in irriger Annahme eines illegalen Geheimnisses

(1) Handelt der Täter in den Fällen der §§ 94 bis 97 in der irrigen Annahme, das Staatsgeheimnis sei ein Geheimnis der in § 97a bezeichneten Art, so wird er, wenn

1. dieser Irrtum ihm vorzuwerfen ist,

2. er nicht in der Absicht handelt, dem vermeintlichen Verstoß entgegenzuwirken, oder

3. die Tat nach den Umständen kein angemessenes Mittel zu diesem Zweck ist,

nach den bezeichneten Vorschriften bestraft. Die Tat ist in der Regel kein angemessenes Mittel, wenn der Täter nicht zuvor ein Mitglied des Bundestages um Abhilfe angerufen hat.

(2) War dem Täter als Amtsträger oder als Soldat der Bundeswehr das Staatsgeheimnis dienstlich anvertraut oder zugänglich, so wird er auch dann bestraft, wenn nicht zuvor der Amtsträger einen Dienstvorgesetzten, der Soldat einen Disziplinarvorgesetzten um Abhilfe angerufen hat. Dies gilt für die für den öffentlichen Dienst besonders Verpflichteten und für Personen, die im Sinne des § 353b Abs. 2 verpflichtet worden sind, sinngemäß.

解析

1. 誤認對於安全具有重要性之秘密係違法者，僅在非常有限的範圍內對行為人而言係有利的。行為人誤認洩漏客體之性質係國家秘密，因為其錯誤地認為，第93條第2項所稱之一項違反，以致於其將依照交付真正國家秘密之規定（第94至第97條）加以處罰，倘若有第97b條第1項第1句第1至第3款所稱之前提條件存在。

2. 立法者為確保，僅有負責任的、為謹守法律秩序而深思熟慮及審慎行事之公民免受第94至第97條之處罰。在此錯誤之可責性（Vorwerfbarkeit），將不同於刑法第17條禁止錯誤之一般性規定，僅有在以下此種情況時，才會予以考慮，即於適用客觀上必要及對於其個人是可能的注意義務時，行為人是否有可能避免錯誤發生。第1項第1句第1至第3款所稱之前提條件等價替代選擇，僅須滿足其中1款之規定，即不受第1項所規定之刑事處罰。於第2項之規定，第1項第1句第2、第3款並無法予以適用，其於行為時須以一項意願性之要素為前提條件，而與重大過失犯罪是有所不同者。

3. 第1項第1句第2款所謂故意未抵制可避免之違法行為，涉及的是行為人對於犯罪行為主觀上之態度。倘若行為人行為之動機並非在於，其錯誤認知所造成之違法係基於藉由其行為對抗自由民主之基本秩序或軍備限制條約時，始有可能加以處罰。僅由於行為人非出於利他，而是基於利己之動機實行行為，對之將予以處罰。倘若行為人之行為有數個動機所促成，則本款將不予適用，倘若抵制意圖（Entgegenwirkungsabsicht）並未推擠至次要地位，而行為人最終居於主導地位之動機仍然保持。然而對法律並無須作如此解釋，不論法文本身或是立法文件中均未要求對於條文應作如此嚴格之理解。相較於本罪章之其他條文，於涉及最終之意圖的情況時，皆未提及行為人居於主導地位之動機（Leitmotiv），此即顯示出，本款並毋須做成任何不同之適用結果。因此行為人抵制意圖縱使僅係從屬性質之動機，即為已足。蓋罪疑惟有利於行為人。

4. 第1項第1句第3款所稱之非屬於符合該目的之適當手段，係指有錯誤認知之行為人仍應加以處罰，倘若對於藉由抵制意圖追求之目的而言，

行為人之行為並非適當手段者。因此於該項被錯認之違反自由民主基本秩序或軍備限制條約及對於聯邦德國之安全實際上已出現或預期之具體危險間，必須探討一項假定之目的手段相當性。具體個案中之所有情況都應列入考慮，特別是違反之嚴重性、對於法益所存在之危險及實際上損害發生之可能性程度。相同重要者尚且包括，知情者之範圍應盡可能地維持在小範圍內、尊重時間限制及審酌替代選擇等。此項相當性是根據一項事先判斷之觀點，而基於抵制違反法律之情形行為必須是符合適當、必要及狹義比例原則。

5. 倘若行為人為事先請求德國聯邦議會成員予以補救，在通常情況下，行為人的抵制行為並非適當手段。第1項第2句是將可能之溫和手段以法律明文規定。依照立法者之評估，相較於傳遞或使外國勢力無權之人取得，請求聯邦國會議員補救，通常是一項比較溫和的手段。

6. 第2項是立法適用於公務員（第11條第1項第2款）、軍人（軍人法第1條第1項）及對於公共事務負有特別義務者（第11條第1項第4款）與依照第353b條第2項事實上負有義務者之特別規定。依照此項規定，第1項之法律效果亦可產生，倘若行為人於其行為前為抵制此種可能的違法情形，於內部努力尋求補救，且其於職務上曾受委託掌管國家秘密或曾接觸者。為避免刑事處罰，行為人必須首先於內部尋求補救，並接續請求國會議員，前項第2句於此亦有適用。最後亦可適當地採取其他同樣有效且溫和的手段，於行為人可能陷入第94至第97條之侵權範圍內之前。

7. 第2項所稱之請求補救之內容必須係被請求者所知悉者，而此時對於被請求提供補救協助得公開之事實僅限於予補救內容必要之部分，至於請求如何表達或發出並非重點。因此違反對於類此情況已有預先規定之程序亦可列入考慮。然而為免事後舉證困難，行為人應以選擇書面方式進行較為適當。

第98條　　叛國之間諜活動罪

(1) 行為不受第94條或第96條第1項之規定處罰，而有下列情形之一者，

處五年以下自由刑或罰金：

1. 爲外國執行蒐集或傳遞國家秘密，或

2. 承諾爲外國或其派遣之人從事前款之活動，

情節特別重大者，處一年以上十年以下自由刑；第94條第2項第2句第1款之規定，準用之。

(2) 行爲人自願放棄其行爲並供述其所知悉之內容者，法院得酌情減輕其刑（第49條第2項），或依法免除其刑。於第94條第1項第1句之情形，行爲人受外國或其派遣之人之脅迫而實行第1項第1款之行爲，其自願放棄行爲並立即向主管機關供述其所知悉之內容者，依此項規定，不罰。

§ 98 Landesverräterische Agententätigkeit

(1) Wer

1. für eine fremde Macht eine Tätigkeit ausübt, die auf die Erlangung oder Mitteilung von Staatsgeheimnissen gerichtet ist, oder

2. gegenüber einer fremden Macht oder einem ihrer Mittelsmänner sich zu einer solchen Tätigkeit bereit erklärt,

wird mit Freiheitsstrafe bis zu fünf Jahren oder mit Geldstrafe bestraft, wenn die Tat nicht in § 94 oder § 96 Abs. 1 mit Strafe bedroht ist. In besonders schweren Fällen ist die Strafe Freiheitsstrafe von einem Jahr bis zu zehn Jahren; § 94 Abs. 2 Satz 2 Nr. 1 gilt entsprechend.

(2) Das Gericht kann die Strafe nach seinem Ermessen mildern (§ 49 Abs. 2) oder von einer Bestrafung nach diesen Vorschriften absehen, wenn der Täter freiwillig sein Verhalten aufgibt und sein Wissen einer Dienststelle offenbart. Ist der Täter in den Fällen des Absatzes 1 Satz 1 von der fremden Macht oder einem ihrer Mittelsmänner zu seinem Verhalten gedrängt worden, so wird er nach dieser Vorschrift nicht bestraft, wenn er freiwillig sein Verhalten aufgibt und sein Wissen unverzüglich einer Dienststelle offenbart.

1. 倘若有叛國行為核心領域之不法行為，即洩漏及刺探國家秘密，則在此種叛國行為之前勢必有一系列之行為，而由於其對於國家安全所具有之危險性而不能不予以處罰。間諜情報人員網絡之建立、設置及運作，僅須有洩漏及刺探國家秘密之預備行為，即是對於外部安全直接侵害，並從而產生應予以刑罰之必要。第98、第99條之規範目的即是為了能夠涵蓋這項前延部分的預備行為。作為獨立犯罪類型之預備行為（第98條第1項、第99條第1項），是附屬於洩漏及刺探國家秘密行為（第94、96條第1項、第97a、第97b條）。此亦適用於，倘若事實上並非涉及一項特殊的諜報行為，依照第99條是朝向其他秘密，而非國家秘密之行為。第98、第99條應作為優先適用之特別規定，當其與第30條併同第94條至第96條、第97a、第97b條或其他預備行為發生競合時。

2. 本條之構成要件在任何狀況下均與第94條至第96條之披露國家秘密有關，倘若當其涉及以取得或傳遞國家秘密為方向之行為者。第1項第1款是意圖犯（Absichtsdelikt）規定之新型態。所謂意圖犯，指以具有超過客觀要素的一定主觀目的的行為為必要的犯罪。本款之行為要求蒐集或傳遞或交付國家秘密予外國勢力或其派遣之人，換言之，行為人除了實施符合構成要件的行為外，行為人尚須實施另一個不同於構成要件的行為，才能實現行為人所意圖的目的或結果，而在本款即是行為人收集受到保護之國家秘密，或稍後將之予以傳遞。再者第1項所稱之執行一定活動，參與人之間必須達成協議，此為解釋上必然，蓋單方面之情報員殊難想像。至於在此之情報員事先是否已經承諾願意執行收集或傳遞國家秘密之行為，則非重點。另外執行一項行為是構成要件上之行為單數，並非繼續犯。

3. 第1項第2款之承諾要求一項真正的自願性，如此之規定在此係為了將危險性的糾葛（gefährliche Verstrickung）及欠缺可證明性之積極執行行為涵蓋在內。

第99條　　情報人員之間諜活動罪

(1) 行為不受第94條或第96條第1項、第97a條或第97b條併同第94條或第96條第1項之規定處罰，而有下列情形之一者，處五年以下自由刑或罰金：

1. 為外國情報機關從事對抗聯邦德國之間諜活動，傳遞或交付事實、物品或資訊，或

2. 承諾為外國情報機關或其派遣之人從事前款之活動。

(2) 情節特別重大者，處一年以上十年以下自由刑。情節特別重大通常係指，行為人傳遞或交付由公務機關保守或受其要求而應保守之事實、物品或資訊，及

1. 對於保守此種秘密負有特別義務，而濫用職權，或

2. 行為致生聯邦德國重大不利之危險。

(3) 第98條第2項之規定，準用之。

§ 99 Geheimdienstliche Agententätigkeit

(1) Wer

1. für den Geheimdienst einer fremden Macht eine geheimdienstliche Tätigkeit gegen die Bundesrepublik Deutschland ausübt, die auf die Mitteilung oder Lieferung von Tatsachen, Gegenständen oder Erkenntnissen gerichtet ist, oder

2. gegenüber dem Geheimdienst einer fremden Macht oder einem seiner Mittelsmänner sich zu einer solchen Tätigkeit bereit erklärt,

wird mit Freiheitsstrafe bis zu fünf Jahren oder mit Geldstrafe bestraft, wenn die Tat nicht in § 94 oder § 96 Abs. 1, in § 97a oder in § 97b in Verbindung mit § 94 oder § 96 Abs. 1 mit Strafe bedroht ist.

(2) In besonders schweren Fällen ist die Strafe Freiheitsstrafe von einem Jahr bis zu zehn Jahren. Ein besonders schwerer Fall liegt in der Regel vor, wenn der Täter Tatsachen, Gegenstände oder Erkenntnisse, die von einer amtlichen Stelle oder auf deren Veranlassung geheimgehalten werden, mitteilt oder liefert und wenn er

1. eine verantwortliche Stellung mißbraucht, die ihn zur Wahrung solcher Geheimnisse besonders verpflichtet, oder

2. durch die Tat die Gefahr eines schweren Nachteils für die Bundesrepublik Deutschland herbeiführt.

(3) § 98 Abs. 2 gilt entsprechend.

解析

1. 第1項第1款所稱之對抗聯邦德國此一概念係對應於修正前條文叛國罪之保護客體，聯邦德國之福祉，除國家事務外，包含所有對於整體國家利益具有重要性者，舉凡安全、經濟、科學、外交關係等均屬之。外國機構及其代表人其於聯邦德國之安全感受受到妨害或作為對抗聯邦德國之事實，則此時亦包含在內。交付或傳遞關於聯邦德國福祉事實並不以直接具有重要性者為限，間接事實亦屬之，惟並非所謂具有情報價值之事實皆包含在內。刺探偵察第三國之資訊，並不包括在內，但如果第三國為北大西洋公約組織成員國時，則包括在內。刺探偵察北大西洋公約組織的核心部門亦被視為對抗聯邦德國之行為。

2. 本罪之行為被限定為，必須是為外國勢力之情報機關所從事之間諜活動。所謂外國勢力之情報機關，依照功能性解釋應係指具中央情報機構地位者。此所稱之外國係就聯邦德國而言，並非以行為人之立場決定。間諜活動係指，專門為情報目的所投入，外觀上符合情報機關情報員或是其他輔助人員之工作。此種人員的範圍，從居民、使者到為日後正式投入進行準備而執行試驗任務之實習情報員（Probeagent）均包含在內。秘行性及陰謀手段固然常見，但並非必要。

3. 第1項第1款是意圖犯（Absichtsdelikt）規定之新型態。所謂意圖犯，指以具有超過客觀要素的一定主觀目的的行為為必要的犯罪。本款之行為要求朝向傳遞或交付事實、物品、資訊予外國勢力之情報機關，換言之，行為人除了實施符合構成要件的行為外，行為人尚須實施另一個不同於構成要件的行為，才能實現行為人所意圖的目的或結果，而在本款即是行為人傳遞或交付事實、物品或資訊。

4. 第1項第2款之承諾要求一項眞正的自願性，如此之規定在此係爲了將
危險性的糾葛（gefährliche Verstrickung）及欠缺可證明性之積極執行行
爲涵蓋在內。

5. 本罪之成立，行爲人僅須有間接故意即可。

第100條　　危害和平關係罪

(1) 住所位於本法空間效力範圍內之德國人，意圖引起對抗聯邦德國之戰
爭或武裝行動，而與本法空間效力範圍外之政府、團體或機構建立或
維持關係者，處一年以上自由刑。

(2) 情節特別重大者，處終身自由刑或五年以上自由刑。情節特別重大通
常係指，行爲人之行爲致生聯邦德國存在之重大不利益之危險。

(3) 情節較輕微者，處一年以上五年以下自由刑。

§ 100 Friedensgefährdende Beziehungen

(1) Wer als Deutscher, der seine Lebensgrundlage im räumlichen
Geltungsbereich dieses Gesetzes hat, in der Absicht, einen Krieg oder
ein bewaffnetes Unternehmen gegen die Bundesrepublik Deutschland
herbeizuführen, zu einer Regierung, Vereinigung oder Einrichtung
außerhalb des räumlichen Geltungsbereichs dieses Gesetzes oder zu einem
ihrer Mittelsmänner Beziehungen aufnimmt oder unterhält, wird mit
Freiheitsstrafe nicht unter einem Jahr bestraft.

(2) In besonders schweren Fällen ist die Strafe lebenslange Freiheitsstrafe oder
Freiheitsstrafe nicht unter fünf Jahren. Ein besonders schwerer Fall liegt in
der Regel vor, wenn der Täter durch die Tat eine schwere Gefahr für den
Bestand der Bundesrepublik Deutschland herbeiführt.

(3) In minder schweren Fällen ist die Strafe Freiheitsstrafe von einem Jahr bis
zu fünf Jahren.

解析

1. 不同於第80、第80a條所謂利他的和平保護,本條規範目的係關於聯邦德國利己的和平保護。不同於第98、99條之規定,本罪並非有一項可供解釋之特定行為接受處罰,而是與本法效力範圍外之政府、團體或機構或其派遣之人建立或維持危害國家之關係。

2. 第1項所稱之建立關係並不以行為人與其所欲建立關係之對象已達成意思合致為前提,進行先前之磋商談判即為已足。單方面提供諜報情蒐活動,或是以預防為目的之單方面行為,當另一方知情者,亦可構成。由檢查哨截獲信件則是未遂,並不構成本罪。至於維持則是指,持續經營關係,係繼續犯,且不論關係是否為行為人所建立者。

3. 不同於本法之其他叛亂行為之處罰,陰謀叛亂之行為人應以住所在本法空間效力範圍內之德國人為限。

4. 建立或維持關係,行為人主觀上需有引發對抗聯邦德國之戰爭或武裝行動之意圖,且不以客觀上是否產生危險為前提。

第100a條　　叛國之偽造行為罪

(1) 意圖故意詐欺外國,違反良知將其正確性及真實性對聯邦德國之外部安全及與外國關係有重要性之有關物品或情資加以偽造或變造,而出示他人或公開,致生聯邦德國之外部安全或與外國關係之重大不利益危險者,處六月以上五年以下自由刑。

(2) 意圖以第1項所稱之方式詐欺外國,使其出示他人或公開,而以偽造或變造之方式製作或取得上述物品,致生聯邦德國之外部安全或與外國關係之重大不利益危險者,亦處罰之。

(3) 未遂犯,罰之。

(4) 情節特別重大者,處一年以上自由刑。特別重大之情形,通常係指行為人之行為致生聯邦德國之外部安全或與外國關係重大不利益之危險。

§ 100a Landesverräterische Fälschung

(1) Wer wider besseres Wissen gefälschte oder verfälschte Gegenstände, Nachrichten darüber oder unwahre Behauptungen tatsächlicher Art, die im Falle ihrer Echtheit oder Wahrheit für die äußere Sicherheit oder die Beziehungen der Bundesrepublik Deutschland zu einer fremden Macht von Bedeutung wären, an einen anderen gelangen läßt oder öffentlich bekanntmacht, um einer fremden Macht vorzutäuschen, daß es sich um echte Gegenstände oder um Tatsachen handele, und dadurch die Gefahr eines schweren Nachteils für die äußere Sicherheit oder die Beziehungen der Bundesrepublik Deutschland zu einer fremden Macht herbeiführt, wird mit Freiheitsstrafe von sechs Monaten bis zu fünf Jahren bestraft.

(2) Ebenso wird bestraft, wer solche Gegenstände durch Fälschung oder Verfälschung herstellt oder sie sich verschafft, um sie in der in Absatz 1 bezeichneten Weise zur Täuschung einer fremden Macht an einen anderen gelangen zu lassen oder öffentlich bekanntzumachen und dadurch die Gefahr eines schweren Nachteils für die äußere Sicherheit oder die Beziehungen der Bundesrepublik Deutschland zu einer fremden Macht herbeizuführen.

(3) Der Versuch ist strafbar.

(4) In besonders schweren Fällen ist die Strafe Freiheitsstrafe nicht unter einem Jahr. Ein besonders schwerer Fall liegt in der Regel vor, wenn der Täter durch die Tat einen besonders schweren Nachteil für die äußere Sicherheit oder die Beziehungen der Bundesrepublik Deutschland zu einer fremden Macht herbeiführ.

 解析

1. 本罪就性質上而言是涉及聯邦德國對於外國的一項誹謗行爲（Verleumdung）。此種行爲原本僅得以詐欺罪或僞造犯罪予以訴追，然而由於告知與國家有重大關係事項之虛僞內容往往形成國家存在之內部或外部安全之危害，因此有必要將此一漏洞加以填補，故而有本罪處罰之規定。

2. 與眞實陳述間之概念上連結，在本罪之處罰中實際上並不存在。叛國僞造所注重者爲特定之非眞實或非眞正之內容，當其爲眞實或眞正之情形，對於聯邦德國之外部安全或與外國關係具有重要性者。

3. 第1項之處罰，行爲人主觀上須明知所洩漏之內容爲非眞實或非眞正，行爲人除須對於行爲及危害有認識外，尚且必須意圖欺騙外國（使之相信）內容之眞實性及眞正性，在此涉及到一項意圖犯及具體危險犯之規定。

4. 第2項之規定係預備犯之獨立處罰規定。藉由僞造或變造製作或取得第1項所稱之物品，而於客觀上及主觀上實現第1項所描述之行爲。

第101條　　附隨效果

故意犯本章之罪，而受六月以上自由刑之宣告者，法院得剝奪擔任公職之資格、爲公職候選人之權利、資格及在公共事務中選舉或投票之權利（第45條第2項和第5項）。

§ 101 Nebenfolgen

Neben einer Freiheitsstrafe von mindestens sechs Monaten wegen einer vorsätzlichen Straftat nach diesem Abschnitt kann das Gericht die Fähigkeit, öffentliche Ämter zu bekleiden, die Fähigkeit, Rechte aus öffentlichen Wahlen zu erlangen, und das Recht, in öffentlichen Angelegenheiten zu wählen oder zu stimmen, aberkennen (§ 45 Abs. 2 und 5)

解析

1. 本條所稱之附隨效果，即是我國法上所稱之褫奪公權，褫奪受判決之人爲公務員的資格、爲公職候選人之資格及投票權。

2. 德國刑法褫奪公權之基礎規定，參見刑法總則第45條第1項規定，係採義務宣告原則，受判決之人須犯重罪而遭法院科處一年以上之自由刑者，法院應宣告褫奪公權。

3. 刑法分則中則有採任意宣告原則之規定，即分析犯罪構成要件，依犯罪之性質，由法院依照個案具體情狀，認為有褫奪公權之必要者，宣告褫奪公權，以符合罪刑法定原則。本條之規定即屬之。
4. 褫奪公權之其他規定，則應適用刑法總則第45、45a及第45b條之規定。

第101a條　沒收

犯本章之罪者，下列物品得沒收之。
1. 犯罪所生或供犯罪所用或犯罪預備之物，及
2. 屬於國家秘密之物品，及第100a條中所稱之與其行為有關之物品。
第74條a之規定得適用之。為防止聯邦德國外部安全重大危險之不利益，必要時，於第74條第3項第1句及第74b條之前提不存在之情形，第1句第2款所稱之物品，亦沒收之；此項規定於行為人無罪責時，亦適用之。

§ 101a Einziehung

Ist eine Straftat nach diesem Abschnitt begangen worden, so können
1. Gegenstände, die durch die Tat hervorgebracht oder zu ihrer Begehung oder Vorbereitung gebraucht worden oder bestimmt gewesen sind, und
2. Gegenstände, die Staatsgeheimnisse sind, und Gegenstände der in § 100a bezeichneten Art, auf die sich die Tat bezieht,
eingezogen werden. § 74a ist anzuwenden. Gegenstände der in Satz 1 Nr. 2 bezeichneten Art werden auch ohne die Voraussetzungen des § 74 Absatz 3 Satz 1 und des § 74b eingezogen, wenn dies erforderlich ist, um die Gefahr eines schweren Nachteils für die äußere Sicherheit der Bundesrepublik Deutschland abzuwenden; dies gilt auch dann, wenn der Täter ohne Schuld gehandelt hat.

解析

1. 由本條規定之順序及內容可推知，第1項之沒收係指根據德國刑法第74條，針對行為人之一般沒收。
2. 第2項之沒收，除針對「第三人所有財產」之沒收規定，即一般所稱之

擴大沒收外，縱使德國刑法第74條第2項所規定之情形，即倘若客體中有公共危險或有可能供他人犯罪之用的特性時，則不論是否屬行為人所有，均得一律沒收者，且不以犯罪行為人有罪為必要，只需有不法行為存在即應沒收。

第三章　對外國之犯罪

Dritter Abschnitt Straftaten gegen ausländische Staaten

第102條　　對外國之機構與代表之攻擊罪

(1) 攻擊外國元首、外國政府之成員或經派遣至聯邦領域中之外交使節團首長之身體或生命，且該受攻擊者係以公務身份居留於內國者，處五年以下自由刑或罰金。情節嚴重者，處一年以上之自由刑。

(2) 除至少判處六個月自由刑外，法院得剝奪任公職之能力、由選舉中所獲得權利之能力以及公共事務選舉權或投票權（第45條第2項及同條第5項）。

§ 102 Angriff gegen Organe und Vertreter ausländischer Staaten

(1) Wer einen Angriff auf Leib oder Leben eines ausländischen Staatsoberhaupts, eines Mitglieds einer ausländischen Regierung oder eines im Bundesgebiet beglaubigten Leiters einer ausländischen diplomatischen Vertretung begeht, während sich der Angegriffene in amtlicher Eigenschaft im Inland aufhält, wird mit Freiheitsstrafe bis zu fünf Jahren oder mit Geldstrafe, in besonders schweren Fällen mit Freiheitsstrafe nicht unter einem Jahr bestraft.

(2) Neben einer Freiheitsstrafe von mindestens sechs Monaten kann das Gericht die Fähigkeit, öffentliche Ämter zu bekleiden, die Fähigkeit, Rechte aus öffentlichen Wahlen zu erlangen, und das Recht, in öffentlichen Angelegenheiten zu wählen oder zu stimmen, aberkennen (§ 45 Abs. 2 und 5).

 解析

1. 本條文係為保護外國國家利益，並且是針對直接攻擊外國。而攻擊外

國其對象指之是攻擊外國之正式代表人員，例如外國元首、外國政府
之成員或經派遣至聯邦領域中之外交使節團首長之身體或生命。該外
國代表人員必須是以公務之身分而停留於德國境內者，而攻擊之形態
則爲該人之生命或身體。

2. 本罪若判處六個月以上之自由刑者，其所賦予之附屬效果爲褫奪各項
公權，如任公職之能力、由選舉中所獲得權利之能力以及公共事務選
舉權或投票權。

第103條　　刪除

§ 103　weggfallen

第104條　　破壞外國旗幟或國章罪

(1) 對於依法律、或按照一般承認之習慣所公開展示之外國旗幟、或對外
國所承認之代表公開使用之國章加以移除、毀壞、損害，或使之無法
辨識、或辱罵性滋擾者，處二年以下自由刑或罰金。

(2) 前項之未遂者，罰之。

§ 104　Verletzung von Flaggen und Hoheitszeichen ausländischer Staaten

(1) Wer eine auf Grund von Rechtsvorschriften oder nach anerkanntem
Brauch öffentlich gezeigte Flagge eines ausländischen Staates oder wer ein
Hoheitszeichen eines solchen Staates, das von einer anerkannten Vertretung
dieses Staates öffentlich angebracht worden ist, entfernt, zerstört, beschädigt
oder unkenntlich macht oder wer beschimpfenden Unfug daran verübt, wird
mit Freiheitsstrafe bis zu zwei Jahren oder mit Geldstrafe bestraft.

(2) Der Versuch ist strafbar.

(解)(析)
1. 本條係第303條器物毀損罪與第304條公共物品毀損罪之特別法。
2. 本罪所設定之行為人所攻擊之對象，為外國之國章或旗幟，即依本國法律、或按照一般承認之習慣所公開展示之外國旗幟、國章。
3. 行為形態，則為將之加以移除、毀壞、損害等行為。並有處罰未遂之規定。

第104a條　　刑事訴追之要件

依本章所追訴之犯罪，唯有當德意志聯邦共和國與他國相互確保維持外交關係，或曾於犯行當時具有外交關係之情形時，以存在有外國政府之請求以及聯邦政府授權追訴者為限。

§ 104a Voraussetzungen der Strafverfolgung
Straftaten nach diesem Abschnitt werden nur verfolgt, wenn die Bundesrepublik Deutschland zu dem anderen Staat diplomatische Beziehungen unterhält, die Gegenseitigkeit verbürgt ist und auch zur Zeit der Tat verbürgt war, ein Strafverlangen der ausländischen Regierung vorliegt und die Bundesregierung die Ermächtigung zur Strafverfolgung erteilt.

(解)(析)
1. 本罪章所追訴之犯罪，須行為時與德國存在有互惠之外交關係，以及有外國政府之請求或授權德國政府追訴之。
2. 互惠性與外交關係之維持，無須涵蓋在行為人主觀故意中之客觀可罰條件。而授權與刑事追訴請求，則是訴訟條件。欠缺客觀可罰條件，則導致無罪宣告；欠缺訴訟條件，則依德國刑事訴訟法第260條第1、3項為不起訴。
3. 本章之犯行，除直接攻擊特定對象外，亦會影響到德國與該外國正當關係之惡化。

第四章　對憲政機關、選舉及投票之犯罪

Vierter Abschnitt Straftaten gegen Verfassungsorgane sowie bei Wahlen und Abstimmungen

第105條　對憲政機關之強制罪

(1) 違法以暴力或透過暴力之恐嚇，強制

　　1. 聯邦或各邦立法機關或其委員會，

　　2. 聯邦會議或其委員會，或

　　3. 聯邦或各邦政府或憲法法院

無法行使其職權，或於某種意義上無法行使其職權者，處一年以上十年以下之自由刑。

(2) 情節輕微者，處以六月以上五年以下自由刑。

§ 105 Nötigung von Verfassungsorganen

(1) Wer

　　1. ein Gesetzgebungsorgan des Bundes oder eines Landes oder einen seiner Ausschüsse,

　　2. die Bundesversammlung oder einen ihrer Ausschüsse oder

　　3. die Regierung oder das Verfassungsgericht des Bundes oder eines Landes

rechtswidrig mit Gewalt oder durch Drohung mit Gewalt nötigt, ihre Befugnisse nicht oder in einem bestimmten Sinne auszuüben, wird mit Freiheitsstrafe von einem Jahr bis zu zehn Jahren bestraft.

(2) In minder schweren Fällen ist die strafe Freiheitsstrafe von sechs Monaten bis zu fünf Jahren.

 解析

1. 本條為第240條強制罪之特別法，且屬高等邦法院第一審管轄權之罪

（法院組織法第120條第1項第5款）。

2. 本罪之刑事追訴權，屬於聯邦檢察總長；如係有關邦之各項機關、委員會等之強制方面，則聯邦檢察總長便將事務權限轉給各邦檢察署。

3. 本罪所保護者，為聯邦或各邦憲法機構之決定自由權。本罪係以違法暴力或恐嚇，而強制憲法機關無法或某種意義上無法正當行使其職權。

4. 憲法機關，則列舉有聯邦或各邦立法機關或其委員會、聯邦會議或其委員會，或聯邦或各邦政府或憲法法院。而上述機關之成員之攻擊，則規定在第106條當中。本條與第二章之叛亂罪（Hochverrat；第81條至第83a條）之區別在於本條之決定自由並非完全喪失，而是個案性地受破壞（BGHSt 32, 170）。

第106條　　對聯邦總統與憲政機關成員之強制罪

(1) 違法以暴力或透過惡害之恐嚇，強制

1. 聯邦總統，或

2. 以下之成員

a. 聯邦或各邦立法機構

b. 聯邦會議或

c. 聯邦或各邦政府或憲法法院

無法行使其職權，或於某種意義上無法行使其職權者，處三個月以上五年以下之自由刑。

(2) 前項之未遂者，罰之。

(3) 情節嚴重者處，一年以上十年以下之自由刑。

§ 106 Nötigung des Bundespräsidenten und von Mitgliedern eines Verfassungsorgans

(1) Wer

1. den Bundespräsidenten oder

2. ein Mitglied

　a) eines Gesetzgebungsorgans des Bundes oder eines Landes,

　b) der Bundesversammlung oder

　c) der Regierung oder des Verfassungsgerichts des Bundes oder eines Landes

rechtswidrig mit Gewalt oder durch Drohung mit einem empfindlichen Übel nötigt, seine Befugnisse nicht oder in einem bestimmten Sinne auszuüben, wird mit Freiheitsstrafe von drei Monaten bis zu fünf Jahren bestraft.

(2) Der Versuch ist strafbar.

(3) In besonders schweren Fällen ist die Strafe Freiheitsstrafe von einem Jahr bis zu zehn Jahren.

解析

1. 本條保護具有決定權限政治人物之決定自由，且為第240條強制罪之特別法。

2. 本罪與前條之攻擊對象區別，在於前條係憲政機關，本條則是憲政機關之組成成員及聯邦總統，其餘要件則相同；並且可能與前條形成競合中之犯行單一關係。

3. 本條之法律效果，除情節嚴重之情況外，則較前條略低。

第106a條　　刪除

§ 106a weggefallen

第106b條　　對立法機關活動之滋擾罪

(1) 牴觸由聯邦或各邦立法機構或其議長一般性或就個案所頒布有關立法機構建築物中或其所屬土地上之安全與秩序之命令，並因此牴觸而妨

礙或滋擾立法機構之活動者，處一年以下自由刑或罰金。

(2) 前項適用於聯邦立法機構或其議長所頒命令方面之規定不適用於聯邦眾議院之成員，亦不適用於聯邦參議院與聯邦政府之成員及其委員；前項在各邦立法機構或其議長所般命令方面之規定，不適用於該邦立法機構之成員，亦不適用於邦政府成員及其委員。

§ 106b Störung der Tätigkeit eines Gesetzgebungsorgans

(1) Wer gegen Anordnungen verstößt, die ein Gesetzgebungsorgan des Bundes oder eines Landes oder sein Präsident über die Sicherheit und Ordnung im Gebäude des Gesetzgebungsorgans oder auf dem dazugehörenden Grundstück allgemein oder im Einzelfall erläßt, und dadurch die Tätigkeit des Gesetzgebungsorgans hindert oder stört, wird mit Freiheitsstrafe bis zu einem Jahr oder mit Geldstrafe bestraft.

(2) Die Strafvorschrift des Absatzes 1 gilt bei Anordnungen eines Gesetzgebungsorgans des Bundes oder seines Präsidenten weder für die Mitglieder des Bundestages noch für die Mitglieder des Bundesrates und der Bundesregierung sowie ihre Beauftragten, bei Anordnungen eines Gesetzgebungsorgans eines Landes oder seines Präsidenten weder für die Mitglieder der Gesetzgebungsorgane dieses Landes noch für die Mitglieder der Landesregierung und ihre Beauftragten.

解析

1. 本條所保護的是聯邦或各邦之立法機關建築物中之家宅權與警察實力。此外，對立法活動之滋擾、妨礙會造成立法機能受到不當之影響，故立法機能亦涵蓋在本規範之保護範圍內。

2. 本條第1項係規範違反聯邦或各邦立法機構或其首長針對一般性或個案所頒布有關土地或建築之安全、秩序命令，並因此造成對該立法機構之活動妨礙或滋擾者。

3. 同條第2項則是對前項行為人資格之除外規定。在聯邦立法機構方面，

不適用於聯邦眾議院之成員，亦不適用於聯邦參議院與聯邦政府之成員及其委員；在各邦立法機構方面，則不適用於該邦立法機構之成員，亦不適用於邦政府成員及其委員。

4. 第240條強制罪、第105條對憲法機構之強制罪及第106條對聯邦總統與憲法機構成員強制罪，與本罪構成競合中之犯行單一（Tateinheit）關係。

第107條　　選舉妨礙罪

(1) 以強暴或透過暴力之脅迫而妨礙或滋擾選舉或其結果之確定者，處五年以下自由刑或罰金。情節嚴重者，處一年以上自由刑。

(2) 前項之未遂者，罰之。

§ 107 Wahlbehinderung

(1) Wer mit Gewalt oder durch Drohung mit Gewalt eine Wahl oder die Feststellung ihres Ergebnisses verhindert oder stört, wird mit Freiheitsstrafe bis zu fünf Jahren oder mit Geldstrafe, in besonders schweren Fällen mit Freiheitsstrafe nicht unter einem Jahr bestraft.

(2) Der Versuch ist strafbar.

　　本條針對選舉及其結果造假方面進行規範，所保護之利益為選舉之進行及其結果之確保。主要之行為態樣，係以強暴或透過暴力之脅迫，而妨礙、滋擾選舉或其結果之確定。

第107a條　　選舉造假罪

(1) 無故選舉或另外造成選舉不正確結果，或對結果造假者，處五年以下自由刑或罰金。

(2) 不正確公告選舉結果或使之公告者，亦同處罰。

(3) 前項之未遂犯，罰之。

§ 107a Wahlfälschung

(1) Wer unbefugt wählt oder sonst ein unrichtiges Ergebnis einer Wahl herbeiführt oder das Ergebnis verfälscht, wird mit Freiheitsstrafe bis zu fünf Jahren oder mit Geldstrafe bestraft.

(2) Ebenso wird bestraft, wer das Ergebnis einer Wahl unrichtig verkündet oder verkünden läßt.

(3) Der Versuch ist strafbar.

解析

1. 本條所保護之法益，在於選舉之合秩序過程與結果方面之公共利益（BGHSt 29. 386）。

2. 本罪所規範之選舉造假罪，在通訊選舉（Briefwahl）方面具有重要之意義。即使是以一種符合候選人之期待之方式來填具選舉票者，意義上亦屬於本罪之偽造或造假，因為選舉權是禁止代理之（BGHSt 29, 38）。

第107b條　　選舉文件偽造罪

(1) 凡是

1. 刻意於選舉人名冊（選舉卡）中登錄錯誤內容者，

2. 明知他人無登錄請求權而登錄他人為選舉人者，

3. 明知他人具選舉權限，仍妨礙其登錄為選舉人者，

4. 儘管無被選舉權，仍使人推舉為候選者，

當犯行無其他法律規定更重之罰則時，處六個月以下或一百八十日額以下之罰金。

(2) 社會保險中交付初選之選舉文件相當於選舉人名冊中作為選舉人之登錄。

§ 107b Fälschung von Wahlunterlagen

(1) Wer

1. seine Eintragung in die Wählerliste (Wahlkartei) durch falsche Angaben erwirkt,

2. einen anderen als Wähler einträgt, von dem er weiß, daß er keinen Anspruch auf Eintragung hat,

3. die Eintragung eines Wahlberechtigten als Wähler verhindert, obwohl er dessen Wahlberechtigung kennt,

4. sich als Bewerber für eine Wahl aufstellen läßt, obwohl er nicht wählbar ist,

wird mit Freiheitsstrafe bis zu sechs Monaten oder mit Geldstrafe bis zu einhundertachtzig Tagessätzen bestraft, wenn die Tat nicht in anderen Vorschriften mit schwererer Strafe bedroht ist.

(2) Der Eintragung in die Wählerliste als Wähler entspricht die Ausstellung der Wahlunterlagen für die Urwahlen in der Sozialversicherung.

解析

1. 第107b條之選舉文件僞造罪與前條第107a條之選舉造假罪，前者專門針對選舉文書之造假；後者則主要是針對選舉結果，甚至是某程度之受人代理。這是將在本選舉前階段中之危險行爲以及可能導致結果造假之危險行爲。

2. 依條文內容文字，本條係補充性法規，只要沒有其他較重處罰之法規存在時，始根據本條處罰。

第107c條　　破壞選舉祕密罪

蓄意違反有益於保護選舉祕密之規定者，使自己或他人得知某人係如何選舉者，處兩年以下自由刑或罰金。

§ 107c Verletzung des Wahlgeheimnisses

Wer einer dem Schutz des Wahlgeheimnisses dienenden Vorschrift in der Absicht zuwiderhandelt, sich oder einem anderen Kenntnis davon zu verschaffen, wie jemand gewählt hat, wird mit Freiheitsstrafe bis zu zwei Jahren oder mit Geldstrafe bestraft.

解 析

1. 本條爲空白刑法，所保護之法益爲選舉之祕密性，選舉之祕密性有助於選舉之公平正義。

2. 有選舉祕密之破壞，但如無牴觸保護選舉祕密之規範，亦不該當於本條之客觀構成要件。

第108條　　選舉人強制罪

(1) 違法以暴力，透過惡害之恐嚇，或經由一種職業上或經濟上依賴關係之濫用，或透過其他經濟上之壓力，強制或妨礙他人選舉，或於一特定意義中實施其選舉權者，處五年以下自由刑或罰金。情節重大者，處一年以上十年以下自由刑。

(2) 前項之未遂者，罰之。

§ 108 Wählernötigung

(1) Wer rechtswidrig mit Gewalt, durch Drohung mit einem empfindlichen Übel, durch Mißbrauch eines beruflichen oder wirtschaftlichen Abhängigkeitsverhältnisses oder durch sonstigen wirtschaftlichen Druck einen anderen nötigt oder hindert, zu wählen oder sein Wahlrecht in einem bestimmten Sinne auszuüben, wird mit Freiheitsstrafe bis zu fünf Jahren oder mit Geldstrafe, in besonders schweren Fällen mit Freiheitsstrafe von einem Jahr bis zu zehn Jahren bestraft.

(2) Der Versuch ist strafbar.

1. 本條保護法益，為個別選舉人之決定自由權。
2. 本條亦為第240條強制罪之特別法。凡違法以暴力、恐嚇，或濫用經濟
   上等壓力，強制、妨礙他人選舉，或強制實施選舉權者，為本條規範
   之對象；同時保護進行選舉之權利以及內容上不受妨礙之選舉實施。
   對於情節重大者，並有加重處罰之規定。

第108a條　　選舉人欺瞞罪
(1) 透過欺瞞行為而導致某人於投票時，對其聲明內容產生錯誤，或違反
　　其意志而無法或無效選舉者，處兩年以下自由刑或罰金。
(2) 前項之未遂者，罰之。

§ 108a Wählertäuschung
(1) Wer durch Täuschung bewirkt, daß jemand bei der Stimmabgabe über den
　　Inhalt seiner Erklärung irrt oder gegen seinen Willen nicht oder ungültig
　　wählt, wird mit Freiheitsstrafe bis zu zwei Jahren oder mit Geldstrafe
　　bestraft.
(2) Der Versuch ist strafbar.

---

1. 本條補充選舉自由權之保障，以及表決受欺瞞行為影響之情況。
2. 異於前條者，係行為人所使用之行為方視為在特定目的下之欺瞞行
   為，且需達到某種結果，即造成對選舉人之聲明內容產生錯誤，或違
   反其意志而無法、無效選舉者。

第108b條　　選舉人行賄罪

(1) 對他人之不選舉或在特定意義中選舉，提供、期約或承諾禮品或其他利益者，處五年以下自由刑或罰金。

(2) 以不選舉或在特定意義中選舉而要求受期約或接受禮品或其他利益者，亦同其處罰。

§ 108b Wählerbestechung

(1) Wer einem anderen dafür, daß er nicht oder in einem bestimmten Sinne wähle, Geschenke oder andere Vorteile anbietet, verspricht oder gewährt, wird mit Freiheitsstrafe bis zu fünf Jahren oder mit Geldstrafe bestraft.

(2) Ebenso wird bestraft, wer dafür, daß er nicht oder in einem bestimmten Sinne wähle, Geschenke oder andere Vorteile fordert, sich versprechen läßt oder annimmt.

解析

1. 本條保護的是選舉表決之客觀性（BGHSt 33, 338），並同時將行賄與收賄規定於其中。然而其法律效果略輕於刑法第332條第1項與第334條第1項。

2. 本條皆為五年以下自由刑。而一般收賄罪為六月以上五年以下自由刑；一般行賄罪則為三月以上五年以下自由刑。

第108c條　　附屬效果

除依本法第107條，第107a條，第108條與第108b條之犯罪而科處六個月以上之自由刑外，法院得褫奪由公共選舉中所獲得權利之資格，以及對公共事務選舉與表決之權利。

§ 108c Nebenfolgen

Neben einer Freiheitsstrafe von mindestens sechs Monaten wegen einer Straftat nach den §§ 107, 107a, 108 und 108b kann das Gericht die Fähigkeit,

Rechte aus öffentlichen Wahlen zu erlangen, und das Recht, in öffentlichen Angelegenheiten zu wählen oder zu stimmen, aberkennen (§ 45 Abs. 2 und 5).

 解析

　　違犯第107條、第107a條、第108條與第108b條之犯罪，於科處六個月以上自由刑者，另可賦予科處特定法律效果，即可併科褫奪由公共選舉中所獲得權利之資格，以及對公共事務選舉與表決之權利。

第108d條　　適用領域

第107條至第108c條規定適用於有關國會議員之選舉、歐洲議會議員之選舉、聯邦、各邦與地方自治區域團體之其他國民選舉與表決、各邦或地方自治區域團體部分區域中之選舉或表決，以及適用於社會保險中之預備選舉。在選舉候選人表單或國民請願中之簽名等同於選舉或表決。

§ 108d　Geltungsbereich

Die §§ 107 bis 108c gelten für Wahlen zu den Volksvertretungen, für die Wahl der Abgeordneten des Europäischen Parlaments, für sonstige Wahlen und Abstimmungen des Volkes im Bund, in den Ländern, in kommunalen Gebietskörperschaften, für Wahlen und Abstimmungen in Teilgebieten eines Landes oder einer kommunalen Gebietskörperschaft sowie für Urwahlen in der Sozialversicherung. Einer Wahl oder Abstimmung steht das Unterschreiben eines Wahlvorschlags oder das Unterschreiben für ein Volksbegehren gleich.

解析

1. 本條明訂第107條至第108c條所適用之領域。由歐盟、聯邦、各邦之選舉或表決，其中特別對於社會保險中之預備選舉，亦為本條所適用之範圍。

2. 在選舉候選人表單或國民請願中之簽名方面，則等同視為選舉或表決之行為。此係國民權直接實施之選舉或表決。

第108e條　　候選人之收、贈賄罪

(1) 作爲聯邦或各邦之議會成員，爲自己或他人就其委任，以代理或依指示，行使或不行使一行爲以作爲對價，而要求、期約或收受不正利益者，處五年以下自由刑或罰金。

(2) 爲議會成員或第三人，就其委任，以代理或依指示，行使或不行使一行爲以作爲對價，而提供、期約提供或承諾該議會成員不正利益者，亦同處罰。

(3) 與前第1、2項中所稱之成員等同之：
　　1. 自治區域團體之代表人
　　2. 於直接與一般性選舉中所選出爲各邦或一自治團體部分地域所形成之行政統一體之委員會
　　3. 聯邦會議
　　4. 歐洲議會
　　5. 國際組織之立法集會以及
　　6. 外國立法機構

(4) 特別是當利益之收受與對成員之法地位而言重要規定相合致時，並不存在有不正利益。以下並非不正利益：
　　1. 政治性委任或政治性機能以及
　　2. 依政黨法或相對應之法律所容許之捐獻

(5) 除六個月以上自由刑外，法院得褫奪自公共選舉中所獲得權利之能力，以及對公共事物選舉及表決之權利。

§ 108e Bestechlichkeit und Bestechung von Mandatsträgern

(1) Wer als Mitglied einer Volksvertretung des Bundes oder der Länder einen ungerechtfertigten Vorteil für sich oder einen Dritten als Gegenleistung dafür fordert, sich versprechen lässt oder annimmt, dass er bei der Wahrnehmung seines Mandates eine Handlung im Auftrag oder auf Weisung vornehme oder unterlasse, wird mit Freiheitsstrafe bis zu fünf Jahren oder mit Geldstrafe bestraft.

(2) Ebenso wird bestraft, wer einem Mitglied einer Volksvertretung des Bundes

oder der Länder einen ungerechtfertigten Vorteil für dieses Mitglied oder einen Dritten als Gegenleistung dafür anbietet, verspricht oder gewährt, dass es bei der Wahrnehmung seines Mandates eine Handlung im Auftrag oder auf Weisung vornehme oder unterlasse.

(3) Den in den Absätzen 1 und 2 genannten Mitgliedern gleich stehen Mitglieder

1. einer Volksvertretung einer kommunalen Gebietskörperschaft,

2. eines in unmittelbarer und allgemeiner Wahl gewählten Gremiums einer für ein Teilgebiet eines Landes oder einer kommunalen Gebietskörperschaft gebildeten erwaltungseinheit,

3. der Bundesversammlung,

4. des Europäischen Parlaments,

5. einer parlamentarischen Versammlung einer internationalen Organisation und

6. eines Gesetzgebungsorgans eines ausländischen Staates.

(4) Ein ungerechtfertigter Vorteil liegt insbesondere nicht vor, wenn die Annahme des Vorteils im Einklang mit den für die Rechtsstellung des Mitglieds maßgeblichen Vorschriften steht. Keinen ungerechtfertigten Vorteil stellen dar

1. ein politisches Mandat oder eine politische Funktion sowie

2. eine nach dem Parteiengesetz oder entsprechenden Gesetzen zulässige Spende.

(5) Neben einer Freiheitsstrafe von mindestens sechs Monaten kann das Gericht die Fähigkeit, Rechte aus öffentlichen Wahlen zu erlangen, und das Recht, in öffentlichen Angelegenheiten zu wählen oder zu stimmen, aberkennen.

解析

1. 本條所保護之利益，爲議會意見形成之純潔性與其成員之自由權。

2. 本罪之收、贈賄罪主體爲議會成員，第2項尚規定有第三人就議會成員之職權行使而提供賄賂之行爲。

3. 第3項則列舉規定相當於第1、2項之議會成員者，分別有自治區域團體之代表人、於直接與一般性選舉中所選出爲各邦或自治團體部分地域所形成之行政統一體之委員會、聯邦會議、歐洲議會、國際組織之立法集會以及外國立法機構者。

4. 第4項例外規定將特定利益排除於收、贈賄罪之不正利益範圍外，明定政治性委任或政治性機能以及依政黨法或相對應之法律所容許之捐獻，不得視爲收、贈賄罪之不正利益。

5. 第5項則規定科處六個月以上自由刑外，法院並得科處褫奪自公共選舉中所獲得權利之能力，以及對公共事物選舉及表決之權利等附屬法律效果。

第五章　針對邦防衛之犯罪

Fünfter Abschnitt Straftaten gegen
die Landesverteidigung

第109條　　透過自殘而免除防衛義務

(1) 自己或以自殘承諾使他人，或以他法使無法充足防衛義務者，處三個月以上五年以下自由刑。

(2) 行為人僅為特定時間，或為一個別類型之使用而引發無能者，處五年以下自由刑或罰金。

(3) 前項之未遂者罰之。

§ 109 Wehrpflichtentziehung durch Verstümmelung

(1) Wer sich oder einen anderen mit dessen Einwilligung durch Verstümmelung oder auf andere Weise zur Erfüllung der Wehrpflicht untauglich macht oder machen läßt, wird mit Freiheitsstrafe von drei Monaten bis zu fünf Jahren bestraft.

(2) Führt der Täter die Untauglichkeit nur für eine gewisse Zeit oder für eine einzelne Art der Verwendung herbei, so ist die Strafe Freiheitsstrafe bis zu fünf Jahren oder Geldstrafe.

(3) Der Versuch ist strafbar.

解析

1. 本章所保護者為國家防衛利益，其行為客體為負有防衛義務者（der Wehrpflichte），犯行結果為防衛不適格之惹發。

2. 本條針對人之防衛武力之攻擊做規範。依德國刑法第5條第5款文字a規定，不管行為地之法律規定如何，甚至對發生於國外之犯行，德國刑法對本條有其適用。

3. 本條有可能與傷害罪相競合，因爲第228條規定當犯行牴觸善良道德時，則其承諾不排除其行爲之違法性。

第109a條　以欺瞞而免除防衛義務罪

(1) 透過惡意算計欺瞞之陰謀，長時期或爲某特定時間，完全或爲個別類型之使用，而逃避防衛義務之遂行者，處五年以下自由刑或罰金。

(2) 前項之未遂者罰之。

§ 109a Wehrpflichtentziehung durch Täuschung

(1) Wer sich oder einen anderen durch arglistige, auf Täuschung berechnete Machenschaften der Erfüllung der Wehrpflicht dauernd oder für eine gewisse Zeit, ganz oder für eine einzelne Art der Verwendung entzieht, wird mit Freiheitsstrafe bis zu fünf Jahren oder mit Geldstrafe bestraft.

(2) Der Versuch ist strafbar.

---

1. 本條針對人之防衛武力之攻擊做規範。依德國刑法第5條第5款文字b規定，不管行爲地之法律規定如何，甚至對發生於國外之犯行，只要行爲人係德國人，並且在本法適用空間範圍內有其生活基礎者，則德國刑法對本條有其適用。

2. 本條之犯行爲透過透過惡意算計欺瞞之陰謀，長時期或爲某特定時間，完全或爲個別類型之使用，而逃避防衛義務之遂行。凡是使具權限機關或單位產生錯誤者，即屬本條惡意算計欺瞞之行爲。

第109b條與第109c條刪除

§§ 109b und 109c weggefallen

第109d條　　對聯邦防衛軍之騷擾宣傳罪

(1) 違反良知而主張不實或嚴重受扭曲之事實，且散播該事實性質適於阻擾聯邦防衛軍之活動，以散播之目的而爲之者，或爲防礙聯邦防衛軍實現其防衛國家之任務，而明知如此主張爲僞並加以散播者，處五年以下自由刑或罰金。
(2) 前項之未遂者，罰之。

§ 109d Störpropaganda gegen die Bundeswehr

(1) Wer unwahre oder gröblich entstellte Behauptungen tatsächlicher Art, deren Verbreitung geeignet ist, die Tätigkeit der Bundeswehr zu stören, wider besseres Wissen zum Zwecke der Verbreitung aufstellt oder solche Behauptungen in Kenntnis ihrer Unwahrheit verbreitet, um die Bundeswehr in der Erfüllung ihrer Aufgabe der Landesverteidigung zu behindern, wird mit Freiheitsstrafe bis zu fünf Jahren oder mit Geldstrafe bestraft.
(2) Der Versuch ist strafbar.

解析

1. 本條針對第109e所訂之防衛手段之功用能力之攻擊行爲做規範。
2. 依德國刑法第5條第5款文字b規定，不管行爲地之法律規定如何，甚至對發生於國外之犯行，只要行爲人係德國人並且在本法適用空間範圍內有其生活基礎者，則德國刑法對本條有其適用。
3. 本條中之行爲客體，主要爲不實或嚴重受扭曲之事實主張。事實主張，係指對過去或現在實際發生之事件在正確性要求下之陳述。而只要其陳述在重要部分與實際之現實不相一致時，即爲不眞實。經過加

油添醋與解說而主要錯誤地重覆描述過去之事實經過,而使得由原本之事實經過當中會產生出重要錯誤之想像者,即屬扭曲事實。

4. 對於上述扭曲之事實主張加以傳播,以致於認爲足以造成阻擾聯邦防衛軍之活動者,爲本條客觀構成要件中之「適合性」(Geeignetheit)。本條主觀要件上,須對於主張之非眞實內涵具有二級直接故意(dolus directus 2. Grad)——「wider besseren Wissens(違反良知)」;另一方面對於犯行,則須以一級直接故意(dolus directus 1. Grad)——意圖(Absicht)防礙聯邦防衛軍實現其防衛國家之任務。

第109e條   對防衛器材設備之陰謀破壞罪

(1) 對完全或主要供防衛國家或保護人民對抗戰爭危害之防衛器材或設備裝置或設施,無故加以毀損、破壞、變更、使之無法使用或處理該上述器材、裝置設施,並因而危及德意志聯邦共和國安全、軍隊戰鬥力或人命時,處三月以上五年以下自由刑。

(2) 蓄意粗製濫造或提供如此物品或爲此所使用之原始材料,並因此而明知會引發第1項所述之危害者,亦同其處罰。

(3) 前項之未遂者罰之。

(4) 情節特別嚴重者,處一年以上十年以下自由刑。

(5) 過失引發第1項危害;雖非蓄意,但卻故意或過失引發第2項危害者,當該犯行在其他法律規定中沒有較重之處罰時,處五年以下自由刑或罰金。

§ 109e Sabotagehandlungen an Verteidigungsmitteln

(1) Wer ein Wehrmittel oder eine Einrichtung oder Anlage, die ganz oder vorwiegend der Landesverteidigung oder dem Schutz der Zivilbevölkerung gegen Kriegsgefahren dient, unbefugt zerstört, beschädigt, verändert, unbrauchbar macht oder beseitigt und dadurch die Sicherheit der Bundesrepublik Deutschland, die Schlagkraft der Truppe oder Menschenleben gefährdet, wird mit Freiheitsstrafe von drei Monaten bis zu

fünf Jahren bestraft.

(2) Ebenso wird bestraft, wer wissentlich einen solchen Gegenstand oder den dafür bestimmten Werkstoff fehlerhaft herstellt oder liefert und dadurch wissentlich die in Absatz 1 bezeichnete Gefahr herbeiführt.

(3) Der Versuch ist strafbar.

(4) In besonders schweren Fällen ist die Strafe Freiheitsstrafe von einem Jahr bis zu zehn Jahren.

(5) Wer die Gefahr in den Fällen des Absatzes 1 fahrlässig, in den Fällen des Absatzes 2 nicht wissentlich, aber vorsätzlich oder fahrlässig herbeiführt, wird mit Freiheitsstrafe bis zu fünf Jahren oder mit Geldstrafe bestraft, wenn die Tat nicht in anderen Vorschriften mit schwererer Strafe bedroht ist.

解析

1. 本條係爲事物上之防衛手段做規範。依德國刑法第5條第5款文字a規定，不管行爲地之法律規定如何，甚至對發生於國外之犯行，德國刑法對本條有其適用。

2. 本條至第109g條結合第109i條與第109k條，皆適用於對屯駐於德國境內之北約軍隊與軍人及其武器裝備設施或軍事任務（第4次刑法改正案第7條第2項第4款）。

3. 本條之犯行有多種，毀損、破壞（上述兩行爲樣態相當於本法第303條器物毀損罪之行爲）、變更（在無破壞之下之狀態變更）、使之無法使用（廢止功能）、處理（自保管地或保管地之隱藏中移除）、粗製濫造（降低品質而無法符合需求）或提供（法上營業交易之讓渡）。對德意志聯邦共和國安全、軍隊戰鬥力或人命，則須造成具體之危險，亦即需惹發起一種「損害之發生具有蓋然性」之狀態。

第109f條　　危害安全情報工作罪

(1) 爲本法空間適用效力外之機關單位、黨派或其他社團；爲受禁止之社

團或其仲介

1. 蒐集有關國家防衛事項之情報，

2. 經營運作以國家防衛事務為對象之情報工作，或

3. 為上述活動之一進行募集或支援之。

並因此致力於對抗德意志聯邦共和國安全或軍隊戰鬥力者，當該犯行在其他法律規定中沒有較重之處罰時，處五年以下自由刑或罰金。但在一般通常報刊或廣播報導中所為有關公共報導之活動為例外。

(2) 前項之未遂者，罰之。

§ 109f Sicherheitsgefährdender Nachrichtendienst

(1) Wer für eine Dienststelle, eine Partei oder eine andere Vereinigung außerhalb des räumlichen Geltungsbereichs dieses Gesetzes, für eine verbotene Vereinigung oder für einen ihrer Mittelsmänner

1. Nachrichten über Angelegenheiten der Landesverteidigung sammelt,

2. einen Nachrichtendienst betreibt, der Angelegenheiten der Landesverteidigung zum Gegenstand hat, oder

3. für eine dieser Tätigkeiten anwirbt oder sie unterstützt

und dadurch Bestrebungen dient, die gegen die Sicherheit der Bundesrepublik Deutschland oder die Schlagkraft der Truppe gerichtet sind, wird mit Freiheitsstrafe bis zu fünf Jahren oder mit Geldstrafe bestraft, wenn die Tat nicht in anderen Vorschriften mit schwererer Strafe bedroht ist. Ausgenommen ist eine zur Unterrichtung der Öffentlichkeit im Rahmen der üblichen Presse- oder Funkberichterstattung ausgeübte Tätigkeit.

(2) Der Versuch ist strafbar.

解析

1. 本條針對第109e所訂之防衛手段之功用能力之攻擊行為做規範。依德國刑法第5條第5款文字a規定，不管行為地之法律規定如何，甚至對發生於國外之犯行，德國刑法對本條有其適用。含本條由第109d條至第

109g條結合第109i條與第109k條，皆適用於對屯駐於德國境內之北約軍隊與軍人及其武器裝備設施或軍事任務（第4次刑法改正案第7條第2項第4款）。

2. 本條規範之行為客體，係指國家防衛事務之情報或消息，包含國民保護之國家防衛利益與任務，而無須考量其是否機密，能否為外國機關所利用。情報或消息之目的對象，為本法空間適用效力外之機關單位、黨派或其他社團、受禁止之社團或其仲介者。

3. 本條並不須以具體危險為必要，只要透過蒐集、經營運作、募集或支援等犯行而致力於針對德國聯邦防衛安全或上述第109e條中所指軍隊之戰鬥力，即為已足。

第109g條　危害安全複製罪

(1) 複製或描述防衛器材、軍事設備裝置或設施或軍事檔案，或使該複製或描述轉交他人者，並因此蓄意危害德意志聯邦共和國安全或軍隊之戰鬥力者，處五年以下自由刑或罰金。

(2) 於本法空間適用效力領域中，以航空器對一地區或物體攝影者，或使該攝影或依該攝影製作複製而轉交於他人，且因此蓄意危害德意志聯邦共和國安全或軍隊之戰鬥力者，當該犯行無法依第1項處罰時，處二年以下自由刑或罰金。

(3) 前項之未遂者罰之。

(4) 於第1項情形中使複製或描述轉交於他人，並因此雖非蓄意，但卻故意或重大過失引發危害者，處二年以上自由刑或罰金。但行為人獲有權限機關之許可而為之者，不罰。

§ 109g Sicherheitsgefährdendes Abbilden

(1) Wer von einem Wehrmittel, einer militärischen Einrichtung oder Anlage oder einem militärischen Vorgang eine Abbildung oder Beschreibung anfertigt oder eine solche Abbildung oder Beschreibung an einen anderen gelangen läßt und dadurch wissentlich die Sicherheit der Bundesrepublik Deutschland

oder die Schlagkraft der Truppe gefährdet, wird mit Freiheitsstrafe bis zu fünf Jahren oder mit Geldstrafe bestraft.

(2) Wer von einem Luftfahrzeug aus eine Lichtbildaufnahme von einem Gebiet oder Gegenstand im räumlichen Geltungsbereich dieses Gesetzes anfertigt oder eine solche Aufnahme oder eine danach hergestellte Abbildung an einen anderen gelangen läßt und dadurch wissentlich die Sicherheit der Bundesrepublik Deutschland oder die Schlagkraft der Truppe gefährdet, wird mit Freiheitsstrafe bis zu zwei Jahren oder mit Geldstrafe bestraft, wenn die Tat nicht in Absatz 1 mit Strafe bedroht ist.

(3) Der Versuch ist strafbar.

(4) Wer in den Fällen des Absatzes 1 die Abbildung oder Beschreibung an einen anderen gelangen läßt und dadurch die Gefahr nicht wissentlich, aber vorsätzlich oder leichtfertig herbeiführt, wird mit Freiheitsstrafe bis zu zwei Jahren oder mit Geldstrafe bestraft. Die Tat ist jedoch nicht strafbar, wenn der Täter mit Erlaubnis der zuständigen Dienststelle gehandelt hat.

解析

1. 本條針對第109e所訂之防衛手段之功用能力之攻擊行為作規範。

2. 依德國刑法第5條第5款文字a規定，不管行為地之法律規定如何，甚至對發生於國外之犯行，德國刑法對本條有其適用。含本條由第109d條至第109g條結合第109i條與第109k條，皆適用於對屯駐於德國境內之北約軍隊與軍人及其武器裝備設施或軍事任務（第4次刑法改正案第7條第2項第4款）。

3. 本條包涵有兩構成要件，一為第1、4項中所指之複製、描述或轉交防衛器材、軍事設備裝置或設施或軍事檔案；一為第2項中所指之拍攝、複製或轉交空拍圖。

第109h條　　為外國防衛機關進行募集罪

(1) 為有利於外國武力而募集德國人至軍事或類似軍事機構設施中為防衛

工作，或爲其募兵，或爲上述設施之軍事防衛勤務提供德國兵員者，處三個月以上五年以下自由刑。

(2) 前項之未遂者，罰之。

§ 109h Anwerben für fremden Wehrdienst

(1) Wer zugunsten einer ausländischen Macht einen Deutschen zum Wehrdienst in einer militärischen oder militärähnlichen Einrichtung anwirbt oder ihren Werbern oder dem Wehrdienst einer solchen Einrichtung zuführt, wird mit Freiheitsstrafe von drei Monaten bis zu fünf Jahren bestraft.

(2) Der Versuch ist strafbar.

解析

1. 本條亦針對人事上防衛武力之攻擊做規範。依德國刑法第5條第5款文字b規定，不管行爲地之法律規定如何，甚至對發生於國外之犯行，只要行爲人係德國人，並且在本法適用空間範圍內有其生活基礎者，則德國刑法對本條有其適用。

2. 本條規範唯有以德意志聯邦共和國爲受害對象。爲避免連生活於國外，或在國外服役之德國人民過度地涵蓋於本條當中，本條所指之德國人，係於德國境內居住者，始受本條之規範。該德國人並不以是否具有防衛適格者爲前提要件，對德國婦女募集者，亦受本條之規範。

第109i條　　附屬效果

第109e條及第109f條之犯罪，除科處至少一年以上自由刑外，法院得褫奪服公職之能力、自公共選舉中所獲得權利之能力，以及對公共事物選舉及表決之權利（第45條第2、5項）。

§ 109i Nebenfolgen

Neben einer Freiheitsstrafe von mindestens einem Jahr wegen einer Straftat nach den §§ 109e und 109f kann das Gericht die Fähigkeit, öffentliche Ämter zu bekleiden, die Fähigkeit, Rechte aus öffentlichen Wahlen zu erlangen, und das Recht, in öffentlichen Angelegenheiten zu wählen oder zu stimmen, aberkennen (§ 45 Abs. 2 und 5).

只要違犯第109e條及第109f條犯罪，並受科處一年以上自由刑者，便可裁量性地個別或併合為二年以上至五年以下期間之能力與權利之剝奪。本條為第45條第2、5項之特殊規定。

第109k條　　沒收

若違犯第109d條至109g條犯罪，得沒收

1. 由犯行所生，或違犯犯行時所用或所預備之物，或已經決定用於違犯犯罪或預備之物。以及

2. 有關第109g條犯罪之複寫、描述與攝像。

適用第74a條。在第1項第2款中所指出類型之物，當國家防衛利益所需時，亦得在無第74條第3項第1句以及第74b之前提要件下沒收之。當行為人欠缺罪責所為者，亦同。

§ 109k Einziehung

Ist eine Straftat nach den §§ 109d bis 109g begangen worden, so können

1. Gegenstände, die durch die Tat hervorgebracht oder zu ihrer Begehung oder Vorbereitung gebraucht worden oder bestimmt gewesen sind, und

2. Abbildungen, Beschreibungen und Aufnahmen, auf die sich eine Straftat nach § 109g bezieht,

eingezogen werden. § 74a ist anzuwenden. Gegenstände der in Satz 1 Nr. 2 bezeichneten Art werden auch ohne die Voraussetzungen des § 74 Absatz 3 Satz 1 und des §74b eingezogen, wenn das Interesse der Landesverteidigung es erfordert; dies gilt auch dann, wenn der Täter ohne Schuld gehandelt hat.

解析

1. 本條係最新於2017年7月1日新修訂之條文（13. April 2017, BGBl, I S. 872）。

2. 本條第1項第1款係對本法第74條第1項之「犯罪之物」（producta sceleris）、「犯行工具」（instrumenta sceleris）做重覆規定。並且本條對違犯第109d條至109g條犯罪擴張沒收可能性至以下個款項，即同項第2款、第2項及第3款前、後半句。

3. 本條之條文排列與通常之刑法規定略有不同，本條共分三項，以「適用第74a條」。爲第2項，其前後之文字分別爲第1項及第3項，其中第3項中以「分號」區分前、後半句（Hs.）。

第六章 抗拒國家實力、妨礙公務之犯罪

Sechster Abschnitt Widerstand gegen die Staatsgewalt

第110條　　刪除

§ 110 weggefallen

第111條　　公開煽惑犯罪

(1) 公開於集會中或透過文宣散布（第11條第3項）煽惑犯罪者，同於教唆犯（第26條）處罰。

(2) 煽惑犯罪而未導致結果者，處五年以下自由刑或罰金。但其刑罰不得重於其所煽惑犯罪而導致結果者（第1項）；第49條第1項第2款適用之。

§ 111 Öffentliche Aufforderung zu Straftaten

(1) Wer öffentlich, in einer Versammlung oder durch Verbreiten von Schriften (§ 11 Abs. 3) zu einer rechtswidrigen Tat auffordert, wird wie ein Anstifter (§ 26) bestraft.

(2) Bleibt die Aufforderung ohne Erfolg, so ist die Strafe Freiheitsstrafe bis zu fünf Jahren oder Geldstrafe. Die Strafe darf nicht schwerer sein als die, die für den Fall angedroht ist, daß die Aufforderung Erfolg hat (Absatz 1); § 49 Abs. 1 Nr. 2 ist anzuwenden.

1. 本條之規範目的，在於處罰推定上認為是不受本法第26條（教唆犯）及第30條（參與之未遂）所涵蓋之教唆犯或未遂教唆犯之特別嚴重之

危險形式。之所以無法為上述總則條文所包涵，乃是因為本條所定之煽惑所為之主犯行與被教唆者之範圍無法確定之故。本條所保護之法益，一方面為受煽惑之主犯行所威脅到之法益；另一方面，則為共同體之和平安寧。

2. 由本罪之犯罪性格而言，本罪係屬抽象危險犯（BGHSt 29, 267），故其處罰基礎乃是一種具有對不特定多數人所為煽惑犯罪之特別性質與類型之危險性（Gefährlichkeit）。與針對特定人之教唆（第26條之Bestimmen）不同，煽惑係針對不特定之對象。在煽惑方面，即使是「號召」（Aufruf）不特定對象之其中一人亦為已足。本條之煽惑人，依第1項規定在法效果上雖同於教唆犯處罰，但是這樣性質之教唆犯在本條文中又等同於正犯處罰，故其刑罰係依其所煽惑之犯罪之刑度科處。

3. 在第2項之未遂煽惑與第30條所教唆之未遂主犯行減輕處罰規定不同，本條項有獨立之處罰，即處五年以下自由刑或罰金。但其刑罰不得重於其所煽惑犯罪而導致結果者（第1項），且適用第49條第1項第2款之減輕。

第112條　　刪除

§ 112 weggefallen

第113條　　抗拒執行公務員之犯罪

(1) 凡於公務員或聯邦防衛軍人奉召為執行法律、法命令、判決、法院裁定或處分時，以暴力或透過加諸暴力之恐嚇，而抗拒者，處三年以下自由刑或罰金。

(2) 情節特別嚴重者，處六月以上五年以下自由刑。情節特別嚴重者通常存在於以下情況，當

1. 行為人或他參與人攜帶武器或其他危險工具，或

2. 行為人透過一種暴力活動而致受攻擊者陷於生命或特別健康損害之危險，或

3. 與他參與人共同違犯犯行者。

(3) 當職務行為未合法時，則行為不得依本條文處罰。當行為人誤以為職務行為係合法時，亦同。

(4) 若行為人於違犯犯行時誤以為職務行為並不合法，並且原本可迴避此錯誤，則法院可依其裁量減輕刑罰（第49條第2項），或於較輕微罪責時，按本規定免刑。若行為人當時無法迴避錯誤，且對其而言，依其所認識之各項情狀亦無法期待其採取法救濟手段以防衛其所誤以為違法之職務行為時，則不得依本規定處罰行為；若當時可得期待者，則法院得依其裁量減輕處罰（第49條第2項），或按本規定免刑。

§ 113 Widerstand gegen Vollstreckungsbeamte

(1) Wer einem Amtsträger oder Soldaten der Bundeswehr, der zur Vollstreckung von Gesetzen, Rechtsverordnungen, Urteilen, Gerichtsbeschlüssen oder Verfügungen berufen ist, bei der Vornahme einer solchen Diensthandlung mit Gewalt oder durch Drohung mit Gewalt Widerstand leistet, wird mit Freiheitsstrafe bis zu drei Jahren oder mit Geldstrafe bestraft.

(2) In besonders schweren Fällen ist die Strafe Freiheitsstrafe von sechs Monaten bis zu fünf Jahren. Ein besonders schwerer Fall liegt in der Regel vor, wenn

1. der Täter oder ein anderer Beteiligter eine Waffe oder ein anderes gefährliches Werkzeug bei sich führt,

2. der Täter durch eine Gewalttätigkeit den Angegriffenen in die Gefahr des Todes oder einer schweren Gesundheitsschädigung bringt oder.

3. die Tat mit einem anderen Beteiligten gemeinschaftlich begangen wird.

(3) Die Tat ist nicht nach dieser Vorschrift strafbar, wenn die Diensthandlung nicht rechtmäßig ist. Dies gilt auch dann, wenn der Täter irrig annimmt, die Diensthandlung sei rechtmäßig.

(4) Nimmt der Täter bei Begehung der Tat irrig an, die Diensthandlung sei nicht rechtmäßig, und konnte er den Irrtum vermeiden, so kann das Gericht die Strafe nach seinem Ermessen mildern (§ 49 Abs. 2) oder bei geringer Schuld von einer Bestrafung nach dieser Vorschrift absehen. Konnte der Täter den Irrtum nicht vermeiden und war ihm nach den ihm bekannten Umständen auch nicht zuzumuten, sich mit Rechtsbehelfen gegen die vermeintlich rechtswidrige Diensthandlung zu wehren, so ist die Tat nicht nach dieser Vorschrift strafbar; war ihm dies zuzumuten, so kann das Gericht die Strafe nach seinem Ermessen mildern (§ 49 Abs. 2) oder von einer Bestrafung nach dieser Vorschrift absehen.

解析

1. 本條之保護法益依通說見解係爲保障國家公權力執行行爲及發動此行爲之機關（BGHSt 21, 365）。本條第1項之刑度雖然與第240條強制罪第1項刑度相同，但本條第3、4項基於有利於錯誤者而對之有優遇之規定。新條文將原本第2項第1款中爲違犯犯行之目的等句刪除。且新增第2項第3款之與他參與人共同違犯犯行者之行爲態樣。

2. 錯誤者通常可以分爲兩種情況，一是當行爲人誤以爲非法職務行爲係合法時，則行爲不得依本條文處罰。一是相反的當行爲人誤以爲合法職務行爲爲非法時，亦即行爲人存在有積極的瑕疵想像（positive Fehlvorstellung）而沒有單純的想像上的瑕疵（bloßes Fehlen einer Vorstellung）時，對此，第4項訂有特別規定。

3. 通說認爲本罪之主體不限於是受國家公權力執行行爲之對象，也可能爲在旁對於執行手段之理解產生疑問之第三者。本罪之犯行客體爲公務員、視同公務員者（第115條）以及聯邦軍人。職務行爲通常是法律之執行行爲，或具體實現國家意志之活動亦屬公權力執行行爲。

第114條　暴力攻擊執行公務員之犯罪

(1) 凡於公務員或聯邦防衛軍人奉召為執行法律、法命令、判決、法院裁定或處分時，於其執行職務行為時施加暴力攻擊者，處三個月以上五年以下之自由刑。

(2) 適用第113條第2項規定。

(3) 當職務行為係第113條第1項意義中之執行行為時，則適用第113條第3、4項規定。

§ 114　Tätlicher Angriff auf Vollstreckungsbeamte

(1) Wer einen Amtsträger oder Soldaten der Bundeswehr, der zur Vollstreckung von Gesetzen, Rechtsverordnungen, Urteilen, Gerichtsbeschlüssen oder Verfügungen berufen ist, bei einer Diensthandlung tätlich angreift, wird mit Freiheitsstrafe von drei Monaten bis zu fünf Jahren bestraft.

(2) § 113 Absatz 2 gilt entsprechend.

(3) § 113 Absatz 3 und 4 gilt entsprechend, wenn die Diensthandlung eine Vollstreckungshandlung im Sinne des § 113 Absatz 1 ist.

解析

1. 本條係於2017年5月30日新修訂之條文規定。

2. 其係將原本規定於舊第113條第1項中之暴力攻擊之行為態樣單獨獨立出規定為本條。並增加適用新修訂之第113條第2項之規定。

第115條　抵抗或施加暴力攻擊於等同執行公務員之人

(1) 為保護雖非公務員，但具有警察權與義務者或檢察署偵查人員者，適用第113條與第114條。

(2) 為保護於職務行為時之支援者，適用第113條與第114條。

(3) 凡於意外事故、公共危害或緊急狀況時，以暴力或透過暴力恐嚇而妨礙消防、災害防護或救護勤務之救助人員者，依第113條處罰之。凡對此情形中之救助人員為暴力攻擊者，則依第114條處罰之。

§ 115 Widerstand gegen oder tätlicher Angriff auf Personen, die Vollstreckungsbeamten gleichstehen

(1) Zum Schutz von Personen, die die Rechte und Pflichten eines Polizeibeamten haben oder Ermittlungspersonen der Staatsanwaltschaft sind, ohne Amtsträger zu sein, gelten die §§ 113 und 114 entsprechend.

(2) Zum Schutz von Personen, die zur Unterstützung bei der Diensthandlung hinzugezogen sind, gelten die §§ 113 und 114 entsprechend.

(3) Nach § 113 wird auch bestraft, wer bei Unglücksfällen, gemeiner Gefahr oder Not Hilfeleistende der Feuerwehr, des Katastrophenschutzes oder eines Rettungsdienstes durch Gewalt oder durch Drohung mit Gewalt behindert. Nach § 114 wird bestraft, wer die Hilfeleistenden in diesen Situationen tätlich angreift.

 解析

1. 本條係於2017年5月30日增加之新條文（23. Mai 2017 BGBl, I S. 1226），其擴張第113條所規定客體對象之規定。

2. 本條將第113條與第114條之抵抗與施加暴力之行為態樣共同規定於本條文中。為抵抗者適用前條項，而施加暴力者則適用後條項之規定。

3. 將非公務員，但具有警察權與義務者或檢察署偵查人員者，其執行行為視為第114條意義中公務員之職務行為。將妨礙公務之對象推及到具有特定資格條件之非公務員與支援職務行為之行政助手上。

4. 明訂保護上述非公務員之執行公務者，並將新修訂之第113條及第114條納入適用範圍。

第116條至第119條　　刪除

§116 bis §119　weggefallen

第120條　縱放監所人犯罪

(1) 縱放監所人犯、鼓動其逃亡或對此援助者，處三年以下自由刑或罰金。

(2) 行為人為公務人員，或被認為擔任公共勤務而對監所人犯之逃亡具有特殊義務者，處五年以下自由刑或罰金。

(3) 前項之未遂者，罰之。

(4) 依官公署之命令而被收容於機構中之人，視為第1、2項意義中之監所人犯。

§ 120 Gefangenenbefreiung

(1) Wer einen Gefangenen befreit, ihn zum Entweichen verleitet oder dabei fördert, wird mit Freiheitsstrafe bis zu drei Jahren oder mit Geldstrafe bestraft.

(2) Ist der Täter als Amtsträger oder als für den öffentlichen Dienst besonders Verpflichteter gehalten, das Entweichen des Gefangenen zu verhindern, so ist die Strafe Freiheitsstrafe bis zu fünf Jahren oder Geldstrafe.

(3) Der Versuch ist strafbar.

(4) Einem Gefangenen im Sinne der Absätze 1 und 2 steht gleich, wer sonst auf behördliche Anordnung in einer Anstalt verwahrt wird.

解析

1. 本條所保護之法益，係國家之監禁權（Haftrecht；BGHSt 6, 312）、對刑事設施受刑人之國家拘禁力（die staatliche Verwahrungsgewalt）、職務留置之安全（die Sicherung des amtlichen Gewahrsams）或形式—法律上合法之留置（der formell-gesetzlich legitimierte Gewahrsam）。

2. 犯行係第1項中所列各種不同樣態行為之結果犯；第2項則是公務員之加重（不純正特別犯）。在此並不適用第258條刑事妨礙罪之第6項規定（為有利於家屬違反犯行者免刑）。

第121條　　監獄暴動罪

(1) 監所受刑人集體暴動並以共同力量

　　1. 強制（第240條）或暴力攻擊機構中公務人員、其他公務人員，或執行監督、照護或檢查之受委託者；

　　2. 暴力逃脫或

　　3. 以暴力協助受刑人或其他受刑人之一人逃脫者，

　　處三個月以上五年以下自由刑。

(2) 前項之未遂者，罰之。

(3) 暴動之情節特別嚴重者，處六個月以上十年以下之自由刑。情節特別嚴重，通常存在於當行為人或其他參與者

　　1. 攜帶射擊武器；

　　2. 為於違犯犯行時使用其他武器或其他危險工具而攜帶之，或

　　3. 透過暴力活動而致他人陷於死亡或嚴重健康損害之危險。

(4) 處以保安監禁者，亦屬第1項至第3項意義中之監所人犯。

§ 121 Gefangenenmeuterei

(1) Gefangene, die sich zusammenrotten und mit vereinten Kräften

　　1. einen Anstaltsbeamten, einen anderen Amtsträger oder einen mit ihrer Beaufsichtigung, Betreuung oder Untersuchung Beauftragten nötigen (§ 240) oder tätlich angreifen,

　　2. gewaltsam ausbrechen oder

　　3. gewaltsam einem von ihnen oder einem anderen Gefangenen zum Ausbruch verhelfen,

werden mit Freiheitsstrafe von drei Monaten bis zu fünf Jahren bestraft.

(2) Der Versuch ist strafbar.

(3) In besonders schweren Fällen wird die Meuterei mit Freiheitsstrafe von sechs Monaten bis zu zehn Jahren bestraft. Ein besonders schwerer Fall liegt in der Regel vor, wenn der Täter oder ein anderer Beteiligter

　　1. eine Schußwaffe bei sich führt,

　　2. eine andere Waffe oder ein anderes gefährliches Werkzeug bei sich führt,

um diese oder dieses bei der Tat zu verwenden, oder

3. durch eine Gewalttätigkeit einen anderen in die Gefahr des Todes oder einer schweren Gesundheitsschädigung bringt.

(4) Gefangener im Sinne der Absätze 1 bis 3 ist auch, wer in der Sicherungsverwahrung untergebracht ist.

解析

1. 本條之保護法益，除前條第120條所保護法益之外，還有對執行機關、機構安全與秩序之保護。本條係與第124、125、127條近似之「暴動罪」（Aufruhrdelikt）。

2. 本條與第120條係由他人爲之者不同，本罪係屬自我逃脫之暴動罪。第1項第3款之規定係第120條第1項之加重情況。本條亦爲雙行爲犯，第一行爲須爲「群聚」（Zusammenrotten）中之活動，其次是在群聚中以共同力量實施之「暴動行爲」（Meutereihandlung）。

3. 本條之行爲主體，爲受監禁之人。在第二行爲中由於不以親手性，亦不以共同正犯性行爲爲必要，故本罪之共同正犯亦有可能成立，只要出現有以下之結果，即構成要件要素之充足透過一共同正犯而可歸責於他共同正犯時，則本罪之共同正犯成立，此亦適用到脫逃者本身。

4. 依通說，本條主要特別爲處罰第1項第2款之暴力逃脫者，以及同項第3款以暴力協助受刑人或其他受刑人之一人逃脫者。通說之見解可溯及到對自我正犯之共同正犯之連帶性上。旁觀之受監禁者，只要未參與第一行爲之群聚活動者，則可能成立第1項第1、2、3款之共犯。但此時成立之共犯，並不適用第28條第1項欠缺特別人身要素之減輕。

第122條　　刪除

§ 122 weggefallen

第七章　妨害公共秩序之犯罪

Siebenter Abschnitt Straftaten gegen
die öffentliche Ordnung

第123條　非法侵害他人住居自由罪

(1) 非法侵入他人住宅、營業場所或有隔離設施之土地、或用於公共服務或交通之封閉場所，或未經允許在該等處停留，經有管領力人之要求仍不離去者，處一年以下自由刑或罰金。

(2) 本罪須告訴乃論。

§ 123　Hausfriedensbruch

(1) Wer in die Wohnung, in die Geschäftsräume oder in das befriedete Besitztum eines anderen oder in abgeschlossene Räume, welche zum öffentlichen Dienst oder Verkehr bestimmt sind, widerrechtlich eindringt, oder wer, wenn er ohne Befugnis darin verweilt, auf die Aufforderung des Berechtigten sich nicht entfernt, wird mit Freiheitsstrafe bis zu einem Jahr oder mit Geldstrafe bestraft.

(2) Die Tat wird nur auf Antrag verfolgt.

解析

1. 本條係保障「居家權」（Hausrecht），而非公眾之自由。
2. 居家權之法益持有者，並不以財產持有者或直接持有為必要。
3. 本罪非己手犯，非侵入者仍可成立共犯或間接正犯。

第124條　重大非法侵害他人住居自由罪

公開聚眾，意圖以對他人或物實施暴力手段，非法侵入他人住宅、營業

場所或有隔離設施之土地，或用於公共服務或交通之封閉場所，所有參與違法行為者，均處二年以下之自由刑或罰金。

§ 124 Schwerer Hausfriedensbruch

Wenn sich eine Menschenmenge öffentlich zusammenrottet und in der Absicht, Gewalttätigkeiten gegen Personen oder Sachen mit vereinten Kräften zu begehen, in die Wohnung, in die Geschäftsräume oder in das befriedete Besitztum eines anderen oder in abgeschlossene Räume, welche zum öffentlichen Dienst bestimmt sind, widerrechtlich eindringt, so wird jeder, welcher an diesen Handlungen teilnimmt, mit Freiheitsstrafe bis zu zwei Jahren oder mit Geldstrafe bestraft.

解析

1. 本罪所保障之不僅是居家權，亦在保障公眾自由。
2. 公然聚眾之要件，須以公開為必要，包括不特定之多數人。
3. 主觀上，行為人須具備暴力之犯行故意，惟不以個別人之故意為必要，僅須證明其他參與者有此種故意即可。

第125條　　危害公共安寧罪

(1) 有下列行為之一者，處三年以下之自由刑或罰金
　　1. 對人或物實施暴力，或
　　2. 以正犯或共犯之角色，聚眾利用危害公共安全之方式或合其他力量之行使，以暴力對他人實施威脅，或意圖助長公眾形成實施前述行為之意願，而對其施加影響力者。
(2) 第1項第1款及第2款之行為，如係依第113條之規定加以處罰者，則準用第113條第3項及第4項之規定。當職務行為係第113條第1項意義中之執行行為時，第114條之罪情形亦同。

§ 125 Landfriedensbruch

(1) Wer sich an

1. Gewalttätigkeiten gegen Menschen oder Sachen oder

2. Bedrohungen von Menschen mit einer Gewalttätigkeit, die aus einer Menschenmenge in einer die öffentliche Sicherheit gefährdenden Weise mit vereinten Kräften begangen werden, als Täter oder Teilnehmer beteiligt oder wer auf die Menschenmenge einwirkt, um ihre Bereitschaft zu solchen Handlungen zu fördern, wird mit Freiheitsstrafe bis zu drei Jahren oder mit Geldstrafe bestraft.

(2) Soweit die in Absatz 1 Nr. 1, 2 bezeichneten Handlungen in § 113 mit Strafe bedroht sind, gilt § 113 Abs. 3, 4 sinngemäß. Dies gilt auch in Fällen des § 114, wenn die Diensthandlung eine Vollstreckungshandlung im Sinne des § 113 Absatz 1 ist.

解析

1. 本罪所保障者，不僅為社會大眾之公眾安全，亦包括部分成員之公眾自由。

2. 在主觀構成要件中，具備間接故意已足。分成二種情形，其一，係針對人或物施以暴力；其二，係對人施以暴力威脅。

3. 本罪具備阻卻違法事由，若基於捍衛言論自由或集會遊行自由，則該行為不罰。

第125a條　　重大之危害公眾安寧罪

犯第125條第1項之罪，情節特別嚴重者，處六個月以上十年以下之自由刑。情節特別嚴重者，係指行為人有下列各款所例示之情形：

1. 攜帶射擊武器，

2. 攜帶武器或其他具危險性之工具，

3. 暴力行為致使他人有死亡或重傷之危險（第224條），或

4. 搶劫或造成他人重大財產損失。

§ 125a Besonders schwerer Fall des Landfriedensbruchs

In besonders schweren Fällen des § 125 Abs. 1 ist die Strafe Freiheitsstrafe von sechs Monaten bis zu zehn Jahren. Ein besonders schwerer Fall liegt in der Regel vor, wenn der Täter

1. eine Schußwaffe bei sich führt,

2. eine andere Waffe oder ein anderes gefährliches Werkzeug bei sich führt,

3. durch eine Gewalttätigkeit einen anderen in die Gefahr des Todes oder einer schweren Gesundheitsschädigung bringt oder

4. plündert oder bedeutenden Schaden an fremden Sachen anrichtet.

解析

1. 本條係因刑法第六次修正案作技術性之修正。

2. 關於本條第1項第1款「攜帶武器」之前提，係行爲人須自己取得武器。

3. 關於本條第1項第3款「具體危險」之前提，係行爲人違犯第125條之公眾安寧，使他人有死亡之危險；或第176條所描述之嚴重影響健康之傷害行爲之危險。

4. 有關特別嚴重情形，可參考刑法第46條。

第126條　　以實施犯罪爲要脅擾亂公衆安寧罪

(1) 以實施下列犯罪相威脅，擾亂公共安寧者，處三年以下之自由刑或罰金：

1. 第125a條第2句第1項至第4項所規定危害公眾安寧之行爲；

2. 謀殺罪（第211條）、殺人罪（第212條）、滅絕種族犯罪（國際刑法第6條）、違反人道罪（國際刑法第7條）或戰爭罪（國際刑法第8條、第9條、第10條、第11條和第12條）；

3. 重傷害罪（第226條）；

4. 第232條第3項第2句、第232a條第3項、第4項或第5項，或第232b條第3項第4項、第233a條第3項或第4項之妨害自由罪，甚至第234條、234a條、239a條或239b條所規定之重罪行為；

5. 強盜或近似強盜之敲詐勒索（第249條至第251條或第225條）；

6. 第306條至第306c條，或第307條第1項至第3項，第308條第1項至第3項，第309條第1項至第4項，第313條，第314條或第315條第3項，第315b條第3項，第316a條第1項或第3項，第316c條第1項或第3項，第318條第3項、第4項、第7項所規定之公共危險罪之重罪，或

7. 第309條第6項，第311條第1項，第316b條第1項、第317條第1項或第318條第1項所規定之公共危險罪安全之輕罪，

(2) 明知非屬真實，偽稱將要實施第1項所規定之犯罪行為，足以擾亂公眾之安寧者，處與前項相同之刑罰。

§ 126 Störung des öffentlichen Friedens durch Androhung von Straftaten

(1) Wer in einer Weise, die geeignet ist, den öffentlichen Frieden zu stören,

1. einen der in § 125a Satz 2 Nr. 1 bis 4 bezeichneten Fälle des Landfriedensbruchs,

2. einen Mord (§ 211), Totschlag (§ 212) oder Völkermord (§ 6 des Völkerstrafgesetzbuches) oder ein Verbrechen gegen die Menschlichkeit (§ 7 des Völkerstrafgesetzbuches) oder ein Kriegsverbrechen (§§ 8, 9, 10, 11 oder 12 des Völkerstrafgesetzbuches),

3. eine schwere Körperverletzung (§ 226),

4. eine Straftat gegen die persönliche Freiheit in den Fällen des § 232 Absatz 3 Satz 2, des § 232a Absatz 3, 4 oder 5, des § 232b Absatz 3 oder 4, des § 233a Absatz 3 oder 4, jeweils soweit es sich um Verbrechen handelt, der §§ 234, 234a, 239a oder 239b,

5. einen Raub oder eine räuberische Erpressung (§§ 249 bis 251 oder 255),

6. ein gemeingefährliches Verbrechen in den Fällen der §§ 306 bis 306c

oder 307 Abs. 1 bis 3, des § 308 Abs. 1 bis 3, des § 309 Abs. 1 bis 4, der §§ 313, 314 oder 315 Abs. 3, des § 315b Abs. 3, des § 316a Abs. 1 oder 3, des § 316c Abs. 1 oder 3 oder des § 318 Abs. 3 oder 4 oder

7. ein gemeingefährliches Vergehen in den Fällen des § 309 Abs. 6, des § 311 Abs. 1, des § 316b Abs. 1, des § 317 Abs. 1 oder des § 318 Abs. 1 androht, wird mit Freiheitsstrafe bis zu drei Jahren oder mit Geldstrafe bestraft.

(2) Ebenso wird bestraft, wer in einer Weise, die geeignet ist, den öffentlichen Frieden zu stören, wider besseres Wissen vortäuscht, die Verwirklichung einer der in Absatz 1 genannten rechtswidrigen Taten stehe bevor.

解析

1. 本罪所欲保護之法益，係公眾之和平。
2. 本條客觀構成要件之行為，有關「威脅」須符合刑法240條對於未來之事件為限。
3. 主觀構成要件之故意，行為人僅須具備間接故意已足，亦即行為人對於迫壞和平有所認識，並有意執行。

第127條　　組織武裝團體罪

非法組織或指揮擁有武器或其他危險工具之武裝團體，或認同該類團體，而為其提供武器、金錢或以其他方式加以支持者，處二年以下之自由刑或罰金。

§ 127 Bildung bewaffneter Gruppen

Wer unbefugt eine Gruppe, die über Waffen oder andere gefährliche Werkzeuge verfügt, bildet oder befehligt oder wer sich einer solchen Gruppe anschließt, sie mit Waffen oder Geld versorgt oder sonst unterstützt, wird mit Freiheitsstrafe bis zu zwei Jahren oder mit Geldstrafe bestraft.

1. 本罪係保護德國境內之法和平。
2. 構成要件中之「團體」，係指聚集一大群數量。
3. 本罪可能與刑法第129條，或武器法第53條產生競合。

第128條　　刪除

§ 128　weggefallen

第129條　　建立犯罪結社罪

(1) 以建立犯罪組織為目的或參與該犯罪組織之成員，處五年以下自由刑
　　或罰金；若上述成員其行動係為達成遂行其犯行者，處二年以上自由
　　刑至最高刑度；對於支持犯罪組織或對於招募成員加以支持，處三年
　　以下自由刑或罰金。
(2) 犯罪組織係指超過二人，為追求絕對的共同利益，成員間具有長期之
　　緊密關係，型塑成一個獨立結構之團體。
(3) 具備下列情形之一者，不適用第1項之規定：
　　1.該組織係屬於政治上之政黨，尚未被聯邦憲法法院宣告為違憲之政
　　　黨，
　　2.所實施之犯罪只是單一的目的或活動，不具重要性的意義，或
　　3.該組織之目的或活動涉及第84條至第87條規定之犯罪行為。
(4) 符合本條第一項第一句以及第二項所指之結社而未遂者，罰之。
(5) 被認定為本條第一項第一句之特別嚴重情形，處六個月以上五年以下
　　自由刑。所謂特別嚴重之情形，若行為人係屬組織上的首腦或幕後操
　　縱人。所謂被認為本條第一項第一句之情形係指，若該組織的宗旨和
　　活動係針對刑事訴訟法第100b條第2項a, c, d, e 與g至m, 2 至5款，以及
　　同條項第7款所稱之犯行，除了刑事訴訟法第100b條第2項，第1款g所
　　稱之犯行而符合刑法第239a條以及239b條之行為。

(6) 對責任輕微、參與行為不具重要性之參與犯，法院得免除第1項和第4項之刑罰。

(7) 法院得根據其裁量減輕處罰（第49條第2項）或根據同條之規定免除其刑，若行為人：1. 主動並善盡誠摯之努力，阻止該結社之繼續存在或防止其實施符合其宗旨之犯罪，或2. 於犯罪行為尚未被阻止前，及時向官方坦承犯罪計畫，從而得以避免犯罪之發生，行為人阻止該組織繼續存在之目的已實現，或該目的非因行為人之努力而實現者，不罰。

§ 129 Bildung krimineller Vereinigungen

(1) Mit Freiheitsstrafe bis zu fünf Jahren oder mit Geldstrafe wird bestraft, wer eine Vereinigung gründet oder sich an einer Vereinigung als Mitglied beteiligt, deren Zweck oder Tätigkeit auf die Begehung von Straftaten gerichtet ist, die im Höchstmaß mit Freiheitsstrafe von mindestens zwei Jahren bedroht sind. Mit Freiheitsstrafe bis zu drei Jahren oder mit Geldstrafe wird bestraft, wer eine solche Vereinigung unterstützt oder für sie um Mitglieder oder Unterstützer wirbt.

(2) Eine Vereinigung ist ein auf längere Dauer angelegter, von einer Festlegung von Rollen der Mitglieder, der Kontinuität der Mitgliedschaft und der Ausprägung der Struktur unabhängiger organisierter Zusammenschluss von mehr als zwei Personen zur Verfolgung eines übergeordneten gemeinsamen Interesses.

(3) Absatz 1 ist nicht anzuwenden, 1. wenn die Vereinigung eine politische Partei ist, die das Bundesverfassungsgericht nicht für verfassungswidrig erklärt hat, 2. wenn die Begehung von Straftaten nur ein Zweck oder eine Tätigkeit von untergeordneter Bedeutung ist oder 3. soweit die Zwecke oder die Tätigkeit der Vereinigung Straftaten nach den §§ 84 bis 87 betreffen.

(4) Der Versuch, eine in Absatz 1 Satz 1 und Absatz 2 bezeichnete Vereinigung zu gründen, ist strafbar.

(5) In besonders schweren Fällen des Absatzes 1 Satz 1 ist auf Freiheitsstrafe

von sechs Monaten bis zu fünf Jahren zu erkennen. Ein besonders schwerer Fall liegt in der Regel vor, wenn der Täter zu den Rädelsführern oder Hintermännern der Vereinigung gehört. In den Fällen des Absatzes 1 Satz 1 ist auf Freiheitsstrafe von sechs Monaten bis zu zehn Jahren zu erkennen, wenn der Zweck oder die Tätigkeit der Vereinigung darauf gerichtet ist, in § 100b Absatz 2 Nummer 1 Buchstabe a, c, d, e und g bis m, Nummer 2 bis 5 und 7 der Strafprozessordnung genannte Straftaten mit Ausnahme der in § 100b Absatz 2 Nummer 1 Buchstabe g der Strafprozessordnung genannten Straftaten nach den §§ 239a und 239b des Strafgesetzbuches zu begehen.

(6) Das Gericht kann bei Beteiligten, deren Schuld gering und deren Mitwirkung von untergeordneter Bedeutung ist, von einer Bestrafung nach den Absätzen 1 und 4 absehen.

(7) Das Gericht kann die Strafe nach seinem Ermessen mildern (§ 49 Abs. 2) oder von einer Bestrafung nach diesen Vorschriften absehen, wenn der Täter 1. sich freiwillig und ernsthaft bemüht, das Fortbestehen der Vereinigung oder die Begehung einer ihren Zielen entsprechenden Straftat zu verhindern, oder 2. freiwillig sein Wissen so rechtzeitig einer Dienststelle offenbart, daß Straftaten, deren Planung er kennt, noch verhindert werden können; erreicht der Täter sein Ziel, das Fortbestehen der Vereinigung zu verhindern, oder wird es ohne sein Bemühen erreicht, so wird er nicht bestraft.

解析

1. 本條於2017年7月22日與8月24日二次修正，爲了要符合2008年10月24日歐洲理事會2008/841/JI之抗制組織犯罪匡架決議轉化成內國法修正了組織犯罪之定義，同時，本條修正爲七項。

2. 本罪所保護之法益爲公眾的安全與秩序。

3. 本條所稱之「組織」，係指已知的犯罪組織，至少三人以上，服從共同的教條以單一的意志。

4. 德國立法上認定組織犯罪採取的方式只要行爲人建立犯罪宗旨的組織

或參與、宣傳及給予支持即成立犯罪（德國刑法第129條）。保護法益為公眾安全以及國家秩序，當初立法目的希望連同基於一定政治目的成立的犯罪組織一網打盡，我們可以從該條第二項的除外規定可以看出來：本條排除了三種情形的組織犯罪：(1) 該組織屬於聯邦憲法法院未宣布違憲的政黨；(2) 實施犯罪活動僅是該組織的次要目的或活動；(3) 該組織的目的或活動涉及第84條至87條規定的犯罪行爲。

第129a條　　建立恐怖主義組織罪

(1) 建立犯罪之組織第129條第2項，其目的或活動係針對下列之犯罪，或以成員之身分參加該組織者，處一年以上十年以下之自由刑：

　　1. 謀殺罪（第211條）、殺人罪（第212條）、滅絕種族犯罪（國際刑法第6條）、反人道罪（國際刑法第7條），或戰爭罪（國際刑法第8條、第9條、第10條、第11條或第12條），

　　2. 第239a條或第239b條規定之侵害人身自由罪。

　　3. （刪除）

(2) 建立犯罪之組織，其目的或活動旨在實施下列之犯罪，依前項之法定刑罰之：

　　1. 對他人之身體或精神造成重大之傷害，特別是以第226條所列舉之方法爲之；

　　2. 第303b，305，305a所規定之犯罪，或第306條至第306c條，第307條第1項至第3項，第308條第1項至第4項，第309條第1項至第5項，第313條、314條或第315條第1、3或第4項，第316b條第1項或第3項，第316c條第1項至第3項，或是第317條第1項等，所規定之公共危險罪；

　　3. 第330a條第1項至第3項所規定之環境犯罪，

　　4. 戰爭武器管制法第19條第1項至第3項，第20條第1項或第2項，第20a條第1項至第3項，第19條第2項第2項或第3項第2項，第20條第1項或第2項，第20a條第1項至第3項，如其與第21條有連結關係，或第22a條第1項至第3項；

5. 武器管制法第51條第1項至第3項之犯罪；

或是參與該等犯罪組織成為其成員，該組織係以犯前5款之任何一種犯罪為宗旨，以驚悚之方法造成人民之恐慌，對政府機關或國際組織實施非法之暴力或以實施暴力為脅迫而對其實施強制。

(3) 組織之目的或活動，如係針對第1項及第2項之犯罪為恐嚇之內容者，處六月以上五年以下之自由刑或罰金。

(4) 行為人如係為第1項及第2項之主謀或幕後策劃者，處三年以上之自由刑。

(5) 對第1項、第2項或第3項所述組織予以支持者，則在第1項及第2項之情形，處六月以上十年以下之自由刑，於第3項之情形，處五年以下之自由刑或罰金刑。對第1項及第2項之組織或為其招募成員或支持者，處六個月以上五年以下之自由刑。

(6) 對罪責輕微，或其參與效應僅具有次要作用者，法院可根據其裁量，於第1項、第2項、第3項和第5項之情況下，酌情減輕其刑罰（第49條第2項）。

(7) 第129條第7項之規定準用之。

(8) 對行為人除宣告六個月以上之自由刑外，法院仍得宣告剝奪其擔任公職之資格與從公開選舉中獲得利益之資格（第45條第2項）。

(9) 於第1項、第2項、第4項及第5項之情況下，法院可裁定交付保護管束（第68條第1項）。

§ 129a Bildung terroristischer Vereinigungen

(1) Wer eine Vereinigung (§ 129 Absatz 2) gründet, deren Zwecke oder deren Tätigkeit darauf gerichtet sind,

1. Mord (§ 211) oder Totschlag (§ 212) oder Völkermord (§ 6 des Völkerstrafgesetzbuches) oder Verbrechen gegen die Menschlichkeit (§ 7 des Völkerstrafgesetzbuches) oder Kriegsverbrechen (§§ 8, 9, 10, 11 oder § 12 des Völkerstrafgesetzbuches) oder

2. Straftaten gegen die persönliche Freiheit in den Fällen des § 239a oder des § 239b

3. (weggefallen) zu begehen, oder wer sich an einer solchen Vereinigung als Mitglied beteiligt, wird mit Freiheitsstrafe von einem Jahr bis zu zehn Jahren bestraft.

(2) Ebenso wird bestraft, wer eine Vereinigung gründet, deren Zwecke oder deren Tätigkeit darauf gerichtet sind,

1. einem anderen Menschen schwere körperliche oder seelische Schäden, insbesondere der in § 226 bezeichneten Art, zuzufügen,

2. Straftaten nach den §§ 303b, 305, 305a oder gemeingefährliche Straftaten in den Fällen der §§ 306 bis 306c oder 307 Abs. 1 bis 3, des § 308 Abs. 1 bis 4, des § 309 Abs. 1 bis 5, der §§ 313, 314 oder 315 Abs. 1, 3 oder 4, des § 316b Abs. 1 oder 3 oder des § 316c Abs. 1 bis 3 oder des § 317 Abs. 1,

3. Straftaten gegen die Umwelt in den Fällen des § 330a Abs. 1 bis 3,

4. Straftaten nach § 19 Abs. 1 bis 3, § 20 Abs. 1 oder 2, § 20a Abs. 1 bis 3, § 19 Abs. 2 Nr. 2 oder Abs. 3 Nr. 2, § 20 Abs. 1 oder 2 oder § 20a Abs. 1 bis 3, jeweils auch in Verbindung mit § 21, oder nach § 22a Abs. 1 bis 3 des Gesetzes über die Kontrolle von Kriegswaffen oder

5. Straftaten nach § 51 Abs. 1 bis 3 des Waffengesetzes zu begehen, oder wer sich an einer solchen Vereinigung als Mitglied beteiligt, wenn eine der in den Nummern 1 bis 5 bezeichneten Taten bestimmt ist, die Bevölkerung auf erhebliche Weise einzuschüchtern, eine Behörde oder eine internationale Organisation rechtswidrig mit Gewalt oder durch Drohung mit Gewalt zu nötigen oder die politischen, verfassungsrechtlichen,wirtschaftlichen oder sozialen Grundstrukturen eines Staates oder einer internationalen Organisation zu beseitigen oder erheblich zu beeinträchtigen, und durch die Art ihrer Begehung oder ihre Auswirkungen einen Staat oder eine internationale Organisation erheblich schädigen kann.

(3) Sind die Zwecke oder die Tätigkeit der Vereinigung darauf gerichtet, eine der in Absatz 1 und 2 bezeichneten Straftaten anzudrohen, ist auf Freiheitsstrafe von sechs Monaten bis zu fünf Jahren zu erkennen.

(4) Gehört der Täter zu den Rädelsführern oder Hintermännern, so ist in den

Fällen der Absätze 1 und 2 auf Freiheitsstrafe nicht unter drei Jahren, in den Fällen des Absatzes 3 auf Freiheitsstrafe von einem Jahr bis zu zehn Jahren zu erkennen.

(5) Wer eine in Absatz 1, 2 oder Absatz 3 bezeichnete Vereinigung unterstützt, wird in den Fällen der Absätze 1 und 2 mit Freiheitsstrafe von sechs Monaten bis zu zehn Jahren, in den Fällen des Absatzes 3 mit Freiheitsstrafe bis zu fünf Jahren oder mit Geldstrafe bestraft. Wer für eine in Absatz 1 oder Absatz 2 bezeichnete Vereinigung um Mitglieder oder Unterstützer wirbt, wird mit Freiheitsstrafe von sechs Monaten bis zu fünf Jahren bestraft.

(6) Das Gericht kann bei Beteiligten, deren Schuld gering und deren Mitwirkung von untergeordneter Bedeutung ist, in den Fällen der Absätze 1, 2, 3 und 5 die Strafe nach seinem Ermessen (§ 49 Abs. 2) mildern.

(7) §129 Absatz 7 gilt entsprechend.

(8) Neben einer Freiheitsstrafe von mindestens sechs Monaten kann das Gericht die Fähigkeit, öffentliche Ämter zu bekleiden, und die Fähigkeit, Rechte aus öffentlichen Wahlen zu erlangen, aberkennen (§ 45 Abs. 2).

(9) In den Fällen der Absätze 1, 2, 4 und 5 kann das Gericht Führungsaufsicht anordnen (§ 68 Abs. 1).

解析

1. 德國刑法第129a條之「建立恐怖組織」，係於1976年8月18日之刑法修正案所提出來，只要行為人建立、參與實施特定犯罪之組織，即構成本罪。

2. 而該特定罪名，係指(1)預謀殺人、故意殺人、種族滅絕、反人類罪或戰爭罪；(2)侵害人身自由之犯罪；(3)特定危害公共安全之犯罪。

第129b條　　國外之犯罪組織及恐怖組織；沒收

(1) 第129條及第129a條之規定，同樣適用於在國外之犯罪組織。犯罪如

涉及歐盟成員國以外之外國犯罪組織者，只有當犯罪活動發生在本法追訴效力之適用範圍內，或者行為人或被害人是德國人，或是發生在德國境內者，始適用本規定。於第2句情形下，非經聯邦司法部長之授權不得對行為進行追訴。此等授權既可適用於對具體案件之追訴，亦可適用於對將來發生之與特定犯罪組織有關之行為追訴。在進行授權決定時，司法部應對犯罪組織之行為是否針對尊重人性尊嚴之基本價值之國家秩序造成危害，或是否針對國際之和平之共同生活造成危害，並對應依所有情狀衡量是否具備非難之可能性。

(2) 於第129條和第129a條情形，以及本條第1項之情形下，準用第74a條之規定。

§ 129b Kriminelle und terroristische Vereinigungen im Ausland; Einziehung

(1) Die §§ 129 und 129a gelten auch für Vereinigungen im Ausland. Bezieht sich die Tat auf eine Vereinigung außerhalb der Mitgliedstaaten der Europäischen Union, so gilt dies nur, wenn sie durch eine im räumlichen Geltungsbereich dieses Gesetzes ausgeübte Tätigkeit begangen wird oder wenn der Täter oder das Opfer Deutscher ist oder sich im Inland befindet. In den Fällen des Satzes 2 wird die Tat nur mit Ermächtigung des Bundesministeriums der Justiz und für Verbraucherschutz verfolgt. Die Ermächtigung kann für den Einzelfall oder allgemein auch für die Verfolgung künftiger Taten erteilt werden, die sich auf eine bestimmte Vereinigung beziehen. Bei der Entscheidung über die Ermächtigung zieht das Ministerium in Betracht, ob die Bestrebungen der Vereinigung gegen die Grundwerte einer die Würde des Menschen achtenden staatlichen Ordnung oder gegen das friedliche Zusammenleben der Völker gerichtet sind und bei Abwägung aller Umstände als verwerflich erscheinen.

(2) In den Fällen der §§ 129 und 129a, jeweils auch in Verbindung mit Absatz 1, ist 74a anzuwenden.

解 析

1. 德國刑法第129b條係針對國外之犯罪組織與恐怖組織以及擴大犯罪組織之追徵和沒收。本條之修正受到美國911之攻擊事件影響，德國政府於2002年8月22日提出第34次刑法修正案。

2. 主要內容為：第129條與129a條之規定同樣適用於在國外之犯罪組織：「行為涉及歐盟成員國以外之外國犯罪組織，只要在本法追訴效力之範圍內實施犯罪行為，或行為人以及被害人是德國人，在德國境內者，適用本條規定。」在前述之情形下，非經聯邦司法部長之授權不得對行為進行追訴。

3. 此等授權可適用於對具體案件之追訴。在進行授權決定時，司法部應對犯罪組織之行為是否針對尊重人性尊嚴之國家基本價值，或是針對國民之和平相處，將所有非難之情形綜合考量。

第130條　　煽動民眾罪

(1) 以擾亂公共安寧之方法，實施下列行為者，處三個月以上五年以下之自由刑：

1. 針對基於國家、種族、宗教或倫理背景之特定團體，或針對具備前述特徵之團體之部分人口或個人，煽惑他人對其激起仇恨，或助長他人對其實施暴力或恣意性之措施，或

2. 對於具有前款所示背景之團體，或對於具有前款所示背景之團體之局部人口或個人，辱罵、惡意蔑視或惡意誹謗，致侵害其人格尊嚴。

(2) 下列行為處三年以下自由刑或科罰金：

1. 散播文書（第11條第3項）或使公眾得知或提供、轉交未滿18歲人文書（第11條第3項）或任其接觸，

a. 仇恨第1項第1款所指之團體，仇恨部分民眾，仇恨第1項第1款所指團體之個別成員，或激惹部分民眾，

b. 挑唆對於前a所稱之人發動暴力或隨意措施，

　　　c. 以咒罵，惡意輕蔑或誹謗之方式，詆毀前a所指之個人或多數人
　　　　之人性尊嚴，

　　2. 利用廣播或電信，使未滿18歲人或公眾得知第1款a至c所指之內容

　　3. 製造、運送、貯存、提供、營運，具有第1款a至c所指內容之文書
　　　（第11條第3項），或輸入輸出此類文書，以使用第1款或第2款之
　　　內容或使第三人得以運用。

(3) 對於納粹統治下，以擾亂公共安寧方式實施之國際刑法第6條第1項規
　　定之犯罪行為，公開地或於集會上予以贊同、否認或粉飾者，處五年
　　以下自由刑或罰金。

(4) 第2項同樣適用於第3項所述內容之文書（第11條第3項）。

(5) 於第2項，與之有關之第4項和第3項情形下，相應適用第86條第3項之
　　規定。

(6) 符合本條第2項第1、2款與第5項相連結之情形，未遂犯亦處罰之。

(7) 符合本條第2項，同時與第5項相結合之情形以及第3項與第4項之情
　　形，則屬刑法第86條第3項之情形。

§ 130 Volksverhetzung

(1) Wer in einer Weise, die geeignet ist, den öffentlichen Frieden zu stören,

　　1. gegen eine nationale, rassische, religiöse oder durch ihre ethnische
　　　Herkunft bestimmte Gruppe, gegen Teile der Bevölkerung oder gegen
　　　einen Einzelnen wegen seiner Zugehörigkeit zu einer vorbezeichneten
　　　Gruppe oder zu einem Teil der Bevölkerung zum Hass aufstachelt, zu
　　　Gewalt- oder Willkürmaßnahmen auffordert oder

　　2. die Menschenwürde anderer dadurch angreift, dass er eine vorbezeichnete
　　　Gruppe, Teile der Bevölkerung oder einen Einzelnen wegen seiner
　　　Zugehörigkeit zu einer vorbezeichneten Gruppe oder zu einem Teil der
　　　Bevölkerung beschimpft, böswillig verächtlich macht oder verleumdet,
　　　wird mit Freiheitsstrafe von drei Monaten bis zu fünf Jahren bestraft.

(2) Mit Freiheitsstrafe bis zu drei Jahren oder mit Geldstrafe wird bestraft, wer

　　1. eine Schrift (§ 11 Absatz 3) verbreitet oder der Öffentlichkeit zugänglich

macht oder einer Person unter achtzehn Jahren eine Schrift (§ 11 Absatz 3) anbietet, überlässt oder zugänglich macht, die

a) zum Hass gegen eine in Absatz 1 Nummer 1 bezeichnete Gruppe, gegen Teile der Bevölkerung oder gegen einen Einzelnen wegen seiner Zugehörigkeit zu einer in Absatz 1 Nummer 1 bezeichneten Gruppe oder zu einem Teil der Bevölkerung aufstachelt,

b) zu Gewalt- oder Willkürmaßnahmen gegen in Buchstabe a genannte Personen oder Personenmehrheiten auffordert oder

c) die Menschenwürde von in Buchstabe a genannten Personen oder Personenmehrheiten dadurch angreift, dass diese beschimpft, böswillig verächtlich gemacht oder verleumdet werden,

2. einen in Nummer 1 Buchstabe a bis c bezeichneten Inhalt mittels Rundfunk oder Telemedien einer Person unter achtzehn Jahren oder der Öffentlichkeit zugänglich macht oder

3. eine Schrift (§ 11 Absatz 3) des in Nummer 1 Buchstabe a bis c bezeichneten Inhalts herstellt, bezieht, liefert, vorrätig hält, anbietet, bewirbt oder es unternimmt, diese Schrift ein- oder auszuführen, um sie oder aus ihr gewonnene Stücke im Sinne der Nummer 1 oder Nummer 2 zu verwenden oder einer anderen Person eine solche Verwendung zu ermöglichen.

(3) Mit Freiheitsstrafe bis zu fünf Jahren oder mit Geldstrafe wird bestraft, wer eine unter der Herrschaft des Nationalsozialismus begangene Handlung der in § 6 Abs. 1 des Völkerstrafgesetzbuches bezeichneten Art in einer Weise, die geeignet ist, den öffentlichen Frieden zu stören, öffentlich oder in einer Versammlung billigt, leugnet oder verharmlost.

(4) Mit Freiheitsstrafe bis zu drei Jahren oder mit Geldstrafe wird bestraft, wer öffentlich oder in einer Versammlung den öffentlichen Frieden in einer die Würde der Opfer verletzenden Weise dadurch stört, dass er die nationalsozialistische Gewalt- und Willkürherrschaft billigt, verherrlicht oder rechtfertigt.

(5) Absatz 2 Nummer 1 und 3 gilt auch für eine Schrift (§ 11 Absatz 3) des in den Absätzen 3 und 4 bezeichneten Inhalts. Nach Absatz 2 Nummer 2 wird auch bestraft, wer einen in den Absätzen 3 und 4 bezeichneten Inhalt mittels Rundfunk oder Telemedien einer Person unter achtzehn Jahren oder der Öffentlichkeit zugänglich macht.

(6) In den Fällen des Absatzes 2 Nummer 1 und 2, auch in Verbindung mit Absatz 5, ist der Versuch strafbar.

(7) In den Fällen des Absatzes 2, auch in Verbindung mit Absatz 5, und in den Fällen der Absätze 3 und 4 gilt § 86 Abs. 3 entsprechend.

解析

1. 本罪所保護之法益，主要係公罪之和平，亦附帶保障個別之尊嚴。本條第1、2項所稱之攻擊對象，係指部分之國民，亦即對於德國境內國族、種族、宗教或者其他以國民為主體之團體。

2. 本罪之行為，須針對特定團體之尊嚴加以擊破，若成員具變動性，則非本罪所規範之行為。例如：足球球迷。本條第6項針對第2至5項類推適用刑法第86條社會相當性條款。

第130a條　引誘犯罪罪

(1) 散發、公開陳列、張貼、放映或以其他方式使他人獲得用於引誘他人實施第126條第1項所述違法行為之文書（第11條第3項），而文書內容是鼓動或激發實施上述行為者，處三年以下自由刑或罰金。

(2) 為下列行為之一，意圖鼓動或激發，亦處以刑罰：

1. 散發、公開陳列、張貼、放映或以其他方式使他人獲得用於引誘他人實施第126條第1項所述違法行為之文書（第11條第3項），或

2. 公開地或於集會中引誘他人為第126條第1項所述違法行為者，

(3) 行為人若利用廣播或公眾之電信媒體之管道，從事第1項或第2項第2款之行為，亦屬可罰。

(4) 相應適用第86條第3項之規定。

§ 130a Anleitung zu Straftaten

(1) Wer eine Schrift (§ 11 Abs. 3), die geeignet ist, als Anleitung zu einer in §
126 Abs. 1 genannten rechtswidrigen Tat zu dienen, und nach ihrem Inhalt
bestimmt ist, die Bereitschaft anderer zu fördern oder zu wecken, eine
solche Tat zu begehen, verbreitet oder der Öffentlichkeit zugänglich macht,
wird mit Freiheitsstrafe bis zu drei Jahren oder mit Geldstrafe bestraft.

(2) Ebenso wird bestraft, wer

1. eine Schrift (§ 11 Abs. 3), die geeignet ist, als Anleitung zu einer in §
126 Abs. 1 genannten rechtswidrigen Tat zu dienen, verbreitet oder der
Öffentlichkeit zugänglich macht oder

2. öffentlich oder in einer Versammlung zu einer in § 126 Abs. 1 genannten
rechtswidrigen Tat eine Anleitung gibt, um die Bereitschaft anderer zu
fördern oder zu wecken, eine solche Tat zu begehen.

(3) Nach Absatz 1 wird auch bestraft, wer einen in Absatz 1 oder Absatz 2
Nummer 1 bezeichneten Inhalt mittels Rundfunk oder Telemedien der
Öffentlichkeit zugänglich macht.

(4) §86 Abs. 3 gilt entsprechend.

解析

1. 本罪所保護之法益,係公眾之和平。

2. 在刑事政策之意義上,行為人經由具體之準備行為激發嚴重之暴力行
為,而創造一種精神上之「氛圍」(Klima)。本條之目的,並不是
針對社會心理學上之想法、感覺或意圖加以遏止,而是針對具體之犯
行。

3. 本罪係抽象危險犯。

4. 本條所有構成要件,均引導自刑法第126條第1項之違法行為。

第131條　　暴力描述罪

(1) 下列行為，處一年以下自由刑或罰金：

1. 將以美化或粉飾之方式，描寫針對人之殘忍或其他非人道之暴力活動之文書（第11條第3項）或者將以傷害人之尊嚴之方式，描寫其事件之殘忍性或非人道性之文書，予以

   a. 發行或散發給公眾；

   b. 提供、傳遞或提供管道給不滿十八歲之人

2. 經由廣播或電視媒體提供第1句之內容：

   a. 未滿十八歲之人；

   b. 提供社會大眾管道或

3. 本法第11條第3項之文書，製造、提供、遞交、庫存，而從事或經營該文書運用或使用，而便利他人取得第1句所述a、b之文書或第2句之文書。

   第1句第1款、第2款情形，未遂犯處罰之。

(2) 基於對於時事或歷史事件之報導，不適用第1項之規定。

(3) 第1項第1句第1款字母b，並不適用之。若符合監護人之照顧義務，同時亦要排除監護人基於提供、不作為或通過其教養義務而受到嚴重之侵犯。

§ 131　Gewaltdarstellung

(1) Mit Freiheitsstrafe bis zu einem Jahr oder mit Geldstrafe wird bestraft, wer

1. eine Schrift (§ 11 Absatz 3), die grausame oder sonst unmenschliche Gewalttätigkeiten gegen Menschen oder menschenähnliche Wesen in einer Art schildert, die eine Verherrlichung oder Verharmlosung solcher Gewalttätigkeiten ausdrückt oder die das Grausame oder Unmenschliche des Vorgangs in einer die Menschenwürde verletzenden Weise darstellt,

   a) verbreitet oder der Öffentlichkeit zugänglich macht,

   b) einer Person unter achtzehn Jahren anbietet, überlässt oder zugänglich macht oder

2. einen in Nummer 1 bezeichneten Inhalt mittels Rundfunk oder

Telemedien

a) einer Person unter achtzehn Jahren oder

b) der Öffentlichkeit zugänglich macht oder

3. eine Schrift (§ 11 Absatz 3) des in Nummer 1 bezeichneten Inhalts herstellt, bezieht, liefert, vorrätig hält, anbietet, bewirbt oder es unternimmt, diese Schrift ein- oder auszuführen, um sie oder aus ihr gewonnene Stücke im Sinne der Nummer 1 Buchstabe a oder b oder der Nummer 2 zu verwenden oder einer anderen Person eine solche Verwendung zu ermöglichen.

In den Fällen des Satzes 1 Nummer 1 und 2 ist der Versuch strafbar.

(2) Absatz 1 gilt nicht, wenn die Handlung der Berichterstattung über Vorgänge des Zeitgeschehens oder der Geschichte dient.

(3) Absatz 1 Satz 1 Nummer 1 Buchstabe b, Nummer 2 Buchstabe a ist nicht anzuwenden, wenn der zur Sorge für die Person Berechtigte handelt; dies gilt nicht, wenn der Sorgeberechtigte durch das Anbieten, Überlassen oder Zugänglichmachen seine Erziehungspflicht gröblich verletzt.

解析

1. 本罪所保護之法益，係公眾之和平。以暴力之方式攻擊人民，該暴力須具物理之力，心理上之助力，則不屬之。

2. 構成要件中「美化」或「粉飾」之構成要件，以本條所規定四種行為態樣，經過媒體或描述，亦即以承認某項價值觀，而對公眾產生影響力。

第132條　　冒用公務頭銜罪

非法從事公務或實施只能由公務人員實施之公務，而實施該行為者，處二年以下自由刑或併科罰金刑。

§ 132 Amtsanmaßung

Wer unbefugt sich mit der Ausübung eines öffentlichen Amtes befaßt oder eine Handlung vornimmt, welche nur kraft eines öffentlichen Amtes vorgenommen werden darf, wird mit Freiheitsstrafe bis zu zwei Jahren oder mit Geldstrafe bestraft.

解析

1. 本罪之保護法益，係保障國家所屬機構之公權力行使。
2. 本罪有二種行為態樣，其一為非法實施公務，行為人須具備德國公務身分，並行使相關公務；其二非公務員實施公務員之職務。

第132a條　　濫用頭銜、職業標誌和徽章罪

(1) 非法為下列情形之一者，處一年以下自由刑或罰金：
　　1. 使用本國或外國公職或業務名稱、學位、頭銜或公開身分者，
　　2. 使用醫師、牙醫、心理治療師、兒童及青少年治療師、獸醫、藥劑師、律師、專利代理人、會計師以及經宣誓忠於職守之審計員、稅務顧問或稅務全權代表職業標誌者，
　　3. 使用公開聘任之專家稱號者，
　　4. 穿戴本國或外國制服、官服或徽章者，
(2) 與第1項所規定名稱、學位、頭銜、身分、制服或公職徽章相似之易混同之物，同樣適用第1項之規定。
(3) 第1項和第2項之規定同樣適用於教會和其他公法上規定之宗教團體之職業稱號、頭銜、身分、官服及徽章。
(4) 第1項第4項單獨涉及之物，或與第2項或第3項共同涉及之物，得予沒收。

§ 132a Mißbrauch von Titeln, Berufsbezeichnungen und Abzeichen

(1) Wer unbefugt

1. inländische oder ausländische Amts- oder Dienstbezeichnungen, akademische Grade, Titel oder öffentliche Würden führt,

2. die Berufsbezeichnung Arzt, Zahnarzt, Psychologischer Psychotherapeut, Kinder- und Jugendlichenpsychotherapeut, Psychotherapeut, Tierarzt, Apotheker, Rechtsanwalt, Patentanwalt, Wirtschaftsprüfer, vereidigter Buchprüfer, Steuerberater oder Steuerbevollmächtigter führt,

3. die Bezeichnung öffentlich bestellter Sachverständiger führt oder

4. inländische oder ausländische Uniformen, Amtskleidungen oder Amtsabzeichen trägt, wird mit Freiheitsstrafe bis zu einem Jahr oder mit Geldstrafe bestraft.

(2) Den in Absatz 1 genannten Bezeichnungen, akademischen Graden, Titeln, Würden, Uniformen, Amtskleidungen oder Amtsabzeichen stehen solche gleich, die ihnen zum Verwechseln ähnlich sind.

(3) Die Absätze 1 und 2 gelten auch für Amtsbezeichnungen, Titel, Würden, Amtskleidungen und Amtsabzeichen der Kirchen und anderen Religionsgesellschaften des öffentlichen Rechts.

(4) Gegenstände, auf die sich eine Straftat nach Absatz 1 Nr. 4, allein oder in Verbindung mit Absatz 2 oder 3, bezieht, können eingezogen werden.

解析

1. 本罪之保護法益，係避免行為人對於特定資格之人、穿著公務制服或頭銜以便利侵害被害人。

2. 本條為抽象危險犯。本條第1項第2、3款所保護的是構成要件所描述之職業與功能。故為已手犯。

3. 對於犯罪之不法所得，亦可以沒收之。

第133條　侵害保管物罪

(1) 將存放於保管場所獲交由行為人或他人保管之文書或其他動產加以毀棄、損壞、使其不能使用或挪做他用者，處二年以下自由刑或罰金。

(2) 對於教會和公法上規定之宗教團體保管或交由行為人或他人保管之文書或其他動產，適用第1項之規定。

(3) 公務人員或受委託對於公務負有特別義務者，將受委託保管或能控制物品予以毀棄、損壞、使之不能使用或挪作他用者，處五年以下自由刑或罰金。

§ 133 Verwahrungsbruch

(1) Wer Schriftstücke oder andere bewegliche Sachen, die sich in dienstlicher Verwahrung befinden oder ihm oder einem anderen dienstlich in Verwahrung gegeben worden sind, zerstört, beschädigt, unbrauchbar macht oder der dienstlichen Verfügung entzieht, wird mit Freiheitsstrafe bis zu zwei Jahren oder mit Geldstrafe bestraft.

(2) Dasselbe gilt für Schriftstücke oder andere bewegliche Sachen, die sich in amtlicher Verwahrung einer Kirche oder anderen Religionsgesellschaft des öffentlichen Rechts befinden oder von dieser dem Täter oder einem anderen amtlich in Verwahrung gegeben worden sind.

(3) Wer die Tat an einer Sache begeht, die ihm als Amtsträger oder für den öffentlichen Dienst besonders Verpflichteten anvertraut worden oder zugänglich geworden ist, wird mit Freiheitsstrafe bis zu fünf Jahren oder mit Geldstrafe bestraft.

解析

1. 本罪之保護法益，係避免行為人破壞國家對公務之保管以及其信任。

2. 被侵害之客體，係存放於公務機關之動產。

3. 本條構成要件中「職務上保管」，係指行政或軍事機關受命保管之物。

第134條　　毀壞官方布告罪

明知爲官方張貼之布告或陳列之文書，而加以毀棄、去除、塗改，使其無法辨識或意圖竄改歪曲者，處一年以下自由刑或罰金。

§ 134 Verletzung amtlicher Bekanntmachungen

Wer wissentlich ein dienstliches Schriftstück, das zur Bekanntmachung öffentlich angeschlagen oder ausgelegt ist, zerstört, beseitigt, verunstaltet, unkenntlich macht oder in seinem Sinn entstellt, wird mit Freiheitsstrafe bis zu einem Jahr oder mit Geldstrafe bestraft.

1. 本罪所保護之法益，係避免國家機關具有對外效力之公告遭受破壞，進而間接保護國家行政效能以及公眾對於國家之信任。
2. 本罪之行爲客體，須爲公開之告示。官方保管之紙本或是在公家機關辦公室內部之文書，均非本罪之客體。
3. 本罪之主觀要件，限直接故意。

第135條　　刪除

§ 135 weggefallen

第136條　　毀壞查封物；毀壞封印罪

(1) 對公務上扣押或沒收之物品，加以毀棄、損壞、使其不能使用或以其他方式使其全部或部分失去效用者，處一年以下自由刑或罰金。
(2) 對因爲沒收、查封或標明某物所加蓋之公務印章，予以損壞、去除或使其不能識別，或使蓋有印章之封條全部或部分失去效用者，處與第1項相同之刑罰。

(3) 扣押、沒收或加蓋封印，不屬於合法進行之職務行爲，則不依第1項及第2項處罰。行爲人誤爲該職務行爲合法者，亦同。

(4) 相應適用第113條第4項之規定。

§ 136 Verstrickungsbruch; Siegelbruch

(1) Wer eine Sache, die gepfändet oder sonst dienstlich in Beschlag genommen ist, zerstört, beschädigt, unbrauchbar macht oder in anderer Weise ganz oder zum Teil der Verstrickung entzieht, wird mit Freiheitsstrafe bis zu einem Jahr oder mit Geldstrafe bestraft.

(2) Ebenso wird bestraft, wer ein dienstliches Siegel beschädigt, ablöst oder unkenntlich macht, das angelegt ist, um Sachen in Beschlag zu nehmen, dienstlich zu verschließen oder zu bezeichnen, oder wer den durch ein solches Siegel bewirkten Verschluß ganz oder zum Teil unwirksam macht.

(3) Die Tat ist nicht nach den Absätzen 1 und 2 strafbar, wenn die Pfändung, die Beschlagnahme oder die Anlegung des Siegels nicht durch eine rechtmäßige Diensthandlung vorgenommen ist. Dies gilt auch dann, wenn der Täter irrig annimmt, die Diensthandlung sei rechtmäßig.

(4) § 113 Abs. 4 gilt sinngemäß.

解析

1. 本罪所保護之法益，係避免行爲人對於國家機關因沒收或扣押之物予以破壞。

2. 封印，係指具有國家機關象徵之記號，亦爲國家展現高權之象徵。

第137條　　刪除

§ 137　weggefallen

第138條　　知情不報罪

(1) 對下列犯罪之計畫或實施，於犯罪實施或犯罪結果仍可避免時，已確實知道而不向官署或受威脅者告發者，處五年以下自由刑或罰金：

1. （刪除）；

2. 第81條至第83條第1項規定之叛亂；

3. 第94條至第96條、第97a條或第100條規定之叛國或外患；

4. 第146條、第151條或第152條規定之偽造貨幣或有價證券，或第152b條第1句至第3句規定之偽造支付證卡及歐洲支票，

5. 預謀殺人（第211條）、故意殺人（第212條）及滅絕種族之犯罪（國際刑法第6條），或者反人類犯罪（國際刑法第7條）或者戰爭罪（國際刑法第8條、第9條、第10條、第11條或第12條）或侵略罪（國際刑法第13條）

6. 第232第3、4和第5項；第233條第3項，同時違犯第234條、第234a條、第239條或第239b條規定之侵害人身自由之犯罪，

7. 搶劫和搶劫式之勒索（第249條至第251條或第255條）或

8. 第306條至第306c條或第307條第1項至第3項，第308條第1項至第4項，第309條第1項至第5款，第310條，第313條，第314條或第315條第3項，第315b條第3項或第316a條或第316c條規定之危害公共安全之犯罪。

(2) 下列各款情形，在犯罪實施仍可避免時，已確認知道而不立即向官署告發者，亦處罰之：

1. 實施§89a條之罪者或

2. 計劃或實施129a條、第129b條第1項第1句、第2句之罪者，第129b第1項第3句至第5句情形亦適用之

(3) 確實知道違法行為之計畫或實施，出於重大過失而未向官署告發者，

處一年以下自由刑或罰金。

§ 138 Nichtanzeige geplanter Straftaten

(1) Wer von dem Vorhaben oder der Ausführung

1. (Weggefallen)

2. eines Hochverrats in den Fällen der §§ 81 bis 83 Abs. 1,

3. eines Landesverrats oder einer Gefährdung der äußeren Sicherheit in den Fällen der §§ 94 bis 96, 97a oder 100,

4. einer Geld- oder Wertpapierfälschung in den Fällen der §§ 146, 151, 152 oder einer Fälschung von Zahlungskarten mit Garantiefunktion und Vordrucken für Euroschecks in den Fällen des § 152b Abs. 1 bis 3,

5. eines Mordes (§ 211) oder Totschlags (§ 212) oder eines Völkermordes (§ 6 des Völkerstrafgesetzbuches) oder eines Verbrechens gegen die Menschlichkeit (§ 7 des Völkerstrafgesetzbuches) oder eines Kriegsverbrechens (§§ 8, 9, 10, 11 oder 12 des Völkerstrafgesetzbuches), oder eines Verbrechens der Aggression (§ 13 des Völkerstrafgesetzbuches),

6. einer Straftat gegen die persönliche Freiheit in den Fällen des § 232 Abs. 3, 4 oder Abs. 5, des § 233 Abs. 3, jeweils soweit es sich um Verbrechen handelt, der §§ 234, 234a, 239a oder 239b,

7. eines Raubes oder einer räuberischen Erpressung (§§ 249 bis 251 oder 255) oder

8. einer gemeingefährlichen Straftat in den Fällen der §§ 306 bis 306c oder 307 Abs. 1 bis 3, des § 308 Abs. 1 bis 4, des § 309 Abs. 1 bis 5, der §§ 310, 313, 314 oder 315 Abs. 3, des § 315b Abs. 3 oder der §§ 316a oder 316c zu einer Zeit, zu der die Ausführung oder der Erfolg noch abgewendet werden kann, glaubhaft erfährt und es unterläßt, der Behörde oder dem Bedrohten rechtzeitig Anzeige zu machen, wird mit Freiheitsstrafe bis zu fünf Jahren oder mit Geldstrafe bestraft.

(2) Ebenso wird bestraft, wer

1. von der Ausführung einer Straftat nach § 89a oder

2. von dem Vorhaben oder der Ausführung einer Straftat nach § 129a, auch in Verbindung mit § 129b Abs. 1 Satz 1 und 2, zu einer Zeit, zu der die Ausführung noch abgewendet werden kann, glaubhaft erfährt und es unterlässt, der Behörde unverzüglich Anzeige zu erstatten. § 129b Abs. 1 Satz 3 bis 5 gilt im Fall der Nummer 2 entsprechend.

(3) Wer die Anzeige leichtfertig unterläßt, obwohl er von dem Vorhaben oder der Ausführung der rechtswidrigen Tat glaubhaft erfahren hat, wird mit Freiheitsstrafe bis zu einem Jahr oder mit Geldstrafe bestraft.

解析

1. 本罪所侵害之法益，係避免行為人侵害國家欲追訴之犯行。
2. 本罪係純正不作為犯，每個人皆有義務，對於個別特定犯行，加以遏止。
3. 本罪所欲追訴之犯行，係指本條所列之重大犯罪。

第139條　　不告發計畫之犯罪行為之刑罰免除

(1) 在第138條情形下行為未實施者，免除刑罰。
(2) 因其身分而知悉他人秘密之神職人員，不負告發義務。
(3) 對其親屬之犯罪行為雖未告發，如已真誠努力阻止犯罪實施或避免犯罪結果產生者，不負刑事責任。但下列各種犯罪行為除外：
　1. 預謀殺人或故意殺人（第211條或第212條）；
　2. 國際刑法第6條第1項第1項規定之滅絕種族犯罪或者國際刑法第7條第1項第1項規定之反人類犯罪或者國際刑法第8條第1項第1項規定之戰爭罪或
　3. 律師、辯護人、醫師、心理精神治療師或兒童及青少年之心理治療師基於信任關係知悉下列犯行，如擄人勒索（第239a條第1項）、綁架人質（第239b條）或劫持飛機及船舶（第316c條第1項）之攻擊，建立恐怖組織（§129a，亦符合§129b結合這些第1句），同

樣無義務要告發。在第2句所提及之專門職業之個人或團體，基於
職業活動之預備行為，而得知其特定事項，同時亦無通知義務。

(4) 以告發以外之方式，避免犯罪之實施或犯罪結果產生者，免除刑罰。
犯罪之實施或犯罪結果，並非因負有告發義務者之告發而未發生，只
要該人真誠努力阻止犯罪結果發生者，免除其刑。

§ 139 Straflosigkeit der Nichtanzeige geplanter Straftaten

(1) Ist in den Fällen des § 138 die Tat nicht versucht worden, so kann von Strafe abgesehen werden.

(2) Ein Geistlicher ist nicht verpflichtet anzuzeigen, was ihm in seiner Eigenschaft als Seelsorger anvertraut worden ist.

(3) Wer eine Anzeige unterläßt, die er gegen einen Angehörigen erstatten müßte, ist straffrei, wenn er sich ernsthaft bemüht hat, ihn von der Tat abzuhalten oder den Erfolg abzuwenden, es sei denn, daß es sich um

1. einen Mord oder Totschlag (§§ 211 oder 212),

2. einen Völkermord in den Fällen des § 6 Abs. 1 Nr. 1 des Völkerstrafgesetzbuches oder ein Verbrechen gegen die Menschlichkeit in den Fällen des § 7 Abs. 1 Nr. 1 des Völkerstrafgesetzbuches oder ein Kriegsverbrechen in den Fällen des § 8 Abs. 1 Nr. 1 des Völkerstrafgesetzbuches oder

3. einen erpresserischen Menschenraub (§ 239a Abs. 1), eine Geiselnahme (§ 239b Abs. 1) oder einen Angriff auf den Luft- und Seeverkehr (§ 316c Abs. 1) durch eine terroristische Vereinigung (§ 129a, auch in Verbindung mit § 129b Abs. 1) handelt. Unter denselben Voraussetzungen ist ein Rechtsanwalt, Verteidiger, Arzt, Psychologischer Psychotherapeut oder Kinder- und Jugendlichenpsychotherapeut nicht verpflichtet anzuzeigen, was ihm in dieser Eigenschaft anvertraut worden ist. Die berufsmäßigen Gehilfen der in Satz 2 genannten Personen und die Personen, die bei diesen zur Vorbereitung auf den Beruf tätig sind, sind nicht verpflichtet mitzuteilen, was ihnen in ihrer beruflichen Eigenschaft bekannt geworden

ist.

(4) Straffrei ist, wer die Ausführung oder den Erfolg der Tat anders als durch Anzeige abwendet. Unterbleibt die Ausführung oder der Erfolg der Tat ohne Zutun des zur Anzeige Verpflichteten, so genügt zu seiner Straflosigkeit sein ernsthaftes Bemühen, den Erfolg abzuwenden.

1. 本條第1項之犯行，係指未達到刑法第138條之著手階段；亦即不為告發罪須所列之犯行達到著手階段。若該犯行已達著手階段，基於特定之條件，則存在刑罰免除事由。
2. 本條第2項與第3項係特殊之阻卻違法事由。
3. 第3、4項係個人解除刑罰事由。

第140條   對犯罪行為之酬報或贊同罪

對第138條第1項第2至4款以及第5最後列舉之第126條第1項所述違法行為，在其實施後或第176條第3項之違法行為或是第176a條、第176b條、第177條第4項至第8項或第178條開始其犯行或以未遂之刑罰方式為之者：

1. 給予酬報犯罪人；
2. 以足以危害公共安寧之方式，公開在集會中或通過散發文書（第11條第3項），對犯罪行為表示贊同者，處三年以下自由刑或罰金刑。

§ 140 Belohnung und Billigung von Straftaten

Wer eine der in § 138 Absatz 1 Nummer 2 bis 4 und 5 letzte Alternative in § 126 Abs. 1 genannten rechtswidrigen Taten oder eine rechtswidrige Tat nach § 176 Abs. 3, nach den §§ 176a und 176b, nach 177 Absatz 4 bis 8 oder nach § 178, nachdem sie begangen oder in strafbarer Weise versucht worden ist,

1. belohnt oder

2. in einer Weise, die geeignet ist, den öffentlichen Frieden zu stören, öffentlich, in einer Versammlung oder durch Verbreiten von Schriften (§ 11 Abs. 3) billigt, wird mit Freiheitsstrafe bis zu drei Jahren oder mit Geldstrafe bestraft.

解析

1. 本罪所保護之法益，係公眾和平。
2. 在刑事政策上，希望藉由本條之規範，給予行為人一種「氛圍」，不能再為進一步之犯行。故本罪係屬「抽象危險犯」，兼保護本條所列之構成要件所要保護之法益。
3. 行為人須對於該犯行產生心理上之影響力。

第141條　　刪除

§ 141　weggefallen

第142條　　擅自逃離肇事現場罪

(1) 交通肇事參與人於發生交通事故後，在下列情況下就離開肇事現場者，處三年以下自由刑或罰金：

　1. 行為人在場及對他所參與之交通事故之說明，可以使他身分、車輛情況及參與方式之確認成為可能時，為有利於其他肇事參與人及受害者，其應在場或說明而未在場或未說明者，

　2. 在無人確認前，根據實際情況應等待相當時間而未等待者。

(2) 肇事參與人

　1. 等待期間經過後（第1項第2款），或

　2. 自認為無責任或可原諒而逃離肇事現場，且事後未立即使確認成為可能者，依第1項處罰。

(3) 交通肇事參與人立即將事故通知權利人（第1項第1款）或附近警察機

關，並告知通信地址、居留地及車輛牌照及停放地點，即已履行事後確認身分、車輛之義務。故意使確認無法進行者，不適用本規定。

(4) 並未造成重大財產損失之交通肇事參與人，在事故後24小時內，自願於事後爲上述確認行爲（第3項），在第1項及第2項情形下，法院可酌情減輕刑罰（第49條第1項，或依本規定免除刑罰）。

(5) 根據情況，行爲人之行爲對造成交通事故起到促進作用，均視爲交通肇事之參與者。

§ 142 Unerlaubtes Entfernen vom Unfallort

(1) Ein Unfallbeteiligter, der sich nach einem Unfall im Straßenverkehr vom Unfallort entfernt, bevor er

1. zugunsten der anderen Unfallbeteiligten und der Geschädigten die Feststellung seiner Person, seines Fahrzeugs und der Art seiner Beteiligung durch seine Anwesenheit und durch die Angabe, daß er an dem Unfall beteiligt ist, ermöglicht hat oder

2. eine nach den Umständen angemessene Zeit gewartet hat, ohne daß jemand bereit war, die Feststellungen zu treffen, wird mit Freiheitsstrafe bis zu drei Jahren oder mit Geldstrafe bestraft.

(2) Nach Absatz 1 wird auch ein Unfallbeteiligter bestraft, der sich

1. nach Ablauf der Wartefrist (Absatz 1 Nr. 2) oder

2. berechtigt oder entschuldigt vom Unfallort entfernt hat und die Feststellungen nicht unverzüglich nachträglich ermöglicht.

(3) Der Verpflichtung, die Feststellungen nachträglich zu ermöglichen, genügt der Unfallbeteiligte, wenn er den Berechtigten (Absatz 1 Nr. 1) oder einer nahe gelegenen Polizeidienststelle mitteilt, daß er an dem Unfall beteiligt gewesen ist, und wenn er seine Anschrift, seinen Aufenthalt sowie das Kennzeichen und den Standort seines Fahrzeugs angibt und dieses zu unverzüglichen Feststellungen für eine ihm zumutbare Zeit zur Verfügung hält. Dies gilt nicht, wenn er durch sein Verhalten die Feststellungen absichtlich vereitelt.

(4) Das Gericht mildert in den Fällen der Absätze 1 und 2 die Strafe (§ 49 Abs. 1) oder kann von Strafe nach diesen Vorschriften absehen, wenn der Unfallbeteiligte innerhalb von vierundzwanzig Stunden nach einem Unfall außerhalb des fließenden Verkehrs, der ausschließlich nicht bedeutenden Sachschaden zur Folge hat, freiwillig die Feststellungen nachträglich ermöglicht (Absatz 3).

(5) Unfallbeteiligter ist jeder, dessen Verhalten nach den Umständen zur Verursachung des Unfalls beigetragen haben kann.

解析

1. 本罪保護之法益，係要求參與交通肇事之行為人，能協助除去侵害以及確保。
2. 本罪在刑事政策上具有重大之意義。行為人若能在交通事故上協助以及安置被害人，將使日後之民事賠償得以確保，以及避免行為人包庇犯行。
3. 本罪係保護個人之抽象財產。

第143條及第144條　　刪除

§ 143 udn § 144　weggefallen

第145條　　濫用警報與事故預防設備及急救設備罪

(1) 故意或明知而實施下列行為之一者，處一年以下自由刑或罰金：
　　1. 濫用警報或遇難求救信號，或
　　2. 虛構不幸事件或公共危險或緊急事件，而要求他人予以救援者，
(2) 故意或明知而實施下列行為之一者，如該行為未在第303條或第304條規定處罰者，處二年以下自由刑或罰金：

1. 將用於防止不幸事件或公共危險之警告或禁止標誌加以拆除、使之不能辨識或竄改歪曲其內容者，或
2. 將用於防止不幸事件或公共危險防護設備或準備用於不幸事故或公共危險之救生器材或其他物品加以拆除、變更或使之不能使用者。

§ 145 Mißbrauch von Notrufen und Beeinträchtigung von Unfallverhütungs- und Nothilfemitteln

(1) Wer absichtlich oder wissentlich

1. Notrufe oder Notzeichen mißbraucht oder

2. vortäuscht, daß wegen eines Unglücksfalles oder wegen gemeiner Gefahr oder Not die Hilfe anderer erforderlich sei, wird mit Freiheitsstrafe bis zu einem Jahr oder mit Geldstrafe bestraft.

(2) Wer absichtlich oder wissentlich

1. die zur Verhütung von Unglücksfällen oder gemeiner Gefahr dienenden Warn- oder Verbotszeichen beseitigt, unkenntlich macht oder in ihrem Sinn entstellt oder

2. die zur Verhütung von Unglücksfällen oder gemeiner Gefahr dienenden Schutzvorrichtungen oder die zur Hilfeleistung bei Unglücksfällen oder gemeiner Gefahr bestimmten Rettungsgeräte oder anderen Sachen beseitigt, verändert oder unbrauchbar macht, wird mit Freiheitsstrafe bis zu zwei Jahren oder mit Geldstrafe bestraft, wenn die Tat nicht in § 303 oder § 304 mit Strafe bedroht ist.

解析

1. 行為人本來依照刑法第323c條，對於意外事件有救助義務，卻反而卻濫用救助設備。
2. 關於不幸事故、共同危險或緊急之要件，可參考刑法第323c條。

第145a條　　行為監督期間違反指示罪
於行為監督期間，違反第68b條第1項所述特定之指示，使處分之目的受危害者，處一年以下自由刑或罰金。本罪為非經行為監督機構之告訴（第68a條），不得追訴。

§ 145a Verstoß gegen Weisungen während der Führungsaufsicht
Wer während der Führungsaufsicht gegen eine bestimmte Weisung der in § 68b Abs. 1 bezeichneten Art verstößt und dadurch den Zweck der Maßregel gefährdet, wird mit Freiheitsstrafe bis zu drei Jahren oder mit Geldstrafe bestraft. Die Tat wird nur auf Antrag der Aufsichtsstelle (§ 68a) verfolgt.

解析

1. 本罪係純正身分犯，行為人須受到刑法之行為監督之宣告，而於該期間違反其指示。
2. 行為監督，係指行為人受假釋或緩刑之宣告，可對行為人為一定之指示。

第145b條　　刪除

§ 145b weggefallen

第145c條　　違反職業禁止罪
違反法院禁止從事一定之營業或職業之規定，而為自己或他人從事該職業、營業者，或讓他人為自己從事者，處一年以下自由刑或罰金。

§ 145c Verstoß gegen das Berufsverbot

Wer einen Beruf, einen Berufszweig, ein Gewerbe oder einen Gewerbezweig für sich oder einen anderen ausübt oder durch einen anderen für sich ausüben läßt, obwohl dies ihm oder dem anderen strafgerichtlich untersagt ist, wird mit Freiheitsstrafe bis zu einem Jahr oder mit Geldstrafe bestraft.

解析

1. 若二人以上共犯本條，係屬必要共犯，不成立教唆犯。
2. 本條所禁止從事之營業或職業，須特定，否則違反憲法第103條第2項之明確性原則。

第145d條　　虛構犯罪罪

(1) 違背良知，向當局或主管接受告發之機關虛構實施
　　1. 違法行為，或
　　2. 即將實施第126條第1項所述違法行為，該行為在第164條、第258條或第258a條未規定處罰者，處三年以下自由刑或罰金。
(2) 違背良知，向第1項所述機關虛構下列事實者，處與第1項相同之刑罰：
　　1. 參與違法行為之事實，或
　　2. 即將參與第126條第1項所述違法行為之事實。
(3) 下列行為處三個月至五個月之自由刑：
　　1. 違反第1項第1款或第2項第1款之犯行或
　　2. 違背良知違反第1項之行為，並構成刑法第46b條第1句第2款或麻藥條例第31條第1句第2款之違法行為，或
　　3. 違背良知參與本項第2款之預備行為，為符合刑法第46b條第1句第2款或麻藥條例第31條第1句第2款減刑或停止刑罰。
(4) 符合第3項而情節較不嚴重者，處三年以下自由刑或罰金。

§ 145d Vortäuschen einer Straftat

(1) Wer wider besseres Wissen einer Behörde oder einer zur Entgegennahme von Anzeigen zuständigen Stelle vortäuscht,

1. daß eine rechtswidrige Tat begangen worden sei oder

2. daß die Verwirklichung einer der in § 126 Abs. 1 genannten rechtswidrigen Taten bevorstehe, wird mit Freiheitsstrafe bis zu drei Jahren oder mit Geldstrafe bestraft, wenn die Tat nicht in § 164, § 258 oder § 258a mit Strafe bedroht ist.

(2) Ebenso wird bestraft, wer wider besseres Wissen eine der in Absatz 1 bezeichneten Stellen über den Beteiligten

1. an einer rechtswidrigen Tat oder

2. an einer bevorstehenden, in § 126 Abs. 1 genannten rechtswidrigen Tat zu täuschen sucht.

(3) Mit Freiheitsstrafe von drei Monaten bis zu fünf Jahren wird bestraft, wer

1. eine Tat nach Absatz 1 Nr. 1 oder Absatz 2 Nr. 1 begeht oder

2. wider besseres Wissen einer der in Absatz 1 bezeichneten Stellen vortäuscht, dass die Verwirklichung einer der in § 46b Abs. 1 Satz 1 Nr. 2 dieses Gesetzes oder in § 31 Satz 1 Nr. 2 des Betäubungsmittelgesetzes genannten rechtswidrigen Taten bevorstehe, oder

3. wider besseres Wissen eine dieser Stellen über den Beteiligten an einer bevorstehenden Tat nach Nummer 2 zu täuschen sucht, um eine Strafmilderung oder ein Absehen von Strafe nach § 46b dieses Gesetzes oder § 31 des Betäubungsmittelgesetzes zu erlangen.

(4) In minder schweren Fällen des Absatzes 3 ist die Strafe Freiheitsstrafe bis zu drei Jahren oder Geldstrafe.

解析

1. 本條所欲處罰者，為國內之妨礙司法公正犯罪。
2. 國內之受理機關或偵查管轄機關（如地檢署、警察機關），須完全獲悉虛構之犯罪事實。
3. 「違背良知」，須排除間接故意，亦即行為人相當確信其犯行。

第八章　僞造貨幣及有價證券之犯罪
Achter Abschnitt Geld- und Wertzeichenfälschung

第146條　僞造貨幣罪

(1) 實施下列行爲之一者，處一年以下自由刑：

　　1. 意圖供流通之用，或有流通可能而僞造或變造貨幣；

　　2. 以上述意圖來獲取或變造貨幣，或

　　3. 將上述1、2條件下僞造、變造之貨幣或獲取之僞造、變造貨幣作爲
　　　 眞幣之使用。

(2) 行爲人以此爲常業或作爲續繼實施僞造貨幣犯罪而組成之犯罪集團成
　　 員犯此罪者，處二年以上自由刑。

(3) 犯第1項之罪，輕節較輕者，處三個月以上五年以下自由刑；犯第2項
　　 之罪，情節較輕者，處一年以上十年以下自由刑。

§ 146 Geldfälschung

(1) Mit Freiheitsstrafe nicht unter einem Jahr wird bestraft, wer

　　1. Geld in der Absicht nachmacht, daß es als echt in Verkehr gebracht
　　　 oder daß ein solches Inverkehrbringen ermöglicht werde, oder Geld in
　　　 dieser Absicht so verfälscht, daß der Anschein eines höheren Wertes
　　　 hervorgerufen wird,

　　2. falsches Geld in dieser Absicht sich verschafft oder feilhält oder

　　3. falsches Geld, das er unter den Voraussetzungen der Nummern 1 oder
　　　 2 nachgemacht, verfälscht oder sich verschafft hat, als echt in Verkehr
　　　 bringt.

(2) Handelt der Täter gewerbsmäßig oder als Mitglied einer Bande, die sich zur
　　 fortgesetzten Begehung einer Geldfälschung verbunden hat, so ist die Strafe
　　 Freiheitsstrafe nicht unter zwei Jahren.

(3) In minder schweren Fällen des Absatzes 1 ist auf Freiheitsstrafe von drei Monaten bis zu fünf Jahren, in minder schweren Fällen des Absatzes 2 auf Freiheitsstrafe von einem Jahr bis zu zehn Jahren zu erkennen.

解析

1. 本罪構成要件要素之「貨幣」，係指由國家或由國家授權之具有公眾交易支付功能之工具。
2. 包括即將確定發行之貨幣，如「歐元」，1999年1月1日至2001年12月31日之過渡期。
3. 本條所謂之「偽造」，係指能使貨幣具備公信力之裁量及方法，使其與真正之貨幣無法區別，但在本質上仍是偽幣。

第147條　使用偽造貨幣罪

(1) 除第146條之外，將偽造貨幣作為真幣使用者，處五年以下自由刑或罰金。
(2) 本罪未遂犯罰之。

§ 147 Inverkehrbringen von Falschgeld

(1) Wer, abgesehen von den Fällen des § 146, falsches Geld als echt in Verkehr bringt, wird mit Freiheitsstrafe bis zu fünf Jahren oder mit Geldstrafe bestraft.
(2) Der Versuch ist strafbar.

解析

1. 本條第1項之行為，至少要具備「間接故意」。行為人須基於「惡意」行使偽造貨幣，始能成立。
2. 本條第2項處罰未遂犯。
3. 本條之幫助犯，指將不屬於自己之偽造貨幣交給行為人使用。

第148條　　偽造有價票證罪

(1) 符合下列情形者，處五年以下自由刑或罰金：

　　1. 意圖供作爲實際官方有價票證使用或流通之用，或有使用或流通可能而爲造有價票證，或變造有價票證，而提高其價值；

　　2. 在此意圖下獲取虛假之官方有價票證，以及

　　3. 將虛假之官方有價票證作爲眞之有價票證使用、待售或流通之。

(2) 將已使用過，且已作廢之官方有價票證作爲有效之有效票證使用或流通者，處一年以下自由刑或罰金刑。

(3) 未遂犯罰之。

§ 148 Wertzeichenfälschung

(1) Mit Freiheitsstrafe bis zu fünf Jahren oder mit Geldstrafe wird bestraft, wer

　　1. amtliche Wertzeichen in der Absicht nachmacht, daß sie als echt verwendet oder in Verkehr gebracht werden oder daß ein solches Verwenden oder Inverkehrbringen ermöglicht werde, oder amtliche Wertzeichen in dieser Absicht so verfälscht, daß der Anschein eines höheren Wertes hervorgerufen wird,

　　2. falsche amtliche Wertzeichen in dieser Absicht sich verschafft oder

　　3. falsche amtliche Wertzeichen als echt verwendet, feilhält oder in Verkehr bringt.

(2) Wer bereits verwendete amtliche Wertzeichen, an denen das Entwertungszeichen beseitigt worden ist, als gültig verwendet oder in Verkehr bringt, wird mit Freiheitsstrafe bis zu einem Jahr oder mit Geldstrafe bestraft.

(3) Der Versuch ist strafbar.

解析

1. 本條係源於1974年刑法典修正草案所新增（Art. 19 Nr. 59 EGStGB）。

2. 保護法益，爲對於官方發行之票證，在行使該票證時，交易時之交易安全。

3. 構成要件中之「官方」，係指國家、地方自治團體、法人或其分支機構，對於費用所作之憑證。

4. 有關「有價票證」之定義係指，某種「印花」或相似的符號，而由官方機構所發行，而使其代替業已支付之稅金、費用、交易等費用，而使其易於證明之憑證。(RGSt 59, 321 (323); BGHSt 32, 68 (75); Lackner/ Kühl Rn. 2; Fischer Rn. 2; Schönke/Schröder/Stree/Sternberg-Lieben Rn. 2; Schmidt ZStW 111 (1999), 388; MüKoStGB/Erb Rn. 2; NK-StGB/ Puppe Rn. 7; LK-StGB/Ruß Rn. 2; Wessels/Hettinger StrafR BT I Rn. 944; Kindhäuser StrafR BT I § 63 Rn. 3).

第149條　　預備偽造貨幣及有價票證罪

(1) 為預備偽造貨幣或有價票證，而製造下列物品，為自己或他人獲取、待售、保管或轉讓他人，預備或偽造貨幣者，處五年以下自由刑或罰金；預備或偽造有價票證者，處二年以下自由刑或罰金刑：

　　1. 符合實施上述行為之印版、模型、印刷組版、活字組版、影印負版、字模或類似工具；

　　2. 為偽造貨幣或官方有價票證而特製之紙張或類似紙張；

　　3. 掃描設備，或其它能提供偽造貨幣相同之功能。

(2) 具備下列情形之一者，不依第1項處罰：

　　1. 主動放棄預備行為之實施，避免由自身行為引起之他人繼續預備或實施該行為之危險，或阻止行為完成者，以及

　　2. 將現存且可用於偽造之工具銷毀、使其不能使用，向有關機關報告偽造工具之存放處或將偽造工具交給有關機關。

(3) 非基於行為人之作用，而避免他人繼續實行預備行為或實施犯行之危險，或努力防止行為完成，只要行為人為達此目的而真摯努力阻止他人繼續為預備行為或實施行為者，即視為符合第2項第1款所述之前提條件。

§ 149 Vorbereitung der Fälschung von Geld und Wertzeichen

(1) Wer eine Fälschung von Geld oder Wertzeichen vorbereitet, indem er

1. Platten, Formen, Drucksätze, Druckstöcke, Negative, Matrizen, Computerprogramme oder ähnliche Vorrichtungen, die ihrer Art nach zur Begehung der Tat geeignet sind,

2. Papier, das einer solchen Papierart gleicht oder zum Verwechseln ähnlich ist, die zur Herstellung von Geld oder amtlichen Wertzeichen bestimmt und gegen Nachahmung besonders gesichert ist, oder

3. Hologramme oder andere Bestandteile, die der Sicherung gegen Fälschung dienen,

herstellt, sich oder einem anderen verschafft, feilhält, verwahrt oder einem anderen überläßt, wird, wenn er eine Geldfälschung vorbereitet, mit Freiheitsstrafe bis zu fünf Jahren oder mit Geldstrafe, sonst mit Freiheitsstrafe bis zu zwei Jahren oder mit Geldstrafe bestraft.

(2) Nach Absatz 1 wird nicht bestraft, wer freiwillig

1. die Ausführung der vorbereiteten Tat aufgibt und eine von ihm verursachte Gefahr, daß andere die Tat weiter vorbereiten oder sie ausführen, abwendet oder die Vollendung der Tat verhindert und

2. die Fälschungsmittel, soweit sie noch vorhanden und zur Fälschung brauchbar sind, vernichtet, unbrauchbar macht, ihr Vorhandensein einer Behörde anzeigt oder sie dort abliefert.

(3) Wird ohne Zutun des Täters die Gefahr, daß andere die Tat weiter vorbereiten oder sie ausführen, abgewendet oder die Vollendung der Tat verhindert, so genügt an Stelle der Voraussetzungen des Absatzes 2 Nr. 1 das freiwillige und ernsthafte Bemühen des Täters, dieses Ziel zu erreichen.

解析

1. 本條係源於1974年刑法典修正草案所新增（Art. 19 Nr. 59 EGStGB）。

2. 構成要件中所謂預備行為，係指本法第146條第1項第1款或第148條第1

項第1款之行為。

3. 本罪之客體，係本條第1項第1至3款之偽造設備。

第150條　沒收

犯本章之罪，偽造、變造之貨幣，偽造或已作廢之有價票證，以及第149條所述偽造工具，應予以沒收。

§ 150　Einziehung

Ist eine Straftat nach diesem Abschnitt begangen worden, so werden das falsche Geld, die falschen oder entwerteten Wertzeichen und die in § 149 bezeichneten Fälschungsmittel eingezogen.

解析

1. 本條係源於1974年刑法典修正草案所新增（Art. 19 Nr. 59 EGStGB）。
2. 本條沒收之客體，係指第146、147條偽變造之物。
3. 依據第149條沒收印製工具以及半成品，應依本法第74條以下單獨沒收。

第151條　有價證券

下列有價證券，為防止偽造，而以特殊方法印制及選用特殊紙張印制者，視同第146條、第147條、第149條及第150條之貨幣：

1. 註明一定金額，可作支付手段之記名或不記名債券；
2. 股票；
3. 投資公司發行之股份證明；
4. 第1款至第3款有價證券之利息、紅利證明、延期證明及有關交付此類有價證券之保證書；
5. 已印有一定票面金額之旅行支票。

§ 151 Wertpapiere

Dem Geld im Sinne der §§ 146, 147, 149 und 150 stehen folgende Wertpapiere gleich, wenn sie durch Druck und Papierart gegen Nachahmung besonders gesichert sind:

1. Inhaber- sowie solche Orderschuldverschreibungen, die Teile einer Gesamtemission sind, wenn in den Schuldverschreibungen die Zahlung einer bestimmten Geldsumme versprochen wird;

2. Aktien;

3. von Kapitalverwaltungsgesellschaften ausgegebene Anteilscheine;

4. Zins-, Gewinnanteil- und Erneuerungsscheine zu Wertpapieren der in den Nummern 1 bis 3 bezeichneten Art sowie Zertifikate über Lieferung solcher Wertpapiere;

5. Reiseschecks.

解析

1. 本條係源於1974年刑法典修正草案所新增（Art. 19 Nr. 59 EGStGB）。

2. 本條之客體「有價證券」，有別於第146、147、149以及150條，均具有大量發行以及易轉讓性。

3. 主觀構成要件上，行為人須具備與一般人相同之平行評價，對於有件證券之認識，而特別強化不易發現，須達到間接故意。

第152條　　外國貨幣、有價票證以及有價證券

第146條至第151條之規定，同樣適用於外國貨幣、有價票證以及有價證券。

§ 152 Geld, Wertzeichen und Wertpapiere eines fremden Währungsgebiets

Die §§ 146 bis 151 sind auch auf Geld, Wertzeichen und Wertpapiere eines fremden Währungsgebiets anzuwenden.

1. 本條係源於1974年刑法典修正草案所新增（Art. 19 Nr. 59 EGStGB）。
2. 本條所謂之貨幣、有價票證以及有價證券，與第146、148與151條相同。
3. 本條有關「有價票證」之解釋，可參考第148條之解釋。

第152a條　　偽造支付票證、支票以及兌換憑證罪

(1) 意圖在法律交易行為中進行詐騙，或使此種詐騙成為可能，而為下列行為者，處一年以上十年以下之自由刑：
　　1. 偽造或變造本國或外國之支付證卡、支票或憑證，或
　　2. 為自己或他人取得、持有、轉讓或使用上述之票證或憑證。
(2) 未遂犯罰之。
(3) 行為人以營利或成為集團之成員，而連續為第1項之行為者，處六個月以上十年以下之自由刑。
(4) 第1項所稱之證卡係指以下之支付證卡：
　　1. 由信用機構或金融服務機構所發行；
　　2. 通過設置或設定密碼來防止偽造之證卡。
(5) 同樣適用第149條有關偽造貨幣之規定及第150條第2項之規定。

§ 152a Fälschung von Zahlungskarten, Schecks und Wechseln

(1) Wer zur Täuschung im Rechtsverkehr oder, um eine solche Täuschung zu ermöglichen,
　　1. inländische oder ausländische Zahlungskarten, Schecks oder Wechsel nachmacht oder verfälscht oder
　　2. solche falschen Karten, Schecks oder Wechsel sich oder einem anderen verschafft, feilhält, einem anderen überlässt oder gebraucht,
　　wird mit Freiheitsstrafe bis zu fünf Jahren oder mit Geldstrafe bestraft.
(2) Der Versuch ist strafbar.
(3) Handelt der Täter gewerbsmäßig oder als Mitglied einer Bande, die sich zur

fortgesetzten Begehung von Straftaten nach Absatz 1 verbunden hat, so ist die Strafe Freiheitsstrafe von sechs Monaten bis zu zehn Jahren.

(4) Zahlungskarten im Sinne des Absatzes 1 sind Karten,

1. die von einem Kreditinstitut oder Finanzdienstleistungsinstitut herausgegeben wurden und

2. durch Ausgestaltung oder Codierung besonders gegen Nachahmung gesichert sind.

(5) § 149, soweit er sich auf die Fälschung von Wertzeichen bezieht, und § 150 gelten entsprechend.

解析

1. 本條係第六次刑法改革時新增。

2. 本條所保障者，為非現金交易之安全及功能。

3. 支付票證、支票以及兌換憑證，係用以替代現金交易之支付工具，行為人若對上述支付工具加以偽造或變造，將會危及交易安全。

第152b條　偽造支付票證、支票以及兌換憑證罪

(1) 對於具有保證功能或歐洲支票憑證之支付票證違反第152a條之行為，處一年以上十年以下自由刑。

(2) 連續為第1項之行為，處以二年以上之自由刑。

(3) 犯第1項之罪，情節較輕者，處以三個月以上五年以下之自由刑；犯第2項之罪，情節較輕者，處一年以上十年以下之自由刑。

(4) 第1項所稱之證卡，係指保證功能之支付證卡，包括信用卡、歐洲支票以及其他能，

1. 使填寫人在支付交易中保證支付，並且

2. 通過設置或設定密碼以防止偽造之證卡。

(5) 同樣適用第149條有關偽造貨幣之規定和第150條第2項之規定。

§ 152b Fälschung von Zahlungskarten mit Garantiefunktion und Vordrucken für Euroschecks

(1) Wer eine der in § 152a Abs. 1 bezeichneten Handlungen in Bezug auf Zahlungskarten mit Garantiefunktion oder Euroscheckvordrucke begeht, wird mit Freiheitsstrafe von einem Jahr bis zu zehn Jahren bestraft.

(2) Handelt der Täter gewerbsmäßig oder als Mitglied einer Bande, die sich zur fortgesetzten Begehung von Straftaten nach Absatz 1 verbunden hat, so ist die Strafe Freiheitsstrafe nicht unter zwei Jahren.

(3) In minder schweren Fällen des Absatzes 1 ist auf Freiheitsstrafe von drei Monaten bis zu fünf Jahren, in minder schweren Fällen des Absatzes 2 auf Freiheitsstrafe von einem Jahr bis zu zehn Jahren zu erkennen.

(4) Zahlungskarten mit Garantiefunktion im Sinne des Absatzes 1 sind Kreditkarten, Euroscheckkarten und sonstige Karten,

1. die es ermöglichen, den Aussteller im Zahlungsverkehr zu einer garantierten Zahlung zu veranlassen, und

2. durch Ausgestaltung oder Codierung besonders gegen Nachahmung gesichert sind.

(5) § 149, soweit er sich auf die Fälschung von Geld bezieht, und § 150 gelten entsprechend.

解析

1. 本條係於2003年12月22日第35次刑法改革新增。
2. 本條之規範目的，在於保證第152a條發行機構之交易安全。
3. 本條構成要件中「具有保證功能之支付票證」，係指信用卡或其他帶有保證功能之支付卡片。

第九章 未經宣誓之偽證及偽誓之犯罪

Neunter Abschnitt Falsche uneidliche Aussage und Meineid

第153條　　未經宣誓之虛偽陳述罪

以證人或鑑定人之身分，在法院或在其他對證人或鑑定人於宣誓後訊問之主管單位，未經宣誓而為虛偽陳述者，處三月以上五年以下自由刑。

§ 153　Falsche uneidliche Aussage

Wer vor Gericht oder vor einer anderen zur eidlichen Vernehmung von Zeugen oder Sachverständigen zuständigen Stelle als Zeuge oder Sachverständiger uneidlich falsch aussagt, wird mit Freiheitsstrafe von drei Monaten bis zu fünf Jahren bestraft.

解析

1. 本罪屬於特別犯、抽象危險犯及己手犯等之犯罪類型。
2. 行為主體僅限於證人或鑑定人，故不含刑事訴訟程序中之被告及民事訴訟程序中之一造當事人。此外，由於行為人須直接在主管單位口頭陳述，故傳聞證人並非本罪之行為主體。
3. 陳述係指對於事實之直接口頭描述，故不含書面說明；且與對過去或現在之事件或狀況之推論及評價不同。但在鑑定人之情形，其陳述之內容包含評價。
4. 虛偽係指陳述之內容與作為訊問客體之真實內容不相符之情形。陳述是否虛偽，有不同之看法：客觀理論（通說、實務）、主觀理論、義務理論。
5. 自發性陳述（Spontanäußerung）因非屬訊問時之客體，故即使該虛偽內容涉及判決之重要事實，原則上仍不成立本罪。

第154條　　虛偽宣誓罪

(1) 在法院或在其他接受宣誓之主管單位爲虛偽宣誓者，處一年以上自由刑。

(2) 情節較輕者，處六月以上五年以下自由刑。

§ 154　Meineid

(1) Wer vor Gericht oder vor einer anderen zur Abnahme von Eiden zuständigen Stelle falsch schwört, wird mit Freiheitsstrafe nicht unter einem Jahr bestraft.

(2) In minder schweren Fällen ist die Strafe Freiheitsstrafe von sechs Monaten bis zu fünf Jahren.

解析

1. 由於本罪原則上係第153條之加重類型，故構成要件之用語雖爲「虛偽宣示」，但通說認爲應以「虛偽陳述之宣示」來理解才正確。因此，條文所稱之虛偽宣誓，爲以第153條之虛偽陳述作爲前提；換言之，行爲人係以宣誓來擔保其陳述之眞實性。

2. 行爲主體並未如第153條之身分限制，故除證人及鑑定人外，亦包含訴訟程序中之宣誓後之翻譯者（第189條GVG）、民事訴訟程序中之宣誓後之當事人（第452條ZPO）等。

3. 依刑事訴訟法第60條第1款之規定，未滿十八歲之未成年人無宣誓能力。但有爭論的是，若根據少年法院法第3條而認爲該未成年人對於宣誓之意義已具備足夠之認識能力，因而肯定其個人之成熟度（individuelle Reife）足以負刑事責任時，該未成年人是否爲本罪之適格行爲人？通說認爲，此時該未成年人仍屬無宣誓能力人。

第155條　　代替宣誓之證明

下列情形，視同宣誓：

1. 代替宣誓之證明，

2. 援用先前之宣誓或證明。

§ 155 Eidesgleiche Bekräftigungen
Dem Eid stehen gleich
1. die den Eid ersetzende Bekräftigung,
2. die Berufung auf einen früheren Eid oder auf eine frühere Bekräftigung.

 解 析
1. 此處所援引之先前宣誓或證明，須爲在程序法上許可，且有效之聲明（宣誓或證明）。
2. 就刑事案件之證人而言，其所援引之先前聲明，須爲涉及法院之準備程序或審判程序階段，且須爲同一程序。亦即，不可在審判程序時，援引準備程序時之聲明。

第156條　　代替宣誓之虛僞保證罪
在接受代替宣誓之保證之主管機關，提出虛僞之保證或援用此類保證時爲虛僞之陳述者，處三年以下自由刑或罰金。

§ 156 Falsche Versicherung an Eides Statt
Wer vor einer zur Abnahme einer Versicherung an Eides Statt zuständigen Behörde eine solche Versicherung falsch abgibt oder unter Berufung auf eine solche Versicherung falsch aussagt, wird mit Freiheitsstrafe bis zu drei Jahren oder mit Geldstrafe bestraft.

解 析
1. 本罪爲己手犯。
2. 通說認爲，此處之主管機關應以在具體程序中，對於接受代替宣誓之保證具有特別權限（besondere Zuständigkeit）之機關爲限，而非以一般

性之權限爲已足。例如：在刑事訴訟程序中，僅有法院具備此權限，不含警察與檢察官（vgl. §§ 161a I 3, 163 III StPO）。

第157條　　緊急情況下之陳述

(1) 證人或鑑定人犯虛偽宣誓罪或犯未經宣誓之虛偽陳述罪而爲之虛偽陳述，係行爲人爲避免其親屬或本人受刑罰處罰或受剝奪自由之矯正與保安處分者，法院得依其裁量減輕刑罰（第49條第2項），未經宣誓而陳述者，亦得免除其刑罰。

(2) 未達宣誓年齡之人未經宣誓而爲虛偽陳述者，法院亦得依其裁量而減輕刑罰（第49條第2項）或完全免除其刑罰。

§ 157 Aussagenotstand

(1) Hat ein Zeuge oder Sachverständiger sich eines Meineids oder einer falschen uneidlichen Aussage schuldig gemacht, so kann das Gericht die Strafe nach seinem Ermessen mildern (§ 49 Abs. 2) und im Falle uneidlicher Aussage auch ganz von Strafe absehen, wenn der Täter die Unwahrheit gesagt hat, um von einem Angehörigen oder von sich selbst die Gefahr abzuwenden, bestraft oder einer freiheitsentziehenden Maßregel der Besserung und Sicherung unterworfen zu werden.

(2) Das Gericht kann auch dann die Strafe nach seinem Ermessen mildern (§ 49 Abs. 2) oder ganz von Strafe absehen, wenn ein noch nicht Eidesmündiger uneidlich falsch ausgesagt hat.

解析

1. 親屬僅限於第11條第1項第1款所列之對象，不含其他與行爲人有密切關係之人。

2. 行爲人虛偽陳述，須爲出於避免處罰危險之目的。但此不必是其唯一或主要目的，即使僅爲其主觀目的之一，亦可。此外，所稱之「避免

處罰」，應從廣義理解，亦即不僅包括完全避免處罰，亦包括減輕處罰。

3. 受處罰之危險，須在陳述前即已存在，而非在陳述之後才產生該危險。另外，受處罰之危險，須建立在行為人為真實之陳述時即會發生該危險之前提上。

第158條　　對虛偽說明之更正

(1) 行為人將其因虛偽宣誓、代替宣誓之虛偽保證或未經宣誓之虛偽陳述所為之虛偽說明及時更正者，法院得依其裁量減輕刑罰（第49條第2項）或免除其刑罰。

(2) 更正已不再能於判決中評價或因該更正行為而對他人產生不利，或對行為人已進行告發或調查者，該更正係屬遲延。

(3) 更正可於行為人為虛偽說明之處所或於程序上審查該更正之處所，以及法院、檢察官前或警察機關為之。

§ 158　Berichtigung einer falschen Angabe

(1) Das Gericht kann die Strafe wegen Meineids, falscher Versicherung an Eides Statt oder falscher uneidlicher Aussage nach seinem Ermessen mildern (§ 49 Abs. 2) oder von Strafe absehen, wenn der Täter die falsche Angabe rechtzeitig berichtigt.

(2) Die Berichtigung ist verspätet, wenn sie bei der Entscheidung nicht mehr verwertet werden kann oder aus der Tat ein Nachteil für einen anderen entstanden ist oder wenn schon gegen den Täter eine Anzeige erstattet oder eine Untersuchung eingeleitet worden ist.

(3) Die Berichtigung kann bei der Stelle, der die falsche Angabe gemacht worden ist oder die sie im Verfahren zu prüfen hat, sowie bei einem Gericht, einem Staatsanwalt oder einer Polizeibehörde erfolgen.

解析

1. 本條規定不涉及第24條之中止犯，故不以行為人係出於自願之更正行為為必要。
2. 更正，不僅指行為人明確地表示撤回其先前之虛偽陳述，更須以正確、真實之陳述取代之；至於方式上，則無限制。
3. 所稱之不利，僅指法律上之不利，亦即惡化他人之法律上地位。
4. 此處之告發（Anzeige），僅限於刑事告發，且不含自首（Selbstanzeige）。此處之調查，亦僅限於刑事追訴機關之調查。

第159條　　教唆虛偽陳述之未遂

對於教唆未經宣誓之虛偽陳述（第153條）及代替宣誓之虛偽保證（第156條）之未遂行為，準用第30條第1項以及第31條第1項第1款及第2項。

§ 159 Versuch der Anstiftung zur Falschaussage

Für den Versuch der Anstiftung zu einer falschen uneidlichen Aussage (§ 153) und einer falschen Versicherung an Eides Statt (§ 156) gelten § 30 Abs. 1 und § 31 Abs. 1 Nr. 1 und Abs. 2 entsprechend.

解析

1. 本條將原本僅適用於重罪（Verbrechen）之第30條第1項擴大適用至性質上屬於輕罪（Vergehen）之第153條及第156條。亦即，雖然第153條及第156條原本屬於輕罪而不處罰未遂行為，但立法者基於此未遂教唆（versuchte Anstiftung）所具有之特殊危險性而特別單獨立法處罰。
2. 教唆故意，除須包含喚起被教唆人之行為決意外，更須有意使被教唆人犯第153條及第156條之罪。換言之，被教唆人主觀上須認識到其所陳述之內容不實，否則即屬第160條之規範範圍。

第160條　　誘騙虛偽陳述罪

(1) 誘騙他人爲虛偽宣誓者，處二年以下自由刑或罰金；誘騙他人爲代替宣誓之虛偽保證或未經宣誓之虛偽陳述者，處六月以下自由刑或一百八十單位日額金以下之罰金。

(2) 未遂犯，處罰之。

§ 160　Verleitung zur Falschaussage

(1) Wer einen anderen zur Ableistung eines falschen Eides verleitet, wird mit Freiheitsstrafe bis zu zwei Jahren oder mit Geldstrafe bestraft; wer einen anderen zur Ableistung einer falschen Versicherung an Eides Statt oder einer falschen uneidlichen Aussage verleitet, wird mit Freiheitsstrafe bis zu sechs Monaten oder mit Geldstrafe bis zu einhundertachtzig Tagessätzen bestraft.

(2) Der Versuch ist strafbar.

解析

1. 本罪性質上係爲塡補前述己手犯無法成立間接正犯，以及他人（陳述人）須出於故意始能處罰教唆行爲之二項可罰性漏洞而設。

2. 此處之誘騙，係指促使他人做出非故意之虛偽陳述；而所謂促使，係指以任何方式來影響他人之主觀意思，例如以欺騙之方式來引發或強化他人之錯誤、操縱特定之事實情況、甚至脅迫等等。

3. 著手之時點，爲行爲人開始影響陳述人之時。

4. 理論上，若陳述人係出於故意而虛偽陳述時，由於此時客觀事實與行爲人之認識不符，因此行爲人欠缺（誘騙）故意。儘管如此，依通說及實務之看法，此時行爲人仍成立本罪既遂。因一方面陳述人之故意已將行爲人原本所期望之非故意行爲涵蓋在內；另一方面，如此解釋亦符合本罪之立法目的。因設立本罪之任務，就在掌握無法以教唆來規範之案例類型。

第161條　過失之虛偽宣誓；過失之代替宣誓之虛偽陳述罪

(1) 過失犯第154條至第156條之罪者，處一年以下自由刑或罰金。

(2) 行為人及時更正虛偽說明者，不處罰。第158條第2項及第3項之規定，準用之。

§ 161 Fahrlässiger Falscheid; fahrlässige falsche Versicherung an Eides Statt

(1) Wenn eine der in den §§ 154 bis 156 bezeichneten Handlungen aus Fahrlässigkeit begangen worden ist, so tritt Freiheitsstrafe bis zu einem Jahr oder Geldstrafe ein.

(2) Straflosigkeit tritt ein, wenn der Täter die falsche Angabe rechtzeitig berichtigt. Die Vorschriften des § 158 Abs. 2 und 3 gelten entsprechend.

解析

1. 行為人所陳述之內容，須在客觀上係虛偽。在主觀上，行為人之過失須包含行為人並未認識到其對虛偽內容為宣誓或為代替宣誓之保證。

2. 行為人為證人時，其在接受訊問前並無一般性之調查或查詢義務，以確保其陳述之內容為正確。相反地，應由國家踐行該義務。

3. 行為人為鑑定人時，可能發生過失之情況，通常是其在敘述鑑定結果之事實時，發生錯誤或缺漏。

第162條　國際法庭；國際調查委員會

(1) 對於德國具有拘束力之法律行為所設立之國際法庭，第153條至第161條之規定，亦適用之。

(2) 就第153條及第157條至第160條所規定之未經宣誓之虛偽陳述，於聯邦或邦之立法機關之調查委員會前之虛偽陳述，亦適用之。

§ 162 Internationale Gerichte; nationale Untersuchungsausschüsse

(1) Die §§ 153 bis 161 sind auch auf falsche Angaben in einem Verfahren vor einem internationalen Gericht, das durch einen für die Bundesrepublik

Deutschland verbindlichen Rechtsakt errichtet worden ist, anzuwenden.

(2) Die §§ 153 und 157 bis 160, soweit sie sich auf falsche uneidliche Aussagen beziehen, sind auch auf falsche Angaben vor einem Untersuchungsausschuss eines Gesetzgebungsorgans des Bundes oder eines Landes anzuwenden.

 解析

1. 國際法庭，除指根據「國際刑事法院羅馬規約」（Römisches Statut des IStGH）所成立之國際法庭外，亦包含根據其他國際條約或法律行為所成立之所有國際法庭。

2. 第2項之立法目的在於，由於調查委員會在本質上並非法庭或類似法庭之組織，而在個案中之「被告」在訊問形式上即是以「證人」之角色為之，因此透過本條來加以規範。

第163條　　刪除

§ 163　weggefallen

第十章　誣告之犯罪

Zehnter Abschnitt Falsche Verdächtigung

第164條　誣告罪

(1) 意圖使他人受官方訴訟程序或其他官方處分之啓動或持續，而昧著良心向官署或可接受告發之有權官員或軍隊長官或公眾誣告其有違法行爲或有違背職務義務之行爲者，處五年以下自由刑或罰金。

(2) 以相同之意圖，昧著良心向第1項所規定之處所或公眾捏造他人有其他犯罪事實，致他人受官方訴訟程序或其他官方處分之啓動或持續者，處（與前項）相同之刑罰。

(3) 爲減輕刑罰或爲根據刑法第46b條或麻醉藥品法第31條獲得免除刑罰之目之而誣告者，處六月至十年自由刑。情節較輕者，處三月至五年自由刑。

§ 164 Falsche Verdächtigung

(1) Wer einen anderen bei einer Behörde oder einem zur Entgegennahme von Anzeigen zuständigen Amtsträger oder militärischen Vorgesetzten oder öffentlich wider besseres Wissen einer rechtswidrigen Tat oder der Verletzung einer Dienstpflicht in der Absicht verdächtigt, ein behördliches Verfahren oder andere behördliche Maßnahmen gegen ihn herbeizuführen oder fortdauern zu lassen, wird mit Freiheitsstrafe bis zu fünf Jahren oder mit Geldstrafe bestraft.

(2) Ebenso wird bestraft, wer in gleicher Absicht bei einer der in Absatz 1 bezeichneten Stellen oder öffentlich über einen anderen wider besseres Wissen eine sonstige Behauptung tatsächlicher Art aufstellt, die geeignet ist, ein behördliches Verfahren oder andere behördliche Maßnahmen gegen ihn herbeizuführen oder fortdauern zu lassen.

(3) Mit Freiheitsstrafe von sechs Monaten bis zu zehn Jahren wird bestraft,

wer die falsche Verdächtigung begeht, um eine Strafmilderung oder ein Absehen von Strafe nach § 46b dieses Gesetzes oder § 31 des Betäubungsmittelgesetzes zu erlangen. In minder schweren Fällen ist die Strafe Freiheitsstrafe von drei Monaten bis zu fünf Jahren.

解析

1. 依通說之觀點，本罪之保護法益，包含「國家司法權之運作」以及「個人免於不公正之國家追訴」。由於前者法益並非個人所能支配，故即使行為人已得到被誣告人之同意或承諾，仍成立本罪。

2. 有爭論的是：本罪對於個人之保護對象是僅限於無犯罪之一般人或是亦包含犯罪之人？實務採所謂之「指控理論」（Beschuldigungs-Theorie），認為本罪僅保護無犯罪之人受到誣告之情形。反之，通說則採所謂之「提交理論」（Unterbreitungs-Theorie），認為本罪之成立重點在於行為人所提出之事實是否與眞實相符；因此，提出有關犯罪之人之不實證據事實或嫌疑事實，當然亦為本罪所規範之範圍。

3. 誣告之對象為「他人」（einen anderen），故其須為可得特定之個人，且不得為已死亡之人。

4. 誣告，係指造成他人受到懷疑或強化其原本所受到之懷疑之行為。方式上並無限制，除表示不實事實之方式外，通說認為提出不實之證據徵兆（Beweisanzeichen），使他人之證據地位受到懷疑之方式，亦為誣告。

5. 作為誣告內容之違法行為或違背義務之行為，須在行為人誣告時即已存在。換言之，誣告內容是否得為本罪之客體，判斷之時點在於誣告當時是否已有一個違法行為或違背義務之行為，而與未來是否發生違法行為或違背義務之行為無涉。

6. 誣告之內容，須在客觀上不實，且行為人在主觀上須對此有所認識。誣告之內容是否不實，取決於該內容在本質上是否即為不正確。因此，對特定事實加油添醋、扭曲或其他未達變更該事實之犯罪本質之不實描述，均不屬之。

第165條　　判決之公布

(1) 公然或透過散布文書（第11條第3項）實施第164條之行爲而被判刑處罰者，得依被害人之聲請公布因誣告而作成之判決。被害人死亡者，聲請權移轉於第77條第2項所規定之親屬。第77條第2項至第4項之規定，準用之。

(2) 公布方式，準用第200條第2項之規定。

§ 165 Bekanntgabe der Verurteilung

(1) Ist die Tat nach § 164 öffentlich oder durch Verbreiten von Schriften (§ 11 Abs. 3) begangen und wird ihretwegen auf Strafe erkannt, so ist auf Antrag des Verletzten anzuordnen, daß die Verurteilung wegen falscher Verdächtigung auf Verlangen öffentlich bekanntgemacht wird. Stirbt der Verletzte, so geht das Antragsrecht auf die in § 77 Abs. 2 bezeichneten Angehörigen über. § 77 Abs. 2 bis 4 gilt entsprechend.

(2) Für die Art der Bekanntmachung gilt § 200 Abs. 2 entsprechend.

解析

本條與第200條稍有不同，聲請權人原則上僅限於被害人。

第十一章　有關宗教及信仰之犯罪

Elfter Abschnitt Straftaten, welche sich
auf Religion und Weltanschauung beziehen

第166條　侮辱教義、宗教團體及信仰協會罪

(1) 公然或透過散發文書（第11條第3項）侮辱他人之宗教或信仰之教義內容，足以妨害公共安寧者，處三年以下自由刑或罰金。

(2) 公然或透過散發文書（第11條第3項）侮辱國內教會或其他宗教團體或信仰協會之設施或習俗，足以妨害公共安寧者，處（與前項）相同之刑罰。

§ 166 Beschimpfung von Bekenntnissen, Religionsgesellschaften und
Weltanschauungsvereinigungen

(1) Wer öffentlich oder durch Verbreiten von Schriften (§ 11 Abs. 3) den Inhalt des religiösen oder weltanschaulichen Bekenntnisses anderer in einer Weise beschimpft, die geeignet ist, den öffentlichen Frieden zu stören, wird mit Freiheitsstrafe bis zu drei Jahren oder mit Geldstrafe bestraft.

(2) Ebenso wird bestraft, wer öffentlich oder durch Verbreiten von Schriften (§ 11 Abs. 3) eine im Inland bestehende Kirche oder andere Religionsgesellschaft oder Weltanschauungsvereinigung, ihre Einrichtungen oder Gebräuche in einer Weise beschimpft, die geeignet ist, den öffentlichen Frieden zu stören.

解析

1. 依照通說看法，本罪之保護法益，並非相關教義之內容，而是公共安寧（öffentliche Friede）。因此，褻瀆神明之侮辱內容本身不受本罪規範。

2. 條文所稱之教義內容，係指具有重要意義之具體信條（Glaubenssätze）
   而言。
3. 信仰協會，例如：共濟會（Freimaurerei）、神智學協會（Theosophen）、
   人本聯盟（Humanistische Union）等等。
4. 本條所稱之侮辱，係指透過其形式或內容而可認為是一種特別嚴重之
   貶抑性表述。因此，純粹之拒絕、否定教義、嚴厲批判或因不解教義
   而評論等，均不屬之。
5. 此處之侮辱須足以妨害公共安寧。公共安寧，係指基於（客觀上）普
   遍之法律安定及（主觀上）人民之確信而得以平靜、和睦生活之狀
   態。另外，由於本罪為抽象危險犯，因此不以公共安寧之妨害或具體
   危害確實發生為必要。

第167條　　妨害宗教活動罪
(1) 實施下列行為之一者，處三年以下自由刑或罰金：
　　1. 蓄意並以粗暴方式妨害國內教會或其他宗教團體之禮拜儀式或禮拜
　　　 行為者，或是
　　2. 在此類宗教團體舉行禮拜儀式之地點實施侮辱性之擾亂行為者。
(2) 國內信仰協會之相關典禮視同禮拜儀式。

§ 167 Störung der Religionsausübung
(1) Wer
　　1. den Gottesdienst oder eine gottesdienstliche Handlung einer im Inland
　　　 bestehenden Kirche oder anderen Religionsgesellschaft absichtlich und in
　　　 grober Weise stört oder
　　2. an einem Ort, der dem Gottesdienst einer solchen Religionsgesellschaft
　　　 gewidmet ist, beschimpfenden Unfug verübt,
　　wird mit Freiheitsstrafe bis zu drei Jahren oder mit Geldstrafe bestraft.
(2) Dem Gottesdienst stehen entsprechende Feiern einer im Inland bestehenden
　　Weltanschauungsvereinigung gleich.

解析

1. 禮拜儀式，係指宗教團體之成員，根據其團體之規定、習慣或形式，爲敬奉及朝拜神明而聚集於一定之地點或密閉空間。
2. 禮拜行爲，係指在禮拜儀式之外，個人基於宗教上之需求，所爲與宗教有關之行爲。例如：洗禮、婚禮、遊行等等。
3. 妨害，係指禮拜儀式或禮拜行爲直接地受到阻礙、妨礙或干擾。實施妨害行爲之人，不排除參與禮拜儀式或禮拜行爲之人。

第167a條　妨害葬禮罪

蓄意或有意識地妨害葬禮者，處三年以下自由刑或罰金。

§ 167a Störung einer Bestattungsfeier
Wer eine Bestattungsfeier absichtlich oder wissentlich stört, wird mit Freiheitsstrafe bis zu drei Jahren oder mit Geldstrafe bestraft.

解析

1. 本罪之保護法益，爲參與葬禮之人對死者尊崇之感受。因此，葬禮是否屬於前條所規範之禮拜行爲，不在本條保護範圍考慮之內。
2. 即使葬禮會場無人在場，甚至死者遺體亦未在場，均不影響本罪之成立。但單純對死者之追思會，並非本罪之規範對象。
3. 行爲人主觀上僅需具備間接故意即可。

第168條　妨害死者安寧罪

(1) 無權取走權利人持有之死者屍體或屍體之一部、死胎或其一部、死者之骨灰，或者對之實施侮辱性之擾亂行爲者，處二年以下自由刑或罰金。
(2) 對安放遺體之處所、舉行葬禮之場所或公開紀念死者之場合毀壞或損

壞或是在該處實施侮辱性之擾亂行為者，處（與前項）相同之刑罰。

(3) 未遂犯，處罰之。

§ 168 Störung der Totenruhe

(1) Wer unbefugt aus dem Gewahrsam des Berechtigten den Körper oder Teile des Körpers eines verstorbenen Menschen, eine tote Leibesfrucht, Teile einer solchen oder die Asche eines verstorbenen Menschen wegnimmt oder wer daran beschimpfenden Unfug verübt, wird mit Freiheitsstrafe bis zu drei Jahren oder mit Geldstrafe bestraft.

(2) Ebenso wird bestraft, wer eine Aufbahrungsstätte, Beisetzungsstätte oder öffentliche Totengedenkstätte zerstört oder beschädigt oder wer dort beschimpfenden Unfug verübt.

(3) Der Versuch ist strafbar.

解析

1. 本罪之保護法益，依通說看法，首先為死者家屬對於死者尊崇之感受，其次為根據前者保護而來之尊重請求權（Achtungsanspruch）。此外，實務認為本罪亦保護一般人對於死者尊崇之感受。

2. 取走，係指剝奪或破壞權利人之持有；但行為人是否建立新之持有，則非所問。此處之持有概念，不同於竊盜罪之對物支配之概念，於此應以具體之事實上保管關係（Obhutsverhältnis）來理解持有概念。另外，取走應以未得權利人之同意或違反權利人之意願為前提，亦即須為無權取走。

3. 第2項所稱之該處（dort），即指不限於在該場所內實施侮辱性之擾亂行為，亦包括在與該場所具直接之空間關聯性之處所實施侮辱性之擾亂行為。

第十二章　妨害身分、婚姻及家庭之犯罪

Zwölfter Abschnitt Straftaten gegen den Personenstand,
die Ehe und die Familie

第169條　　僞造身分罪

(1) 掉換兒童或者向有權使用戶籍登記冊或確認身分之主管機關爲虛僞說明或隱匿其身分狀況者，處二年以下自由刑或罰金。

(2) 未遂犯，處罰之。

§ 169 Personenstandsfälschung

(1) Wer ein Kind unterschiebt oder den Personenstand eines anderen gegenüber einer zur Führung von Personenstandsregistern oder zur Feststellung des Personenstands zuständigen Behörde falsch angibt oder unterdrückt, wird mit Freiheitsstrafe bis zu zwei Jahren oder mit Geldstrafe bestraft.

(2) Der Versuch ist strafbar.

解析

1. 本罪之保護法益，首先係作爲法律或法律相關基礎之身分狀況之可確定性，例如：收入、繼承權等；其次則爲個人之相關法律上利益。

2. 本罪所稱之身分狀況即爲家庭狀況，係指以家事法律、血統或法律行爲等作爲基礎，所形成之個人與他人間之區別關係。

3. 掉換兒童，係指藉由明確或可得推知之方式來欺騙他人，使他人誤以爲該兒童係某婦女所生，但事實上該兒童並非由該婦女所親生。於此，處罰之重點在於行爲人欺騙之結果會造成他人（尤其是國家機關）產生混淆之危險；儘管如此，不以行爲人直接對國家機關欺騙爲必要。欺騙之方式，不以行爲人現實上是否將兒童置於某婦女處或是該婦女現在或曾經撫養該兒童爲必要，亦不問是否係透過與他人互換

或掉包兒童等方式，只要對於外在世界之身分狀況之確認產生混淆之危險，即屬此處之掉換。因此，條文中之「掉換」（Unterschieben）一詞，亦可以「混淆」（Verwechseln）來理解。（學說上有不同意見）

第170條　　違反生活保持義務罪

(1) 逃避法定之生活保持義務，致權利人之生活所需受到危害或有無法受他人協助之危險者，處三年以下自由刑或罰金。

(2) 對懷胎婦女負生活保持義務，而以可非難之方式不予生活扶助，以致其墮胎者，處五年以下自由刑或罰金。

§ 170 Verletzung der Unterhaltspflicht

(1) Wer sich einer gesetzlichen Unterhaltspflicht entzieht, so daß der Lebensbedarf des Unterhaltsberechtigten gefährdet ist oder ohne die Hilfe anderer gefährdet wäre, wird mit Freiheitsstrafe bis zu drei Jahren oder mit Geldstrafe bestraft.

(2) Wer einer Schwangeren zum Unterhalt verpflichtet ist und ihr diesen Unterhalt in verwerflicher Weise vorenthält und dadurch den Schwangerschaftsabbruch bewirkt, wird mit Freiheitsstrafe bis zu fünf Jahren oder mit Geldstrafe bestraft.

解析

1. 第1項所稱之「生活保持義務」，僅於民法或生活伴侶關係法等有法律明文規定，不含契約或因調解而生之義務。行為人有無此法定義務，由本案之刑事法院認定。

2. 若行為人係在德國境內生活之外國人，於行為人不履行其母國法律所規定之生活保持義務時，若權利人亦係在德國境內生活之外國人時，行為人仍可成立本罪；但若權利人不在德國境內生活時，則不適用本罪。

3. 第2項爲純正不作爲犯。依通說看法,第2項爲第1項之加重結果犯;但少數說則認爲第1項與第2項之保護方向完全不同,故第2項應爲一獨立之構成要件。

4. 第2項在適用上之困難處:(1)行爲人不予生活扶助與婦女之墮胎間,須具備因果關係,但此甚難證明;(2)條文限定須以「可非難之方式」爲之,但此在個案中很難明確解釋及認定。

第171條　違反照護或教養義務罪

對未滿十六歲之人嚴重違反照護或教養義務,致受保護者之身心發展受有重大損害之危險、致生犯罪之生活方式之危險或致生從事賣淫之危險者,處三年以下自由刑或科罰金。

§ 171 Verletzung der Fürsorge- oder Erziehungspflicht

Wer seine Fürsorge- oder Erziehungspflicht gegenüber einer Person unter sechzehn Jahren gröblich verletzt und dadurch den Schutzbefohlenen in die Gefahr bringt, in seiner körperlichen oder psychischen Entwicklung erheblich geschädigt zu werden, einen kriminellen Lebenswandel zu führen oder der Prostitution nachzugehen, wird mit Freiheitsstrafe bis zu drei Jahren oder mit Geldstrafe bestraft.

解析

1. 本罪爲純正身分犯、具體危險犯。保護法益,爲未滿十六歲之人之不受影響之發展(ungestörte Entwicklung)。

2. 條文所稱之義務,其來源可爲法律、契約或事實上之承擔等。

3. 本罪之可罰前提,係行爲嚴重違反義務,故行爲人在客觀上及主觀上均須爲嚴重地違反該義務。所稱嚴重,通常爲一種反覆或持續性地明顯違反義務之情形,但不以此爲限。

第172條　　重婚、雙重生活伴侶罪

已婚者或已有生活伴侶關係者，有下列情形之一者，處三年以下自由刑或罰金：

1. 與第三人締結婚姻，或
2. 根據生活伴侶關係法第1條第1項在建立生活伴侶關係之主管單位為宣告後，欲與第三人發生生活伴侶關係者。

與已婚者或與已有生活伴侶關係者締結婚姻或根據生活伴侶關係法第1條第1項在建立生活伴侶關係之主管單位為宣告後，欲與第三人發生生活伴侶關係者，處相同之刑罰。

§ 172 Doppelehe; doppelte Lebenspartnerschaft

Mit Freiheitsstrafe bis zu drei Jahren oder mit Geldstrafe wird bestraft, wer verheiratet ist oder eine Lebenspartnerschaft führt und

1. mit einer dritten Person eine Ehe schließt oder
2. gemäß § 1 Absatz 1 des Lebenspartnerschaftsgesetzes gegenüber der für die Begründung der Lebenspartnerschaft zuständigen Stelle erklärt, mit einer dritten Person eine Lebenspartnerschaft führen zu wollen.

Ebenso wird bestraft, wer mit einer dritten Person, die verheiratet ist oder eine Lebenspartnerschaft führt, die Ehe schließt oder gemäß § 1 Absatz 1 des Lebenspartnerschaftsgesetzes gegenüber der für die Begründung der Lebenspartnerschaft zuständigen Stelle erklärt, mit dieser dritten Person eine Lebenspartnerschaft führen zu wollen.

解析

1. 生活伴侶關係法之規範對象，為同性之人。因此，本罪之規範對象，包含異性間或同性間之共同生活關係。
2. 外國婚姻在德國境內仍受德國法之拘束，因此多重伴侶之婚姻關係，在德國境內仍不受允許。

第173條　　親屬間性交罪

(1) 與血親卑親屬性交者，處三年以下自由刑或罰金。

(2) 與血親尊親屬性交者，處二年以下自由刑或罰金；親屬關係消滅者，亦同。親兄弟姊妹間之性交，亦處相同之刑罰。

(3) 卑親屬及兄弟姊妹於行為時未滿十八歲者，不依本條處罰。

§ 173　Beischlaf zwischen Verwandten

(1) Wer mit einem leiblichen Abkömmling den Beischlaf vollzieht, wird mit Freiheitsstrafe bis zu drei Jahren oder mit Geldstrafe bestraft.

(2) Wer mit einem leiblichen Verwandten aufsteigender Linie den Beischlaf vollzieht, wird mit Freiheitsstrafe bis zu zwei Jahren oder mit Geldstrafe bestraft; dies gilt auch dann, wenn das Verwandtschaftsverhältnis erloschen ist. Ebenso werden leibliche Geschwister bestraft, die miteinander den Beischlaf vollziehen.

(3) Abkömmlinge und Geschwister werden nicht nach dieser Vorschrift bestraft, wenn sie zur Zeit der Tat noch nicht achtzehn Jahre alt waren.

解析

1. 本罪之立法目的，係為避免親近之家族成員間發生不被接受之性關係。但學界認為，不論是從社會損害性或法益保護之觀點而言，本罪之立法並不適宜。

2. 本罪之性交行為，限於合意，因此並不涉及妨害性自主之問題；否則，應屬第174條以下之規範範圍。

3. 本罪之唯一行為方式為性交，係指男性之性器進入女性之性器而言。因此，若僅為類似性交之性行為或其他侵入式之性行為，均非本罪所規範之行為方式。另外，行為人僅能以積極之行為為之，且為己手犯。

第十三章　妨害性自主之犯罪

Dreizehnter Abschnitt Straftaten gegen die
sexuelle Selbstbestimmung

第174條　　對受保護者之性侵犯罪

(1) 對下列對象為性行為或使其對行為人自己為性行為者，處三月至五年自由刑：

　1. 在生活上受行為人教養、教育或照顧之未滿十六歲之人，

　2. 在生活上受行為人教養、教育或照顧或者在職務或工作關係中具有從屬關係之未滿十八歲之人，行為人對其濫用此教養、教育、照顧、職務或工作關係，或

　3. 未滿十八歲而為行為人之自然或法定血親卑親屬或者該卑親屬之配偶或生活伴侶或者與行為人以類似夫妻或類似生活伴侶關係而共同生活者。

(2) 在受託教養、教育或照顧未滿十八歲之人之特殊機構，對下列對象為性行為或使其對行為人自己為性行為者，處三月至五年自由刑：

　1. 基於教養、教育或照顧之法律關係而在該機構之未滿十六歲之人，或

　2. 行為人利用其地位而對基於教養、教育或照顧之法律關係而在該機構之未滿十八歲之人。

(3) 於第1或第2項之條件下，為激起行為人自己或受保護者之性慾，而為下列行為之一者，處三年以下自由刑或罰金：

　1. 在受保護者前為性行為，或

　2. 唆使受保護者在行為人前為性行為。

(4) 未遂犯，處罰之。

(5) 於第1項第1款、第2項第1款或第3項連結第1項第1款或第2項第1款之情形，若行為之不法係輕微者，法院得免除其刑罰。

§ 174 Sexueller Mißbrauch von Schutzbefohlenen

(1) Wer sexuelle Handlungen

1. an einer Person unter sechzehn Jahren, die ihm zur Erziehung, zur Ausbildung oder zur Betreuung in der Lebensführung anvertraut ist,

2. an einer Person unter achtzehn Jahren, die ihm zur Erziehung, zur Ausbildung oder zur Betreuung in der Lebensführung anvertraut oder im Rahmen eines Dienst- oder Arbeitsverhältnisses untergeordnet ist, unter Mißbrauch einer mit dem Erziehungs-, Ausbildungs-, Betreuungs-, Dienst- oder Arbeitsverhältnis verbundenen Abhängigkeit oder

3. an einer Person unter achtzehn Jahren, die sein leiblicher oder rechtlicher Abkömmling ist oder der seines Ehegatten, seines Lebenspartners oder einer Person, mit der er in eheähnlicher oder lebenspartnerschaftsähnlicher Gemeinschaft lebt,

vornimmt oder an sich von dem Schutzbefohlenen vornehmen läßt, wird mit Freiheitsstrafe von drei Monaten bis zu fünf Jahren bestraft.

(2) Mit Freiheitsstrafe von drei Monaten bis zu fünf Jahren wird eine Person bestraft, der in einer dazu bestimmten Einrichtung die Erziehung, Ausbildung oder Betreuung in der Lebensführung von Personen unter achtzehn Jahren anvertraut ist, und die sexuelle Handlungen

1. an einer Person unter sechzehn Jahren, die zu dieser Einrichtung in einem Rechtsverhältnis steht, das ihrer Erziehung, Ausbildung oder Betreuung in der Lebensführung dient, vornimmt oder an sich von ihr vornehmen lässt oder

2. unter Ausnutzung ihrer Stellung an einer Person unter achtzehn Jahren, die zu dieser Einrichtung in einem Rechtsverhältnis steht, das ihrer Erziehung, Ausbildung oder Betreuung in der Lebensführung dient, vornimmt oder an sich von ihr vornehmen lässt.

(3) Wer unter den Voraussetzungen des Absatzes 1 oder 2

1. sexuelle Handlungen vor dem Schutzbefohlenen vornimmt oder

2. den Schutzbefohlenen dazu bestimmt, daß er sexuelle Handlungen vor

ihm vornimmt,

um sich oder den Schutzbefohlenen hierdurch sexuell zu erregen, wird mit Freiheitsstrafe bis zu drei Jahren oder mit Geldstrafe bestraft.

(4) Der Versuch ist strafbar.

(5) In den Fällen des Absatzes 1 Nummer 1, des Absatzes 2 Nummer 1 oder des Absatzes 3 in Verbindung mit Absatz 1 Nummer 1 oder mit Absatz 2 Nummer 1 kann das Gericht von einer Bestrafung nach dieser Vorschrift absehen, wenn das Unrecht der Tat gering ist.

 解 析

1. 本罪之保護法益，為性自主以及兒童和青少年在特定從屬關係中之不受妨害之性發展。

2. 第1項第1款強調行為人與被害人之間，須具備保護關係（Obhutsverhältnis）以及被害人因此關係而對行為人之信賴。

3. 本罪之行為方式，可大致區分為二類型：(1)有身體接觸之性行為，以及(2)無身體接觸之性行為。至於所稱之「性行為」，請參照第184h條之說明。

4. 第3項第2款之「唆使」（Bestimmen），在理解上與第26條關於教唆之概念相同，亦即喚起受保護者之行為決意。

5. 第3項所稱之「在受保護者前」或「在行為人前」，通常係指當事人須在現場，尤其是應具有視覺上或其他知覺上之直接感受可能性。因此，若是透過照片或錄影之方式，即不屬之；但若為透過視訊設備之現場直播，則因對當事人仍有影響可能性，故仍可認為在現場。

第174a條　　對受刑人、受官方監管之人或在機構內之病患及受扶助者之性侵犯罪

(1) 行為人濫用其地位，對受刑人或受官方命令監管而在生活上受其教養、教育或照顧之人為性行為或使其對行為人自己為性行為者，處三

月至五年自由刑。

(2) 對在收容病患或需扶助者之機構中受行為人監督或照顧之人，利用其患病或其對行為人之扶助需求而對其為性行為或使其對行為人自己為性行為者，處（與前項）相同之刑罰。

(3) 未遂犯，處罰之。

§ 174a Sexueller Mißbrauch von Gefangenen, behördlich Verwahrten oder Kranken und Hilfsbedürftigen in Einrichtungen

(1) Wer sexuelle Handlungen an einer gefangenen oder auf behördliche Anordnung verwahrten Person, die ihm zur Erziehung, Ausbildung, Beaufsichtigung oder Betreuung anvertraut ist, unter Mißbrauch seiner Stellung vornimmt oder an sich von der gefangenen oder verwahrten Person vornehmen läßt, wird mit Freiheitsstrafe von drei Monaten bis zu fünf Jahren bestraft.

(2) Ebenso wird bestraft, wer eine Person, die in einer Einrichtung für kranke oder hilfsbedürftige Menschen aufgenommen und ihm zur Beaufsichtigung oder Betreuung anvertraut ist, dadurch mißbraucht, daß er unter Ausnutzung der Krankheit oder Hilfsbedürftigkeit dieser Person sexuelle Handlungen an ihr vornimmt oder an sich von ihr vornehmen läßt.

(3) Der Versuch ist strafbar.

解析

1. 第1項所稱之「受官方命令監管」，例如：刑法第63條、第64條、第66條、刑事訴訟法第126a條所規定之「收容」（Unterbringung）。

2. 第1項所稱之「濫用其地位」，不以使被害人置於龐大壓力之情境之中為必要，只要行為人係利用其所具有之相對優勢地位來取得實施性侵犯之機會時，即為已足。對於行為人是否有濫用其地位來實施性侵犯之判斷，無法一概而論，只能個案判斷。通常，雙方之間之從屬關係愈是強烈，則對於這種濫用地位實施性侵犯之情況所需之證明就愈少。

3. 第2項所稱之「利用」，其前提是病患在客觀上罹患疾病或是需要扶助，而行為人在此情況下能夠或較容易地來實施性侵犯。

4. 即使是在病患主動向醫師尋求治療之情況下，由於病患處於一個判斷能力欠佳或較弱之情境之中，因此若醫師以一個具醫療適應性之治療行為為名義來對病患進行性侵犯，而病患亦因錯誤或不理解而接受該行為時，因性侵犯是在醫療行為之外衣下來進行，此時仍為第2項所稱之利用。

第174b條　　利用公務地位之性侵犯罪

(1) 參與刑事訴訟程序或剝奪自由之矯正與保安處分或官方監管程序之公務員，濫用因此等程序所形成之從屬關係而對該程序之當事人為性行為或使其對行為人自己為性行為者，處三月至五年自由刑。

(2) 未遂犯，處罰之。

§ 174b Sexueller Mißbrauch unter Ausnutzung einer Amtsstellung

(1) Wer als Amtsträger, der zur Mitwirkung an einem Strafverfahren oder an einem Verfahren zur Anordnung einer freiheitsentziehenden Maßregel der Besserung und Sicherung oder einer behördlichen Verwahrung berufen ist, unter Mißbrauch der durch das Verfahren begründeten Abhängigkeit sexuelle Handlungen an demjenigen, gegen den sich das Verfahren richtet, vornimmt oder an sich von dem anderen vornehmen läßt, wird mit Freiheitsstrafe von drei Monaten bis zu fünf Jahren bestraft.

(2) Der Versuch ist strafbar.

解析

1. 本罪為純正身分犯、己手犯。

2. 行為人須於與其有關之程序擁有一般性之職權，例如：法官、檢察官、警察、稅務官員、收容程序中之醫師等；但有文獻認為觀護人（Bewährungshelfer）不屬之。

第174c條　利用諮詢、治療或照顧關係之性侵犯罪

(1) 因精神上或心靈上之疾病或包含成癮性在內之障礙或者因身體上之疾病或障礙受行為人諮詢、治療或照顧之人，行為人濫用該諮詢、治療或照顧關係而對其為性行為或使其對行為人自己為性行為者，處三月至五年自由刑。

(2) 受行為人心理治療之人，行為人濫用該治療關係而對其為性行為或使其對行為人自己為性行為者，處（與前項）相同之刑罰。

(3) 未遂犯，處罰之。

§ 174c Sexueller Mißbrauch unter Ausnutzung eines Beratungs-,
　　　Behandlungs- oder Betreuungsverhältnisses

(1) Wer sexuelle Handlungen an einer Person, die ihm wegen einer geistigen oder seelischen Krankheit oder Behinderung einschließlich einer Suchtkrankheit oder wegen einer körperlichen Krankheit oder Behinderung zur Beratung, Behandlung oder Betreuung anvertraut ist, unter Mißbrauch des Beratungs-, Behandlungs- oder Betreuungsverhältnisses vornimmt oder an sich von ihr vornehmen läßt, wird mit Freiheitsstrafe von drei Monaten bis zu fünf Jahren bestraft.

(2) Ebenso wird bestraft, wer sexuelle Handlungen an einer Person, die ihm zur psychotherapeutischen Behandlung anvertraut ist, unter Mißbrauch des Behandlungsverhältnisses vornimmt oder an sich von ihr vornehmen läßt.

(3) Der Versuch ist strafbar.

解析

1. 本罪所設定之保護前提，包含行為人患有「疾病」或「障礙」二種情形。於此應注意者，本罪處罰行為人之理由，係因為行為人濫用其與被害人間之信賴關係而為性侵犯，而非因為行為人利用被害人之疾病或障礙而為性侵犯。

2. 本罪所稱之「疾病」，除慢性疾病外，亦包含暫時性之非重大健康損

害。爲完整保護本罪之法益（性自主權），學界對於本罪疾病之理解
或認定採取較寬鬆之立場。

3. 本罪所稱之「障礙」，通說認爲係立法者有意將此概念連結至社會法
第9冊第2條第1項（§ 2 I SGB IX）之規定來解釋。因此，當個人之身體
功能、精神能力或心靈健康，依其年齡之典型狀況觀察係屬偏差，且
因該偏差而對其在社會生活之參與產生干擾，若此情況很可能超過六
個月時，即可認爲其有（某種）障礙。

第175條　　刪除

§ 175　weggefallen

第176條　　對兒童之性侵犯罪

(1) 對十四歲以下之人（兒童）爲性行爲或使其對行爲人自己爲性行爲
　　者，處六月至十年自由刑。

(2) 唆使兒童對第三人爲性行爲或使第三人對兒童自己爲性行爲者，處
　　（與前項）相同之刑罰。

(3) 情節嚴重者，自由刑之宣告爲一年以上。

(4) 有下列情形之一者，處三月至五年自由刑：

　　1. 在兒童前爲性行爲，

　　2. 唆使兒童爲不屬第1項或第2項所處罰之性行爲，

　　3. 爲下列之目的而藉由文書（第11條第3項）或者藉由資訊或通訊技
　　　　術影響兒童者：

　　　　a. 促使兒童對行爲人或第三人或者在行爲人或第三人前爲性行爲，
　　　　　　或者使行爲人或第三人對兒童自己爲性行爲，或

　　　　b. 爲犯第184b條第1項第3款或第184b條第3項之罪，或

　　4. 透過出示色情圖片或描繪、透過播放色情內容之錄音、透過藉由資
　　　　訊及通訊技術可取得之色情內容或透過類似之談話影響兒童者。

(5) 爲實施第1項至第4項之行爲而供應兒童或承諾探尋或者爲此類行爲而與他人約定者，處三月至五年自由刑。

(6) 未遂犯，處罰之；但第4項第3款及第4款以及第5項之行爲，不在此限。

§ 176 Sexueller Mißbrauch von Kindern

(1) Wer sexuelle Handlungen an einer Person unter vierzehn Jahren (Kind) vornimmt oder an sich von dem Kind vornehmen läßt, wird mit Freiheitsstrafe von sechs Monaten bis zu zehn Jahren bestraft.

(2) Ebenso wird bestraft, wer ein Kind dazu bestimmt, daß es sexuelle Handlungen an einem Dritten vornimmt oder von einem Dritten an sich vornehmen läßt.

(3) In besonders schweren Fällen ist auf Freiheitsstrafe nicht unter einem Jahr zu erkennen.

(4) Mit Freiheitsstrafe von drei Monaten bis zu fünf Jahren wird bestraft, wer

1. sexuelle Handlungen vor einem Kind vornimmt,

2. ein Kind dazu bestimmt, dass es sexuelle Handlungen vornimmt, soweit die Tat nicht nach Absatz 1 oder Absatz 2 mit Strafe bedroht ist,

3. auf ein Kind mittels Schriften (§ 11 Absatz 3) oder mittels Informations- oder Kommunikationstechnologie einwirkt, um

   a) das Kind zu sexuellen Handlungen zu bringen, die es an oder vor dem Täter oder einer dritten Person vornehmen oder von dem Täter oder einer dritten Person an sich vornehmen lassen soll, oder

   b) um eine Tat nach § 184b Absatz 1 Nummer 3 oder nach § 184b Absatz 3 zu begehen, oder

4. auf ein Kind durch Vorzeigen pornographischer Abbildungen oder Darstellungen, durch Abspielen von Tonträgern pornographischen Inhalts, durch Zugänglichmachen pornographischer Inhalte mittels Informations- und Kommunikationstechnologie oder durch entsprechende Reden einwirkt.

(5) Mit Freiheitsstrafe von drei Monaten bis zu fünf Jahren wird bestraft, wer ein Kind für eine Tat nach den Absätzen 1 bis 4 anbietet oder nachzuweisen verspricht oder wer sich mit einem anderen zu einer solchen Tat verabredet.

(6) Der Versuch ist strafbar; dies gilt nicht für Taten nach Absatz 4 Nr. 3 und 4 und Absatz 5.

解析

1. 本罪為抽象危險犯，保護法益為「兒童性自主能力之自由發展可能性」。因此，本條規定可說是對於與兒童相關之性接觸畫出一條絕對禁止之界線。

2. 第1項為己手犯。被害兒童不必對性行為之意義有所瞭解，亦不以被害兒童尚無性經驗為必要。此外，亦不排除被害兒童受性侵犯時，正處於睡眠狀態。

3. 第2項所稱之「唆使」，是以該行為對兒童（被害人）具有直接之影響為前提。但應注意者，唆使行為對於兒童之「決意」影響如何，並不重要；只要該行為導致兒童之性接觸，即為已足。因此，即使是以強制、脅迫、欺騙、承諾給予報酬、甚至是以激發兒童之好奇心等方式，均屬本項之唆使行為。

4. 第4項之第3款與第4款皆以行為人係透過這些物體或媒介來對兒童產生影響為前提；換言之，須使兒童在實際上認識到其思想內容。為區別第3款與第4款，第3款所稱之文書須不涉及色情內容，但通常具有誤導性。

第176a條　對兒童之嚴重性侵犯罪

(1) 於第176條第1項及第2項對兒童性侵犯之情形，行為人在最近五年內曾因此類行為受有罪判決確定而再犯者，處一年以上自由刑。

(2) 於第176條第1項及第2項之情形，對兒童性侵犯而有下列情形之一者，處二年以上自由刑：

1. 十八歲以上之人與兒童性交或者對其爲或使其對行爲人自己爲侵入身體之類似性行爲者，
2. 數人共同爲之者，
3. 行爲人透過該行爲致兒童嚴重之健康損害危險或者重大之身體傷害或心靈發展危險者。

(3) 於第176條第1項至第3項，第4項第1款或第2款或第176條第6項之情形，行爲人或其他參與人意圖將該行爲製作成第184b條第1項或第2項所得散播之色情文書（第11條第3項）客體者，處二年以上自由刑。

(4) 於第1項情節較輕者，自由刑之宣告爲三月至五年，於第2項情節較輕者，自由刑之宣告爲一年至十年。

(5) 於第176條第1項至第3項之情形，行爲時爲嚴重之身體虐待或因行爲致死亡之危險者，處五年以上自由刑。

(6) 第1項所規定之期限不計入行爲人因官方命令而於機構中受監管之時間。根據德國刑法係屬第176條第1項或第2項之行爲而已於外國受判決者，視爲第1項而於國內受判決之情形。

§ 176a　Schwerer sexueller Mißbrauch von Kindern

(1) Der sexuelle Missbrauch von Kindern wird in den Fällen des § 176 Abs. 1 und 2 mit Freiheitsstrafe nicht unter einem Jahr bestraft, wenn der Täter innerhalb der letzten fünf Jahre wegen einer solchen Straftat rechtskräftig verurteilt worden ist.

(2) Der sexuelle Missbrauch von Kindern wird in den Fällen des § 176 Abs. 1 und 2 mit Freiheitsstrafe nicht unter zwei Jahren bestraft, wenn

1. eine Person über achtzehn Jahren mit dem Kind den Beischlaf vollzieht oder ähnliche sexuelle Handlungen an ihm vornimmt oder an sich von ihm vornehmen lässt, die mit einem Eindringen in den Körper verbunden sind,

2. die Tat von mehreren gemeinschaftlich begangen wird oder

3. der Täter das Kind durch die Tat in die Gefahr einer schweren Gesundheitsschädigung oder einer erheblichen Schädigung der

körperlichen oder seelischen Entwicklung bringt.

(3) Mit Freiheitsstrafe nicht unter zwei Jahren wird bestraft, wer in den Fällen des § 176 Abs. 1 bis 3, 4 Nr. 1 oder Nr. 2 oder des § 176 Abs. 6 als Täter oder anderer Beteiligter in der Absicht handelt, die Tat zum Gegenstand einer pornographischen Schrift (§ 11 Abs. 3) zu machen, die nach § 184b Absatz 1 oder 2 verbreitet werden soll.

(4) In minder schweren Fällen des Absatzes 1 ist auf Freiheitsstrafe von drei Monaten bis zu fünf Jahren, in minder schweren Fällen des Absatzes 2 auf Freiheitsstrafe von einem Jahr bis zu zehn Jahren zu erkennen.

(5) Mit Freiheitsstrafe nicht unter fünf Jahren wird bestraft, wer das Kind in den Fällen des § 176 Abs. 1 bis 3 bei der Tat körperlich schwer misshandelt oder durch die Tat in die Gefahr des Todes bringt.

(6) In die in Absatz 1 bezeichnete Frist wird die Zeit nicht eingerechnet, in welcher der Täter auf behördliche Anordnung in einer Anstalt verwahrt worden ist. Eine Tat, die im Ausland abgeurteilt worden ist, steht in den Fällen des Absatzes 1 einer im Inland abgeurteilten Tat gleich, wenn sie nach deutschem Strafrecht eine solche nach § 176 Abs. 1 oder 2 wäre.

解析

1. 第1項所稱之「此類行為」，僅限於第176條第1項或第2項之犯罪，且須爲有罪之確定判決。

2. 第2項第1款所稱之「性交」（Beischlaf），不以具侵入性之性行爲爲必要，例如：所謂之「股間性交」（schenkelverkehr）。此外，所稱「侵入身體之類似性行爲」，通說認爲不論是侵入行爲人或被害人之身體，均屬之。

3. 第2項第3款所稱之各種「危險」，應以相較於可預測之正常發展而言，有明確之偏離情況作爲判斷基礎。

4. 第5項所稱之「嚴重之身體虐待」，並不以發生第226條之重傷結果爲前提；即使是對於身體之完整性帶有嚴重或長期痛苦之傷害，亦屬之。此外，虐待亦可藉由性行爲本身來實施。

第176b條　　對兒童性侵犯致死罪

行為人因性侵犯（第176條及第176a條）而至少重大過失致兒童死亡者，處終身自由刑或十年以上自由刑。

§ 176b Sexueller Mißbrauch von Kindern mit Todesfolge

Verursacht der Täter durch den sexuellen Mißbrauch (§§ 176 und 176a) wenigstens leichtfertig den Tod des Kindes, so ist die Strafe lebenslange Freiheitsstrafe oder Freiheitsstrafe nicht unter zehn Jahren.

1. 本罪為第18條意義下之加重結果犯，且此加重結果只能透過第176條或第176a條所規定之基礎行為或特殊危險所造成。
2. 條文規定行為人主觀上須「至少」為重大過失，因此當然亦包含主觀上是出於故意。

第177條　　性侵犯；性強制；強制性交罪

(1) 違反他人可得辨識之意思而對其為性行為，或者使其為之，或者唆使其對第三人為性行為或忍受第三人對其為性行為者，處六月至五年自由刑。
(2) 對他人為性行為，或者使其為之，或者唆使其對第三人為性行為或忍受第三人對其為性行為而有下列情形之一者，處（與前項）相同之刑罰。
 1. 行為人利用他人無法形成或表達反對之意思，
 2. 行為人利用他人因身體或心理狀態而於形成或表達其意思時受嚴重之限制者；但行為人已確信取得其同意者，不在此限，
 3. 行為人利用突襲之瞬間，
 4. 行為人利用被害人若反抗即會受到可感受之惡害之處境而予以脅迫，或

5. 行為人以可感受之惡害之脅迫，強制他人為或忍受性行為者。

(3) 未遂犯，處罰之。

(4) 被害人係基於疾病或殘障而無法形成或表達其意思者，自由刑之宣告為一年以上。

(5) 行為人有下列情形之一者，自由刑之宣告為一年以上：

1. 對被害人使用強暴，

2. 對被害人之身體或生命現時危害之脅迫，或

3. 利用被害人處於行為人影響力下之無助情境。

(6) 情節嚴重者，自由刑之宣告為二年以上。通常下列情形即屬嚴重：

1. 行為人與被害人性交或使被害人性交，或者對被害人為或使被害人為侵入身體之類似性行為（強制性交）者，或

2. 數人共同為之者。

(7) 行為人有下列情形之一者，自由刑之宣告為三年以上：

1. 攜帶武器或其他危險器械，

2. 為能以強暴或脅迫方式阻止或消除他人之抵抗而攜帶其他器械或工具，或

3. 致被害人有嚴重之健康損害危險。

(8) 行為人有下列情形之一者，自由刑之宣告為五年以上：

1. 行為時使用武器或其他危險器械，或

2. 對被害人

a)行為時為嚴重之身體虐待，或

b)因該行為而致生死亡之危險。

(9) 於第1項及第2項情節較輕者，自由刑之宣告為三月至三年；於第4項及第5項情節較輕者，自由刑之宣告為六月至十年：於第7項及第8項情節較輕者，自由刑之宣告為一年至十年。

§ 177 Sexueller Übergriff; sexuelle Nötigung; Vergewaltigung

(1) Wer gegen den erkennbaren Willen einer anderen Person sexuelle Handlungen an dieser Person vornimmt oder von ihr vornehmen lässt oder diese Person zur Vornahme oder Duldung sexueller Handlungen an oder von

einem Dritten bestimmt, wird mit Freiheitsstrafe von sechs Monaten bis zu fünf Jahren bestraft.

(2) Ebenso wird bestraft, wer sexuelle Handlungen an einer anderen Person vornimmt oder von ihr vornehmen lässt oder diese Person zur Vornahme oder Duldung sexueller Handlungen an oder von einem Dritten bestimmt, wenn

1. der Täter ausnutzt, dass die Person nicht in der Lage ist, einen entgegenstehenden Willen zu bilden oder zu äußern,

2. der Täter ausnutzt, dass die Person auf Grund ihres körperlichen oder psychischen Zustands in der Bildung oder Äußerung des Willens erheblich eingeschränkt ist, es sei denn, er hat sich der Zustimmung dieser Person versichert,

3. der Täter ein Überraschungsmoment ausnutzt,

4. der Täter eine Lage ausnutzt, in der dem Opfer bei Widerstand ein empfindliches Übel droht, oder

5. der Täter die Person zur Vornahme oder Duldung der sexuellen Handlung durch Drohung mit einem empfindlichen Übel genötigt hat.

(3) Der Versuch ist strafbar.

(4) Auf Freiheitsstrafe nicht unter einem Jahr ist zu erkennen, wenn die Unfähigkeit, einen Willen zu bilden oder zu äußern, auf einer Krankheit oder Behinderung des Opfers beruht.

(5) Auf Freiheitsstrafe nicht unter einem Jahr ist zu erkennen, wenn der Täter

1. gegenüber dem Opfer Gewalt anwendet,

2. dem Opfer mit gegenwärtiger Gefahr für Leib oder Leben droht oder

3. eine Lage ausnutzt, in der das Opfer der Einwirkung des Täters schutzlos ausgeliefert ist.

(6) In besonders schweren Fällen ist auf Freiheitsstrafe nicht unter zwei Jahren zu erkennen. Ein besonders schwerer Fall liegt in der Regel vor, wenn

1. der Täter mit dem Opfer den Beischlaf vollzieht oder vollziehen lässt oder ähnliche sexuelle Handlungen an dem Opfer vornimmt oder von ihm

vornehmen lässt, die dieses besonders erniedrigen, insbesondere wenn sie mit einem Eindringen in den Körper verbunden sind (Vergewaltigung), oder

2. die Tat von mehreren gemeinschaftlich begangen wird.

(7) Auf Freiheitsstrafe nicht unter drei Jahren ist zu erkennen, wenn der Täter

1. eine Waffe oder ein anderes gefährliches Werkzeug bei sich führt,

2. sonst ein Werkzeug oder Mittel bei sich führt, um den Widerstand einer anderen Person durch Gewalt oder Drohung mit Gewalt zu verhindern oder zu überwinden, oder

3. das Opfer in die Gefahr einer schweren Gesundheitsschädigung bringt.

(8) Auf Freiheitsstrafe nicht unter fünf Jahren ist zu erkennen, wenn der Täter

1. bei der Tat eine Waffe oder ein anderes gefährliches Werkzeug verwendet oder

2. das Opfer

a) bei der Tat körperlich schwer misshandelt oder

b) durch die Tat in die Gefahr des Todes bringt.

(9) In minder schweren Fällen der Absätze 1 und 2 ist auf Freiheitsstrafe von drei Monaten bis zu drei Jahren, in minder schweren Fällen der Absätze 4 und 5 ist auf Freiheitsstrafe von sechs Monaten bis zu zehn Jahren, in minder schweren Fällen der Absätze 7 und 8 ist auf Freiheitsstrafe von einem Jahr bis zu zehn Jahren zu erkennen.

解析

1. 本罪為2016年根據伊斯坦堡公約（Istanbul-Konvention）第36條之內容而修正。新法徹底改變舊法時期之規範模式，而採取所謂之「違反意思模式」（Nichteinverständnislösung；「Nein-heißt-Nein」-Lösung）。

2. 本罪之保護法益，為性自主權。亦即，保護個人擁有根據其自身意願來決定要在何時、與何人、以何種方式或形式來從事性活動之自由。

3. 本罪成立之前提為性行為，其類型包括：(1)行為人對被害人實施；(2)行為人讓被害人自己實施；(3)行為人唆使被害人對第三人實施；(4)行

為人唆使被害人忍受第三人對被害人實施。其中，第二種型態之範圍並不明確；解釋上，可能包含被害人對行為人或對被害人自己實施。

4. 第1項所規定之情形，係指行為人不必使用強制手段，只要是違反他人可得辨識之反對意思之性行為，即屬可罰。因此，本罪為無強制行為但具強制內涵之犯罪型態。

5. 第1項之「可得辨識之意思」，係指從一般或客觀第三人之角度來判斷被害人有無明示或默示之反對意思。

6. 第1項之「唆使」（Bestimmen），在理解上與第26條關於教唆之概念相同，亦即喚起被害人之行為決意。

7. 第2項第3款之情形，係指突襲性之性侵犯；包含偷襲（Überrumpelung）及迅速侵犯（Grabschen）二種類型。亦即，行為人利用被害人來不及防範之情形下，實施性行為。

8. 第5項第3款所規定之情形，係指被害人之受保護可能性及防衛可能性在很大之程度上受到減縮，使得行為人能夠對被害人發揮不受限制之影響力，且被害人對此亦無法再以己力或藉助第三人之力逃離而言。

9. 第7項第1款所稱「武器」及「危險器械」之概念內涵，同第244條、第250條之規定。

10. 第7項第2款所稱之「器械」，係指不具危險性者而言；同款所稱之「工具」，則係指所有可以幫助實施犯罪之物品而言，例如：膠帶、毛巾、電線、化學藥劑等。

第178條　　性侵犯、性強制及強制性交致死罪

行為人因性侵犯、性強制或強制性交（第177條）而至少重大過失致被害人死亡者，處終身自由刑或十年以上自由刑。

§ 178 Sexueller Übergriff, sexuelle Nötigung und Vergewaltigung mit Todesfolge

Verursacht der Täter durch den sexuellen Übergriff, die sexuelle Nötigung oder Vergewaltigung (§ 177) wenigstens leichtfertig den Tod des Opfers, so ist die

Strafe lebenslange Freiheitsstrafe oder Freiheitsstrafe nicht unter zehn Jahren.

解析

1. 本罪之死亡結果，須由第177條所形成之特殊危險直接造成。於此，包含第177條之基礎行為係未遂之情形。
2. 通常，若被害人係因行為人實施第177條之行為而自主決定自殺時，則因欠缺關連性而不成立本罪。

第179條　　刪除

§ 179　weggefallen

第180條　　促使未成年人為性行為罪

(1) 以下列方式之一，促使未滿十六歲之人對第三人為性行為，或在第三人前為性行為，或者促使第三人對未滿十六歲之人為性行為者，處三年以下自由刑或科罰金。第1句第2款不適用於對未滿十六歲之人有權照料者；但有權照料者之促使行為係嚴重違反其教養義務者，不在此限：
　　1. 透過媒介，或
　　2. 給予或設法提供機會。
(2) 唆使未滿十八歲之人有償對第三人或在第三人前為性行為，或者使第三人對其為性行為，或是此類行為係透過行為人之媒介促成者，處五年以下自由刑或罰金。
(3) 在生活上受行為人教養、教育或照顧或者在職務或工作關係中具有從屬關係之未滿十八歲之人，行為人濫用此教養、教育、照顧或工作關係而唆使其對第三人或在第三人前為性行為或者使第三人對其為性行為者，處五年以下自由刑或罰金。

(4) 於第2項及第3項之情形，處罰未遂行為。

§ 180 Förderung sexueller Handlungen Minderjähriger

(1) Wer sexuellen Handlungen einer Person unter sechzehn Jahren an oder vor einem Dritten oder sexuellen Handlungen eines Dritten an einer Person unter sechzehn Jahren

1. durch seine Vermittlung oder

2. durch Gewähren oder Verschaffen von Gelegenheit

Vorschub leistet, wird mit Freiheitsstrafe bis zu drei Jahren oder mit Geldstrafe bestraft. Satz 1 Nr. 2 ist nicht anzuwenden, wenn der zur Sorge für die Person Berechtigte handelt; dies gilt nicht, wenn der Sorgeberechtigte durch das Vorschubleisten seine Erziehungspflicht gröblich verletzt.

(2) Wer eine Person unter achtzehn Jahren bestimmt, sexuelle Handlungen gegen Entgelt an oder vor einem Dritten vorzunehmen oder von einem Dritten an sich vornehmen zu lassen, oder wer solchen Handlungen durch seine Vermittlung Vorschub leistet, wird mit Freiheitsstrafe bis zu fünf Jahren oder mit Geldstrafe bestraft.

(3) Wer eine Person unter achtzehn Jahren, die ihm zur Erziehung, zur Ausbildung oder zur Betreuung in der Lebensführung anvertraut oder im Rahmen eines Dienst- oder Arbeitsverhältnisses untergeordnet ist, unter Mißbrauch einer mit dem Erziehungs-, Ausbildungs-, Betreuungs-, Dienst- oder Arbeitsverhältnis verbundenen Abhängigkeit bestimmt, sexuelle Handlungen an oder vor einem Dritten vorzunehmen oder von einem Dritten an sich vornehmen zu lassen, wird mit Freiheitsstrafe bis zu fünf Jahren oder mit Geldstrafe bestraft.

(4) In den Fällen der Absätze 2 und 3 ist der Versuch strafbar.

 解析

1. 本罪第1項所稱之「促使」，僅限於「透過媒介」或「給予或設法提供機會」二種方式。

2. 第1項第1款之「媒介」，係指將雙方互不相識或至少無性動機存在之
   未成年人與相對人之間－以性行為為基礎－建立起人際上之接觸或連
   結而言。

3. 依通說看法，第1項之既遂認定，並不以未成年人與相對人間之性行為
   之發生、失敗或有無因果關係為必要，而是僅以行為對被害人產生具
   體之危險，即為已足。

4. 第2項所稱之「有償」，專指雙方合意以具有金錢價值之利益作為性行
   為之對待給付。因此，若僅是為動搖被害人而請客吃飯或致贈禮物，
   則不屬之。

第180a條　　對賣淫者之利用罪

(1) 經營或管理商業性之賣淫企業，且內部從事賣淫之人對其具有人身或
    經濟上之依賴關係者，處三年以下自由刑或罰金。

(2) 有下列情形之一者，處（與前項）相同之刑罰：

   1. 為使未滿十八歲之人從事賣淫而提供其住宅、商業性之居所或商業
      性停留處所，或者

   2. 為使第三人持續從事賣淫或利用其賣淫行為而提供其住宅者。

§ 180a Ausbeutung von Prostituierten

(1) Wer gewerbsmäßig einen Betrieb unterhält oder leitet, in dem Personen
    der Prostitution nachgehen und in dem diese in persönlicher oder
    wirtschaftlicher Abhängigkeit gehalten werden, wird mit Freiheitsstrafe bis
    zu drei Jahren oder mit Geldstrafe bestraft.

(2) Ebenso wird bestraft, wer

   1. einer Person unter achtzehn Jahren zur Ausübung der Prostitution
      Wohnung, gewerbsmäßig Unterkunft oder gewerbsmäßig Aufenthalt
      gewährt oder

   2. eine andere Person, der er zur Ausübung der Prostitution Wohnung
      gewährt, zur Prostitution anhält oder im Hinblick auf sie ausbeutet.

解析

1. 儘管賣淫行為在社會上不被大眾所接受，但對刑法而言，賣淫行為本身原則上仍不具可罰性（例外：第184a條、第184b條）。因此，本條規定在本質上仍具有個人保護之特色；亦即，本罪之保護法益，為個人自由及賣淫者之經濟獨立性。

2. 第1項所稱之「賣淫企業」，係指其內有多數人在從事賣淫，且基本上具有空間上、組織上、經濟上及人事上之相互關係。所稱之「依賴關係」，專指關於從事賣淫行為所涉及之性自主權問題。因此，人身方面之依賴關係，係指被害人（賣淫之人）無法或不再能夠自主決定是否從事性行為，例如：取走被害人之護照，使其無法離開。經濟上之依賴關係，係指基於不受容許之經濟上壓力，使被害人無法或不再能夠自主決定是否從事性行為，例如：使被害人捲入債務之中。

3. 第2項第1款所稱之「商業性之居所」，例如：旅館；「商業性停留處」，例如：酒吧。

4. 第2項第2款所稱之「利用其賣淫行為」，可理解為係行為人藉由被害人從事賣淫一事，作為其趁機或趁虛而入來剝削被害人之機會，例如：以性行為作為房租給付之一部分。

第180b條及第181條　　刪除

§§ 180b und 181　weggefallen

第181a條　　操控賣淫者罪

(1) 基於與下列賣淫之人保持長期之關係而有下列情形之一者，處六月至五年自由刑：

1. 利用從事賣淫之人，或
2. 為財產上之利益而監視他人賣淫，規定賣淫之地點、時間、範圍或

其他情況或採取措施以防止他人停止賣淫。

(2) 藉由商業性地媒介他人性交之方式促使他人從事賣淫，以妨害他人之人身或經濟上之獨立性，並與其保持長期之關係者，處三年以下自由刑或科罰金。

(3) 對於行為人之配偶或生活伴侶為第1項第1款及第2款規定之行為或為第2項之促使行為者，依第1項及第2項之規定處罰。

§ 181a Zuhälterei

(1) Mit Freiheitsstrafe von sechs Monaten bis zu fünf Jahren wird bestraft, wer

1. eine andere Person, die der Prostitution nachgeht, ausbeutet oder

2. seines Vermögensvorteils wegen eine andere Person bei der Ausübung der Prostitution überwacht, Ort, Zeit, Ausmaß oder andere Umstände der Prostitutionsausübung bestimmt oder Maßnahmen trifft, die sie davon abhalten sollen, die Prostitution aufzugeben,

und im Hinblick darauf Beziehungen zu ihr unterhält, die über den Einzelfall hinausgehen.

(2) Mit Freiheitsstrafe bis zu drei Jahren oder mit Geldstrafe wird bestraft, wer die persönliche oder wirtschaftliche Unabhängigkeit einer anderen Person dadurch beeinträchtigt, dass er gewerbsmäßig die Prostitutionsausübung der anderen Person durch Vermittlung sexuellen Verkehrs fördert und im Hinblick darauf Beziehungen zu ihr unterhält, die über den Einzelfall hinausgehen.

(3) Nach den Absätzen 1 und 2 wird auch bestraft, wer die in Absatz 1 Nr. 1 und 2 genannten Handlungen oder die in Absatz 2 bezeichnete Förderung gegenüber seinem Ehegatten oder Lebenspartner vornimmt.

解析

1. 本罪之保護法益，為賣淫者之自主權；在性質上屬抽象危險犯、繼續犯。

2. 本條要求行爲須以保持長期關係爲前提，因此行爲人通常是持續一段時間地反覆實施其行爲。

3. 本條第1項第1款所稱之「利用」與第180a條之「利用」可爲相同理解。第1項第2款所稱之「監視」，係指一種控制性之行爲，而在此控制下，被害人關於其是否要從事賣淫之決定自由會受到干預，且行爲人對於違反控制之被害人會施以一定之制裁或壓抑措施。因此，第1項第2款之情形是一種具有壓迫性之操控賣淫（Dringende Zuhälterei）。

4. 第3項之被害人，爲行爲人之配偶或生活伴侶，並以此作爲加重刑罰之事由。依通說觀點，本項在適用上並不另外要求行爲人與被害人係基於前二項所稱之「保持長期之關係」，因二者間之此種關係已爲立法上所推定。

第181b條　　行爲監督

於第174條至第174c條，第176條至第180條，第181a條及第182條之情形，法院得命行爲監督（第68條第1項）。

§ 181b Führungsaufsicht

In den Fällen der §§ 174 bis 174c, 176 bis 180, 181a und 182 kann das Gericht Führungsaufsicht anordnen (§ 68 Abs. 1).

本條亦適用於未遂、共犯及未遂之參與等情形。

第181c條　　刪除

§ 181c weggefallen

第182條　　對少年之性侵犯罪

(1) 對未滿十八歲之人，利用其處於困境之際而為下列行為之一者，處五年以下自由刑或罰金：

　1. 對其為性行為或使其對行為人自己為性行為者，或是

　2. 唆使其對第三人為性行為或使第三人對其為性行為者。

(2) 十八歲以上之人對未滿十八歲之人有償為性行為或使其對行為人自己為性行為者，處（與前項）相同之刑罰。

(3) 二十一歲以上之人利用未滿十六歲之人欠缺性自主能力而為下列行為之一者，處三年以下自由刑或罰金：

　1. 對未滿十六歲之人為性行為或使未滿十六歲之人對行為人自己為性行為者，或是

　2. 唆使未滿十六歲之人對第三人為性行為或使第三人對未滿十六歲之人自己為性行為者。

(4) 未遂犯，處罰之。

(5) 於第3項之情形，其行為須告訴乃論；但刑事追訴機關基於刑事追訴之特殊公共利益而認為應依職權追訴者，不在此限。

(6) 於第1項至第3項之情形，法院在考量被害人之行為而認為行為人之不法內涵係輕微者，得免除其刑罰。

§ 182 Sexueller Mißbrauch von Jugendlichen

(1) Wer eine Person unter achtzehn Jahren dadurch missbraucht, dass er unter Ausnutzung einer Zwangslage

　1. sexuelle Handlungen an ihr vornimmt oder an sich von ihr vornehmen lässt oder

　2. diese dazu bestimmt, sexuelle Handlungen an einem Dritten vorzunehmen oder von einem Dritten an sich vornehmen zu lassen,

wird mit Freiheitsstrafe bis zu fünf Jahren oder mit Geldstrafe bestraft.

(2) Ebenso wird eine Person über achtzehn Jahren bestraft, die eine Person unter achtzehn Jahren dadurch missbraucht, dass sie gegen Entgelt sexuelle Handlungen an ihr vornimmt oder an sich von ihr vornehmen lässt.

(3) Eine Person über einundzwanzig Jahre, die eine Person unter sechzehn Jahren dadurch mißbraucht, daß sie

　　1. sexuelle Handlungen an ihr vornimmt oder an sich von ihr vornehmen läßt oder

　　2. diese dazu bestimmt, sexuelle Handlungen an einem Dritten vorzunehmen oder von einem Dritten an sich vornehmen zu lassen,

und dabei die ihr gegenüber fehlende Fähigkeit des Opfers zur sexuellen Selbstbestimmung ausnutzt, wird mit Freiheitsstrafe bis zu drei Jahren oder mit Geldstrafe bestraft.

(4) Der Versuch ist strafbar.

(5) In den Fällen des Absatzes 3 wird die Tat nur auf Antrag verfolgt, es sei denn, daß die Strafverfolgungsbehörde wegen des besonderen öffentlichen Interesses an der Strafverfolgung ein Einschreiten von Amts wegen für geboten hält.

(6) In den Fällen der Absätze 1 bis 3 kann das Gericht von Strafe nach diesen Vorschriften absehen, wenn bei Berücksichtigung des Verhaltens der Person, gegen die sich die Tat richtet, das Unrecht der Tat gering ist.

解 析

1. 本罪之保護法益，僅為個別少年之性自主，而不包含對於少年之一般性保護，亦即不含所謂之不受妨害之性發展。

2. 第1項所稱之「困境」，係指依被害人之年齡或情況來判斷，凡是會減低其抵抗性侵犯之所有特殊、危險狀態，均為此處之困境。因此，不論是經濟上、生理上或心理上之困境，亦不論該困境是否為行為人所製造，均屬之。

3. 第3項所稱之「欠缺性自主能力」，係指欠缺抵抗性侵犯之能力；至於欠缺之原因為何，在所不問。有無欠缺該能力，須於個案中判斷。

第183條　　露陰騷擾罪

(1) 男子以露陰行為騷擾他人者，處一年以下自由刑或罰金。

(2) 本罪須告訴乃論；但刑事追訴機關基於刑事追訴之特殊公共利益而認為應依職權追訴者，不在此限。

(3) 法院於行為人經較長時間之治療後，可期待其不會再為露陰行為時，法院得以緩刑取代自由刑之執行。

(4) 男子或女子因露陰行為而有依下列規定之一受刑罰者，亦適用第3項之規定：

　　1. 依其他規定，自由刑之最高刑度為一年以下或罰金，或者

　　2. 依第174條第3項第1款或第176條第4項第1款。

§ 183 Exhibitionistische Handlungen

(1) Ein Mann, der eine andere Person durch eine exhibitionistische Handlung belästigt, wird mit Freiheitsstrafe bis zu einem Jahr oder mit Geldstrafe bestraft.

(2) Die Tat wird nur auf Antrag verfolgt, es sei denn, daß die Strafverfolgungsbehörde wegen des besonderen öffentlichen Interesses an der Strafverfolgung ein Einschreiten von Amts wegen für geboten hält.

(3) Das Gericht kann die Vollstreckung einer Freiheitsstrafe auch dann zur Bewährung aussetzen, wenn zu erwarten ist, daß der Täter erst nach einer längeren Heilbehandlung keine exhibitionistischen Handlungen mehr vornehmen wird.

(4) Absatz 3 gilt auch, wenn ein Mann oder eine Frau wegen einer exhibitionistischen Handlung

　　1. nach einer anderen Vorschrift, die im Höchstmaß Freiheitsstrafe bis zu einem Jahr oder Geldstrafe androht, oder

　　2. nach § 174 Absatz 3 Nummer 1 oder § 176 Abs. 4 Nr. 1 bestraft wird.

解析

1. 學界對於本罪之保護法益及處罰之正當性，均有爭論；通說認為本罪所要保護者，為關於個人性領域界線之自決權，亦即個人在性方面之心理及身體完整性。
2. 本罪所稱之「露陰行為」，係指行為人出於性動機而向被害人暴露其生殖器之行為。
3. 第1項所稱之「騷擾」，係指露陰行為須係對人為之，且使該相對人（含被害人、第三人）感覺受到嚴重之侵擾。本罪之相對人不以特定之個人為必要，即使露陰行為之對象為不特定之任一人，亦可。

第183a條　　引發憤怒罪

公然為性行為，並意圖或有意識地藉此引發憤怒者，若其行為不受第183條所處罰時，處一年以下自由刑或罰金。

§ 183a Erregung öffentlichen Ärgernisses

Wer öffentlich sexuelle Handlungen vornimmt und dadurch absichtlich oder wissentlich ein Ärgernis erregt, wird mit Freiheitsstrafe bis zu einem Jahr oder mit Geldstrafe bestraft, wenn die Tat nicht in § 183 mit Strafe bedroht ist.

解析

1. 本罪之保護法益為何，學界有不同意見。有認為本罪係在保護整體（社會）利益，但亦有認為本罪實具有個人利益保護之性質。
2. 本罪之性行為，須係公然為之。因此，行為人於行為時應至少有一他人在事實上觀看或察覺該性行為。
3. 本罪所稱之「引發憤怒」，係以觀看者至少有一人不願（ungewollt）見此景，且直接、確實地感受到不愉快為前提。因此，若行為人得到觀看者之同意而行為時，排除本罪之構成要件該當性。

第184條　　散布色情文書罪

(1) 以色情文書（第11條第3項）爲下列行爲之一者，處一年以下自由刑或罰金：

1. 提供、轉讓或以可取得之方式予未滿十八歲之人者，

2. 於未滿十八歲之人可進入或可查閱之場所，使其可能取得者，

3. 於營業場所以外之零售店、於不（主動）服務顧客之便利商店或其他銷售點、於郵購商店或是於商業租書店或讀書會，提供或轉讓予他人者，

3a.透過商業性之出租或相類似之商業性使用授權而提供或轉讓予他人者；但於未滿十八歲之人不得進入及無法查閱之商店爲之者，不在此限。

4. 透過郵購商店進口，

5. 公然於未滿十八歲之人可進入或可查閱之場所，或者透過商業交易外之散布文書方式而提供或廣告者，

6. 未經他人要求而使其獲得者，

7. 於以收費來支應全部或大部分播放費用之電影中公然放映者，

8. 爲使色情文書或由其所擷取之片段得以於第1款至第7款所規定之情形中使用或使他人可得爲相類似之使用而製造、取得、交付、保存或進口者，

9. 爲使色情文書或由其所擷取之片段得以於受當地刑事法律所禁止之國家散布或者可公然取得或者得以相類似之使用而出口者。

(2) 第1項第1款不適用於對未滿十八歲之人有權照料者；但有權照料者係透過提供、轉讓或使其可取得之方式而嚴重違反其教養義務者，不在此限。第1項第3a款不適用於與商業借貸者之商業交易。

(3) 至(7)（刪除）

§ 184 Verbreitung pornographischer Schriften

(1) Wer eine pornographische Schrift (§ 11 Absatz 3)

1. einer Person unter achtzehn Jahren anbietet, überläßt oder zugänglich macht,

2. an einem Ort, der Personen unter achtzehn Jahren zugänglich ist oder von ihnen eingesehen werden kann, zugänglich macht,

3. im Einzelhandel außerhalb von Geschäftsräumen, in Kiosken oder anderen Verkaufsstellen, die der Kunde nicht zu betreten pflegt, im Versandhandel oder in gewerblichen Leihbüchereien oder Lesezirkeln einem anderen anbietet oder überläßt,

3a. im Wege gewerblicher Vermietung oder vergleichbarer gewerblicher Gewährung des Gebrauchs, ausgenommen in Ladengeschäften, die Personen unter achtzehn Jahren nicht zugänglich sind und von ihnen nicht eingesehen werden können, einem anderen anbietet oder überläßt,

4. im Wege des Versandhandels einzuführen unternimmt,

5. öffentlich an einem Ort, der Personen unter achtzehn Jahren zugänglich ist oder von ihnen eingesehen werden kann, oder durch Verbreiten von Schriften außerhalb des Geschäftsverkehrs mit dem einschlägigen Handel anbietet oder bewirbt,

6. an einen anderen gelangen läßt, ohne von diesem hierzu aufgefordert zu sein,

7. in einer öffentlichen Filmvorführung gegen ein Entgelt zeigt, das ganz oder überwiegend für diese Vorführung verlangt wird,

8. herstellt, bezieht, liefert, vorrätig hält oder einzuführen unternimmt, um sie oder aus ihr gewonnene Stücke im Sinne der Nummern 1 bis 7 zu verwenden oder einer anderen Person eine solche Verwendung zu ermöglichen, oder

9. auszuführen unternimmt, um sie oder aus ihr gewonnene Stücke im Ausland unter Verstoß gegen die dort geltenden Strafvorschriften zu verbreiten oder der Öffentlichkeit zugänglich zu machen oder eine solche Verwendung zu ermöglichen,

wird mit Freiheitsstrafe bis zu einem Jahr oder mit Geldstrafe bestraft.

(2) Absatz 1 Nr. 1 ist nicht anzuwenden, wenn der zur Sorge für die Person Berechtigte handelt; dies gilt nicht, wenn der Sorgeberechtigte durch das

Anbieten, Überlassen oder Zugänglichmachen seine Erziehungspflicht gröblich verletzt. Absatz 1 Nr. 3a gilt nicht, wenn die Handlung im Geschäftsverkehr mit gewerblichen Entleihern erfolgt.

(3) bis (7) (weggefallen)

解析

1. 本罪之保護法益，因個別條文內容不同而略有差異，但大體上是以「少年保護」（Jugendschutz）爲方向；本罪性質上屬於抽象危險犯。

2. 第1項所稱之「色情」，係一不確定之法律概念。其上位概念爲一有關「性內容之描繪」（Darstellung sexuellen Inhalts）；據此，色情描繪之內容，可能涉及人類（含成人、少年及兒童）、動物、暴力或者其他不適宜或不道德之性行爲。

3. 由於第1項第8款之行爲，在本質上係屬同項第1款至第7款之預備行爲，因此，行爲人在犯本款之罪時，主觀上須具備犯第1款至第7款之一之意圖（Absicht）。

第184a條　　散布涉及暴力或動物之色情文書罪

以暴力或人與動物間之性行爲爲內容之色情文書（第11條第3項）爲下列行爲之一者，處三年以下自由刑或罰金：

1. 散布或使其可公然取得者，或是

2. 爲使色情文書或由其所擷取之片段得以於第1款或第184d條第1項第1句所規定之情形中使用或使他人可得爲相類似之使用而製造、取得、交付、保存、提供、廣告或從事進口或出口該文書者。

於第1句第1款之情形，處罰未遂行爲。

§ 184a Verbreitung gewalt- oder tierpornographischer Schriften

Mit Freiheitsstrafe bis zu drei Jahren oder mit Geldstrafe wird bestraft, wer eine pornographische Schrift (§ 11 Absatz 3), die Gewalttätigkeiten oder sexuelle

Handlungen von Menschen mit Tieren zum Gegenstand hat,

1. verbreitet oder der Öffentlichkeit zugänglich macht oder

2. herstellt, bezieht, liefert, vorrätig hält, anbietet, bewirbt oder es unternimmt, diese Schrift ein- oder auszuführen, um sie oder aus ihr gewonnene Stücke im Sinne der Nummer 1 oder des § 184d Absatz 1 Satz 1 zu verwenden oder einer anderen Person eine solche Verwendung zu ermöglichen.

In den Fällen des Satzes 1 Nummer 1 ist der Versuch strafbar.

解析

1. 本條所指之暴力色情文書，係指以對人之身體產生直接、嚴重暴力為內容之色情文書。不論該暴力是真實或虛構，均屬之。

2. 本條所指之人與動物間之性行為，須為人與動物之間有身體上之接觸，且內容須為實施人類之性行為。又，此處之動物，包含已死亡之動物。

第184b條　　散布、購買及持有兒童色情文書罪

(1) 有下列情形之一者，處三月至五年自由刑：

1. 散布或使兒童色情文書可公然取得者；兒童色情文書係指色情文書（第11條第3項）之內容涉及下列情形之一者：

　　a. 對十四歲以下之人（兒童）為性行為或在其前為性行為或其對行為人為性行為，

　　b. 完全或部分裸體之兒童在不自然之性強調下之描繪，或者

　　c. 裸露兒童生殖器或其臀部以刺激性慾之描繪，

2. 使他人取得關於描繪真實或接近真實事件之兒童色情文書之持有，

3. 製造關於描繪真實事件之兒童色情文書，或者

4. 若行為依第三款不受處罰時，當行為人係為使兒童色情文書或由其所擷取之片段得以於第1款或第2款或第184d條第1項第1句所規定之情形中使用或使他人可得為相類似之使用而製造、取得、交付、保

存、提供、廣告或從事進口或出口該文書者。

(2) 行為人係以犯第1項為業或係屬以持續犯該罪為目之之集團成員而犯該罪者，並且於第1項第1款、第2款及第4款之情形在文書中為真實或接近真實事件之描繪者，自由刑之宣告為六月至十年。

(3) 行為人設法使自己取得關於描繪真實或接近真實事件之兒童色情文書之持有，或者其已持有此類文書者，處三年以下自由刑或科罰金。

(4) 未遂犯，處罰之；但第1項第2款與第4款以及第3項之行為，不在此限。

(5) 於合法履行下列事項之一者，不適用第1項第2款及第3項之規定：
1. 國家任務，
2. 由與主管之國家單位約定而產生之任務，或者
3. 職務上或業務上之義務。

(6) 犯第1項第2款或第3款或第3項之罪所涉及之客體，沒收之。第74a條之規定，適用之。

§ 184b Verbreitung, Erwerb und Besitz kinderpornographischer Schriften
(1) Mit Freiheitsstrafe von drei Monaten bis zu fünf Jahren wird bestraft, wer
1. eine kinderpornographische Schrift verbreitet oder der Öffentlichkeit zugänglich macht; kinderpornographisch ist eine pornographische Schrift (§ 11 Absatz 3), wenn sie zum Gegenstand hat:
a) sexuelle Handlungen von, an oder vor einer Person unter vierzehn Jahren (Kind),
b) die Wiedergabe eines ganz oder teilweise unbekleideten Kindes in unnatürlich geschlechtsbetonter Körperhaltung oder
c) die sexuell aufreizende Wiedergabe der unbekleideten Genitalien oder des unbekleideten Gesäßes eines Kindes,
2. es unternimmt, einer anderen Person den Besitz an einer kinderpornographischen Schrift, die ein tatsächliches oder wirklichkeitsnahes Geschehen wiedergibt, zu verschaffen,
3. eine kinderpornographische Schrift, die ein tatsächliches Geschehen

wiedergibt, herstellt oder

4. eine kinderpornographische Schrift herstellt, bezieht, liefert, vorrätig hält, anbietet, bewirbt oder es unternimmt, diese Schrift ein- oder auszuführen, um sie oder aus ihr gewonnene Stücke im Sinne der Nummer 1 oder 2 oder des § 184d Absatz 1 Satz 1 zu verwenden oder einer anderen Person eine solche Verwendung zu ermöglichen, soweit die Tat nicht nach Nummer 3 mit Strafe bedroht ist.

(2) Handelt der Täter in den Fällen des Absatzes 1 gewerbsmäßig oder als Mitglied einer Bande, die sich zur fortgesetzten Begehung solcher Taten verbunden hat, und gibt die Schrift in den Fällen des Absatzes 1 Nummer 1, 2 und 4 ein tatsächliches oder wirklichkeitsnahes Geschehen wieder, so ist auf Freiheitsstrafe von sechs Monaten bis zu zehn Jahren zu erkennen.

(3) Wer es unternimmt, sich den Besitz an einer kinderpornographischen Schrift, die ein tatsächliches oder wirklichkeitsnahes Geschehen wiedergibt, zu verschaffen, oder wer eine solche Schrift besitzt, wird mit Freiheitsstrafe bis zu drei Jahren oder mit Geldstrafe bestraft.

(4) Der Versuch ist strafbar; dies gilt nicht für Taten nach Absatz 1 Nummer 2 und 4 sowie Absatz 3.

(5) Absatz 1 Nummer 2 und Absatz 3 gelten nicht für Handlungen, die ausschließlich der rechtmäßigen Erfüllung von Folgendem dienen:

1. staatliche Aufgaben,

2. Aufgaben, die sich aus Vereinbarungen mit einer zuständigen staatlichen Stelle ergeben, oder

3. dienstliche oder berufliche Pflichten.

(6) Gegenstände, auf die sich eine Straftat nach Absatz 1 Nummer 2 oder 3 oder Absatz 3 bezieht, werden eingezogen. § 74a ist anzuwenden.

1. 第1項第2款所稱之「眞實事件」，係指以電影或照片之方式所紀錄下

之性行為反映真實發生之事件或經過。因此，若內容僅為由演員表演之虛構故事，或重要細節係由後製而成時，仍不妨礙其為真實事件。但，若僅以圖畫、卡通或文字描述為內容時，即不屬之，因其通常無法與真實之性行為相連結。

2. 第1項第2款所稱之「接近真實事件」，係指根據真實事件之外在形象所為之描繪。例如：電腦動畫。

3. 第3項所規定之第一種型態，係行為人設法使自己取得相關文書之占有，包含行為人設法取得該文書事實上內容之支配權；對此，性質上屬於著手犯。第二種型態則是行為人已占有相關文書，係指行為人基於占有之意思而對該文書維持一個事實上之支配關係；對此，通常包含應銷毀或交出該文書但卻不作為之情形。

第184c條　　散布、購買及持有少年色情文書罪

(1) 有下列情形之一者，處三年以下自由刑或罰金：

　　1. 散布或使少年色情文書可公然取得者；少年色情文書係指色情文書（第11條第3項）之內容涉及下列情形之一者：

　　　　a. 對十四歲以上未滿十八歲之人為性行為或在其前為性行為或其對行為人為性行為，

　　　　b. 完全或部分裸體之十四歲以上未滿十八歲之人在不自然之性強調下之描繪，

　　2. 使他人取得關於描繪真實或接近真實事件之少年色情文書之持有，

　　3. 製造關於描繪真實事件之少年色情文書，或者

　　4. 若行為依第3款不受處罰時，當行為人係為使少年色情文書或由其所擷取之片段得以於第1款或第2款或第184d條第1項第1句所規定之情形中使用或使他人可得為相類似之使用而製造、取得、交付、保存、提供、廣告或從事進口或出口該文書者。

(2) 行為人係以犯第1項為業或係屬以持續犯該罪為目之之集團成員而犯該罪者，並且於第1項第1款、第2款及第4款之情形在文書中為真實或接近真實事件之描繪者，自由刑之宣告為三月至五年。

(3) 行為人設法使自己取得關於描繪眞實事件之少年色情文書之持有，或者其已持有此類文書者，處二年以下自由刑或科罰金。

(4) 少年色情文書僅供行為人個人於得到被描繪人之同意而製造後使用者，不適用第1項第3款和與其相關之第5項以及第3項之規定。

(5) 未遂犯，處罰之；但第1項第2款和第4款以及第3項之行為，不在此限。

(6) 第184b條第5項及第6項之規定，準用之。

§ 184c Verbreitung, Erwerb und Besitz jugendpornographischer Schriften

(1) Mit Freiheitsstrafe bis zu drei Jahren oder mit Geldstrafe wird bestraft, wer

1. eine jugendpornographische Schrift verbreitet oder der Öffentlichkeit zugänglich macht; jugendpornographisch ist eine pornographische Schrift (§ 11 Absatz 3), wenn sie zum Gegenstand hat:

a) sexuelle Handlungen von, an oder vor einer vierzehn, aber noch nicht achtzehn Jahre alten Person oder

b) die Wiedergabe einer ganz oder teilweise unbekleideten vierzehn, aber noch nicht achtzehn Jahre alten Person in unnatürlich geschlechtsbetonter Körperhaltung,

2. es unternimmt, einer anderen Person den Besitz an einer jugendpornographischen Schrift, die ein tatsächliches oder wirklichkeitsnahes Geschehen wiedergibt, zu verschaffen,

3. eine jugendpornographische Schrift, die ein tatsächliches Geschehen wiedergibt, herstellt oder

4. eine jugendpornographische Schrift herstellt, bezieht, liefert, vorrätig hält, anbietet, bewirbt oder es unternimmt, diese Schrift ein- oder auszuführen, um sie oder aus ihr gewonnene Stücke im Sinne der Nummer 1 oder 2 oder des § 184d Absatz 1 Satz 1 zu verwenden oder einer anderen Person eine solche Verwendung zu ermöglichen, soweit die Tat nicht nach Nummer 3 mit Strafe bedroht ist.

(2) Handelt der Täter in den Fällen des Absatzes 1 gewerbsmäßig oder als

Mitglied einer Bande, die sich zur fortgesetzten Begehung solcher Taten verbunden hat, und gibt die Schrift in den Fällen des Absatzes 1 Nummer 1, 2 und 4 ein tatsächliches oder wirklichkeitsnahes Geschehen wieder, so ist auf Freiheitsstrafe von drei Monaten bis zu fünf Jahren zu erkennen.

(3) Wer es unternimmt, sich den Besitz an einer jugendpornographischen Schrift, die ein tatsächliches Geschehen wiedergibt, zu verschaffen, oder wer eine solche Schrift besitzt, wird mit Freiheitsstrafe bis zu zwei Jahren oder mit Geldstrafe bestraft.

(4) Absatz 1 Nummer 3, auch in Verbindung mit Absatz 5, und Absatz 3 sind nicht anzuwenden auf Handlungen von Personen in Bezug auf solche jugendpornographischen Schriften, die sie ausschließlich zum persönlichen Gebrauch mit Einwilligung der dargestellten Personen hergestellt haben.

(5) Der Versuch ist strafbar; dies gilt nicht für Taten nach Absatz 1 Nummer 2 und 4 sowie Absatz 3.

(6) § 184b Absatz 5 und 6 gilt entsprechend.

解析

1. 本條之規定內容與第184b條之內容非常類似，因此在構成要件內容之解釋上均相同。

2. 本條較爲特殊之處，係第4項之規定。立法理由指出，由於行爲人（含少年、成年人）在和睦之性關係中同意彼此製作或交換色情文書之情形，不具備應刑罰性（nicht strafwürdig），故不予處罰。

第184d條　藉由無線電訊設備或電信媒體取得色情內容；藉由電信媒體取得兒童及少年色情內容

(1) 藉由無線電訊設備或電信媒體使他人可取得色情內容或使色情內容可公然取得者，亦依第184條至第184c條之規定處罰。若已透過科技或其他預防方式確保未滿十八歲之人無法取得色情內容時，於第184條

第1項之情形，不適用第1句之藉由電信媒體之散布行為。第184b條第5項及第6項之規定，準用之。

(2) 藉由電信媒體要求取得兒童色情內容者，亦依第184b條第3項之規定處罰。藉由電信媒體取得少年色情內容者，亦依第184c條第3項之規定處罰；第184c條第4項之規定，準用之。第184b條第5項及第6項第1句之規定，準用之。

§ 184d Zugänglichmachen pornographischer Inhalte mittels Rundfunk oder Telemedien; Abruf kinder- und jugendpornographischer Inhalte mittels Telemedien

(1) Nach den §§ 184 bis 184c wird auch bestraft, wer einen pornographischen Inhalt mittels Rundfunk oder Telemedien einer anderen Person oder der Öffentlichkeit zugänglich macht. In den Fällen des § 184 Absatz 1 ist Satz 1 bei einer Verbreitung mittels Telemedien nicht anzuwenden, wenn durch technische oder sonstige Vorkehrungen sichergestellt ist, dass der pornographische Inhalt Personen unter achtzehn Jahren nicht zugänglich ist. § 184b Absatz 5 und 6 gilt entsprechend.

(2) Nach § 184b Absatz 3 wird auch bestraft, wer es unternimmt, einen kinderpornographischen Inhalt mittels Telemedien abzurufen. Nach § 184c Absatz 3 wird auch bestraft, wer es unternimmt, einen jugendpornographischen Inhalt mittels Telemedien abzurufen; § 184c Absatz 4 gilt entsprechend. § 184b Absatz 5 und 6 Satz 1 gilt entsprechend.

解析

1. 本條之立法目的，在於藉由規範色情「內容」（Inhalte）以填補第11條第3項所規定之「文書」（Schriften）所可能產生之處罰漏洞。換言之，此處所指之色情內容，乃除色情文書以外之一切含有色情內容之描繪。本條所適用之典型例子，就是透過條文規定之媒介所為之「現場演出」（Live-Aufführung）。

2. 本條所稱之「無線電訊設備」，包含無線廣播與電視。至於「電信媒體」，則包含所有傳送電子化之文字、聲音或影像等資訊之媒介；尤其是指透過網路攝影機所傳送、轉播之即時視訊內容（Live-Webcam）。

3. 第2項之「要求取得」（abrufen），係指行為人透過電信媒體促使資料之轉傳，並藉此取得接觸該色情內容之可能性而言。

第184e條　　舉辦與參觀兒童及少年色情表演罪

(1) 舉辦兒童色情表演者，亦依第184b條第1項之規定處罰。舉辦少年色情表演者，亦依第184c條第1項之規定處罰。

(2) 參觀兒童色情表演者，亦依第184b條第3項之規定處罰。參觀少年色情表演者，亦依第184c條第3項之規定處罰。第184b條第5項第1款及第3款之規定，準用之。

§ 184e Veranstaltung und Besuch kinder- und jugendpornographischer Darbietungen

(1) Nach § 184b Absatz 1 wird auch bestraft, wer eine kinderpornographische Darbietung veranstaltet. Nach § 184c Absatz 1 wird auch bestraft, wer eine jugendpornographische Darbietung veranstaltet.

(2) Nach § 184b Absatz 3 wird auch bestraft, wer eine kinderpornographische Darbietung besucht. Nach § 184c Absatz 3 wird auch bestraft, wer eine jugendpornographische Darbietung besucht. § 184b Absatz 5 Nummer 1 und 3 gilt entsprechend.

解析

1. 本罪所規範之色情表演，包含不屬第11條第3項所規定之文書意義下之「現場演出」（Live-Aufführung）。

2. 第1項所稱之「舉辦色情表演」，僅指內容尚未出現於媒體上之現場表演而言。

第184f條　　從事受禁止之賣淫罪

屢次違反法規關於在特定地點或特定時間從事賣淫之禁令者，處六月以下自由刑或科一百八十單位日額以下之罰金。

§ 184f Ausübung der verbotenen Prostitution

Wer einem durch Rechtsverordnung erlassenen Verbot, der Prostitution an bestimmten Orten überhaupt oder zu bestimmten Tageszeiten nachzugehen, beharrlich zuwiderhandelt, wird mit Freiheitsstrafe bis zu sechs Monaten oder mit Geldstrafe bis zu einhundertachtzig Tagessätzen bestraft.

1. 通說認為，本罪之保護法益，係為避免賣淫所帶來之騷擾與危害之整體性利益。但其是否具有透過刑罰處罰之正當性，則備受質疑。
2. 本罪所稱之「從事賣淫」，係指其行為涉及有償之性交易。至於在外觀上是否能看出行為人從事賣淫，則非所問。此外，此處之從事，僅指行為人自己從事而言，故本罪為己手犯。
3. 本罪所稱之「屢次」（beharrlich），性質上屬於第28條第2項意義下之「特別個人要素」（ein besonderes persönliches Merkmal）。

第184g條　　危害少年之賣淫罪

以下列方式之一從事賣淫而在道德上危害未滿十八歲之人者，處一年以下自由刑或罰金：
1. 於學校附近或其他專為未滿十八歲之人使用之場所附近，或者
2. 於未滿十八歲之人居住之房屋內。

§ 184g Jugendgefährdende Prostitution

Wer der Prostitution
1. in der Nähe einer Schule oder anderen Örtlichkeit, die zum Besuch durch Personen unter achtzehn Jahren bestimmt ist, oder

2. in einem Haus, in dem Personen unter achtzehn Jahren wohnen,

in einer Weise nachgeht, die diese Personen sittlich gefährdet, wird mit Freiheitsstrafe bis zu einem Jahr oder mit Geldstrafe bestraft.

解 析

1. 第1款所指之「其他專為未滿十八歲之人使用之場所」，例如：幼兒園、青少年活動中心、遊樂園等。若僅為未滿十八歲之人常去之場所（例如：迪斯可舞廳），則不屬之。

2. 不論是條文所指之哪種方式，均以對未滿十八歲之人在道德上造成危險為前提，因此，本罪為具體危險犯。

第184h條　　概念規定

本法所稱：

1. 性行為，僅指對受保護之法益係相當重大之行為，

2. 在他人前為性行為，僅指性行為係在他人面前為之，且他人可感受到該行為之過程。

§ 184h Begriffsbestimmungen

Im Sinne dieses Gesetzes sind

1. sexuelle Handlungen

nur solche, die im Hinblick auf das jeweils geschützte Rechtsgut von einiger Erheblichkeit sind,

2. sexuelle Handlungen vor einer anderen Person

nur solche, die vor einer anderen Person vorgenommen werden, die den Vorgang wahrnimmt.

解 析

1. 第1款僅規定性行為概念之適用範圍，但對於性行為之概念內容為何，

則未規定。

2. 依學界觀點，性行為係指以人類之性別作為直接對象之行為。至於，行為是否屬於刑法上之性行為，則應以行為之外在表現或根據對行為具體關聯性之通常理解作為判斷依據。換言之，應以行為在客觀上是否顯示出其與性有關為標準。

3. 第1款所稱之「相當重大」，係指根據性行為之種類、強度及持續時間等標準來判斷其在量（quantitativ）上是否已超出社會所能接受之法益侵害程度而言。因此，該判斷標準屬於所謂之「社會倫理標準」（die sozialethischen Maßstäben）。

4. 第2款所要求的是他人可以感受到性行為之過程，但不以相對人（他人）對於性行為之意義有所瞭解為必要。此外，性行為與相對人之間須處於一個空間上之近距離關係，因此若相對人僅是透過電話之方式感受性行為，則不屬之。

第184i條　　性騷擾罪

(1) 以具性意涵之方式觸摸他人身體而藉以騷擾者，若該行為無依其他規定而處以較重之刑時，處二年以下自由刑或罰金。

(2) 情節嚴重者，自由刑之宣告為三月至五年。於數人共同為之之情形，通常即屬嚴重。

(3) 本罪須告訴乃論；但刑事追訴機關基於刑事追訴之特殊公共利益而認為應依職權追訴者，不在此限。

§ 184i Sexuelle Belästigung

(1) Wer eine andere Person in sexuell bestimmter Weise körperlich berührt und dadurch belästigt, wird mit Freiheitsstrafe bis zu zwei Jahren oder mit Geldstrafe bestraft, wenn nicht die Tat in anderen Vorschriften mit schwererer Strafe bedroht ist.

(2) In besonders schweren Fällen ist die Freiheitsstrafe von drei Monaten bis zu fünf Jahren. Ein besonders schwerer Fall liegt in der Regel vor, wenn die Tat

von mehreren gemeinschaftlich begangen wird.

(3) Die Tat wird nur auf Antrag verfolgt, es sei denn, dass die Strafverfolgungsbehörde wegen des besonderen öffentlichen Interesses an der Strafverfolgung ein Einschreiten von Amts wegen für geboten hält.

解析

1. 本罪係2016年新增，用以處罰第184h條第1款所定義之性行為以外之涉及性之行為。其處罰門檻，係低於第184h條第1款所要求之「相當重大」程度。

2. 第1項所指之觸摸身體，不論觸摸之處有無衣物覆蓋，均屬之。此外，亦不以行為人直接觸摸被害人之身體部位為必要，亦可透過物體實施。但無論如何，須係行為人親自為之。因此，本罪為己手犯。

3. 第1項所稱之「具性意涵之方式」，係指行為人係出於主觀上之性動機（sexuell motiviert）而觸摸被害人。

4. 第1項之行為結果，為被害人因遭身體上之觸摸而受到騷擾。此處所稱之騷擾，係指被害人主觀上之感受，而非客觀狀態。

第184j條　　群體犯罪

參與逼迫他人供其實施犯罪之群體而促成犯罪者，若群體之成員犯第177條或第184i條之罪，且該行為無依其他規定而處以較重之刑時，處二年以下自由刑或罰金。

§ 184j Straftaten aus Gruppen

Wer eine Straftat dadurch fördert, dass er sich an einer Personengruppe beteiligt, die eine andere Person zur Begehung einer Straftat an ihr bedrängt, wird mit Freiheitsstrafe bis zu zwei Jahren oder mit Geldstrafe bestraft, wenn von einem Beteiligten der Gruppe eine Straftat nach den §§ 177 oder 184i begangen wird und die Tat nicht in anderen Vorschriften mit schwererer Strafe bedroht ist.

解析

1. 本罪係2016年新增，用以處罰第177條第6項第2句第2款所無法涵蓋之情形。

2. 群體（Personengruppe），係指三人以上且至少在特定情境下有共同歸屬感之團體。不論聚集之時間長短、所有成員之間是否認識或彼此間有無意思交換，均屬之。

3. 逼迫（bedrängen），係指以身體力量對被害人所為之具攻擊性之行為，其目的在於限制被害人逃跑或反抗之可能性，或是使被害人處於一個較易侵害其法益之情境。

4. 參與（beteiligen），非指第26條、第27條之參與犯，而係指如同第231條之共同正犯之參與。

5. 「群體之成員犯第177條或第184i條之罪」，係客觀處罰條件，故只要客觀上有成員實現第177條或第184i條之不法行為，即可成立本罪。

第十四章　侮辱之犯罪

Vierzehnter Abschnitt Beleidigung

第185條　　侮辱罪

侮辱人者，處一年以下自由刑或科罰金；以強暴侮辱人者，處二年以下
自由刑或罰金。

§ 185 Beleidigung

Die Beleidigung wird mit Freiheitsstrafe bis zu einem Jahr oder mit Geldstrafe
und, wenn die Beleidigung mittels einer Tätlichkeit begangen wird, mit
Freiheitsstrafe bis zu zwei Jahren oder mit Geldstrafe bestraft.

解 析

1. 由於立法者並未對侮辱一詞定義，因此學說上認為，只要行為人藉由
   宣告（Kundgabe）其個人之鄙視或不尊重來侵害他人名譽時，即為侮
   辱。
2. 本罪之行為方式，為「表示」（Äußerung）；不論是透過口頭、書
   面、圖畫或動作，亦不論是作為或不作為，均屬之。但該表示須使對
   方（被侮辱者或其他接受表示內容之人）能夠瞭解其侮辱之涵意。
3. 所稱之「以強暴侮辱」，係指行為人表示侮辱之行為，除內容具備侮
   辱之意義外，同時有著直接對於身體之作用。例如：打耳光、吐口水
   等。
4. 當侮辱之表示內容已傳達到對方（被侮辱者或其他接受表示內容之
   人），且為對方瞭解該內容為侮辱時，犯罪為既遂。

第186條　　惡意污衊罪

指摘或散布足以使他人受到蔑視或受輿論貶低之事實，而不能證明該事

實為真實者，處一年以下自由刑或罰金；公然為之或以文書（第11條第3項）散布者，處二年以下自由刑或罰金。

§ 186　Üble Nachrede

Wer in Beziehung auf einen anderen eine Tatsache behauptet oder verbreitet, welche denselben verächtlich zu machen oder in der öffentlichen Meinung herabzuwürdigen geeignet ist, wird, wenn nicht diese Tatsache erweislich wahr ist, mit Freiheitsstrafe bis zu einem Jahr oder mit Geldstrafe und, wenn die Tat öffentlich oder durch Verbreiten von Schriften (§ 11 Abs. 3) begangen ist, mit Freiheitsstrafe bis zu zwei Jahren oder mit Geldstrafe bestraft.

解析

1. 本罪並非第185條之加重處罰類型，而係一獨立構成要件；所要處罰者，為藉由指摘或散布事實來侵害他人名譽之行為。

2. 本罪之性質，在學說上有爭議。部分學者認為本罪為抽象危險犯，但多數學者則認為本罪為具體危險犯。

3. 本罪所稱之「事實」，係指諸如外在之事件、狀況及關係等能夠具體感受之對象，也因此有可能被證實。此外，當內在事實（innere Tatsache；例如：動機、目之或性格特徵等）是以明顯之方式顯露於外時，亦屬本罪所稱之事實。因此，依通說觀點，其對於事實概念之理解非常廣泛，只要內容能判斷真實或虛偽、不是內在主觀上之意見或評價，均屬之。

4. 散布，即使只對一個人傳述事實，亦屬之。

5. 依通說看法，「不能證明該事實為真實」，為客觀處罰條件。

第187條　誹謗罪

明知其為不實指摘或散布足以使他人受到蔑視或受輿論貶低或危害其信用之不實事實者，處二年以下自由刑或罰金；公然、在集會中為之或以文書（第11條第3項）散布者，處五年以下自由刑或罰金。

§ 187 Verleumdung

Wer wider besseres Wissen in Beziehung auf einen anderen eine unwahre Tatsache behauptet oder verbreitet, welche denselben verächtlich zu machen oder in der öffentlichen Meinung herabzuwürdigen oder dessen Kredit zu gefährden geeignet ist, wird mit Freiheitsstrafe bis zu zwei Jahren oder mit Geldstrafe und, wenn die Tat öffentlich, in einer Versammlung oder durch Verbreiten von Schriften (§ 11 Abs. 3) begangen ist, mit Freiheitsstrafe bis zu fünf Jahren oder mit Geldstrafe bestraft.

解析

1. 本罪所指摘或散布之內容，須為確定不實之事實，否則應為第186條之規範範圍。

2. 本條「明知其為不實」之主觀要求，係指行為人主觀上已明確知道該事實為不實之情形。但在指摘或散布之行為方面，僅具備間接故意，即為已足。

第188條　對政治人物之惡意污衊及誹謗罪

(1) 出於與被誹謗者之政治生活地位有關之動機，公然、在集會中或以文書（第11條第3項）散布之方式對政治人物惡意污衊（第186條），足以嚴重減損其公眾影響力者，處六月至五年自由刑。

(2) 在相同條件下犯誹謗罪（第187條）者，處六月至五年自由刑。

§ 188 Üble Nachrede und Verleumdung gegen Personen des politischen Lebens

(1) Wird gegen eine im politischen Leben des Volkes stehende Person öffentlich, in einer Versammlung oder durch Verbreiten von Schriften (§ 11 Abs. 3) eine üble Nachrede (§ 186) aus Beweggründen begangen, die mit der Stellung des Beleidigten im öffentlichen Leben zusammenhängen, und

ist die Tat geeignet, sein öffentliches Wirken erheblich zu erschweren, so ist die Strafe Freiheitsstrafe von drei Monaten bis zu fünf Jahren.

(2) Eine Verleumdung (§ 187) wird unter den gleichen Voraussetzungen mit Freiheitsstrafe von sechs Monaten bis zu fünf Jahren bestraft.

解析

1. 本罪之加重處罰，僅針對第186條及第187條，不含第185條。有學者認為，本罪之規範目的，不在於對政治人物之名譽保護，而是避免人民之政治生活地位遭受損害；但對此有不同意見。

2. 第1項所稱之「政治人物」，係指其主要職務係從事或處理涉及國家、立法、行政、憲法或國際關係等之重要事務，並且因此對政治生活具有重要影響之人。例如：總統、國會議長、議員、國家或各邦之之政府要員、聯邦憲法法院法官、政黨領袖等等。

第189條　詆毀對死者之紀念罪

詆毀對死者之紀念者，處二年以下自由刑或罰金。

§ 189 Verunglimpfung des Andenkens Verstorbener

Wer das Andenken eines Verstorbenen verunglimpft, wird mit Freiheitsstrafe bis zu zwei Jahren oder mit Geldstrafe bestraft.

解析

1. 本罪之保護法益，並非死者之名譽，亦非家族之名譽，而是家屬及一般人對於死者之崇敬感（Pietätsgefühl）。但除此之外，有學者認為本罪亦保護死者。

2. 本條所稱之「詆毀」，其內涵與第185條之侮辱相同，但程度要嚴重得多；基本上，係指粗暴且嚴重之侮辱。

第190條　經刑事判決之眞實證明

受指摘或散布之事實若爲犯罪行爲，而被誹謗者之行爲受有罪判決確定者，視爲援引眞實之證明。被誹謗者之指摘或散布受無罪判決確定者，排除眞實之證明。

§ 190 Wahrheitsbeweis durch Strafurteil

Ist die behauptete oder verbreitete Tatsache eine Straftat, so ist der Beweis der Wahrheit als erbracht anzusehen, wenn der Beleidigte wegen dieser Tat rechtskräftig verurteilt worden ist. Der Beweis der Wahrheit ist dagegen ausgeschlossen, wenn der Beleidigte vor der Behauptung oder Verbreitung rechtskräftig freigesprochen worden ist.

解析

　　本條關於眞實之證明，適用於第185條至第189條之行爲方式或作爲構成要件該當之價値判斷之基礎，係關於「事實之聲明」（Tatsachenbehauptung）時之情形。

第191條　刪除

§ 191 weggefallen

第192條　雖有眞實證明，仍爲侮辱

侮辱之成立，係基於指摘或散布之形式或者基於當時發生之情況者，受指摘或散布事實之眞實證明，不排除第185條之處罰。

§ 192 Beleidigung trotz Wahrheitsbeweises

Der Beweis der Wahrheit der behaupteten oder verbreiteten Tatsache schließt die Bestrafung nach § 185 nicht aus, wenn das Vorhandensein einer Beleidigung aus der Form der Behauptung oder Verbreitung oder aus den Umständen, unter welchen sie geschah, hervorgeht.

解析

1. 本條原則上適用於第186條及第187條之情形；但若行為人係以事實聲明之方式犯第185條之罪時，亦適用之。
2. 本條所稱之「形式」，例如：以三字經辱罵。
3. 本條所稱之「情況」，例如：偏頗地在公開場合或是透過印刷物來發表關於久遠之前之錯誤，或其他像是在婚禮上清算真實之事實等。

第193條　　正當利益之維護

關於學術、藝術、商業上之批評、為履行或保護權利或為維護正當利益之相類似言論，及上司對其下屬之批評或指責、公務員之職務上告發或判斷以及相類似情形，僅於侮辱之成立係基於侮辱之形式或者基於當時發生之情況時，始具可罰性。

§ 193 Wahrnehmung berechtigter Interessen

Tadelnde Urteile über wissenschaftliche, künstlerische oder gewerbliche Leistungen, desgleichen Äußerungen, welche zur Ausführung oder Verteidigung von Rechten oder zur Wahrnehmung berechtigter Interessen gemacht werden, sowie Vorhaltungen und Rügen der Vorgesetzten gegen ihre Untergebenen, dienstliche Anzeigen oder Urteile von seiten eines Beamten und ähnliche Fälle sind nur insofern strafbar, als das Vorhandensein einer Beleidigung aus der Form der Äußerung oder aus den Umständen, unter welchen sie geschah, hervorgeht.

解析

1. 本條規定係關於本章（第14章）之侮辱相關犯罪之特別阻卻違法事由。故，本條對本章以外之其他犯罪，並無適用餘地。

2. 本條所稱之「維護正當利益」是最重要之主張事由，係指維護法律上所承認之利益而言。於此，涉及行為人所欲維護之利益以及被害人之名譽保護請求之間之利益衡量。通說認為，利益衡量之結果，須為行為人所主張之利益價值高於被害人之名譽保護利益時，行為人才能阻卻違法；但亦有認為，只要衡量之結果是二者利益價值相當，此時行為人即可阻卻違法。

第194條　　告訴乃論

(1) 侮辱罪須告訴乃論。若行為係透過散布或以可公開取得之文書（第11條第3項）、於集會中或者侮辱之內容可由無線電訊設備或公共電信媒體知悉之方式為之者，而被害人為國家社會黨（納粹）或其他專制或獨裁政權下之人民團體成員而曾受其迫害且侮辱與該迫害之間具有關聯性者，不須告訴。被害人反對者，不得依職權追訴該行為。反對不得撤回。被害人死亡者，告訴權及反對權移轉於第77條第2項所規定之親屬。

(2) 詆毀對死者之紀念者，告訴權歸屬於第77條第2項所規定之親屬。若行為係透過散布或以可公開取得之文書（第11條第3項）之方式於集會中或於無線電訊設備節目中為之者，或是死者之生命係受國家社會黨（納粹）或其他專制或獨裁政權所犧牲且詆毀與此之間具有關聯性者，不須告訴。告訴權人反對追訴者，不得依職權追訴該行為。反對不得撤回。

(3) 對公務員、公務上負有特別義務之人或聯邦國防軍之軍人於其執行職務時或對有關其職務之事項侮辱者，其上級亦得告訴。對機關或其他從事公共行政之單位侮辱者，機關主管或監督機關之主管有告訴權。此亦適用於承擔公務之人以及負責教會和其他公法上宗教團體之機關。

(4) 對聯邦或邦之立法機關或者對本法規範範圍內之政治團體侮辱者，僅於相關團體之授權下始能追訴。

§ 194 Strafantrag

(1) Die Beleidigung wird nur auf Antrag verfolgt. Ist die Tat durch Verbreiten oder öffentliches Zugänglichmachen einer Schrift (§ 11 Abs. 3), in einer Versammlung oder dadurch begangen, dass beleidigende Inhalte mittels Rundfunk oder Telemedien der Öffentlichkeit zugänglich gemacht worden sind, so ist ein Antrag nicht erforderlich, wenn der Verletzte als Angehöriger einer Gruppe unter der nationalsozialistischen oder einer anderen Gewalt- und Willkürherrschaft verfolgt wurde, diese Gruppe Teil der Bevölkerung ist und die Beleidigung mit dieser Verfolgung zusammenhängt. Die Tat kann jedoch nicht von Amts wegen verfolgt werden, wenn der Verletzte widerspricht. Der Widerspruch kann nicht zurückgenommen werden. Stirbt der Verletzte, so gehen das Antragsrecht und das Widerspruchsrecht auf die in § 77 Abs. 2 bezeichneten Angehörigen über.

(2) Ist das Andenken eines Verstorbenen verunglimpft, so steht das Antragsrecht den in § 77 Abs. 2 bezeichneten Angehörigen zu. Ist die Tat durch Verbreiten oder öffentliches Zugänglichmachen einer Schrift (§ 11 Abs. 3), in einer Versammlung oder durch eine Darbietung im Rundfunk begangen, so ist ein Antrag nicht erforderlich, wenn der Verstorbene sein Leben als Opfer der nationalsozialistischen oder einer anderen Gewalt- und Willkürherrschaft verloren hat und die Verunglimpfung damit zusammenhängt. Die Tat kann jedoch nicht von Amts wegen verfolgt werden, wenn ein Antragsberechtigter der Verfolgung widerspricht. Der Widerspruch kann nicht zurückgenommen werden.

(3) Ist die Beleidigung gegen einen Amtsträger, einen für den öffentlichen Dienst besonders Verpflichteten oder einen Soldaten der Bundeswehr während der Ausübung seines Dienstes oder in Beziehung auf seinen Dienst begangen, so wird sie auch auf Antrag des Dienstvorgesetzten

verfolgt. Richtet sich die Tat gegen eine Behörde oder eine sonstige Stelle, die Aufgaben der öffentlichen Verwaltung wahrnimmt, so wird sie auf Antrag des Behördenleiters oder des Leiters der aufsichtführenden Behörde verfolgt. Dasselbe gilt für Träger von Ämtern und für Behörden der Kirchen und anderen Religionsgesellschaften des öffentlichen Rechts.

(4) Richtet sich die Tat gegen ein Gesetzgebungsorgan des Bundes oder eines Landes oder eine andere politische Körperschaft im räumlichen Geltungsbereich dieses Gesetzes, so wird sie nur mit Ermächtigung der betroffenen Körperschaft verfolgt.

第1項所稱之「侮辱罪」，係指本章（第14章）之侮辱相關犯罪（第185條至第189條）而言，並非專指第185條之罪。

第195條至第198條　　刪除

§ 195 bis 198　weggefallen

第199條　　相互侮辱

對於侮辱立即以侮辱回應者，法官得就侮辱雙方或一方宣告免除刑罰。

§ 199　Wechselseitig begangene Beleidigungen

Wenn eine Beleidigung auf der Stelle erwidert wird, so kann der Richter beide Beleidiger oder einen derselben für straffrei erklären.

1. 本條之立法目的，爲讓法官在侮辱案件中，能夠對於一方或雙方行爲人

宣告免除其刑。其理由是基於所謂之「補償」（Kompensationsgrundsatz）或「報復」（Retorsion）而來；但對於此種補償或報復之本質問題，學說上有爭論。

2. 本條之適用範圍，係本章（第14章）之所有侮辱相關犯罪（第185條至第189條）。對於所犯之罪，須為構成要件該當，且具備違法性及有責之行為。

3. 本條所稱之「回應」，須係針對第一次之侮辱而為之。

4. 原則上，相互侮辱以行為人及被害人之共同參與為必要；但本條亦包含現場之第三人加入戰局之情形。

第200條　判決之公布

(1) 公然或以散布文書（第11條第3項）之方式侮辱且被判刑處罰者，法院得依被害人或其他有告訴權之人聲請公布因侮辱而作成之判決。

(2) 公布之方式於判決中決定。侮辱係透過報紙或雜誌之出版為之者，亦應透過報紙或雜誌公布；若可能時，應於相同之報紙或雜誌公布；此於透過無線電訊設備之侮辱，準用之。

§ 200 Bekanntgabe der Verurteilung

(1) Ist die Beleidigung öffentlich oder durch Verbreiten von Schriften (§ 11 Abs. 3) begangen und wird ihretwegen auf Strafe erkannt, so ist auf Antrag des Verletzten oder eines sonst zum Strafantrag Berechtigten anzuordnen, daß die Verurteilung wegen der Beleidigung auf Verlangen öffentlich bekanntgemacht wird.

(2) Die Art der Bekanntmachung ist im Urteil zu bestimmen. Ist die Beleidigung durch Veröffentlichung in einer Zeitung oder Zeitschrift begangen, so ist auch die Bekanntmachung in eine Zeitung oder Zeitschrift aufzunehmen, und zwar, wenn möglich, in dieselbe, in der die Beleidigung enthalten war; dies gilt entsprechend, wenn die Beleidigung durch Veröffentlichung im Rundfunk begangen ist.

解析

1. 本條規定，為不具刑罰性質之附隨效果（Nebenfolge）。

2. 本條之適用範圍，係本章（第14章）之所有侮辱相關犯罪（第185條至第189條），以及第90條、第90b條及第103條第2項之規定；但不適用於少年犯之情形（少年法院法第6條第1項第2句）。

3. 若行為人之刑罰依第199條之規定而被免除或保留時，排除本條之適用。

第十五章　侵害私生活領域及私人秘密之犯罪

Fünfzehnter Abschnitt Verletzung des persönlichen
Lebens- und Geheimbereichs

第201條　　侵害談話秘密罪

(1) 無權而有下列二款行為之一者，處三年以下之自由刑或罰金：

　　1. 利用錄音器材對他人非公開之談話加以竊錄。

　　2. 對於前款所錄製之內容加以使用或使第三人知悉其內容。

(2) 無權而有下列二款行為之一者，依前項之規定處罰：

　　1. 對於非指定傳達給行為人之他人之非公開談話，以竊聽器材加以竊聽。

　　2. 將第1項第1款及第2項第1款所竊錄之他人之非公開談話，逐字或將其重要內容公布於眾。

　　第1句第2款之行為，只有於洩漏他人非公開之談話，足以造成他人合法利益之損害時，始具備可罰性。洩漏他人非公開談話之行為，如係為維護重大之公共利益，則該行為不具違法性。

(3) 公務員或從事公共服務而負有特殊義務者，如觸犯侵害談話秘密罪，處五年以下之自由刑或罰金（第1項及第2項之罪）。

(4) 未遂犯罰之。

(5) 本罪之正犯與共犯所使用之錄音器材或竊聽器材，得沒收之。第74a條之規定準用之。

§ 201 Verletzung der Vertraulichkeit des Wortes

(1) Mit Freiheitsstrafe bis zu drei Jahren oder mit Geldstrafe wird bestraft, wer unbefugt

　　1. das nichtöffentlich gesprochene Wort eines anderen auf einen Tonträger aufnimmt oder

2. eine so hergestellte Aufnahme gebraucht oder einem Dritten zugänglich macht.

(2) Ebenso wird bestraft, wer unbefugt

1. das nicht zu seiner Kenntnis bestimmte nichtöffentlich gesprochene Wort eines anderen mit einem Abhörgerät abhört oder

2. das nach Absatz 1 Nr. 1 aufgenommene oder nach Absatz 2 Nr. 1 abgehörte nichtöffentlich gesprochene Wort eines anderen im Wortlaut oder seinem wesentlichen Inhalt nach öffentlich mitteilt.

Die Tat nach Satz 1 Nr. 2 ist nur strafbar, wenn die öffentliche Mitteilung geeignet ist, berechtigte Interessen eines anderen zu beeinträchtigen. Sie ist nicht rechtswidrig, wenn die öffentliche Mitteilung zur Wahrnehmung überragender öffentlicher Interessen gemacht wird.

(3) Mit Freiheitsstrafe bis zu fünf Jahren oder mit Geldstrafe wird bestraft, wer als Amtsträger oder als für den öffentlichen Dienst besonders Verpflichteter die Vertraulichkeit des Wortes verletzt (Absätze 1 und 2).

(4) Der Versuch ist strafbar.

(5) Die Tonträger und Abhörgeräte, die der Täter oder Teilnehmer verwendet hat, können eingezogen werden. § 74a ist anzuwenden.

解析

1. 關於第1項非公開之談話，屬私密權之一部分，私密權又涵攝於人格權之中，可謂係一種消極之表現自由權，具有憲法位階之基本權。刑法對此等法益加以保護，自有其正當性。

2. 本罪只處罰涉及使用錄音器材或竊聽器材之竊錄行為，利用身體感覺（聽覺）系統竊聽他人非公開之談話之行為，尚不足以成立本罪。

3. 第2項規定，對他人非公開之談話之竊聽及洩漏罪，只有足以造成他人合法利益之損害時，始具備可罰性。此為可罰性之限縮事由，亦為構成要件之限縮規定。

4. 第2項又規定，洩漏他人非公開談話之行為，其目的如係在於維護重大

之公共利益，則該行為不具違法性。此係於涉及法益衝突之情況下，經由法益衡量所制定之個別（特別）之阻卻違法事由。

5. 第3項係對公務員或從事公共服務而負有特殊義務者，觸犯本條之罪之加重處罰規定，屬不純正身分犯條款。

6. 第5項之沒收規定，乃具有社會保安性質之財產刑。

第201a條　　以攝錄方法侵害人身專屬之私生活領域罪

(1) 有下列各款行為之一者，處二年以下之自由刑或罰金：

1. 對留滯於住宅或有防止窺視防護設施空間之他人，無權加以製作錄相或傳送該錄相，致遭受攝錄者之人身專屬私生活領域受到侵害。

2. 對於足以顯現他人處於無助之外觀之錄相，無權加以製作或傳送，致遭受攝錄者之人身專屬私生活領域受到侵害。

3. 對於因犯前2款之罪所取得之錄相，加以使用或使第三人知悉其內容。

4. 雖然是有權以第1款及第2款所顯示之方法製作錄相，但明知其無權限，而使第三人得以知悉其內容，致遭受攝錄者之人身專屬私生活領域受到侵害。

(2) 無權使第三人知悉錄相之內容，致遭受攝錄者之形象受到重大之侵害，依前項之規定處罰。

(3) 錄相之內容，如係以未滿十八人之裸體為對象，而行為人有下列二款行為之一者，處二年以下之自由刑或罰金：

1. 意圖使第三人支付價金取得，而為製造或供應之行為。

2. 使自己或第三人支付價金而取得。

(4) 第1項第2款、第1項第3款、第1項第4款及第2項第3款之行為，於涉及維護重大之合法利益時，例如攝錄之內容係利用於藝術或科學、研究或學說、各個時代所發生事件之報導、歷史或類似之目之，不適用之。

(5) 正犯與共犯所使用之錄相載體、攝錄設備及其他之科技工具，得沒收之。第74a條之規定準用之。

§ 201a　Verletzung des höchstpersönlichen Lebensbereichs durch Bildaufnahmen

(1) Mit Freiheitsstrafe bis zu zwei Jahren oder mit Geldstrafe wird bestraft, wer

1. von einer anderen Person, die sich in einer Wohnung oder einem gegen Einblick besonders geschützten Raum befindet, unbefugt eine Bildaufnahme herstellt oder überträgt und dadurch den höchstpersönlichen Lebensbereich der abgebildeten Person verletzt,

2. eine Bildaufnahme, die die Hilflosigkeit einer anderen Person zur Schau stellt, unbefugt herstellt oder überträgt und dadurch den höchstpersönlichen Lebensbereich der abgebildeten Person verletzt,

3. eine durch eine Tat nach den Nummern 1 oder 2 hergestellte Bildaufnahme gebraucht oder einer dritten Person zugänglich macht oder

4. eine befugt hergestellte Bildaufnahme der in den Nummern 1 oder 2 bezeichneten Art wissentlich unbefugt einer dritten Person zugänglich macht und dadurch den höchstpersönlichen Lebensbereich der abgebildeten Person verletzt.

(2) Ebenso wird bestraft, wer unbefugt von einer anderen Person eine Bildaufnahme, die geeignet ist, dem Ansehen der abgebildeten Person erheblich zu schaden, einer dritten Person zugänglich macht.

(3) Mit Freiheitsstrafe bis zu zwei Jahren oder mit Geldstrafe wird bestraft, wer eine Bildaufnahme, die die Nacktheit einer anderen Person unter achtzehn Jahren zum Gegenstand hat,

1. herstellt oder anbietet, um sie einer dritten Person gegen Entgelt zu verschaffen, oder

2. sich oder einer dritten Person gegen Entgelt verschafft.

(4) Absatz 1 Nummer 2, auch in Verbindung mit Absatz 1 Nummer 3 oder Nummer 4, Absatz 2 und 3 gelten nicht für Handlungen, die in Wahrnehmung überwiegender berechtigter Interessen erfolgen, namentlich der Kunst oder der Wissenschaft, der Forschung oder der Lehre, der Berichterstattung über Vorgänge des Zeitgeschehens oder der Geschichte

oder ähnlichen Zwecken dienen.

(5) Die Bildträger sowie Bildaufnahmegeräte oder andere technische Mittel, die der Täter oder Teilnehmer verwendet hat, können eingezogen werden. § 74a ist anzuwenden.

解析

1. 攝錄侵害人身專屬之私生活領域，無論是針對被害人之個人活動，或被害人之人際之社會活動，其對私密權侵害之廣度及強度，遠甚於第201條之侵害談話秘密罪，不法內涵較重，故提高其法定刑。

2. 於住宅或有防止窺視防護設施空間之活動或舉止，其秘密獲得保護之必要性更高於非公開之談話。

3. 本罪之構成要件行為，包含對他人之人身專屬私生活領域，所為之無權錄相、傳送、製作或洩漏錄相之行為。或雖是有權為前述行為之人，卻無權而將他人私生活領域之秘密洩漏給第三人。

4. 第3項係對於未滿十八人之身體隱私權之特別保護規定。

5. 第4項係對於本罪之行為，於涉及維護重大之合法利益時，排除相關項款適用之可能性，由於並非以「行為不違法」形成條文之內容，故非屬個別之阻卻違法事由，而應是阻卻構成要件事由。

第202條　　妨害書信秘密罪

(1) 有下列二款行為之一，而又不得適用第206條之規定加以處罰者，處一年以下之自由刑或罰金：

1. 無權開啟封緘之信函或其他封緘之文件，而其內容並未被決定讓行為人知悉。

2. 於未對前款文件之封緘加以開啟之情況下，以科技之手段探知其內容。

(2) 行為人無權知悉文件之內容，該內容並未被決定讓行為人知悉，且為了避免他人知悉而將其保全於封緘之容器內，而行為人因開啟該容器

而探知其內容者，依前項之規定處罰。

(3) 圖畫視同第1項及第2項之文件。

§ 202　Verletzung des Briefgeheimnisses

(1) Wer unbefugt

　　1. einen verschlossenen Brief oder ein anderes verschlossenes Schriftstück, die nicht zu seiner Kenntnis bestimmt sind, öffnet oder

　　2. sich vom Inhalt eines solchen Schriftstücks ohne Öffnung des Verschlusses unter Anwendung technischer Mittel Kenntnis verschafft,

　　wird mit Freiheitsstrafe bis zu einem Jahr oder mit Geldstrafe bestraft, wenn die Tat nicht in § 206 mit Strafe bedroht ist.

(2) Ebenso wird bestraft, wer sich unbefugt vom Inhalt eines Schriftstücks, das nicht zu seiner Kenntnis bestimmt und durch ein verschlossenes Behältnis gegen Kenntnisnahme besonders gesichert ist, Kenntnis verschafft, nachdem er dazu das Behältnis geöffnet hat.

(3) Einem Schriftstück im Sinne der Absätze 1 und 2 steht eine Abbildung gleich.

解析

1. 本罪係第206條妨害郵電秘密罪之補充性處罰規定，爲法條競合之補充條款。

2. 本罪之客體爲他人封緘之信函或文件，處罰係針對破壞封緘之行爲，屬行爲犯與抽象危險犯。因而，行爲人是否知悉信函或文件之內容，不影響本罪是否成立。

3. 雖未對文件之封緘加以開啓，但以科技之手段探知其內容，其不法內涵及罰則與第1項第1款相同。

4. 第2項之規定，係對於文件之所有人，於未對文件設置封緘，或對文件之封緘已加以開啓，爲避免他人知悉而將其保全於封緘之容器內，行爲人因開啓該容器而探知其內容，其罰則與第1項相同。

第202a條　　刺探電磁檔案罪

(1) 電磁檔案未被決定讓行為人知悉，且為避免不合法之探知而採取特殊之保護措施，行為人經由突破保護措施，而無權使自己或第三人取得電磁檔案，處三年以下之自由刑或罰金。

(2) 第1項所稱之電磁檔案，係指只能利用電子、電磁或其他無法直接感知之方法加以儲存或傳送者。

§ 202a Ausspähen von Daten

(1) Wer unbefugt sich oder einem anderen Zugang zu Daten, die nicht für ihn bestimmt und die gegen unberechtigten Zugang besonders gesichert sind, unter Überwindung der Zugangssicherung verschafft, wird mit Freiheitsstrafe bis zu drei Jahren oder mit Geldstrafe bestraft.

(2) Daten im Sinne des Absatzes 1 sind nur solche, die elektronisch, magnetisch oder sonst nicht unmittelbar wahrnehmbar gespeichert sind oder übermittelt werden.

解析

1. 本罪旨在保護電磁檔案中所儲存之秘密，由於電腦與網路使用之普遍化，利用電腦與網路儲存電磁紀錄或傳輸電磁紀錄，已經成為文書作業、科技研發、商業交往或社會關係交往之常態行為模式，其秘密保護之必要性，已無庸置疑。

2. 第2項為電磁檔案之立法解釋，相當於我國刑法第10條第6項之規定。

第202b條　　攔取電磁檔案罪

行為人對於未被決定讓行為人知悉之電磁檔案（第202a條第2項），於資訊處理設施在進行非公開之檔案傳送過程中，或電磁放射過程中，以科技手段使自己或第三人無權取得電磁檔案，該行為如未受其他法條規定處以較重之刑罰者，處二年以之自由刑或罰金。

§ 202b Abfangen von Daten

Wer unbefugt sich oder einem anderen unter Anwendung von technischen Mitteln nicht für ihn bestimmte Daten (§ 202a Abs. 2) aus einer nichtöffentlichen Datenübermittlung oder aus der elektromagnetischen Abstrahlung einer Datenverarbeitungsanlage verschafft, wird mit Freiheitsstrafe bis zu zwei Jahren oder mit Geldstrafe bestraft, wenn die Tat nicht in anderen Vorschriften mit schwererer Strafe bedroht ist.

1. 電磁檔案之內容可謂是千變萬化，可能涉及私生活之秘密、社會關係交往之秘密、法律關係交往之秘密、智慧財產之秘密、業務秘密……等，其保護之必要性無庸置疑。
2. 於有線之資訊處理設施在進行非公開之檔案傳送過程中，或於無線之資訊處理設施在進行電磁放射過程中，以科技手段，例如以電腦程式突破加密措施或其他防護措施，而使自己或第三人無權取得電磁檔案，乃本罪處罰之範圍。
3. 本罪之構成要件行為，只有於未受其他法條規定處以較重之刑罰者，方得適用本罪加以處罰，故本條文可謂為概括之補充條款。

第202c條　　預備刺探或擷取電磁檔案罪

(1) 預備犯第202a條或第202b條之罪，而對於下列二款之客體加以製造、使自己或第三人取得、販賣、轉讓給他人、散布或以他法讓他人取得，處兩年以下之自由刑或罰金：
　　1. 足以取得電磁檔案（第202a條第2項）之密碼或其他安全密碼（例如：金鑰啟動碼），或是
　　2. 以犯前述之罪為目的之電腦程式。
(2) 第149條第2項及第3項之規定，準用之。

§ 202c　Vorbereiten des Ausspähens und Abfangens von Daten

(1) Wer eine Straftat nach § 202a oder § 202b vorbereitet, indem er

　　1. Passwörter oder sonstige Sicherungscodes, die den Zugang zu Daten (§ 202a Abs. 2) ermöglichen, oder

　　2. Computerprogramme, deren Zweck die Begehung einer solchen Tat ist, herstellt, sich oder einem anderen verschafft, verkauft, einem anderen überlässt, verbreitet oder sonst zugänglich macht, wird mit Freiheitsstrafe bis zu zwei Jahren oder mit Geldstrafe bestraft.

(2) § 149 Abs. 2 und 3 gilt entsprechend.

解析

1. 本罪係第202a條及第202b條之預備犯及幫助犯之獨立化及類型化之構成要件。

2. 本罪之構成要件行為，含製造、使自己或第三人取得、販賣、轉讓給他人、散布或以他法讓他人取得之行為。

3. 前項行為之客體有二，即：(1)足以取得電磁檔案之密碼或金鑰啟動碼；(2)以犯第202a條及第202b條之罪為目之之電腦程式，含供自己犯罪或供他人犯前二條之罪所用。

4. 行為人犯本條之罪，如係供自己犯前二條之罪所用，則本罪屬於預備犯之獨立化及類型化之構成要件；如係供他人犯前二條之罪所用，則本罪屬於幫助犯之獨立化及類型化之構成要件，行為人不得依總則之幫助犯加以處罰，而應依本罪之正犯處罰。

第202d條　　電磁檔案贓物罪

(1) 意圖使自己或第三人得利，或意圖損害他人，對於他人利用違法行為所獲得之非公布於眾之電磁檔案（第202a條第2項），使自己或第三人取得、轉讓予他人、散布、或以其他方式加以公開，處三年以下之自由刑或罰金。

(2) 前項之處罰，不得重於前行為之法定刑。

(3) 第1項之規定，不得適用於純粹履行合法職務活動之行為，及履行職業義務之行為，特別是：

 1. 公務員或受公務員委託之人，其所實施之行為，完全係做為稅捐稽徵程序、刑事訴訟程序、秩序違反之處罰程序所用。

 2. 刑事程序法第53條第1項第1句第5款之人，將檔案收受、分析評價、或使之公開於眾之此等職業上之行為。

§ 202d Datenhehlerei

(1) Wer Daten (§ 202a Absatz 2), die nicht allgemein zugänglich sind und die ein anderer durch eine rechtswidrige Tat erlangt hat, sich oder einem anderen verschafft, einem anderen überlässt, verbreitet oder sonst zugänglich macht, um sich oder einen Dritten zu bereichern oder einen anderen zu schädigen, wird mit Freiheitsstrafe bis zu drei Jahren oder mit Geldstrafe bestraft.

(2) Die Strafe darf nicht schwerer sein als die für die Vortat angedrohte Strafe.

(3) Absatz 1 gilt nicht für Handlungen, die ausschließlich der Erfüllung rechtmäßiger dienstlicher oder beruflicher Pflichten dienen. Dazu gehören insbesondere

 1. solche Handlungen von Amtsträgern oder deren Beauftragten, mit denen Daten ausschließlich der Verwertung in einem Besteuerungsverfahren, einem Strafverfahren oder einem Ordnungswidrigkeitenverfahren zugeführt werden sollen, sowie

 2. solche beruflichen Handlungen der in § 53 Absatz 1 Satz 1 Nummer 5 der Strafprozessordnung genannten Personen, mit denen Daten entgegengenommen, ausgewertet oder veröffentlicht werden.

解 析

1. 本罪之成立，以他人有違法之前行為為要件；亦即，他人因實施違法之前行為而取得電磁檔案。

2. 本罪之構成要件行為，係對他人因實施違法之前行為所取得電磁檔案，使自己或第三人取得、轉讓予他人、散布、或以其他方式加以公開。

3. 本罪屬意圖犯，含意圖使自己或第三人得利之意圖，及意圖損害他人之損害意圖，欠缺此等意圖者，足以阻卻主觀構成要件，而排除成罪之可能性。

4. 第1項之規定，不得適用於純粹履行合法職務活動之行為，及履行職業義務之行為。原本履行合法職務活動之行為，及履行職業義務之行為，性質上應屬阻卻違法事由，經由第3項之規定（例示性之規定），立法者似有意將特定之阻卻違法事由加以前置化，成為阻卻構成要件之事由。

第203條　　侵害私秘罪

(1) 行為人基於下列各款之身分關係，因為受到信賴或認諾而知悉他人之秘密，含個人私生活領域之秘密、企業秘密或業務秘密，而無權加以洩漏者，處一年以下之自由刑或罰金：

1. 醫師、牙醫師、獸醫師、藥劑師或復健職業之從屬人員，如其從事職務活動或銜掛職業名稱須接受國家所規定之教育訓練。

2. 通過國家所承認之學科結業考試之職業心理師。

3. 律師、公會辯護人、專利律師、代書、法律所定程序之辯護人、經濟審核師、經宣誓之會計師、稅務諮詢師、稅務全權代表；以及律師公司、專利律師公司、經濟審核公司、會計審核公司、稅務諮詢公司之全權代表等，其相關機構或機構之成員。

4. 婚姻、家庭、教育或青少年之諮詢員，以及在受到公法之機關、機構、營造物、基金會所承認之諮詢單位擔任成癮諮詢員之人。

5. 依懷孕衝突法第3條及第8條所承認之諮詢單位之人員或受委託之人。

6. 國家所承認之社會工作師或國家所承認之社會教育人員。

7. 私人疾病保險公司、意外保險公司、人壽保險公司之成員，或私人

診所、稅務諮詢所或專業精算單位之成員。

(2) 行為人基於下列各款之身分關係，因為受到信賴或認諾而知悉他人之秘密，含個人私生活領域之秘密、企業秘密或業務秘密，而無權加以洩漏者，依前項之規定處罰：

1.公務員，

2.從事公務而負有特殊義務者，

3.依人身代理法之規定執行特殊任務或享有特定權限之人，

4.在聯邦或邦立法機關擔任調查委員之成員，且非立法機關之成員，但屬於政府各種委員會或內閣之成員，或是該等委員會或內閣之助理，

5.公開任用之專家，形式上有義務本於良心依法執行其任務，

6.從事學術研究計畫之人，於其依法於其執行科學研究任務時，形式上有義務本於良心加以保守秘密者，

第1項所稱之秘密，包含所有他人與人或物之關係之表示，而包含於公共行政任務之領域者；但如果前述之所有他人與人或物之關係之細節，已經被其他機關或負有公共行政任務之單位加以公布，第1項即無適用之餘地。

(2a)（刪除）

(3) 第1項及第2項所稱之人，如使擔任其職業活動之助理或為其從事職業活動準備之人知悉秘密時，非本條所稱之洩漏。如因職業或業務活動之要求而須向其他參與職業或業務活動之參與人洩漏他人之秘密時，第1項及第2項所稱之人得洩漏之；其他參與人向其他參與第1項及第2項所稱之人於職業或業務活動上之人，洩漏他人秘密時，亦同。

(4) 基於參與人之身分而於從事活動或於活動之機會，或受第1項及第2項所稱之人委任而擔任資訊保護之人，無權洩漏他人秘密者，處一年以下之自由刑或罰金。有下列情形之一者，亦同：

1. 第1項及第2項所稱之人未注意其保密義務，以致其他參與人於從事活動或於活動之機會時，就其所知悉之秘密無權加以洩漏者；但其他參與人本身為第1項及第2項所稱之人者，不在此限，

2. 第3項所稱之參與人使其他參與人無權洩漏其於從事活動或於活動

之機會所知悉之秘密，且未注意其保密義務者；但其他參與人本身
爲第1項及第2項所稱之人者，不在此限，或者

3. 依第1句或是依第1項或第2項而有保密義務之人死亡後，行爲人無
權洩漏從死者或從其遺族中得知之他人秘密。

(5) 行爲人於當事人死亡之後，無權洩漏其秘密，仍適用第1項至第4項之
規定加以處罰。

(6) 犯本條之罪，行爲人如係涉及價金之取得，或意圖使自己或第三人獲
利，或意圖損害他人，處二年以下之自由刑或罰金。

§ 203　Verletzung von Privatgeheimnissen

(1) Wer unbefugt ein fremdes Geheimnis, namentlich ein zum persönlichen
Lebensbereich gehörendes Geheimnis oder einBetriebs- oder
Geschäftsgeheimnis, offenbart, das ihm als

1. Arzt, Zahnarzt, Tierarzt, Apotheker oder Angehörigen eines anderen
Heilberufs, der für die Berufsausübung oder die Führung der
Berufsbezeichnung eine staatlich geregelte Ausbildung erfordert,

2. Berufspsychologen mit staatlich anerkannter wissenschaftlicher
Abschlußprüfung,

3. Rechtsanwalt, Kammerrechtsbeistand, Patentanwalt, Notar, Verteidiger
in einem gesetzlich geordneten Verfahren,Wirtschaftsprüfer, vereidigtem
Buchprüfer, Steuerberater, Steuerbevollmächtigten oder Organ
oder Mitglied eines Organs einer Rechtsanwalts-, Patentanwalts-,
Wirtschaftsprüfungs-, Buchprüfungs- oder Steuerberatungsgesellschaft,

4. Ehe-, Familien-, Erziehungs- oder Jugendberater sowie Berater für
Suchtfragen in einer Beratungsstelle, die von einer Behörde oder
Körperschaft, Anstalt oder Stiftung des öffentlichen Rechts anerkannt ist,

5. Mitglied oder Beauftragten einer anerkannten Beratungsstelle nach den §§
3 und 8 des Schwangerschaftskonfliktgesetzes,

6. staatlich anerkanntem Sozialarbeiter oder staatlich anerkanntem
Sozialpädagogen oder

7. Angehörigen eines Unternehmens der privaten Kranken-, Unfall- oder Lebensversicherung oder einer privatärztlichen, steuerberaterlichen oder anwaltlichen Verrechnungsstelle

anvertraut worden oder sonst bekanntgeworden ist, wird mit Freiheitsstrafe bis zu einem Jahr oder mit Geldstrafe bestraft.

(2) Ebenso wird bestraft, wer unbefugt ein fremdes Geheimnis, namentlich ein zum persönlichen Lebensbereich gehörendes Geheimnis oder ein Betriebs- oder Geschäftsgeheimnis, offenbart, das ihm als

1. Amtsträger,

2. für den öffentlichen Dienst besonders Verpflichteten,

3. Person, die Aufgaben oder Befugnisse nach dem Personalvertretungsrecht wahrnimmt,

4. Mitglied eines für ein Gesetzgebungsorgan des Bundes oder eines Landes tätigen Untersuchungsausschusses, sonstigen Ausschusses oder Rates, das nicht selbst Mitglied des Gesetzgebungsorgans ist, oder als Hilfskraft eines solchen Ausschusses oder Rates,

5. öffentlich bestelltem Sachverständigen, der auf die gewissenhafte Erfüllung seiner Obliegenheiten auf Grund eines Gesetzes förmlich verpflichtet worden ist, oder

6. Person, die auf die gewissenhafte Erfüllung ihrer Geheimhaltungspflicht bei der Durchführung wissenschaftlicher Forschungsvorhaben auf Grund eines Gesetzes förmlich verpflichtet worden ist,

anvertraut worden oder sonst bekanntgeworden ist. Einem Geheimnis im Sinne des Satzes 1 stehen Einzelangaben überpersönliche oder sachliche Verhältnisse eines anderen gleich, die für Aufgaben der öffentlichen Verwaltung erfaßt worden sind;Satz 1 ist jedoch nicht anzuwenden, soweit solche Einzelangaben anderen Behörden oder sonstigen Stellen für Aufgaben der öffentlichen Verwaltung bekanntgegeben werden und das Gesetz dies nicht untersagt.

(2a) (weggefallen)

(3) Kein Offenbaren im Sinne dieser Vorschrift liegt vor, wenn die in den Absätzen 1 und 2 genannten Personen Geheimnisse den bei ihnen berufsmäßig tätigen Gehilfen oder den bei ihnen zur Vorbereitung auf den Beruf tätigen Personen zugänglich machen. Die in den Absätzen 1 und 2 Genannten dürfen fremde Geheimnisse gegenüber sonstigen Personen offenbaren, die an ihrer beruflichen oder dienstlichen Tätigkeit mitwirken, soweit dies für die Inanspruchnahme der Tätigkeit der sonstigen mitwirkenden Personen erforderlich ist; das Gleiche gilt für sonstige mitwirkende Personen, wenn diese sich weiterer Personen bedienen, die an der beruflichen oder dienstlichen Tätigkeit der in den Absätzen 1 und 2 Genannten mitwirken.

(4) Mit Freiheitsstrafe bis zu einem Jahr oder mit Geldstrafe wird bestraft, wer unbefugt ein fremdes Geheimnis offenbart, das ihm bei der Ausübung oder bei Gelegenheit seiner Tätigkeit als mitwirkende Person oder als bei den in den Absätzen 1 und 2 genannten Personen tätiger Beauftragter für den Datenschutz bekannt geworden ist. Ebenso wird bestraft, wer

1. als in den Absätzen 1 und 2 genannte Person nicht dafür Sorge getragen hat, dass eine sonstige mitwirkende Person, die unbefugt ein fremdes, ihr bei der Ausübung oder bei Gelegenheit ihrer Tätigkeit bekannt gewordenes Geheimnis offenbart, zur Geheimhaltung verpflichtet wurde; dies gilt nicht für sonstige mitwirkende Personen, die selbst eine in den Absätzen 1 oder 2 genannte Person sind,

2. als im Absatz 3 genannte mitwirkende Person sich einer weiteren mitwirkenden Person, die unbefugt ein fremdes, ihr bei der Ausübung oder bei Gelegenheit ihrer Tätigkeit bekannt gewordenes Geheimnis offenbart, bedient und nicht dafür Sorge getragen hat, dass diese zur Geheimhaltung verpflichtet wurde; dies gilt nicht für sonstige mitwirkende Personen, die selbst eine in den Absätzen 1 oder 2 genannte Person sind, oder

3. nach dem Tod der nach Satz 1 oder nach den Absätzen 1 oder 2

verpflichteten Person ein fremdes Geheimnis unbefugt offenbart, das er von dem Verstorbenen erfahren oder aus dessen Nachlass erlangt hat.

(5) Die Absätze 1 bis 4 sind auch anzuwenden, wenn der Täter das fremde Geheimnis nach dem Tod des Betroffenen unbefugt offenbart.

(6) Handelt der Täter gegen Entgelt oder in der Absicht, sich oder einen anderen zu bereichern oder einen anderen zu schädigen, so ist die Strafe Freiheitsstrafe bis zu zwei Jahren oder Geldstrafe.

Fußnote

§ 203 Abs. 1 Nr. 4a: Die anerkannten Beratungsstellen nach § 218b Abs. 2 Nr. 1 StGB stehen den anerkannten Beratungsstellen nach § 3 des G über die Aufklärung, Verhütung, Familienplanung und Beratung gleich gem. BVerfGE v. 4.8.1992 I 1585 - 2 BvO 16/92 u. a. -

解析

1. 本罪係在處罰從事公務或業務活動之人，於執行業務活動時，因爲受到信賴或認諾而知悉他人之秘密，含個人私生活領域之秘密、企業秘密或業務秘密，而無權加以洩漏之行爲。

2. 本罪屬於純正身分犯，與我國刑法第316條規定之內容有相當之重疊關係。

3. 本罪第1項之行爲主體甚爲廣泛而複雜，含醫師、牙醫師、獸醫師、藥劑師、復健師及其從屬之人員；心理師，律師、專利律師、代書、法律所定程序之辯護人、經濟審核師、經宣誓之會計師、稅務諮詢師，以及律師公司、專利律師公司、經濟審核公司、會計審核公司、稅務諮詢公司之全權代表等，其相關機關或機關之成員；婚姻、家庭、教育或青少年之諮詢員，以及在諮詢單位擔任成癮諮詢員之人；依懷孕衝突法第3條及第8條所承認之諮詢單位之人員或受委託之人，國家所承認之社會工作師或國家所承認之社會教育人員；私人醫院公司、意外保險公司、人壽保險公司之成員，或私人診所、稅務諮詢所或專業精算單位之成員。

4. 第2項之行為主體甚也為廣泛而複雜，含公務員、從事公共服務而負有特殊義務者、依人身代理法之規定執行特殊義務或權限之人、在聯邦或邦立法機關擔任調查委員之成員、在政府各種委員會或內閣之成員、公開任用之專家、從事學術研究計畫之人。
5. 第5項為本罪之加重構成要件，含客觀之加重構成要件及主觀之加重構成要件；前者只範本罪而涉及價金之取得，後者係指意圖使自己或第三人獲利，或意圖損害他人，而犯本罪之加重處罰規定，為加重不法之意圖。

第204條　使用他人秘密罪
(1) 對於依第203條應負守密義務之人，無權對他人之企業秘密或業務秘密加以使用者，處二年以下之自由刑或罰金。
(2) 第203條第5項之規定準用之。

§ 204 Verwertung fremder Geheimnisse
(1) Wer unbefugt ein fremdes Geheimnis, namentlich ein Betriebs- oder Geschäftsgeheimnis, zu dessen Geheimhaltung er nach § 203 verpflichtet ist, verwertet, wird mit Freiheitsstrafe bis zu zwei Jahren oder mit Geldstrafe bestraft.
(2) § 203 Absatz 5 gilt entsprechend.

解析
1. 本罪之行為主體依第203條之規定來認定，故亦屬純正身分犯。
2. 第203條所保護之秘密範圍，含私生活領域之秘密、企業秘密或業務秘密，本罪所保護之秘密範圍，只含企業秘密及業務秘密，範圍較小。
3. 本罪之構成要件行為，並非洩漏秘密，而是對他人企業秘密及業務秘密加以利用之行為，可能使他人之企業競爭力受損，或影響到企業競爭之公平環境，其不法內涵當然比單純之侵害秘密罪較重。

第205條　　告訴乃論

(1) 第201條第1項及第2項、第202條、第203條及第204條之案例，須告訴乃論。第201a條、第202a條、第202b條及第202d條之犯罪亦同，但刑事追訴機關基於特殊之公共利益，認為有必要時，得本於官署之職權加以追訴處罰。

(2) 被害人已經死亡，則依第77條第2項之規定，告訴權移轉於其家屬；但不適用於第202a條、第202b條及第202d條之案件。秘密非屬於個人私生活領域，則於第203條及第204條之案件，告訴權移轉於其繼承人。於當事人死亡之後，洩漏或使用第203條及第204條之秘密者，依第1句及第2句之規定處理。

§ 205 Strafantrag

(1) In den Fällen des § 201 Abs. 1 und 2 und der §§ 202, 203 und 204 wird die Tat nur auf Antrag verfolgt. Dies gilt auch in den Fällen der §§ 201a, 202a, 202b und 202d, es sei denn, dass die Strafverfolgungsbehörde wegen des besonderen öffentlichen Interesses an der Strafverfolgung ein Einschreiten von Amts wegen für geboten hält.

(2) Stirbt der Verletzte, so geht das Antragsrecht nach § 77 Abs. 2 auf die Angehörigen über; dies gilt nicht in den Fällen der §§ 202a, 202b und 202d. Gehört das Geheimnis nicht zum persönlichen Lebensbereich des Verletzten, so geht das Antragsrecht bei Straftaten nach den §§ 203 und 204 auf die Erben über. Offenbart oder verwertet der Täter in den Fällen der §§ 203 und 204 das Geheimnis nach dem Tod des Betroffenen, so gelten die Sätze 1 und 2 sinngemäß.

解析

1. 第201條第1項及第2項、第202條、第203條及第204條之案例，須告訴乃論，屬於絕對告訴乃論之罪。

2. 但犯第201a條之以攝錄方法侵害人身專屬之私生活領域罪，數於侵害

私密權較嚴重之犯罪，且涉及少年兒童身體隱私之侵害，少年兒童之保護利益受到侵害，已經牽涉到公共利益；而犯第201a條、第202a條、第202b條及第202d條之罪，雖原則上也須告訴乃論，但侵害電磁檔案罪，因涉及電腦與網路使用之安全，已具備公共利益之關聯性，刑事追訴機關基於特殊之公共利益，認爲有必要時，得本於官署之職權加以追訴處罰。因而，這些罪名屬於相對告訴乃論之罪。

3. 本條第2項係在規定，如被害人已經死亡，告訴權如何移轉之問題。

第206條　　妨害郵電秘密罪

(1) 無權將事實告知他人，而該事實乃構成郵政或通訊秘密之基礎，且行爲人係因其爲從事郵政或通訊服務之公司所有人或業務人員，因從事該業務而知悉該事實，處五年以下之自由刑或罰金。

(2) 第1項之公司所有人或業務人員，無權而爲下列之行爲者，依前項之規定罰之：

1. 該公司受委任而爲封緘資料之傳送，而開啓封緘，或雖未開啓封緘而以科技方法使自己或第三人知悉其內容，

2. 將委任該公司傳送之資料，加以隱匿，或

3. 對於第1項及第1款與第2款之行爲加以容許或協助者。

(3) 第1項及第2項之規定，適用於下列之人員

1. 對第1項之公司，承擔監督任務之人，

2. 受該公司之委任，或依該公司之授權，從事郵政或電訊通信之業務，而知悉郵電秘密者，或

3. 受委任生產該公司營運所用之設施，或受委任承擔作業之人。

(4) 擔任郵政或電訊通信領域外之職務之公務員，無論是基於有權或無權地干預郵政或電訊通信秘密，得知特定之事實，無權而將該事實告知第三人者，處二年以下之自由刑或罰金。

(5) 郵政秘密包含特定人員郵件往來之較爲具體之事實情狀，以及郵件傳遞之內容。電訊秘密包含電訊通信之內容以及其較爲具體之事實情狀，特別是下列之事實：特定之人是否參與電訊通信之過程，或曾經

參與電訊通信之過程。通訊秘密可以擴張到無效連線之較爲具體之事實情狀。

§ 206 Verletzung des Post- oder Fernmeldegeheimnisses

(1) Wer unbefugt einer anderen Person eine Mitteilung über Tatsachen macht, die dem Post- oder Fernmeldegeheimnis unterliegen und die ihm als Inhaber oder Beschäftigtem eines Unternehmens bekanntgeworden sind, das geschäftsmäßig Post- oder Telekommunikationsdienste erbringt, wird mit Freiheitsstrafe bis zu fünf Jahren oder mit Geldstrafe bestraft.

(2) Ebenso wird bestraft, wer als Inhaber oder Beschäftigter eines in Absatz 1 bezeichneten Unternehmens unbefugt

1. eine Sendung, die einem solchen Unternehmen zur Übermittlung anvertraut worden und verschlossen ist, öffnet oder sich von ihrem Inhalt ohne Öffnung des Verschlusses unter Anwendung technischer Mittel Kenntnis verschafft,

2. eine einem solchen Unternehmen zur Übermittlung anvertraute Sendung unterdrückt oder

3. eine der in Absatz 1 oder in Nummer 1 oder 2 bezeichneten Handlungen gestattet oder fördert.

(3) Die Absätze 1 und 2 gelten auch für Personen, die

1. Aufgaben der Aufsicht über ein in Absatz 1 bezeichnetes Unternehmen wahrnehmen,

2. von einem solchen Unternehmen oder mit dessen Ermächtigung mit dem Erbringen von Post- oder Telekommunikationsdiensten betraut sind oder

3. mit der Herstellung einer dem Betrieb eines solchen Unternehmens dienenden Anlage oder mit Arbeiten daran betraut sind.

(4) Wer unbefugt einer anderen Person eine Mitteilung über Tatsachen macht, die ihm als außerhalb des Post- oder Telekommunikationsbereichs tätigem Amtsträger auf Grund eines befugten oder unbefugten Eingriffs in das Post- oder Fernmeldegeheimnis bekanntgeworden sind, wird mit Freiheitsstrafe

bis zu zwei Jahren oder mit Geldstrafe bestraft.

(5) Dem Postgeheimnis unterliegen die näheren Umstände des Postverkehrs bestimmter Personen sowie der Inhalt von Postsendungen. Dem Fernmeldegeheimnis unterliegen der Inhalt der Telekommunikation und ihre näheren Umstände, insbesondere die Tatsache, ob jemand an einem Telekommunikationsvorgang beteiligt ist oder war. Das Fernmeldegeheimnis erstreckt sich auch auf die näheren Umstände erfolgloser Verbindungsversuche.

解析

1. 本罪之行為主體，為從事郵政或電訊服務之公司所有人或業務人員，故為純正身分犯。

2. 本罪第1項之構成要件行為，為洩漏；客體為行為人於執行業務之過程中，所知悉之構成郵政或通訊秘密基礎之事實。

3. 本罪第2項之構成要件行為，含(1)該公司受委任而為封緘資料之傳輸，開啟封緘，或雖未開啟封緘而以科技方法使自己或第三人知悉其內容；(2)將委任該公司傳輸之資料，加以隱匿；(3)對於第1項及第1款與第2款之行為加以容許或協助者。

4. 第3項為行為主體之擴張規定，含(1)對公司承擔監督任務之人；(2)受公司之委任，或依該公司授權，從事郵政或電訊通信業務之人；(3)受委任生產該公司營運所用之設施，或受委任承擔作業之人。因為，從事這些業務之人，也有知悉郵電秘密之可能。

第207條至第210條　　刪除

§ 207 bis § 210 weggefallen

第十六章　侵害生命法益之犯罪

Sechzehnter Abschnitt Straftaten gegen das Leben

第211條　　謀殺罪

(1) 謀殺者，處終身自由刑。

(2) 稱謀殺者，謂行為人基於殺人嗜癖、滿足性慾、貪慾或其他基於卑劣之動機，使用狡詐之手段或殘酷之手段，或採取足以致生公共危險之手段，或為方便實現或隱匿其他之犯罪，而殺人者。

§ 211 Mord

(1) Der Mörder wird mit lebenslanger Freiheitsstrafe bestraft.

(2) Mörder ist, weraus Mordlust, zur Befriedigung des Geschlechtstriebs, aus Habgier oder sonst aus niedrigen Beweggründen, heimtückisch oder grausam oder mit gemeingefährlichen Mitteln oder um eine andere Straftat zu ermöglichen oder zu verdecken, einen Menschen tötet.

解析

1. 基於殺人嗜癖，指因行為人具有殺人狂之變態心理而殺人，或是以殺人為樂；基於滿足性慾而殺人，例如以性虐待之方法凌虐被害人使其死亡，從中獲得性慾之滿足，或殺被害人之後再進行猥褻屍體屍姦；基於貪慾而殺人，例如基於強盜而殺人，或謂詐領保險金而殺人，亦即，行為人可以從被害人之死亡直接增加其財產；基於卑劣之動機而殺人，與道德上所承認之具有拘束力之觀點有關，例如行為之動機或目之不僅具有強烈之可非難性，且其動機之最深之底層係受到普遍之鄙視。基於殺人嗜癖、滿足性慾、貪慾、卑劣之動機而殺人，係屬主觀之加重構成要件，於涉及犯罪參與時，係採個別判斷原則。類似之情形，可能出現在參與犯之主觀犯意過剩之狀況。

2. 使用狡詐之手段，例如昏迷被害人之後，製造虛構車禍或意外事故，

使被害人死亡；使用殘酷之手段而殺人，例如使用不人道之折磨凌
虐，使被害人在身體及精神受到極度之壓力而逐漸死亡；採取足以致
生公共危險之手段而殺人，例如放火而殺人、投擲爆裂物而殺人、施
放毒氣而殺人。使用狡詐之手段、使用殘酷之手段或採取足以致生公
共危險之手段而殺人，係屬客觀之加重構成要件，於涉及犯罪參與
時，係採整體判斷原則。類似情形，可能出現在參與犯之主觀犯意過
剩或不足之狀況。

第212條　　普通殺人罪
(1) 殺人而無謀殺之情形者，處五年以上之自由刑。
(2) 犯前項之罪而情節特別嚴重者，得處終身自由刑。

§ 212 Totschlag
(1) Wer einen Menschen tötet, ohne Mörder zu sein, wird als Totschläger mit
Freiheitsstrafe nicht unter fünf Jahren bestraft.
(2) In besonders schweren Fällen ist auf lebenslange Freiheitsstrafe zu
erkennen.

解析

1. 本罪係屬於基本構成要件及概括條款，相對於此，謀殺罪則屬於加重
構成要件（修正構成要件）及特別條款。
2. 犯普通殺人罪而情節特別嚴重者，得處終身自由刑，法定刑加重至與
謀殺罪相同。所謂「情節特別嚴重」，屬不確定之法律概念，有待學
說及實務進一步發展判斷基準。例如，以重型車輛故意撞擊小轎車，
造成數人死亡之同種想像競合。

第213條　　情節較輕微之殺人罪

殺人罪之行為人，如係在無可歸責之情況下，因被害人對其本人或親屬實施凌虐行為或重大侮辱，該刺激引發行為人之激憤，致行為人於殺人之當場失去自我控制力，或是有其他情節較為輕微之情狀，處一年以上十年以下之自由刑。

§ 213 Minder schwerer Fall des Totschlags

War der Totschläger ohne eigene Schuld durch eine ihm oder einem Angehörigen zugefügte Mißhandlung oder schwere Beleidigung von dem getöteten Menschen zum Zorn gereizt und hierdurch auf der Stelle zur Tat hingerissen worden oder liegt sonst ein minder schwerer Fall vor, so ist die Strafe Freiheitsstrafe von einem Jahr bis zu zehn Jahren.

解析

1. 本罪與我國刑法第273條之義憤殺人罪有近似性，為殺人罪之減輕構成要件。

2. 本罪之法定刑顯然低於殺人罪，理由在於，被害人對於行為人或親屬實施凌虐行為或重大之侮辱，該刺激引發行為人之激憤，致行為人於殺人之當場失去自我控制力，行為之自我控制力若顯著減低，當然須減輕罪責。其中之凌虐行為，不只包含身體上之凌虐，亦包含精神上之凌虐。

3. 「當場」這個概念，指殺人行為，與被害人施凌虐行為或重大之侮辱行為，具有時間與空間上之密接關係。

4. 條文中「其他情節較為輕微之情狀」，屬概括規定，須以行為人犯罪評價有重要性之所有事實情狀為基礎，為整體之考量。此等事實情狀諸如，行為人之行為發展史、與被害人之關係、犯罪時之精神狀態、犯罪後之精神狀態、人格結構、文化背景（例如外國之特殊文化）、價值觀（例如外國或宗教上之特殊價值觀）……等。

5. 被害人對於行為人或親屬所實施之不正行為，若升高為現在之違法侵害行為，則行為人之殺人行為，如果合乎客觀必要性原則，可能依正

當防衛而阻卻違法。

第214條及第215條　　刪除

§ 214 und 215　weggefallen

第216條　　受囑託之殺人罪

(1) 行為人如因受到被害人明確而嚴謹之請求，而決意為殺人行為者，處六月以上五年以下之自由刑。

(2) 前項之未遂犯罰之。

§ 216　Tötung auf Verlangen

(1) Ist jemand durch das ausdrückliche und ernstliche Verlangen des Getöteten zur Tötung bestimmt worden, so ist auf Freiheitsstrafe von sechs Monaten bis zu fünf Jahren zu erkennen.

(2) Der Versuch ist strafbar.

解析

1. 本罪與我國刑法第275條第四種分殊構成要件「受囑託而殺人」相同，屬殺人罪之減輕構成要件。

2. 本罪之行為人係在被害人近似自殺請求之指引下，而為殺人之行為，其不法及罪責顯然較輕。

3. 所謂「明確之請求」，指被害人請求加以殺害之意思表示，無論係經由言辭、文書之提示或身體姿勢之表現，客觀上須普遍具有理解其意涵之可能性，無曖昧不明之情形。此等請求可以對特定人為之，也可以經由對公眾之煽惑為之。

4. 所謂「嚴謹」，指被害人請求加以殺害係基於自由意願，且具有死亡之目之意識，且不能只就行為人之觀點加以理解，尚須基於被害人之

主觀上自負責任之決定加以判斷，其是否眞有自殺之決意；因而，如果因爲年齡或疾病上之因素，導致被害人認識能力或判斷能力有缺陷，其請求即無「嚴謹性」可言。

第217條　　業務上之助長自殺罪

(1) 意圖助長他人自殺，而於執行業務活動時，允諾、提供或媒介自殺之機會者，處三年以下之自由刑或罰金。

(2) 非從事業務活動之人，以及既非第1項所稱他人之親屬，亦非其具有親密關係之人，不罰。

§ 217 Geschäftsmäßige Förderung der Selbsttötung

(1) Wer in der Absicht, die Selbsttötung eines anderen zu fördern, diesem hierzu geschäftsmäßig die Gelegenheit gewährt, verschafft oder vermittelt, wird mit Freiheitsstrafe bis zu drei Jahren oder mit Geldstrafe bestraft.

(2) Als Teilnehmer bleibt straffrei, wer selbst nicht geschäftsmäßig handelt und entweder Angehöriger des in Absatz 1 genannten anderen ist oder diesem nahesteht.

解析

1. 本罪之行爲主體，爲從事業務活動之人，故屬純正身分犯。又，業務活動是一個範圍相當廣闊之概念，宜經由目的之限縮解釋，將其侷限於有可能允諾、提供或媒介自殺機會之業務活動。

2. 自殺行爲本非構成要件行爲，故自殺當無成立幫助犯之可能性。本罪之立法，係將特定之自殺之幫助行爲加以類型化，成爲本罪之構成要件行爲。

3. 有可能允諾、提供或媒介自殺機會之業務人員，可能包含醫護人員、藥劑師、藥商、化學物品製造／供應商、金屬物品製造／供應商、武器販賣商……等。

4. 非從事業務活動之人，自始即無成立本罪之可能性。但第2項規定：
「既非第1項所稱他人之親屬，也非其具有親密關係之人，不罰。」其
反面解釋之結果，即被害人之親屬或具有親密生活關係之人，仍有成
立本罪之可能。

第218條　　墮胎罪

(1) 墮胎者，處三年以下之自由刑或罰金。行為之效應，如係發生於受精
卵在子宮著床之前者，非屬本法之墮胎。

(2) 情節特別嚴重者，處六月以上五年以下之自由刑。謂情節特別嚴重
者，例如行為人

　　1. 違背懷胎婦女之意思而使其墮胎，或

　　2. 因重大過失致懷胎婦女之生命或重大之身體健康面臨危險。

(3) 懷胎婦女犯本罪者，處一年以下之自由刑或罰金。

(4) 本罪之未遂犯罰之。但對懷胎婦女不處罰未遂行為。

§ 218 Schwangerschaftsabbruch

(1) Wer eine Schwangerschaft abbricht, wird mit Freiheitsstrafe bis zu drei
Jahren oder mit Geldstrafe bestraft. Handlungen, deren Wirkung vor
Abschluß der Einnistung des befruchteten Eies in der Gebärmutter eintritt,
gelten nicht als Schwangerschaftsabbruch im Sinne dieses Gesetzes.

(2) In besonders schweren Fällen ist die Strafe Freiheitsstrafe von sechs
Monaten bis zu fünf Jahren. Ein besonders schwerer Fall liegt in der Regel
vor, wenn der Täter

　　1. gegen den Willen der Schwangeren handelt oder

　　2. leichtfertig die Gefahr des Todes oder einer schweren
Gesundheitsschädigung der Schwangeren verursacht.

(3) Begeht die Schwangere die Tat, so ist die Strafe Freiheitsstrafe bis zu einem
Jahr oder Geldstrafe.

(4) Der Versuch ist strafbar. Die Schwangere wird nicht wegen Versuchs bestraft.

1. 墮胎之客體爲胎兒，胎兒指受精卵在子宮著床之後，生產前之胎兒，特別是脫離母體之後無法維持生命之胎兒。行爲之效應，如係發生於受精卵在子宮著床之前者，非屬本法之墮胎。

2. 墮胎之行爲，爲使前項之胎兒脫離母體，聽任其死亡之行爲。所採用之方法，可能爲婦科手術、眞空吸引或服用墮胎藥。行爲之效應，如係發生於受精卵在子宮著床之前者，非屬本法之墮胎，應屬避孕之行爲。

3. 違背懷胎婦女之意思而使其墮胎，包含以強制力使其墮胎，或以詐術（例如利用婦女不知情而使其服用墮胎藥）使其墮胎。

4. 懷胎婦女犯本罪者，係指懷胎婦女請求或聽任他人爲其墮胎，或自行服用墮胎藥，或實施激烈之運動而使自己流產，其處罰較輕。

第218a條　　墮胎罪之排除可罰性

(1) 於下列各款之情形下，視爲第218條之構成要件並未被實現：

　1. 受懷胎婦女之囑託，而醫師已受到依第219條第2項第2句所爲認證之告知，即懷胎婦女已經於墮胎之前至少三日前接受諮詢，及

　2. 墮胎行爲係經由醫師爲之，且

　3. 未逾越受孕之十二週。

(2) 墮胎如係基於醫學知識，考量到懷胎婦女之現在或未來之生活關係，爲避免該婦女生命上之危險，或爲避免懷胎婦女身體或精神上健康之重大危險，且該危險對於懷胎婦女無其他可以期待之方法加以避免，則於懷胎婦女之同意下，墮胎行爲不具違法性。

(3) 第2項之前提要件亦適用於在懷胎婦女之同意下由醫師所爲之墮胎行爲，如醫師基於醫學知識，足認懷胎婦女係刑法第176至第179條違法行爲之被害人，且有相當可信之理由相信，懷孕係緣自於該等犯罪，且懷孕期間未逾越十二週。

(4) 墮胎如係依第219條之規定曾經由醫師之諮詢，且自受孕之日起未逾越二十二週而墮胎者，懷胎婦女不得依第218條之規定加以處罰。懷

胎婦女如由特殊之急迫性事由而墮胎者，法院得將第218條所規定之
刑罰加以免除。

§ 218a Straflosigkeit des Schwangerschaftsabbruchs

(1) Der Tatbestand des § 218 ist nicht verwirklicht, wenn

　1. die Schwangere den Schwangerschaftsabbruch verlangt und dem Arzt
　　durch eine Bescheinigung nach § 219 Abs. 2 Satz 2 nachgewiesen hat,
　　daß sie sich mindestens drei Tage vor dem Eingriff hat beraten lassen,

　2. der Schwangerschaftsabbruch von einem Arzt vorgenommen wird und

　3. seit der Empfängnis nicht mehr als zwölf Wochen vergangen sind.

(2) Der mit Einwilligung der Schwangeren von einem Arzt vorgenommene
Schwangerschaftsabbruch ist nicht rechtswidrig, wenn der Abbruch der
Schwangerschaft unter Berücksichtigung der gegenwärtigen und zukünftigen
Lebensverhältnisse der Schwangeren nach ärztlicher Erkenntnis angezeigt
ist, um eine Gefahr für das Leben oder die Gefahr einer schwerwiegenden
Beeinträchtigung des körperlichen oder seelischen Gesundheitszustandes
der Schwangeren abzuwenden, und die Gefahr nicht auf eine andere für sie
zumutbare Weise abgewendet werden kann.

(3) Die Voraussetzungen des Absatzes 2 gelten bei einem
Schwangerschaftsabbruch, der mit Einwilligung der Schwangeren von
einem Arzt vorgenommen wird, auch als erfüllt, wenn nach ärztlicher
Erkenntnis an der Schwangeren eine rechtswidrige Tat nach den §§ 176 bis
178 des Strafgesetzbuches begangen worden ist, dringende Gründe für die
Annahme sprechen, daß die Schwangerschaft auf der Tat beruht, und seit
der Empfängnis nicht mehr als zwölf Wochen vergangen sind.

(4) Die Schwangere ist nicht nach § 218 strafbar, wenn der
Schwangerschaftsabbruch nach Beratung (§ 219) von einem Arzt
vorgenommen worden ist und seit der Empfängnis nicht mehr als
zweiundzwanzig Wochen verstrichen sind. Das Gericht kann von Strafe
nach § 218 absehen, wenn die Schwangere sich zur Zeit des Eingriffs in

besonderer Bedrängnis befunden hat.

解析

1. 第1項為墮胎罪之阻卻構成要件事由。

2. 第2項之規定，為墮胎罪之阻卻違法事由，考量到懷胎婦女之現在或未來之生活關係，為避免懷胎婦女生命、身體或精神上健康之重大危險，立法者考量到婦女之這些重要法益，相對於胎兒之未來之生命，在法益衝突之情況下，有其優先性，故承認其正當性。

3. 第2項之前提要件（曾接受諮詢）亦適用於在懷胎婦女同意下由醫師所為之墮胎行為，如醫師基於醫學知識，足認懷胎婦女係刑法第176至第179條違法行為（性侵罪）之被害人，且有相當可信之理由相信，懷孕係緣自於該等犯罪，且懷孕期間未逾越十二週。

第218b條　　未經醫師確認之墮胎罪；基於不正確之醫師確認而墮胎

(1) 基於第218a條第2項或第3項規定所實施之墮胎行為，如未經由不親手實施墮胎之醫師所製作文書為確認之提示，說明第218a條第2項或第3項規定之要件是否存在，而該墮胎行為又不適用第218條之規定加以處罰時，則處一年以下之自由刑或罰金。醫師如明知關於第1句有關第218a條第2項或第3項規定之要件是否存在之文書附件，乃不正確之確認，所實施墮胎行為，又不適用第218條之規定加以處罰時，則處二年以下之自由刑或罰金，但對懷胎婦女不得依第1句或第2句之規定加以處罰。

(2) 醫師如因犯本條第1項、第218、219a條或第219b條之罪，或其他與墮胎具有關聯性之違法行為，受到確定之判決，則因喪失適格之地位，不得擔任第218a條第2項或第3項之確認職務。醫師如有第一句所稱違法行為之嫌疑，而已經開啟主審之程序，則得因暫時性喪失適格之地位，不得擔任第218a條第2項或第3項之確認職務。

§ 218b Schwangerschaftsabbruch ohne ärztliche Feststellung; unrichtige ärztliche Feststellung

(1) Wer in den Fällen des § 218a Abs. 2 oder 3 eine Schwangerschaft abbricht, ohne daß ihm die schriftliche Feststellung eines Arztes, der nicht selbst den Schwangerschaftsabbruch vornimmt, darüber vorgelegen hat, ob die Voraussetzungen des § 218a Abs. 2 oder 3 gegeben sind, wird mit Freiheitsstrafe bis zu einem Jahr oder mit Geldstrafe bestraft, wenn die Tat nicht in § 218 mit Strafe bedroht ist. Wer als Arzt wider besseres Wissen eine unrichtige Feststellung über die Voraussetzungen des § 218a Abs. 2 oder 3 zur Vorlage nach Satz 1 trifft, wird mit Freiheitsstrafe bis zu zwei Jahren oder mit Geldstrafe bestraft, wenn die Tat nicht in § 218 mit Strafe bedroht ist. Die Schwangere ist nicht nach Satz 1 oder 2 strafbar.

(2) Ein Arzt darf Feststellungen nach § 218a Abs. 2 oder 3 nicht treffen, wenn ihm die zuständige Stelle dies untersagt hat, weil er wegen einer rechtswidrigen Tat nach Absatz 1, den §§ 218, 219a oder 219b oder wegen einer anderen rechtswidrigen Tat, die er im Zusammenhang mit einem Schwangerschaftsabbruch begangen hat, rechtskräftig verurteilt worden ist. Die zuständige Stelle kann einem Arzt vorläufig untersagen, Feststellungen nach § 218a Abs. 2 und 3 zu treffen, wenn gegen ihn wegen des Verdachts einer der in Satz 1 bezeichneten rechtswidrigen Taten das Hauptverfahren eröffnet worden ist.

解析

1. 基於第218a條之規定，為維護懷胎婦女之生命、身體或精神上之健康，或因其受到性侵害犯罪而受孕，原則上即具備墮胎之實體要件。但依本條第1項之規定於具有，尚須具備特殊之程序要件：「該等實體要件是否存在，須經由不親手實施墮胎之醫師（避免球員兼裁判）為文書確認之提示。」違背該程序要件者，依第1項第1句之規定加以處罰。

2. 醫師如明知關於第1句有關第218a條第2項或第3項規定之要件是否存在之文書附件，乃不正確之確認，所實施墮胎行為，依第1項第2句之規

定加以處罰。但對懷胎婦女不得依第1句或第2句之規定加以處罰。
3. 醫師如因犯與墮胎具有關之違法行爲，受到確定之判決，則因喪失適格之地位，不得擔任第218a條第2項或第3項之確認職務。醫師如有該等違法行爲之嫌疑，而已經開啓主審之程序，則得因暫時性喪失適格之地位，不得擔任第218a條第2項或第3項之確認職務。

第218c條　於墮胎時之違反醫療義務罪

(1) 墮胎之行爲人有下列各款行爲之一，而又不適用第218條之規定加以處罰時，則處一年以下之自由刑或罰金：
　1. 未對提供婦女提供機會，使婦女能對其表達尋求墮胎之理由，
　2. 未對懷胎婦女就干預措施之意涵提供醫療上之諮商，特別是過程、結果、危險性以及可能之身體或精神上之效應，
　3. 於先前有第218a條第1項及第3項規定之情況下，未基於醫療之調查使自己能確信婦女受孕之期間，或是
　4. 於第218a條第1項之情況下，雖有使婦女依第219條之規定接受諮詢，而有前款之情況者。
(2) 對懷胎婦女不得依第1項之規定加以處罰。

§ 218c Ärztliche Pflichtverletzung bei einem Schwangerschaftsabbruch
(1) Wer eine Schwangerschaft abbricht,
　1. ohne der Frau Gelegenheit gegeben zu haben, ihm die Gründe für ihr Verlangen nach Abbruch der Schwangerschaft darzulegen,
　2. ohne die Schwangere über die Bedeutung des Eingriffs, insbesondere über Ablauf, Folgen, Risiken, mögliche physische und psychische Auswirkungen ärztlich beraten zu haben,
　3. ohne sich zuvor in den Fällen des § 218a Abs. 1 und 3 auf Grund ärztlicher Untersuchung von der Dauer der Schwangerschaft überzeugt zu haben oder
　4. obwohl er die Frau in einem Fall des § 218a Abs. 1 nach § 219 beraten

hat,

wird mit Freiheitsstrafe bis zu einem Jahr oder mit Geldstrafe bestraft, wenn
die Tat nicht in § 218 mit Strafe bedroht ist.

(2) Die Schwangere ist nicht nach Absatz 1 strafbar.

1. 依本法之規定，合法之墮胎必須經懷胎婦女之同意，且必須由醫師實施；而依本條之規定，即使是合法之墮胎，醫師仍須善盡特定之程序上之義務，否則仍可成立第1項之罪，此涉及醫療倫理之維護。

2. 醫師於實施墮胎時，未善盡下列之程序義務，依第1項之規定罰之：(1)未提供機會使婦女能對其表達尋求墮胎之理由；(2)未對懷胎婦女就干遇措施之意涵提供醫療上之諮商；(3)未基於醫療之調查使自己能確信婦女受孕之期間。

第219條　　於緊急或衝突情狀時對懷胎婦女之諮詢

(1) 諮詢之目的在於保護未出生之生命。諮詢本身在於引發一種努力，期能鼓勵婦女之持續懷孕，並開啓她與嬰兒生命之展望；諮詢之任務應該幫助婦女，作成有責任感並符合良知之決定。於諮詢時，應使婦女意識到，未出生之胎兒在懷孕之每一個階段都有生命權。因而，法秩序只有於例外之情況下才會考慮到墮胎，亦即，當婦女繼續懷孕會升高壓力，如果此等壓力嚴重又不尋常，已經逾越了婦女可以期待之犧牲界限。諮詢應經由建議及協助來完成，克服與懷孕有關聯性之衝突情狀，並對急迫情狀提供協助。較細節之部分，於懷孕衝突法加以規定。

(2) 依懷孕衝突法之規定，諮詢應於獲得許可之懷孕衝突諮詢機構為之。依懷孕衝突法之規定，諮詢結束之後，諮詢機構應依懷孕衝突法所定之標準，製作並發放含有最後諮詢晤談之日期及懷胎婦女姓名之證明書。執行墮胎職務之醫師，不得擔任諮詢員。

§ 219 Beratung der Schwangeren in einer Not- und Konfliktlage

(1) Die Beratung dient dem Schutz des ungeborenen Lebens. Sie hat sich von dem Bemühen leiten zu lassen, die Frau zur Fortsetzung der Schwangerschaft zu ermutigen und ihr Perspektiven für ein Leben mit dem Kind zu eröffnen; sie soll ihr helfen, eine verantwortliche und gewissenhafte Entscheidung zu treffen. Dabei muß der Frau bewußt sein, daß das Ungeborene in jedem Stadium der Schwangerschaft auch ihr gegenüber ein eigenes Recht auf Leben hat und daß deshalb nach der Rechtsordnung ein Schwangerschaftsabbruch nur in Ausnahmesituationen in Betracht kommen kann, wenn der Frau durch das Austragen des Kindes eine Belastung erwächst, die so schwer und außergewöhnlich ist, daß sie die zumutbare Opfergrenze übersteigt. Die Beratung soll durch Rat und Hilfe dazu beitragen, die in Zusammenhang mit der Schwangerschaft bestehende Konfliktlage zu bewältigen und einer Notlage abzuhelfen. Das Nähere regelt das Schwangerschaftskonfliktgesetz.

(2) Die Beratung hat nach dem Schwangerschaftskonfliktgesetz durch eine anerkannte Schwangerschaftskonfliktberatungsstelle zu erfolgen. Die Beratungsstelle hat der Schwangeren nach Abschluß der Beratung hierüber eine mit dem Datum des letzten Beratungsgesprächs und dem Namen der Schwangeren versehene Bescheinigung nach Maßgabe des Schwan gerschaftskonfliktgesetzes auszustellen. Der Arzt, der den Abbruch der Schwangerschaft vornimmt, ist als Berater ausgeschlossen.

解析

1. 本條文係合法墮胎之實體要件及程序要件；實體要件部分，須懷胎婦女面臨不尋常之壓力，已經逾越了婦女可以期待之犧牲界限；程序要件部分，須經由專業諮詢，且應於獲得許可之懷孕衝突諮詢機構為之。

2. 諮詢之目之在於保護未出生之生命，諮詢之任務應該幫助婦女，作成有責任感並符合良知之決定。於諮詢時，應使婦女意識到，未出生之

胎兒在懷孕之每一個階段都有生命權，因而，法秩序只有於例外之情況下才會考慮到墮胎。

3. 諮詢結束之後，諮詢機構應依懷孕衝突法所定之標準，製作發放含有最後諮詢晤談之日期及懷胎婦女姓名之證明書。

4. 執行墮胎職務之醫師，不得擔任諮詢員，這應是涉及利益迴避，亦避免發生球員兼裁判之情形。

第219a條　　公然宣傳墮胎罪

(1) 行為人基於財產上之利益，或以重大違反善良風俗之方式，公開之、利用集會之場合、或利用文宣，就下列二款事項，提供、通知、獎勵或公開其內容之解釋者，處二年以下之自由刑或罰金：

1. 自己或他人可以提供墮胎或協助墮胎之服務，或

2. 足以有效用於墮胎之物品、工具或程序，並附加其效能之說明。

(2) 如醫師或法律所承認之諮詢單位係被通知，有關那些醫師、醫院或機構，於第218a條第1項至第3項之要件下，具備墮胎之適格性，則第1項第1款之規定不適用之。

(3) 醫師或其他人之行為，如其有買賣第1項第2款所稱物品或工具之權限，或是經由公開醫師或藥劑師名單所得為之行為，不得適用第1項第2款之規定加以處罰。

§ 219a Werbung für den Abbruch der Schwangerschaft

(1) Wer öffentlich, in einer Versammlung oder durch Verbreiten von Schriften (§ 11 Abs. 3) seines Vermögensvorteils wegen oder in grob anstößiger Weise

1. eigene oder fremde Dienste zur Vornahme oder Förderung eines Schwangerschaftsabbruchs oder

2. Mittel, Gegenstände oder Verfahren, die zum Abbruch der Schwangerschaft geeignet sind, unter Hinweis auf diese Eignunganbietet, ankündigt, anpreist oder Erklärungen solchen Inhalts bekanntgibt, wird mit Freiheitsstrafe bis zu zwei Jahren oder mit Geldstrafe bestraft.

(2) Absatz 1 Nr. 1 gilt nicht, wenn Ärzte oder auf Grund Gesetzes anerkannte Beratungsstellen darüber unterrichtet werden, welche Ärzte, Krankenhäuser oder Einrichtungen bereit sind, einen Schwangerschaftsabbruch unter den Voraussetzungen des § 218a Abs. 1 bis 3 vorzunehmen.

(3) Absatz 1 Nr. 2 gilt nicht, wenn die Tat gegenüber Ärzten oder Personen, die zum Handel mit den in Absatz 1 Nr. 2 erwähnten Mitteln oder Gegenständen befugt sind, oder durch eine Veröffentlichung in ärztlichen oder pharmazeutischen Fachblättern begangen wird.

解析

1. 本罪屬抽象危險犯。

2. 行為人如在主觀上有謀取財產利益之意圖，或以客觀上重大違反善良風俗之方式，而為下列之公開宣傳行為者，成立本罪：(1)自己或他人可以提供墮胎或協助墮胎之服務；(2)足以有效用於墮胎之物品、工具或程序。

3. 如醫師或法律所承認之諮詢單位係被通知，有關那些醫師、醫院或機構，具備墮胎之適格性，則得以阻卻構成要件。

4. 醫師或其他人之行為，如其有買賣第1項第2款所稱物品或工具之權限，或是經由公開醫師或藥劑師名單所得為之行為，亦得以阻卻構成要件。

第219b條　　墮胎物品交易罪

(1) 意圖助長第218條之違法行為，而從事足以供墮胎所用之工具或物品之交易行為，處二年以下之自由刑或罰金。

(2) 參與前項行為之婦女，如係在於預備墮胎，不得依第1項之規定加以處罰。

(3) 與本罪有關之工具或物品，得沒收之。

§ 219b Inverkehrbringen von Mitteln zum Abbruch der Schwangerschaft

(1) Wer in der Absicht, rechtswidrige Taten nach § 218 zu fördern, Mittel oder Gegenstände, die zum Schwangerschaftsabbruch geeignet sind, in den Verkehr bringt, wird mit Freiheitsstrafe bis zu zwei Jahren oder mit Geldstrafe bestraft.

(2) Die Teilnahme der Frau, die den Abbruch ihrer Schwangerschaft vorbereitet, ist nicht nach Absatz 1 strafbar.

(3) Mittel oder Gegenstände, auf die sich die Tat bezieht, können eingezogen werden.

解析

1. 本罪屬抽象危險犯。

2. 本罪係在處罰從事足以供墮胎所用之物品或工具之交易行為，其客體為供墮胎所用之物品或工具，不包含墮胎方法或程序之告知；交易行為，包含有對價關係之販賣行為，及有對價關係之買受行為。

3. 主觀構成要件，除須具備本罪之故意外，尚須有助長他人從事第218條違法行為之意圖；但他人之行為如得依第218a條之規定而阻卻構成要件或阻卻違法，則行為人因不成立此等意圖，主觀構成要件不該當。

4. 婦女如係在於預備墮胎，而參與第1項之行為，不得依第1項之規定加以處罰，此應是阻卻構成要件事由。

第219c條至第220a條　　刪除

§ 219c bis § 220a weggefallen

第221條　　遺棄罪

(1) 使他人有下列情形：

　　1. 處於無助之情狀，或

　　2. 行為人對被害人雖具有監護權，或負有其他之扶助義務，而仍離棄
　　　 之，使其處於無助之情狀，因而導致被害人生命或重大身體健康處
　　　 於危險之情狀，處六月以上五年以下之自由刑。

(2) 行為人有下列二款行為之一者，處一年以上十年以下之自由刑：

　　1. 對子女犯之，或對受委託執行教育或生活照護任務之人犯之，或

　　2. 因而致被害人重大之健康受到侵害者。

(3) 因而致被害人死亡者，處三年以上之自由刑。

(4) 犯第2項之罪而其情節輕微者，處六月以上五年以下之自由刑，犯第3
　　項之罪而其情節輕微者，處一年以上十年以下之自由刑。

§ 221　Aussetzung

(1) Wer einen Menschen

　　1. in eine hilflose Lage versetzt oder

　　2. in einer hilflosen Lage im Stich läßt, obwohl er ihn in seiner Obhut hat
　　　 oder ihm sonst beizustehen verpflichtet ist,und ihn dadurch der Gefahr
　　　 des Todes oder einer schweren Gesundheitsschädigung aussetzt, wird mit
　　　 Freiheitsstrafe von drei Monaten bis zu fünf Jahren bestraft.

(2) Auf Freiheitsstrafe von einem Jahr bis zu zehn Jahren ist zu erkennen, wenn
　　der Täter

　　1. die Tat gegen sein Kind oder eine Person begeht, die ihm zur Erziehung
　　　 oder zur Betreuung in der Lebensführung anvertraut ist, oder

　　2. durch die Tat eine schwere Gesundheitsschädigung des Opfers verursacht.

(3) Verursacht der Täter durch die Tat den Tod des Opfers, so ist die Strafe
　　Freiheitsstrafe nicht unter drei Jahren.

(4) In minder schweren Fällen des Absatzes 2 ist auf Freiheitsstrafe von sechs
　　Monaten bis zu fünf Jahren, in minder schweren Fällen des Absatzes 3 auf
　　Freiheitsstrafe von einem Jahr bis zu zehn Jahren zu erkennen.

解 析

1. 第1項第1款之罪,使他人處於無助之情狀,屬於一般犯,可能包含作為犯及不作為犯;第1項第2款之罪,對被害人雖具有監護權,或負有其他之扶助義務,而仍離棄之,使其處於無助之情狀,屬於純正身分犯及不作為犯。此二款犯罪之成立,皆須因而導致被害人生命或重大身體健康處於危險之情狀,故為具體危險犯。

2. 第2項第1款之規定,係因行為人對被害人負有特殊之保護義務,而加重處罰,屬不純正身分犯。但如係對兒童犯之,則係因兒童之保護利益(屬公共利益),所創設之加重構成要件。第2項第2款之規定,屬第2項第1款之加重結果犯。

3. 第3項為第1項及第2項之加重結果犯,可見本罪為多層級之加重結果犯,為其立法特殊之處。

第222條 過失致死罪

因過失致人於死者,處五年以下之自由刑或罰金。

§ 222 Fahrlässige Tötung

Wer durch Fahrlässigkeit den Tod eines Menschen verursacht, wird mit Freiheitsstrafe bis zu fünf Jahren oder mit Geldstrafe bestraft.

解 析

1. 本罪為開放性之構成要件,其適用應參酌學說與實務所發展出來之判斷基準。

2. 本罪之行為,可能是積極之作為,亦可能是違背義務之不作為。

3. 過失犯之成立要件含:(1)行為是否違背客觀之注意義務;(2)行為人是否具備主觀之注意能力;(3)結果之發生,在客觀上是否有預見之可能性:(4)結果之發生,在客觀上是否有防止之可能性。其他如信賴原則,亦可妥加運用。

4. 死亡結果之發生，如係導因於死者自負責任之自招危險之行為，則他
　人之行為不成立本罪。

第十七章　侵害身體不可侵犯權之犯罪

Siebzehnter Abschnitt Straftaten gegen die körperliche Unversehrtheit

第223條　普通傷害罪

(1) 對他人之身體施以凌虐或傷害其健康者，處五年以下之自由刑或罰金。

(2) 前項之未遂犯罰之。

§ 223　Körperverletzung

(1) Wer eine andere Person körperlich mißhandelt oder an der Gesundheit schädigt, wird mit Freiheitsstrafe bis zu fünf Jahren oder mit Geldstrafe bestraft.

(2) Der Versuch ist strafbar.

解析

1. 本罪所保護之法益為身體之福祉，含身體之健康及精神之健康，且兩者之間常有交互影響之效應。

2. 凌虐行為，係指利用不適當之手段，對被害人之身體福祉造成侵害，致其身體或器官之結構或功能受損，例如，違背被害人之意思而剪斷其頭髮，或製造噪音使被害人之聽覺能力受損。

3. 傷害健康之行為，係指使被害人產生疾病狀態之行為，包含身體或器官之病態發展，及精神上之病態障礙，例如使他人感染到性病或其他病毒。

4. 本罪有處罰未遂，且其法定刑亦較重，此與我國刑法有所不同。

第224條　危險傷害罪

(1) 犯傷害罪而有下列各款情形之一者

　1. 施用毒物或其他有害身體健康之物質，

　2. 使用武器或其他具有危險性之工具，

　3. 利用狡詐之突襲，

　4. 與其他參與人共犯之，或

　5. 採用有危害生命可能性之行為

處六月以上十年以下之自由刑，其情節輕微者，處三月以上五年以下之自由刑。

(2) 前項之未遂犯罰之。

§ 224 Gefährliche Körperverletzung

(1) Wer die Körperverletzung

　1. durch Beibringung von Gift oder anderen gesundheitsschädlichen Stoffen,

　2. mittels einer Waffe oder eines anderen gefährlichen Werkzeugs,

　3. mittels eines hinterlistigen Überfalls,

　4. mit einem anderen Beteiligten gemeinschaftlich oder

　5. mittels einer das Leben gefährdenden Behandlung

begeht, wird mit Freiheitsstrafe von sechs Monaten bis zu zehn Jahren, in minder schweren Fällen mit Freiheitsstrafe von drei Monaten bis zu fünf Jahren bestraft.

(2) Der Versuch ist strafbar.

解析

1. 有害身體健康之物質，乃上位概念，毒物為例示，含有機或無機之物質，物理性或化學性之物質。

2. 具有危險性之工具，乃上位概念，武器為例示，例如各種刀械或鈍器，是否可以歸類為具有危險性之工具，有時須依具體事實加以判斷。例如，以剪刀剪斷他人之頭髮，該剪刀尚不得歸類為具有危險性之工具，但如以剪刀刺擊他人之身體，該剪刀即屬具有危險性之工

具。此外，動物亦可能屬於具有危險性之工具。

3. 利用狡詐之突襲，係指乘人不及反應或防備，快速發動攻擊，例如，偽裝問路或打招呼而發動攻擊，或以麻醉物品昏迷被害人後再傷害之。

4. 與其他參與人共犯之，指兩個以上之參與人，含兩人以上之共同正犯，或是兩人以上之正犯與共犯，但共犯須以在現場出現者為限；如有兩人以上之共同正犯出現於現場，其他未出現於現場之共同正犯，仍適用本罪加以處罰。

5. 採用有危害生命可能性之行為，係指實施足以使生命陷入具體危險之行為。例如，將被害人從行駛中之交通工具推出去。

第225條　　對受保護照護者之凌虐罪

(1) 對於未滿十八歲之人，或因身體缺陷或疾病而欠缺自我保護能力之人，該人

　　1. 受到行為人之照護或監督，

　　2. 屬於行為人家庭之成員，

　　3. 置於照護義務者相當權力支配之下，

　　4. 被安置於行為人職務或工作關係之架構下，

　　加以凌虐或粗魯地對待，或是經由惡意之疏忽照護義務，因而致其健康受到傷害，處六月以上十年以下之自由刑。

(2) 前項之未遂犯罰之。

(3) 犯第1項之罪，如行為人使受保護照護之人招致下列之危險者，處一年以上之自由刑：

　　1. 有造成死亡或重大健康受到傷害之危險，或

　　2. 對身體或精神之發展造成顯著之傷害。

(4) 犯第1項之罪而其情節輕微者，處三月以上五年以下之自由刑，犯第3項之罪而其情節輕微者，處六月以上五年以下之自由刑。

§ 225　Mißhandlung von Schutzbefohlenen

(1) Wer eine Person unter achtzehn Jahren oder eine wegen Gebrechlichkeit
oder Krankheit wehrlose Person, die

　1. seiner Fürsorge oder Obhut untersteht,

　2. seinem Hausstand angehört,

　3. von dem Fürsorgepflichtigen seiner Gewalt überlassen worden oder

　4. ihm im Rahmen eines Dienst- oder Arbeitsverhältnisses untergeordnet ist,
quält oder roh mißhandelt, oder wer durch böswillige Vernachlässigung
seiner Pflicht, für sie zu sorgen, sie an der Gesundheit schädigt, wird mit
Freiheitsstrafe von sechs Monaten bis zu zehn Jahren bestraft.

(2) Der Versuch ist strafbar.

(3) Auf Freiheitsstrafe nicht unter einem Jahr ist zu erkennen, wenn der Täter
die schutzbefohlene Person durch die Tat in die Gefahr

　1. des Todes oder einer schweren Gesundheitsschädigung oder

　2. einer erheblichen Schädigung der körperlichen oder seelischen
Entwicklung bringt.

(4) In minder schweren Fällen des Absatzes 1 ist auf Freiheitsstrafe von drei
Monaten bis zu fünf Jahren, in minder schweren Fällen des Absatzes 3 auf
Freiheitsstrafe von sechs Monaten bis zu fünf Jahren zu erkennen.

解析

1. 本罪保護之法益，為未滿十八歲之少年或兒童之身心健康。

2. 本罪之行為主體，有其身分上之特殊性，為普通傷害罪之不純正身分犯。

3. 受到行為人之照護或監督，指行為人對兒少之身心福祉負有特殊之法定義務，例如父母、養父母、監護人、家庭教育領域之保姆或照護員、刑事執行機關或保安處分執行機關之公務員。

4. 屬於行為人家庭之成員，指被害人為家庭社區之成員，或因提供教育扶助而被收容於家庭者，實際負擔家計者，須承擔保護義務。

5. 基於照護義務者之地位而被賦予相當之權力，但受託者只能正當而合

理地行使權限。

6. 被安置於行為人職務或工作關係之架構下，係指未具有獨立性之受雇者，相當程度須聽從行為人之指令。

7. 本罪有三個構成要件行為：(1)凌虐，為一種反複性及長期性對被害人施加使或精神痛苦之行為；(2)粗魯地對待，為一種無情，對被害人之痛苦抱持不在乎之態度；(3)或是經由惡意之疏忽照護義務，指疏忽照護義務，為基於惡劣之良知或具有非難可能性之動機，例如仇恨、自傲、自私或虐待狂心理。

8. 第3項為第1項之加重結果犯。

第226條　　重傷害罪

(1) 傷害行為導致被害人發生下列之結果者，處一年以上十年以下之自由刑：

　　1. 喪失一目或或二目之視能、聽能、語能或生殖機能，

　　2. 喪失身體之重要部位或使其喪失使用之功能，或

　　3. 身體之重要部位發生持久性之扭曲變形，或陷於接近死亡之疾病、殘障，或精神疾病或精神障礙。

(2) 行為人明知或有意使被害人發生第1項之結果者，處三年以上之自由刑。

(3) 犯第1項之罪而其情節輕微者，處六月以上五年以下之自由刑，犯第2項之罪而其情節輕微者，處一年以上十年以下之自由刑。

§ 226 Schwere Körperverletzung

(1) Hat die Körperverletzung zur Folge, daß die verletzte Person

　　1. das Sehvermögen auf einem Auge oder beiden Augen, das Gehör, das Sprechvermögen oder die Fortpflanzungsfähigkeit verliert,

　　2. ein wichtiges Glied des Körpers verliert oder dauernd nicht mehr gebrauchen kann oder

　　3. in erheblicher Weise dauernd entstellt wird oder in Siechtum, Lähmung

oder geistige Krankheit oder Behinderung verfällt, so ist die Strafe Freiheitsstrafe von einem Jahr bis zu zehn Jahren.

(2) Verursacht der Täter eine der in Absatz 1 bezeichneten Folgen absichtlich oder wissentlich, so ist die Strafe Freiheitsstrafe nicht unter drei Jahren.

(3) In minder schweren Fällen des Absatzes 1 ist auf Freiheitsstrafe von sechs Monaten bis zu fünf Jahren, in minder schweren Fällen des Absatzes 2 auf Freiheitsstrafe von einem Jahr bis zu zehn Jahren zu erkennen.

解析

1. 本罪第1項為普通傷害罪之加重結果犯，本罪第2項為普通傷害罪之加重構成要件，因為關於第1項之加重結果，行為人係明知或有意使其發生。

2. 喪失一目或或二目之視能、聽能、語能或生殖機能，此等重傷之加重結果，與我國刑法第10條第4項有高度之近似性。

3. 喪失身體之重要部位，係指對身體外觀上可見之結構體之破壞或分離，包含此等結構體所包覆之身體組織，但是否包含體內之器官，例如腎臟，則容有探究之餘地；使身體之重要部位喪失使用之功能，係指雖未對身體之結構體造成破壞，但卻造成其功能之喪失，例如因為對於神經管道或大腦運動神經中樞之傷害，造成手部或腿部運動功能喪失。

4. 身體之重要部位發生持久性之扭曲變形，此身體重要部位與第1項第2款相同，但重點在於發生持久性之扭曲變形，而非結構體之破壞；使被害人陷於接近死亡之疾病、殘障，或精神疾病或精神障礙，係補充性之重傷害要件。

第226a條　　切除婦女性徵器官罪

(1) 切除表徵婦女性別之外部器官者，處一年以上之自由刑。

(2) 犯第1項之罪而其情節輕微者，處六月以上五年以下之自由刑。

§ 226a Verstümmelung weiblicher Genitalien

(1) Wer die äußeren Genitalien einer weiblichen Person verstümmelt, wird mit Freiheitsstrafe nicht unter einem Jahr bestraft.

(2) In minder schweren Fällen ist auf Freiheitsstrafe von sechs Monaten bis zu fünf Jahren zu erkennen.

解析

1. 此係無醫療上之理由，或違背被害人之意思，切除表徵婦女性別之外部器官，最具代表性者即乳房。

2. 如係基於傷害之故意，發生表徵婦女性別之內部器官受傷之加重結果，例如子宮或卵巢功能喪失，則應依第226條第1項第1款之規定罰之。

3. 如係以器物侵入婦女之性器官，而實施性虐待之行為者，得適用第224條之危險傷害罪加以處罰。

第227條　　傷害致死罪

(1) 犯傷害罪（第223條至第226a條）因而致被害人死亡者，處三年以上之自由刑。

(2) 犯第1項之罪而其情節輕微者，處一年以上十年以下之自由刑。

§ 227 Körperverletzung mit Todesfolge

(1) Verursacht der Täter durch die Körperverletzung (§§ 223 bis 226a) den Tod der verletzten Person, so ist die Strafe Freiheitsstrafe nicht unter drei Jahren.

(2) In minder schweren Fällen ist auf Freiheitsstrafe von einem Jahr bis zu zehn Jahren zu erkennen.

解析

1. 本罪係第223條至第226a條五個罪名之概括的加重結果犯。

2. 如以第226條第1項之加重結果犯為基本構成要件，又進而導致被害人死亡者，則應適用本條罰則較重之加重結果犯，可見本罪於特定情況下，屬多層級之加重結果犯。

第228條　被害人之同意

得被害人之同意而傷害之，只有於該同意違背善良風俗時，行為始具有違法性。

§ 228 Einwilligung

Wer eine Körperverletzung mit Einwilligung der verletzten Person vornimmt, handelt nur dann rechtswidrig, wenn die Tat trotz der Einwilligung gegen die guten Sitten verstößt.

解析

1. 本條規定，本章之傷害罪，如獲得被害人之同意，原則上得阻卻違法，但不適用於第340條之公務傷害罪。
2. 被害人之同意的前提要件，可參考超法規之阻卻違法事由。
3. 但此等同意，不得違背善良風俗。所謂善良風俗，基本之考量為：(1)不得違反人性尊嚴；(2)追求實現之目的沒有違反社會相當性或善良風俗；(3)未違反社會倫理之價值觀。
4. 違背善良風俗之同意，例如：(1)同意他人切除部分手指，以便迴避兵役義務；(2)傷害之目的在於詐領保險金，或隱匿犯罪事實；(3)傷害之目的在於滿足性虐待狂之變態心理，例如鞭苔。

第229條　過失傷害罪

因過失而致他人受到傷害者，處三年以下之自由刑或罰金。

§ 229 Fahrlässige Körperverletzung
Wer durch Fahrlässigkeit die Körperverletzung einer anderen Person verursacht, wird mit Freiheitsstrafe bis zu drei Jahren oder mit Geldstrafe bestraft.

依學說及實務之判斷基準加以適用。

第230條　　告訴乃論

(1) 第223條之故意傷害罪，以及第229條之過失傷害罪，須告訴乃論。但於涉及重大公共利益時，刑事追訴機關得本於職權，逕行加以追訴處罰。如涉及故意傷害罪，而被害人已經死亡，告訴權依第77條第2項之規定，移轉於其家屬。

(2) 前項之犯罪行為如係針對公務員、從事公共服務而負有特別義務者、聯邦防衛軍之官兵，於其執行職務或與職務有關聯性活動而實施，亦須告訴乃論。前段之規定，亦適用於公法上之教堂及宗教結社之執業人員。

§ 230 Strafantrag

(1) Die vorsätzliche Körperverletzung nach § 223 und die fahrlässige Körperverletzung nach § 229 werden nur auf Antrag verfolgt, es sei denn, daß die Strafverfolgungsbehörde wegen des besonderen öffentlichen Interesses an der Strafverfolgung ein Einschreiten von Amts wegen für geboten hält. Stirbt die verletzte Person, so geht bei vorsätzlicher Körperverletzung das Antragsrecht nach § 77 Abs. 2 auf die Angehörigen über.

(2) Ist die Tat gegen einen Amtsträger, einen für den öffentlichen Dienst besonders Verpflichteten oder einen Soldaten der Bundeswehr während der Ausübung seines Dienstes oder in Beziehung auf seinen Dienst begangen, so wird sie auch auf Antrag des Dienstvorgesetzten verfolgt. Dasselbe gilt

für Träger von Ämtern der Kirchen und anderen Religionsgesellschaften des öffentlichen Rechts.

解 析

1. 第223條之故意傷害罪，侵害之法益較輕微；第229條之過失傷害罪，其不法情節較輕微，故須告訴乃論。
2. 但於涉及重大公共利益時，刑事追訴機關得本於職權，逕行加以追訴處罰。

第231條　　聚眾鬥毆罪

(1) 參與聚眾鬥毆，或參與由多數人所實施之相互攻擊行為，因該鬥毆或攻擊行為導致有人死亡或受到重傷（第226條）者，處三年以下之自由刑或罰金。
(2) 參與鬥毆或攻擊行為之人，如無可加以非難之事由者，不適用第1項之規定加以處罰。

§ 231　Beteiligung an einer Schlägerei

(1) Wer sich an einer Schlägerei oder an einem von mehreren verübten Angriff beteiligt, wird schon wegen dieser Beteiligung mit Freiheitsstrafe bis zu drei Jahren oder mit Geldstrafe bestraft, wenn durch die Schlägerei oder den Angriff der Tod eines Menschen oder eine schwere Körperverletzung (§ 226) verursacht worden ist.
(2) Nach Absatz 1 ist nicht strafbar, wer an der Schlägerei oder dem Angriff beteiligt war, ohne daß ihm dies vorzuwerfen ist.

解 析

1. 本罪屬抽象危險犯之構成要件。
2. 本罪參與鬥毆者，至少須有二個以上之團體，每個團體至少須有二人

參加。

3. 鬥毆或攻擊行爲導致有人死亡或受到重傷者，方得以成立本罪。其中，有人死亡或受到重傷，屬於客觀可罰性要件（客觀處罰條件）。

4. 參與鬥毆或攻擊行爲之人，如無可加以非難之事由者，不適用第1項之規定加以處罰。所謂「無可加以非難之事由」，例如路過之人，被誤判爲對方人馬，而無端受到攻擊，不得已而實施正當防衛。

第十八章　侵害個人自由之犯罪

Achtzehnter Abschnitt Straftaten gegen die

persönliche Freiheit

第232條　人口交易罪

(1) 利用他人於國外停留時人身或經濟上之急迫或無助狀態，或招募、運輸、傳送、容留或接受未滿二十一歲之人，而有下列情形者，處六月以上五年以下自由刑：

　1. 該人因從事下列行為而被剝削者：

　　a. 賣淫、與行為人或第三人、在行為人與第三人前為性交行為或容忍行為人或第三人對其為性交行為，

　　b. 透過勞動，

　　c. 行乞，

　　d. 從事犯罪行為，

　2. 使他人為奴隸、農奴、以償債為目之之奴隸或使處於與上述相同或類似之情狀，或

　3. 違法摘取他人器官。

　其勞動以嚴格之收益追求作為工作條件，其工作條件與其他從事相同或同類行為者之工作條件顯不相當者（勞動剝削），視為本項第1款b所謂之透過勞動而剝削。

(2) 行為人對於他人以第1項前段第1至3款所訂方式予以剝削，並有下列行為者，處六月以上十年以下自由刑：

　1. 施以強暴、可感受惡害之脅迫或詐術而招募、運輸、傳送、容留或接受，或

　2. 誘騙、擄人或因第三人慫恿而擄人。

(3) 有下列情形而犯第1項之罪者，處六月以上十年以下自由刑：

　1. 被害人於犯罪行為時未滿十八歲，

2. 行為人於行為時，對被害人施以身體上重大凌虐或行為人至少是重大過失因該行為致被害人陷於生命危險或嚴重之健康損害，或

3. 行為人以第1項之行為為業，或為持續從事該行為之特定團體成員。

於第2項之規定中，如有前段第1至3款所示之情形，處一年以上十年以下自由刑。

(4) 第1、2與3項之未遂犯罰之。

§ 232 Menschenhandel

(1) Mit Freiheitsstrafe von sechs Monaten bis zu fünf Jahren wird bestraft, wer eine andere Person unter Ausnutzung ihrer persönlichen oder wirtschaftlichen Zwangslage oder ihrer Hilflosigkeit, die mit dem Aufenthalt in einem fremden Land verbunden ist, oder wer eine andere Person unter einundzwanzig Jahren anwirbt, befördert, weitergibt, beherbergt oder aufnimmt, wenn

1. diese Person ausgebeutet werden soll

    a) bei der Ausübung der Prostitution oder bei der Vornahme sexueller Handlungen an oder vor dem Täter oder einer dritten Person oder bei der Duldung sexueller Handlungen an sich selbst durch den Täter oder eine dritte Person,

    b) durch eine Beschäftigung,

    c) bei der Ausübung der Bettelei oder

    d) bei der Begehung von mit Strafe bedrohten Handlungen durch diese Person,

2. diese Person in Sklaverei, Leibeigenschaft, Schuldknechtschaft oder in Verhältnissen, die dem entsprechen oder ähneln, gehalten werden soll oder

3. dieser Person rechtswidrig ein Organ entnommen werden soll.

Ausbeutung durch eine Beschäftigung im Sinne des Satzes 1 Nummer 1 Buchstabe b liegt vor, wenn die Beschäftigung aus rücksichtslosem

Gewinnstreben zu Arbeitsbedingungen erfolgt, die in einem auffälligen Missverhältnis zu den Arbeitsbedingungen solcher Arbeitnehmer stehen, welche der gleichen oder einer vergleichbaren Beschäftigung nachgehen (ausbeuterische Beschäftigung).

(2) Mit Freiheitsstrafe von sechs Monaten bis zu zehn Jahren wird bestraft, wer eine andere Person, die in der in Absatz 1 Satz 1 Nummer 1 bis 3 bezeichneten Weise ausgebeutet werden soll,

1. mit Gewalt, durch Drohung mit einem empfindlichen Übel oder durch List anwirbt, befördert, weitergibt, beherbergt oder aufnimmt oder

2. entführt oder sich ihrer bemächtigt oder ihrer Bemächtigung durch eine dritte Person Vorschub leistet.

(3) In den Fällen des Absatzes 1 ist auf Freiheitsstrafe von sechs Monaten bis zu zehn Jahren zu erkennen, wenn

1. das Opfer zur Zeit der Tat unter achtzehn Jahren alt ist,

2. der Täter das Opfer bei der Tat körperlich schwer misshandelt oder durch die Tat oder eine während der Tat begangene Handlung wenigstens leichtfertig in die Gefahr des Todes oder einer schweren Gesundheitsschädigung bringt oder

3. der Täter gewerbsmäßig handelt oder als Mitglied einer Bande, die sich zur fortgesetzten Begehung solcher Taten verbunden hat.

In den Fällen des Absatzes 2 ist auf Freiheitsstrafe von einem Jahr bis zu zehn Jahren zu erkennen, wenn einer der in Satz 1 Nummer 1 bis 3 bezeichneten Umstände vorliegt.

(4) In den Fällen der Absätze 1, 2 und 3 Satz 1 ist der Versuch strafbar.

 解析

1. 本條為2016年10月15日生效之條文。

2. 本罪保護法益，為被害人保障個人對於使用勞動力、賣淫、賣淫類似之性行為，社會蔑視與違法之行為之自我決定權。

3. 本條第1項前段之行為，須以「乘他人陷於受迫地位或於外國停留而陷於無助狀態之際」為要件。至所謂「陷於受迫地位」，係指被害人存在一嚴肅之、但未必與生存相關之個人危急狀態。「乘他人於外國停留而陷於無助狀態之際」，則應視被害人於所停留之外國中，個人能力是否因停留於外國而受到特別之重大困難與限制而定。

第232a條　　強制賣淫罪

(1) 利用他人於國外停留時人身或經濟上之急迫或無助狀態，或未滿二十一歲之人，使其為下列行為者，處六月以上十年以下自由刑：

1. 賣淫或持續賣淫，

2. 透過剝削，與行為人或第三人為性交行為、或在行為人或第三人前為性交行為，或由行為人或第三人對其為性交行為。

(2) 前項之未遂犯罰之。

(3) 為使他人賣淫、持續賣淫或第1項第2款所示之性交行為，而對他人施以強暴、可感受惡害之脅迫或詐術者，處一年以上十年以下自由刑。

(4) 有第232條第3項前段第1至3款所示情狀，於本條文第1項之情形下，處一年以上十年以下自由刑；於本條文第3項之情形下，處一年以上自由刑。

(5) 第1項犯罪情節較輕者，處三月以上五年以下自由刑，第3與4項犯罪情節較輕者，處六月以上十年以下自由刑。

(6) 使他人從事賣淫、為受有報酬之性交行為或允許對其為性交行為，並利用其於國外停留時人身或經濟上之急迫或無助狀態，而其為下列規定之被害人者，處三月以上五年以下自由刑：

1. 依據第232條第1項前段第1款a所規定之人口交易，且與第232條第2項相關連，或

2. 依據本條第1至5項之犯罪。

為前段第1或2款之犯罪，而使他人從事前段所示之賣淫行為，致生損害於他人者，如自願將其犯行於管轄機關自首，或自願促成此自首，且其犯行於告發時尚未全部或一部被發覺，且其就此已有所知悉，或

依事態而爲可理解之評估下，已就此有所預期者，不依據前段加以處
罰。

§ 232a Zwangsprostitution

(1) Mit Freiheitsstrafe von sechs Monaten bis zu zehn Jahren wird bestraft,
wer eine andere Person unter Ausnutzung ihrer persönlichen oder
wirtschaftlichen Zwangslage oder ihrer Hilflosigkeit, die mit dem Aufenthalt
in einem fremden Land verbunden ist, oder wer eine andere Person unter
einundzwanzig Jahren veranlasst,

　1. die Prostitution aufzunehmen oder fortzusetzen oder

　2. sexuelle Handlungen, durch die sie ausgebeutet wird, an oder vor dem
Täter oder einer dritten Person vorzunehmen oder von dem Täter oder
einer dritten Person an sich vornehmen zu lassen.

(2) Der Versuch ist strafbar.

(3) Mit Freiheitsstrafe von einem Jahr bis zu zehn Jahren wird bestraft, wer eine
andere Person mit Gewalt, durch Drohung mit einem empfindlichen Übel
oder durch List zu der Aufnahme oder Fortsetzung der Prostitution oder den
in Absatz 1 Nummer 2 bezeichneten sexuellen Handlungen veranlasst.

(4) In den Fällen des Absatzes 1 ist auf Freiheitsstrafe von einem Jahr bis zu
zehn Jahren und in den Fällen des Absatzes 3 auf Freiheitsstrafe nicht unter
einem Jahr zu erkennen, wenn einer der in § 232 Absatz 3 Satz 1 Nummer 1
bis 3 bezeichneten Umstände vorliegt.

(5) In minder schweren Fällen des Absatzes 1 ist auf Freiheitsstrafe von drei
Monaten bis zu fünf Jahren zu erkennen, in minder schweren Fällen der
Absätze 3 und 4 auf Freiheitsstrafe von sechs Monaten bis zu zehn Jahren.

(6) Mit Freiheitsstrafe von drei Monaten bis zu fünf Jahren wird bestraft, wer an
einer Person, die Opfer

　1. eines Menschenhandels nach § 232 Absatz 1 Satz 1 Nummer 1 Buchstabe
a, auch in Verbindung mit § 232 Absatz 2, oder

　2. einer Tat nach den Absätzen 1 bis 5

geworden ist und der Prostitution nachgeht, gegen Entgelt sexuelle Handlungen vornimmt oder von ihr an sich vornehmen lässt und dabei deren persönliche oder wirtschaftliche Zwangslage ode r deren Hilflosigkeit, die mit dem Aufenthalt in einem fremden Land verbunden ist, ausnutzt. Nach Satz 1 wird nicht bestraft, wer eine Tat nach Satz 1 Nummer 1 oder 2, die zum Nachteil der Person, die nach Satz 1 der Prostitution nachgeht, begangen wurde, freiwillig bei der zuständigen Behörde anzeigt oder freiwillig eine solche Anzeige veranlasst, wenn nicht diese Tat zu diesem Zeitpunkt ganz oder zum Teil bereits entdeckt war und der Täter dies wusste oder bei verständiger Würdigung der Sachlage damit rechnen musste.

 解析

1. 本條為2016年10月15日生效之條文。
2. 本條所規範之範圍，包含下列兩種犯罪類型：(1)促使他人賣淫或性交；(2)促使未滿二十一歲之人賣淫或對其進行性剝削。
3. 性交及第三人前為性交行為之定義規定，見本法第184h條。
4. 本條第6項為首次處罰嫖娼者之規定。

第232b條　　強制工作罪

(1) 利用他人於國外停留時人身或經濟上之急迫或無助狀態或未滿二十一歲，使其為下列行為者，處六月以上十年以下自由刑：
　　1. 剝削勞動（第232條第1項後段）或持續之剝削勞動，
　　2. 使他人為奴隸、農奴、以償債為目之之奴隸或使處於與上述相同或類似之情狀，
　　3. 利用其行乞或持續行乞。
(2) 前項之未遂犯罰之。
(3) 對他人施以強暴、可感受惡害之脅迫或詐術，而使其為下列行為者，處一年以上十年以下自由刑：

1. 剝削勞動（第232條第1項後段）或持續之剝削勞動，
2. 使他人為奴隸、農奴、以償債為目之之奴隸或使處於與上述相同或類似之情狀，
3. 利用其行乞或持續行乞。
(4) 第232a條第4及5項於本條準用之。

§ 232b Zwangsarbeit

(1) Mit Freiheitsstrafe von sechs Monaten bis zu zehn Jahren wird bestraft, wer eine andere Person unter Ausnutzung ihrer persönlichen oder wirtschaftlichen Zwangslage oder ihrer Hilflosigkeit, die mit dem Aufenthalt in einem fremden Land verbunden ist, oder wer eine andere Person unter einundzwanzig Jahren veranlasst,
    1. eine ausbeuterische Beschäftigung (§ 232 Absatz 1 Satz 2) aufzunehmen oder fortzusetzen,
    2. sich in Sklaverei, Leibeigenschaft, Schuldknechtschaft oder in Verhältnisse, die dem entsprechen oder ähneln, zu begeben oder
    3. die Bettelei, bei der sie ausgebeutet wird, aufzunehmen oder fortzusetzen.
(2) Der Versuch ist strafbar.
(3) Mit Freiheitsstrafe von einem Jahr bis zu zehn Jahren wird bestraft, wer eine andere Person mit Gewalt, durch Drohung mit einem empfindlichen Übel oder durch List veranlasst,
    1. eine ausbeuterische Beschäftigung (§ 232 Absatz 1 Satz 2) aufzunehmen oder fortzusetzen,
    2. sich in Sklaverei, Leibeigenschaft, Schuldknechtschaft oder in Verhältnisse, die dem entsprechen oder ähneln, zu begeben oder
    3. die Bettelei, bei der sie ausgebeutet wird, aufzunehmen oder fortzusetzen.
(4) § 232a Absatz 4 und 5 gilt entsprechend.

 解 析

1. 本條為2016年10月15日生效之條文。

2. 本罪之保護法益，爲個人自由。第1項與第3項之構成要件，係保護個人免於剝削式之奴隸、農奴或其他類似地位之勞動工作；至於其基礎犯罪構成要件爲促使他人強制工作之行爲。

3. 本條並無如第232a條第6項處罰服務使用者之規定。

第233條　　剝削勞動力罪

(1) 利用他人於國外停留時人身或經濟上之急迫或無助狀態或未滿二十一歲，使其爲下列行爲者，處三年以下自由刑或罰金：

1. 第232條第1項後段所謂之勞動，

2. 行乞或

3. 爲犯罪行爲。

(2) 有下列情形者，處六月以上十年以下自由刑：

1. 被害人於犯罪行爲時未滿十八歲，

2. 行爲人於行爲時，對被害人施以身體上重大凌虐或行爲人至少是重大過失因該行爲致被害人陷於生命危險或嚴重之健康損害，

3. 藉由全部或部分抑留被害人因工作所獲得之報酬，致被害人陷於經濟困難，或顯然擴大已存在之經濟困難或

4. 行爲人以該行爲爲業，或爲持續從事該行爲之特定團體成員。

(3) 未遂犯罰之。

(4) 第1項犯行情節較輕者，處兩年以下自由刑或罰金，第2項犯罪情節較輕者，處三月以上五年以下自由刑。

(5) 以下列行爲促成本條第1項第1款之犯罪者，處兩年以下自由刑或罰金：

1. 仲介剝削勞動（第232條第1項後段），

2. 出租營業處所，

3. 出租可能爲剝削之人居所。

如犯罪已經依據其他規定，處以較重之刑罰，不依第1款之規定處罰。

§ 233 Ausbeutung der Arbeitskraft

(1) Mit Freiheitsstrafe bis zu drei Jahren oder mit Geldstrafe wird bestraft, wer eine andere Person unter Ausnutzung ihrer persönlichen oder wirtschaftlichen Zwangslage oder ihrer Hilflosigkeit, die mit dem Aufenthalt in einem fremden Land verbunden ist, oder wer eine andere Person unter einundzwanzig Jahren ausbeutet

    1. durch eine Beschäftigung nach § 232 Absatz 1 Satz 2,

    2. bei der Ausübung der Bettelei oder

    3. bei der Begehung von mit Strafe bedrohten Handlungen durch diese Person.

(2) Auf Freiheitsstrafe von sechs Monaten bis zu zehn Jahren ist zu erkennen, wenn

    1. das Opfer zur Zeit der Tat unter achtzehn Jahren alt ist,

    2. der Täter das Opfer bei der Tat körperlich schwer misshandelt oder durch die Tat oder eine während der Tat begangene Handlung wenigstens leichtfertig in die Gefahr des Todes oder einer schweren Gesundheitsschädigung bringt,

    3. der Täter das Opfer durch das vollständige oder teilweise Vorenthalten der für die Tätigkeit des Opfers üblichen Gegenleistung in wirtschaftliche Not bringt oder eine bereits vorhandene wirtschaftliche Not erheblich vergrößert oder

    4. der Täter als Mitglied einer Bande handelt, die sich zur fortgesetzten Begehung solcher Taten verbunden hat.

(3) Der Versuch ist strafbar.

(4) In minder schweren Fällen des Absatzes 1 ist auf Freiheitsstrafe bis zu zwei Jahren oder auf Geldstrafe zu erkennen, in minder schweren Fällen des Absatzes 2 auf Freiheitsstrafe von drei Monaten bis zu fünf Jahren.

(5) Mit Freiheitsstrafe bis zu zwei Jahren oder mit Geldstrafe wird bestraft, wer einer Tat nach Absatz 1 Nummer 1 Vorschub leistet durch die

    1. Vermittlung einer ausbeuterischen Beschäftigung (§ 232 Absatz 1 Satz 2),

2. Vermietung von Geschäftsräumen oder

3. Vermietung von Räumen zum Wohnen an die auszubeutende Person.

Satz 1 gilt nicht, wenn die Tat bereits nach anderen Vorschriften mit schwererer Strafe bedroht ist.

解析

1. 本條為2016年10月15日生效之條文。

2. 本罪之保護法益，為被害人對其勞力支配之自由。

3. 本條所處罰之人口交易行為，係以勞力剝削為目的者為限。

4. 所謂「奴隸」，係指個人陷於受他人以類似財產權支配之法律地位或狀態而言。

第233a條　　私行拘禁而剝削罪

(1) 監禁他人，或透過其他方式剝奪他人自由，並利用其為下列行為之一者，處六月以上十年以下自由刑：

　　1. 賣淫，

　　2. 第232條第1項第2款所謂之勞動，

　　3. 行乞，

　　4. 為犯罪行為。

(2) 前項之未遂犯罰之。

(3) 於第1項所定之犯罪，如有第233條第2項第1至4款所示之情形者，處一年以上十年以下自由刑。

(4) 第1項犯行情節較輕者，處三月以上五年以下自由刑，第3項犯罪情節較輕者，處六月以上十年以下自由刑。

§ 233a Ausbeutung unter Ausnutzung einer Freiheitsberaubung

(1) Mit Freiheitsstrafe von sechs Monaten bis zu zehn Jahren wird bestraft, wer eine andere Person einsperrt oder auf andere Weise der Freiheit beraubt und sie in dieser Lage ausbeutet

1. bei der Ausübung der Prostitution,

2. durch eine Beschäftigung nach § 232 Absatz 1 Satz 2,

3. bei der Ausübung der Bettelei oder

4. bei der Begehung von mit Strafe bedrohten Handlungen durch diese Person.

(2) Der Versuch ist strafbar.

(3) In den Fällen des Absatzes 1 ist auf Freiheitsstrafe von einem Jahr bis zu zehn Jahren zu erkennen, wenn einer der in § 233 Absatz 2 Nummer 1 bis 4 bezeichneten Umstände vorliegt.

(4) In minder schweren Fällen des Absatzes 1 ist auf Freiheitsstrafe von drei Monaten bis zu fünf Jahren, in minder schweren Fällen des Absatzes 3 auf Freiheitsstrafe von sechs Monaten bis zu zehn Jahren zu erkennen.

1. 本條為2016年10月15日生效之條文。

2. 本罪之保護法益，除身體行動自由外，尚包含被害人之一般決定與行動自由。

3. 本條為獨立構成要件，並非其他罪之變體加重構成要件，其作用係在補充上述第232條以下規定之不足，以規範特別重大之剝削案例。

4. 本條之行為，必須以剝奪他人人身自由，並利用其為本條第1項所規定之行為為限。

第233b條　　行為監督

於第232、232a條第1至5項、第232b條、233條第1至4項與第233a條之情形，法院得宣告行為監督（第68條第1項）。

§ 233b　Führungsaufsicht

In den Fällen der §§ 232, 232a Absatz 1 bis 5, der §§ 232b, 233 Absatz 1 bis 4 und des § 233a kann das Gericht Führungsaufsicht anordnen (§ 68 Abs. 1).

504 德國刑法翻譯與解析

 解析

1. 行為監督處分之適用，詳見第68條以下之規定。
2. 原第2項擴大沒收之規定，業已因應2017年7月1日生效之「刑
   法財產剝奪改革法案（Gesetz zur Reform der strafrechtlichen
   Vermögensabschöpfung）」而刪除之。

第234條　　擄人罪

(1) 以強暴、可感受惡害之脅迫或詐術擄人，使其陷於無助地位或使其於
    外國軍事機構或類似機構服勤務者，處一年以上十年以下自由刑。
(2) 前項犯行情節較輕者，處六月以上五年以下自由刑。

§ 234　Menschenraub

(1) Wer sich einer anderen Person mit Gewalt, durch Drohung mit einem
    empfindlichen Übel oder durch List bemächtigt, um sie in hilfloser Lage
    auszusetzen oder dem Dienst in einer militärischen oder militärähnlichen
    Einrichtung im Ausland zuzuführen, wird mit Freiheitsstrafe von einem Jahr
    bis zu zehn Jahren bestraft.
(2) In minder schweren Fällen ist die Strafe Freiheitsstrafe von sechs Monaten
    bis zu fünf Jahren.

解析

1. 本罪之保護法益，為被害人之個人對於其自我決定之能力得以不受限
   地發揮之自由。
2. 本條所處罰之擄人行為，係指對於他人之強擄行為，以取得對該人之
   物理上支配而言。
3. 其行為手段，限定僅有「強暴」、「可感受惡害之脅迫」或「詐術」
   三種。

第234a條　　略誘罪

(1) 以詐術、脅迫或或強暴將人帶出本法適用之領域，或使其前往，或阻攔其自該處返回，致其陷於基於政治因素被追訴，並在此因為違反法治國原則所施之暴力或恣意手段而遭受身體或生命之威脅、自由被剝奪或其職業上或經濟上之地位遭受可感受之侵害之危險者，處一年以上自由刑。

(2) 前項犯行情節較輕者，處三月以上五年以下自由刑。

(3) 預備犯第一項之罪者，處五年以下自由刑或罰金。

§ 234a Verschleppung

(1) Wer einen anderen durch List, Drohung oder Gewalt in ein Gebiet außerhalb des räumlichen Geltungsbereichs dieses Gesetzes verbringt oder veranlaßt, sich dorthin zu begeben, oder davon abhält, von dort zurückzukehren, und dadurch der Gefahr aussetzt, aus politischen Gründen verfolgt zu werden und hierbei im Widerspruch zu rechtsstaatlichen Grundsätzen durch Gewalt- oder Willkürmaßnahmen Schaden an Leib oder Leben zu erleiden, der Freiheit beraubt oder in seiner beruflichen oder wirtschaftlichen Stellung empfindlich beeinträchtigt zu werden, wird mit Freiheitsstrafe nicht unter einem Jahr bestraft.

(2) In minder schweren Fällen ist die Strafe Freiheitsstrafe von drei Monaten bis zu fünf Jahren.

(3) Wer eine solche Tat vorbereitet, wird mit Freiheitsstrafe bis zu fünf Jahren oder mit Geldstrafe bestraft.

解析

1. 本條所規範之行為，須將被害人以構成要件所定之「詐術」、「脅迫」或「強暴」等行為形式，帶入、促成其進入危險區域，或攔阻其離開此一危險區域，使行為人對被害人具有事實上之支配關係。

2. 本條為具體危險犯，以行為人之行為導致被害人在外國受有「身體或生命之威脅、自由被剝奪或其職業上或經濟上之地位遭受可感受之侵

害」之具體危險結果，始可成立。如行為人之行為，僅單純導致被害人在外國之損害可能性，並不能滿足此一構成要件結果要素之要求。

第235條　　略誘未成年人罪

(1) 略誘或扣留以下之人脫離其父母或其中之一方、監護人或照護人者，處五年以下自由刑或罰金：

　　1. 以強暴、可感受惡害之脅迫或詐術對未滿十八歲之人犯之，

　　2. 無近親之幼童。

(2) 對於幼童有下列以下情形者，亦同：

　　1. 略誘其脫離其父母或其中之一方、監護人或照護人，使其前往外國，

　　2. 於其被帶往外國或自行前往外國後，扣留其在外國。

(3) 第1項第2款與第2項第1款之未遂罰之。

(4) 行為人有下列情形者，處一年以上十年以下自由刑：

　　1. 其行為致被害人陷於生命危險、嚴重之健康損害或身體或精神發展之明顯傷害，

　　2. 為獲取報酬或意圖為自己或他人獲取利益犯之。

(5) 行為人因其行為致被害人死亡者，處三年以上自由刑。

(6) 於第4項情形犯行情節較輕者，處六月以上五年以下自由刑。於第5項情形犯行情節較輕者，處一年以上十年以下自由刑。

(7) 第1項至第3項略誘未成年人者，須告訴乃論。但刑事追訴機關基於刑事追訴之特別公共利益考量，認為有必要依職權介入者，不在此限。

§ 235 Entziehung Minderjähriger

(1) Mit Freiheitsstrafe bis zu fünf Jahren oder mit Geldstrafe wird bestraft, wer

　　1. eine Person unter achtzehn Jahren mit Gewalt, durch Drohung mit einem empfindlichen Übel oder durch List oder

　　2. ein Kind, ohne dessen Angehöriger zu sein,

　　den Eltern, einem Elternteil, dem Vormund oder dem Pfleger entzieht oder vorenthält.

(2) Ebenso wird bestraft, wer ein Kind den Eltern, einem Elternteil, dem Vormund oder dem Pfleger

　　1. entzieht, um es in das Ausland zu verbringen, oder

　　2. im Ausland vorenthält, nachdem es dorthin verbracht worden ist oder es sich dorthin begeben hat.

(3) In den Fällen des Absatzes 1 Nr. 2 und des Absatzes 2 Nr. 1 ist der Versuch strafbar.

(4) Auf Freiheitsstrafe von einem Jahr bis zu zehn Jahren ist zu erkennen, wenn der Täter

　　1. das Opfer durch die Tat in die Gefahr des Todes oder einer schweren Gesundheitsschädigung oder einer erheblichen Schädigung der körperlichen oder seelischen Entwicklung bringt oder

　　2. die Tat gegen Entgelt oder in der Absicht begeht, sich oder einen Dritten zu bereichern.

(5) Verursacht der Täter durch die Tat den Tod des Opfers, so ist die Strafe Freiheitsstrafe nicht unter drei Jahren.

(6) In minder schweren Fällen des Absatzes 4 ist auf Freiheitsstrafe von sechs Monaten bis zu fünf Jahren, in minder schweren Fällen des Absatzes 5 auf Freiheitsstrafe von einem Jahr bis zu zehn Jahren zu erkennen.

(7) Die Entziehung Minderjähriger wird in den Fällen der Absätze 1 bis 3 nur auf Antrag verfolgt, es sei denn, daß die Strafverfolgungsbehörde wegen des besonderen öffentlichen Interesses an der Strafverfolgung ein Einschreiten von Amts wegen für geboten hält.

解析

1. 本罪之保護法益，除父母或家事法上之照護權外，另亦保護未成年人之身體與心理之完整性。

2. 父母中之一方亦可違犯本條第1項之罪；另無照護權之父母一方所擁有之會面交往權，亦可為本條規定所保護之內容。

3. 本條所訂之略誘行為，係指行為人持續性地藉由空間上之隔離，妨礙個人照護權之本質內容。

4. 被略誘人之同意，於本罪中將不發生阻卻構成要件該當或阻卻違法之效果；然而，照護權人之同意，將可阻卻第1項規定構成要件之該當。

第236條　　兒童人口交易罪

(1) 為獲取報酬或意圖為自己或他人獲取利益，基於照顧或教養義務之重大忽略將其未滿十八歲之子女、被監護人或被照護人持續性地讓與他人者，處五年以下自由刑或罰金。於第1句情形中持續性地收受該子女、被監護人或被照護人且為此給付報酬者，亦同。

(2) 無權限而有下列之情形者，處三年以下自由刑或罰金：

1. 媒介十八歲以下之人之收養或，

2. 為獲取報酬或意圖為自己或他人獲取利益，基於使第三人收受十八歲以下之人之目之而實行媒介行為。作為十八歲以下之人之收養之媒介人，為收養所必要之發給許可而給付報酬者，亦同。行為人於第1句之情形中，使被媒介之人帶往國內或帶至國外者，處五年以下自由刑或罰金。

(3) 前2項之未遂罰之。

(4) 行為人有下列情形之一者，處六月以上十年以下自由刑：

1. 基於追求不當利益、常業性之或作為與繼續性從事兒童交易有關連之團體成員而行為者或，

2. 其行為致兒童或被媒介之人陷於身體或心裡發展上之顯著傷害之危險者或，

(5) 就第1、3項參與實行之正犯與共犯及第2、3項之共犯，考量其對兒童或被媒介之人之身體或心理利益後其罪責較輕者，法院得依其裁量減輕其刑（第49條第2項）或免除第1至3項之刑罰。

§ 236 Kinderhandel

(1) Wer sein noch nicht achtzehn Jahre altes Kind oder seinen noch nicht

achtzehn Jahre alten Mündel oder Pflegling unter grober Vernachlässigung der Fürsorge- oder Erziehungspflicht einem anderen auf Dauer überlässt und dabei gegen Entgelt oder in der Absicht handelt, sich oder einen Dritten zu bereichern, wird mit Freiheitsstrafe bis zu fünf Jahren oder mit Geldstrafe bestraft. Ebenso wird bestraft, wer in den Fällen des Satzes 1 das Kind, den Mündel oder Pflegling auf Dauer bei sich aufnimmt und dafür ein Entgelt gewährt.

(2) Wer unbefugt

1. die Adoption einer Person unter achtzehn Jahren vermittelt oder

2. eine Vermittlungstätigkeit ausübt, die zum Ziel hat, daß ein Dritter eine Person unter achtzehn Jahren auf Dauer bei sich aufnimmt,

und dabei gegen Entgelt oder in der Absicht handelt, sich oder einen Dritten zu bereichern, wird mit Freiheitsstrafe bis zu drei Jahren oder mit Geldstrafe bestraft. Ebenso wird bestraft, wer als Vermittler der Adoption einer Person unter achtzehn Jahren einer Person für die Erteilung der erforderlichen Zustimmung zur Adoption ein Entgelt gewährt. Bewirkt der Täter in den Fällen des Satzes 1, daß die vermittelte Person in das Inland oder in das Ausland verbracht wird, so ist die Strafe Freiheitsstrafe bis zu fünf Jahren oder Geldstrafe.

(3) Der Versuch ist strafbar.

(4) Auf Freiheitsstrafe von sechs Monaten bis zu zehn Jahren ist zu erkennen, wenn der Täter

1. aus Gewinnsucht, gewerbsmäßig oder als Mitglied einer Bande handelt, die sich zur fortgesetzten Begehung eines Kinderhandels verbunden hat, oder

2. das Kind oder die vermittelte Person durch die Tat in die Gefahr einer erheblichen Schädigung der körperlichen oder seelischen Entwicklung bringt.

(5) In den Fällen der Absätze 1 und 3 kann das Gericht bei Beteiligten und in den Fällen der Absätze 2 und 3 bei Teilnehmern, deren Schuld unter

Berücksichtigung des körperlichen oder seelischen Wohls des Kindes oder der vermittelten Person gering ist, die Strafe nach seinem Ermessen mildern (§ 49 Abs. 2) oder von Strafe nach den Absätzen 1 bis 3 absehen.

解析

1. 本罪之保護法益，係青少年生理與心理發展不受侵害之權利，並附帶確保媒介兒童交易之禁止命令，故本罪爲抽象危險犯。
2. 本條第1項規定，本質上屬於特別犯，僅具有明定之「父母、監護人或照護權人」，始得違犯之。

第237條　　強制結婚罪

(1) 違法以強暴或可感受惡害之脅迫強制他人締結婚姻者，處六月以上五年以下自由刑。對所追求目的所施加之強暴或脅迫得視爲可非難者，其行爲爲違法。

(2) 爲實行第1項之行爲，以強暴、可感受惡害之脅迫或詐術將人帶出本法適用之領域，或使其前往，或阻攔其自該處返回者，亦同。

(3) 前2項之未遂罰之。

(4) 犯行情節較輕者，處三年以下自由刑或罰金。

§ 237 Zwangsheirat

(1) Wer einen Menschen rechtswidrig mit Gewalt oder durch Drohung mit einem empfindlichen Übel zur Eingehung der Ehe nötigt, wird mit Freiheitsstrafe von sechs Monaten bis zu fünf Jahren bestraft. Rechtswidrig ist die Tat, wenn die Anwendung der Gewalt oder die Androhung des Übels zu dem angestrebten Zweck als verwerflich anzusehen ist.

(2) Ebenso wird bestraft, wer zur Begehung einer Tat nach Absatz 1 den Menschen durch Gewalt, Drohung mit einem empfindlichen Übel oder durch List in ein Gebiet außerhalb des räumlichen Geltungsbereiches dieses Gesetzes verbringt oder veranlasst, sich dorthin zu begeben, oder davon

abhält, von dort zurückzukehren.

(3) Der Versuch ist strafbar.

(4) In minder schweren Fällen ist die Strafe Freiheitsstrafe bis zu drei Jahren oder Geldstrafe.

解析

1. 本罪之保護法益，係婚姻締結與伴侶自我選擇之自由權（另可參見聯合國人權宣言第16條及歐洲人權公約第12條規定）。

2. 惟強制「『不』締結婚姻」或強制「『不』離婚」，則不在本條所規範之構成要件效力範圍內。此二種強制行為，均僅得以第240條一般性之強制罪處罰。從而，本條第1項規定應屬第240條之加重變體構成要件。

3. 本條第2項規定，涉及與第234a條略誘罪相關之獨立危險構成要件。

第238條　　跟追罪

(1) 持續性地以下列方法之一，以不適當之方式，無權而跟追他人，致嚴重侵害他人生活形成空間者，處三年以下自由刑或罰金：

　1. 尋求與被跟追人空間上的接近，

　2. 嘗試以電信或其他溝通方式之運用或經由第三人，建立與被跟追人聯繫之機會，

　3. 以被跟追人個人相關資訊的不當利用為其訂購商品或服務，或促成第三人與被跟追人有所聯繫，

　4. 以對被跟追人或其親近之人之生命、身體完整性、健康或自由之侵害加以威脅，

　5. 實行其他同等之行為。

(2) 以其犯行致被害人、被害人親屬或其親近之人有陷於死亡或重大身體傷害之危險者，處三月以上五年以下自由刑。

(3) 其犯行致被害人、被害人親屬或其親近之人死亡者，處一年以上十年以下自由刑。

(4) 犯第1項之罪者，須告訴乃論。但刑事追訴機關基於刑事追訴之特別公共利益考量，認爲有必要依職權介入者，不在此限。

§ 238 Nachstellung

(1) Mit Freiheitsstrafe bis zu drei Jahren oder mit Geldstrafe wird bestraft, wer einer anderen Person in einer Weise unbefugt nachstellt, die geeignet ist, deren Lebensgestaltung schwerwiegend zu beeinträchtigen, indem er beharrlich

1. die räumliche Nähe dieser Person aufsucht,

2. unter Verwendung von Telekommunikationsmitteln oder sonstigen Mitteln der Kommunikation oder über Dritte Kontakt zu dieser Person herzustellen versucht,

3. unter missbräuchlicher Verwendung von dessen personenbezogenen Daten dieser Person

a) Bestellungen von Waren oder Dienstleistungen für sie aufgibt oder

b) Dritte veranlasst, mit diesem Kontakt mit ihr aufzunehmen, oder

4. diese Person mit der Verletzung von Leben, körperlicher Unversehrtheit, Gesundheit oder Freiheit ihrer selbst, eines ihrer Angehörigen oder einer anderen ihr nahestehenden Person bedroht oder

5. eine andere vergleichbare Handlung vornimmt.

(2) Auf Freiheitsstrafe von drei Monaten bis zu fünf Jahren ist zu erkennen, wenn der Täter das Opfer, einen Angehörigen des Opfers oder eine andere dem Opfer nahe stehende Person durch die Tat in die Gefahr des Todes oder einer schweren Gesundheitsschädigung bringt.

(3) Verursacht der Täter durch die Tat den Tod des Opfers, eines Angehörigen des Opfers oder einer anderen dem Opfer nahe stehenden Person, so ist die Strafe Freiheitsstrafe von einem Jahr bis zu zehn Jahren.

(4) In den Fällen des Absatzes 1 wird die Tat nur auf Antrag verfolgt, es sei denn, dass die Strafverfolgungsbehörde wegen des besonderen öffentlichen Interesses an der Strafverfolgung ein Einschreiten von Amts wegen für

geboten hält.

 解 析

1. 本條第1項規定，業於2017年3月10日生效之「防制跟追保護改善法案」（Gesetz zur Verbesserung des Schutzes gegen Nachstellungen）有較大幅度之修正。

2. 本條保護法益主要係「個人生活領域」之保護。然而，於此一個人生活領域背後所進一步保護之個人權利或利益爲何，仍有爭論。有認爲其在廣義來說仍保護了個人自由，有認爲亦保護了社會溝通領域此一個人生活表現與自由實現的重要條件，另有認爲其背後更廣泛地保護了身體與心理完整性、持續性的活動自由、決定與行動權、資訊自我決定權、免於恐懼自由、名譽權等個人法益甚至及於個別的法和平性。

3. 本條第1項規定爲結果犯，第2項規定爲加重變體構成要件，第3項規定爲加重結果犯。

4. 本條第1項第5款所訂「實行其他同等之行爲」，因有明確性之疑慮，而有論者認爲有違憲之虞。

第239條　　剝奪自由罪

(1) 以拘禁或以其他方法剝奪人之自由者，處五年以下自由刑或罰金。

(2) 前項之未遂罰之。

(3) 行爲人有下列情形之一者，處一年以上十年以下自由刑：

　　1. 剝奪被害人之自由逾一週，

　　2. 以其犯行或犯行實行中之行爲致被害人健康上之重大傷害，

(4) 其犯行或犯行實行中之行爲致被害人死亡者，處三年以上自由刑。

(5) 於第3項情形犯行情節較輕者，處六月以上五年以下自由刑。於第4項情形犯行情節較輕者，處一年以上十年以下自由刑。

§ 239　Freiheitsberaubung

(1) Wer einen Menschen einsperrt oder auf andere Weise der Freiheit beraubt, wird mit Freiheitsstrafe bis zu fünf Jahren oder mit Geldstrafe bestraft.

(2) Der Versuch ist strafbar.

(3) Auf Freiheitsstrafe von einem Jahr bis zu zehn Jahren ist zu erkennen, wenn der Täter

　1. das Opfer länger als eine Woche der Freiheit beraubt oder

　2. durch die Tat oder eine während der Tat begangene Handlung eine schwere Gesundheitsschädigung des Opfers verursacht.

(4) Verursacht der Täter durch die Tat oder eine während der Tat begangene Handlung den Tod des Opfers, so ist die Strafe Freiheitsstrafe nicht unter drei Jahren.

(5) In minder schweren Fällen des Absatzes 3 ist auf Freiheitsstrafe von sechs Monaten bis zu fünf Jahren, in minder schweren Fällen des Absatzes 4 auf Freiheitsstrafe von einem Jahr bis zu zehn Jahren zu erkennen.

解析

1. 本罪之保護法益，為個人持續性之活動自由、所謂「活動地點遷移」之自由（BGH 32, 189）、個人關於其停留地點之自我決定權或個人現實之持續行動意志。

2. 本條規定之構成要件行為，為對個人行動自由之侵害，並藉此一侵害剝奪人之行動自由。當被害人之持續行動意志業已形成，但該抑制之實現，卻因行為人之行為而受有妨礙時，即屬既遂。

第239a條　　擄人勒贖罪

(1) 擄人，或利用被害人對自己或他人對被害人安危之擔憂達恐嚇（第253條）之目的，或為達此種恐嚇之目的，利用其此種行為所生之他人處境而擄人者，處五年以上自由刑。

(2) 犯行情節較輕者，處一年以上自由刑。

(3) 行爲人至少是重大過失之，以其犯行致被害人死亡者，處終身自由刑或十年以上自由刑。

(4) 行爲人放棄所要求之給付，使被害人回歸其原本生活領域者，法院得依第49條第1項減輕其刑。被害人回歸其原本生活領域，非行爲人之參與所致，而行爲人已盡誠摯之努力使被害人回歸其原本生活領域者，亦同。

§ 239a Erpresserischer Menschenraub

(1) Wer einen Menschen entführt oder sich eines Menschen bemächtigt, um die Sorge des Opfers um sein Wohl oder die Sorge eines Dritten um das Wohl des Opfers zu einer Erpressung (§ 253) auszunutzen, oder wer die von ihm durch eine solche Handlung geschaffene Lage eines Menschen zu einer solchen Erpressung ausnutzt, wird mit Freiheitsstrafe nicht unter fünf Jahren bestraft.

(2) In minder schweren Fällen ist die Strafe Freiheitsstrafe nicht unter einem Jahr.

(3) Verursacht der Täter durch die Tat wenigstens leichtfertig den Tod des Opfers, so ist die Strafe lebenslange Freiheitsstrafe oder Freiheitsstrafe nicht unter zehn Jahren.

(4) Das Gericht kann die Strafe nach § 49 Abs. 1 mildern, wenn der Täter das Opfer unter Verzicht auf die erstrebte Leistung in dessen Lebenskreis zurückgelangen läßt. Tritt dieser Erfolg ohne Zutun des Täters ein, so genügt sein ernsthaftes Bemühen, den Erfolg zu erreichen.

解析

1. 本罪之保護法益，主要爲被擄者之不受侵犯自由，亦即其生理與心理之完整性，另兼及財產權之保障。

2. 由保護法益觀之，本條第1項規定之行爲，屬抽象危險犯。

3. 本條第1項所涵蓋之行爲要素有二，其一爲以強暴手段實施違反被害

人意願之綁架行為，使被害人被帶往行為人所得控制之地點或特定區域；其二為基於恐嚇目的擄人行為，係指非綁架行為，但對被害人施以持續性之心理強暴手段，以控制被害人，但並不以地點之變更為必要者。

第239b條　　恐嚇性之擄人罪

(1) 綁架人或擄人，且藉由被害人死亡、身體上重大傷害或持續逾一週剝奪其自由之脅迫（第226條）以強制他人作為、忍讓或不作為者，或為達此種強制之目之，利用其此種行為所生之他人處境者，處五年以上自由刑。

(2) 第239a條第2至4項之規定，於本條之罪準用之。

§ 239b Geiselnahme

(1) Wer einen Menschen entführt oder sich eines Menschen bemächtigt, um ihn oder einen Dritten durch die Drohung mit dem Tod oder einer schweren Körperverletzung (§ 226) des Opfers oder mit dessen Freiheitsentziehung von über einer Woche Dauer zu einer Handlung, Duldung oder Unterlassung zu nötigen, oder wer die von ihm durch eine solche Handlung geschaffene Lage eines Menschen zu einer solchen Nötigung ausnutzt, wird mit Freiheitsstrafe nicht unter fünf Jahren bestraft.

(2) § 239a Abs. 2 bis 4 gilt entsprechend.

解析

1. 本罪之保護法益，原則上與前條相同，但本條特別強調對於被害人之身體完整性保護。

2. 本罪之客觀行為，原則上與前條相同，但主觀故意須包含一雙重意圖，其一為對被害人或第三人之恐嚇意圖，其二為強制被害人為特定作為或不作為之意圖。

第239c條　　行為監督

於第239a條及239b條之情形，法院得宣告行為監督（第68條第1項）。

§ 239c　Führungsaufsicht

In den Fällen der §§ 239a und 239b kann das Gericht Führungsaufsicht anordnen (§ 68 Abs. 1).

引導監督處分之適用，詳見第68條以下之規定。

第240條　　強制罪

(1) 違法以強暴或可感受惡害之脅迫強制他人作為、忍讓或不作為者，處三年以下自由刑或罰金。
(2) 對所追求目之所強暴或痛苦之脅迫得視為可非難者，其行為為違法。
(3) 第1項之未遂罰之。
(4) 犯行情節特別嚴重者，處六月以上五年以下自由刑。行為人有下列情形之一者，原則上為犯行情節特別嚴重者：
　　1. 強制懷胎婦女墮胎或，
　　2. 濫用其作為公務員之權限或地位。

§ 240　Nötigung

(1) Wer einen Menschen rechtswidrig mit Gewalt oder durch Drohung mit einem empfindlichen Übel zu einer Handlung, Duldung oder Unterlassung nötigt, wird mit Freiheitsstrafe bis zu drei Jahren oder mit Geldstrafe bestraft.
(2) Rechtswidrig ist die Tat, wenn die Anwendung der Gewalt oder die Androhung des Übels zu dem angestrebten Zweck als verwerflich anzusehen ist.

(3) Der Versuch ist strafbar.

(4) In besonders schweren Fällen ist die Strafe Freiheitsstrafe von sechs Monaten bis zu fünf Jahren. Ein besonders schwerer Fall liegt in der Regel vor, wenn der Täter

1. eine Schwangere zum Schwangerschaftsabbruch nötigt oder

2. seine Befugnisse oder seine Stellung als Amtsträger mißbraucht.

解析

1. 本條為2016年11月10日修正通過之版本。

2. 本罪之保護法益，為意思決定及意思實現之自由。因此，本條原則上僅適用於被害人為自然人之情形，依一般之見解，亦僅適用於法律所加以保障之自由。

3. 本條規定為結果犯，行為要素為屬於法概念之「強制」行為，意指行為人強迫他人違反其意願之下而為特定行為。易言之，在此可評價為強制行為者，須一方面有違反被害人意願之情形，他方面有藉其行為指向某一被害人行為之情形，始足成立。

4. 本條規定之強制行為是否不法，基於第2項規定中之可非難性條款，須進一步積極地審酌其違法性是否存在。而何謂「可非難」，一般係指在衡量行為與目的間之「手段與目的關係」後，行為具有「社會違反性」而言。

第241條　　恐嚇罪

(1) 以對他人或其親近之人犯罪之事，恐嚇他人者，處一年以下自由刑或罰金。

(2) 違背良知向他人謊稱，對他人或其親近之人犯罪者，亦同。

§ 241 Bedrohung

(1) Wer einen Menschen mit der Begehung eines gegen ihn oder eine ihm nahestehende Person gerichteten Verbrechens bedroht, wird mit Freiheitsstrafe bis zu einem Jahr oder mit Geldstrafe bestraft.

(2) Ebenso wird bestraft, wer wider besseres Wissen einem Menschen vortäuscht, daß die Verwirklichung eines gegen ihn oder eine ihm nahestehende Person gerichteten Verbrechens bevorstehe.

 解 析

1. 本罪之保護法益，為個人安全之信賴保障，為抽象危險犯。

2. 本條第1項規定恐嚇行為之成立，以其恐嚇內容為犯罪之實行而為之者為限。

第241a條　　政治上誣陷罪

(1) 藉由舉報他人或使他人產生嫌疑，因而陷於基於政治因素而受追訴，且在此於違反法治國原則之情形下，經由暴力或恣意措施而遭受身體或生命上之傷害，或剝奪其自由，或使其職業上或經濟上地位受到明顯妨害之危險者，處五年以下自由刑或罰金。

(2) 通報或轉知關於他人之情事，並因此致他人陷於第1項所訂之政治追訴危險者，亦同。

(3) 前2項之未遂罰之。

(4) 於對他人之舉報、使他人產生嫌疑過程或通報中提出不實主張，或意圖引發第1項中之任一結果，或其他特別嚴重之情形者，處一年以上十年以下自由刑。

§ 241a Politische Verdächtigung

(1) Wer einen anderen durch eine Anzeige oder eine Verdächtigung der Gefahr aussetzt, aus politischen Gründen verfolgt zu werden und hierbei

im Widerspruch zu rechtsstaatlichen Grundsätzen durch Gewalt- oder Willkürmaßnahmen Schaden an Leib oder Leben zu erleiden, der Freiheit beraubt oder in seiner beruflichen oder wirtschaftlichen Stellung empfindlich beeinträchtigt zu werden, wird mit Freiheitsstrafe bis zu fünf Jahren oder mit Geldstrafe bestraft.

(2) Ebenso wird bestraft, wer eine Mitteilung über einen anderen macht oder übermittelt und ihn dadurch der in Absatz 1 bezeichneten Gefahr einer politischen Verfolgung aussetzt.

(3) Der Versuch ist strafbar.

(4) Wird in der Anzeige, Verdächtigung oder Mitteilung gegen den anderen eine unwahre Behauptung aufgestellt oder ist die Tat in der Absicht begangen, eine der in Absatz 1 bezeichneten Folgen herbeizuführen, oder liegt sonst ein besonders schwerer Fall vor, so kann auf Freiheitsstrafe von einem Jahr bis zu zehn Jahren erkannt werden.

解析

1. 本罪之保護法益，相當廣泛，涵蓋生命、身體完整性、自由及財產。

2. 本條為具體危險犯，其行為為「舉報他人」或「使他人產生嫌疑」，此行為必須導致他人因而陷於違反法治國之追訴此一具體危險結果，始足以該當本罪。

第十九章　竊盜及侵占之犯罪

Neunzehnter Abschnitt Diebstahl
und Unterschlagung

第242條　竊盜罪

(1) 意圖為自己或第三人不法之所有，而竊取他人之動產者，處五年以下自由刑或罰金。

(2) 前項之未遂罰之。

§ 242 Diebstahl

(1) Wer eine fremde bewegliche Sache einem anderen in der Absicht wegnimmt, die Sache sich oder einem Dritten rechtswidrig zuzueignen, wird mit Freiheitsstrafe bis zu fünf Jahren oder mit Geldstrafe bestraft.

(2) Der Versuch ist strafbar.

解析

1. 本罪之保護法益，為財產法益。依德國多數說認為，所謂「持有」關係，亦為本罪之直接或間接保護法益之一。因此，竊盜罪之侵害對象，不僅止於財產所有權人，亦及於持有人。

2. 本條之構成要件行為為竊取他人動產之行為，其係經由破壞原本之持有關係，並建立行為人自己或他人之持有關係而構成。

3. 主觀上行為人須具備竊盜故意及不法所有意圖。所謂不法所有，係指行為人僭越原本物之所有人或持有人之經濟地位，對物建立一類似於所有權人之支配權力。

第243條　　加重竊盜罪

(1) 犯竊盜罪行情節特別嚴重者，處三月以上十年以下自由刑。行爲人有下列情形之一者，原則上爲犯行情節特別嚴重者：

1. 毀越阻止他人進入之設備、爬入、以僞造鑰匙或其他非常規性之開啓工具侵入建築物、辦公或營業處所或其他封閉空間，或隱匿其內而犯之，

2. 竊取由上鎖之存放容器或其他避免被取走之保護設備中所防護之物品，

3. 常業性地爲竊取行爲，

4. 自教堂或其他宗教服務之建築或空間竊取獻予宗教儀式進行或用作宗教崇拜之物，

5. 竊取位於公眾可進入之收藏館或公開展示中，對學術、藝術、歷史或科技發展有重要性之物，

6. 利用他人陷於無助地位、意外或一般性危險而竊取，

7. 竊取依武器法應取得持有許可之手持式輕型火藥武器、機關槍、衝鋒槍、全自動或半自動步槍、含有火藥且符合作戰武器管制法意義之作戰武器或火藥，

(2) 如所竊取之物價值輕微者，可排除第1項後段第1至6款犯行情節特別嚴重之情形。

§ 243 Besonders schwerer Fall des Diebstahls

(1) In besonders schweren Fällen wird der Diebstahl mit Freiheitsstrafe von drei Monaten bis zu zehn Jahren bestraft. Ein besonders schwerer Fall liegt in der Regel vor, wenn der Täter

1. zur Ausführung der Tat in ein Gebäude, einen Dienst- oder Geschäftsraum oder in einen anderen umschlossenen Raum einbricht, einsteigt, mit einem falschen Schlüssel oder einem anderen nicht zur ordnungsmäßigen Öffnung bestimmten Werkzeug eindringt oder sich in dem Raum verborgen hält,

2. eine Sache stiehlt, die durch ein verschlossenes Behältnis oder eine

andere Schutzvorrichtung gegen Wegnahme besonders gesichert ist,

3. gewerbsmäßig stiehlt,

4. aus einer Kirche oder einem anderen der Religionsausübung dienenden Gebäude oder Raum eine Sache stiehlt, die dem Gottesdienst gewidmet ist oder der religiösen Verehrung dient,

5. eine Sache von Bedeutung für Wissenschaft, Kunst oder Geschichte oder für die technische Entwicklung stiehlt, die sich in einer allgemein zugänglichen Sammlung befindet oder öffentlich ausgestellt ist,

6. stiehlt, indem er die Hilflosigkeit einer anderen Person, einen Unglücksfall oder eine gemeine Gefahr ausnutzt oder

7. eine Handfeuerwaffe, zu deren Erwerb es nach dem Waffengesetz der Erlaubnis bedarf, ein Maschinengewehr, eine Maschinenpistole, ein voll- oder halbautomatisches Gewehr oder eine Sprengstoff enthaltende Kriegswaffe im Sinne des Kriegswaffenkontrollgesetzes oder Sprengstoff stiehlt.

(2) In den Fällen des Absatzes 1 Satz 2 Nr. 1 bis 6 ist ein besonders schwerer Fall ausgeschlossen, wenn sich die Tat auf eine geringwertige Sache bezieht.

解析

1. 本條係以例示規定之立法模式，規範竊盜罪之加重形式，並因此附加加重之刑罰效果。

2. 行為人主觀上須以第1項所訂之各款行為為手段，以求竊盜既遂為目的實行該行為，始足當之。

第244條　　持有武器竊盜罪；結夥竊盜罪；侵入住宅竊盜罪

(1) 有下列情形之一者，處六月以上十年以下自由刑：

1. 行竊時行為人或其他參與者

　　a. 持有武器或危險工具，

b.為以強暴或脅迫防止或壓制他人之反抗,而持有其他工具,

2. 以持續從事強盜或竊盜行為之特定團體成員身分,在其他團體成員之參與下犯之,或,

3. 毀越阻止他人進入之設備、爬入、以偽造鑰匙或其他非常規性的開啓工具侵入住宅,或隱匿其內而犯之。

(2) 前項之未遂罰之。

(3) 於第1項第1至3款規定犯行情節較輕者,處三月以上五年以下自由刑。

(4) 依第1項第1至3款規定之侵入住宅竊盜,所涉及為一持續使用之私人住宅者,處一年以上十年以下自由刑。

§ 244 Diebstahl mit Waffen; Bandendiebstahl; Wohnungseinbruchdiebstahl

(1) Mit Freiheitsstrafe von sechs Monaten bis zu zehn Jahren wird bestraft, wer

1. einen Diebstahl begeht, bei dem er oder ein anderer Beteiligter

a) eine Waffe oder ein anderes gefährliches Werkzeug bei sich führt,

b) sonst ein Werkzeug oder Mittel bei sich führt, um den Widerstand einer anderen Person durch Gewalt oder Drohung mit Gewalt zu verhindern oder zu überwinden,

2. als Mitglied einer Bande, die sich zur fortgesetzten Begehung von Raub oder Diebstahl verbunden hat, unter Mitwirkung eines anderen Bandenmitglieds stiehlt oder

3. einen Diebstahl begeht, bei dem er zur Ausführung der Tat in eine Wohnung einbricht, einsteigt, mit einem falschen Schlüssel oder einem anderen nicht zur ordnungsmäßigen Öffnung bestimmten Werkzeug eindringt oder sich in der Wohnung verborgen hält.

(2) Der Versuch ist strafbar.

(3) In minder schweren Fällen des Absatzes 1 Nummer 1 bis 3 ist die Strafe Freiheitsstrafe von drei Monaten bis zu fünf Jahren.

(4) Betrifft der Wohnungseinbruchdiebstahl nach Absatz 1 Nummer 3 eine

dauerhaft genutzte Privatwohnung, so ist die Strafe Freiheitsstrafe von einem Jahr bis zu zehn Jahren.

解析

1. 本條在形式上屬於前條加重竊盜罪的再加重規定，立法者以此一規定所訂之三種不同竊盜類型（攜帶危險物竊盜、竊盜團體、侵入一般住宅竊盜），進一步彰顯了於本條所訂之竊盜行為對於法益侵害更大的危險性與不法內涵。

2. 本條第1項之兩款情形中，對於持有之物品與持有形式有特別的區分。於第a款部分，行為人僅須行竊時單純持有武器或危險工具，即可成罪；至於第b款部分，如行為人行竊時所持有者為其他工具者，必以其持有此一工具係為以強暴或脅迫防止或壓制他人之反抗，始可成罪。

3. 本條第2項所訂之團體，係指數人明示或默示，為持續性地從事竊盜或強盜行為所結合之群體。因此，如有數參與者僅為了單一次竊盜行為而結合，其後又於每次犯行前重新決議、共同參與者，則非屬本項之加重事由。

4. 本條第3項所訂之住宅，係指主要供人居住之封閉式空間，因此不可為辦公、商業或儲存空間。

5. 本條原第4項擴大沒收之規定，業已因應2017年7月1日生效之「刑法財產剝奪改革法案」（Gesetz zur Reform der strafrechtlichen Vermögensabschöpfung）而刪除之。

6. 現行第3、4項規定，係因應2017年7月22日生效之「第55次刑法修正案：侵入住宅竊盜罪」（Fünfundfünfzigstes Gesetz zur Änderung des Strafgesetzbuches - Wohnungseinbruchdiebstahl）所修改及增訂。

第244a條　加重結夥竊盜罪

(1) 以持續從事強盜或竊盜行為之特定團體成員身分，在其他團體成員之參與下，於第243條第1項第2款所訂之條件下，或於第244條第1項第1

款或第3款之情形下，犯竊盜罪者，處一年以上十年以下自由刑。

(2) 於犯行情節較輕者，處六月以上五年以下自由刑。

§ 244a Schwerer Bandendiebstahl

(1) Mit Freiheitsstrafe von einem Jahr bis zu zehn Jahren wird bestraft, wer den Diebstahl unter den in § 243 Abs. 1 Satz 2 genannten Voraussetzungen oder in den Fällen des § 244 Abs. 1 Nr. 1 oder 3 als Mitglied einer Bande, die sich zur fortgesetzten Begehung von Raub oder Diebstahl verbunden hat, unter Mitwirkung eines anderen Bandenmitglieds begeht.

(2) In minder schweren Fällen ist die Strafe Freiheitsstrafe von sechs Monaten bis zu fünf Jahren.

解析

1. 本條所訂之「團體」，並未僅限於「強化組織犯罪抗制法」（OrgKVerbG）中所稱之團體，即令青少年團體亦屬之。

2. 本條行為人之可罰性並不取決於，其他參與之團體成員是否對行為人繫於本條所訂之條件下行動一事有所知悉。

3. 本條原第3項財產刑與擴大沒收之規定，業已因應2017年7月1日生效之「刑法財產剝奪改革法案」（Gesetz zur Reform der strafrechtlichen Vermögensabschöpfung）而刪除之。

第245條　　行為監督

於第242至244a條之情形，法院得宣告行為監督（第68條第1項）。

§ 245 Führungsaufsicht

In den Fällen der §§ 242 bis 244a kann das Gericht Führungsaufsicht anordnen (§ 68 Abs. 1).

引導監督處分之適用，詳見第68條以下之規定。

第246條　　侵占罪

(1) 為自己或第三人不法侵占他人之動產，而其犯行未受其他較重刑度規定處罰者，處三年以下自由刑或罰金。

(2) 前項之物為行為人受託持有者，處五年以下自由刑或罰金。

(3) 前二項之未遂罰之。

§ 246 Unterschlagung

(1) Wer eine fremde bewegliche Sache sich oder einem Dritten rechtswidrig zueignet, wird mit Freiheitsstrafe bis zu drei Jahren oder mit Geldstrafe bestraft, wenn die Tat nicht in anderen Vorschriften mit schwererer Strafe bedroht ist.

(2) Ist in den Fällen des Absatzes 1 die Sache dem Täter anvertraut, so ist die Strafe Freiheitsstrafe bis zu fünf Jahren oder Geldstrafe.

(3) Der Versuch ist strafbar.

---

1. 本罪之保護法益，為財產法益。

2. 依本條現行規定形式觀之，本條目前應屬各式財產犯罪之截阻構成要件。

3. 本條侵占行為之成立，並不取決於行為人是否實際占有或持有行為客體，其應包含不法侵占之所有形式。然而，正因為此一廣泛之適用可能性，學見通說主張應對侵占概念為嚴格解釋，唯有在侵占行為具有持有關聯性時，始足該當，以避免該構成要件行為可被毫無界限地適用。

第247條　　親屬間竊盜

對親屬、監護人、照顧人或與行爲人同居於一家庭共同體之人犯竊盜罪或侵占罪者，須告訴乃論。

§ 247　Haus- und Familiendiebstahl
Ist durch einen Diebstahl oder eine Unterschlagung ein Angehöriger, der Vormund oder der Betreuer verletzt oder lebt der Verletzte mit dem Täter in häuslicher Gemeinschaft, so wird die Tat nur auf Antrag verfolgt.

解析

1. 本條之告訴乃論條件，僅適用於犯竊盜罪與侵占罪之情形。
2. 本條所謂同居於一家庭共同體，須基於其個人自由意願，或出於特定關係之責任所爲之同居關係，譬如家庭、非婚姻狀態下之事實上同居等；但如於軍營或於監獄內之同居關係，則不屬之。

第248條　　刪除

§ 248　weggefallen

第248a條　　價值輕微物品之竊盜與侵占

對價值輕微物品犯第242與246條之罪者，須告訴乃論。但刑事追訴機關基於刑事追訴之特別公共利益考量，認爲有必要依職權介入者，不在此限。

§ 248a　Diebstahl und Unterschlagung geringwertiger Sachen
Der Diebstahl und die Unterschlagung geringwertiger Sachen werden in den Fällen der §§ 242 und 246 nur auf Antrag verfolgt, es sei denn, daß die

Strafverfolgungsbehörde wegen des besonderen öffentlichen Interesses an der Strafverfolgung ein Einschreiten von Amts wegen für geboten hält.

(解)(析)

1. 物品是否價值輕微，依德國法院實務之見解，應取決於其客觀價值，而非主觀價值。
2. 此一價值輕微性，多數係指向該物之流通價值，甚或是出售價格（譬如於商店竊盜之情形）。目前德國最高法院將此一價值輕微之界限訂在二十五歐元。從而，如被竊取或侵占之物品價格逾二十五歐元者，並無本條規定之適用。

第248b條　　動力交通工具無權使用罪

(1) 違反有權利者之意願，使用動力交通工具或腳踏車者，而其犯行未受其他較重刑度規定處罰者，處三年以下自由刑或罰金。
(2) 前項之未遂罰之。
(3) 本條之罪須告訴乃論。
(4) 本條稱動力交通工具者，謂經由機械力行動之車輛，陸上交通工具未與軌道相連結者，屬之。

§ 248b Unbefugter Gebrauch eines Fahrzeugs

(1) Wer ein Kraftfahrzeug oder ein Fahrrad gegen den Willen des Berechtigten in Gebrauch nimmt, wird mit Freiheitsstrafe bis zu drei Jahren oder mit Geldstrafe bestraft, wenn die Tat nicht in anderen Vorschriften mit schwererer Strafe bedroht ist.
(2) Der Versuch ist strafbar.
(3) Die Tat wird nur auf Antrag verfolgt.
(4) Kraftfahrzeuge im Sinne dieser Vorschrift sind die Fahrzeuge, die durch Maschinenkraft bewegt werden, Landkraftfahrzeuge nur insoweit, als sie nicht an Bahngleise gebunden sind.

解析

1. 本條規定處罰動力交通工具或腳踏車之「使用僭越（Gebrauchsanma-βung）」行為，依德國最高法院之見解，本條之規定首先應在於防制對公共安全之危害行為。但本條規定之保護方向則仍有爭議，有認為其所保護之法益為使用權，兼及於財產權。從而，如有財產權人違反正當使用權人之意願，而有使用僭越之行為，亦不構成本條之罪。

2. 所謂使用僭越行為，並不單純指破壞原持有人之持有或佔有，行為人必有將動力交通工具或腳踏車使用為行動工具時，始足當之。

3. 本條規定之「違反有權利者之意願」為構成要件要素，此一構成要件要素是否該當，應與上述使用僭越行為之內涵共同觀察。

4. 本條規定之行為非己手犯之類型，故有其他正犯參與行為之可能。

第248c條　　竊取電能罪

(1) 意圖為自己或第三人不法之所有，以不符規定之能源取出導線自電能設備或裝置竊取他人之電能者，處五年以下自由刑或罰金。

(2) 前項之未遂罰之。

(3) 第247條與第248a條之規定，於本條之罪準用之。

(4) 意圖違法使他人受有損害，犯第1項之罪者，處兩年以下自由刑或罰金。本項之罪須告訴乃論。

§ 248c Entziehung elektrischer Energie

(1) Wer einer elektrischen Anlage oder Einrichtung fremde elektrische Energie mittels eines Leiters entzieht, der zur ordnungsmäßigen Entnahme von Energie aus der Anlage oder Einrichtung nicht bestimmt ist, wird, wenn er die Handlung in der Absicht begeht, die elektrische Energie sich oder einem Dritten rechtswidrig zuzueignen, mit Freiheitsstrafe bis zu fünf Jahren oder mit Geldstrafe bestraft.

(2) Der Versuch ist strafbar.

(3) Die §§ 247 und 248a gelten entsprechend.

(4) Wird die in Absatz 1 bezeichnete Handlung in der Absicht begangen, einem anderen rechtswidrig Schaden zuzufügen, so ist die Strafe Freiheitsstrafe bis zu zwei Jahren oder Geldstrafe. Die Tat wird nur auf Antrag verfolgt.

 解析

1. 本條規定係在1900年時，爲塡補電能不具備物之特性，而無權取用電能行爲無由構成竊盜罪等傳統財產犯罪此一法律漏洞而設。
2. 本條所定之行爲人，仍須具備不法所有之意圖。至本條所指之不法所有意圖，係指其佔有此處作爲行爲客體之電能無法律權源而言；如行爲人對於此一法律權源有所誤認，則屬構成要件錯誤之問題。

第二十章 強盜及恐嚇之犯罪

Zwanzigster Abschnitt Raub und Erpressung

第249條　　強盜罪

(1) 意圖為自己或第三人不法之所有，以強暴、對身體或生命之現在危險為脅迫，而取走他人之動產者，處一年以上自由刑。

(2) 前項犯行情節較輕者，處六月以上五年以下自由刑。

§ 249 Raub

(1) Wer mit Gewalt gegen eine Person oder unter Anwendung von Drohungen mit gegenwärtiger Gefahr für Leib oder Leben eine fremde bewegliche Sache einem anderen in der Absicht wegnimmt, die Sache sich oder einem Dritten rechtswidrig zuzueignen, wird mit Freiheitsstrafe nicht unter einem Jahr bestraft.

(2) In minder schweren Fällen ist die Strafe Freiheitsstrafe von sechs Monaten bis zu fünf Jahren.

解析

1. 本罪之保護法益，為財產法益及自由法益。

2. 本罪之行為客體與第253條不同，並不取決於被取走之物之財產價值。

3. 行為人須以取走他人之物為目的，進而實行強暴或脅迫行為者，始足成罪；而此一強制手段，向物之持有人或欲持有該物之第三人為之均可。

第250條　　加重強盜罪

(1) 犯強盜罪有下列情形之一者，處三年以上自由刑：

　　1. 行為人或其他參與者於強盜時

a. 持有武器或危險工具，

b. 爲以強暴或脅迫防止或壓制他人之反抗，而持有其他工具，

c. 以其犯行致他人陷於重大健康損害之危險，或，

2. 持續從事強盜或竊盜行爲之特定團體成員身分，在其他團體成員之參與下犯之。

(2) 行爲人或參與者犯強盜罪而有下列情形之一者，處五年以上自由刑：

1. 行爲時使用武器或其他危險性工具，

2. 於第1項第2款之情形持有武器或，

3. 對他人

a. 於行爲時爲身體之重大凌虐，

b. 以其行爲致陷於死亡之危險。

(3) 於第1項與第2項之情形犯行情節較輕者，處一年以上十年以下自由刑。

§ 250 Schwerer Raub

(1) Auf Freiheitsstrafe nicht unter drei Jahren ist zu erkennen, wenn

1. der Täter oder ein anderer Beteiligter am Raub

a) eine Waffe oder ein anderes gefährliches Werkzeug bei sich führt,

b) sonst ein Werkzeug oder Mittel bei sich führt, um den Widerstand einer anderen Person durch Gewalt oder Drohung mit Gewalt zu verhindern oder zu überwinden,

c) eine andere Person durch die Tat in die Gefahr einer schweren Gesundheitsschädigung bringt oder

2. der Täter den Raub als Mitglied einer Bande, die sich zur fortgesetzten Begehung von Raub oder Diebstahl verbunden hat, unter Mitwirkung eines anderen Bandenmitglieds begeht.

(2) Auf Freiheitsstrafe nicht unter fünf Jahren ist zu erkennen, wenn der Täter oder ein anderer Beteiligter am Raub

1. bei der Tat eine Waffe oder ein anderes gefährliches Werkzeug verwendet,

2. in den Fällen des Absatzes 1 Nr. 2 eine Waffe bei sich führt oder

3. eine andere Person

   a) bei der Tat körperlich schwer mißhandelt oder

   b) durch die Tat in die Gefahr des Todes bringt.

(3) In minder schweren Fällen der Absätze 1 und 2 ist die Strafe Freiheitsstrafe von einem Jahr bis zu zehn Jahren.

解析

1. 本條係以第249條之構成要件行為作為基本構成要件，變體而成之加重構成要件。加重之基本條件約略有三，其一為行為人於行為時攜帶武器或其他危險工具，其二為集體強盜，其三為其強盜行為致陷於特定危險。其中前二部分之規定，可見第244條之重點說明。

2. 第三部分，則為第1項第1款c與第2項第3款b之規定，兩項均為具體危險犯。因此，須行為人之強盜行為有致他人陷於重大健康損害或陷於死亡之具體危險，始足當之。

3. 至於第2項第3款a所定「於行為時為身體上之重大凌虐」，程度上尚未達到第239條第3項第2款所定「致被害人健康上之重大傷害」之結果，惟仍須致行為客體之身體完整性因明顯之健康後果或明顯之痛苦而有所妨害，始足當之。

第251條　強盜致死罪

行為人至少是重大過失，以其強盜犯行（第249條與第250條）致他人死亡者，處終身自由刑或十年以上自由刑。

§ 251 Raub mit Todesfolge

Verursacht der Täter durch den Raub (§§ 249 und 250) wenigstens leichtfertig den Tod eines anderen Menschen, so ist die Strafe lebenslange Freiheitsstrafe oder Freiheitsstrafe nicht unter zehn Jahren.

1. 本條規定較爲特別者，爲主觀要件上行爲人須至少爲重大過失引發他人之死亡結果，始足成立。至於何謂「重大過失」，可參第15條之規定。
2. 本條依德國實務見解，亦可包含行爲人依其想像，使用暴力作爲取走他人之物之可能手段而故意殺人之情形。

第252條　　準強盜罪（強盜式竊盜）

竊盜時被當場發現，爲保持竊得利益之占有，對人施以強暴或對身體或生命之現在危險爲脅迫者，以強盜論。

§ 252 Räuberischer Diebstahl

Wer, bei einem Diebstahl auf frischer Tat betroffen, gegen eine Person Gewalt verübt oder Drohungen mit gegenwärtiger Gefahr für Leib oder Leben anwendet, um sich im Besitz des gestohlenen Gutes zu erhalten, ist gleich einem Räuber zu bestrafen.

---

1. 本條之適用，以存在一竊盜前行爲爲前提，因此適格之行爲人，僅有爲竊盜之行爲人或其共同正犯。
2. 本條之強暴或脅迫行爲，依德國實務之見解，必以行爲人仍在竊盜地點附近、最遲於竊盜行爲實施後即實行，並且仍處於持有竊盜物之情形者爲限。

第253條　　恐嚇罪

(1) 違法以強暴或可感受惡害之脅迫強制他人作爲、忍讓或不作爲，使被強制者或他人之財產受有不利益，而使自己或第三人受有不法利益者，處五年以下自由刑或罰金。

(2) 對所追求目之所施加之暴力運用或痛苦之脅迫得視爲可非難者，其行
　　爲爲違法。

(3) 第1項之未遂罰之。

(4) 犯行情節特別嚴重者，處一年以上自由刑。行爲人以第1項之行爲爲
　　業，或以持續從事恐嚇行爲之特定團體成員身分犯之，原則上爲犯行
　　情節特別嚴重者。

§ 253　Erpressung

(1) Wer einen Menschen rechtswidrig mit Gewalt oder durch Drohung mit
einem empfindlichen Übel zu einer Handlung, Duldung oder Unterlassung
nötigt und dadurch dem Vermögen des Genötigten oder eines anderen
Nachteil zufügt, um sich oder einen Dritten zu Unrecht zu bereichern, wird
mit Freiheitsstrafe bis zu fünf Jahren oder mit Geldstrafe bestraft.

(2) Rechtswidrig ist die Tat, wenn die Anwendung der Gewalt oder die
Androhung des Übels zu dem angestrebten Zweck als verwerflich anzusehen
ist.

(3) Der Versuch ist strafbar.

(4) In besonders schweren Fällen ist die Strafe Freiheitsstrafe nicht unter
einem Jahr. Ein besonders schwerer Fall liegt in der Regel vor, wenn der
Täter gewerbsmäßig oder als Mitglied einer Bande handelt, die sich zur
fortgesetzten Begehung einer Erpressung verbunden hat.

解析

1. 本條爲財產犯罪，所規範者爲行爲人藉由構成要件所定之強制行爲爲
　　手段，以獲取利益之情形。至於何爲本條所定之財產概念與財產損害
　　概念，則可參照第263條之規定。

2. 本條規定如同第263條之規定，亦包含「三方恐嚇」之情形，亦即被強
　　制之人與受財產損害之人得不相同，惟該二人間應具備一定之親近關
　　係，始足當之。

第254條 刪除

§ 254 weggefallen

第255條 準強盜罪（強盜式恐嚇）
以對人施以強暴或對身體或生命之現在危險為脅迫，犯恐嚇罪者，以強盜論。

§ 255 Räuberische Erpressung
Wird die Erpressung durch Gewalt gegen eine Person oder unter Anwendung von Drohungen mit gegenwärtiger Gefahr für Leib oder Leben begangen, so ist der Täter gleich einem Räuber zu bestrafen.

 解析

1. 本條為第253條恐嚇罪之加重構成要件。
2. 強暴行為所針對之對象，須為人。至於脅迫之內容，須為對人之身體或生命之現在危險。此種現在危險，亦包括持續性之危險。

第256條 行為監督
於第249至255條之情形，法院得宣告行為監督（第68條第1項）。

§ 256 Führungsaufsicht
In den Fällen der §§ 249 bis 255 kann das Gericht Führungsaufsicht anordnen (§ 68 Abs. 1).

解析

1. 行為監督處分之適用，詳見第68條以下之規定。

2. 本條原第2項財產刑與擴大沒收之規定，業已因應2017年7月1日生效之「刑法財產剝奪改革法案（Gesetz zur Reform der strafrechtlichen Vermögensabschöpfung）」而刪除之。

第二十一章　包庇犯罪利益及贓物之犯罪
Einundzwanzigster Abschnitt Begünstigung und Hehlerei

第257條　　包庇犯罪利益罪

(1) 意圖確保他人違法犯行所得之利益，予以幫助者，處五年以下自由刑或罰金。

(2) 前項處罰之刑度，不得高於在前之違法犯行之處罰。

(3) 因參與在前之違法犯行而可罰者，其包庇他人犯罪利益之行為，不罰。但教唆未參與在前違法犯行之人，包庇他人犯罪利益者，不在此限。

(4) 本條包庇犯罪利益之罪，如包庇者作為在前之違法犯行之正犯或共犯須告訴乃論、具有授權或請求乃論，始得追訴者，亦須告訴乃論、具有授權或請求乃論，始得追訴。第248a條規定之意義，在此亦得適用。

§ 257 Begünstigung

(1) Wer einem anderen, der eine rechtswidrige Tat begangen hat, in der Absicht Hilfe leistet, ihm die Vorteile der Tat zu sichern, wird mit Freiheitsstrafe bis zu fünf Jahren oder mit Geldstrafe bestraft.

(2) Die Strafe darf nicht schwerer sein als die für die Vortat angedrohte Strafe.

(3) Wegen Begünstigung wird nicht bestraft, wer wegen Beteiligung an der Vortat strafbar ist. Dies gilt nicht für denjenigen, der einen an der Vortat Unbeteiligten zur Begünstigung anstiftet.

(4) Die Begünstigung wird nur auf Antrag, mit Ermächtigung oder auf Strafverlangen verfolgt, wenn der Begünstiger als Täter oder Teilnehmer der Vortat nur auf Antrag, mit Ermächtigung oder auf Strafverlangen verfolgt werden könnte. § 248a gilt sinngemäß.

解析

1. 本條所定之構成要件行為，本質上係將前已存在之違法行為之事後幫助行為，獨立為一正犯行為之規定，從而其刑度依第2項之規定，不得高於在前之違法行為之處罰。

2. 第1項之成立，以存在一他人之違法行為，而此一違法行為應為或已為前行為人帶來特定利益者為限。單純之秩序違反之行為，則不包含在此一違法行為之範疇內。

3. 本條所定之行為為故意犯，原則上間接故意亦可滿足於此項主觀要件之要求。然而，有學說見解認為，應可將聯邦憲法法院判決（BverfGE 110, 226）對第261條洗錢罪所發展之基礎原則應用於本罪（詳見第261條之重點說明），則刑事辯護人之行為如有涉及此一規定時，則應以該辯護人具有直接故意為限。

第258條　　妨礙刑罰罪

(1) 對他人依刑法將因違法行為而受處罰或處分（第11條第1項第8款）之宣告，有意或明知地全部或一部加以妨礙者，處五年以下自由刑或罰金。

(2) 對他人將受被宣告刑罰或處分之執行，有意或明知地全部或一部加以妨礙者，亦同。

(3) 前2項處罰之刑度，不得高於在前之違法犯行之處罰。

(4) 第1、2項之未遂罰之。

(5) 犯妨礙刑罰，而欲以其犯行同時全部或一部妨礙對其自己之處罰或處分之宣告、或被宣告刑罰或處分之執行者，其犯妨礙刑罰之部分，不罰。

(6) 為利於親屬而犯本條之罪者，免除其刑。

§ 258 Strafvereitelung

(1) Wer absichtlich oder wissentlich ganz oder zum Teil vereitelt, daß ein anderer dem Strafgesetz gemäß wegen einer rechtswidrigen Tat bestraft

oder einer Maßnahme (§ 11 Abs. 1 Nr. 8) unterworfen wird, wird mit Freiheitsstrafe bis zu fünf Jahren oder mit Geldstrafe bestraft.

(2) Ebenso wird bestraft, wer absichtlich oder wissentlich die Vollstreckung einer gegen einen anderen verhängten Strafe oder Maßnahme ganz oder zum Teil vereitelt.

(3) Die Strafe darf nicht schwerer sein als die für die Vortat angedrohte Strafe.

(4) Der Versuch ist strafbar.

(5) Wegen Strafvereitelung wird nicht bestraft, wer durch die Tat zugleich ganz oder zum Teil vereiteln will, daß er selbst bestraft oder einer Maßnahme unterworfen wird oder daß eine gegen ihn verhängte Strafe oder Maßnahme vollstreckt wird.

(6) Wer die Tat zugunsten eines Angehörigen begeht, ist straffrei.

解析

1. 本罪之保護法益，為刑事司法。

2. 本條行為與第257條相同，均以存在一他人之違法行為為前提。不同者，為本條為結果犯，且不以前行為人是否因其違法行為受有利益為限。甚且，本條既規定所妨礙者為刑罰之實現，則前行為並不得僅為一違法行為，而須更為一可受刑罰宣告之有責行為。

3. 本條構成要件行為，為妨礙刑罰之科處或宣告。惟行為係屬法律上所認可，且仍在社會交流上普遍之範疇內所為之社會相當行為，將不構成本條所定之構成要件行為。

4. 與本條相關且較為特殊之案例，為刑事辯護人如以可能不正確、有疑慮或不適當之理由為被告提起上訴者，是否該當本罪？一般之見解認為，刑事辯護人並未被禁止藉由上訴以阻礙刑事程序之進行；此種行為固然有濫用程序權之疑慮，然應未達可罰之程度。

第258a條　　公務員妨礙刑罰罪

(1) 公務員於刑事程序或宣告處分（第11條第1項第8款）程序中，參與第258條第1項之犯行，或於刑罰或保安處分之執行程序中，參與第258條第2項之犯行，處六月以上五年以下自由刑。犯行情節較輕者，處三年以下自由刑或罰金。

(2) 前項之未遂罰之。

(3) 第258條第3項與第6項不適用之。

§ 258a Strafvereitelung im Amt

(1) Ist in den Fällen des § 258 Abs. 1 der Täter als Amtsträger zur Mitwirkung bei dem Strafverfahren oder dem Verfahren zur Anordnung der Maßnahme (§ 11 Abs. 1 Nr. 8) oder ist er in den Fällen des § 258 Abs. 2 als Amtsträger zur Mitwirkung bei der Vollstreckung der Strafe oder Maßnahme berufen, so ist die Strafe Freiheitsstrafe von sechs Monaten bis zu fünf Jahren, in minder schweren Fällen Freiheitsstrafe bis zu drei Jahren oder Geldstrafe.

(2) Der Versuch ist strafbar.

(3) § 258 Abs. 3 und 6 ist nicht anzuwenden.

解析

1. 本條為身分犯之規定，行為人僅得為參與構成要件所定程序之公務員。

2. 依德國實務見解，本條之主觀要件特別要求行為人應認知到，其儘管依其職務有義務作為，但卻違法地使其某人不受法定之處罰或追訴。就此而言，僅有直接故意得以滿足此一要求。

第259條　　贓物罪

(1) 買入、為自己或第三人取得、變賣或幫助變賣他人竊得或以其他針對他人財產違法行為所獲得之物，而使自己或第三人受有利益者，處五年以下自由刑或罰金。

(2) 第247條與第248a條規定之意義，在此亦得適用。

(3) 前兩項之未遂罰之。

§ 259 Hehlerei

(1) Wer eine Sache, die ein anderer gestohlen oder sonst durch eine gegen fremdes Vermögen gerichtete rechtswidrige Tat erlangt hat, ankauft oder sonst sich oder einem Dritten verschafft, sie absetzt oder absetzen hilft, um sich oder einen Dritten zu bereichern, wird mit Freiheitsstrafe bis zu fünf Jahren oder mit Geldstrafe bestraft.

(2) Die §§ 247 und 248a gelten sinngemäß.

(3) Der Versuch ist strafbar.

解析

1. 本條所定之行為客體為物，此所指之物，並不限於可移動之物，惟必以經由竊盜或其他財產犯罪所取得者為限。

2. 本條之贓物行為，與對前財產犯罪行為之參與行為之區隔，在於贓物罪之行為人於取得作為行為客體之物時，前財產犯罪業已既遂。如行為人係於前財產犯罪既遂前取得該物者，則屬該財產犯罪之參與型態。

3. 本罪之主觀要件，除贓物故意外，基於本條規定贓物行為須「使自己或第三人受有利益」，行為人須具備「獲益意圖」，始能滿足本條之主觀要件要求。

第260條　　常業贓物罪；結夥贓物罪

(1) 犯贓物罪而有下列情形之一者，處六月以上十年以下自由刑：

　　1. 行為人以犯贓物罪為業，

　　2. 以持續從事強盜、竊盜或贓物行為之特定團體成員身分犯之。

(2) 前項之未遂犯罰之。

§ 260 Gewerbsmäßige Hehlerei; Bandenhehlerei

(1) Mit Freiheitsstrafe von sechs Monaten bis zu zehn Jahren wird bestraft, wer die Hehlerei

1. gewerbsmäßig oder

2. als Mitglied einer Bande, die sich zur fortgesetzten Begehung von Raub, Diebstahl oder Hehlerei verbunden hat,

begeht.

(2) Der Versuch ist strafbar.

解析

1. 本條為第259條之加重構成要件。

2. 第1項第1款所訂以犯贓物罪為業，係指行為人基於重複犯贓物罪並因此受有利益之意圖，為自己在一定範圍內及持續期間內創造不間斷的收受來源，並因此而行為者，但並不限以犯罪事業為限。

3. 第1項第2款則為集團贓物罪。

4. 本條原第3項財產刑與擴大沒收之規定，業已因應2017年7月1日生效之「刑法財產剝奪改革法案」（Gesetz zur Reform der strafrechtlichen Vermögensabschöpfung）而刪除之。

第260a條　　常業性結夥贓物罪

(1) 以持續從事強盜、竊盜或贓物行為之特定團體成員身分，常業犯贓物罪者，處一年以上十年以下自由刑。

(2) 犯行情節較輕者，處六月以上五年以下有自由刑。

§ 260a Gewerbsmäßige Bandenhehlerei

(1) Mit Freiheitsstrafe von einem Jahr bis zu zehn Jahren wird bestraft, wer die Hehlerei als Mitglied einer Bande, die sich zur fortgesetzten Begehung von Raub, Diebstahl oder Hehlerei verbunden hat, gewerbsmäßig begeht.

(2) In minder schweren Fällen ist die Strafe Freiheitsstrafe von sechs Monaten bis zu fünf Jahren.

解析

1. 本條為前條第1項兩款規定加重條件之綜合。
2. 本條原第3項財產刑與擴大沒收之規定，業已因應2017年7月1日生效之「刑法財產剝奪改革法案」（Gesetz zur Reform der strafrechtlichen Vermögensabschöpfung）而刪除之。

第261條　　洗錢；不法取得財產價值之隱匿

(1) 對由本項後段所訂之違法行為而來之物品，加以隱藏、隱匿其來源或妨礙或危害其來源之偵查、搜尋、物之沒收或此物之安置者，處三月以上五年以下自由刑。前段所稱違法行為者，謂

1. 重罪，
2. 依下列規定之輕罪：
   a. 第108e條、第332條第1項、第3項以及第334條, 以及其各自與第335a條相關連之規定，
   b. 麻醉藥品法第29條第1項第1句第1款與麻醉藥品原物料監控法第19條第1項第1款。
3. 依租稅通則第373條與第374條第2項規定之輕罪，以及其各自與農業共同市場組織暨直接支付措施實行法第12條第1項相關連之規定。
4. 常業犯下列之規定之輕罪，或以持續從事該類行為之特定團體成員身分犯下列規定之輕罪：
   a. 第152a條、第181a條、第232條第1項至第3項第1句與第4項、第232a條第1與2項、第232b條第1項與第2項、第233條第1項至第3項、第233a條第1與2項、第242條、第246條、第253條、第259條、第263條至第264條、第265c條、第266條、第267條、第269

條、第271條、第284條、第299條、第326條第1項、第2項與第4
項以及第348條之規定，

   b.外國人居留法第96條、難民法第84條、租稅通則第370條、有價
證券交易法第38條第1至4項以及商標法第143條、第143a條與第
144條、著作權法第106條至108b條、新型專利法第25條、外觀設
計法第51條與第65條、發明專利法第142條、半導體保護法第10
條以及植物品種保護法第39條。

5. 依第89a條、第89c條、第129條與第129a條第3項、第5項之輕罪，
以及其各自與第129條第1項相關連之規定，以及由犯罪或恐怖組
織成員（第129條、第129a條，其各自與第129b條第1項相關連之規
定）所犯之輕罪。

前段之規定，適用於依租稅通則第370條常業或結夥逃漏稅捐之情形
下，有關逃漏稅捐所節省之開支及不法獲取之稅捐退款與津貼。前段
之規定，於後段第3款之情形，對於逃避稅捐之物，亦適用之。

(2) 對第1項所訂之物有下列情形之一者，亦同：

   1. 為自己或第三人取得或，

   2. 如取得該物時知悉該物之來源時，寄藏或為自己或第三人使用該
物。

(3) 前二項之未遂罰之。

(4) 犯行情節特別嚴重者，處六月以上十年以下自由刑。行為人常業或以
持續從事洗錢行為之特定團體成員身分犯之者，原則上為犯行情節特
別嚴重者。

(5) 於第1項或第2項之情形中，因重大過失而不知物係因第1項所訂違法
行為而來者，處二年以下自由刑或罰金。

(6) 如第三人於洗錢行為前已獲取該物，且並未因此涉犯犯罪行為時，得
不依第2項規定罰之。

(7) 與犯罪行為相關之物，得沒收之。第74a條之規定，適用之。

(8) 以第1項規定所示之方式在國外犯罪所生之物，如該犯罪在犯罪地亦
屬可罰者，等同於第1項、第2項與第5項規定所示之物。

(9) 有下列情形者，不依第1項至第5項之規定處罰：

1. 如自願將其犯行於管轄機關自首，或自願促成此自首，且其犯行於告發時尚未全部或一部被發覺，且其就此已有所知悉，或依事態而為可理解的評估下，已就此有所預期者，並且

2. 於第1項或第2項第1款規定之條件下，與犯罪行為相關之物已受到安置。

基於參與在前之犯罪行為而可罰者，亦不依第1項至第5項之規定處罰。正犯或共犯使由第1項後段所示違法行為而來之物流通於市面，且在此隱匿該物之違法來源者，此一無刑罰性予以排除。

§ 261 Geldwäsche; Verschleierung unrechtmäßig erlangter Vermögenswerte

(1) Wer einen Gegenstand, der aus einer in Satz 2 genannten rechtswidrigen Tat herrührt, verbirgt, dessen Herkunft verschleiert oder die Ermittlung der Herkunft, das Auffinden, die Einziehung oder die Sicherstellung eines solchen Gegenstandes vereitelt oder gefährdet, wird mit Freiheitsstrafe von drei Monaten bis zu fünf Jahren bestraft. Rechtswidrige Taten im Sinne des Satzes 1 sind

1. Verbrechen,

2. Vergehen nach

   a) den §§ 108e, 332 Absatz 1 und 3 sowie § 334, jeweils auch in Verbindung mit § 335a,

   b) § 29 Abs. 1 Satz 1 Nr. 1 des Betäubungsmittelgesetzes und § 19 Abs. 1 Nr. 1 des Grundstoffüberwachungsgesetzes,

3. Vergehen nach § 373 und nach § 374 Abs. 2 der Abgabenordnung, jeweils auch in Verbindung mit § 12 Abs. 1 des Gesetzes zur Durchführung der Gemeinsamen Marktorganisationen und der Direktzahlungen,

4. Vergehen

   a) nach den §§ 152a, 181a, 232 Absatz 1 bis 3 Satz 1 und Absatz 4, § 232a Absatz 1 und 2, § 232 b Absatz 1 und 2 § 233 Absatz 1 bis 3, § 233a Absatz 1 und 2, den §§ 242, 246, 253, 259, 263 bis 264, 265c,

266, 267, 269, 271, 284, 299, 326 Abs. 1, 2 und 4, § 328 Abs. 1, 2 und 4 sowie § 348,

b) nach § 96 des Aufenthaltsgesetzes, § 84 des Asylgesetzes, nach § 370 der Abgabenordnung, nach § 119 Absatz 1 bis 4 des Wertpapierhandelsgesetzes sowie nach den §§ 143, 143a und 144 des Markengesetzes, den §§ 106 bis 108b des Urheberrechtsgesetzes, § 25 des Gebrauchsmustergesetzes, den §§ 51 und 65 des Designgesetzes, § 142 des Patentgesetzes, § 10 des Halbleiterschutzgesetzes und § 39 des Sortenschutzgesetzes,

die gewerbsmäßig oder von einem Mitglied einer Bande, die sich zur fortgesetzten Begehung solcher Taten verbunden hat, begangen worden sind, und

5. Vergehen nach den §§ 89a und 89c und nach den §§ 129 und 129a Abs. 3 und 5, jeweils auch in Verbindung mit § 129b Abs. 1, sowie von einem Mitglied einer kriminellen oder terroristischen Vereinigung (§§ 129, 129a, jeweils auch in Verbindung mit § 129b Abs. 1) begangene Vergehen.

Satz 1 gilt in den Fällen der gewerbsmäßigen oder bandenmäßigen Steuerhinterziehung nach § 370 der Abgabenordnung für die durch die Steuerhinterziehung ersparten Aufwendungen und unrechtmäßig erlangten Steuererstattungen und -vergütungen sowie in den Fällen des Satzes 2 Nr. 3 auch für einen Gegenstand, hinsichtlich dessen Abgaben hinterzogen worden sind.

(2) Ebenso wird bestraft, wer einen in Absatz 1 bezeichneten Gegenstand

1. sich oder einem Dritten verschafft oder

2. verwahrt oder für sich oder einen Dritten verwendet, wenn er die Herkunft des Gegenstandes zu dem Zeitpunkt gekannt hat, zu dem er ihn erlangt hat.

(3) Der Versuch ist strafbar.

(4) In besonders schweren Fällen ist die Strafe Freiheitsstrafe von sechs Monaten bis zu zehn Jahren. Ein besonders schwerer Fall liegt in der Regel

vor, wenn der Täter gewerbsmäßig oder als Mitglied einer Bande handelt, die sich zur fortgesetzten Begehung einer Geldwäsche verbunden hat.

(5) Wer in den Fällen des Absatzes 1 oder 2 leichtfertig nicht erkennt, daß der Gegenstand aus einer in Absatz 1 genannten rechtswidrigen Tat herrührt, wird mit Freiheitsstrafe bis zu zwei Jahren oder mit Geldstrafe bestraft.

(6) Die Tat ist nicht nach Absatz 2 strafbar, wenn zuvor ein Dritter den Gegenstand erlangt hat, ohne hierdurch eine Straftat zu begehen.

(7) Gegenstände, auf die sich die Straftat bezieht, können eingezogen werden. § 74a ist anzuwenden.

(8) Den in den Absätzen 1, 2 und 5 bezeichneten Gegenständen stehen solche gleich, die aus einer im Ausland begangenen Tat der in Absatz 1 bezeichneten Art herrühren, wenn die Tat auch am Tatort mit Strafe bedroht ist.

(9) Nach den Absätzen 1 bis 5 wird nicht bestraft,

1. wer die Tat freiwillig bei der zuständigen Behörde anzeigt oder freiwillig eine solche Anzeige veranlasst, wenn nicht die Tat zu diesem Zeitpunkt bereits ganz oder zum Teil entdeckt war und der Täter dies wusste oder bei verständiger Würdigung der Sachlage damit rechnen musste, und

2. in den Fällen des Absatzes 1 oder des Absatzes 2 unter den in Nummer 1 genannten Voraussetzungen die Sicherstellung des Gegenstandes bewirkt, auf den sich die Straftat bezieht.

Nach den Absätzen 1 bis 5 wird außerdem nicht bestraft, wer wegen Beteiligung an der Vortat strafbar ist. Eine Straflosigkeit nach Satz 2 ist ausgeschlossen, wenn der Täter oder Teilnehmer einen Gegenstand, der aus einer in Absatz 1 Satz 2 genannten rechtswidrigen Tat herrührt, in den Verkehr bringt und dabei die rechtswidrige Herkunft des Gegenstandes verschleiert.

1. 本條為2016年10月15日生效之條文，並配合2017年4月19日生效之「第51次刑法修正法案：運動賭博詐欺與職業運動競賽操控之可罰性」（Einundfünfzigstes Gesetz zur Änderung des Strafgesetzbuches -Strafbarkeit von Sportwettbetrug und der Manipulation von berufssportlichen Wettbewerben）有所修正法條內容

2. 本條之保護法益仍有高度爭議。依立法理由本條所保護者為司法及偵查利益，此外，依一般見解認為，除上述法益外，洗錢罪尚保護前行為所侵害之法益。此外，尚有部分見解主張洗錢罪亦保護經濟、金融流通或內部安全。

3. 立法者對本條之立法，主要採取所謂之來源原則，而僅部分採取所謂組織原則。因此，本條之行為客體，原則上須以從第1項後段各款所訂之不法前行為而來之物品為限。

4. 有關於第2項第1款規定之合憲性，聯邦憲法法院認為，刑事辯護人只有於收取委任酬金時，「明確知悉」該酬金來自於第1項所訂之各款不法前行為者，始得以該款規定加以處罰，否則該款規定即有不合比例地侵害職業自由之疑慮（BverfGE 110, 226, 262 ff.）。因此，第2項第1款規定之行為，僅限於行為人具備直接故意之情形，始得成立。

5. 本條原第7項後段擴大沒收之規定，業已因應2017年7月1日生效之「刑法財產剝奪改革法案」（Gesetz zur Reform der strafrechtlichen Vermögensabschöpfung）而刪除之。

第262條　　行為監督

於第259至261條之情形，法院得宣告行為監督（第68條第1項）。

§ 262 Führungsaufsicht

In den Fällen der §§ 259 bis 261 kann das Gericht Führungsaufsicht anordnen (§ 68 Abs. 1).

行為監督處分之適用，詳見第68條以下之規定。

第二十二章　詐欺及背信之犯罪

Zweiundzwanzigster Abschnitt
Betrug und Untreue

第263條　　詐欺罪

(1) 意圖為自己或第三人獲取違法財產利益，捏造不實情事或扭曲、隱匿真實情事，導致他人產生錯誤或維持此一錯誤，而損害他人財產者，處五年以下自由刑或罰金。

(2) 前項之未遂罰之。

(3) 犯行情節特別嚴重者，處六月以上十年以下自由刑。行為人有下列情形之一者，原則上為犯行情節特別嚴重者：

　　1. 常業或以持續從事偽造文書或詐欺行為之特定團體成員身分犯之，

　　2. 導致大規模財產損失，或意圖使多數人因詐欺的持續進行陷於財產價值損失的危險而犯之，

　　3. 使他人陷於經濟危急狀況，

　　4. 濫用其職權或其作為公務員或歐盟公務員之地位，

　　5. 自己或他人燒毀有重要價值之物或放火使之全部或一部毀損，或使船隻沈沒或擱淺，而捏造保險事件。

(4) 第243條第2項以及第247條與第248a條之規定，於本條之罪準用之。

(5) 以持續從事第263條至第264條或第267條至第269條之犯罪行為之特定團體成員身分，常業犯之者，處一年以上十年以下自由刑，犯行情節較輕者，處六月以上五年以下自由刑。

(6) 法院得宣告行為監督（第68條第1項）。

§ 263 Betrug

(1) Wer in der Absicht, sich oder einem Dritten einen rechtswidrigen Vermögensvorteil zu verschaffen, das Vermögen eines anderen dadurch beschädigt, daß er durch Vorspiegelung falscher oder durch Entstellung oder

Unterdrückung wahrer Tatsachen einen Irrtum erregt oder unterhält, wird mit Freiheitsstrafe bis zu fünf Jahren oder mit Geldstrafe bestraft.

(2) Der Versuch ist strafbar.

(3) In besonders schweren Fällen ist die Strafe Freiheitsstrafe von sechs Monaten bis zu zehn Jahren. Ein besonders schwerer Fall liegt in der Regel vor, wenn der Täter

1. gewerbsmäßig oder als Mitglied einer Bande handelt, die sich zur fortgesetzten Begehung von Urkundenfälschung oder Betrug verbunden hat,

2. einen Vermögensverlust großen Ausmaßes herbeiführt oder in der Absicht handelt, durch die fortgesetzte Begehung von Betrug eine große Zahl von Menschen in die Gefahr des Verlustes von Vermögenswerten zu bringen,

3. eine andere Person in wirtschaftliche Not bringt,

4. seine Befugnisse oder seine Stellung als Amtsträger oder Europäischer Amtsträger mißbraucht oder

5. einen Versicherungsfall vortäuscht, nachdem er oder ein anderer zu diesem Zweck eine Sache von bedeutendem Wert in Brand gesetzt oder durch eine Brandlegung ganz oder teilweise zerstört oder ein Schiff zum Sinken oder Stranden gebracht hat.

(4) § 243 Abs. 2 sowie die §§ 247 und 248a gelten entsprechend.

(5) Mit Freiheitsstrafe von einem Jahr bis zu zehn Jahren, in minder schweren Fällen mit Freiheitsstrafe von sechs Monaten bis zu fünf Jahren wird bestraft, wer den Betrug als Mitglied einer Bande, die sich zur fortgesetzten Begehung von Straftaten nach den §§ 263 bis 264 oder 267 bis 269 verbunden hat, gewerbsmäßig begeht.

(6) Das Gericht kann Führungsaufsicht anordnen (§ 68 Abs. 1).

 解析

1. 本條保護法益爲財產法益，在此之財產概念係指依法秩序而歸屬於個人、作爲全部經濟利益之總體展現之內涵。

2. 本條之構成要件行為係行為人施用詐術陷自然人於錯誤之行為，行為結果為被詐欺者陷於錯誤之情形，行為人必須就此受有財產上利益，並導致被詐欺者受有財產上之損害。在各該要素之間，必須具備因果關係。其中，施用詐術之概念於構成要件中並未明白規定，然於各該構成要件要素之關連性可得推知。

3. 本條為故意犯，且行為人須另外具備為自己或第三人獲取違法財產利益之意圖。

4. 本條原第7項財產刑與擴大沒收之規定，業已因應2017年7月1日生效之「刑法財產剝奪改革法案」（Gesetz zur Reform der strafrechtlichen Vermögensabschöpfung）而刪除之。

第263a條　　電腦詐欺罪

(1) 意圖為自己或第三人獲取違法財產利益，透過程式之不正確形成、不正確或不完整資料之使用、資料之無權使用或其他對流程的無權作用影響資料處理之結果，而損害他人財產者，處五年以下自由刑或罰金。

(2) 第263條第2項至第6項之規定準用之。

(3) 製作、為自己或第三人取得、提供、留存或轉讓他人以犯本條之罪為目的之程式，以預備犯第1項之罪者，處三年以下自由刑或罰金。

(4) 第149條第2項與第3項之規定，於第3項之情形準用之。

§ 263a Computerbetrug

(1) Wer in der Absicht, sich oder einem Dritten einen rechtswidrigen Vermögensvorteil zu verschaffen, das Vermögen eines anderen dadurch beschädigt, daß er das Ergebnis eines Datenverarbeitungsvorgangs durch unrichtige Gestaltung des Programms, durch Verwendung unrichtiger oder unvollständiger Daten, durch unbefugte Verwendung von Daten oder sonst durch unbefugte Einwirkung auf den Ablauf beeinflußt, wird mit Freiheitsstrafe bis zu fünf Jahren oder mit Geldstrafe bestraft.

(2) § 263 Abs. 2 bis 6 gilt entsprechend.

(3) Wer eine Straftat nach Absatz 1 vorbereitet, indem er Computerprogramme, deren Zweck die Begehung einer solchen Tat ist, herstellt, sich oder einem anderen verschafft, feilhält, verwahrt oder einem anderen überlässt, wird mit Freiheitsstrafe bis zu drei Jahren oder mit Geldstrafe bestraft.

(4) In den Fällen des Absatzes 3 gilt § 149 Abs. 2 und 3 entsprechend.

解析

1. 本條規定係為填補以不正方式操控電腦進而獲利之行為，無法以第263條詐欺罪規範之漏洞。其保護法益則與第263條相同，均為個人財產法益。

2. 本罪構成要件行為之客體為「資料運作過程」，然而，在此所稱之資料概念，與第202a條之資料概念有所不同。在本條規定中，資料係指在自動化運作過程中編碼化之資訊。

3. 依德國通說與實務之見解，構成要件行為「無權使用」之「無權」，必須朝向詐欺的特性加以解釋。因此，如資料之使用相對於自然人而言也具有施用詐術之特性時，即屬無權。

第264條　補助詐欺罪

(1) 有下列情形之一者，處五年以下自由刑或罰金：

1. 對補助同意主管機關或其他於介入補助程序之職位或人員（補助人）就對自己或他人之補助重要事項為不正確或不完整陳述，而該陳述係對自己或他人有利者，

2. 因補助所得之物或金錢給付基於法律規定或補助人有所限制，而違反其使用限制而使用者，

3. 違反關於補助發給法律規定，致補助人不知補助之重要事項者或，

4. 於補助程序中，使用以不正確或不完整陳述所獲取之受補助權證明或補助之重要事項證明者。

(2) 犯行情節特別嚴重者，處六月以上十年以下自由刑。行為人有下列情

形之一者，原則上為犯行情節特別嚴重者：

1. 基於重大私人利益或使用仿造或偽造之憑據，為自己或他人獲取大規模之不當補助，

2. 濫用其職權或其作為公務員或歐盟公務員之地位或，

3. 利用濫用其職權或地位之公務員或歐盟公務員之幫助。

(3) 第263條第5項5之規定準用之。

(4) 於第1項第1至3款之情形，重大過失犯之者，處三年以下自由刑或罰金。

(5) 出於自願防止基於其犯行之補助之核可者，不依第1項至第4項之規定處罰。補助之未核可非行為人之行為所致，如行為人已出於自願且真摯地盡力防止補助之核可者，免除其刑。

(6) 於依第1項至第3項之規定處一年以上自由刑之情形下，法院得剝奪擔任公眾事務人員之資格及其在從公共選舉獲得權利之資格（第45條第2項）。與犯罪相關之物，得沒收之；第74條之規定，於此適用之。

(7) 本規定稱補助者，謂

1. 聯邦法或邦法所定給予營業機構或企業由公款而來之給付，其至少一部分

   a. 係在欠缺合於市場行情之對價關係下所核可，並且

   b. 應用以經濟之提升；

2. 歐盟法所定之公款之給付，其至少一部分係在欠缺合於市場行情之對價關係下所核可。

前段第1款所稱營業機構或企業者，包含公營企業。

(8) 第1項所稱補助之重要事項，為下列事實：

1. 由法律或由補助人基於法律標示為與補助有重要關係之事項，或，

2. 法律上依附於同意、核可、返還、繼續核可或補助或補助利益保留之事項。

§ 264　Subventionsbetrug

(1) Mit Freiheitsstrafe bis zu fünf Jahren oder mit Geldstrafe wird bestraft, wer

1. einer für die Bewilligung einer Subvention zuständigen Behörde oder

einer anderen in das Subventionsverfahren eingeschalteten Stelle oder Person (Subventionsgeber) über subventionserhebliche Tatsachen für sich oder einen anderen unrichtige oder unvollständige Angaben macht, die für ihn oder den anderen vorteilhaft sind,

2. einen Gegenstand oder eine Geldleistung, deren Verwendung durch Rechtsvorschriften oder durch den Subventionsgeber im Hinblick auf eine Subvention beschränkt ist, entgegen der Verwendungsbeschränkung verwendet,

3. den Subventionsgeber entgegen den Rechtsvorschriften über die Subventionsvergabe über subventionserhebliche Tatsachen in Unkenntnis läßt oder

4. in einem Subventionsverfahren eine durch unrichtige oder unvollständige Angaben erlangte Bescheinigung über eine Subventionsberechtigung oder über subventionserhebliche Tatsachen gebraucht.

(2) In besonders schweren Fällen ist die Strafe Freiheitsstrafe von sechs Monaten bis zu zehn Jahren. Ein besonders schwerer Fall liegt in der Regel vor, wenn der Täter

1. aus grobem Eigennutz oder unter Verwendung nachgemachter oder verfälschter Belege für sich oder einen anderen eine nicht gerechtfertigte Subvention großen Ausmaßes erlangt,

2. seine Befugnisse oder seine Stellung als Amtsträger oder Europäischer Amtsträger mißbraucht oder

3. die Mithilfe eines Amtsträgers oder Europäischen Amtsträgers ausnutzt, der seine Befugnisse oder seine Stellung mißbraucht.

(3) § 263 Abs. 5 gilt entsprechend.

(4) Wer in den Fällen des Absatzes 1 Nr. 1 bis 3 leichtfertig handelt, wird mit Freiheitsstrafe bis zu drei Jahren oder mit Geldstrafe bestraft.

(5) Nach den Absätzen 1 und 4 wird nicht bestraft, wer freiwillig verhindert, daß auf Grund der Tat die Subvention gewährt wird. Wird die Subvention ohne Zutun des Täters nicht gewährt, so wird er straflos, wenn er sich freiwillig

und ernsthaft bemüht, das Gewähren der Subvention zu verhindern.

(6) Neben einer Freiheitsstrafe von mindestens einem Jahr wegen einer Straftat nach den Absätzen 1 bis 3 kann das Gericht die Fähigkeit, öffentliche Ämter zu bekleiden, und die Fähigkeit, Rechte aus öffentlichen Wahlen zu erlangen, aberkennen (§ 45 Abs. 2). Gegenstände, auf die sich die Tat bezieht, können eingezogen werden; § 74a ist anzuwenden.

(7) Subvention im Sinne dieser Vorschrift ist

1. eine Leistung aus öffentlichen Mitteln nach Bundes- oder Landesrecht an Betriebe oder Unternehmen, die wenigstens zum Teil

   a) ohne marktmäßige Gegenleistung gewährt wird und

   b) der Förderung der Wirtschaft dienen soll;

2. eine Leistung aus öffentlichen Mitteln nach dem Recht der Europäischen Gemeinschaften, die wenigstens zum Teil ohne marktmäßige Gegenleistung gewährt wird.

Betrieb oder Unternehmen im Sinne des Satzes 1 Nr. 1 ist auch das öffentliche Unternehmen.

(8) Subventionserheblich im Sinne des Absatzes 1 sind Tatsachen,

1. die durch Gesetz oder auf Grund eines Gesetzes von dem Subventionsgeber als subventionserheblich bezeichnet sind oder

2. von denen die Bewilligung, Gewährung, Rückforderung, Weitergewährung oder das Belassen einer Subvention oder eines Subventionsvorteils gesetzlich abhängig ist.

解析

1. 本罪之保護法益為何，具有高度爭議。有認為係補助者對於補助之規劃與配置自由，亦有認為本罪保護法益為國家經濟資助之一般性利益。然而此二者作為刑法保護法益來說，均有爭議。因此，較為被一般所接受之看法是，本條保護法益應單純在於補助者之財產。

2. 本條規定被理解為詐欺罪未遂犯之獨立規定，其行為本質上為抽象危險犯。

3. 第1至3項規定之主觀要件爲故意，即使爲間接故意亦可成立。至第4項
規定則處罰過失危險行爲部分，但此規定具有高度之合憲性爭議。

第264a條　　金融商品詐欺罪

(1) 於下列相關情形下，
　　1. 擔保參與企業之有價證券、相關權利或股份之推銷，或，
　　2. 提高投資於該些股份之方案，
　　並於手冊、描述或概要介紹中，就關於收益或投資之增加有重要性之
　　財務狀況，對較廣泛之人群爲不正確之有利陳述或隱瞞不利事實者，
　　處三年以下自由刑或罰金。

(2) 犯行與財產之股份相關，而此財產由企業以抽取佣金之方式管理者，
準用第1項之規定。

(3) 出於自願防止基於其犯行所帶來之給付，而該給付係有條件地經由收
益或投資之增加而來者，不依第1項至第2項之規定處罰。給付之提供
非行爲人之行爲所致，如行爲人已出於自願且眞摯地盡力防止給付之
提供者，免除其刑。

§ 264a Kapitalanlagebetrug

(1) Wer im Zusammenhang mit
　　1. dem Vertrieb von Wertpapieren, Bezugsrechten oder von Anteilen, die eine
　　　Beteiligung an dem Ergebnis eines Unternehmens gewähren sollen, oder
　　2. dem Angebot, die Einlage auf solche Anteile zu erhöhen,
　　in Prospekten oder in Darstellungen oder Übersichten über den
　　Vermögensstand hinsichtlich der für die Entscheidung über den Erwerb oder
　　die Erhöhung erheblichen Umstände gegenüber einem größeren Kreis von
　　Personen unrichtige vorteilhafte Angaben macht oder nachteilige Tatsachen
　　verschweigt, wird mit Freiheitsstrafe bis zu drei Jahren oder mit Geldstrafe
　　bestraft.

(2) Absatz 1 gilt entsprechend, wenn sich die Tat auf Anteile an einem

Vermögen bezieht, das ein Unternehmen im eigenen Namen, jedoch für fremde Rechnung verwaltet.

(3) Nach den Absätzen 1 und 2 wird nicht bestraft, wer freiwillig verhindert, daß auf Grund der Tat die durch den Erwerb oder die Erhöhung bedingte Leistung erbracht wird. Wird die Leistung ohne Zutun des Täters nicht erbracht, so wird er straflos, wenn er sich freiwillig und ernsthaft bemüht, das Erbringen der Leistung zu verhindern.

解析

1. 本罪之保護法益，為投資者之財產。具體言之，係保護投資者於匿名之公開資本市場中免於遭受虛構之過度投資利益所詐騙。此外，依多數說認為，本罪亦同時保護公眾信賴此一集體法益。

2. 本條規定為抽象危險犯，與第264條規定類似，本條亦屬詐欺罪未遂階段之獨立規定。

第265條　　保險濫用罪

(1) 為自己或第三人獲取保險給付，毀損、破壞、妨害其可用性、隱匿或轉讓業經投保毀壞、損壞、可用性之妨礙、遺失或竊盜之標的物，如其犯行未依第263條處罰者，處三年以下自由刑或罰金。

(2) 前項之未遂罰之。

§ 265 Versicherungsmißbrauch

(1) Wer eine gegen Untergang, Beschädigung, Beeinträchtigung der Brauchbarkeit, Verlust oder Diebstahl versicherte Sache beschädigt, zerstört, in ihrer Brauchbarkeit beeinträchtigt, beiseite schafft oder einem anderen überläßt, um sich oder einem Dritten Leistungen aus der Versicherung zu verschaffen, wird mit Freiheitsstrafe bis zu drei Jahren oder mit Geldstrafe bestraft, wenn die Tat nicht in § 263 mit Strafe bedroht ist.

(2) Der Versuch ist strafbar.

1. 本條規定係爲保護財產保險而設，其保護法益，除保險標之物此一財產以外，通說另認爲尙保護保險經濟功能之一般利益。
2. 本條爲抽象危險犯。
3. 本條之主觀要件，除故意外，尙要求行爲人須具備謀取保險給付之意圖。
4. 本條規定依其所定「如其犯行未依第263條處罰」之要件，顯然屬於第263條詐欺罪之補充性規範。

第265a條　　給付騙取罪

(1) 意圖免除費用之給付，騙取自動設備或用於公共目的之通訊網路之給付、交通工具之運輸、活動或設施之進入，如其犯行未依其他規定處更重之刑度者，處一年以下自由刑或罰金。
(2) 前項之未遂罰之。
(3) 第247條與第248a條之規定準用之。

§ 265a Erschleichen von Leistungen

(1) Wer die Leistung eines Automaten oder eines öffentlichen Zwecken dienenden Telekommunikationsnetzes, die Beförderung durch ein Verkehrsmittel oder den Zutritt zu einer Veranstaltung oder einer Einrichtung in der Absicht erschleicht, das Entgelt nicht zu entrichten, wird mit Freiheitsstrafe bis zu einem Jahr oder mit Geldstrafe bestraft, wenn die Tat nicht in anderen Vorschriften mit schwererer Strafe bedroht ist.
(2) Der Versuch ist strafbar.
(3) Die §§ 247 und 248a gelten entsprechend.

解析

1. 本條規定係為填補以不正方式騙取給付之行為，無法以第263條詐欺罪規範之漏洞，屬於第263條之截阻構成要件。其保護法益則與第263條相同，均為個人財產法益。

2. 所謂騙取，於文義上包含欺騙或操縱之要素。依較被認同之見解，其應係指給付之無權獲取。然而，此種定義卻屢遭批評為根本沒有包含行為之描述。

3. 從本條所要求之意圖內涵觀之，作為本罪騙取行為對象之給付，應為有償之給付。如實際上應給付之金錢已清償完畢者，即無本條適用之餘地。

第265b條　　信用貸款詐欺罪

(1) 對營業機構或企業，於有關於申請為營業機構或企業或虛構之營業機構或企業之信用貸款條件之擔保、保留或變更之事項中，有下列其情形之一者，處三年以下自由刑或罰金：

　1. 關於經濟上關係

　　a. 提交不正確或不完整之文件，亦即，資產負債表、損益表、資產報告或鑑定報告，或，

　　b. 以書面為不正確或不完整之陳述，而此提交之文件或書面陳述對信用貸款人有利，且對於申請之決定有重要關係者，或，

　2. 提交時未告知於文件或陳述中所描述之經濟關係之惡化，且對於申請之決定有重要關係者。

(2) 出於自願防止借款人提供因其犯行所申請之給付者，不依第1項之規定處罰。給付之提供非行為人之行為所致，如行為人已出於自願且真摯地盡力防止給付之提供者，免除其刑。

(3) 第1項規定之概念如下：

　1. 稱營業機構或企業者，謂獨立於其標之物以外，依其形式與範圍所要求之以商業手段建構之業務經營；

　2. 稱信用貸款者，謂所有形式之金錢借貸、信用狀承兌、金錢債務之

有償取得或延期、票據貼現以及擔保、保證、保固與其他擔保行
為。

§ 265b Kreditbetrug

(1) Wer einem Betrieb oder Unternehmen im Zusammenhang mit einem Antrag
auf Gewährung, Belassung oder Veränderung der Bedingungen eines
Kredits für einen Betrieb oder ein Unternehmen oder einen vorgetäuschten
Betrieb oder ein vorgetäuschtes Unternehmen

1. über wirtschaftliche Verhältnisse

   a) unrichtige oder unvollständige Unterlagen, namentlich Bilanzen,
   Gewinn- und Verlustrechnungen, Vermögensübersichten oder
   Gutachten vorlegt oder

   b) schriftlich unrichtige oder unvollständige Angaben macht,

   die für den Kreditnehmer vorteilhaft und für die Entscheidung über einen
   solchen Antrag erheblich sind, oder

2. solche Verschlechterungen der in den Unterlagen oder Angaben
   dargestellten wirtschaftlichen Verhältnisse bei der Vorlage nicht mitteilt,
   die für die Entscheidung über einen solchen Antrag erheblich sind,

   wird mit Freiheitsstrafe bis zu drei Jahren oder mit Geldstrafe bestraft.

(2) Nach Absatz 1 wird nicht bestraft, wer freiwillig verhindert, daß der
Kreditgeber auf Grund der Tat die beantragte Leistung erbringt. Wird die
Leistung ohne Zutun des Täters nicht erbracht, so wird er straflos, wenn
er sich freiwillig und ernsthaft bemüht, das Erbringen der Leistung zu
verhindern.

(3) Im Sinne des Absatzes 1 sind

1. Betriebe und Unternehmen unabhängig von ihrem Gegenstand solche,
   die nach Art und Umfang einen in kaufmännischer Weise eingerichteten
   Geschäftsbetrieb erfordern;

2. Kredite Gelddarlehen aller Art, Akzeptkredite, der entgeltliche Erwerb
   und die Stundung von Geldforderungen, die Diskontierung von Wechseln

und Schecks und die Übernahme von Bürgschaften, Garantien und sonstigen Gewährleistungen.

解析

1. 本罪之保護法益，為金融機構之財產。然而文獻上則普遍贊同本條之保護法益，實屬金融業之功能運作。
2. 本條為抽象危險犯，本質上為詐欺罪之前階段保護，並以不正確或不完全陳述之提出等作為既遂之時點。
3. 如行為人一行為觸犯本條之罪與第263條詐欺罪之既、未遂者，兩者即屬法條競合之關係，僅適用第263條詐欺罪之既、未遂即為已足。然亦有認為，前後兩者應屬想像競合之關係。

第265c條　　運動賭博詐欺罪

(1) 運動員或教練以有利於競賽對手之方式，影響組織性運動之競賽過程或結果，並藉此經由與該競賽有關之公共運動賭博將獲有違法財產利益，而為自己或第三人要求、期約或收受不正利益以作為對價者，處三年以下自由刑或罰金。
(2) 對運動員或教練以有利於競賽對手之方式，影響組織性運動之競賽過程或結果，並藉此經由與該競賽有關之公共運動賭博將獲有違法財產利益，提供、承諾或擔保不正利益以作為對價者，亦同。
(3) 裁判、評價裁判或對抗賽裁判，以影響組織性運動之競賽過程或結果，並藉此經由與該競賽有關之公共運動賭博將獲有違法財產利益，而為自己或第三人要求、期約或收受不正利益以作為對價者，處三年以下自由刑或罰金。
(4) 對裁判、評價裁判或對抗賽裁判，以影響組織性運動之競賽過程或結果，並藉此經由與該競賽有關之公共運動賭博將獲有違法財產利益，提供、承諾或擔保不正利益以作為對價者，亦同。
(5) 本條規定所稱組織性運動之競賽係指，位於本國或外國之任一運動活動，而

　　1. 該活動由一本國或國際運動組織自行舉辦、受其委託舉辦或得其承
　　　認舉辦，且
　　2. 該活動應遵循相關規則，而該規則係由一本國或國際運動組織所通
　　　過，且對於所屬會員組織具有義務性效力者。
(6) 本條規定所稱教練係指，於運動競賽中，決定關於運動員之投入與指
　　引事項者。基於其職業與經濟地位，對於關於運動員之投入與指引事
　　項，具有實質影響力者，與教練同。

§ 265c Sportwettbetrug

(1) Wer als Sportler oder Trainer einen Vorteil für sich oder einen Dritten als
Gegenleistung dafür fordert, sich versprechen lässt oder annimmt, dass
er den Verlauf oder das Ergebnis eines Wettbewerbs des organisierten
Sports zugunsten des Wettbewerbsgegners beeinflusse und infolgedessen
ein rechtswidriger Vermögensvorteil durch eine auf diesen Wettbewerb
bezogene öffentliche Sportwette erlangt werde, wird mit Freiheitsstrafe bis
zu drei Jahren oder mit Geldstrafe bestraft.

(2) Ebenso wird bestraft, wer einem Sportler oder Trainer einen Vorteil für
diesen oder einen Dritten als Gegenleistung dafür anbietet, verspricht oder
gewährt, dass er den Verlauf oder das Ergebnis eines Wettbewerbs des
organisierten Sports zugunsten des Wettbewerbsgegners beeinflusse und
infolgedessen ein rechtswidriger Vermögensvorteil durch eine auf diesen
Wettbewerb bezogene öffentliche Sportwette erlangt werde.

(3) Wer als Schieds-, Wertungs- oder Kampfrichter einen Vorteil für sich oder
einen Dritten als Gegenleistung dafür fordert, sich versprechen lässt oder
annimmt, dass er den Verlauf oder das Ergebnis eines Wettbewerbs des
organisierten Sports in regelwidriger Weise beeinflusse und infolgedessen
ein rechtswidriger Vermögensvorteil durch eine auf diesen Wettbewerb
bezogene öffentliche Sportwette erlangt werde, wird mit Freiheitsstrafe bis
zu drei Jahren oder mit Geldstrafe bestraft.

(4) Ebenso wird bestraft, wer einem Schieds-, Wertungs- oder Kampfrichter

einen Vorteil für diesen oder einen Dritten als Gegenleistung dafür anbietet, verspricht oder gewährt, dass er den Verlauf oder das Ergebnis eines Wettbewerbs des organisierten Sports in regelwidriger Weise beeinflusse und infolgedessen ein rechtswidriger Vermögensvorteil durch eine auf diesen Wettbewerb bezogene öffentliche Sportwette erlangt werde.

(5) Ein Wettbewerb des organisierten Sports im Sinne dieser Vorschrift ist jede Sportveranstaltung im Inland oder im Ausland,

1. die von einer nationalen oder internationalen Sportorganisation oder in deren Auftrag oder mit deren Anerkennung organisiert wird und

2. bei der Regeln einzuhalten sind, die von einer nationalen oder internationalen Sportorganisation mit verpflichtender Wirkung für ihre Mitgliedsorganisationen verabschiedet wurden.

(6) Trainer im Sinne dieser Vorschrift ist, wer bei dem sportlichen Wettbewerb über den Einsatz und die Anleitung von Sportlern entscheidet. Einem Trainer stehen Personen gleich, die aufgrund ihrer beruflichen oder wirtschaftlichen Stellung wesentlichen Einfluss auf den Einsatz oder die Anleitung von Sportlern nehmen können.

解析

1. 本條規定係因應2017年4月19日生效之「第51次刑法修正法案：運動賭博詐欺與職業運動競賽操控之可罰性」（Einundfünfzigstes Gesetz zur Änderung des Strafgesetzbuches - Strafbarkeit von Sportwettbetrug und der Manipulation von berufssportlichen Wettbewerben）新增之規定。

2. 本條之立法目的，係為減輕對運動詐欺罪向來的追訴困難。在本條入罪化前，運動詐欺罪係依據第263條普通詐欺罪之規定為處罰。然而，依據普通詐欺罪之規定處罰運動詐欺行為時，行為人往往會以犯罪所得係意外獲得，而非經詐欺行為所獲得作為抗辯，導致追訴上若欲證明詐欺行為所得與詐欺行為兩者間的因果關係有相當程度的困難，是增訂本條文。

3. 本條處罰之行為，包含要求、期約（Sich-Versprechen-Lassen）與接受

不正利益三者。

4. 所謂不正利益，包含現在不法之利益或將來不法之利益。

第265d條　　職業運動競賽操控罪

(1) 運動員或教練以違反於競賽且有利於競賽對手之方式，影響職業運動之競賽過程或結果，而為自己或第三人要求、期約或收受不正利益以作為對價者，處三年以下自由刑或罰金。

(2) 對運動員或教練以違反於競賽且有利於競賽對手之方式，影響職業運動之競賽過程或結果，提供、承諾或擔保不正利益以作為對價者，亦同。

(3) 裁判、評價裁判或對抗賽裁判，以違反規則之方式，影響職業運動之競賽過程或結果，而為自己或第三人要求、期約或收受不正利益以作為對價者，處三年以下自由刑或罰金。

(4) 對裁判、評價裁判或對抗賽裁判，以違反規則之方式，影響職業運動之競賽過程或結果，提供、承諾或擔保不正利益以作為對價者，亦同。

(5) 本條規定所稱職業運動之競賽係指，位於本國或外國之任一運動活動，而

1. 該活動由一聯邦運動協會或一國際運動組織自行舉辦、受其委託舉辦或得其承認舉辦，且

2. 該活動應遵循相關規則，而該規則係由一本國或國際運動組織所通過，且對於所屬會員組織具有義務性效力，且

3. 該活動主要係運動員所參與，而該些運動員係透過其運動行為以獲取大範圍之之直接或間接收入為目標者。

(6) 第265c條第6項規定，適用之。

§ 265d Manipulation von berufssportlichen Wettbewerben

(1) Wer als Sportler oder Trainer einen Vorteil für sich oder einen Dritten als Gegenleistung dafür fordert, sich versprechen lässt oder annimmt, dass

er den Verlauf oder das Ergebnis eines berufssportlichen Wettbewerbs in wettbewerbswidriger Weise zugunsten des Wettbewerbsgegners beeinflusse, wird mit Freiheitsstrafe bis zu drei Jahren oder mit Geldstrafe bestraft.

(2) Ebenso wird bestraft, wer einem Sportler oder Trainer einen Vorteil für diesen oder einen Dritten als Gegenleistung dafür anbietet, verspricht oder gewährt, dass er den Verlauf oder das Ergebnis eines berufssportlichen Wettbewerbs in wettbewerbswidriger Weise zugunsten des Wettbewerbsgegners beeinflusse.

(3) Wer als Schieds-, Wertungs- oder Kampfrichter einen Vorteil für sich oder einen Dritten als Gegenleistung dafür fordert, sich versprechen lässt oder annimmt, dass er den Verlauf oder das Ergebnis eines berufssportlichen Wettbewerbs in regelwidriger Weise beeinflusse, wird mit Freiheitsstrafe bis zu drei Jahren oder mit Geldstrafe bestraft.

(4) Ebenso wird bestraft, wer einem Schieds-, Wertungs- oder Kampfrichter einen Vorteil für diesen oder einen Dritten als Gegenleistung dafür anbietet, verspricht oder gewährt, dass er den Verlauf oder das Ergebnis eines berufssportlichen Wettbewerbs in regelwidriger Weise beeinflusse.

(5) Ein berufssportlicher Wettbewerb im Sinne dieser Vorschrift ist jede Sportveranstaltung im Inland oder im Ausland,

1. die von einem Sportbundesverband oder einer internationalen Sportorganisation veranstaltet oder in deren Auftrag oder mit deren Anerkennung organisiert wird,

2. bei der Regeln einzuhalten sind, die von einer nationalen oder internationalen Sportorganisation mit verpflichtender Wirkung für ihre Mitgliedsorganisationen verabschiedet wurden, und

3. an der überwiegend Sportler teilnehmen, die durch ihre sportliche Betätigung unmittelbar oder mittelbar Einnahmen von erheblichem Umfang erzielen.

(6) § 265c Absatz 6 gilt entsprechend.

解析

1. 本條規定係因應2017年4月19日生效之「第51次刑法修正法案：運動賭博詐欺與職業運動競賽操控之可罰性」（Einundfünfzigstes Gesetz zur Änderung des Strafgesetzbuches - Strafbarkeit von Sportwettbetrug und der Manipulation von berufssportlichen Wettbewerben）新增之規定。

2. 本條處罰之前提，需該行為將影響職業競賽的過程與結果，始足當之。

第265e條　　加重運動賭博詐欺罪與加重職業運動競賽操控罪

依第265c與265d條規定之犯行情節特別嚴重者，處三月以上五年以下自由刑。有下列情形之一者，原則上為犯行情節特別嚴重者：

1. 犯行與大範疇之利益有關，或

2. 行為人以犯行為業，或為持續從事該行為之特定團體成員。

§ 265e Besonders schwere Fälle des Sportwettbetrugs und der Manipulation von berufssportlichen Wettbewerben

In besonders schweren Fällen wird eine Tat nach den §§ 265c und 265d mit Freiheitsstrafe von drei Monaten bis zu fünf Jahren bestraft. Ein besonders schwerer Fall liegt in der Regel vor, wenn

1. die Tat sich auf einen Vorteil großen Ausmaßes bezieht oder

2. der Täter gewerbsmäßig handelt oder als Mitglied einer Bande, die sich zur fortgesetzten Begehung solcher Taten verbunden hat.

解析

1. 本條規定係因應2017年4月19日生效之「第51次刑法修正法案：運動賭博詐欺與職業運動競賽操控之可罰性」（Einundfünfzigstes Gesetz zur Änderung des Strafgesetzbuches - Strafbarkeit von Sportwettbetrug und der Manipulation von berufssportlichen Wettbewerben）新增之規定。

2. 本條所謂大範疇之利益，係指犯行所獲得之利益明顯高於該犯罪平均

所獲得之利益而言。然而對於具體獲益的金額多寡，始屬大範疇之利益，並無具體規定，而須於個案中由法官為認定。

第266條　背信罪

(1) 濫用經由法律之規定、官方委託或法律行為所給予之支配他人財產或使他人負擔義務之權限者，或違反依據法律、官方委託、法律行為或信賴關係所課予、管理他人財產利益之義務，而致其所照護之財產利益所有人受有不利者，處五年以下自由刑或罰金。

(2) 第243條第2項與第247條、第248a條與第263條第3項之規定準用之。

§ 266 Untreue

(1) Wer die ihm durch Gesetz, behördlichen Auftrag oder Rechtsgeschäft eingeräumte Befugnis, über fremdes Vermögen zu verfügen oder einen anderen zu verpflichten, mißbraucht oder die ihm kraft Gesetzes, behördlichen Auftrags, Rechtsgeschäfts oder eines Treueverhältnisses obliegende Pflicht, fremde Vermögensinteressen wahrzunehmen, verletzt und dadurch dem, dessen Vermögensinteressen er zu betreuen hat, Nachteil zufügt, wird mit Freiheitsstrafe bis zu fünf Jahren oder mit Geldstrafe bestraft.

(2) § 243 Abs. 2 und die §§ 247, 248a und 263 Abs. 3 gelten entsprechend.

解析

1. 本罪之保護法益，為財產利益所有人之個人財產法益，而非利益歸屬安全之個別或集體信賴。

2. 第1項規定中包含「濫用」與「信賴破壞」兩類構成要件，其不法核心均在於對他人有益之財產照護之侵害。

3. 在濫用支配權限之構成要件中，只有當權限之授與正好係為了財產管理之目的而為之者，始得成立背信罪。因此，濫用構成要件，毋寧為信賴破壞要件之特別案例。

4. 在信賴破壞之構成要件中所相連結者，並非行為人對於所涉及財產之形式上地位，而係行為人事實上之影響權力，而此一影響權力係以他人財產利益之履行上之信賴為基礎者。

第266a條　　工資抑留及侵吞罪

(1) 身為雇主抑留應向社會保險機構繳交之受雇人社會保險費用，包含就業保險促進費用者，無論工資是否已經發給，處五年以下自由刑或罰金。

(2) 身為雇主而有下列情形，並藉此抑留應向社會保險機構繳交之受雇人社會保險費用，包含就業保險促進費用者，無論工資是否已經發給，亦同：

1. 對保險費用收取之主管機關就社會保險法上重要之事項為不正確或不完整之陳述，或，

2. 違反義務地使保險費用收取之主管機關不知社會保險法上重要之事項。

(3) 身為雇主為受雇人扣留其他應為受雇人繳納予他人之工資其他部分，卻未為其繳納，且未最遲在到期日之時點或未在不繳交予他人後立即告知受雇人者，處五年以下自由刑或罰金。前段之規定，不適用於作為薪資所得稅而保留之工資部分。

(4) 犯第1項及第2項之犯罪情節特別嚴重者，處六月以上十年以下自由刑。行為人有下列情形之一者，原則上為犯行情節特別嚴重者：

1. 基於重大私人利益，而大規模地抑留費用，

2. 使用仿造或變造之憑據，持續地抑留費用，

3. 持續地抑留費用，且為隱匿事實上之勞動關係之目的，取得第三人之不正確、偽造或變造收據，而此些收據係由該第三人常業性地提供，

4. 作為特定團體之成員而行動，而該團體係為持續性地抑留費用所組成，且為隱匿事實上之勞動關係而供給不正確、偽造或變造之收據，或，

　5. 利用濫用其職權或地位之公務員之幫助。

(5) 居家工作者、家庭代工者或等同於居家工作法意義上之個人的僱用人以及技師中介人，等同於雇主。

(6) 於第1項與第2項之情形，如雇主最遲在到期日之時點或在此之後立即向社會保險機構以書面

　1. 通知被抑留之費用數額，且，

　2. 說明儘管其已真摯努力嘗試，仍無法按期繳交之理由，

法院得免除其刑。存在前段之要件，且該費用事後於社會保險機構所訂適當期限內繳交者，不罰。第3項之規定於前2段之情形準用之。

§ 266a Vorenthalten und Veruntreuen von Arbeitsentgelt

(1) Wer als Arbeitgeber der Einzugsstelle Beiträge des Arbeitnehmers zur Sozialversicherung einschließlich der Arbeitsförderung, unabhängig davon, ob Arbeitsentgelt gezahlt wird, vorenthält, wird mit Freiheitsstrafe bis zu fünf Jahren oder mit Geldstrafe bestraft.

(2) Ebenso wird bestraft, wer als Arbeitgeber

1. der für den Einzug der Beiträge zuständigen Stelle über sozialversicherungsrechtlich erhebliche Tatsachen unrichtige oder unvollständige Angaben macht oder

2. die für den Einzug der Beiträge zuständige Stelle pflichtwidrig über sozialversicherungsrechtlich erhebliche Tatsachen in Unkenntnis lässt und dadurch dieser Stelle vom Arbeitgeber zu tragende Beiträge zur Sozialversicherung einschließlich der Arbeitsförderung, unabhängig davon, ob Arbeitsentgelt gezahlt wird, vorenthält.

(3) Wer als Arbeitgeber sonst Teile des Arbeitsentgelts, die er für den Arbeitnehmer an einen anderen zu zahlen hat, dem Arbeitnehmer einbehält, sie jedoch an den anderen nicht zahlt und es unterlässt, den Arbeitnehmer spätestens im Zeitpunkt der Fälligkeit oder unverzüglich danach über das Unterlassen der Zahlung an den anderen zu unterrichten, wird mit Freiheitsstrafe bis zu fünf Jahren oder mit Geldstrafe bestraft. Satz 1 gilt

nicht für Teile des Arbeitsentgelts, die als Lohnsteuer einbehalten werden.

(4) In besonders schweren Fällen der Absätze 1 und 2 ist die Strafe Freiheitsstrafe von sechs Monaten bis zu zehn Jahren. Ein besonders schwerer Fall liegt in der Regel vor, wenn der Täter

1. aus grobem Eigennutz in großem Ausmaß Beiträge vorenthält,

2. unter Verwendung nachgemachter oder verfälschter Belege fortgesetzt Beiträge vorenthält,

3. fortgesetzt Beiträge vorenthält und sich zur Verschleierung der tatsächlichen Beschäftigungsverhältnisse unrichtige, nachgemachte oder verfälschte Belege von einem Dritten verschafft, der diese gewerbsmäßig anbietet,

4. als Mitglied einer Bande handelt, die sich zum fortgesetzten Vorenthalten von Beiträgen zusammengeschlossen hat und die zur Verschleierung der tatsächlichen Beschäftigungsverhältnisse unrichtige, nachgemachte oder verfälschte Belege vorhält, oder

5. die Mithilfe eines Amtsträgers ausnutzt, der seine Befugnisse oder seine Stellung missbraucht.

(5) Dem Arbeitgeber stehen der Auftraggeber eines Heimarbeiters, Hausgewerbetreibenden oder einer Person, die im Sinne des Heimarbeitsgesetzes diesen gleichgestellt ist, sowie der Zwischenmeister gleich.

(6) In den Fällen der Absätze 1 und 2 kann das Gericht von einer Bestrafung nach dieser Vorschrift absehen, wenn der Arbeitgeber spätestens im Zeitpunkt der Fälligkeit oder unverzüglich danach der Einzugsstelle schriftlich

1. die Höhe der vorenthaltenen Beiträge mitteilt und

2. darlegt, warum die fristgemäße Zahlung nicht möglich ist, obwohl er sich darum ernsthaft bemüht hat.

Liegen die Voraussetzungen des Satzes 1 vor und werden die Beiträge dann nachträglich innerhalb der von der Einzugsstelle bestimmten angemessenen

Frist entrichtet, wird der Täter insoweit nicht bestraft. In den Fällen des Absatzes 3 gelten die Sätze 1 und 2 entsprechend.

解析

1. 本條第4項第3、4款規定，係基於2017年8月24日生效之「有效且適於實務之刑事程序建構法案」（Gesetz zur effektiveren und praxistauglicheren Ausgestaltung des Strafverfahrens）而增訂。
2. 本條第1、2項規定之保護法益，為社會保險此一團結共同體之利益；第3項規定之保護法益，為受雇者之財產。
3. 本條規定為特別犯，於第1至3項規定之行為主體，僅得為雇主或第5項規定所列與雇主具有同等地位之人。
4. 雇主之抑留行為係純正不作為犯，行為之成立係以行為人之行為義務係可能且可期待者為限。

第266b條　電子現金卡及信用卡濫用罪

(1) 濫用電子現金卡或信用卡核發後，促使發卡人給付之機會，並因此致發卡人受有損失者，處三年以下自由刑或罰金。
(2) 第248a條之規定準用之。

§ 266b Mißbrauch von Scheck- und Kreditkarten

(1) Wer die ihm durch die Überlassung einer Scheckkarte oder einer Kreditkarte eingeräumte Möglichkeit, den Aussteller zu einer Zahlung zu veranlassen, mißbraucht und diesen dadurch schädigt, wird mit Freiheitsstrafe bis zu drei Jahren oder mit Geldstrafe bestraft.

(2) § 248a gilt entsprechend.

解析

1. 本罪之保護法益，依一般見解認為係發卡機構之財產法益；另有認為本罪規定亦保護屬於集體法益之非現金支付交易功能。

2. 本條並未規範所有形式之濫用電子現金卡或信用卡行為，而係僅處罰合法持卡人於使用各該電子現金卡或信用卡時，知悉自己無法清償發卡機構所代為支付之款項者。因此，本條規定在本質上仍具有背信行為之不法，只是欠缺背信罪所要求之財產管理義務此一要件。

第二十三章　僞造文書之犯罪

Dreiundzwanzigster Abschnitt Urkundenfälschung

第267條　僞造文書罪

(1) 爲於法律事務往來上欺騙他人，製作非眞正文書、變造眞正文書、行使非眞正或變造之文書者，處五年以下自由刑或罰金。

(2) 前項之未遂罰之。

(3) 犯行情節特別嚴重者，處六月以上十年以下自由刑。行爲人有下列情形之一者，原則上爲犯行情節特別嚴重者：

　1. 常業或以持續從事僞造文書或詐欺行爲之特定團體成員身分犯之，

　2. 導致大規模財產損失，

　3. 以大量非眞正或變造文書明顯危及法律事務往來之安全，或，

　4. 濫用其作爲公務員或歐盟公務員之職權或地位。

(4) 以持續從事第263至264條或第267至269條規定之特定團體成員身分常業犯僞造文書罪者，處一年以上十年以下自由刑。犯行情節較輕者，處六月以上五年以下自由刑。

§ 267 Urkundenfälschung

(1) Wer zur Täuschung im Rechtsverkehr eine unechte Urkunde herstellt, eine echte Urkunde verfälscht oder eine unechte oder verfälschte Urkunde gebraucht, wird mit Freiheitsstrafe bis zu fünf Jahren oder mit Geldstrafe bestraft.

(2) Der Versuch ist strafbar.

(3) In besonders schweren Fällen ist die Strafe Freiheitsstrafe von sechs Monaten bis zu zehn Jahren. Ein besonders schwerer Fall liegt in der Regel vor, wenn der Täter

1. gewerbsmäßig oder als Mitglied einer Bande handelt, die sich zur

fortgesetzten Begehung von Betrug oder Urkundenfälschung verbunden hat,

2. einen Vermögensverlust großen Ausmaßes herbeiführt,

3. durch eine große Zahl von unechten oder verfälschten Urkunden die Sicherheit des Rechtsverkehrs erheblich gefährdet oder

4. seine Befugnisse oder seine Stellung als Amtsträger oder Europäischer Amtsträger mißbraucht.

(4) Mit Freiheitsstrafe von einem Jahr bis zu zehn Jahren, in minder schweren Fällen mit Freiheitsstrafe von sechs Monaten bis zu fünf Jahren wird bestraft, wer die Urkundenfälschung als Mitglied einer Bande, die sich zur fortgesetzten Begehung von Straftaten nach den §§ 263 bis 264 oder 267 bis 269 verbunden hat, gewerbsmäßig begeht.

1. 本罪保護法益，為法律事務往來可靠性之安全，為抽象危險犯。因為本條第3項第1、2款之規定之故，本條亦同時保護財產法益。

2. 所謂文書，係指公眾或利害關係人可理解之意思表示之實體化資料，而此一意思之表示，應足以讓受表意者加以辨識，並於法律事務往來上適合且特別作為證據使用。

3. 本條之構成要件行為，包含製作非真正文書、變造真正文書、行使非真正或變造之文書。因此，其共同核心概念為文書之真正性。此種文書真正性，並不涉及文書內容之實質真實與否，因為本條規定並不保護文書內容真實之信賴，而僅保護文書形體作成之信賴。

第268條　偽造技術性標記罪

(1) 為於法律事務往來上欺騙他人，而有下列情形之一者，處五年以下自由刑或罰金：

1. 製作非真正技術性標記或變造真正之技術性標記，或，

2. 行使非真正或變造之技術性標記。

(2) 稱技術性標記者，謂資料、測量或計算值、狀態或事件流程之呈現，並經由科技儀器自動加以產生，其標記之對象可由一般人或專業人員加以辨識，並可於標記製作時或較遲之後，確認用爲法律上明顯事實之證據者。

(3) 行爲人以干擾標記過程之效果影響標記之結果者，視爲製作非眞正技術性標記。

(4) 本條之未遂罰之。

(5) 第267條第3項與第4項之規定準用之。

§ 268 Fälschung technischer Aufzeichnungen

(1) Wer zur Täuschung im Rechtsverkehr

1. eine unechte technische Aufzeichnung herstellt oder eine technische Aufzeichnung verfälscht oder

2. eine unechte oder verfälschte technische Aufzeichnung gebraucht, wird mit Freiheitsstrafe bis zu fünf Jahren oder mit Geldstrafe bestraft.

(2) Technische Aufzeichnung ist eine Darstellung von Daten, Meß- oder Rechenwerten, Zuständen oder Geschehensabläufen, die durch ein technisches Gerät ganz oder zum Teil selbsttätig bewirkt wird, den Gegenstand der Aufzeichnung allgemein oder für Eingeweihte erkennen läßt und zum Beweis einer rechtlich erheblichen Tatsache bestimmt ist, gleichviel ob ihr die Bestimmung schon bei der Herstellung oder erst später gegeben wird.

(3) Der Herstellung einer unechten technischen Aufzeichnung steht es gleich, wenn der Täter durch störende Einwirkung auf den Aufzeichnungsvorgang das Ergebnis der Aufzeichnung beeinflußt.

(4) Der Versuch ist strafbar.

(5) § 267 Abs. 3 und 4 gilt entsprechend.

1. 本條係保護由科技設備所為標記之法律事務往來上之可靠性以及經由此種設備獲取資訊之信賴。

2. 所謂技術性標記，於本條第2項已有立法定義之規定。理論上此種標記應涉及某種特定描述或描繪，其屬於對特定資訊之標記，而此種標記係由可與設備分離之物，以自動化之方式且較為持久之形式所形成。

第269條　　具有證明重要性資料之偽造罪

(1) 為於法律事務往來上欺騙他人，儲存或變更具有證明重要性資料，致於資料讀取時將存在一非真正或變造之資料，或使用以此方式儲存或變更之具有證明重要性資料者，處五年以下自由刑或罰金。

(2) 前項之未遂罰之。

(3) 第267條第3項與第4項規定準用之。

§ 269　Fälschung beweiserheblicher Daten

(1) Wer zur Täuschung im Rechtsverkehr beweiserhebliche Daten so speichert oder verändert, daß bei ihrer Wahrnehmung eine unechte oder verfälschte Urkunde vorliegen würde, oder derart gespeicherte oder veränderte Daten gebraucht, wird mit Freiheitsstrafe bis zu fünf Jahren oder mit Geldstrafe bestraft.

(2) Der Versuch ist strafbar.

(3) § 267 Abs. 3 und 4 gilt entsprechend.

---

1. 本罪之保護法益與第267、268條規定相同，為法律事務往來可靠性之安全。此外，因為本條第3項準用第267條第3項與第4項規定之故，本條亦同時保護財產法益。

2. 本條之行為客體，為具有證明重要性之資料。此種資料應係於法律事務往來上被用來證明法律上重要事實，並且以電磁記錄方式加以儲存

之證明資料。

3. 至於構成要件行為「儲存」或「變更」，應藉由假設性涵攝之流程，以偽造或變造之意義加以理解。亦即，假設行為人所可影響之證明資料，係可見或可以肉眼讀取，行為人能否藉由其行為製造非眞正或偽造之文書。

第270條　　資料處理上之法律事務往來欺騙

於法律事務往來上之資料處理之錯誤影響，視爲於法律事務往來上欺騙他人。

§ 270　Täuschung im Rechtsverkehr bei Datenverarbeitung

Der Täuschung im Rechtsverkehr steht die fälschliche Beeinflussung einer Datenverarbeitung im Rechtsverkehr gleich.

解析

1. 「於法律事務往來上欺騙他人」此一要素，依德國實務見解，即令此一資料無須人爲控制介入，而只須由電腦機械式地加以判讀時，亦可該當。

2. 本條規定對於構成要件中規定「於法律事務往來上欺騙他人」此一要素之規定，均有其特別之規範意義。

第271條　　間接偽造證明文書罪

(1) 導致對法律或法律關係具有重要性之聲明、協商或事實，於公文書、公共書籍、公共文件或公共記錄中被記入或儲存爲已繳交或已實行，而該聲明、協商或事實無論如何不曾繳交或實行，或以其他方式或以不具身份之人發生，或由他人所交出或實行者，處三年以下自由刑或罰金。

(2) 爲於法律事務往來上欺騙他人，行使於第1項所示方式之僞造證明文書或儲存之資料者，亦同。

(3) 以有償之方式，或意圖爲自己或第三人獲取利益，或意圖損害他人，犯前2項之罪者，處三月以上五年以下自由刑。

(4) 本條之未遂罰之。

§ 271 Mittelbare Falschbeurkundung

(1) Wer bewirkt, daß Erklärungen, Verhandlungen oder Tatsachen, welche für Rechte oder Rechtsverhältnisse von Erheblichkeit sind, in öffentlichen Urkunden, Büchern, Dateien oder Registern als abgegeben oder geschehen beurkundet oder gespeichert werden, während sie überhaupt nicht oder in anderer Weise oder von einer Person in einer ihr nicht zustehenden Eigenschaft oder von einer anderen Person abgegeben oder geschehen sind, wird mit Freiheitsstrafe bis zu drei Jahren oder mit Geldstrafe bestraft.

(2) Ebenso wird bestraft, wer eine falsche Beurkundung oder Datenspeicherung der in Absatz 1 bezeichneten Art zur Täuschung im Rechtsverkehr gebraucht.

(3) Handelt der Täter gegen Entgelt oder in der Absicht, sich oder einen Dritten zu bereichern oder eine andere Person zu schädigen, so ist die Strafe Freiheitsstrafe von drei Monaten bis zu fünf Jahren.

(4) Der Versuch ist strafbar.

解析

1. 本條規定與第348條規定，共同防止公共文書之內容接收錯誤內容。因此，與第267條保護文書形式上眞正性不同的是，本條規定係在保護內容眞實性之保護與信賴。

2. 所謂公共文書，係指對於某人具有積極或消極證明效力之文書。外國文書如涉及德國法益之保護或侵害者，亦可認在本條規範範圍內。

3. 本條行爲人除具備主觀上之故意外，亦須基於在法律事務往來上欺騙他人而行爲，始可成立本罪。

第272條　　刪除

§ 272　weggefallen

第273條　　變更官方證明書罪
(1) 為於法律事務往來上欺騙他人，而有下列情形之一，且其犯行未依第267條或第274條之規定處罰者，處三年以下自由刑或罰金：
　　1. 移除、使其無法辨識、覆蓋、隱蔽官方證明書中之註記，或移除官方證明書之個別頁面，或，
　　2. 行使以此種方式變更之官方證明書。
(2) 前項之未遂罰之。

§ 273　Verändern von amtlichen Ausweisen
(1) Wer zur Täuschung im Rechtsverkehr
　　1. eine Eintragung in einem amtlichen Ausweis entfernt, unkenntlich macht, überdeckt oder unterdrückt oder eine einzelne Seite aus einem amtlichen Ausweis entfernt oder
　　2. einen derart veränderten amtlichen Ausweis gebraucht,
　　wird mit Freiheitsstrafe bis zu drei Jahren oder mit Geldstrafe bestraft, wenn die Tat nicht in § 267 oder § 274 mit Strafe bedroht ist.
(2) Der Versuch ist strafbar.

解析
1. 本條行為客體為官方證明書，係指由德國或外國官署、其他承擔公共事務履行之機構所發給，以證明人別或其他個人關係之文件。
2. 行為人須基於在法律事務往來上欺騙他人而行為，而此一欺騙須如同第279、281條與證明文件之不正確內容相關，始可成立本罪。

第274條　　隱蔽文書罪；變更地界線標記罪

(1) 有下列其情形之一者，處五年以下自由刑或罰金：

1. 意圖使他人受有不利益，銷毀、損壞或隱蔽非屬於其所有或尚未完全為其所有之文書或技術性標記，

2. 意圖使他人受有不利益，消除、隱蔽、使其無法使用或變更非屬其支配或尚未完全由其支配之具有證明重要性之資料（第202a條第2項），或，

3. 意圖使他人受有不利益，移除、銷毀、使其無法辨識、挪移或錯誤地設置地界石或其他用以標明地界或水位之特定標記。

(2) 前項之未遂罰之。

§ 274 Urkundenunterdrückung; Veränderung einer Grenzbezeichnung

(1) Mit Freiheitsstrafe bis zu fünf Jahren oder mit Geldstrafe wird bestraft, wer

1. eine Urkunde oder eine technische Aufzeichnung, welche ihm entweder überhaupt nicht oder nicht ausschließlich gehört, in der Absicht, einem anderen Nachteil zuzufügen, vernichtet, beschädigt oder unterdrückt,

2. beweiserhebliche Daten (§ 202a Abs. 2), über die er nicht oder nicht ausschließlich verfügen darf, in der Absicht, einem anderen Nachteil zuzufügen, löscht, unterdrückt, unbrauchbar macht oder verändert oder

3. einen Grenzstein oder ein anderes zur Bezeichnung einer Grenze oder eines Wasserstandes bestimmtes Merkmal in der Absicht, einem anderen Nachteil zuzufügen, wegnimmt, vernichtet, unkenntlich macht, verrückt oder fälschlich setzt.

(2) Der Versuch ist strafbar.

解析

1. 本條第1項第1款規定之文書或技術性標記，須分別參照第267條與第268條之規定。行為人如以不屬於自己所有，但為真正之文書或技術性標記作為證明手段，始足該當本罪。

2. 本條第1項第2款規定之具有證明重要性之資料（第202a條第2項），除參照第269條規定之規定外，亦限於不屬於行為人所有者，始足當之。

第275條　　預備偽造官方證明書罪

(1) 以製造、為自己或他人取得、提供、留存、轉讓他人或從事輸入或輸出下列物品之方式，預備偽造官方證明書者，處二年以下自由刑或罰金：

　　1. 印版、模型、文字排版、印刷雕版、負片、鑄模版或其他依其形式適於犯本條之罪之相類設備，

　　2. 與特定用於製作官方證明書且以防偽功能加以保全之同類紙張，或類似之可混淆他人之紙張，或，

　　3. 官方證明書之樣張。

(2) 常業或以持續從事前項之犯行之特定團體成員身分犯之者，處三月以上五年以下自由刑。

(3) 第149條第2項及第3項之規定準用之。

§ 275 Vorbereitung der Fälschung von amtlichen Ausweisen

(1) Wer eine Fälschung von amtlichen Ausweisen vorbereitet, indem er

　　1. Platten, Formen, Drucksätze, Druckstöcke, Negative, Matrizen oder ähnliche Vorrichtungen, die ihrer Art nach zur Begehung der Tat geeignet sind,

　　2. Papier, das einer solchen Papierart gleicht oder zum Verwechseln ähnlich ist, die zur Herstellung von amtlichen Ausweisen bestimmt und gegen Nachahmung besonders gesichert ist, oder

　　3. Vordrucke für amtliche Ausweise

herstellt, sich oder einem anderen verschafft, feilhält, verwahrt, einem anderen überläßt oder einzuführen oder auszuführen unternimmt, wird mit Freiheitsstrafe bis zu zwei Jahren oder mit Geldstrafe bestraft.

(2) Handelt der Täter gewerbsmäßig oder als Mitglied einer Bande, die sich zur

fortgesetzten Begehung von Straftaten nach Absatz 1 verbunden hat, so ist die Strafe Freiheitsstrafe von drei Monaten bis zu fünf Jahren.

(3) § 149 Abs. 2 und 3 gilt entsprechend.

解析

1. 官方證明書之定義，詳見第273條之重點說明。另預先列印出之官方證明書樣本，因本條第1項第3款之規定，亦在規範範圍中。

2. 本條所規範之官方證明書預備偽造行為，如已涉及偽造行為本身，則應屬第267條所規範。

3. 本條第1項第1、2款之構成要件行為與第149條規定相符。

第276條　　取得偽造、變造之官方證明書罪

(1) 對包含第271條與第348條規定所示方式所包含之偽造證明書、非真正或變造之官方證明書，有下列以下行為者，處二年以下自由刑或罰金：

1. 從事輸入或輸出，或，

2. 意圖行使於法律事務往來上欺騙他人之可能，為自己或他人取得、保存或轉讓他人。

(2) 常業或以持續從事前項之犯行之特定團體成員身分犯之者，處三月以上五年以下自由刑。

§ 276 Verschaffen von falschen amtlichen Ausweisen

(1) Wer einen unechten oder verfälschten amtlichen Ausweis oder einen amtlichen Ausweis, der eine falsche Beurkundung der in den §§ 271 und 348 bezeichneten Art enthält,

1. einzuführen oder auszuführen unternimmt oder

2. in der Absicht, dessen Gebrauch zur Täuschung im Rechtsverkehr zu ermöglichen, sich oder einem anderen verschafft, verwahrt oder einem anderen überläßt,

wird mit Freiheitsstrafe bis zu zwei Jahren oder mit Geldstrafe bestraft.

(2) Handelt der Täter gewerbsmäßig oder als Mitglied einer Bande, die sich zur fortgesetzten Begehung von Straftaten nach Absatz 1 verbunden hat, so ist die Strafe Freiheitsstrafe von drei Monaten bis zu fünf Jahren.

解 析

1. 本條適用範圍，僅及於依第271條與第348條規定所示之僞造證明書、非眞正或變造之官方證明書，但不包含依第273條所變更之官方證明書。
2. 本條主觀要件爲故意，但於第1項第2款之情形中，行爲人尚須具備行使於法律事務往來上欺騙他人之意圖。

第276a條　居留權文件、機動車輛文件

第275與第276條之規定，適用於居留權文件，即居留證與短暫停止驅逐出境之文件，以及機動車輛之文件，即機動車輛之行車執照與機動車輛持有證之情形。

§ 276a Aufenthaltsrechtliche Papiere; Fahrzeugpapiere

Die §§ 275 und 276 gelten auch für aufenthaltsrechtliche Papiere, namentlich Aufenthaltstitel und Duldungen, sowie für Fahrzeugpapiere, namentlich Fahrzeugscheine und Fahrzeugbriefe.

解 析

　　本條規定係爲擴張第275、276條規定之適用範圍，使其延伸至居留權文件、機動車輛文件，以便於強化追訴國際性之機動車輛竊盜及人蛇集團等組織性犯罪。

第277條　偽造、變造健康證明罪

冒用不歸屬於其之醫師名義或未經核可之醫事人員名義，或無權以該類人員之名義，開立關於自己或他人健康狀態之證明，或變造此類眞正證明，並爲欺騙機關或保險公司而行使者，處一年以下自由刑或罰金。

§ 277 Fälschung von Gesundheitszeugnissen

Wer unter der ihm nicht zustehenden Bezeichnung als Arzt oder als eine andere approbierte Medizinalperson oder unberechtigt unter dem Namen solcher Personen ein Zeugnis über seinen oder eines anderen Gesundheitszustand ausstellt oder ein derartiges echtes Zeugnis verfälscht und davon zur Täuschung von Behörden oder Versicherungsgesellschaften Gebrauch macht, wird mit Freiheitsstrafe bis zu einem Jahr oder mit Geldstrafe bestraft.

 解析

1. 本條規定包含三種不同之構成要件行爲：
   (1)冒用不歸屬於其之醫師名義或未經核可之醫事人員名義，開立健康證明；
   (2)無權以該類人員之名義，開立健康證明；
   (3)變造一原本眞正之健康證明。
2. 於第1類構成要件行爲，涉及書面上對於上開人員資格之虛僞陳述；於第2、3類構成要件，則涉及偽造、變造文書之特別類型。

第278條　不正確健康證明開立罪

醫師與其他經核可之醫事人員，違反良知開立關於人之健康狀態證明，以作爲向官署或保險機構行使之用者，處二年以下自由刑或罰金。

§ 278 Ausstellen unrichtiger Gesundheitszeugnisse

Ärzte und andere approbierte Medizinalpersonen, welche ein unrichtiges

Zeugnis über den Gesundheitszustand eines Menschen zum Gebrauch bei einer Behörde oder Versicherungsgesellschaft wider besseres Wissen ausstellen, werden mit Freiheitsstrafe bis zu zwei Jahren oder mit Geldstrafe bestraft.

解析

1. 本條行爲人僅得爲醫師與其他經核可之醫事人員，爲特別犯。
2. 構成要件行爲，爲向官署或保險機構出具內容不正確之健康證明。
3. 行爲人主觀上除須具備故意外，尙須違反其良知而行爲，始足當之。

第279條　　行使不正確健康證明罪

爲向官署或保險機構欺騙自己或他人之健康狀態，行使於第277條與第278條所訂之證明者，處一年以下自由刑或罰金。

§ 279　Gebrauch unrichtiger Gesundheitszeugnisse

Wer, um eine Behörde oder eine Versicherungsgesellschaft über seinen oder eines anderen Gesundheitszustand zu täuschen, von einem Zeugnis der in den §§ 277 und 278 bezeichneten Art Gebrauch macht, wird mit Freiheitsstrafe bis zu einem Jahr oder mit Geldstrafe bestraft.

解析

1. 本條之行爲客體，爲內容上與健康狀態不符，因而客觀上不正確之健康證明。此一不正確之健康證明，無須係違反良知所出具。
2. 本條之構成要件行爲，係行使第277條與第278條所定之證明書，而非向官署或保險機構所爲之欺騙行爲。

第280條　　刪除

§ 280　weggefallen

第281條　　人別證明文件濫用罪
(1) 為於法律事務往來上欺騙他人，行使對他人所核發之人別證明文件，或轉讓非為他人所核發之人別證明文件予他人者，處一年以下自由刑或罰金。本項之未遂罰之。
(2) 於往來中被作為證明使用之證書或其他文書，視為人別證明文件。

§ 281　Mißbrauch von Ausweispapieren
(1) Wer ein Ausweispapier, das für einen anderen ausgestellt ist, zur Täuschung im Rechtsverkehr gebraucht, oder wer zur Täuschung im Rechtsverkehr einem anderen ein Ausweispapier überläßt, das nicht für diesen ausgestellt ist, wird mit Freiheitsstrafe bis zu einem Jahr oder mit Geldstrafe bestraft. Der Versuch ist strafbar.
(2) Einem Ausweispapier stehen Zeugnisse und andere Urkunden gleich, die im Verkehr als Ausweis verwendet werden.

解析

1. 本條之行為客體，為證明文件；構成要件行為，則有行使與轉讓此一類證明文件。此一證明文件須為真正文件，如行為人有行使或轉讓偽造文件之情形，則應屬第267條之規範範疇。
2. 行為人無論是行使或轉讓此類文件，均須基於在法律事務往來上欺騙他人此一意圖而實行行為，始足當之。

第282條　沒收

與第267條、第268條、第271條第2項與第3項、第273條或第276條，以及其與第276a條相關連之規定，或第279條之規定相關之物，得沒收之。於第275條規定之情形，以及其與第276a條相關連之規定，沒收其所示之偽造工具。

§ 282 Einziehung

Gegenstände, auf die sich eine Straftat nach § 267, § 268, § 271 Abs. 2 und 3, § 273 oder § 276, dieser auch in Verbindung mit § 276a, oder nach § 279 bezieht, können eingezogen werden. In den Fällen des § 275, auch in Verbindung mit § 276a, werden die dort bezeichneten Fälschungsmittel eingezogen.

解析

本條原第1項財產刑與擴大沒收之規定，業已因應2017年7月1日生效之「刑法財產剝奪改革法案」（Gesetz zur Reform der strafrechtlichen Vermögensabschöpfung）而刪除之。

第二十四章　破產之犯罪

Vierundzwanzigster Abschnitt Insolvenzstraftaten

第283條　　破產罪

(1) 處於負債過多或瀕臨無支付能力或已無支付能力而爲下列行爲者，處以五年以下自由刑或罰金：

1. 於破產程序中，隱匿或隱瞞、或以不符經濟秩序要求之方式毀損或損壞屬於破產人之財產部分，或致令不堪用；

2. 以不符經濟秩序要求之方式，進行商品或有價證券的虧本買賣或投機買賣或期貨交易，或者以非經濟之支出、娛樂或賭博而造成過高數額之花費或虧損；

3. 貸款購買商品或有價證券，且用不符經濟秩序要求之方式，以顯著低於其價值之價格出讓或作其他處置；

4. 虛構他人權利或承認虛構之權利；

5. 依法有記載財務報表之義務而不予記載，或使人難以清楚其財務狀況而爲記載或變更記載內容；

6. 商人依商法有義務保存財務報表或其他表冊者，卻於法定留存期限屆滿前，予以移置、藏匿、毀棄或損壞，而致難以清楚其財務狀況；

7. a. 提出使人難以清楚其財務狀況之資產負債表而違反商法規定者，或

   b. 不於法定期間內提出資產負債表或財產清單而違反商法規定者，或

8. 以其他顯不符經濟秩序要求之方式減少其財產，或隱匿、掩飾其眞實交易關係者。

(2) 因前項所述行爲而致負債過多或無支付能力者，亦同。

(3) 未遂犯罰之。

(4) 有下列情形之一者，處二年以下自由刑或罰金刑：

1. 於第1項情形，因過失而不知負債過多或瀕臨無支付能力或已無支付能力者；

2. 於第2項情形，因重大過失而造成負債過多或無支付能力者。

(5) 有下列情形之一者，處二年以下自由刑或罰金刑：

1. 過失犯第1項第2、5或7款之行為，且至少因過失而不知負債過多而瀕臨無支付能力或已無支付能力，或

2. 過失犯與第1項第2、5或7款有關之第2項之行為，且至少是因重大過失而致負債過多而無支付能力者。

(6) 該行為僅在行為人停止支付，或就其財產開始破產宣告程序或破產宣告之聲請因欠缺剩餘財產而駁回時，始可處罰。

§ 283 Bankrott

(1) Mit Freiheitsstrafe bis zu fünf Jahren oder mit Geldstrafe wird bestraft, wer bei Überschuldung oder bei drohender oder eingetretener Zahlungsunfähigkeit

1. Bestandteile seines Vermögens, die im Falle der Eröffnung des Insolvenzverfahrens zur Insolvenzmasse gehören, beiseite schafft oder verheimlicht oder in einer den Anforderungen einer ordnungsgemäßen Wirtschaft widersprechenden Weise zerstört, beschädigt oder unbrauchbar macht,

2. in einer den Anforderungen einer ordnungsgemäßen Wirtschaft widersprechenden Weise Verlust- oder Spekulationsgeschäfte oder Differenzgeschäfte mit Waren oder Wertpapieren eingeht oder durch unwirtschaftliche Ausgaben, Spiel oder Wette übermäßige Beträge verbraucht oder schuldig wird,

3. Waren oder Wertpapiere auf Kredit beschafft und sie oder die aus diesen Waren hergestellten Sachen erheblich unter ihrem Wert in einer den Anforderungen einer ordnungsgemäßen Wirtschaft widersprechenden Weise veräußert oder sonst abgibt,

4. Rechte anderer vortäuscht oder erdichtete Rechte anerkennt,

5. Handelsbücher, zu deren Führung er gesetzlich verpflichtet ist, zu führen unterläßt oder so führt oder verändert, daß die Übersicht über seinen Vermögensstand erschwert wird,

6. Handelsbücher oder sonstige Unterlagen, zu deren Aufbewahrung ein Kaufmann nach Handelsrecht verpflichtet ist, vor Ablauf der für Buchführungspflichtige bestehenden Aufbewahrungsfristen beiseite schafft, verheimlicht, zerstört oder beschädigt und dadurch die Übersicht über seinen Vermögensstand erschwert,

7. entgegen dem Handelsrecht

   a) Bilanzen so aufstellt, daß die Übersicht über seinen Vermögensstand erschwert wird, oder

   b) es unterläßt, die Bilanz seines Vermögens oder das Inventar in der vorgeschriebenen Zeit aufzustellen, oder

8. in einer anderen, den Anforderungen einer ordnungsgemäßen Wirtschaft grob widersprechenden Weise seinen Vermögensstand verringert oder seine wirklichen geschäftlichen Verhältnisse verheimlicht oder verschleiert.

(2) Ebenso wird bestraft, wer durch eine der in Absatz 1 bezeichneten Handlungen seine Überschuldung oder Zahlungsunfähigkeit herbeiführt.

(3) Der Versuch ist strafbar.

(4) Wer in den Fällen

   1. des Absatzes 1 die Überschuldung oder die drohende oder eingetretene Zahlungsunfähigkeit fahrlässig nicht kennt oder

   2. des Absatzes 2 die Überschuldung oder Zahlungsunfähigkeit leichtfertig verursacht,

   wird mit Freiheitsstrafe bis zu zwei Jahren oder mit Geldstrafe bestraft.

(5) Wer in den Fällen

   1. des Absatzes 1 Nr. 2, 5 oder 7 fahrlässig handelt und die Überschuldung oder die drohende oder eingetretene Zahlungsunfähigkeit wenigstens fahrlässig nicht kennt oder

2. des Absatzes 2 in Verbindung mit Absatz 1 Nr. 2, 5 oder 7 fahrlässig
   handelt und die Überschuldung oder Zahlungsunfähigkeit wenigstens
   leichtfertig verursacht,
   wird mit Freiheitsstrafe bis zu zwei Jahren oder mit Geldstrafe bestraft.
(6) Die Tat ist nur dann strafbar, wenn der Täter seine Zahlungen eingestellt
    hat oder über sein Vermögen das Insolvenzverfahren eröffnet oder der
    Eröffnungsantrag mangels Masse abgewiesen worden ist.

解析

1. 本罪章之保護法益，在於確保所有債權人能共同自債務人獲得債務之
   清償。
2. 本罪為破產犯罪之核心規範，本罪之行為人僅限於債務人，包括自然
   人與法人，法人依刑法第14條規定而得為本條之行為人，屬身分犯之
   規定。
3. 第6項規定為客觀處罰條件。
4. 本罪屬抽象危險犯，因對債權人之個人財產，既不需要造成損害，亦
   不需存在具體危險。

第283a條　　加重破產罪

破產人犯第283條第1項至第3項之罪而情節嚴重者，處六個月以上十年以
下自由刑。情節嚴重，一般是指行為人
1. 出於利欲所為，
2. 蓄意使行為人保管之他人財產遭受價值減損之危險或使其他多人處於
   經濟困境。

§ 283a Besonders schwerer Fall des Bankrotts

In besonders schweren Fällen des § 283 Abs. 1 bis 3 wird der Bankrott mit
Freiheitsstrafe von sechs Monaten bis zu zehn Jahren bestraft. Ein besonders
schwerer Fall liegt in der Regel vor, wenn der Täter

1. aus Gewinnsucht handelt oder
2. wissentlich viele Personen in die Gefahr des Verlustes ihrer ihm anvertrauten Vermögenswerte oder in wirtschaftliche Not bringt.

本罪是依照其例示情狀，而加重第283條第1至3項刑罰之量刑規定，而非第283條之加重規定。

第283b條　　違反記載義務罪

(1) 為下列行為者，處二年以下自由刑或罰金刑：
  1. 依法有記載財務報表義務而不記載，或將財務報表記載成或變更成使人難以清楚其財務狀況者，
  2. 依商法有義務保存財務報表或其他表冊者，卻於法定留存期限屆滿前，予以移置、藏匿、毀棄或損壞，而使人難以清楚其財務狀況者，
  3. a. 提出使人難以清楚其財務狀況之資產負債表而違反商法規定者，或
     b. 不於法定期間內提出資產負債表或財產清單而違反商法規定者。
(2) 過失犯第1項第1或3款者，處一年以下自由刑或罰金。
(3) 適用第283條第6項之規定。

§ 283b Verletzung der Buchführungspflicht (Gesetzesstand: 18. Jan 2017)
(1) Mit Freiheitsstrafe bis zu zwei Jahren oder mit Geldstrafe wird bestraft, wer
  1. Handelsbücher, zu deren Führung er gesetzlich verpflichtet ist, zu führen unterläßt oder so führt oder verändert, daß die Übersicht über seinen Vermögensstand erschwert wird,
  2. Handelsbücher oder sonstige Unterlagen, zu deren Aufbewahrung er nach Handelsrecht verpflichtet ist, vor Ablauf der gesetzlichen

Aufbewahrungsfristen beiseite schafft, verheimlicht, zerstört oder beschädigt und dadurch die Übersicht über seinen Vermögensstand erschwert,

3. entgegen dem Handelsrecht

a) Bilanzen so aufstellt, daß die Übersicht über seinen Vermögensstand erschwert wird, oder

b) es unterläßt, die Bilanz seines Vermögens oder das Inventar in der vorgeschriebenen Zeit aufzustellen.

(2) Wer in den Fällen des Absatzes 1 Nr. 1 oder 3 fahrlässig handelt, wird mit Freiheitsstrafe bis zu einem Jahr oder mit Geldstrafe bestraft.

(3) § 283 Abs. 6 gilt entsprechend.

解析

1. 本罪過問者，為第283條規定以外之違反記載義務行為，性質上屬抽象危險犯之規定。

2. 本條是作為第283條第1項第5至7款之截堵構成要件，亦適用第283條第6項客觀處罰條件之規定。

3. 本條性質上屬純正身分犯，行為人除債務人外，尚有依法負有記載義務之人。

第283c條　　優待債權人罪

(1) 明知自己無支付能力，卻對某一債權人提供該債權人並未要求之或未要求指定方式、時間之擔保或清償，因而有意或明知使其優先於其他債權人受清償者，處二年以下自由刑或罰金。

(2) 未遂犯罰之。

(3) 適用第283條第6項之規定。

§ 283c Gläubigerbegünstigung

(1) Wer in Kenntnis seiner Zahlungsunfähigkeit einem Gläubiger eine Sicherheit oder Befriedigung gewährt, die dieser nicht oder nicht in der Art oder nicht zu der Zeit zu beanspruchen hat, und ihn dadurch absichtlich oder wissentlich vor den übrigen Gläubigern begünstigt, wird mit Freiheitsstrafe bis zu zwei Jahren oder mit Geldstrafe bestraft.

(2) Der Versuch ist strafbar.

(3) § 283 Abs. 6 gilt entsprechend.

解 析

1. 本條為第283條第1項第1款之減輕構成要件。
2. 本罪為結果犯，須客觀上使被優待之債權人獲得較佳清償，並且因而使得其他債權人遭受不利益，方符本罪。
3. 本罪之行為人僅限於債務人，故屬身分犯。
4. 主觀要件要求行為人須認識到自己之無支付能力，因此未必故意並不該當本罪之主觀要件，然而就行為人是否認知到優待債權人，則未必故意即足。
5. 適用第283條第6項客觀處罰條件之規定。

第283d條　　寬待債務人罪

(1) 為下列行為者，處五年以下自由刑或罰金：
1. 明知他人瀕臨無力償債
2. 他人停止支付後，於該他人破產程序或破產宣告程序之裁定程序進行中，經其同意或為其利益而將破產宣告程序中屬於該他人破產財產之部分財產予以移置、藏匿，或以不符經濟秩序要求之方式毀損或損壞部分財產，或致令不堪用者。

(2) 未遂犯罰之。

(3) 情節嚴重者，破產人處六個月以上十年以下自由刑。情節嚴重，一般

是指行為人

1. 出於利欲所為，

2. 蓄意使行為人保管之財產遭受價值減損之危險或使其他多人處於經濟困境。

(4) 該行為僅在他人停止支付，或就其財產開始破產宣告程序或破產宣告之聲請因欠缺剩餘財產而駁回時，始可處罰。

§ 283d Schuldnerbegünstigung

(1) Mit Freiheitsstrafe bis zu fünf Jahren oder mit Geldstrafe wird bestraft, wer

1. in Kenntnis der einem anderen drohenden Zahlungsunfähigkeit oder

2. nach Zahlungseinstellung, in einem Insolvenzverfahren oder in einem Verfahren zur Herbeiführung der Entscheidung über die Eröffnung des Insolvenzverfahrens eines anderen

Bestandteile des Vermögens eines anderen, die im Falle der Eröffnung des Insolvenzverfahrens zur Insolvenzmasse gehören, mit dessen Einwilligung oder zu dessen Gunsten beiseite schafft oder verheimlicht oder in einer den Anforderungen einer ordnungsgemäßen Wirtschaft widersprechenden Weise zerstört, beschädigt oder unbrauchbar macht.

(2) Der Versuch ist strafbar.

(3) In besonders schweren Fällen ist die Strafe Freiheitsstrafe von sechs Monaten bis zu zehn Jahren. Ein besonders schwerer Fall liegt in der Regel vor, wenn der Täter

1. aus Gewinnsucht handelt oder

2. wissentlich viele Personen in die Gefahr des Verlustes ihrer dem anderen anvertrauten Vermögenswerte oder in wirtschaftliche Not bringt.

(4) Die Tat ist nur dann strafbar, wenn der andere seine Zahlungen eingestellt hat oder über sein Vermögen das Insolvenzverfahren eröffnet oder der Eröffnungsantrag mangels Masse abgewiesen worden ist.

解 析

1. 本條與破產犯罪行為罪章中之其他規定不同，性質上屬一般犯，行為人可以為債權人，亦可以為破產管理人，但非債務人，然而債務人可以以共犯之方式參與本罪。
2. 只要債權人與債務人共同為第283c條之犯罪，在這種情況，債權人為參與債務人所犯之第283c條之罪，債權人並不該當本罪。
3. 第1項第2款中之同意（Einwilligung），指的是客觀之構成要件要素。相對於此，為債務人利益所為（Handeln zugunsten des Schuldners），則為主觀之構成要件要素。
4. 第4項規定屬客觀處罰條件。

第二十五章　可罰之利己罪

Fünfundzwanzigster Abschnitt Strafbarer Eigennutz

第284條　　舉辦未經許可賭博罪

(1) 未經主管機關許可公開舉辦或持續舉行賭博，或為此準備提供設備者，處二年以下自由刑或罰金。

(2) 時常舉辦賭博之社團或私人聚會中之賭博，視同公開舉辦。

(3) 1. 以第1項行為為職業者；

　　2. 作為持續為第1項行為而成立之集團成員而為之者，處三個月以上五年以下自由刑。

(4) 為公開賭博活動宣傳者，處一年以下自由刑或罰金。

§ 284 Unerlaubte Veranstaltung eines Glücksspiels

(1) Wer ohne behördliche Erlaubnis öffentlich ein Glücksspiel veranstaltet oder hält oder die Einrichtungen hierzu bereitstellt, wird mit Freiheitsstrafe bis zu zwei Jahren oder mit Geldstrafe bestraft.

(2) Als öffentlich veranstaltet gelten auch Glücksspiele in Vereinen oder geschlossenen Gesellschaften, in denen Glücksspiele gewohnheitsmäßig veranstaltet werden.

(3) Wer in den Fällen des Absatzes 1

　　1. gewerbsmäßig oder

　　2. als Mitglied einer Bande handelt, die sich zur fortgesetzten Begehung solcher Taten verbunden hat,

wird mit Freiheitsstrafe von drei Monaten bis zu fünf Jahren bestraft.

(4) Wer für ein öffentliches Glücksspiel (Absätze 1 und 2) wirbt, wird mit Freiheitsstrafe bis zu einem Jahr oder mit Geldstrafe bestraft.

(解)(析)

1. 本罪之保護法益，通說認為是國家對於賭博愛好之商業化控管，另有認為是保護國民健康及公共安全。

2. 本條所稱之賭博活動，係指按照事先規定好之遊戲規則來決定輸贏之活動，且無法操控其輸贏之結果。其遊戲規則是為了贏得具貨幣價值之獎品，且是有償地獲得贏取機會。

3. 主管機關許可之有效性及其範圍，則視相關行政法規規定。

4. 第3項為第1項之加重構成要件，係為因應對抗組織犯罪（請參見OrgKG Art. 1 Nr. 21）而新增。

5. 本罪得與詐欺罪（第263條）想像競合。

第285條　　參與未經許可賭博活動罪

參與（第284條）公開賭博者，處六個月以下自由刑或一百八十單位以下日額金。

§ 285 Beteiligung am unerlaubten Glücksspiel

Wer sich an einem öffentlichen Glücksspiel (§ 284) beteiligt, wird mit Freiheitsstrafe bis zu sechs Monaten oder mit Geldstrafe bis zu einhundertachtzig Tagessätzen bestraft.

(解)(析)

1. 本罪之行為人須係作為玩家而參與賭博。在場發牌協助之荷官，則應論以第284條之幫助犯。本罪之行為人亦可能為主辦者，然而此時第284條應優先於本罪適用。

2. 主管機關之許可，即可阻卻本罪之構成要件該當。

3. 若在場直接參與之玩家，不知曉其為未經允許之賭博活動時，則有成立間接正犯之可能性。

4. 本罪得與詐欺罪想像競合。

第286條　沒收

於第284及285條之情形，沒收判決時屬於行為人或共犯之賭博器具及賭桌上或金庫中之金錢。否則，亦得沒收其他物品；適用第74a條之規定。

§286 Einziehung

In den Fällen der §§ 284 und 285 werden die Spieleinrichtungen und das auf dem Spieltisch oder in der Bank vorgefundene Geld eingezogen, wenn sie dem Täter oder Teilnehmer zur Zeit der Entscheidung gehören. Andernfalls können die Gegenstände eingezogen werden; § 74a ist anzuwenden.

解析

1. 2017年之修法，將已被聯邦憲法法院宣告違憲而不再有效的第1項第1句有關第43a條之財產刑規定，予以刪除。

2. 舊法中的第1項有關擴大沒收之規定，因應2017年通過之有關擴大沒收之修法，故將舊法的第1項刪除。

3. 依據第2句規定，第三人沒收，並不限於第74條第2項第2款、第3項之情況，而是包括第74a條之情形，進一步地說明，請參見第74a條之說明。

第287條　舉辦未經許可之樂透或抽獎活動罪

(1) 無主管機關許可而公開發行樂透或舉行以動產或不動產為獎品之抽獎活動，特別是為公開發行樂透或抽獎而提供締結賭博契約或接受締結賭博契約之要約者，處二年以下自由刑或罰金。

(2) 為公開發行之樂透或抽獎活動宣傳者，處二年以下自由刑或罰金。

§ 287 Unerlaubte Veranstaltung einer Lotterie oder einer Ausspielung

(1) Wer ohne behördliche Erlaubnis öffentliche Lotterien oder Ausspielungen beweglicher oder unbeweglicher Sachen veranstaltet, namentlich den

Abschluß von Spielverträgen für eine öffentliche Lotterie oder Ausspielung anbietet oder auf den Abschluß solcher Spielverträge gerichtete Angebote annimmt, wird mit Freiheitsstrafe bis zu zwei Jahren oder mit Geldstrafe bestraft.

(2) Wer für öffentliche Lotterien oder Ausspielungen (Absatz 1) wirbt, wird mit Freiheitsstrafe bis zu einem Jahr oder mit Geldstrafe bestraft.

解析

1. 本罪保護者，爲玩家之財產利益，同時間接保護國庫及秩序法上之公共利益，性質屬抽象危險犯。
2. 樂透與抽獎，爲第284條所稱賭博之特別形式之一。
3. 本條優先於第284條適用。若主辦者奸詐地以不合規則之方式獲取最佳彩獎，而致其他參與活動者之不利益者，得與詐欺罪想像競合。此外，本罪亦得與營業秩序法（GewO）第148條及競爭法（UWG）第16條想像競合。

第288條　　妨礙強制執行罪

(1) 即將受強制執行時，意圖妨礙債權人實現債權而出讓或移轉財產者，處二年以下自由刑或罰金。

(2) 本罪須告訴乃論。

§ 288 Vereiteln der Zwangsvollstreckung

(1) Wer bei einer ihm drohenden Zwangsvollstreckung in der Absicht, die Befriedigung des Gläubigers zu vereiteln, Bestandteile seines Vermögens veräußert oder beiseite schafft, wird mit Freiheitsstrafe bis zu zwei Jahren oder mit Geldstrafe bestraft.

(2) Die Tat wird nur auf Antrag verfolgt.

解析

1. 本罪性質上屬財產犯罪。相對於破產犯罪罪章保護之是整體債權人之整體執行，本罪之目的在於保護個別申請執行之個別債權人，但並不保護債權人由特定財物來滿足其債權之利益。

2. 本罪之行為人，僅可能是遭強制執行之債務人，故本罪屬身分犯。

3. 具體妨害結果並非必要。

4. 除要求故意主觀構成要件外，尚要求行為人具備意圖，須意圖妨礙債權人滿足債權。

第289條　　取走質押物罪

(1) 以利於所有權人之意圖，自用益權人、質權人或有使用權或留置權之人處不法取走自己或他人之動產者，處三年以下自由刑或罰金。

(2) 未遂犯罰之。

(3) 本罪須告訴乃論。

§ 289 Pfandkehr

(1) Wer seine eigene bewegliche Sache oder eine fremde bewegliche Sache zugunsten des Eigentümers derselben dem Nutznießer, Pfandgläubiger oder demjenigen, welchem an der Sache ein Gebrauchs- oder Zurückbehaltungsrecht zusteht, in rechtswidriger Absicht wegnimmt, wird mit Freiheitsstrafe bis zu drei Jahren oder mit Geldstrafe bestraft.

(2) Der Versuch ist strafbar.

(3) Die Tat wird nur auf Antrag verfolgt.

解析

1. 本條保護處於非所有權人之用益權人、質權人、使用權人或留置權人持有中之動產。

2. 本罪之構成要件行為—取走他人之物，與第242條竊盜罪之構成要件行

爲類似，破壞類似占有或持有之關係，並建立新之持有，但不以建立行爲人自己之持有爲必要。其他妨礙權利行使之行爲亦足，然而，單純破壞該物並非本罪之構成要件行爲。

3. 本罪之故意是指行爲人有意以本條之行爲妨礙他人權利，除此之外，行爲人尙須以不法之意圖爲之。

4. 本罪與第136條規定之間屬行爲單數之關係。

第290條　　無權使用質押物罪

無權使用所管領他人質押物之公共質權人，處一年以下自由刑或罰金。

§ 290 Unbefugter Gebrauch von Pfandsachen

Öffentliche Pfandleiher, welche die von ihnen in Pfand genommenen Gegenstände unbefugt in Gebrauch nehmen, werden mit Freiheitsstrafe bis zu einem Jahr oder mit Geldstrafe bestraft.

解析

1. 此爲原則上不罰之使用僭越（Gebrauchsanmaßung）之例外處罰規範，只是今日本罪已無實務上之重要性。

2. 公共質權人係指從事對一般公眾開放之典當業者，是否有取得主管單位之許可證，並不重要，進而通說認爲此身分要求，並非是特別之行爲主體要素。

3. 無權使用，意指不法使用。換言之，無出質人同意或違反出質人之意願所爲之利用質押物行爲。

4. 第246條之背信罪優先於本條適用。

第291條　　重利罪

(1) 乘他人急迫、無經驗、知慮淺薄或辨識能力顯有不足之處境，使人向自己或第三人就下列事項承諾或給予與對價或其仲介顯不相當之財產

利益者，處三年以下自由刑或罰金：

1. 出租供居住之所或與其相關之伴隨給付，

2. 提供貸款，

3. 其他給付，或

4. 仲介上述給付之一。

(2) 數人作為給付人、仲介人或以其他方式，共同造成整體財產利益和整體給付對價之間顯不相當時，利用他人處於急迫或其他弱勢處境而為自己或第三人獲取過高財產利益者，適用第1句之規定。

情節嚴重者，處六個月以上十年以下自由刑。情節嚴重一般是指行為人

1. 致他人陷於經濟困境之行為

2. 以該行為為業者

3. 使用票據來承諾獲取暴利之財產利益。

§ 291 Wucher

(1) Wer die Zwangslage, die Unerfahrenheit, den Mangel an Urteilsvermögen oder die erhebliche Willensschwäche eines anderen dadurch ausbeutet, daß er sich oder einem Dritten

1. für die Vermietung von Räumen zum Wohnen oder damit verbundene Nebenleistungen,

2. für die Gewährung eines Kredits,

3. für eine sonstige Leistung oder

4. für die Vermittlung einer der vorbezeichneten Leistungen

Vermögensvorteile versprechen oder gewähren läßt, die in einem auffälligen Mißverhältnis zu der Leistung oder deren Vermittlung stehen, wird mit Freiheitsstrafe bis zu drei Jahren oder mit Geldstrafe bestraft. Wirken mehrere Personen als Leistende, Vermittler oder in anderer Weise mit und ergibt sich dadurch ein auffälliges Mißverhältnis zwischen sämtlichen Vermögensvorteilen und sämtlichen Gegenleistungen, so gilt Satz 1 für jeden, der die Zwangslage oder sonstige Schwäche des anderen für sich oder einen Dritten zur Erzielung eines übermäßigen Vermögensvorteils ausnutzt.

(2) In besonders schweren Fällen ist die Strafe Freiheitsstrafe von sechs Monaten bis zu zehn Jahren. Ein besonders schwerer Fall liegt in der Regel vor, wenn der Täter

1. durch die Tat den anderen in wirtschaftliche Not bringt,

2. die Tat gewerbsmäßig begeht,

3. sich durch Wechsel wucherische Vermögensvorteile versprechen läßt.

解析

1. 本罪保護法益爲財產，有部分見解認爲本罪是藉由保護契約自由來保護財產；又有認爲本罪是在保護對經濟活動之信賴。然而本罪並不以發生財產損害或是對財產產生危險爲必要，從而性質上屬抽象危險犯。

2. 相對於經濟刑法典第3條以下有關「社會重利罪」（Sozialwucher）之規定，本罪被稱爲「個人重利罪」（Individualwucher），保護處於經濟弱勢之個人或團體遭經濟上之剝削。

3. 第1項第2句擴大本罪之處罰範圍，擴及多人共同爲之之情況，即是本罪之「增加條款」（Additionsklausel），該條款填補了當其他參與人因不符合共犯之要件，而無法依共犯規定處罰之情形。

第292條　　非法狩獵罪

(1) 侵害他人狩獵權或狩獵實行權而爲下列行爲者，處三年以下自由刑或罰金：

1. 追捕、捕獲或擊斃獵物，或爲自己或第三人將獵物據爲所有，或

2. 爲自己或第三人而將受狩獵權設定之物據爲所有、或加以損壞或毀棄。

(2) 情節嚴重者，處三個月以上五年以下自由刑。情節嚴重一般是指

1. 以此爲職業或時常爲之，

2. 於夜間、禁獵期、使用陷阱或以不合於狩獵規則之方式爲之，或

　　3. 數人持射擊武器共同為之。

(3) 有權在狩獵區狩獵之人於依聯邦狩獵法第6a條宣告為狩獵區之地域內狩獵，不適用第1及2項之規定。

§ 292　Jagdwilderei

(1) Wer unter Verletzung fremden Jagdrechts oder Jagdausübungsrechts

　　1. dem Wild nachstellt, es fängt, erlegt oder sich oder einem Dritten zueignet oder

　　2. eine Sache, die dem Jagdrecht unterliegt, sich oder einem Dritten zueignet, beschädigt oder zerstört,

　　wird mit Freiheitsstrafe bis zu drei Jahren oder mit Geldstrafe bestraft.

(2) In besonders schweren Fällen ist die Strafe Freiheitsstrafe von drei Monaten bis zu fünf Jahren. Ein besonders schwerer Fall liegt in der Regel vor, wenn die Tat

　　1. gewerbs- oder gewohnheitsmäßig,

　　2. zur Nachtzeit, in der Schonzeit, unter Anwendung von Schlingen oder in anderer nicht weidmännischer Weise oder

　　3. von mehreren mit Schußwaffen ausgerüsteten Beteiligten gemeinschaftlich

　　begangen wird.

(3) Die Absätze 1 und 2 gelten nicht für die in einem Jagdbezirk zur Ausübung der Jagd befugten Personen hinsichtlich des Jagdrechts auf den zu diesem Jagdbezirk gehörenden nach § 6a des Bundesjagdgesetzes für befriedet erklärten Grundflächen.

解 析

1. 本罪保護法益為狩獵權，故本罪屬財產犯。第2項第2款亦保護動物保護利益。至於極具重要性之社會法益—保護動物與自然，僅是被間接保護之法益。

2. 行為客體為所有之野生動物，野生魚類則屬第293條之範疇。行為主體為任何無權實行狩獵之第三人，包括逾越其狩獵權限之情況。
3. 本罪之阻卻違法事由，包括承諾與推測之承諾。

第293條　　非法捕魚罪

侵害他人捕魚權或捕魚實行權而為下列行為者，處二年以下自由刑或罰金：

1. 捕魚或
2. 為自己或第三人而將受漁權設定之物據為所有、或加以損壞或毀棄。

§ 293 Fischwilderei

Wer unter Verletzung fremden Fischereirechts oder Fischereiausübungsrechts

1. fischt oder
2. eine Sache, die dem Fischereirecht unterliegt, sich oder einem Dritten zueignet, beschädigt oder zerstört,

wird mit Freiheitsstrafe bis zu zwei Jahren oder mit Geldstrafe bestraft.

解析

1. 本罪之保護法益為捕魚權，間接保護環境及動物利益。有關捕魚權限之規範規定在邦法之中。
2. 行為客體係指可捕撈之無主水中生物，在池塘中或其他封閉式之私人水域中之水中生物，屬有主之水中生物，故僅涉及竊盜罪，而與本罪無關。

第294條　　告訴乃論

第292條第1項和第293條之罪，為親屬所犯或於行為人應在特定範圍內實行狩獵權或捕魚權卻在他處為之者，須被害人告訴乃論。

§ 294 Strafantrag

In den Fällen des § 292 Abs. 1 und des § 293 wird die Tat nur auf Antrag des Verletzten verfolgt, wenn sie von einem Angehörigen oder an einem Ort begangen worden ist, wo der Täter die Jagd oder die Fischerei in beschränktem Umfang ausüben durfte.

解 析

1. 有關告訴乃論之要件，請參見第77至77c條之相關說明。
2. 只有第292條第1項及第293條之犯行，方屬告訴乃論之罪。至於第292條第2項之情節嚴重情況，則不屬之。

第295條　　沒收

行為人和共犯於行為時所攜帶或使用之狩獵或捕魚器具、獵犬和其他動物，得沒收之。適用第74a條之規定。

§ 295 Einziehung

Jagd- und Fischereigeräte, Hunde und andere Tiere, die der Täter oder Teilnehmer bei der Tat mit sich geführt oder verwendet hat, können eingezogen werden. § 74a ist anzuwenden.

解 析

1. 狩獵或捕魚器具，指無生命之物，至於是否是得以反覆使用或者長期使用，則非關鍵。作為狩獵車及用於圍捕之交通工具，則可視為狩獵或捕魚器具予以沒收，但若祇為運送補獵物或者為抵達或離開犯罪地而使用之交通工具，則非屬本條所稱之狩獵或捕魚器具。
2. 不只得依據第74條第2項第2款基於安全理由而對第三人沒收，且若符合第74a條之前提，亦得對第三人沒收。詳請參見第74條以下相關說明。

第296條　刪除

§ 296 weggefallen

第297條　走私禁運品致生船舶、機動交通工具和航空器之危險罪

(1) 於船主或船長不知情下，或作爲船長於船主不知情下將某物帶至或裝載至德國藉船上，運輸該物將造成
　　1. 該船或所載運之貨物有遭扣押或沒收（第74至74f條）之危險者
　　2. 使船主或船長面臨刑罰之危險者，
　　處二年以下自由刑或罰金。

(2) 作爲船主在船長不知情下將運輸該物會造成船長面臨刑罰危險之物品帶至或裝載至德國藉船上，亦同。

(3) 於國內裝載部分或全部貨物之外國船舶，亦適用第1項第1款之規定。

(4) 將上述物品帶至或裝載至機動交通工具或航空器者，亦適用第1至3項之規定。機動交通工具或航空器之所有人或駕駛視同上述規定中之船主和船長。

§ 297 Gefährdung von Schiffen, Kraft- und Luftfahrzeugen durch Bannware

(1) Wer ohne Wissen des Reeders oder des Schiffsführers oder als Schiffsführer ohne Wissen des Reeders eine Sache an Bord eines deutschen Schiffes bringt oder nimmt, deren Beförderung

1. für das Schiff oder die Ladung die Gefahr einer Beschlagnahme oder Einziehung(§§ 74 bis 74f) oder

2. für den Reeder oder den Schiffsführer die Gefahr einer Bestrafung

verursacht, wird mit Freiheitsstrafe bis zu zwei Jahren oder mit Geldstrafe bestraft.

(2) Ebenso wird bestraft, wer als Reeder ohne Wissen des Schiffsführers eine Sache an Bord eines deutschen Schiffes bringt oder nimmt, deren

Beförderung für den Schiffsführer die Gefahr einer Bestrafung verursacht.

(3) Absatz 1 Nr. 1 gilt auch für ausländische Schiffe, die ihre Ladung ganz oder zum Teil im Inland genommen haben.

(4) Die Absätze 1 bis 3 sind entsprechend anzuwenden, wenn Sachen in Kraft- oder Luftfahrzeuge gebracht oder genommen werden. An die Stelle des Reeders und des Schiffsführers treten der Halter und der Führer des Kraft- oder Luftfahrzeuges.

1. 本罪保護個人利益。第1項第1款規定保護船隻、機動交通工具、航空器所有權人免於因走私品而遭到沒收；第1項第2款及第2項規定保護所有權人免於刑罰，而涉及所有權人之人身自由，同時間接保護公共法益以及未具體明確描述到之個人利益。

2. 因本罪並不要求獲利意圖，而得與詐欺罪（第263條）想像競合。

第二十六章　妨害營業競爭之犯罪

Sechsundzwanzigster Abschnitt Straftaten gegen den Wettbewerb

第298條　　招標時約定限制競爭

(1) 於有關商品或勞務招標時提出爲促使招標人接受特定要約之違法約定者，處五年以下自由刑或罰金。

(2) 依過去曾參與競標情形來私下交付委託者，與第1項所稱之招標同義。

(3) 自願防止招標人接受該不法要約或提供其勞務者，不依第1項以及相關第2項規定處罰。不承諾該不法要約或未提供勞務之結果非因行爲人防止行爲所致，若行爲人出於自願且眞摯努力防止接受要約或提供勞務者，亦不罰。

§298　Wettbewerbsbeschränkende Absprachen bei Ausschreibungen

(1) Wer bei einer Ausschreibung über Waren oder Dienstleistungen ein Angebot abgibt, das auf einer rechtswidrigen Absprache beruht, die darauf abzielt, den Veranstalter zur Annahme eines bestimmten Angebots zu veranlassen, wird mit Freiheitsstrafe bis zu fünf Jahren oder mit Geldstrafe bestraft.

(2) Der Ausschreibung im Sinne des Absatzes 1 steht die freihändige Vergabe eines Auftrages nach vorausgegangenem Teilnahmewettbewerb gleich.

(3) Nach Absatz 1, auch in Verbindung mit Absatz 2, wird nicht bestraft, wer freiwillig verhindert, daß der Veranstalter das Angebot annimmt oder dieser seine Leistung erbringt. Wird ohne Zutun des Täters das Angebot nicht angenommen oder die Leistung des Veranstalters nicht erbracht, so wird er straflos, wenn er sich freiwillig und ernsthaft bemüht, die Annahme des Angebots oder das Erbringen der Leistung zu verhindern.

解析

1. 基於刑事政策考量制定本罪，並以詐欺罪（第263條）「截堵構成要件」之形式為立法設計，因通常難以確定財產損害，也因此立法者設計本罪性質為抽象危險犯及行為犯。

2. 本罪保護法益為市場機制競爭自由，從而保護招標人之財產利益。

3. 本罪得以不作為形式違犯，保證人地位可能來自於招標契約內約定之義務，亦可能來自於前行為。

4. 因與詐欺罪之保護法益不同，故本罪得與詐欺罪想像競合。

第299條　　企業收賄行賄罪

(1) 於商業活動中作為企業雇員或代表人為下列行為者，處三年以下自由刑或罰金：

　　1. 為自己或第三人在國內或國外之營業競爭中，就有關商品或勞務以不正方法優待他人作為對價而要求、期約或收受利益者，或

　　2. 無企業承諾而為自己或第三人，就有關商品或勞務以實行或不為某一違反其企業義務之行為作為對價而要求、期約或收受利益者。

(2) 於商業活動中向企業雇員或代表人為下列行為者，亦同：

　　1. 為自己或第三人在國內或國外之營業競爭中，就有關商品或勞務以不正方法優待自己或他人作為對價而行求、期約或交付利益者，或

　　2. 無企業承諾而未自己或第三人就有關商品或勞務以實行或不為某一違反其企業義務之行為作為對價而行求、期約或交付利益者。

§299　Bestechlichkeit und Bestechung im geschäftlichen Verkehr

(1) Mit Freiheitsstrafe bis zu drei Jahren oder Geldstrafe wird bestraft, wer im geschäftlichen Verkehr als Angestellter oder Beauftragter eines Unternehmens

　　1. einen Vorteil für sich oder einen Dritten als Gegenleistung dafür fordert, sich versprechen lässt oder annimmt, dass er bei dem Bezug von Waren

oder Dienstleistungen einen anderen im inländischen oder ausländischen Wettbewerb in unlauterer Weise bevorzuge, oder

2. ohne Einwilligung des Unternehmens einen Vorteil für sich oder einen Dritten als Gegenleistung dafür fordert, sich versprechen lässt oder annimmt, dass er bei dem Bezug von Waren oder Dienstleistungen eine Handlung vornehme oder unterlasse und dadurch seine Pflichten gegenüber dem Unternehmen verletze.

(2) Ebenso wird bestraft, wer im geschäftlichen Verkehr einem Angestellten oder Beauftragten eines Unternehmens

1. einen Vorteil für diesen oder einen Dritten als Gegenleistung dafür anbietet, verspricht oder gewährt, dass er bei dem Bezug von Waren oder Dienstleistungen ihn oder einen anderen im inländischen oder ausländischen Wettbewerb in unlauterer Weise bevorzuge, oder

2. ohne Einwilligung des Unternehmens einen Vorteil für diesen oder einen Dritten als Gegenleistung dafür anbietet, verspricht oder gewährt, dass er bei dem Bezug von Waren oder Dienstleistungen eine Handlung vornehme oder unterlasse und dadurch seine Pflichten gegenüber dem Unternehmen verletze.

解析

1. 基於刑事政策考量而制定本罪，保護法益爲競爭自由，間接保護國內外參與企業及競爭者之財產利益。

2. 本罪亦適用於外國競爭行爲，故有涉及刑法適用問題者，請參見第9條說明。

3. 本罪屬抽象危險犯。第1項屬身分犯之規定，行爲人是企業雇員或代表人；第2項則是一般犯，任何人均得爲行爲人。

4. 違反規定或違反道德之商業職務行爲，原則上非屬本罪適用範圍。

第299a條　　賄賂醫療事業罪

作為須國家執照方能執業之醫護人員成員，為自己或第三人就與執行業務有關之下列情況，在國內或國外之營業競爭中以不正方法優待他人作為對價而要求、期約或收受利益者，處三年以下自由刑或罰金刑：

1. 開藥物、醫療方式或輔助器材或醫療設備之處方
2. 涉及使醫護人員成員或其專業助手直接使用藥物、輔助器材或醫療設備，或
3. 提供患者或研究資料。

§ 299a Bestechlichkeit im Gesundheitswesen

Wer als Angehöriger eines Heilberufs, der für die Berufsausübung oder die Führung der Berufsbezeichnung eine staatlich geregelte Ausbildung erfordert, im Zusammenhang mit der Ausübung seines Berufs einen Vorteil für sich oder einen Dritten als Gegenleistung dafür fordert, sich versprechen lässt oder annimmt, dass er

1. bei der Verordnung von Arznei-, Heil- oder Hilfsmitteln oder von Medizinprodukten,
2. bei dem Bezug von Arznei- oder Hilfsmitteln oder von Medizinprodukten, die jeweils zur unmittelbaren Anwendung durch den Heilberufsangehörigen oder einen seiner Berufshelfer bestimmt sind, oder
3. bei der Zuführung von Patienten oder Untersuchungsmaterial

einen anderen im inländischen oder ausländischen Wettbewerb in unlauterer Weise bevorzuge, wird mit Freiheitsstrafe bis zu drei Jahren oder mit Geldstrafe bestraft.

解析

1. 本條於2016年6月4日為對抗醫療事業人員所為之賄賂行為而新增。
2. 有鑑於與第331條以下之職務犯罪構成要件之間之關係，而可參考由第299條及第331條以下所發展之基本原則。

3. 當行爲人所爲同時該當第299條及第299a條之構成要件時，由於兩規定間所保護之方向不同而可想像競合。

4. 本條所稱之利益包括物質和非物質、精神上之利益，例如獎狀、榮譽職位等。

第299b條　　行賄醫療事業罪

向第299a條所稱之醫護人員成員，爲自己或第三人就與執行業務有關之下列情況，在國內或國外之營業競爭中以不正方法優待自己或他人作爲對價而行求、期約或交付利益者，處三年以下自由刑或罰金：

1. 開藥物、醫療方式或輔助器材或醫療設備之處方

2. 涉及使醫護人員成員或其專業助手直接使用藥物、輔助器材或醫療設備，或

3. 提供患者或研究資料。

§ 299b Bestechung im Gesundheitswesen

Wer einem Angehörigen eines Heilberufs im Sinne des § 299a im Zusammenhang mit dessen Berufsausübung einen Vorteil für diesen oder einen Dritten als Gegenleistung dafür anbietet, verspricht oder gewährt, dass er

1. bei der Verordnung von Arznei-, Heil- oder Hilfsmitteln oder von Medizinprodukten,

2. bei dem Bezug von Arznei- oder Hilfsmitteln oder von Medizinprodukten, die jeweils zur unmittelbaren Anwendung durch den Heilberufsangehörigen oder einen seiner Berufshelfer bestimmt sind, oder

3. bei der Zuführung von Patienten oder Untersuchungsmaterial

ihn oder einen anderen im inländischen oder ausländischen Wettbewerb in unlauterer Weise bevorzuge, wird mit Freiheitsstrafe bis zu drei Jahren oder mit Geldstrafe bestraft.

解析

1. 本條於2016年6月4日為對抗對醫療事業人員所為之行賄行為而新增，是第299a條賄賂行為之對向行為。
2. 本罪之行為人並不限於第299a條所稱之醫療人員，而是以構成要件所提之目標而使對方收受利益之任何人。

第300條　　在商業活動與醫療事業之加重收賄行賄罪

犯第299、299a和299b條之罪而情節嚴重者，處三個月以上五年以下自由刑。情節嚴重，一般是指：

1. 行為涉及高額不正利益，或
2. 行為人以此為業或作為持續實行該罪為目的之集團成員所為。

§ 300 Besonders schwere Fälle der Bestechlichkeit und Bestechung im geschäftlichen Verkehr und im Gesundheitswesen

In besonders schweren Fällen wird eine Tat nach den §§ 299, 299a und 299b mit Freiheitsstrafe von drei Monaten bis zu fünf Jahren bestraft. Ein besonders schwerer Fall liegt in der Regel vor, wenn

1. die Tat sich auf einen Vorteil großen Ausmaßes bezieht oder
2. der Täter gewerbsmäßig handelt oder als Mitglied einer Bande, die sich zur fortgesetzten Begehung solcher Taten verbunden hat.

解析

1. 第1項所稱「情節嚴重」，應特別考量由於受貪汙賄賂影響之錯誤處置而對病患可能造成之健康損害或巨大危險。
2. 第1款所稱「高額不正利益」，是指所要求或追求之利益價值大大超過平均所應得之利益，並應視其具體情況而定，難以以僵硬之價格標準來認定。
3. 第2款主要針對行為人是貪汙賄賂集團之情況。有關第2款所稱以此為

業及集團性之進一步說明，請參見第14條之相關說明。

第301條　　告訴乃論

(1) 犯第299條之商業活動賄賂和行賄者，告訴乃論，但基於特殊公共利益，刑事訴追機關認有依職權訴追之必要者，不在此限。

(2) 第299條第1項第1款和第2項第1款之罪，除被害人依第1項有告訴權外，不正競爭防止法第8條第3項第2款和第4款規定之團體與公會，亦有告訴權。

§ 301 Strafantrag

(1) Die Bestechlichkeit und Bestechung im geschäftlichen Verkehr nach § 299 wird nur auf Antrag verfolgt, es sei denn, daß die Strafverfolgungsbehörde wegen des besonderen öffentlichen Interesses an der Strafverfolgung ein Einschreiten von Amts wegen für geboten hält.

(2) Das Recht, den Strafantrag nach Absatz 1 zu stellen, haben in den Fällen des § 299 Absatz 1 Nummer 1 und Absatz 2 Nummer 1 neben dem Verletzten auch die in § 8 Absatz 3 Nummer 2 und 4 des Gesetzes gegen den unlauteren Wettbewerb bezeichneten Verbände und Kammern.

解析

1. 考量到相關企業顧忌社會大眾公開討論公司內部事務之可能，故設計為告訴乃論之罪，只是當事涉公益時，不在此限。

2. 告訴權人，包括被害人及其他參與競爭者。另外，通說認為，違反內部職務義務之雇員或代表人之企業負責人，亦得為告訴權人。按照第2項規定之相關團體與公會亦有告訴權。

第302條　　刪除

§ 302 weggefallen

本條因應2017年修法中有關擴大沒收之修正，予以刪除。

第二十七章　毀損之犯罪

Siebenundzwanzigster Abschnitt Sachbeschädigung

第303條　　毀損器物罪

(1) 非法損壞或毀棄他人之物者，處二年以下自由刑或罰金。

(2) 無權且非僅是以不明顯地或短暫地改變他人之物之外觀者，亦同。

(3) 未遂犯罰之。

§ 303 Sachbeschädigung

(1) Wer rechtswidrig eine fremde Sache beschädigt oder zerstört, wird mit Freiheitsstrafe bis zu zwei Jahren oder mit Geldstrafe bestraft.

(2) Ebenso wird bestraft, wer unbefugt das Erscheinungsbild einer fremden Sache nicht nur unerheblich und nicht nur vorübergehend verändert.

(3) Der Versuch ist strafbar.

解析

1. 本罪之保護法益為財產。第1項為典型之毀損；2005年增訂第2項，則將未經允許改變他人之物外觀，以毀損論罪。

2. 行為客體為他人之物，相關說明請參見竊盜罪（第242條）。是否是有價值之物，亦非所問。

3. 第2項所規定之「無權」，與第1項之「非法」有別，並非是違法性要素，而是構成要件要素。

第303a條　　變更電磁記錄罪

(1) 不法刪除、扣留、致令不堪用或變更電磁記錄（第202a條第2項）者，處二年以下自由刑或罰金。

(2) 未遂犯罰之。

(3) 預備犯第1項之犯罪者,適用第202c條之規定。

§ 303a Datenveränderung

(1) Wer rechtswidrig Daten (§ 202a Abs. 2) löscht, unterdrückt, unbrauchbar macht oder verändert, wird mit Freiheitsstrafe bis zu zwei Jahren oder mit Geldstrafe bestraft.

(2) Der Versuch ist strafbar.

(3) Für die Vorbereitung einer Straftat nach Absatz 1 gilt § 202c entsprechend.

解析

1. 本罪之保護法益,爲權利人對電磁記錄之支配權。電磁記錄之定義,請參見第202a條第2項規定。

2. 若損害電磁記錄是以毀損裝載資料之物之方式爲之,則得與第303條成立想像競合;第274條第1項第2款優先於本罪適用。

第303b條   破壞電腦罪

(1) 爲下列行爲而對他人之重要數據處理程序作重大干擾者,處三年以下自由刑或罰金:

　　1. 爲第303a條第1項之行爲者,

　　2. 意圖使他人遭受不利益而輸入或傳送數據(第202a條第2項)

　　3. 對數據處理設備或數據儲存設備加以毀棄、損壞、致令不堪用、清除或變更者。

(2) 涉及他人企業、公司或重要機構之數據處理程序者,處五年以下自由刑或罰金。

(3) 未遂犯罰之。

(4) 犯第2項之罪而情節嚴重者,處六年以上十年以下自由刑。

　　1. 情節嚴重一般是指行爲人導致大規模之財產損失;

　　2. 以此爲業或作爲持續實行以破壞電腦爲目之之集團成員所爲;

　　3. 所爲之行爲損害供給國民重要生活物資或勞務,或損害聯邦德國之

安全。

(5) 預備犯第1項之犯罪者，適用第202c條之規定。

§ 303b Computersabotage

(1) Wer eine Datenverarbeitung, die für einen anderen von wesentlicher Bedeutung ist, dadurch erheblich stört, dass er

1. eine Tat nach § 303a Abs. 1 begeht,

2. Daten (§ 202a Abs. 2) in der Absicht, einem anderen Nachteil zuzufügen, eingibt oder übermittelt oder

3. eine Datenverarbeitungsanlage oder einen Datenträger zerstört, beschädigt, unbrauchbar macht, beseitigt oder verändert,

wird mit Freiheitsstrafe bis zu drei Jahren oder mit Geldstrafe bestraft.

(2) Handelt es sich um eine Datenverarbeitung, die für einen fremden Betrieb, ein fremdes Unternehmen oder eine Behörde von wesentlicher Bedeutung ist, ist die Strafe Freiheitsstrafe bis zu fünf Jahren oder Geldstrafe.

(3) Der Versuch ist strafbar.

(4) In besonders schweren Fällen des Absatzes 2 ist die Strafe Freiheitsstrafe von sechs Monaten bis zu zehn Jahren. Ein besonders schwerer Fall liegt in der Regel vor, wenn der Täter

1. einen Vermögensverlust großen Ausmaßes herbeiführt,

2. gewerbsmäßig oder als Mitglied einer Bande handelt, die sich zur fortgesetzten Begehung von Computersabotage verbunden hat,

3. durch die Tat die Versorgung der Bevölkerung mit lebenswichtigen Gütern oder Dienstleistungen oder die Sicherheit der Bundesrepublik Deutschland beeinträchtigt.

(5) Für die Vorbereitung einer Straftat nach Absatz 1 gilt § 202c entsprechend.

 解析

1. 本罪保護法益，為保護數據處理程序免受干擾之利益；第2項與第4項第1款保護企業及公司財產。

2. 第1項第1款為第303a條之加重；第1項第3款為第303條之加重。
3. 構成要件要素之「重大干擾」概念，難以確定，故應從嚴認定。資料處理（Datenverarbeitung）概念，就專業技術而言為模糊之概念，有時指的是資料處理程序，有時指的是資料處理設備。

第303c條　告訴乃論

犯第303條、第303a條第1和2項以及第303b條第1至3項之罪者，告訴乃論，但基於特殊公共利益，刑事訴追機關認有依職權訴追之必要者，不在此限。

§ 303c Strafantrag

In den Fällen der §§ 303, 303a Abs. 1 und 2 sowie § 303b Abs. 1 bis 3 wird die Tat nur auf Antrag verfolgt, es sei denn, daß die Strafverfolgungsbehörde wegen des besonderen öffentlichen Interesses an der Strafverfolgung ein Einschreiten von Amts wegen für geboten hält.

解析

1. 第303條之被害人為告訴權人，指任何對該物直接擁有物權或債權而遭受損害之人。第303a條之告訴權人，係對該電磁記錄有處理權限之被害人，但不限於電磁記錄內容之相關人員。
2. 若涉及特殊公共利益時，得依職權訴追。例如在第303條之特別嚴重蹂躪破壞行為或示威或宣示性之破壞行為，嚴重破壞法和平性時，得肯認屬涉及特殊公共利益之情況。

第304條　毀損公共器物罪

(1) 不法毀棄、損壞境內宗教團體之敬奉物品或用於禮拜之物、墓碑、公共紀念碑、自然遺跡、公開收藏保存或陳列之藝術品、學術品或手工藝品，或供公用或美化道路、廣場或公園之物者，處三年以下有期徒

刑或罰金。

(2) 無權且非僅是以不明顯地或短暫地改變第1項所述及之物或客體之外觀者，亦同。

(3) 未遂犯罰之。

§ 304 Gemeinschädliche Sachbeschädigung

(1) Wer rechtswidrig Gegenstände der Verehrung einer im Staat bestehenden Religionsgesellschaft oder Sachen, die dem Gottesdienst gewidmet sind, oder Grabmäler, öffentliche Denkmäler, Naturdenkmäler, Gegenstände der Kunst, der Wissenschaft oder des Gewerbes, welche in öffentlichen Sammlungen aufbewahrt werden oder öffentlich aufgestellt sind, oder Gegenstände, welche zum öffentlichen Nutzen oder zur Verschönerung öffentlicher Wege, Plätze oder Anlagen dienen, beschädigt oder zerstört, wird mit Freiheitsstrafe bis zu drei Jahren oder mit Geldstrafe bestraft.

(2) Ebenso wird bestraft, wer unbefugt das Erscheinungsbild einer in Absatz 1 bezeichneten Sache oder eines dort bezeichneten Gegenstandes nicht nur unerheblich und nicht nur vorübergehend verändert.

(3) Der Versuch ist strafbar.

解析

1. 本罪之保護法益並非財產，而是公共利益，尤其是公眾使用第1項所述客體之使用利益，間接保護公共和平，故本罪並非第303條之加重規定。

2. 第1項之毀棄、損壞行為，與第303條之毀棄、損壞行為之概念同，以影響其功能之實質破壞為結果。第2項之改變其物品外觀行為，亦與第303條第2項之改變行為同，其改變須為長期，且行為人無權為之。

3. 本罪得與第132、136條和第168條成立想像競合；與第303條成立法條競合。

第305條　　毀壞建築物罪

(1) 不法毀壞建築物、船舶、橋樑、堤防、道路、鐵路或屬他人財產之其他建築物之一部或全部者，處五年以下自由刑或罰金。

(2) 未遂犯罰之。

§ 305 Zerstörung von Bauwerken

(1) Wer rechtswidrig ein Gebäude, ein Schiff, eine Brücke, einen Damm, eine gebaute Straße, eine Eisenbahn oder ein anderes Bauwerk, welche fremdes Eigentum sind, ganz oder teilweise zerstört, wird mit Freiheitsstrafe bis zu fünf Jahren oder mit Geldstrafe bestraft.

(2) Der Versuch ist strafbar.

解析

1. 本罪為第303條之加重規定，保護法益為財產，本罪非屬告訴乃論之罪。

2. 相對於第303條，本條之構成要件較為嚴格，只有損傷物品並不足夠，須為物品之全部或一部遭到損壞。

3. 第305條優先第303條適用，第306條亦優先第303條適用。然而第305條第2項規定卻不與第303條成立想像競合，而與第304條、第306a條成立想像競合。

第305a條　　毀棄重要工作設備罪

(1) 不法毀壞下列物品之一部或全部者，處五年以下自由刑或罰金刑：

　　1. 為了建造第316b條第1項第1或2款之設施或企業，或利於營運或供應此設施或企業之他人極具價值之重要技術工作設備，或

　　2. 警察、聯邦軍隊、消防隊、救災組織或救護組織所使用極具價值之重要技術工作設備，或

　　3. 警察、聯邦軍隊、消防隊、救災組織或救護組織之動力交通工具。

(2) 未遂犯罰之。

§ 305a Zerstörung wichtiger Arbeitsmittel

(1) Wer rechtswidrig

1. ein fremdes technisches Arbeitsmittel von bedeutendem Wert, das für die Errichtung einer Anlage oder eines Unternehmens im Sinne des § 316b Abs. 1 Nr. 1 oder 2 oder einer Anlage, die dem Betrieb oder der Entsorgung einer solchen Anlage oder eines solchen Unternehmens dient, von wesentlicher Bedeutung ist, oder

2. ein für den Einsatz wesentliches technisches Arbeitsmittel der Polizei, der Bundeswehr, der Feuerwehr, des Katastrophenschutzes oder eines Rettungsdienstes, das von bedeutendem Wert ist, oder

3. ein Kraftfahrzeug der Polizei, der Bundeswehr, der Feuerwehr, des Katastrophenschutzes oder eines Rettungsdienstes

ganz oder teilweise zerstört, wird mit Freiheitsstrafe bis zu fünf Jahren oder mit Geldstrafe bestraft.

(2) Der Versuch ist strafbar.

 解析

1. 本罪一方面保護第1項所提及工作設備及機具之財產，另一方面則爲保護第316b條第1項第1及2款之設備設施之公共利益，但並不保護警消之一般職務工作能力，同時本罪亦非國家安全犯罪。

2. 第1項會排除第303條第1項之適用。第1項第3款是居於第316b條第1項第3款之補充地位。第316b條第1項第1、2款及第305a條間，視個案而可能成立想像競合。

第二十八章　公共危險之犯罪

Achtundzwanzigster Abschnitt Gemeingefährliche Straftaten

第306條　放火罪

(1) 放火燒燬或因放火而全部或部分燒燬他人下列物品者，處一年以上十年以下自由刑：

    1. 建築物或房舍，

    2. 營業場所或技術設備，特別是機器，

    3. 倉庫或倉儲，

    4. 動力交通工具、有軌交通工具、航空器或水上交通工具，

    5. 森林、草原或沼澤，或

    6. 農業、食品業或林業設施或其產品。

(2) 情節輕微者，處六個月以上五年以下自由刑。

§ 306　Brandstiftung

(1) Wer fremde

    1. Gebäude oder Hütten,

    2. Betriebsstätten oder technische Einrichtungen, namentlich Maschinen,

    3. Warenlager oder -vorräte,

    4. Kraftfahrzeuge, Schienen-, Luft- oder Wasserfahrzeuge,

    5. Wälder, Heiden oder Moore oder

    6. land-, ernährungs- oder forstwirtschaftliche Anlagen oder Erzeugnisse

in Brand setzt oder durch eine Brandlegung ganz oder teilweise zerstört, wird mit Freiheitsstrafe von einem Jahr bis zu zehn Jahren bestraft.

(2) In minder schweren Fällen ist die Strafe Freiheitsstrafe von sechs Monaten bis zu fünf Jahren.

解析

1. 本罪爲用火將物毀損，故本質上爲毀損罪之加重規範，保護的是他人之財產，故得以承諾阻卻違法。

2. 本罪得以不作爲爲之，若尙可避免獨立延燒之時，保證人卻未干預，仍該當本罪。有關保證人地位之說明，請參見第13條。

3. 本條與第303、305條爲法條競合之特別關係，只是由於與第305a條兩罪間之保護法益並不一致，故應成立想像競合。

第306a條　　加重放火罪

(1) 放火燒燬或因放火而全部或部分燒燬他人下列物品者，處不低於一年自由刑：

　　1. 供人居住之建築物、船舶、屋舍或其他空間；

　　2. 教堂或供宗教活動使用之建築物，或

　　3. 暫供人居住或放火時有人逗留之空間。

(2) 放火燒毀或因放火而全部或部分燒毀第306條第1項第1至6款之物，致生危險於他人健康者，依前項之規定處罰。

(3) 犯第1和2項之罪而情節輕微者，處六個月以上五年以下自由刑。

§ 306a Schwere Brandstiftung

(1) Mit Freiheitsstrafe nicht unter einem Jahr wird bestraft, wer

　　1. ein Gebäude, ein Schiff, eine Hütte oder eine andere Räumlichkeit, die der Wohnung von Menschen dient,

　　2. eine Kirche oder ein anderes der Religionsausübung dienendes Gebäude oder

　　3. eine Räumlichkeit, die zeitweise dem Aufenthalt von Menschen dient, zu einer Zeit, in der Menschen sich dort aufzuhalten pflegen,

　　in Brand setzt oder durch eine Brandlegung ganz oder teilweise zerstört.

(2) Ebenso wird bestraft, wer eine in § 306 Abs. 1 Nr. 1 bis 6 bezeichnete Sache in Brand setzt oder durch eine Brandlegung ganz oder teilweise

zerstört und dadurch einen anderen Menschen in die Gefahr einer Gesundheitsschädigung bringt.

(3) In minder schweren Fällen der Absätze 1 und 2 ist die Strafe Freiheitsstrafe von sechs Monaten bis zu fünf Jahren.

解析

1. 第2項並非第306條第1項之加重規範，而是第306b條之基本構成要件。保護法益爲人之生命身體。第1項規定爲抽象危險犯；第2項規定爲具體危險犯。

2. 本罪之客體是常有人逗留之空間，並不需要於火災時正有人在內，存有抽象危險即足。

3. 第2項規定則是第306條第1項第1至6款之行爲人放火燒毀他物時，故意藉以導致他人具體之健康損傷，故性質上屬具體危險犯。

第306b條　　特別加重放火罪

(1) 因實行第306至306a條之犯罪，而致嚴重傷害他人健康或傷害多數人健康者，處二年以上自由刑。

(2) 實行第306a條之犯罪，而有下列情形之一者，處五年以上自由刑：

　　1. 該行爲對他人致生生命危險者；

　　2. 意圖以實行其他犯罪或掩飾其他犯罪而爲；

　　3. 妨礙滅火或增加滅火困難。

§ 306b Besonders schwere Brandstiftung

(1) Wer durch eine Brandstiftung nach § 306 oder § 306a eine schwere Gesundheitsschädigung eines anderen Menschen oder eine Gesundheitsschädigung einer großen Zahl von Menschen verursacht, wird mit Freiheitsstrafe nicht unter zwei Jahren bestraft.

(2) Auf Freiheitsstrafe nicht unter fünf Jahren ist zu erkennen, wenn der Täter in den Fällen des § 306a

1. einen anderen Menschen durch die Tat in die Gefahr des Todes bringt,
2. in der Absicht handelt, eine andere Straftat zu ermöglichen oder zu verdecken oder
3. das Löschen des Brandes verhindert oder erschwert.

解析

1. 第1項為第306條、第306a條加重結果犯之規定，第2項為第306a條第1、2項規定之加重規範。本罪之構成要件要求必須存在第306條或第306a條之放火行為。
2. 第1項之「多數人」要素，有認為指約20人以上之情況，亦有認為僅需3人以上情況即可。
3. 行為人意圖詐欺保險而放火燒毀建築物，爾後為保險詐欺之行為與第265條保險詐欺罪係行為複數之關係。

第306c條　　放火致死罪

行為人因實行第306至306b條之放火行為，而最少是重大過失造成他人死亡者，處終身自由刑或十年以上自由刑。

§ 306c Brandstiftung mit Todesfolge
Verursacht der Täter durch eine Brandstiftung nach den §§ 306 bis 306b wenigstens leichtfertig den Tod eines anderen Menschen, so ist die Strafe lebenslange Freiheitsstrafe oder Freiheitsstrafe nicht unter zehn Jahren.

解析

1. 本罪為第306至306b條放火罪之加重結果犯，是以第306至306b條之既遂行為為前提要件，且至少是重大過失造成死亡結果。換言之，放火行為在時間與空間上引起特殊危險關連性而招致加重結果。
2. 本罪之未遂，指未遂之放火行為，並導致加重之死亡結果。

3. 本罪之基礎構成要件爲第306條第1項與第306a條第1項，故優先適用既遂之第306c條。

第306d條　　失火罪

(1) 過失爲第306條第1項或第306a條第1項之行爲，或過失招致第306a條第2項之危險者，處五年以下自由刑或罰金。

(2) 過失爲第306a條第2項之行爲並過失招致危險者，處三年以下自由刑或罰金。

§ 306d Fahrlässige Brandstiftung

(1) Wer in den Fällen des § 306 Abs. 1 oder des § 306a Abs. 1 fahrlässig handelt oder in den Fällen des § 306a Abs. 2 die Gefahr fahrlässig verursacht, wird mit Freiheitsstrafe bis zu fünf Jahren oder mit Geldstrafe bestraft.

(2) Wer in den Fällen des § 306a Abs. 2 fahrlässig handelt und die Gefahr fahrlässig verursacht, wird mit Freiheitsstrafe bis zu drei Jahren oder mit Geldstrafe bestraft.

解析

1. 第1項之行爲有二：一爲過失失火損毀第306條第1項或第306a條第1項之他人之物，二爲故意放火毀損第306條第1項之物而過失招致第306a條第2項之具體危險者。

2. 若在不同之客體上同時該當本罪與故意放火罪時，成立想像競合；於不同之客體上同時該當本罪毀損罪者，亦同。若招致死亡結果時，則與第222條過失致死罪成立想像競合。

第306e條　　中止

(1) 行爲人著手於第306、306a和306b條之實行，自願將火撲滅者，法院得依其裁量減輕其刑（第49條第2項）或免除其刑。

(2) 在造成嚴重損害前自願將火撲滅者，不依第306d條處罰。

(3) 在造成嚴重損害前，雖非因行為人防止行為所滅，但出於真摯而自願盡力為之者，亦同。

§ 306e Tätige Reue

(1) Das Gericht kann in den Fällen der §§ 306, 306a und 306b die Strafe nach seinem Ermessen mildern (§ 49 Abs. 2) oder von Strafe nach diesen Vorschriften absehen, wenn der Täter freiwillig den Brand löscht, bevor ein erheblicher Schaden entsteht.

(2) Nach § 306d wird nicht bestraft, wer freiwillig den Brand löscht, bevor ein erheblicher Schaden entsteht.

(3) Wird der Brand ohne Zutun des Täters gelöscht, bevor ein erheblicher Schaden entstanden ist, so genügt sein freiwilliges und ernsthaftes Bemühen, dieses Ziel zu erreichen.

解析

1. 法院是否依照第49條第2項規定減輕或免除其刑，應考量其損害程度以及對法益所造成之侵害。第2項為第306d條失火罪之個人免刑事由。行為人是否出於自願，請參考第24條。

2. 另外，本中止規定並不以出於悔悟，而為中止行為作為要件。

第306f條　　招致火災危險罪

(1) 因抽煙、明火、燈，或因丟棄正在燃燒或未熄之物品，或以他法致下列場所所生火災危險者，處三年以下自由刑或罰金：
　　1. 有易燃危險之工廠或設施；
　　2. 內存有農產品或糧食成品之工廠或設備；
　　3. 森林、草原或沼澤；
　　4. 耕地或置放於農田之易燃農產品。

(2) 使第1項第1至4款之物致生火災危險且因而對他人致生身體或生命之

危險者，或使他人貴重之物遭受危險，亦同。

(3) 過失爲第1項之行爲，或過失招致第2項之危險者，處一年以下自由刑或罰金。

§ 306f　Herbeiführen einer Brandgefahr

(1) Wer fremde

　1. feuergefährdete Betriebe oder Anlagen,

　2. Anlagen oder Betriebe der Land- oder Ernährungswirtschaft, in denen sich deren Erzeugnisse befinden,

　3. Wälder, Heiden oder Moore oder

　4. bestellte Felder oder leicht entzündliche Erzeugnisse der Landwirtschaft, die auf Feldern lagern,

durch Rauchen, durch offenes Feuer oder Licht, durch Wegwerfen brennender oder glimmender Gegenstände oder in sonstiger Weise in Brandgefahr bringt, wird mit Freiheitsstrafe bis zu drei Jahren oder mit Geldstrafe bestraft.

(2) Ebenso wird bestraft, wer eine in Absatz 1 Nr. 1 bis 4 bezeichnete Sache in Brandgefahr bringt und dadurch Leib oder Leben eines anderen Menschen oder fremde Sachen von bedeutendem Wert gefährdet.

(3) Wer in den Fällen des Absatzes 1 fahrlässig handelt oder in den Fällen des Absatzes 2 die Gefahr fahrlässig verursacht, wird mit Freiheitsstrafe bis zu einem Jahr oder mit Geldstrafe bestraft.

解析

1. 本罪屬具體危險犯。第1項僅保護他人之物，第2項則保護他人生命身體及貴重物品。本項包括行爲人對自己所有之物招致火災危險，因而對他人生命身體及他人貴重物品致生危險之情況。

2. 本條第1、2項爲故意之規定，第2項規定之故意，係指危險故意，第3項爲過失之規定。

3. 本罪與第303條、第305條成立想像競合。

第307條　　招致核能爆炸罪

(1) 著手放逸核能導致爆炸，因而使他人致生身體或生命危險者，或使他人貴重之物遭受危險，處五年以上自由刑。

(2) 因放逸核能導致爆炸，而過失使他人致生身體或生命危險者，或過失使他人貴重之物遭受危險，處一年以上十年以下自由刑。

(3) 行為人因下列行為而最少是重大過失導致他人死亡者，則

　　1. 為第1項之行為者，處終身自由刑或十年以上自由刑；

　　2. 為第2項之行為者，處5年以上自由刑。

(4) 過失為第2項之行為並過失招致危險者，處三年以下自由刑或罰金。

§ 307 Herbeiführen einer Explosion durch Kernenergie

(1) Wer es unternimmt, durch Freisetzen von Kernenergie eine Explosion herbeizuführen und dadurch Leib oder Leben eines anderen Menschen oder fremde Sachen von bedeutendem Wert zu gefährden, wird mit Freiheitsstrafe nicht unter fünf Jahren bestraft.

(2) Wer durch Freisetzen von Kernenergie eine Explosion herbeiführt und dadurch Leib oder Leben eines anderen Menschen oder fremde Sachen von bedeutendem Wert fahrlässig gefährdet, wird mit Freiheitsstrafe von einem Jahr bis zu zehn Jahren bestraft.

(3) Verursacht der Täter durch die Tat wenigstens leichtfertig den Tod eines anderen Menschen, so ist die Strafe

1. in den Fällen des Absatzes 1 lebenslange Freiheitsstrafe oder Freiheitsstrafe nicht unter zehn Jahren,

2. in den Fällen des Absatzes 2 Freiheitsstrafe nicht unter fünf Jahren.

(4) Wer in den Fällen des Absatzes 2 fahrlässig handelt und die Gefahr fahrlässig verursacht, wird mit Freiheitsstrafe bis zu drei Jahren oder mit Geldstrafe bestraft.

1. 第1項性質上屬著手犯，第2及4項規定為具體危險犯，第3項則屬第1、2項加重結果犯之規定。
2. 本罪無法經承諾而阻卻違法，因核爆炸之危險，係無法估計且極為巨大，但僅在完整防護，且明確避免他人危險之實驗時，則得經承諾而阻卻違法。
3. 本罪中止犯之規定，請參見第314a條。

第308條　　使爆裂物爆炸罪

(1) 非以放逸核能，而是以使用爆裂物之方式導致爆炸，使他人致生身體或生命危險者，或使他人貴重之物遭受危險者，處一年以上自由刑。

(2) 行為人因其行為而致嚴重傷害他人健康或傷害多數人健康者，處二年以上自由刑。

(3) 行為人因其行為而最少是重大過失導致他人死亡者，處終身自由刑或十年以上自由刑。

(4) 犯第1項之罪而情節輕微者，處六個月以上五年以下自由刑。犯第2項之罪而情節輕微者，處一年以上十年以下自由刑。

(5) 為第1項之行為，過失招致危險者，處五年以下自由刑或罰金。

(6) 過失為第1項之行為並過失招致危險者，處三年以下自由刑或罰金。

§ 308 Herbeiführen einer Sprengstoffexplosion

(1) Wer anders als durch Freisetzen von Kernenergie, namentlich durch Sprengstoff, eine Explosion herbeiführt und dadurch Leib oder Leben eines anderen Menschen oder fremde Sachen von bedeutendem Wert gefährdet, wird mit Freiheitsstrafe nicht unter einem Jahr bestraft.

(2) Verursacht der Täter durch die Tat eine schwere Gesundheitsschädigung eines anderen Menschen oder eine Gesundheitsschädigung einer großen Zahl von Menschen, so ist auf Freiheitsstrafe nicht unter zwei Jahren zu erkennen.

(3) Verursacht der Täter durch die Tat wenigstens leichtfertig den Tod eines anderen Menschen, so ist die Strafe lebenslange Freiheitsstrafe oder Freiheitsstrafe nicht unter zehn Jahren.

(4) In minder schweren Fällen des Absatzes 1 ist auf Freiheitsstrafe von sechs Monaten bis zu fünf Jahren, in minder schweren Fällen des Absatzes 2 auf Freiheitsstrafe von einem Jahr bis zu zehn Jahren zu erkennen.

(5) Wer in den Fällen des Absatzes 1 die Gefahr fahrlässig verursacht, wird mit Freiheitsstrafe bis zu fünf Jahren oder mit Geldstrafe bestraft.

(6) Wer in den Fällen des Absatzes 1 fahrlässig handelt und die Gefahr fahrlässig verursacht, wird mit Freiheitsstrafe bis zu drei Jahren oder mit Geldstrafe bestraft.

解析

1. 本罪保護法益，為生命、健康與財產，性質屬具體危險犯。
2. 若爆炸之同時引發火災，則與第306至306b條成立想像競合。

第309條　　濫用放射線罪

(1) 以傷害他人健康之意圖而著手使他人暴露於足以傷害其健康之放射線者，處一年以上十年以下自由刑。

(2) 行為人著手使難以估算之多數人暴露於前述放射線者，處五年以上自由刑。

(3) 於第1項之情形，行為人因其行為而致嚴重傷害他人健康或傷害多數人健康者，處二年以上自由刑。

(4) 行為人因其行為而最少是重大過失導致他人死亡者，處終身自由刑或十年以上自由刑。

(5) 犯第1項之罪而情節輕微者，處六個月以上五年以下自由刑。犯第3項之罪而情節輕微者，處一年以上十年以下自由刑。

(6) 任何人意圖

　　1. 妨害他人貴重之物之可用性，

　　2. 持續有害於水體、空氣、土地之改變，

　　3. 損害非屬行為人之具重要價值之動物或植物，而將該物、水體、空氣、土地、動物或植物暴露於足以造成前述妨害、改變或損害之放射線者，處五年以下自由刑或罰金。未遂犯罰之。

§ 309 Mißbrauch ionisierender Strahlen

(1) Wer in der Absicht, die Gesundheit eines anderen Menschen zu schädigen, es unternimmt, ihn einer ionisierenden Strahlung auszusetzen, die dessen Gesundheit zu schädigen geeignet ist, wird mit Freiheitsstrafe von einem Jahr bis zu zehn Jahren bestraft.

(2) Unternimmt es der Täter, eine unübersehbare Zahl von Menschen einer solchen Strahlung auszusetzen, so ist die Strafe Freiheitsstrafe nicht unter fünf Jahren.

(3) Verursacht der Täter in den Fällen des Absatzes 1 durch die Tat eine schwere Gesundheitsschädigung eines anderen Menschen oder eine Gesundheitsschädigung einer großen Zahl von Menschen, so ist auf Freiheitsstrafe nicht unter zwei Jahren zu erkennen.

(4) Verursacht der Täter durch die Tat wenigstens leichtfertig den Tod eines anderen Menschen, so ist die Strafe lebenslange Freiheitsstrafe oder Freiheitsstrafe nicht unter zehn Jahren.

(5) In minder schweren Fällen des Absatzes 1 ist auf Freiheitsstrafe von sechs Monaten bis zu fünf Jahren, in minder schweren Fällen des Absatzes 3 auf Freiheitsstrafe von einem Jahr bis zu zehn Jahren zu erkennen.

(6) Wer in der Absicht,

　　1. die Brauchbarkeit einer fremden Sache von bedeutendem Wert zu beeinträchtigen,

　　2. nachhaltig ein Gewässer, die Luft oder den Boden nachteilig zu verändern oder

3. ihm nicht gehörende Tiere oder Pflanzen von bedeutendem Wert zu schädigen,

die Sache, das Gewässer, die Luft, den Boden, die Tiere oder Pflanzen einer ionisierenden Strahlung aussetzt, die geeignet ist, solche Beeinträchtigungen, Veränderungen oder Schäden hervorzurufen, wird mit Freiheitsstrafe bis zu fünf Jahren oder mit Geldstrafe bestraft. Der Versuch ist strafbar.

1. 第1、2項爲著手犯，處罰殺人與傷害之前階段行爲，由於其性質而造成其結果極晚才能出現，有稱潛在之危險犯。第4項則爲處罰毀損罪前階段行爲之潛在危險犯。
2. 本罪有第314a條中止犯之適用。

第310條　　預備爆炸或放射線罪

(1) 預備爲

　　1. 著手爲第307條第1項或第309條第2項之特定行爲，

　　2. 以爆裂物犯第308條第1項之犯罪行爲；

　　3. 第309條第1項之犯罪行爲，或

　　4. 第309條第6項之犯罪行爲。

而製造、爲自己或他人取得、持有或交付他人核燃料、其他放射性物質、爆裂物或爲實行犯罪所需之特殊器械者，在第1款之情形處一年以上十年以下自由刑，在第2和3款之情形處六個月以上五年以下自由刑，在第4款之情形處三年以下自由刑或罰金。

(2) 犯第1項第1款之罪而情節輕微者，處六個月以上五年以下自由刑。

(3) 第1項第3及4款之未遂犯罰之。

§ 310 Vorbereitung eines Explosions- oder Strahlungsverbrechens

(1) Wer zur Vorbereitung

　　1. eines bestimmten Unternehmens im Sinne des § 307 Abs. 1 oder des § 309 Abs. 2,

　　2. einer Straftat nach § 308 Abs. 1, die durch Sprengstoff begangen werden soll,

　　3. einer Straftat nach § 309 Abs. 1 oder

　　4. einer Straftat nach § 309 Abs. 6

　　Kernbrennstoffe, sonstige radioaktive Stoffe, Sprengstoffe oder die zur Ausführung der Tat erforderlichen besonderen Vorrichtungen herstellt, sich oder einem anderen verschafft, verwahrt oder einem anderen überläßt, wird in den Fällen der Nummer 1 mit Freiheitsstrafe von einem Jahr bis zu zehn Jahren, in den Fällen der Nummer 2 und der Nummer 3 mit Freiheitsstrafe von sechs Monaten bis zu fünf Jahren, in den Fällen der Nummer 4 mit Freiheitsstrafe bis zu drei Jahren oder mit Geldstrafe bestraft.

(2) In minder schweren Fällen des Absatzes 1 Nr. 1 ist die Strafe Freiheitsstrafe von sechs Monaten bis zu fünf Jahren.

(3) In den Fällen des Absatzes 1 Nr. 3 und 4 ist der Versuch strafbar.

解析

1. 本條是處罰第1項第1至4款所提及犯罪之預備行為。另外，本罪並不以二人參與為必要。

2. 本罪是第307、308、309條之補充規定。

第311條　　放逸放射線罪

(1) 違反行政法上之義務（第330d條第1項第4、5款，第2項）而為下列行為之一，足生損害他人生命身體或他人貴重之物者，或足以造成動物或植物、水體、空氣或土地之巨大損害者，處五年以下自由刑或罰

金：

1. 放逸放射線，或

2. 引發核分裂。

(2) 未遂犯罰之。

(3) 任何人

1. 於運作設施時，尤其是管理一營業所時，過失以足以導致該設施應有範疇外之損失之方式爲合於第1項意義之行爲者，或

2. 於第1項之其他情形，過失重大違反行政法上之義務而爲者，處二年以下自由刑或罰金。

§ 311 Freisetzen ionisierender Strahlen

(1) Wer unter Verletzung verwaltungsrechtlicher Pflichten (§ 330d Absatz 1 Nummer 4, 5, Absatz 2)

1. ionisierende Strahlen freisetzt oder

2. Kernspaltungsvorgänge bewirkt,

die geeignet sind, Leib oder Leben eines anderen Menschen, fremde Sachen von bedeutendem Wert zu schädigen oder erhebliche Schäden an Tieren oder Pflanzen, Gewässern, der Luft oder dem Boden herbeizuführen, wird mit Freiheitsstrafe bis zu fünf Jahren oder mit Geldstrafe bestraft.

(2) Der Versuch ist strafbar.

(3) Wer fahrlässig

1. beim Betrieb einer Anlage, insbesondere einer Betriebsstätte, eine Handlung im Sinne des Absatzes 1 in einer Weise begeht, die geeignet ist, eine Schädigung außerhalb des zur Anlage gehörenden Bereichs herbeizuführen oder

2. in sonstigen Fällen des Absatzes 1 unter grober Verletzung verwaltungsrechtlicher Pflichten handelt,

wird mit Freiheitsstrafe bis zu zwei Jahren oder mit Geldstrafe bestraft.

解析

1. 本條是潛在之危險犯，並不以存在具體危險爲必要，依輻射來源、強度與時間長短之具體情況來判定危險遠近。保護法益爲生命、健康與貴重物品。
2. 行爲須違反第330d條第4款之保護環境免於危險或有害影響之行政法上義務而爲之，尤其爲保護人類、動物、職務、水、空氣或土地之相關行政法規定，且行爲須適合於招致第1項所提及之損害。
3. 相對於第307、309條之規定，本罪屬補充規定。

第312條　　製造不良核子技術設備罪

(1) 製造或供應不良核子技術設備或用於建立或運行該設備之物品，因而對他人生命、身體或貴重物品致生與核分裂或放射性物質之放射線有關之危險者，處三個月以上十年以下自由刑。

(2) 未遂犯罰之。

(3) 行爲人因其行爲而致嚴重傷害他人健康或傷害多數人健康者，處一年以上自由刑十年以下自由刑。

(4) 行爲人因其行爲致他人死亡者，處三年以上自由刑。

(5) 犯第3項之罪而情節輕微者，處六個月以上五年以下自由刑；犯第4項之罪而情節輕微者，處一年以上十年以下自由刑。

(6) 任何人
1. 爲第1項之行爲而過失招致危險，或
2. 最少是重大過失爲第1項之行爲而過失招致危險者，
處三年以下自由刑或罰金。

§ 312 Fehlerhafte Herstellung einer kerntechnischen Anlage

(1) Wer eine kerntechnische Anlage (§ 330d Nr. 2) oder Gegenstände, die zur Errichtung oder zum Betrieb einer solchen Anlage bestimmt sind, fehlerhaft herstellt oder liefert und dadurch eine Gefahr für Leib oder

Leben eines anderen Menschen oder für fremde Sachen von bedeutendem Wert herbeiführt, die mit der Wirkung eines Kernspaltungsvorgangs oder der Strahlung eines radioaktiven Stoffes zusammenhängt, wird mit Freiheitsstrafe von drei Monaten bis zu fünf Jahren bestraft.

(2) Der Versuch ist strafbar.

(3) Verursacht der Täter durch die Tat eine schwere Gesundheitsschädigung eines anderen Menschen oder eine Gesundheitsschädigung einer großen Zahl von Menschen, so ist auf Freiheitsstrafe von einem Jahr bis zu zehn Jahren zu erkennen.

(4) Verursacht der Täter durch die Tat den Tod eines anderen Menschen, so ist die Strafe Freiheitsstrafe nicht unter drei Jahren.

(5) In minder schweren Fällen des Absatzes 3 ist auf Freiheitsstrafe von sechs Monaten bis zu fünf Jahren, in minder schweren Fällen des Absatzes 4 auf Freiheitsstrafe von einem Jahr bis zu zehn Jahren zu erkennen.

(6) Wer in den Fällen des Absatzes 1

1. die Gefahr fahrlässig verursacht oder

2. leichtfertig handelt und die Gefahr fahrlässig verursacht,

wird mit Freiheitsstrafe bis zu drei Jahren oder mit Geldstrafe bestraft.

解析

1. 本條與第311條同，為保護生命、健康與貴重物品，性質上屬具體危險犯。本罪處罰要件除了缺陷之程度外，尚有對他人生命、身體及他人貴重物品所造成之危險程度。

2. 所有遭受危險之人之承諾，可成為本罪之阻卻違法事由，不過若訂購者並非同時遭受危險之人，則其承諾並不具重要性。

3. 本罪與第109e、263條成立想像競合。

第313條　決水罪

(1) 決水而使他人致生身體或生命危險，或使他人貴重之物遭受危險者，處一年以上十年以下自由刑。

(2) 適用第308條第2至6項之規定。

§ 313 Herbeiführen einer Überschwemmung

(1) Wer eine Überschwemmung herbeiführt und dadurch Leib oder Leben eines anderen Menschen oder fremde Sachen von bedeutendem Wert gefährdet, wird mit Freiheitsstrafe von einem Jahr bis zu zehn Jahren bestraft.

(2) § 308 Abs. 2 bis 6 gilt entsprechend.

解析

1. 洪水，指以大量並且強力地越過天然或人造屏障而溢滿地面或某個空間而造成人或物之危險。洪水須造成他人生命、身體或他人貴重物品之具體危險，在大量物品時，則以總價值認定。本罪得以不作為為之，例如未關上防水閘門。

2. 本罪之故意，指行為人認知到其行為將招致具體危險。

第314條　危害公眾之投毒罪

(1) 任何人於

　　1. 遭管控之水源、水井、水管或飲用水儲水槽中，或

　　2. 用於公開販售或使用之物品中，投放毒物或混入危害健康物質，或販賣、陳列或以其他方式使用遭投放毒物或混入危害健康物質之第2款所述物品者，處一年以上十年以下自由刑。

(2) 適用第308條第2至4條之規定。

§ 314 Gemeingefährliche Vergiftung

(1) Mit Freiheitsstrafe von einem Jahr bis zu zehn Jahren wird bestraft, wer

1. Wasser in gefaßten Quellen, in Brunnen, Leitungen oder Trinkwasserspeichern oder
2. Gegenstände, die zum öffentlichen Verkauf oder Verbrauch bestimmt sind,

vergiftet oder ihnen gesundheitsschädliche Stoffe beimischt oder vergiftete oder mit gesundheitsschädlichen Stoffen vermischte Gegenstände im Sinne der Nummer 2 verkauft, feilhält oder sonst in den Verkehr bringt.
(2) § 308 Abs. 2 bis 4 gilt entsprechend.

解析

1. 本條保護法益為生命、身體，間接保護公共供應，尤其與食物有關之公共供應，性質上屬抽象危險犯。
2. 本罪得以不作為方式為之，例如行為人依契約有維持水潔淨之義務，卻未避免因第三人或因技術上之錯誤而導致水摻入雜質。本罪並不要求行為須不被人發現，換言之，不以隱密性為要件。
3. 本條有第308條第2至4項加重結果規定之適用。

第314a條　中止

(1) 行為人自願中止第307條第1項及第309條第2項犯罪之實行或排除其危害者，法院得依其裁量減輕其刑（第49條第2項）。
(2) 法院得就下列犯罪依其裁量減輕其刑（第49條第2項）或免除其刑，當行為人
　1. 自願中止第309條第1項或第314條第1項犯罪之實行或排除危險者，或
　2. 犯
　　a. 第307條第2項之犯罪，
　　b. 第308條第1和5項之犯罪，
　　c. 第309條第6項之犯罪，

d. 第311條第1項之犯罪，

e. 第312條第1和6項第1款之犯罪，

f. 與第308條第5項有關之第313條之犯罪

在造成嚴重損害前，自願排除其危害者。

(3) 不得依下列規定處罰，當行為人

1. 犯

a. 第307條第4項之犯罪，

b. 第308條第6項之犯罪，

c. 第311條第3項之犯罪，

d. 第312條第6項第2款之犯罪，

e. 與第308條第6款有關之第313條第2項之犯罪，

在造成嚴重損害前，自願排除其危害者。

2. 自願中止第310條犯罪之實行或排除其危害者。

(4) 危害之排除雖非行為人所致，但出於眞摯而自願盡力為之者，亦同。

§ 314a Tätige Reue

(1) Das Gericht kann die Strafe in den Fällen des § 307 Abs. 1 und des § 309 Abs. 2 nach seinem Ermessen mildern (§ 49 Abs. 2), wenn der Täter freiwillig die weitere Ausführung der Tat aufgibt oder sonst die Gefahr abwendet.

(2) Das Gericht kann die in den folgenden Vorschriften angedrohte Strafe nach seinem Ermessen mildern (§ 49 Abs. 2) oder von Strafe nach diesen Vorschriften absehen, wenn der Täter

1. in den Fällen des § 309 Abs. 1 oder § 314 Abs. 1 freiwillig die weitere Ausführung der Tat aufgibt oder sonst die Gefahr abwendet oder

2. in den Fällen des

a. § 307 Abs. 2,

b. § 308 Abs. 1 und 5,

c. § 309 Abs. 6,

d. § 311 Abs. 1,

　　e. § 312 Abs. 1 und 6 Nr. 1,

　　f. § 313, auch in Verbindung mit § 308 Abs. 5,

　　freiwillig die Gefahr abwendet, bevor ein erheblicher Schaden entsteht.

(3) Nach den folgenden Vorschriften wird nicht bestraft, wer

　1. in den Fällen des

　　a. § 307 Abs. 4,

　　b. § 308 Abs. 6,

　　c. § 311 Abs. 3,

　　d. § 312 Abs. 6 Nr. 2,

　　e. § 313 Abs. 2 in Verbindung mit § 308 Abs. 6

　　freiwillig die Gefahr abwendet, bevor ein erheblicher Schaden entsteht, oder

　2. in den Fällen des § 310 freiwillig die weitere Ausführung der Tat aufgibt oder sonst die Gefahr abwendet.

(4) Wird ohne Zutun des Täters die Gefahr abgewendet, so genügt sein freiwilliges und ernsthaftes Bemühen, dieses Ziel zu erreichen.

解析

1. 第1項為法官裁量之選用性減輕刑罰規定，第2項為減輕或免除其刑，第3項為個人免刑事由。有關中止犯之規定，請參見第24條之相關說明。

2. 於適用本條減輕或免除其刑後，仍得依據第322條宣告沒收。

第315條　　侵害舟車航空交通罪

(1) 以下列方式危害軌道交通工具、纜車、舟或航空交通之安全，使他人致生身體或生命危險，或使他人貴重之物遭受危險者，處六個月以上十年以下自由刑：

　1. 毀壞、損害或移除設備或運輸工具，

2. 設置障礙物，

3. 設置假號誌或信號，

4. 其他相類之危害行為。

(2) 未遂犯罰之。

(3) 當行為人

1. 以下列之意圖而為之

a. 引起交通事故，

b. 為實施或掩蓋其他犯罪行為，

或

2. 所為之行為嚴重損害他人健康，或損害多數人健康者，

處一年以上自由刑。

(4) 犯第1項之罪而情節輕微者，處三個月以上五年以下自由刑。犯第3項之罪而情節輕微者，處六個月以上五年以下自由刑。

(5) 為第1項之行為，過失招致危險者，處五年以下自由刑或罰金。

(6) 過失為第1項之行為並過失招致危險者，處二年以下自由刑或罰金。

§ 315 Gefährliche Eingriffe in den Bahn-, Schiffs- und Luftverkehr

(1) Wer die Sicherheit des Schienenbahn-, Schwebebahn-, Schiffs- oder Luftverkehrs dadurch beeinträchtigt, daß er

1. Anlagen oder Beförderungsmittel zerstört, beschädigt oder beseitigt,

2. Hindernisse bereitet,

3. falsche Zeichen oder Signale gibt oder

4. einen ähnlichen, ebenso gefährlichen Eingriff vornimmt,

und dadurch Leib oder Leben eines anderen Menschen oder fremde Sachen von bedeutendem Wert gefährdet, wird mit Freiheitsstrafe von sechs Monaten bis zu zehn Jahren bestraft.

(2) Der Versuch ist strafbar.

(3) Auf Freiheitsstrafe nicht unter einem Jahr ist zu erkennen, wenn der Täter

1. in der Absicht handelt,

a. einen Unglücksfall herbeizuführen oder

b. eine andere Straftat zu ermöglichen oder zu verdecken, oder

2. durch die Tat eine schwere Gesundheitsschädigung eines anderen Menschen oder eine Gesundheitsschädigung einer großen Zahl von Menschen verursacht.

(4) In minder schweren Fällen des Absatzes 1 ist auf Freiheitsstrafe von drei Monaten bis zu fünf Jahren, in minder schweren Fällen des Absatzes 3 auf Freiheitsstrafe von sechs Monaten bis zu fünf Jahren zu erkennen.

(5) Wer in den Fällen des Absatzes 1 die Gefahr fahrlässig verursacht, wird mit Freiheitsstrafe bis zu fünf Jahren oder mit Geldstrafe bestraft.

(6) Wer in den Fällen des Absatzes 1 fahrlässig handelt und die Gefahr fahrlässig verursacht, wird mit Freiheitsstrafe bis zu zwei Jahren oder mit Geldstrafe bestraft.

解析

1. 本條性質屬具體危險犯,第3項第2款為實害犯之規定。保護生命、身體及他人之物,以及免於公共有軌列車、纜車、舟、空中交通工具遭受特別危險,也就是公共交通之安全。行為人無身分之要求,而是一般犯之規定。

2. 行為須為會損及交通安全而提昇一般交通存在之危險,該具體危險存在有無,係由客觀事後觀測事實跡象來認定。

3. 本罪得與殺人、傷害、毀損罪成立想像競合,且有第320條中止犯規定之適用。

第315a條　危害舟車航空行駛安全罪

(1) 以下列行為使他人致生身體或生命危險,或使他人貴重之物遭受危險者,處五年以下自由刑:

1. 因飲用酒精飲品或其他麻醉藥品,或因精神或身體上之缺陷而無法處於安全駕駛軌道交通工具或纜車、舟或航空器之狀態仍駕駛者,或

　　2. 作爲前述交通工具之駕駛或負責其安全之成員，以嚴重違反義務之行爲而牴觸維護軌道交通工具、纜車、舟或航空交通安全之規範者。

(2) 第1項第1款之未遂犯罰之。

(3) 任何人

　　1. 爲第1項之行爲而過失招致危險，或

　　2. 過失爲第1項之行爲並過失招致危險者，處二年以下自由刑或罰金。

§ 315a Gefährdung des Bahn-, Schiffs- und Luftverkehrs

(1) Mit Freiheitsstrafe bis zu fünf Jahren oder mit Geldstrafe wird bestraft, wer

　　1. ein Schienenbahn- oder Schwebebahnfahrzeug, ein Schiff oder ein Luftfahrzeug führt, obwohl er infolge des Genusses alkoholischer Getränke oder anderer berauschender Mittel oder infolge geistiger oder körperlicher Mängel nicht in der Lage ist, das Fahrzeug sicher zu führen, oder

　　2. als Führer eines solchen Fahrzeugs oder als sonst für die Sicherheit Verantwortlicher durch grob pflichtwidriges Verhalten gegen Rechtsvorschriften zur Sicherung des Schienenbahn-, Schwebebahn-, Schiffs- oder Luftverkehrs verstößt

und dadurch Leib oder Leben eines anderen Menschen oder fremde Sachen von bedeutendem Wert gefährdet.

(2) In den Fällen des Absatzes 1 Nr. 1 ist der Versuch strafbar.

(3) Wer in den Fällen des Absatzes 1

　　1. die Gefahr fahrlässig verursacht oder

　　2. fahrlässig handelt und die Gefahr fahrlässig verursacht,

wird mit Freiheitsstrafe bis zu zwei Jahren oder mit Geldstrafe bestraft.

1. 本罪保護法益與第315條同，性質屬具體危險犯。行為必須導致具體危險。
2. 第1項第1款為親手犯之規定；第1項第2款則為身分犯。
3. 無駕駛能力狀態，包括精神上或身體上處於無駕駛能力狀態。於第315c及316條發展出之「絕對」血液酒精濃度標準，在本罪則需視其交通工具而定。

第315b條　　侵害道路交通罪

(1) 以下列方式侵害道路交通之安全，並使他人致生身體或生命危險，或使他人貴重之物遭受危險者，處五年以下自由刑或罰金：
　　1. 毀壞、損害或移除設備或交通工具，
　　2. 設置障礙物，或
　　3. 其他相類之危害行為。
(2) 未遂犯罰之。
(3) 行為人於第315條第3項之情況下犯本罪者，處一年以上十年以下自由刑。情節輕微者，處六個月以上五年以下自由刑。
(4) 為第1項之行為，過失招致危險者，處三年以下自由刑或罰金。
(5) 過失為第1項之行為並過失招致危險者，處二年以下自由刑或罰金。

§ 315b Gefährliche Eingriffe in den Straßenverkehr

(1) Wer die Sicherheit des Straßenverkehrs dadurch beeinträchtigt, daß er
　　1. Anlagen oder Fahrzeuge zerstört, beschädigt oder beseitigt,
　　2. Hindernisse bereitet oder
　　3. einen ähnlichen, ebenso gefährlichen Eingriff vornimmt,
und dadurch Leib oder Leben eines anderen Menschen oder fremde Sachen von bedeutendem Wert gefährdet, wird mit Freiheitsstrafe bis zu fünf Jahren oder mit Geldstrafe bestraft.

(2) Der Versuch ist strafbar.

(3) Handelt der Täter unter den Voraussetzungen des § 315 Abs. 3, so ist die Strafe Freiheitsstrafe von einem Jahr bis zu zehn Jahren, in minder schweren Fällen Freiheitsstrafe von sechs Monaten bis zu fünf Jahren.

(4) Wer in den Fällen des Absatzes 1 die Gefahr fahrlässig verursacht, wird mit Freiheitsstrafe bis zu drei Jahren oder mit Geldstrafe bestraft.

(5) Wer in den Fällen des Absatzes 1 fahrlässig handelt und die Gefahr fahrlässig verursacht, wird mit Freiheitsstrafe bis zu zwei Jahren oder mit Geldstrafe bestraft.

解析

1. 本罪保護生命、身體及他人之物，以及免於公共有軌列車、纜車、舟、空中交通工具遭受特別危險，也就是公共交通之安全。性質屬具體危險犯。

2. 公共道路交通，指供交通工具、行人移動之往來，包括任何人或特定團體使用之道路、廣場、通道與橋樑。私人道路或其他上有私人財產之土地而開放供往來使用者，亦具公共性。

3. 得依照第74條規定沒收犯罪工具。

第315c條　　危害道路交通罪

(1) 任何人於公眾往來道路交通為下列行為而使他人致生身體或生命危險，或使他人貴重之物遭受危險者，處五年以下自由刑或罰金：

　　1. 駕駛交通工具，

　　　a. 因飲用酒精飲品或其他麻醉藥品，或

　　　b. 因精神或身體上之缺陷

　　　而無法處於安全駕駛狀態仍駕駛者，或

　　2. 嚴重違反交通規則且毫無顧忌地

　　　a. 未注意路權，

　　b. 違規超車或於超車時違規駕駛，

　　c. 在人行道上違規駕駛，

　　d. 於視野不清之處、十字路口、街口或鐵路平交道口超速駕駛，

　　e. 於視野不清之處，未保持靠右，

　　f. 在高速公路或公路上倒車或逆向行駛或嘗試爲之，

　　g. 對停止或靜止之車輛未保持交通安全所必須之安全距離。

(2) 犯第1項第1款之未遂犯罰之。

(3) 任何人

　　1. 爲第1項之行爲而過失招致危險，或

　　2. 過失爲第1項之行爲並過失招致危險者，

　　處二年以下自由刑或罰金。

§ 315c Gefährdung des Straßenverkehrs

(1) Wer im Straßenverkehr

　　1. ein Fahrzeug führt, obwohl er

　　　a) infolge des Genusses alkoholischer Getränke oder anderer berauschender Mittel oder

　　　b) infolge geistiger oder körperlicher Mängel

　　　nicht in der Lage ist, das Fahrzeug sicher zu führen, oder

　　2. grob verkehrswidrig und rücksichtslos

　　　a) die Vorfahrt nicht beachtet,

　　　b) falsch überholt oder sonst bei Überholvorgängen falsch fährt,

　　　c) an Fußgängerüberwegen falsch fährt,

　　　d) an unübersichtlichen Stellen, an Straßenkreuzungen, Straßeneinmündungen oder Bahnübergängen zu schnell fährt,

　　　e) an unübersichtlichen Stellen nicht die rechte Seite der Fahrbahn einhält,

　　　f) auf Autobahnen oder Kraftfahrstraßen wendet, rückwärts oder entgegen der Fahrtrichtung fährt oder dies versucht oder

　　　g) haltende oder liegengebliebene Fahrzeuge nicht auf ausreichende Entfernung kenntlich macht, obwohl das zur Sicherung des Verkehrs

erforderlich ist,

und dadurch Leib oder Leben eines anderen Menschen oder fremde Sachen von bedeutendem Wert gefährdet, wird mit Freiheitsstrafe bis zu fünf Jahren oder mit Geldstrafe bestraft.

(2) In den Fällen des Absatzes 1 Nr. 1 ist der Versuch strafbar.

(3) Wer in den Fällen des Absatzes 1

1. die Gefahr fahrlässig verursacht oder

2. fahrlässig handelt und die Gefahr fahrlässig verursacht,

wird mit Freiheitsstrafe bis zu zwei Jahren oder mit Geldstrafe bestraft.

1. 本罪屬具體危險犯,有別於第315和315b條之規定,並未將損及道路交通安全作爲構成要件要素。依照通說,本罪亦爲保護道路交通安全之規範,相對於第315b條之規定,本罪僅涉及道路交通之其他參與者,然而參與犯罪之同車乘客,並不包含在構成要件保護範疇內。

2. 本罪如同第315a條第1項第1款規定,亦爲親手犯。

3. 第1項第1a款存在一個「絕對」無駕駛能力,此並非依據個案具體情況來判斷,而是依據由實務判決發展出之血液酒精濃度判斷數值來做認定。

第315d條　　禁止動力交通工具競速行爲

(1) 於道路上爲下列行爲者,處二年以下自由刑或罰金。

1. 舉辦或進行未經許可之動力交通工具競速活動、

2. 作爲動力交通工具駕駛人,參加未經允許之動力交通工具競速活動、

3. 作爲動力交通工具駕駛人,爲求極速而以不適當的速度、重大違規且恣意移動。

(2) 犯第1項第2款或第3款而使他人致生身體或生命危險,或使他人貴重

之物遭受危險者，處五年以下自由刑或罰金。

(3) 第1項第1款之未遂犯罰之。

(4) 過失招致第2項之危險者，處三年以下自由刑或罰金。

(5) 行爲人犯第2項之行爲而致嚴重傷害他人健康或傷害多數人健康者，處一年以上十年以下自由刑，情節輕微者，處六個月以上五年以下自由刑。

§ 315d.　Verbotene Kraftfahrzeugrennen.

(1) Wer im Straßenverkehr

　1. ein nicht erlaubtes Kraftfahrzeugrennen ausrichtet oder durchführt,

　2. als Kraftfahrzeugführer an einem nicht erlaubten Kraftfahrzeugrennen teilnimmt oder

　3. sich als Kraftfahrzeugführer mit nicht angepasster Geschwindigkeit und grob verkehrswidrig und rücksichtslos fortbewegt, um eine höchstmögliche Geschwindigkeit zu erreichen, wird mit Freiheitsstrafe bis zu zwei Jahren oder mit Geldstrafe bestraft.

(2) Wer in den Fällen des Absatzes 1 Nummer 2 oder 3 Leib oder Leben eines anderen Menschen oder fremde Sachen von bedeutendem Wert gefährdet, wird mit Freiheitsstrafe bis zu fünf Jahren oder mit Geldstrafe bestraft.

(3) Der Versuch ist in den Fällen des Absatzes 1 Nummer 1 strafbar.

(4) Wer in den Fällen des Absatzes 2 die Gefahr fahrlässig verursacht, wird mit Freiheitsstrafe bis zu drei Jahren oder mit Geldstrafe bestraft.

(5) Verursacht der Täter in den Fällen des Absatzes 2 durch die Tat den Tod oder eine schwere Gesundheitsschädigung eines anderen Menschen oder eine Gesundheitsschädigung einer großen Zahl von Menschen, so ist die Strafe Freiheitsstrafe von einem Jahr bis zu zehn Jahren, in minder schweren Fällen Freiheitsstrafe von sechs Monaten bis zu fünf Jahren.

(解)(析)

1. 本條爲因應處罰未經允許的道路競速行爲而新增。（56. StrRÄndG）
2. 本條原先規定於道路交通管理法（Straßenverkehrs-Ordnung），有鑑於違法道路競速活動，對其他用路人之生命、身體製造隨時可能出現的巨大風險，因此本罪法益侵害程度顯然超過單純的超速行爲。
3. 違法道路競速活動的危險程度與醉態駕駛行爲一樣，故予以入罪化。

第315e條　　道路交通之軌道交通工具

軌道交通工具屬道路交通運輸之一環時，僅適用於保護道路交通之規定（第315b至315c條）。

§ 315e Schienenbahnen im Straßenverkehr

Soweit Schienenbahnen am Straßenverkehr teilnehmen, sind nur die Vorschriften zum Schutz des Straßenverkehrs (§§ 315b und 315c) anzuwenden.

(解)(析)

1. 本條修法前原爲第315d條，修法後僅將條號改爲第315e條，條文內容維持原本規定。（56. StrRÄndG）
2. 本罪保護法益，爲公共交通安全，意指道路、軌道、空中與水路軌道交通工具交通安全。原則上規定於第315、315a條，但在第315b、315c條中，軌道交通工具則被歸類於道路交通工具，本條乃是進一步規定如何判定該列車是否屬公共道路交通工具。

第315f條　　沒收

涉及第315d條第1項第2款或第3款、第2、4、5項犯罪之動力交通工具，得沒收之。適用第74a條之規定。

§ 315f. Einziehung
Kraftfahrzeuge, auf die sich eine Tat nach § 315d Absatz 1 Nummer 2 oder
Nummer 3, Absatz 2, 4 oder 5 bezieht, können eingezogen werden. § 74a ist
anzuwenden.

1. 本條為因應處罰未經允許的道路競速行為而新增。（56. StrRÄndG）
2. 由於交通工具並非是促成損害的犯罪工具，而是實行構成要件行為之
必要要件，屬「關連物品」，故不適用犯罪物沒收之規定，必須特別
規範對犯罪關連物品之沒收。
3. 依照第74a條之沒收規定，得對第三人之關連物品予以沒收。

第316條　醉態駕駛
因飲用酒精飲品或其他麻醉藥品而無法處於道路交通上（第315至315e
條）安全駕駛交通工具狀態仍駕駛者，如該行為無法依第315a至315c條
之規定處罰，處一年以下自由刑或罰金。
過失犯第1項之罪者，亦同。

§ 316 Trunkenheit im Verkehr
(1) Wer im Verkehr (§§ 315 bis 315e) ein Fahrzeug führt, obwohl er infolge des
Genusses alkoholischer Getränke oder anderer berauschender Mittel nicht in
der Lage ist, das Fahrzeug sicher zu führen, wird mit Freiheitsstrafe bis zu
einem Jahr oder mit Geldstrafe bestraft, wenn die Tat nicht in § 315a oder §
315c mit Strafe bedroht ist.
(2) Nach Absatz 1 wird auch bestraft, wer die Tat fahrlässig begeht.

1. 本罪保護法益為公共交通安全，意指道路、軌道、空中與水路交通安

全。性質屬抽象危險犯及親手犯。實務上重要的補充規範，請參考道路交通法第24a與24c條。

2. 行為人必須處於無法安全駕駛之狀態。絕對無駕駛能力，指的是因飲用酒精而致無安全駕駛能力，是以明確的血液酒精濃度作為界線；相對無駕駛能力，是指血液酒精濃度並未到達絕對無駕駛能力的標準或使用其他麻醉方式致使就其具體情況而言，已處於無駕駛能力。

第316a條　　強盜攻擊動力交通工具司機罪

(1) 攻擊動力交通工具司機或乘客之身體、生命或決定自由，並利用道路交通之特殊情況，犯強盜罪（第249或250條）、準強盜罪（第252條）或強盜式恐嚇取財罪（第255條）者，處五年以下自由刑。

(2) 情節輕微者，處一年以上十年以下自由刑。

(3) 行為人因該行為而最少是重大過失造成他人死亡者，處終身自由刑或十年以上自由刑。

§ 316a Räuberischer Angriff auf Kraftfahrer

(1) Wer zur Begehung eines Raubes (§ 249 oder 250), eines räuberischen Diebstahls (§ 252) oder einer räuberischen Erpressung (§ 255) einen Angriff auf Leib oder Leben oder die Entschlußfreiheit des Führers eines Kraftfahrzeugs oder eines Mitfahrers verübt und dabei die besonderen Verhältnisse des Straßenverkehrs ausnutzt, wird mit Freiheitsstrafe nicht unter fünf Jahren bestraft.

(2) In minder schweren Fällen ist die Strafe Freiheitsstrafe von einem Jahr bis zu zehn Jahren.

(3) Verursacht der Täter durch die Tat wenigstens leichtfertig den Tod eines anderen Menschen, so ist die Strafe lebenslange Freiheitsstrafe oder Freiheitsstrafe nicht unter zehn Jahren.

解析

1. 本罪除保護個人財產法益外，尚保護道路交通安全。
2. 行為人攻擊動力交通工具駕駛人或其乘客之生命、身體或其決定自由。至於駕駛人或乘客之資格，並非是一個固定、持續之資格，而是一個主觀上之行為描述。
3. 本罪並非親手犯，從而並不要求共犯一定在動力交通工具或攻擊行為之現場。

第316b條　　妨害公共供給罪

(1) 以毀壞、損害、移除、改變用於維持運作之物或致令不堪用，或切斷供應運作所需電力之方式，妨礙或干擾下列公共供給者，處五年以下自由刑或罰金：
1. 供公眾郵務或公共運輸之企業或設備；
2. 供給公眾水、電、暖氣或動力之設備或供給重要民生物資之企業；
3. 用於維護公共秩序或安全之設備或設施。

(2) 未遂犯罰之。

(3) 情節嚴重者，處六個月以上十年以下自由刑。情節嚴重，一般是指行為人因其行為影響重要民生物資之供給，特別是水、電、暖氣或動力。

§ 316b Störung öffentlicher Betriebe

(1) Wer den Betrieb

1. von Unternehmen oder Anlagen, die der öffentlichen Versorgung mit Postdienstleistungen oder dem öffentlichen Verkehr dienen,

2. einer der öffentlichen Versorgung mit Wasser, Licht, Wärme oder Kraft dienenden Anlage oder eines für die Versorgung der Bevölkerung lebenswichtigen Unternehmens oder

3. einer der öffentlichen Ordnung oder Sicherheit dienenden Einrichtung oder Anlage

dadurch verhindert oder stört, daß er eine dem Betrieb dienende Sache zerstört, beschädigt, beseitigt, verändert oder unbrauchbar macht oder die für den Betrieb bestimmte elektrische Kraft entzieht, wird mit Freiheitsstrafe bis zu fünf Jahren oder mit Geldstrafe bestraft.

(2) Der Versuch ist strafbar.

(3) In besonders schweren Fällen ist die Strafe Freiheitsstrafe von sechs Monaten bis zu zehn Jahren. Ein besonders schwerer Fall liegt in der Regel vor, wenn der Täter durch die Tat die Versorgung der Bevölkerung mit lebenswichtigen Gütern, insbesondere mit Wasser, Licht, Wärme oder Kraft, beeinträchtigt.

 解 析

　　本罪保護社會重要設備與設施，性質上屬抽象危險犯。本罪亦得以違反義務之不作為方式違犯。

第316c條　　攻擊空中和海上交通運輸罪

(1) 為下列行為者，處五年以上自由刑：

1. 以使用暴力或侵害他人決定自由或採行其他謀劃之方式，以達到控制或影響下列物品之航行方向，

　　a. 航行中之民用航空器

　　b. 民用海上船舶，或

2. 為毀壞或損害前述航空器或船舶或其所裝載之貨物，而使用槍砲武器或著手引發爆炸或火災者。

乘務人員或乘客已經登機或已開始裝載貨物，或乘務人員或乘客尚未如規劃完全離開航空器或尚未完全卸載貨物之航空器，視同航行中航空器。

(2) 情節輕微者，處一年以上十年以下自由刑。

(3) 行為人因該行為而最少是重大過失造成他人死亡者，處終身自由刑或十年以上自由刑。

(4) 預備犯第1項之犯罪而製造、爲自己或他人取得、持有或交付他人槍砲武器、爆裂物、或其他引發爆炸或火災之物或裝置者，處六個月以上五年以下自由刑。

§ 316c Angriffe auf den Luft- und Seeverkehr

(1) Mit Freiheitsstrafe nicht unter fünf Jahren wird bestraft, wer

1. Gewalt anwendet oder die Entschlußfreiheit einer Person angreift oder sonstige Machenschaften vornimmt, um dadurch die Herrschaft über

   a) ein im zivilen Luftverkehr eingesetztes und im Flug befindliches Luftfahrzeug oder

   b) ein im zivilen Seeverkehr eingesetztes Schiff

   zu erlangen oder auf dessen Führung einzuwirken, oder

2. um ein solches Luftfahrzeug oder Schiff oder dessen an Bord befindliche Ladung zu zerstören oder zu beschädigen, Schußwaffen gebraucht oder es unternimmt, eine Explosion oder einen Brand herbeizuführen.

Einem im Flug befindlichen Luftfahrzeug steht ein Luftfahrzeug gleich, das von Mitgliedern der Besatzung oder von Fluggästen bereits betreten ist oder dessen Beladung bereits begonnen hat oder das von Mitgliedern der Besatzung oder von Fluggästen noch nicht planmäßig verlassen ist oder dessen planmäßige Entladung noch nicht abgeschlossen ist.

(2) In minder schweren Fällen ist die Strafe Freiheitsstrafe von einem Jahr bis zu zehn Jahren.

(3) Verursacht der Täter durch die Tat wenigstens leichtfertig den Tod eines anderen Menschen, so ist die Strafe lebenslange Freiheitsstrafe oder Freiheitsstrafe nicht unter zehn Jahren.

(4) Wer zur Vorbereitung einer Straftat nach Absatz 1 Schußwaffen, Sprengstoffe oder sonst zur Herbeiführung einer Explosion oder eines Brandes bestimmte Stoffe oder Vorrichtungen herstellt, sich oder einem anderen verschafft, verwahrt oder einem anderen überläßt, wird mit Freiheitsstrafe von sechs Monaten bis zu fünf Jahren bestraft.

解析

1. 本條保護法益爲空中與海上交通之安全，同時保護參與之人生命、身體與自由。至於財產，則是間接被保護。
2. 行爲人須要不必須具備有控制航空器或船隻之意圖，要不至少要有影響其航行之意圖。
3. 本罪之共犯，並不以在犯罪現場共同爲之爲要件，可以個別行爲人在航空器或船隻內部，其他行爲人則在外部共同爲之。行爲人以第1款之意圖爲之，其他行爲人以第2款之意圖爲之時，亦可成立本罪之共犯。

第317條　　干擾電信設備罪

(1) 以毀壞、損害、移除、改變用於電信設備運作之物或致令不堪用，或切斷供該運作所需電力之方式，妨礙或危害公共電信設施運作者，處五年以下自由刑。
(2) 未遂犯罰之。
(3) 過失爲之者，處一年以下自由刑或罰金。

§ 317 Störung von Telekommunikationsanlagen

(1) Wer den Betrieb einer öffentlichen Zwecken dienenden Telekommunikationsanlage dadurch verhindert oder gefährdet, daß er eine dem Betrieb dienende Sache zerstört, beschädigt, beseitigt, verändert oder unbrauchbar macht oder die für den Betrieb bestimmte elektrische Kraft entzieht, wird mit Freiheitsstrafe bis zu fünf Jahren oder mit Geldstrafe bestraft.

(2) Der Versuch ist strafbar.

(3) Wer die Tat fahrlässig begeht, wird mit Freiheitsstrafe bis zu einem Jahr oder mit Geldstrafe bestraft.

1. 電信設備，意指用於傳輸或操控可辨識訊號，以傳遞資訊之技術設備或電信系統，該設備必須用於公共目的，為公眾使用或政府機關所使用之設備。
2. 本罪與第303條成立想像競合。

第318條　損壞重要設備罪

(1) 損害或毀壞水道、水閘、堰閘、堤防、水堤或其他水利建設，或橋樑、渡輪、道路或防水閘或礦業所用之排水、通風或人員出入之設備，對他人致生身體或生命之危險者，處三個月以上五年以下自由刑。

(2) 未遂犯罰之。

(3) 行為人因其行為而致嚴重傷害他人健康或傷害多數人健康者，處一年以上自由刑十年以下自由刑。

(4) 行為人因其行為致他人死亡者，處三年以上自由刑。

(5) 犯第3項之罪而情節輕微者，處六個月以上五年以下自由刑；犯第4項之罪而情節輕微者，處一年以上十年以下自由刑。

(6) 任何人
　　1. 為第1項之行為而過失招致危險，或
　　2. 過失為第1項之行為而過失招致危險者
　　處三年以下自由刑或罰金。

§ 318 Beschädigung wichtiger Anlagen

(1) Wer Wasserleitungen, Schleusen, Wehre, Deiche, Dämme oder andere Wasserbauten oder Brücken, Fähren, Wege oder Schutzwehre oder dem Bergwerksbetrieb dienende Vorrichtungen zur Wasserhaltung, zur Wetterführung oder zum Ein- und Ausfahren der Beschäftigten beschädigt oder zerstört und dadurch Leib oder Leben eines anderen Menschen

gefährdet, wird mit Freiheitsstrafe von drei Monaten bis zu fünf Jahren bestraft.

(2) Der Versuch ist strafbar.

(3) Verursacht der Täter durch die Tat eine schwere Gesundheitsschädigung eines anderen Menschen oder eine Gesundheitsschädigung einer großen Zahl von Menschen, so ist auf Freiheitsstrafe von einem Jahr bis zu zehn Jahren zu erkennen.

(4) Verursacht der Täter durch die Tat den Tod eines anderen Menschen, so ist die Strafe Freiheitsstrafe nicht unter drei Jahren.

(5) In minder schweren Fällen des Absatzes 3 ist auf Freiheitsstrafe von sechs Monaten bis zu fünf Jahren, in minder schweren Fällen des Absatzes 4 auf Freiheitsstrafe von einem Jahr bis zu zehn Jahren zu erkennen.

(6) Wer in den Fällen des Absatzes 1

　1. die Gefahr fahrlässig verursacht oder

　2. fahrlässig handelt und die Gefahr fahrlässig verursacht,

wird mit Freiheitsstrafe bis zu drei Jahren oder mit Geldstrafe bestraft.

解析

1. 本罪的保護法益為他人生命與身體。第1項為具體危險犯之規定，第2、3項則為加重結果之規定。

2. 第1項之構成要件行為是損害或毀損所述設備，必須是直接攻擊該物，若僅是錯誤使用或違反目的的使用，並不該當本罪，而可能該當第313條。行為結果必須是對於他人的生命或健康產生具體危險，但不以產生公眾危險為要件。

3. 本罪有第320條中止規定之適用。

第319條　　違背建築術成規罪

(1) 於設計、指揮、建造或拆除建築物時，違反一般公認之技術規範，而對他人致生身體或生命之危險者，處五年以下自由刑或罰金。

(2) 於設計、指揮、執行規劃時，違反一般公認之技術規範來執行職務或工藝，安裝設備於建築物中或變更已安裝之設備，而對他人致生身體或生命之危險者，亦同。

(3) 過失招致危險者，處三年以下自由刑或罰金。

(4) 過失爲第1和2項之行爲而過失招致危險者，處二年以下自由刑或罰金。

§ 319 Baugefährdung

(1) Wer bei der Planung, Leitung oder Ausführung eines Baues oder des Abbruchs eines Bauwerks gegen die allgemein anerkannten Regeln der Technik verstößt und dadurch Leib oder Leben eines anderen Menschen gefährdet, wird mit Freiheitsstrafe bis zu fünf Jahren oder mit Geldstrafe bestraft.

(2) Ebenso wird bestraft, wer in Ausübung eines Berufs oder Gewerbes bei der Planung, Leitung oder Ausführung eines Vorhabens, technische Einrichtungen in ein Bauwerk einzubauen oder eingebaute Einrichtungen dieser Art zu ändern, gegen die allgemein anerkannten Regeln der Technik verstößt und dadurch Leib oder Leben eines anderen Menschen gefährdet.

(3) Wer die Gefahr fahrlässig verursacht, wird mit Freiheitsstrafe bis zu drei Jahren oder mit Geldstrafe bestraft.

(4) Wer in den Fällen der Absätze 1 und 2 fahrlässig handelt und die Gefahr fahrlässig verursacht, wird mit Freiheitsstrafe bis zu zwei Jahren oder mit Geldstrafe bestraft.

 解析

1. 本罪保護他人之生命與身體，第1、2項爲具體危險犯之規定。

2. 第1項以行為人設計、規劃或實行建造或拆除建築物為要件，故為身分犯。

3. 技術規範，為基於經驗與學理而預見其設計、規劃或實行建造或拆除建築物之行為可能造成危險之結論，並以此作為認定標準。

4. 本罪得與第222、229條成立想像競合。

第320條　　中止

(1) 行為人自願中止第316c條第1項犯罪之實行或排除其危害者，法院得依其裁量減輕其刑（第49條第2項）。

(2) 法院得就下列犯罪依其裁量減輕其刑（第49條第2項）或免除其刑，當行為人犯

1. 第315條第1、3項第1款之犯罪，

2. 第315b條第1、3或4項、與第315條第3項第1款有關之第3項之犯罪，

3. 第318條第1或6項第1款之犯罪，

4. 第319條第1至3項之犯罪，

在造成嚴重損害前，自願排除其危害者。

(3) 不得依下列規定處罰，當行為人

1. 犯

a. 第315條第6項之犯罪，

b. 第315b條第5項之犯罪，

c. 第318條第6項第2款之犯罪，

d. 第319條第4項之犯罪，

在造成嚴重損害前，自願排除其危害者。

2. 自願中止第315c條第4項犯罪之實行或排除其危害者。

(4) 危害之排除或結果之不發生，雖非行為人所致，但出於真摯而自願盡力為之者，亦同。

§ 320 Tätige Reue

(1) Das Gericht kann die Strafe in den Fällen des § 316c Abs. 1 nach seinem Ermessen mildern (§ 49 Abs. 2), wenn der Täter freiwillig die weitere Ausführung der Tat aufgibt oder sonst den Erfolg abwendet.

(2) Das Gericht kann die in den folgenden Vorschriften angedrohte Strafe nach seinem Ermessen mildern (§ 49 Abs. 2) oder von Strafe nach diesen Vorschriften absehen, wenn der Täter in den Fällen

　1. des § 315 Abs. 1, 3 Nr. 1 oder Abs. 5,

　2. des § 315b Abs. 1, 3 oder 4, Abs. 3 in Verbindung mit § 315 Abs. 3 Nr. 1,

　3. des § 318 Abs. 1 oder 6 Nr. 1,

　4. des § 319 Abs. 1 bis 3

freiwillig die Gefahr abwendet, bevor ein erheblicher Schaden entsteht.

(3) Nach den folgenden Vorschriften wird nicht bestraft, wer

　1. in den Fällen des

　　a. § 315 Abs. 6,

　　b. § 315b Abs. 5,

　　c. § 318 Abs. 6 Nr. 2,

　　d. § 319 Abs. 4

　freiwillig die Gefahr abwendet, bevor ein erheblicher Schaden entsteht, oder

　2. in den Fällen des § 316c Abs. 4 freiwillig die weitere Ausführung der Tat aufgibt oder sonst die Gefahr abwendet.

(4) Wird ohne Zutun des Täters die Gefahr oder der Erfolg abgewendet, so genügt sein freiwilliges und ernsthaftes Bemühen, dieses Ziel zu erreichen.

　本條為有關於第315、315b、316c、318、319條之中止規定。

第321條　　行為監督

犯第306至306c條和第307條第1至3項、第308條第1至3項、第309條第1至4項、第310條第1項和第316c條第1項第2款之罪，法院得令以行為監督。

§ 321 Führungsaufsicht

In den Fällen der §§ 306 bis 306c und 307 Abs. 1 bis 3, des § 308 Abs. 1 bis 3, des § 309 Abs. 1 bis 4, des § 310 Abs. 1 und des § 316c Abs. 1 Nr. 2 kann das Gericht Führungsaufsicht anordnen (§ 68 Abs. 1).

解析

　　本條為有關於第306至306c條及第307條第1至3項，第308條第1至3項、第309條第1至4項、第310條第1項及第316c條第1項第2款得宣告行為監督。就行為監督，請參考第68條相關說明。

第322條　　沒收

犯第306至306c條、第307至314條及第316c條之罪，得沒收：

1. 犯罪所生之物、或供犯罪所用或預備之物或確定用於犯罪或預備犯罪之物。
2. 與第310至312條、第314條或第316c條犯罪有關之物。

§ 322 Einziehung

Ist eine Straftat nach den §§ 306 bis 306c, 307 bis 314 oder 316c begangen worden, so können

1. Gegenstände, die durch die Tat hervorgebracht oder zu ihrer Begehung oder Vorbereitung gebraucht worden oder bestimmt gewesen sind, und
2. Gegenstände, auf die sich eine Straftat nach den §§ 310 bis 312, 314 oder 316c bezieht,

eingezogen werden.

本條規定有關第306至306c條、第307至314條和第316c條之沒收規定，詳請參考第74條之說明。

第323條　　刪除

§ 323 weggefallen

第323a條　　自醉罪

(1) 故意或過失服用酒精飲品或麻醉藥品而自陷於醉態，因處於無責任能力或無法排除其無責任能力之醉態下為不法行為致無法被處罰者，處五年以下自由刑或罰金。

(2) 所處刑罰不得重於其於醉態所犯罪之刑。

(3) 醉態下所為之行為須經授權或處刑請求方得訴追時，則本罪亦須經授權或處刑請求，始得訴追。

§ 323a Vollrausch

(1) Wer sich vorsätzlich oder fahrlässig durch alkoholische Getränke oder andere berauschende Mittel in einen Rausch versetzt, wird mit Freiheitsstrafe bis zu fünf Jahren oder mit Geldstrafe bestraft, wenn er in diesem Zustand eine rechtswidrige Tat begeht und ihretwegen nicht bestraft werden kann, weil er infolge des Rausches schuldunfähig war oder weil dies nicht auszuschließen ist.

(2) Die Strafe darf nicht schwerer sein als die Strafe, die für die im Rausch begangene Tat angedroht ist.

(3) Die Tat wird nur auf Antrag, mit Ermächtigung oder auf Strafverlangen verfolgt, wenn die Rauschtat nur auf Antrag, mit Ermächtigung oder auf Strafverlangen verfolgt werden könnte.

1. 本條爲基於刑事政策考量而制定，首要保護者爲一般公眾免於經驗上醉態下常發生之危險。另外，次要保護在醉態下所侵害之法益，從而本罪性質上屬抽象危險犯。
2. 依照責任與行爲同時存在原則，若行爲人於無責任能力之醉態下所實現之不法行爲，無法依照原因自由行爲處罰時，則得依本條論處。
3. 行爲人須自陷於醉態，換言之，須以飲用酒精飲料或其他麻醉藥品而自陷於急性中毒之狀態。行爲人必須親手爲之，故性質上屬親手犯。

第323b條　　危害戒癮治療罪

明知他人依有關當局令入相當處所或未得其同意入相當處所接受戒癮治療，無該治療處所負責人或其代理人允許而取得或交付酒精飲品或麻醉藥品，或誘使飲用前述物品者，處一年以下自由刑或罰金。

§ 323b Gefährdung einer Entziehungskur

Wer wissentlich einem anderen, der auf Grund behördlicher Anordnung oder ohne seine Einwilligung zu einer Entziehungskur in einer Anstalt untergebracht ist, ohne Erlaubnis des Anstaltsleiters oder seines Beauftragten alkoholische Getränke oder andere berauschende Mittel verschafft oder überläßt oder ihn zum Genuß solcher Mittel verleitet, wird mit Freiheitsstrafe bis zu einem Jahr oder mit Geldstrafe bestraft.

1. 本罪保護國家以安置爲目的之戒癮治療處所之安全，是否存在具體危險並不重要，性質爲抽象危險犯。
2. 行爲人亦可能爲在治療處所工作或者是被安置之人，從而可以不作爲方式違犯本罪。
3. 行爲人須明知而爲之，故主觀要件限於直接故意。

第323c條　　不爲救助罪

(1) 於意外事故、公安危險或緊急事故時，依其情況可要求提供對自身無造成重大危險，且不違反其他重要義務之必要救助而不提供者，處一年以下自由刑或罰金。

(2) 阻止他人或試圖阻止他人施救，依前項規定處罰。

§ 323c Unterlassene Hilfeleistung

(1) Wer bei Unglücksfällen oder gemeiner Gefahr oder Not nicht Hilfe leistet, obwohl dies erforderlich und ihm den Umständen nach zuzumuten, insbesondere ohne erhebliche eigene Gefahr und ohne Verletzung anderer wichtiger Pflichten möglich ist, wird mit Freiheitsstrafe bis zu einem Jahr oder mit Geldstrafe bestraft.

(2) Ebenso wird bestraft, wer in diesen Situationen eine Person behindert, die einem Dritten Hilfe leistet oder leisten will.

解析

1. 本條處罰於意外事故或公共危險時違反救助義務之行爲。以刑法手段確保作爲協助救援之連帶義務之最低內涵，藉以保護遭受危險之個人法益，性質上屬具體危險犯。本條合於民法第823條第2項所稱保護規範之概念。

2. 本罪之構成要件以特別之危險狀態爲要件，係指意外事件、公共危險狀態或者招致緊急危難之情況。構成要件行爲係不爲救助，其救助行爲以事後客觀認定是否爲必要，且可能爲之。

第二十九章　環境之犯罪

Neunundzwanzigster Abschnitt Straftaten gegen die Umwelt

第324條　水域污染罪

(1) 無權污染水域或其他惡化水域性質者，處五年以下自由刑或罰金。

(2) 未遂犯罰之。

(3) 過失犯，處三年以下自由刑或罰金。

§ 324　Gewässerverunreinigung

(1) Wer unbefugt ein Gewässer verunreinigt oder sonst dessen Eigenschaften nachteilig verändert, wird mit Freiheitsstrafe bis zu fünf Jahren oder mit Geldstrafe bestraft.

(2) Der Versuch ist strafbar.

(3) Handelt der Täter fahrlässig, so ist die Strafe Freiheitsstrafe bis zu drei Jahren oder Geldstrafe.

解析

1. 本條之規定，主要在保護水域。所謂水域，依照第330d條之立法定義，指地表大面積水體、地下水及海洋。

2. 本條屬於結果犯，行為須引發污染水域或惡化水域性質，方能成罪。

3. 依德國學說，概念上本條亦可以認為是潛在之危險犯（potentielle Gefährdungs- delikt）。

4. 本條處罰未遂，亦處罰過失。

第324a條　　土地污染罪

(1) 違反行政法上之義務，傾入物料，使其滲入或置於地表，並因而導致下列情形者，處五年以下自由刑或罰金：

　　1. 行為方式足以損害他人健康、動物、植物或其他重大價值之物品或水域，或

　　2. 大規模汙染或為其他不利益改變。

(2) 未遂犯罰之。

(3) 過失犯，處三年以下自由刑或罰金。

§ 324a Bodenverunreinigung

(1) Wer unter Verletzung verwaltungsrechtlicher Pflichten Stoffe in den Boden einbringt, eindringen läßt oder freisetzt und diesen dadurch

　　1. in einer Weise, die geeignet ist, die Gesundheit eines anderen, Tiere, Pflanzen oder andere Sachen von bedeutendem Wert oder ein Gewässer zu schädigen, oder

　　2. in bedeutendem Umfang

verunreinigt oder sonst nachteilig verändert, wird mit Freiheitsstrafe bis zu fünf Jahren oder mit Geldstrafe bestraft.

(2) Der Versuch ist strafbar.

(3) Handelt der Täter fahrlässig, so ist die Strafe Freiheitsstrafe bis zu drei Jahren oder Geldstrafe.

解析

1. 本條之規定，主要在保護地表。

2. 本條屬於結果犯。由於第1項第1款之規定，本條亦可以理解為潛在之危險犯（potentielle Gefährdungsdelikt）。

3. 行為人必須違反行政法上之義務，然後有污染地表之行為，始為構成要件該當。「違反行政法上之義務」這個要素，限縮了構成要件。

4. 本條處罰未遂，亦處罰過失。

第325條　　空氣污染罪

(1) 營業設施，特別是營業工廠或機器，違反行政法上之義務導致空氣改變，足以損害該營業場所外之他人健康、動物、植物或其他重大價值之物品者，處五年以下自由刑或罰金。未遂犯罰之。

(2) 營業設施，特別是營業工廠或機器，違反行政法上之義務大量排放有害物質於營業場所外，處五年以下自由刑或罰金。

(3) 違反行政法上之義務排放大量有害物質於空氣中，不能依第2項處罰時，處三年以下自由刑或罰金。

(4) 因過失犯第1、2項之規定，處三年以下自由刑或罰金。

(5) 因輕微過失而犯第3項之規定，處一年以下自由刑或罰金。

(6) 第2與3項之有害物質，是指足以，

1. 損害他人健康、損害動物、植物或其他重大價值之物品

2. 持續污染水域、空氣或地表，或其他不利之改變。

(7) 第1項，縱與第4項規定連結，並不適用於動力交通工具、鐵路、空中或水上交通工具。

§ 325　Luftverunreinigung

(1) Wer beim Betrieb einer Anlage, insbesondere einer Betriebsstätte oder Maschine, unter Verletzung verwaltungsrechtlicher Pflichten Veränderungen der Luft verursacht, die geeignet sind, außerhalb des zur Anlage gehörenden Bereichs die Gesundheit eines anderen, Tiere, Pflanzen oder andere Sachen von bedeutendem Wert zu schädigen, wird mit Freiheitsstrafe bis zu fünf Jahren oder mit Geldstrafe bestraft. Der Versuch ist strafbar.

(2) Wer beim Betrieb einer Anlage, insbesondere einer Betriebsstätte oder Maschine, unter Verletzung verwaltungsrechtlicher Pflichten Schadstoffe in bedeutendem Umfang in die Luft außerhalb des Betriebsgeländes freisetzt, wird mit Freiheitsstrafe bis zu fünf Jahren oder mit Geldstrafe bestraft.

(3) Wer unter Verletzung verwaltungsrechtlicher Pflichten Schadstoffe in bedeutendem Umfang in die Luft freisetzt, wird mit Freiheitsstrafe bis zu drei Jahren oder mit Geldstrafe bestraft, wenn die Tat nicht nach Absatz 2

mit Strafe bedroht ist.

(4) Handelt der Täter in den Fällen der Absätze 1 und 2 fahrlässig, so ist die Strafe Freiheitsstrafe bis zu drei Jahren oder Geldstrafe.

(5) Handelt der Täter in den Fällen des Absatzes 3 leichtfertig, so ist die Strafe Freiheitsstrafe bis zu einem Jahr oder Geldstrafe.

(6) Schadstoffe im Sinne der Absätze 2 und 3 sind Stoffe, die geeignet sind,

1. die Gesundheit eines anderen, Tiere, Pflanzen oder andere Sachen von bedeutendem Wert zu schädigen oder

2. nachhaltig ein Gewässer, die Luft oder den Boden zu verunreinigen oder sonst nachteilig zu verändern.

(7) Absatz 1, auch in Verbindung mit Absatz 4, gilt nicht für Kraftfahrzeuge, Schienen-, Luft- oder Wasserfahrzeuge.

解析

1. 本條之規定，主要在保護空氣。
2. 第1項屬於潛在之危險犯（potentielle Gefährdungs-delikt），行為須引發特定之危險狀態，始為構成要件該當。
3. 第2項為抽象危險犯。
4. 本罪主要之規範對象是「營業者」，且須「違反行政法上之義務」。這個義務違反之要素，限縮構成要件之該當。
5. 本條處罰過失犯。

第325a條　產生噪音，震動及非電離輻射罪

(1) 營業設施，特別是營業工廠或機器，違反行政法上之義務產生噪音，足生營業場所外之他人健康損害者，處三年以下自由刑或罰金。

(2) 營業設施，特別是營業工廠或機器，違反行政法上之噪音管制義務，防止震動及非電離輻射之義務，因而危及他人健康、他人之動物或他人重大價值之物品者，處五年以下自由刑或罰金。

(3) 過失犯，依如下情形處罰：

　　1. 違反第1項規定者，處二年以下自由刑或罰金。

　　2. 違反第2項規定者，處三年以下自由刑或罰金。

(4) 第1至第3項之規定，不適用於動力交通工具、鐵路、空中或水上交通工具。

§ 325a Verursachen von Lärm, Erschütterungen und nichtionisierenden Strahlen

(1) Wer beim Betrieb einer Anlage, insbesondere einer Betriebsstätte oder Maschine, unter Verletzung verwaltungsrechtlicher Pflichten Lärm verursacht, der geeignet ist, außerhalb des zur Anlage gehörenden Bereichs die Gesundheit eines anderen zu schädigen, wird mit Freiheitsstrafe bis zu drei Jahren oder mit Geldstrafe bestraft.

(2) Wer beim Betrieb einer Anlage, insbesondere einer Betriebsstätte oder Maschine, unter Verletzung verwaltungsrechtlicher Pflichten, die dem Schutz vor Lärm, Erschütterungen oder nichtionisierenden Strahlen dienen, die Gesundheit eines anderen, ihm nicht gehörende Tiere oder fremde Sachen von bedeutendem Wert gefährdet, wird mit Freiheitsstrafe bis zu fünf Jahren oder mit Geldstrafe bestraft.

(3) Handelt der Täter fahrlässig, so ist die Strafe

　　1. in den Fällen des Absatzes 1 Freiheitsstrafe bis zu zwei Jahren oder Geldstrafe,

　　2. in den Fällen des Absatzes 2 Freiheitsstrafe bis zu drei Jahren oder Geldstrafe.

(4) Die Absätze 1 bis 3 gelten nicht für Kraftfahrzeuge, Schienen-, Luft- oder Wasserfahrzeuge.

解析

1. 本條之規定，主要在防止令人不適之噪音。

2. 第1項屬於潛在之危險犯（potentielle Gefährdungs-delikt），製造噪音之行為，須有一種危害健康之傾向（geeignet ist），始為構成要件該

當。

3. 第2項爲具體危險犯，法條上明文要求，製造噪音之行爲，須「危及gefährdet」他人健康。

4. 本條之規範對象是「營業者」，且須是在一個共同之前提上，亦即：違反行政法上之義務。

5. 本條處罰過失犯。

第326條　　未受允許清除廢棄物罪

(1) 對於廢棄物，在許可範圍外，重大偏離規定或許可之程序，蒐集、運輸、處理、運用、堆積、貯存、排出、除去、交易、仲介或爲其他營利行爲，而有下列情形者，處五年以下自由刑或罰金：

　　1. 廢棄物有毒，或含有或可能引發人畜交互感染疾病之病原體，

　　2. 廢棄物對人有致癌可能，有危害生育或改變遺傳可能，

　　3. 廢棄物有爆炸危險，有自燃危險或含有並非少量之放射性，

　　4. 廢棄物依其種類、性質或數量，足以引致下列結果，

　　　　a. 持續汙染水域、空氣或地表，或其他不利變更，

　　　　b. 危害動物或植物生存。

(2) 違反禁令或未獲必要之同意，而於本法適用領域內運送第1項所指之其他廢棄物，或從本法適用領域送出其他廢棄物，或借道本法適用領域而運送其他廢棄物之情形者，亦受同樣處罰。

(3) 違反行政法上之義務而未交出放射性廢棄物者，處三年以下自由刑或罰金。

(4) 第1、2項之未遂犯罰之。

(5) 過失犯，依如下情形處罰：

　　1. 第1、2項之情形，處三年以下自由刑或罰金，

　　2. 第3項之情形，處一年以下自由刑或罰金。

(6) 排放之廢棄物量少，對於環境顯然不具有害之影響，特別是無害於人類、水域、空氣、地表、食用動物或食用植物，則行爲不受處罰。

§ 326 Unerlaubter Umgang mit Abfällen

(1) Wer unbefugt Abfälle, die

1. Gifte oder Erreger von auf Menschen oder Tiere übertragbaren gemeingefährlichen Krankheiten enthalten oder hervorbringen können,

2. für den Menschen krebserzeugend, fortpflanzungsgefährdend oder erbgutverändernd sind,

3. explosionsgefährlich, selbstentzündlich oder nicht nur geringfügig radioaktiv sind oder

4. nach Art, Beschaffenheit oder Menge geeignet sind,

   a) nachhaltig ein Gewässer, die Luft oder den Boden zu verunreinigen oder sonst nachteilig zu verändern oder

   b) einen Bestand von Tieren oder Pflanzen zu gefährden,

   außerhalb einer dafür zugelassenen Anlage oder unter wesentlicher Abweichung von einem vorgeschriebenen oder zugelassenen Verfahren sammelt, befördert, behandelt, verwertet, lagert, ablagert, ablässt, beseitigt, handelt, makelt oder sonst bewirtschaftet, wird mit Freiheitsstrafe bis zu fünf Jahren oder mit Geldstrafe bestraft.

(2) Ebenso wird bestraft, wer Abfälle im Sinne des Absatzes 1 entgegen einem Verbot oder ohne die erforderliche Genehmigung in den, aus dem oder durch den Geltungsbereich dieses Gesetzes verbringt.

(3) Wer radioaktive Abfälle unter Verletzung verwaltungsrechtlicher Pflichten nicht abliefert, wird mit Freiheitsstrafe bis zu drei Jahren oder mit Geldstrafe bestraft.

(4) In den Fällen der Absätze 1 und 2 ist der Versuch strafbar.

(5) Handelt der Täter fahrlässig, so ist die Strafe

1. in den Fällen der Absätze 1 und 2 Freiheitsstrafe bis zu drei Jahren oder Geldstrafe,

2. in den Fällen des Absatzes 3 Freiheitsstrafe bis zu einem Jahr oder Geldstrafe.

(6) Die Tat ist dann nicht strafbar, wenn schädliche Einwirkungen auf die

Umwelt, insbesondere auf Menschen, Gewässer, die Luft, den Boden, Nutztiere oder Nutzpflanzen, wegen der geringen Menge der Abfälle offensichtlich ausgeschlossen sind.

解析

1. 本條之規定，主要在防止「未受允許而排放廢棄物」。本條之規定不要求有危險之發生，依照實務判決及通說，均認爲本條屬於抽象危險犯。

2. 第3項屬於純正不作爲犯（亦爲抽象危險犯），違反義務而不交付放射之廢棄物，即被認定具有危險性。

3. 依第6項，如排放之廢棄物數量顯然稀少，對於環境顯然無危害之可能性，就不受處罰。第3項之「未交出放射廢棄物」如量少，亦在不受處罰之範圍內。

4. 本條處罰未遂與過失。

第327條　　不受允許之設施運作罪

(1) 未取得必要許可或違反執行中之禁令而有下列情形者，處五年以下自由刑或罰金：

　1. 運作核能技術設施，中斷、或全部或一部拆除準備運作或退役之核能技術設施，或重大改變此種設施或其運作，或

　2. 對於使用核能燃料之營業廠或就其設備加以重大改變。

(2) 有下列情形者，處三年以下自由刑或罰金：

　1. 依聯邦污染防制法應得許可之營運設施或其他設施，因防禦危險之故而受禁止者，卻加以運作，

　2. 依環境合適評估法，爲促成水中有害物排出而應得許可之管道設施，未經許可而設置，

　3. 未依循環經濟法之規定而設置廢棄物處理設施，

　4. 水資源法第60條第3項之污水處理設施，未經法定之必要許可或計

畫確認或違反各該法律之禁令而加以運作。未經許可或計畫確認或違反禁令而在廠房內貯藏危險物料或混合物或加以運用或從事危險舉動，於其他歐盟成員國家以前述方式運作，足以致生廠房外他人之身體或生命危險或導致動物、植物、水域、空氣或土地之嚴重損害者，亦受同樣處罰。

(3) 過失犯，依如下情形處罰：

　1. 第1項之情形，處三年以下自由刑或罰金，

　2. 第2項之情形，處二年以下自由刑或罰金。

§ 327 Unerlaubtes Betreiben von Anlagen

(1) Wer ohne die erforderliche Genehmigung oder entgegen einer vollziehbaren Untersagung

　1. eine kerntechnische Anlage betreibt, eine betriebsbereite oder stillgelegte kerntechnische Anlage innehat oder ganz oder teilweise abbaut oder eine solche Anlage oder ihren Betrieb wesentlich ändert oder

　2. eine Betriebsstätte, in der Kernbrennstoffe verwendet werden, oder deren Lage wesentlich ändert,

wird mit Freiheitsstrafe bis zu fünf Jahren oder mit Geldstrafe bestraft.

(2) Mit Freiheitsstrafe bis zu drei Jahren oder mit Geldstrafe wird bestraft, wer

　1. eine genehmigungsbedürftige Anlage oder eine sonstige Anlage im Sinne des Bundes-Immissionsschutzgesetzes, deren Betrieb zum Schutz vor Gefahren untersagt worden ist,

　2. eine genehmigungsbedürftige Rohrleitungsanlage zum Befördern wassergefährdender Stoffe im Sinne des Gesetzes über die Umweltverträglichkeitsprüfung,

　3. eine Abfallentsorgungsanlage im Sinne des Kreislaufwirtschaftsgesetzes oder

　4. eine Abwasserbehandlungsanlage nach § 60 Absatz 3 des Wasserhaushalt-sgesetzes

ohne die nach dem jeweiligen Gesetz erforderliche Genehmigung oder

Planfeststellung oder entgegen einer auf dem jeweiligen Gesetz beruhenden vollziehbaren Untersagung betreibt.

Ebenso wird bestraft, wer ohne die erforderliche Genehmigung oder Planfeststellung oder entgegen einer vollziehbaren Untersagung eine Anlage, in der gefährliche Stoffe oder Gemische gelagert oder verwendet oder gefährliche Tätigkeiten ausgeübt werden, in einem anderen Mitgliedstaat der Europäischen Union in einer Weise betreibt, die geeignet ist, außerhalb der Anlage Leib oder Leben eines anderen Menschen zu schädigen oder erhebliche Schäden an Tieren oder Pflanzen, Gewässern, der Luft oder dem Boden herbeizuführen.

(3) Handelt der Täter fahrlässig, so ist die Strafe

　1. in den Fällen des Absatzes 1 Freiheitsstrafe bis zu drei Jahren oder Geldstrafe,

　2. in den Fällen des Absatzes 2 Freiheitsstrafe bis zu zwei Jahren oder Geldstrafe.

解析

1. 本條主要針對「不受允許之設施而運作」。這些未受允許而運作之設施，可能帶有典型之環境危害性，所以被禁止。

2. 未受允許而運作相關之設施，無須出現任何之危險或具體之危害，所以本條屬於抽象危險犯。

第328條　　未受許可而經手放射性物質與其他危險物料及貨品罪

(1) 有下列情況而製造、保存、運輸、處理、加工或其他使用、輸入、輸出者，處五年以下自由刑或罰金：

　1. 未獲必要許可或違反禁用之核能燃料，

　2. 未獲必要許可或違反禁令之其他放射性物料，依其種類、性質或數量，足因電離子輻射，導致他人死亡或重大健康損害，或對動物、

植物、水域、空氣或土地有顯著損害。

(2) 下列行為亦受處罰：

　　1. 依原能法有義務交出核燃料，而不立即交出者，

　　2. 將核燃料或第1項第2款所稱之物料交給無權使用者，或向其媒介交付者，

　　3. 導致核爆者，

　　4. 誘使他人從事第3款所稱行為，或資助如此行為者。

(3) 違反行政法上之義務而有下列行為者，處五年以下自由刑或罰金：

　　1. 營業設備運作時，特別是營業工廠或技術設備，對於放射性物料或危險物料加以貯存、處理、加工或其他使用，以及貯存、處理、加工或其他使用依照歐洲議會及歐洲理事會於2008年12月16日關於物質或混合物分類、標示及包裝之（EG）1272/2008號，修改及廢止編號67/548/EWG及1999/45/EG指令，與修改（EG）1907/2006號規定（歐洲聯盟官方公報L353第1頁，2008年12月31日），最近一次是透過（EG）790/2009號規定（歐洲聯盟官方公報L235第1頁，2009年9月5日）所修改規定，第3條意義之危險物質及混合物，

　　2. 對於危險物品加以運輸、寄送、打包或解包、裝載或卸載、受領或其他出讓，因而危及他人健康、危及動物、植物、水域、空氣或土地，或他人重大價值之物品。

(4) 未遂犯罰之。

(5) 過失犯，處三年以下自由刑或罰金。

(6) 第2項第4款之行為不適用第4與5項之規定。

§ 328 Unerlaubter Umgang mit radioaktiven Stoffen und anderen gefährlichen Stoffen und Gütern

(1) Mit Freiheitsstrafe bis zu fünf Jahren oder mit Geldstrafe wird bestraft,

　　1. wer ohne die erforderliche Genehmigung oder entgegen einer vollziehbaren Untersagung Kernbrennstoffe oder

　　2. wer ohne die erforderliche Genehmigung oder wer entgegen einer

vollziehbaren Untersagung sonstige radioaktive Stoffe, die nach Art, Beschaffenheit oder Menge geeignet sind, durch ionisierende Strahlen den Tod oder eine schwere Gesundheitsschädigung eines anderen oder erhebliche Schäden an Tieren oder Pflanzen, Gewässern, der Luft oder dem Boden herbeizuführen,

herstellt, aufbewahrt, befördert, bearbeitet, verarbeitet oder sonst verwendet, einführt oder ausführt.

(2) Ebenso wird bestraft, wer

1. Kernbrennstoffe, zu deren Ablieferung er auf Grund des Atomgesetzes verpflichtet ist, nicht unverzüglich abliefert,

2. Kernbrennstoffe oder die in Absatz 1 Nr. 2 bezeichneten Stoffe an Unberechtigte abgibt oder die Abgabe an Unberechtigte vermittelt,

3. eine nukleare Explosion verursacht oder

4. einen anderen zu einer in Nummer 3 bezeichneten Handlung verleitet oder eine solche Handlung fördert.

(3) Mit Freiheitsstrafe bis zu fünf Jahren oder mit Geldstrafe wird bestraft, wer unter Verletzung verwaltungsrechtlicher Pflichten

1. beim Betrieb einer Anlage, insbesondere einer Betriebsstätte oder technischen Einrichtung, radioaktive Stoffe oder gefährliche Stoffe und Gemische nach Artikel 3 der Verordnung (EG) Nr. 1272/2008 des Europäischen Parlaments und des Rates vom 16. Dezember 2008 über die Einstufung, Kennzeichnung und Verpackung von Stoffen und Gemischen, zur Änderung und Aufhebung der Richtlinien 67/548/EWG und 1999/45/EG und zur Änderung der Verordnung (EG) Nr. 1907/2006 (ABl. L 353 vom 31.12.2008, S. 1), die zuletzt durch die Verordnung (EG) Nr. 790/2009 (ABl. L 235 vom 5.9.2009, S. 1) geändert worden ist, lagert, bearbeitet, verarbeitet oder sonst verwendet oder

2. gefährliche Güter befördert, versendet, verpackt oder auspackt, verlädt oder entlädt, entgegennimmt oder anderen überläßt

und dadurch die Gesundheit eines anderen, Tiere oder Pflanzen, Gewässer, die Luft oder den Boden oder fremde Sachen von bedeutendem Wert gefährdet.

(4) Der Versuch ist strafbar.

(5) Handelt der Täter fahrlässig, so ist die Strafe Freiheitsstrafe bis zu drei Jahren oder Geldstrafe.

(6) Die Absätze 4 und 5 gelten nicht für Taten nach Absatz 2 Nr. 4.

解析

1. 本條主要針對「放射性物質之非法處理」。本條第1、2項屬於抽象危險犯。非法處理放射性物質，立法上認定對於環境法益帶有典型之危險性，所以受處罰。

2. 第3項屬於具體危險犯，該項要求行為必須「危及他人健康、危及動物、植物、水域、空氣或土地，或危及他人重大價值之物品。」

3. 本條處罰未遂與過失。

第329條　　對於保護地區之危害罪

(1) 違反聯邦污染保護法所發布之基於特別保護需求所劃定之地區，期使該區域免受空氣汙染或噪音危害或有害環境之影響，而在該區域內運作營業設施者，處三年以下自由刑或罰金。違反基於第1句所指法規而頒布之命令，於區禁區內設置營業處所，受同樣處罰。第1與2句之規定不適用於路上動力交通工具，鐵路、空中或水上交通工具。

(2) 違反為保護水源或療養源保護區所發布之法規或所頒布之禁令，而有下列行為者，處三年以下自由刑或罰金：

　　1. 經手有害水源物料而啟用營業設施者，

　　2. 啟用有害水源物料之管道設施或運輸有害水源之物料者，

　　3. 在營業範圍內開採礫石、砂石、黏土或其它堅硬物質者。第1句所指之營業設施，包括公共企業之設施。

(3) 違反為保護自然保護區，保護地表而暫時作為自然保護區或保護國家

公園而發布之法規或禁令，並對各有關保護目之形成非屬輕微之損害，處五年以下自由刑或罰金：

1. 挖掘或開採礦產或其他土地成分者，
2. 實行挖除或堆積者，
3. 建造、更改或消除水域者，
4. 排去沼澤、泥潭、濕地或其他潮濕地之水者，
5. 刨除森林者，
6. 殺害、捕捉、跟追聯邦自然保護法所定特別保育之動物，或全部或部分損毀或移走其孵育之卵者，
7. 損害或移除聯邦自然保護法所定特別保護之植物者，
8. 設立建築物者。

(4) 在自然2000區域內，違反為維護該區域保護目之所發布之行政法上義務，而形成重大損害者，處五年以下字自由刑或罰金：

1. 依歐洲議會及歐洲理事會於2009年11月30日關於野生鳥類維護指令（歐洲聯盟官方公報L20第7頁，2010年1月26日）第4條第2項或附錄一，或理事會於1992年5月21之自然生存空間及野生動物與植物92/43/EWG指令（歐洲聯盟官方公報L206第7頁，1992年7月22日）附錄二，最近一次是透過2006/105/EG指令（歐洲聯盟官方公報L363第368頁，2006年12月20日）修正，就其物種生存空間加以改變，
2. 理事會於1992年5月21日之自然生存空間及野生動物與植物維護92/43/EWG指令（歐洲聯盟官方公報L206第7頁，1992年7月22日），最近一次是透過2006/105/EG指令（歐洲聯盟官方公報L363第368頁，2006年12月20日）修正，就其自然生存空間加以改變。

(5) 過失犯之者，

1. 於第1、2項之情形，處二年以下自由刑或罰金。
2. 於第3項之情形，處三年以下自由刑或罰金。

(6) 行為人因重大過失犯第4項之罪，處三年以下自由刑或罰金。

§ 329　Gefährdung schutzbedürftiger Gebiete

(1) Wer entgegen einer auf Grund des Bundes-Immissionsschutzgesetzes erlassenen Rechtsverordnung über ein Gebiet, das eines besonderen Schutzes vor schädlichen Umwelteinwirkungen durch Luftverunreinigungen oder Geräusche bedarf oder in dem während austauscharmer Wetterlagen ein starkes Anwachsen schädlicher Umwelteinwirkungen durch Luftverunreinigungen zu befürchten ist, Anlagen innerhalb des Gebiets betreibt, wird mit Freiheitsstrafe bis zu drei Jahren oder mit Geldstrafe bestraft. Ebenso wird bestraft, wer innerhalb eines solchen Gebiets Anlagen entgegen einer vollziehbaren Anordnung betreibt, die auf Grund einer in Satz 1 bezeichneten Rechtsverordnung ergangen ist. Die Sätze 1 und 2 gelten nicht für Kraftfahrzeuge, Schienen-, Luft- oder Wasserfahrzeuge.

(2) Wer entgegen einer zum Schutz eines Wasser- oder Heilquellenschutzgebietes erlassenen Rechtsvorschrift oder vollziehbaren Untersagung

1. betriebliche Anlagen zum Umgang mit wassergefährdenden Stoffen betreibt,

2. Rohrleitungsanlagen zum Befördern wassergefährdender Stoffe betreibt oder solche Stoffe befördert oder

3. im Rahmen eines Gewerbebetriebes Kies, Sand, Ton oder andere feste Stoffe abbaut,

wird mit Freiheitsstrafe bis zu drei Jahren oder mit Geldstrafe bestraft. Betriebliche Anlage im Sinne des Satzes 1 ist auch die Anlage in einem öffentlichen Unternehmen.

(3) Wer entgegen einer zum Schutz eines Naturschutzgebietes, einer als Naturschutzgebiet einstweilig sichergestellten Fläche oder eines Nationalparks erlassenen Rechtsvorschrift oder vollziehbaren Untersagung

1. Bodenschätze oder andere Bodenbestandteile abbaut oder gewinnt,

2. Abgrabungen oder Aufschüttungen vornimmt,

3. Gewässer schafft, verändert oder beseitigt,

4. Moore, Sümpfe, Brüche oder sonstige Feuchtgebiete entwässert,

5. Wald rodet,

6. Tiere einer im Sinne des Bundesnaturschutzgesetzes besonders geschützten Art tötet, fängt, diesen nachstellt oder deren Gelege ganz oder teilweise zerstört oder entfernt,

7. Pflanzen einer im Sinne des Bundesnaturschutzgesetzes besonders geschützten Art beschädigt oder entfernt oder

8. ein Gebäude errichtet

und dadurch den jeweiligen Schutzzweck nicht unerheblich beeinträchtigt, wird mit Freiheitsstrafe bis zu fünf Jahren oder mit Geldstrafe bestraft.

(4) Wer unter Verletzung verwaltungsrechtlicher Pflichten in einem Natura 2000-Gebiet einen für die Erhaltungsziele oder den Schutzzweck dieses Gebietes maßgeblichen

1. Lebensraum einer Art, die in Artikel 4 Absatz 2 oder Anhang I der Richtlinie 2009/147/EG des Europäischen Parlaments und des Rates vom 30. November 2009 über die Erhaltung der wildlebenden Vogelarten (ABl. L 20 vom 26.1.2010, S. 7) oder in Anhang II der Richtlinie 92/43/EWG des Rates vom 21. Mai 1992 zur Erhaltung der natürlichen Lebensräume sowie der wildlebenden Tiere und Pflanzen (ABl. L 206 vom 22.7.1992, S. 7), die zuletzt durch die Richtlinie 2006/105/EG (ABl. L 363 vom 20.12.2006, S. 368) geändert worden ist, aufgeführt ist, oder

2. natürlichen Lebensraumtyp, der in Anhang I der Richtlinie 92/43/EWG des Rates vom 21. Mai 1992 zur Erhaltung der natürlichen Lebensräume sowie der wildlebenden Tiere und Pflanzen (ABl. L 206 vom 22.7.1992, S. 7), die zuletzt durch die Richtlinie 2006/105/EG (ABl. L 363 vom 20.12.2006, S. 368) geändert worden ist, aufgeführt ist,

erheblich schädigt, wird mit Freiheitsstrafe bis zu fünf Jahren oder mit Geldstrafe bestraft.

(5) Handelt der Täter fahrlässig, so ist die Strafe

1. in den Fällen der Absätze 1 und 2 Freiheitsstrafe bis zu zwei Jahren oder

Geldstrafe,

  2. in den Fällen des Absatzes 3 Freiheitsstrafe bis zu drei Jahren oder Geldstrafe.

(6) Handelt der Täter in den Fällen des Absatzes 4 leichtfertig, so ist die Strafe Freiheitsstrafe bis zu drei Jahren oder Geldstrafe.

 解 析

1. 本條之規定，主要在保護「易受有害物質影響之特定區域」。

2. 本條各項不要求環境之危險或侵害出現，因此屬於抽象危險犯。

3. 各項構成要件之共同前提是，「行政法上不受許可之行為」。

4. 本條處罰過失（第5項），另處罰重大過失（第6項）。所謂重大過失（leichtfertig），是指，行為人顯然疏忽結果發生之高度可能性。

第330條　　特殊重大之環境犯罪

(1) 第324至329條之故意行為，情節特別重大者，處六個月以上十年以下自由刑。情節特別重大，指行為人有下列情形者：

  1. 對水域、土地或第329條第3項所定保護區所生之損害嚴重，必須龐大財政支出或只有歷經長久時間方能除去損害。

  2. 危害公共供水，

  3. 持續性損害受嚴格保護之動物或植物之生存，

  4. 行為出於營利貪慾。

(2) 第324至329條之故意行為，如不能依第330a條第1至3項處罰，有下列第1款情形時，處一年以上十年以下自由刑；第2款情形，處三年以上自由刑：

  1. 導致他人陷於死亡危險或重大健康損害之危險或導致多數人陷於健康損害之危險，

  2. 造成他人死亡。

(3) 第2項第1款之次重大情形，處六個月以上五年以下自由刑；第2項第2

款之次重大情形，處一年以上十年以下自由刑。

§ 330 Besonders schwerer Fall einer Umweltstraftat

(1) In besonders schweren Fällen wird eine vorsätzliche Tat nach den §§ 324 bis 329 mit Freiheitsstrafe von sechs Monaten bis zu zehn Jahren bestraft. Ein besonders schwerer Fall liegt in der Regel vor, wenn der Täter

1. ein Gewässer, den Boden oder ein Schutzgebiet im Sinne des § 329 Abs. 3 derart beeinträchtigt, daß die Beeinträchtigung nicht, nur mit außerordentlichem Aufwand oder erst nach längerer Zeit beseitigt werden kann,

2. die öffentliche Wasserversorgung gefährdet,

3. einen Bestand von Tieren oder Pflanzen einer streng geschützten Art nachhaltig schädigt oder

4. aus Gewinnsucht handelt.

(2) Wer durch eine vorsätzliche Tat nach den §§ 324 bis 329

1. einen anderen Menschen in die Gefahr des Todes oder einer schweren Gesundheitsschädigung oder eine große Zahl von Menschen in die Gefahr einer Gesundheitsschädigung bringt oder

2. den Tod eines anderen Menschen verursacht,

wird in den Fällen der Nummer 1 mit Freiheitsstrafe von einem Jahr bis zu zehn Jahren, in den Fällen der Nummer 2 mit Freiheitsstrafe nicht unter drei Jahren bestraft, wenn die Tat nicht in § 330a Abs. 1 bis 3 mit Strafe bedroht ist.

(3) In minder schweren Fällen des Absatzes 2 Nr. 1 ist auf Freiheitsstrafe von sechs Monaten bis zu fünf Jahren, in minder schweren Fällen des Absatzes 2 Nr. 2 auf Freiheitsstrafe von einem Jahr bis zu zehn Jahren zu erkennen.

1. 本條主要針對環境犯罪之重大情況之加重處罰。這並非加重結果犯，亦非獨立之構成要件，只是法定刑之提升規定。

2. 所謂環境犯罪之情節特別重大，規定在第1項。這是指：第一，對水域、土地或保護區所生之損害嚴重，必須龐大財政支出或只有歷經長久時間方能除去損害。第二，危害公共供水。第三，持續性損害受嚴格保護之動物或植物之生存。第四，出於營利貪欲。

第330a條　釋放毒物之重大危險罪

(1) 散布或釋放含有毒物或可能產生毒物之物質，因而導致他人陷於死亡或重大健康損害之危險或導致多數人陷於健康損害之危險者，處一年以上十年以下自由刑。

(2) 行為人因前項行為致生他人死亡者，處三年以上自由刑。

(3) 第1項之次重大情形，處六個月以上五年以下自由刑；第2項之次重大情形，處一年以上十年以下自由刑。

(4) 過失致生第1項之危險者，處五年以下自由刑或罰金。

(5) 第1項情形之重大過失行為，並過失致生危險者，處三年以下自由刑或罰金。

§ 330a Schwere Gefährdung durch Freisetzen von Giften

(1) Wer Stoffe, die Gifte enthalten oder hervorbringen können, verbreitet oder freisetzt und dadurch die Gefahr des Todes oder einer schweren Gesundheitsschädigung eines anderen Menschen oder die Gefahr einer Gesundheitsschädigung einer großen Zahl von Menschen verursacht, wird mit Freiheitsstrafe von einem Jahr bis zu zehn Jahren bestraft.

(2) Verursacht der Täter durch die Tat den Tod eines anderen Menschen, so ist die Strafe Freiheitsstrafe nicht unter drei Jahren.

(3) In minder schweren Fällen des Absatzes 1 ist auf Freiheitsstrafe von sechs

Monaten bis zu fünf Jahren, in minder schweren Fällen des Absatzes 2 auf Freiheitsstrafe von einem Jahr bis zu zehn Jahren zu erkennen.

(4) Wer in den Fällen des Absatzes 1 die Gefahr fahrlässig verursacht, wird mit Freiheitsstrafe bis zu fünf Jahren oder mit Geldstrafe bestraft.

(5) Wer in den Fällen des Absatzes 1 leichtfertig handelt und die Gefahr fahrlässig verursacht, wird mit Freiheitsstrafe bis zu drei Jahren oder mit Geldstrafe bestraft

 解析

1. 本條之規定，主要在「禁止釋放毒物」。第1項是基本構成要件，明文要求散布或釋放毒物之行為，「導致他人陷於死亡或重大健康損害之危險或導致多數人陷於健康損害之危險」。行為必須形成具體之危險。本罪屬於具體危險犯。

2. 第2項為加重結果犯之規定。本罪處罰過失（第4項），另外處罰重大過失（第5項），亦即輕率（Leichtfertigkeit）。

第330b條　　行為悔悟

(1) 犯第325a條第2項、第326條第1至3項、第328條第1至3項、第330a條第1、3項和第4項之罪，在重大損害發生前，行為人自願防止危險或排除自己所引發之危險情狀，法院得酌量減輕其刑（第49條第2項）或根據本規定免除其刑。在相同之條件下，行為人免受第325a條第3項第2款、第326條第5項、第328條第5項及第330a條第5項之處罰。

(2) 危險之防止或違法形成狀態之排除，雖非行為人加工所致，但行為人已盡其自願而真摯之努力，仍得減輕或免除刑罰。

§ 330b　Tätige Reue

(1) Das Gericht kann in den Fällen des § 325a Abs. 2, des § 326 Abs. 1 bis 3, des § 328 Abs. 1 bis 3 und des § 330a Abs. 1, 3 und 4 die Strafe nach seinem

Ermessen mildern (§ 49 Abs. 2) oder von Strafe nach diesen Vorschriften absehen, wenn der Täter freiwillig die Gefahr abwendet oder den von ihm verursachten Zustand beseitigt, bevor ein erheblicher Schaden entsteht. Unter denselben Voraussetzungen wird der Täter nicht nach § 325a Abs. 3 Nr. 2, § 326 Abs. 5, § 328 Abs. 5 und § 330a Abs. 5 bestraft.

(2) Wird ohne Zutun des Täters die Gefahr abgewendet oder der rechtswidrig verursachte Zustand beseitigt, so genügt sein freiwilliges und ernsthaftes Bemühen, dieses Ziel zu erreichen.

1. 依照本條第1項，散布或釋放毒物之後，誠摯防止危險之發生，可以受到「減輕處罰或免除刑罰」之獎勵。這個中止犯之獎勵規定，不但適用於具體危險犯（如第325a條第2項，第328條第3項，第330a條），亦適用於抽象危險犯（如第326條，第328條第1、2項）。

2. 本條第2項規定準中止犯。危險之防止或違法狀態之排除，雖然與行為人之誠摯努力無關，但行為人已盡其努力，仍然可以減輕或免除刑罰。

第330c條　沒收

犯第326條、第327條第1或2項、第328條、第329條第1、2項或第3項，第3項並結合第5項，或第329條第4項，第4項並結合第6項規定之罪，得將下列物品沒收：

1. 因犯罪所生之物或供犯罪所用或預備之物，
2. 與犯罪相關之物。第74a條準用之。

§ 330c Einziehung

Ist eine Straftat nach den §§ 326, 327 Abs. 1 oder 2, §§ 328, 329 Absatz 1, 2 oder Absatz 3, dieser auch in Verbindung mit Absatz 5, oder Absatz 4, dieser auch in Verbindung mit Absatz 6, begangen worden, so können

1. Gegenstände, die durch die Tat hervorgebracht oder zu ihrer Begehung oder Vorbereitung gebraucht worden oder bestimmt gewesen sind, und

2. Gegenstände, auf die sich die Tat bezieht,
   eingezogen werden. § 74a ist anzuwenden.

　　本條是關於沒收之規定。沒收之對象是：「犯罪所生之物或供犯罪所用或預備之物」以及其他「與犯罪相關之物」。

第330d條　　概念定義

(1) 本章相關概念之意義如下：

1. 水域：
   指地表大面積水體，地下水及海洋；

2. 核能技術設施：
   指生產、處理、加工、分裂核燃料或放射性核燃料清理之設施；

3. 危險物品：
   指依據危險物品運輸法及以之為基礎而生之法規，與依據國際運輸法規，就其適用領域相關之危險物品；

4. 行政法上之義務：
   指義務來自於
   a. 法律規定，
   b. 法院判決，
   c. 強制執行之行政行為，
   d. 強制執行之負擔或
   e. 公法上之契約，義務因行政行為而形成，且義務用以保護環境之安全或防止有害之影響，特別是對於人類、動物、植物、水域、空氣或土地。

5. 未獲批准、計畫確認或其他允許之行為：

指包括基於脅迫、賄賂或同謀而取得或經由不正確或不完整之陳述而被騙取之批准、計畫確認或其他允許之行為。

(2) 有以下情形，行為雖於其他歐盟成員國內所實行，關於第311條、第324a條、第325條、第326條、第327條、第328條之適用，等同於基於歐盟其他成員國之法律規定，或基於歐盟其他成員國之高權行為，與其相應之義務、程序、禁止、禁令、被批准之規劃、同意及計畫確認：

1. 一項行政法上之義務，

2. 一項規定或核准之程序，

3. 一項禁止，

4. 一項禁令，

5. 一項核准之規劃，

6. 一項許可，

7. 一項計畫確認

前述規定，於歐盟或歐洲原子能協會轉換或應用之法律方案，其方案用於防止對環境之危害或不良影響，特別是對人類、動物、植物、水域、空氣或土地，方有其適用。

§ 330d Begriffsbestimmungen

(1) Im Sinne dieses Abschnitts ist

　　1. ein Gewässer:

　　ein oberirdisches Gewässer, das Grundwasser und das Meer;

　　2. eine kerntechnische Anlage:

　　eine Anlage zur Erzeugung oder zur Bearbeitung oder Verarbeitung oder zur Spaltung von Kernbrennstoffen oder zur Aufarbeitung bestrahlter Kernbrennstoffe;

　　3. ein gefährliches Gut:

　　ein Gut im Sinne des Gesetzes über die Beförderung gefährlicher Güter und einer darauf beruhenden Rechtsverordnung und im Sinne der

Rechtsvorschriften über die internationale Beförderung gefährlicher Güter im jeweiligen Anwendungsbereich;

4. eine verwaltungsrechtliche Pflicht:

eine Pflicht, die sich aus

a) einer Rechtsvorschrift,

b) einer gerichtlichen Entscheidung,

c) einem vollziehbaren Verwaltungsakt,

d) einer vollziehbaren Auflage oder

e) einem öffentlich-rechtlichen Vertrag, soweit die Pflicht auch durch Verwaltungsakt hätte auferlegt werden können,

ergibt und dem Schutz vor Gefahren oder schädlichen Einwirkungen auf die Umwelt, insbesondere auf Menschen, Tiere oder Pflanzen, Gewässer, die Luft oder den Boden, dient;

5. ein Handeln ohne Genehmigung, Planfeststellung oder sonstige Zulassung:

auch ein Handeln auf Grund einer durch Drohung, Bestechung oder Kollusion erwirkten oder durch unrichtige oder unvollständige Angaben erschlichenen Genehmigung, Planfeststellung oder sonstigen Zulassung.

(2) Für die Anwendung der §§ 311, 324a, 325, 326, 327 und 328 stehen in Fällen, in denen die Tat in einem anderen Mitgliedstaat der Europäischen Union begangen worden ist,

1. einer verwaltungsrechtlichen Pflicht,

2. einem vorgeschriebenen oder zugelassenen Verfahren,

3. einer Untersagung,

4. einem Verbot,

5. einer zugelassenen Anlage,

6. einer Genehmigung und

7. einer Planfeststellung

entsprechende Pflichten, Verfahren, Untersagungen, Verbote, zugelassene Anlagen, Genehmigungen und Planfeststellungen auf Grund einer

Rechtsvorschrift des anderen Mitgliedstaats der Europäischen Union oder auf Grund eines Hoheitsakts des anderen Mitgliedstaats der Europäischen Union gleich.

Dies gilt nur, soweit damit ein Rechtsakt der Europäischen Union oder ein Rechtsakt der Europäischen Atomgemeinschaft umgesetzt oder angewendet wird, der dem Schutz vor Gefahren oder schädlichen Einwirkungen auf die Umwelt, insbesondere auf Menschen, Tiere oder Pflanzen, Gewässer, die Luft oder den Boden, dient.

 解 析

　　本條針對若干環境犯罪之有關概念做立法上之定義。包括：水域、核能技術設施、危險物品、行政法上之義務、未獲批准確認或其他允許之行為。

第三十章　職務之犯罪

Dreißigster Abschnitt Straftaten im Amt

第331條　　不違背職務收賄罪

(1) 公務員、歐洲公務員或對公共事務負有特別義務者，因職務行為，為他人或自己要求、期約或收受他人利益者，處三年以下自由刑或科罰金。

(2) 法官、歐盟法院成員或仲裁人，以依法實行裁判或未來依法裁判為對價，為他人或自己要求、期約或收受他人利益者，處五年以下自由刑或科罰金。未遂犯罰之。

(3) 行為人所期約或收受利益，非出於其所要求，並為主管機關事先許可者，或期約收受後立即通報主管機關而被核可者，不受第1項之處罰。

§ 331 Vorteilsannahme

(1) Ein Amtsträger, ein Europäischer Amtsträger oder ein für den öffentlichen Dienst besonders Verpflichteter, der für die Dienstausübung einen Vorteil für sich oder einen Dritten fordert, sich versprechen läßt oder annimmt, wird mit Freiheitsstrafe bis zu drei Jahren oder mit Geldstrafe bestraft.

(2) Ein Richter, Mitglied eines Gerichts der Europäischen Union oder Schiedsrichter, der einen Vorteil für sich oder einen Dritten als Gegenleistung dafür fordert, sich versprechen läßt oder annimmt, daß er eine richterliche Handlung vorgenommen hat oder künftig vornehme, wird mit Freiheitsstrafe bis zu fünf Jahren oder mit Geldstrafe bestraft. Der Versuch ist strafbar.

(3) Die Tat ist nicht nach Absatz 1 strafbar, wenn der Täter einen nicht von ihm geforderten Vorteil sich versprechen läßt oder annimmt und die zuständige Behörde im Rahmen ihrer Befugnisse entweder die Annahme vorher

genehmigt hat oder der Täter unverzüglich bei ihr Anzeige erstattet und sie die Annahme genehmigt.

解析

1. 本條處罰公務員在「不違反職務行使」之情況下，要求、期約或收受賄賂。

2. 本條之保護法益是，公職之純潔（Lauterkeit des öffentlichen Dienstes），以及公眾對於公職純潔之信任。至於財產利益，則不屬於本條之保護法益。

3. 本條為抽象危險犯，對於職務上之行為，一旦有「要求、期約或收受賄賂」之行為，即為構成要件該當。公職之純潔或公眾之信任是否因此動搖，並非構成要件要素。

4. 第1項所指之利益，依照德國實務判決與學說意見，應該排除合乎「社會相當性」之利益。所謂「社會相當性」（Sozialadäquanz），是指合於社會禮俗之餽贈，或者無損於法益侵害之禮物，如微薄之新年禮物或生日禮物，或因緣際會之私人款待。

5. 本條之規範對象為公務員（第1項），法官或仲裁人（第2項）。軍人並非本條之規範對象。軍人之受賄或貪污，特別規定在第333、334條。

6. 本條第3項，為公務員免受第1項處罰之規定。公務員所收受之利益，並非出自他之要求；收受利益之後，即時向主管機關報告並得到許可，免受第1項處罰。本項之規定僅適用於公務員，至於法官或仲裁人，則不適用。

第332條　違背職務收賄罪

(1) 公務員、歐洲公務員或於公共事務負有特別義務者，對於職務行為或未來職務行為，為自己或他人期約或收受他人利益，並因而違背職務或將違背職務者，處六個月以上五年以下自由刑或科罰金。情節輕微者，處三年以下自由刑或科罰金。未遂犯罰之。

(2) 法官、歐盟法院成員或仲裁人，以違法裁判或未來違法裁判爲對價，爲他人或自己要求、期約或收受他人利益者，處一年以上十年以下自由刑。情節輕微者，處六個月以上五年以下自由刑。

(3) 針對未來職務行爲，行爲人要求、期約或收受他人利益作爲對價，有下列事項者，適用第1項及第2項之規定：

1. 行爲違反義務，

2. 職務之裁量行爲，因受賄而受影響。

§ 332 Bestechlichkeit

(1) Ein Amtsträger, ein Europäischer Amtsträger oder ein für den öffentlichen Dienst besonders Verpflichteter, der einen Vorteil für sich oder einen Dritten als Gegenleistung dafür fordert, sich versprechen läßt oder annimmt, daß er eine Diensthandlung vorgenommen hat oder künftig vornehme und dadurch seine Dienstpflichten verletzt hat oder verletzen würde, wird mit Freiheitsstrafe von sechs Monaten bis zu fünf Jahren bestraft. In minder schweren Fällen ist die Strafe Freiheitsstrafe bis zu drei Jahren oder Geldstrafe. Der Versuch ist strafbar.

(2) Ein Richter, Mitglied eines Gerichts der Europäischen Union oder Schiedsrichter, der einen Vorteil für sich oder einen Dritten als Gegenleistung dafür fordert, sich versprechen läßt oder annimmt, daß er eine richterliche Handlung vorgenommen hat oder künftig vornehme und dadurch seine richterlichen Pflichten verletzt hat oder verletzen würde, wird mit Freiheitsstrafe von einem Jahr bis zu zehn Jahren bestraft. In minder schweren Fällen ist die Strafe Freiheitsstrafe von sechs Monaten bis zu fünf Jahren.

(3) Falls der Täter den Vorteil als Gegenleistung für eine künftige Handlung fordert, sich versprechen läßt oder annimmt, so sind die Absätze 1 und 2 schon dann anzuwenden, wenn er sich dem anderen gegenüber bereit gezeigt hat,

1. bei der Handlung seine Pflichten zu verletzen oder,

2. soweit die Handlung in seinem Ermessen steht, sich bei Ausübung des Ermessens durch den Vorteil beeinflussen zu lassen.

解析

1. 本條爲抽象危險犯。行爲人一旦要求、期約或收受賄賂，即屬構成要件該當。
2. 本條與前條不同之是，本條之處罰重點是因受賄而「違背職務」或「答應將會違背職務」。「義務之違犯性」（Pflichtwidrigkeit）是本條之關鍵。所謂之義務違反，包括濫用職務行爲，藉以實施違法行爲；或違反職務上之秘密。
3. 第1項針對一般之公務員，第2項之規範對象則爲法官或仲裁人。法官違法裁判之處罰，比公務員違背職務之處罰更重。
4. 第3項主要是規範公務員或法官對於未來之職務行爲，預爲要求、期約或收受賄賂，並在日後違反義務或違反裁量義務。有這種情形，分別依照第1項或第2項處罰。

第333條　　不違背職務行賄罪

(1) 對於公務員、歐洲公務員、對公共事務負有特別義務者或聯邦國防軍人，於職務行爲，爲自己或他人行求、期約或交付利益者，處三年以下自由刑或科罰金。
(2) 對於法官、歐盟法院成員或仲裁人，以依法實行裁判或未來依法裁判爲對價，爲自己或他人行求、期約或交付利益者，處五年以下自由刑或科罰金。
(3) 主管機關事前許可行爲人收受利益，或收受者立即通報主管機關而獲許可者，不受第1項之處罰。

§ 333 Vorteilsgewährung

(1) Wer einem Amtsträger, einem Europäischen Amtsträger, einem für den öffentlichen Dienst besonders Verpflichteten oder einem Soldaten der

Bundeswehr für die Dienstausübung einen Vorteil für diesen oder einen Dritten anbietet, verspricht oder gewährt, wird mit Freiheitsstrafe bis zu drei Jahren oder mit Geldstrafe bestraft.

(2) Wer einem Richter, Mitglied eines Gerichts der Europäischen Union oder Schiedsrichter einen Vorteil für diesen oder einen Dritten als Gegenleistung dafür anbietet, verspricht oder gewährt, daß er eine richterliche Handlung vorgenommen hat oder künftig vornehme, wird mit Freiheitsstrafe bis zu fünf Jahren oder mit Geldstrafe bestraft.

(3) Die Tat ist nicht nach Absatz 1 strafbar, wenn die zuständige Behörde im Rahmen ihrer Befugnisse entweder die Annahme des Vorteils durch den Empfänger vorher genehmigt hat oder sie auf unverzügliche Anzeige des Empfängers genehmigt.

 解析

1. 本罪處罰行賄之行爲。任何人都可以是本罪之主體。本條所處罰之行賄，其目之並非要求公務員、軍人或法官從事違背職務之行爲。

2. 所謂之行賄，應該排除合乎「社會相當性」（Sozialadäquanz）之利益。這個解釋與第331條第1項相同。

3. 第1項與第2項分別對於行賄對象做規定。第1項之行賄對象包括公務員與軍人，第2項之行賄對象則爲法官或仲裁人。對於法官或仲裁人行賄之處罰，比行賄公務員更重。

4. 第3項規定公務員收受利益之合法條件。公務員得到主管機關之有效許可，而收受利益，不受第1項之處罰。這項規定不適用於法官。

第334條　　違背職務行賄罪

(1) 對於公務員、歐洲公務員、公共事務負有特別義務者或聯邦國防軍人，以未來違背職務行爲或因而違背職務之行爲作爲對價，爲自己或他人行求、期約或交付利益者，處三月以上五年以下自由刑。情節輕微者，處兩年以下自由刑或科罰金。

(2) 對法官、歐盟法院成員或仲裁人，以下列情形爲對價，而爲自己或他人行求、期約或交付利益：

　　1. 以行違法裁判者，處三月以上五年以下自由刑。

　　2. 未來行違法裁判者，處六月以上五年以下自由刑。未遂犯罰之。

(3) 針對未來職務行爲，行爲人以行求、期約或交付利益作爲對價，而有下列事項者，適用第1項及第2項之規定

　　1. 行爲違反義務，

　　2. 職務之裁量行爲，因受賄而受影響。

§ 334 Bestechung

(1) Wer einem Amtsträger, einem Europäischen Amtsträger, einem für den öffentlichen Dienst besonders Verpflichteten oder einem Soldaten der Bundeswehr einen Vorteil für diesen oder einen Dritten als Gegenleistung dafür anbietet, verspricht oder gewährt, daß er eine Diensthandlung vorgenommen hat oder künftig vornehme und dadurch seine Dienstpflichten verletzt hat oder verletzen würde, wird mit Freiheitsstrafe von drei Monaten bis zu fünf Jahren bestraft. In minder schweren Fällen ist die Strafe Freiheitsstrafe bis zu zwei Jahren oder Geldstrafe.

(2) Wer einem Richter, Mitglied eines Gerichts der Europäischen Union oder Schiedsrichter einen Vorteil für diesen oder einen Dritten als Gegenleistung dafür anbietet, verspricht oder gewährt, daß er eine richterliche Handlung

1. vorgenommen und dadurch seine richterlichen Pflichten verletzt hat oder

2. künftig vornehme und dadurch seine richterlichen Pflichten verletzen würde,

wird in den Fällen der Nummer 1 mit Freiheitsstrafe von drei Monaten bis zu fünf Jahren, in den Fällen der Nummer 2 mit Freiheitsstrafe von sechs Monaten bis zu fünf Jahren bestraft. Der Versuch ist strafbar.

(3) Falls der Täter den Vorteil als Gegenleistung für eine künftige Handlung anbietet, verspricht oder gewährt, so sind die Absätze 1 und 2 schon dann anzuwenden, wenn er den anderen zu bestimmen versucht, daß dieser

1. bei der Handlung seine Pflichten verletzt oder,

2. soweit die Handlung in seinem Ermessen steht, sich bei der Ausübung des Ermessens durch den Vorteil beeinflussen läßt.

解析

1. 任何人都可以是本罪之主體。本條所處罰之行賄，其目的是爲了要求公務員、軍人或法官從事違背職務之行爲。

2. 第1項之行賄對象，是公務員或軍人；第2項之行賄對象，則是法官或仲裁人。

3. 第3項主要是規範，行賄者對於公務員、軍人或法官，針對未來之職務行爲，預爲行求、期約或交付賄賂，並在日後違反義務或違反裁量義務。有這種情形，分別依照第1項或第2項處罰。

第335條　　加重收賄及行賄罪

(1) 情節特別嚴重者，且：

　　1. 犯下列情形，處十年以下自由刑：

　　　a. 犯332條第1項第1款和與之相關之第3項之罪者。

　　　b. 犯334條第1項第1款與第2項和與之相關之第3項之罪者。

　　2. 犯第332第2項及與之相關之第3項之罪者，處二年以上自由刑。

(2) 稱特別嚴重情形者，謂

　　1. 行爲涉及廣大範圍之利益

　　2. 以將來繼續實行職務行爲作爲對價，且行爲人繼續要求並接受利益。

　　3. 行爲人以此爲職業或爲繼續性實行此行爲之組織成員。

§ 335 Besonders schwere Fälle der Bestechlichkeit und Bestechung

(1) In besonders schweren Fällen wird

　　1. eine Tat nach

　　　a) § 332 Abs. 1 Satz 1, auch in Verbindung mit Abs. 3, und

b)§ 334 Abs. 1 Satz 1 und Abs. 2, jeweils auch in Verbindung mit Abs. 3, mit Freiheitsstrafe von einem Jahr bis zu zehn Jahren und

2. eine Tat nach § 332 Abs. 2, auch in Verbindung mit Abs. 3, mit Freiheitsstrafe nicht unter zwei Jahren bestraft.

(2) Ein besonders schwerer Fall im Sinne des Absatzes 1 liegt in der Regel vor, wenn

1. die Tat sich auf einen Vorteil großen Ausmaßes bezieht,

2. der Täter fortgesetzt Vorteile annimmt, die er als Gegenleistung dafür gefordert hat, daß er eine Diensthandlung künftig vornehme, oder

3. der Täter gewerbsmäßig oder als Mitglied einer Bande handelt, die sich zur fortgesetzten Begehung solcher Taten verbunden hat.

解析

1. 本條規定情節特殊重大之收賄與行賄。

2. 依照本條第2項，所謂情節特別重大，主要有兩種情況。其一是利益巨大；其二是持續性受賄。所謂利益巨大，依照多數意見，是指一萬歐元以上。所謂持續性受賄，是指多次而且獨立性之收賄。

第335a條　　外國與國際職員

(1) 有下列情形者，該行為人之行為與將來法院職務行為與公務行為有關，仍有第332條及334條與第335條之適用：

1. 法官：國際刑事法庭成員

2. 特別公務員：

　　a)外國職員及受外國委託執行公共任務之人；

　　b)國際組織職員及受國際組織委託執行任務之人；

　　c)外國軍人及受國際組織委託執行任務之人。

(2) 有下列情形者，該行為人之行為與將來法院職務行為與公務行為有關，仍有第331條及333條之適用：

1. 法官：外國法院或國際法庭之成員；

2. 特別公務員：國際刑事法庭之職員。

(3) 有下列情形者，該行為人之行為與將來公務行為有關，仍有第333條第1項及第3項之適用：

1. 聯邦國防軍人：駐紮於非德國締約之北大西洋公約組織之德意志聯邦共和國軍隊，於國內處於戰時狀態；

2. 特別公務員：前款部隊之職員；

3. 對公共事務負有特別義務者：依據部隊上級總體或個別指令，嚴格之履行承諾及工作，並被賦予特別義務之部隊職員。

§ 335a Ausländische und internationale Bedienstete

(1) Für die Anwendung der §§ 332 und 334, jeweils auch in Verbindung mit § 335, auf eine Tat, die sich auf eine künftige richterliche Handlung oder eine künftige Diensthandlung bezieht, stehen gleich:

1. einem Richter:

   ein Mitglied eines ausländischen und eines internationalen Gerichts;

2. einem sonstigen Amtsträger:

   a) ein Bediensteter eines ausländischen Staates und eine Person, die beauftragt ist, öffentliche Aufgaben für einen ausländischen Staat wahrzunehmen;

   b) ein Bediensteter einer internationalen Organisation und eine Person, die beauftragt ist, Aufgaben einer internationalen Organisation wahrzunehmen;

   c) ein Soldat eines ausländischen Staates und ein Soldat, der beauftragt ist, Aufgaben einer internationalen Organisation wahrzunehmen.

(2) Für die Anwendung der §§ 331 und 333 auf eine Tat, die sich auf eine künftige richterliche Handlung oder eine künftige Diensthandlung bezieht, stehen gleich:

1. einem Richter:

   ein Mitglied des Internationalen Strafgerichtshofes;

2. einem sonstigen Amtsträger:

ein Bediensteter des Internationalen Strafgerichtshofes.

(3) Für die Anwendung des § 333 Absatz 1 und 3 auf eine Tat, die sich auf eine künftige Diensthandlung bezieht, stehen gleich:

1. einem Soldaten der Bundeswehr:

ein Soldat der in der Bundesrepublik Deutschland stationierten Truppen der nichtdeutschen Vertragsstaaten des Nordatlantikpaktes, die sich zur Zeit der Tat im Inland aufhalten;

2. einem sonstigen Amtsträger:

ein Bediensteter dieser Truppen;

3. einem für den öffentlichen Dienst besonders Verpflichteten:

eine Person, die bei den Truppen beschäftigt oder für sie tätig und auf Grund einer allgemeinen oder besonderen Anweisung einer höheren Dienststelle der Truppen zur gewissenhaften Erfüllung ihrer Obliegenheiten förmlich verpflichtet worden ist.

解析

1. 本條規定，具有特定身分之外國政府人員或國際組織成員，包括法官、軍人、或其他負有特定義務之人，如果有違背職務受賄（第332條）、違背職務行賄（第334條），或具有重大受賄與行賄（第335條）情況者，仍然適用第332、334、335條之處罰規定。

2. 針對特殊身分之法官、聯邦軍人，以及特別公務員，本條分別加以立法上之定義。

第336條　　不作爲職務罪

第331條至第335a條所規定之公務執行或法官裁判，以不作爲而犯之者，依各該條規定。

§ 336 Unterlassen der Diensthandlung
Der Vornahme einer Diensthandlung oder einer richterlichen Handlung im Sinne der §§ 331 bis 335a steht das Unterlassen der Handlung gleich.

本條規定，公務員、法官、軍人或其他負有特別義務者，如果以不作爲之方式違反義務之履行，仍然依第331條至第335a條之各有關規定處罰。

第337條　　仲裁人之報酬

仲裁人之報酬，若背著一方當事人向另一方要求、期約或收受，或當事人一方背著他方向仲裁人行求、期約或行使，則爲第331條至335條所稱之賄賂。

§ 337 Schiedsrichtervergütung
Die Vergütung eines Schiedsrichters ist nur dann ein Vorteil im Sinne der §§ 331 bis 335, wenn der Schiedsrichter sie von einer Partei hinter dem Rücken der anderen fordert, sich versprechen läßt oder annimmt oder wenn sie ihm eine Partei hinter dem Rücken der anderen anbietet, verspricht oder gewährt.

仲裁人所受之報酬，在何種情況下，屬於第331條至335條所稱之賄賂（利益），並可因此成立各相關之受賄或行賄罪。依照本條，仲裁人背地裡向他方當事人要求、期約或收受報酬，或當事人背地裡向仲裁人提供報酬，則仲裁人所受之報酬，即爲賄賂（利益）。

第338條　刪除

§338 weggefallen

第339條　枉法裁判罪
法官、其他公務員或仲裁人，於法律案件之審理或裁判，蓄意對當事人有利或不利而曲解法律者，處一年以上五年以下自由刑。

§ 339 Rechtsbeugung
Ein Richter, ein anderer Amtsträger oder ein Schiedsrichter, welcher sich bei der Leitung oder Entscheidung einer Rechtssache zugunsten oder zum Nachteil einer Partei einer Beugung des Rechts schuldig macht, wird mit Freiheitsstrafe von einem Jahr bis zu fünf Jahren bestraft.

解析

1. 本條之保護法益是國家之司法運作，特別是法秩序之效用，以及人民對於司法案件審理與裁判之「無私與不隨意」之信賴。
2. 本條之行為主體限於法官、其他公務員或仲裁人，所以是特別犯（Sonderdelikt）。檢察官亦屬於本罪之主體。公務員可能參與行政法上之訴訟，所以亦屬於本罪之主體。
3. 本條處罰之行為是「曲解法律」（Beugen des Rechts），是指有責之（schuldig）不正確適用法律。依照德國大多數採取之「客觀說」，曲解法律是指，錯誤適用實體或程序上之客觀法律規定。
4. 依照德國聯邦最高法院（BGH 42, 343, 346, 351.），本罪之成立，必須在程序上引發裁判之「具體危險」，但無須現實上出現有利或不利之結果。

第340條　職務傷害罪

(1) 公務員執行職務或與職務有關事務時，實施傷害行為或任由他人實施，處三月以上五年以下自由刑。情節較不重大者，處五年以下自由刑或科罰金。

(2) 未遂犯罰之。

(3) 第224條至第229條適用於第1項第1句。

§ 340 Körperverletzung im Amt

(1) Ein Amtsträger, der während der Ausübung seines Dienstes oder in Beziehung auf seinen Dienst eine Körperverletzung begeht oder begehen läßt, wird mit Freiheitsstrafe von drei Monaten bis zu fünf Jahren bestraft. In minder schweren Fällen ist die Strafe Freiheitsstrafe bis zu fünf Jahren oder Geldstrafe.

(2) Der Versuch ist strafbar.

(3) Die §§ 224 bis 229 gelten für Straftaten nach Absatz 1 Satz 1 entsprechend.

解析

1. 本條處罰公務員職務執行時實施傷害，或任由他人實施傷害。依本條第1項，處三月以上五年以下自由刑。關於普通傷害罪之處罰（第223條），為一月以上五年以下自由刑。本條與普通傷害罪之處罰區別，只是提升最輕之法定刑，至於法定刑之高度，則未做改變。

2. 第224至第229條之規定：「危險傷害罪、對於受保護者之傷害、重傷害、傷害女子外陰道、傷害致死罪、得被害人承諾而傷害、過失傷害」，於公務員執行職務時傷害，一律適用。

第341條及第342條　　刪除

§§ 341 und 342　weggefallen

第343條　　刑訊逼供罪

(1) 執行下列程序之公務員，對他人身體侵犯、施用其他暴力、暴力威脅或精神折磨，以迫使他人陳述或說明，或不為陳述說明者，處一年以上十年以下自由刑：

　　1. 刑事訴訟程序、行政管束程序，

　　2. 秩序罰之罰鍰程序，

　　3. 公務員懲戒程序、榮譽法庭程序或各專業紀律法庭程序。

(2) 情節較不嚴重者，處六月以上五年以下自由刑。

§ 343 Aussageerpressung

(1) Wer als Amtsträger, der zur Mitwirkung an

　　1. einem Strafverfahren, einem Verfahren zur Anordnung einer behördlichen Verwahrung,

　　2. einem Bußgeldverfahren oder

　　3. einem Disziplinarverfahren oder einem ehrengerichtlichen oder berufsgerichtlichen Verfahren

berufen ist, einen anderen körperlich mißhandelt, gegen ihn sonst Gewalt anwendet, ihm Gewalt androht oder ihn seelisch quält, um ihn zu nötigen, in dem Verfahren etwas auszusagen oder zu erklären oder dies zu unterlassen, wird mit Freiheitsstrafe von einem Jahr bis zu zehn Jahren bestraft.

(2) In minder schweren Fällen ist die Strafe Freiheitsstrafe von sechs Monaten bis zu fünf Jahren.

解析

1. 本條是純正之職務犯（echtes Amtsdelikt）與特別犯。行為主體必須是特定之公務員，而且是參與執行刑事訴訟程序、行政管束程序、秩序罰之罰鍰程序、公務員懲戒程序等等。

2. 行為方式，包括：對他人身體侵犯、施用暴力、暴力威脅或精神折磨。目的則是強制陳述或說明，或不陳述、不說明。所謂身體侵犯，不必然為身體之直接攻擊，亦可能為長時間之疲勞訊問、強光照射、不使睡眠休息、帶入暗室等等。精神折磨，泛指一切可以帶來精神苦楚或精神貶抑之舉動。如阻止當事人上廁所，強制當事人做沒有尊嚴之身體動作。

第344條　　濫權追訴罪

(1) 除剝奪自由措施程序外（第11條第1項第8款），執行刑事程序之公務員，明知他人無罪或不應受刑事處罰，而使其受刑事追訴或處罰者，處一年以上十年以下自由刑。情節較不嚴重者，處三月以上五年以下自由刑。執行行政管束程序之公務員者，亦同。

(2) 執行非剝奪自由措施程序之公務員（第11條第1項第8款），明知他人無罪或不應受刑事處罰，而使其受刑事追訴或處罰者，處三月以上五年以下自由刑。執行下列程序之公務員，亦同：

1. 秩序罰中之罰鍰程序

2. 公務員懲戒程序、榮譽法庭程序或各專業紀律法庭程序。

未遂犯罰之。

§ 344 Verfolgung Unschuldiger

(1) Wer als Amtsträger, der zur Mitwirkung an einem Strafverfahren, abgesehen von dem Verfahren zur Anordnung einer nicht freiheitsentziehenden Maßnahme (§ 11 Abs. 1 Nr. 8), berufen ist, absichtlich oder wissentlich einen Unschuldigen oder jemanden, der sonst nach dem Gesetz nicht strafrechtlich verfolgt werden darf, strafrechtlich verfolgt oder auf eine

solche Verfolgung hinwirkt, wird mit Freiheitsstrafe von einem Jahr bis zu zehn Jahren, in minder schweren Fällen mit Freiheitsstrafe von drei Monaten bis zu fünf Jahren bestraft. Satz 1 gilt sinngemäß für einen Amtsträger, der zur Mitwirkung an einem Verfahren zur Anordnung einer behördlichen Verwahrung berufen ist.

(2) Wer als Amtsträger, der zur Mitwirkung an einem Verfahren zur Anordnung einer nicht freiheitsentziehenden Maßnahme (§ 11 Abs. 1 Nr. 8) berufen ist, absichtlich oder wissentlich jemanden, der nach dem Gesetz nicht strafrechtlich verfolgt werden darf, strafrechtlich verfolgt oder auf eine solche Verfolgung hinwirkt, wird mit Freiheitsstrafe von drei Monaten bis zu fünf Jahren bestraft. Satz 1 gilt sinngemäß für einen Amtsträger, der zur Mitwirkung an

1. einem Bußgeldverfahren oder

2. einem Disziplinarverfahren oder einem ehrengerichtlichen oder berufsgerichtlichen Verfahren

berufen ist. Der Versuch ist strafbar.

解析

1. 如同第343條，本條亦爲純正之職務犯與特別犯。行爲人必須是參與「刑事程序」、「非剝奪自由措施程序」、「罰鍰程序」或「公務員懲戒程序」之公務員。參與之公務員未必爲程序之主導者，亦可能爲程序之輔助者，如警察，但不包括鑑定人、證人或辯護人。

2. 本罪之行爲，是指「明知他人無罪或不應受刑事處罰，而使其受刑事追訴或處罰」。所謂不應受刑事處罰，包括：受追訴之人有阻卻違法事由或阻卻罪責事由，時效已經消滅，秩序違反行爲卻受到刑事追訴。甚至輕罪受到重罪之追訴，如明知竊盜行爲卻以強盜罪起訴，亦屬於濫權追訴。

3. 依第2項，執行「罰鍰程序」或「公務員懲戒程序」之公務員，明知不應受處罰而處罰，一樣處三月以上五年以下自由刑。

第345條　　違法執行刑罰罪

(1) 執行刑罰、剝奪他人自由之矯治或保安處分或行政管束之公務員，違法執行刑罰、執行剝奪他人自由之矯治或保安處分或行政管束者，處一年以上十年以下自由刑。情節較不嚴重者，處三月以上五年以下自由刑。

(2) 重大過失而犯前項之罪者，處一年以下自由刑或科罰金。

(3) 第1項以外執行刑罰或處分之公務員（第11條第1項第8款），違法執行刑罰或處分者，處三月以上五年以下自由刑。執行下列程序之公務員，違法執行者亦同：

1. 少年拘禁，

2. 違反秩序罰之罰鍰或附帶效果，

3. 法院於訴訟程序裁定之罰鍰或拘留，

4. 公務員懲戒處分、榮譽法庭或各專業紀律法庭所爲處分。

未遂犯罰之。

§ 345 Vollstreckung gegen Unschuldige

(1) Wer als Amtsträger, der zur Mitwirkung bei der Vollstreckung einer Freiheitsstrafe, einer freiheitsentziehenden Maßregel der Besserung und Sicherung oder einer behördlichen Verwahrung berufen ist, eine solche Strafe, Maßregel oder Verwahrung vollstreckt, obwohl sie nach dem Gesetz nicht vollstreckt werden darf, wird mit Freiheitsstrafe von einem Jahr bis zu zehn Jahren, in minder schweren Fällen mit Freiheitsstrafe von drei Monaten bis zu fünf Jahren bestraft.

(2) Handelt der Täter leichtfertig, so ist die Strafe Freiheitsstrafe bis zu einem Jahr oder Geldstrafe.

(3) Wer, abgesehen von den Fällen des Absatzes 1, als Amtsträger, der zur Mitwirkung bei der Vollstreckung einer Strafe oder einer Maßnahme (§ 11 Abs. 1 Nr. 8) berufen ist, eine Strafe oder Maßnahme vollstreckt, obwohl sie nach dem Gesetz nicht vollstreckt werden darf, wird mit Freiheitsstrafe von drei Monaten bis zu fünf Jahren bestraft. Ebenso wird bestraft, wer als

Amtsträger, der zur Mitwirkung bei der Vollstreckung

1. eines Jugendarrestes,

2. einer Geldbuße oder Nebenfolge nach dem Ordnungswidrigkeitenrecht,

3. eines Ordnungsgeldes oder einer Ordnungshaft oder

4. einer Disziplinarmaßnahme oder einer ehrengerichtlichen oder berufsgerichtlichen Maßnahme

berufen ist, eine solche Rechtsfolge vollstreckt, obwohl sie nach dem Gesetz nicht vollstreckt werden darf. Der Versuch ist strafbar.

解析

1. 本條為純正之職務犯。行為人必須為參與「刑罰或行政裁罰」之公務員。

2. 本條處罰之行為，為公務員知道並無執行處罰之條件，卻仍加以執行。

3. 行為人至少要有未必故意，方能依照故意犯處罰。重大過失而執行第1項所規定之刑罰、保安處分或行政管束，仍受處罰（第2項）。處罰重大過失，可以截堵行為人藉口缺乏故意而免受處罰。

第346條及第347條　　刪除

§ 346 und § 347　weggefallen

第348條　　公務員登載不實罪

(1) 執掌公文書處理之公務員，於其職務內不實登載法律上之重要事項，或不實登錄或輸入公共記載、書冊或資料，處五年以下自由刑或科罰金。

(2) 未遂犯，罰之。

§ 348　Falschbeurkundung im Amt

(1) Ein Amtsträger, der, zur Aufnahme öffentlicher Urkunden befugt, innerhalb seiner Zuständigkeit eine rechtlich erhebliche Tatsache falsch beurkundet oder in öffentliche Register, Bücher oder Dateien falsch einträgt oder eingibt, wird mit Freiheitsstrafe bis zu fünf Jahren oder mit Geldstrafe bestraft.

(2) Der Versuch ist strafbar.

1. 本罪之行為人，必須為負有權限處理公文書之公務員。
2. 行為方式，為職務上之虛偽登載。亦即，創造不實之公文書或登入不實之資訊。
3. 所謂「法律上之重要事項」，是指公文書之內容，對於任何人均具有「利或不利」之證明作用。

第349條及第351條　　刪除

§ 349 und § 351　weggefallen

第352條　　違法超收公務費用罪

(1) 因公務而收取費用或報酬之公務員、律師或其他法律輔助人，明知他人不需支付款項或僅需支付較低款項，而對他人收取過高費用、報酬者，處一年以下自由刑或科罰金。

(2) 未遂犯罰之。

§ 352　Gebührenüberhebung

(1) Ein Amtsträger, Anwalt oder sonstiger Rechtsbeistand, welcher Gebühren oder andere Vergütungen für amtliche Verrichtungen zu seinem Vorteil zu

erheben hat, wird, wenn er Gebühren oder Vergütungen erhebt, von denen er weiß, daß der Zahlende sie überhaupt nicht oder nur in geringerem Betrag schuldet, mit Freiheitsstrafe bis zu einem Jahr oder mit Geldstrafe bestraft.

(2) Der Versuch ist strafbar.

解析

1. 本條自1877年規定之後，內容未曾更改，只做文字上之重新編輯。本條保護之法益，爲受到不當徵收者之「財產」。

2. 本條爲純正之職務犯，特定之行爲人才可能成立本條之罪。這些人包括：公務員、律師或其他法律輔助人。

3. 本條處罰之行爲，爲前述之行爲人在職務上收取費用或報酬時，並無收取之理由而收取，或收取更高之費用與報酬。

第353條　　違法徵收與剋扣罪

(1) 收取租稅、公共事務費或爲國庫收受其他入款之公務員，不應徵收而徵收或僅須徵收較低額度，而提高額度，且未將所收款項提交國庫，或僅部分提交國庫，處三月以上五年以下自由刑。

(2) 公務員違法剋扣職務上應發給之款項或物品，並於帳上做出全部支付之登錄者，亦同。

§ 353 Abgabenüberhebung; Leistungskürzung

(1) Ein Amtsträger, der Steuern, Gebühren oder andere Abgaben für eine öffentliche Kasse zu erheben hat, wird, wenn er Abgaben, von denen er weiß, daß der Zahlende sie überhaupt nicht oder nur in geringerem Betrag schuldet, erhebt und das rechtswidrig Erhobene ganz oder zum Teil nicht zur Kasse bringt, mit Freiheitsstrafe von drei Monaten bis zu fünf Jahren bestraft.

(2) Ebenso wird bestraft, wer als Amtsträger bei amtlichen Ausgaben an Geld oder Naturalien dem Empfänger rechtswidrig Abzüge macht und die

Ausgaben als vollständig geleistet in Rechnung stellt.

1. 如同第352條，本條保護者爲受到違法剋扣者之「財產」。
2. 公務員才能成爲本條之行爲人，亦即，執掌收取租稅、公共事務費或其他國庫入款之公務員。
3. 行爲方式，爲不應該徵收而徵收，或提高額度而徵收，並且未將徵收之款項提交國庫。
4. 第2項規定，公務員在職務上應該發放之款項或物品，卻抑留不發給，並且在帳目上做出已經全數發放之記載，亦依照第1項處罰。

第353a條　　外交事務失信罪

(1) 代表聯邦德國與外國政府、國際聯盟或國際組織交往，而違反國家指令者或意圖使國家聯邦政府陷於錯誤，而作出與事實不符之報告或行爲者，處五年以下自由刑或罰金。
(2) 犯罪行爲，僅於聯邦政府授權下，始得追訴。

§ 353a Vertrauensbruch im auswärtigen Dienst

(1) Wer bei der Vertretung der Bundesrepublik Deutschland gegenüber einer fremden Regierung, einer Staatengemeinschaft oder einer zwischenstaatlichen Einrichtung einer amtlichen Anweisung zuwiderhandelt oder in der Absicht, die Bundesregierung irrezuleiten, unwahre Berichte tatsächlicher Art erstattet, wird mit Freiheitsstrafe bis zu fünf Jahren oder mit Geldstrafe bestraft.
(2) Die Tat wird nur mit Ermächtigung der Bundesregierung verfolgt.

1. 本條自從1876年訂定以來就沒有實用上之意義，而且爭議不斷。曾經

　　刪除，後來再度被規定。

2. 本條之保護法益，為聯邦德國之外交地位。

3. 行為人限於與外國政府或國際組織交涉之「聯邦德國外交官」。

4. 行為方式，為外交事務上之不實報告。

5. 本罪須德國政府授權（請求），才得以追訴。

第353b條　　侵害職務秘密或違背特別保密義務罪

(1) 下列人員，未經許可而公開其知悉之秘密，致生危害於重大公共利益者，處五年以下自由刑或科罰金。過失致危害於重大公共利益者，處一年以下自由刑或科罰金：

　　1. 公務員，

　　2. 對公共事務有特別義務者，

　　3. 依人事代理法賦有任務或職責者。

(2) 第1項之外，有下列情形，對於物件或消息任由他人獲知或予以公開，致危害於重大公共利益者，處三年以下自由刑或科罰金：

　　1. 依聯邦或各邦立法機關或各委員會之決議，負有保密義務者，

　　2. 經其他公務機關嚴正告知，違反保密義務負有刑責，並因而有保密義務之人。

(3) 未遂犯，罰之。

(3a)刑事訴訟法第53條第1項第5款所規定之人之從犯行為，若限定於接收、利用、公開秘密或物件，或對於消息負有特別保密義務，不違法。

(4) 本條之罪，僅於授權下始得追訴。授權由下列之人提起：

　　1. 由立法機關議長提起

　　　a)第1項情形，行為人於聯邦或各邦立法機構工作上得知秘密

　　　b)第2項第1款情形

　　2. 由最高聯邦行政機關提起

　　　a)第1項情形，行為人於聯邦機關或其他公務機關工作時獲知秘密

　　　b)第2項第2款情形，行為人因聯邦公務職位負有保密義務。

3. 其他符合第1項或第2項第2款之情形，由各邦最高行政機關提起。

§ 353b Verletzung des Dienstgeheimnisses und einer besonderen Geheimhaltungs-pflicht

(1) Wer ein Geheimnis, das ihm als

　　1. Amtsträger,

　　2. für den öffentlichen Dienst besonders Verpflichteten oder

　　3. Person, die Aufgaben oder Befugnisse nach dem Personalvertretungsrecht wahrnimmt,anvertraut worden oder sonst bekanntgeworden ist, unbefugt offenbart und dadurch wichtige öffentliche Interessen gefährdet, wird mit Freiheitsstrafe bis zu fünf Jahren oder mit Geldstrafe bestraft. Hat der Täter durch die Tat fahrlässig wichtige öffentliche Interessen gefährdet, so wird er mit Freiheitsstrafe bis zu einem Jahr oder mit Geldstrafe bestraft.

(2) Wer, abgesehen von den Fällen des Absatzes 1, unbefugt einen Gegenstand oder eine Nachricht, zu deren Geheimhaltung er

　　1. auf Grund des Beschlusses eines Gesetzgebungsorgans des Bundes oder eines Landes oder eines seiner Ausschüsse verpflichtet ist oder

　　2. von einer anderen amtlichen Stelle unter Hinweis auf die Strafbarkeit der Verletzung der Geheimhaltungspflicht förmlich verpflichtet worden ist,an einen anderen gelangen läßt oder öffentlich bekanntmacht und dadurch wichtige öffentliche Interessen gefährdet, wird mit Freiheitsstrafe bis zu drei Jahren oder mit Geldstrafe bestraft.

(3) Der Versuch ist strafbar.

(3a)Beihilfehandlungen einer in § 53 Absatz 1 Satz 1 Nummer 5 der Strafprozessordnung genannten Person sind nicht rechtswidrig, wenn sie sich auf die Entgegennahme, Auswertung oder Veröffentlichung des Geheimnisses oder des Gegenstandes oder der Nachricht, zu deren Geheimhaltung eine besondere Verpflichtung besteht, beschränken.

(4) Die Tat wird nur mit Ermächtigung verfolgt. Die Ermächtigung wird erteilt

　　1. von dem Präsidenten des Gesetzgebungsorgans

a) in den Fällen des Absatzes 1, wenn dem Täter das Geheimnis während seiner Tätigkeit bei einem oder für ein Gesetzgebungsorgan des Bundes oder eines Landes bekanntgeworden ist,

b) in den Fällen des Absatzes 2 Nr. 1;

2. von der obersten Bundesbehörde

a) in den Fällen des Absatzes 1, wenn dem Täter das Geheimnis während seiner Tätigkeit sonst bei einer oder für eine Behörde oder bei einer anderen amtlichen Stelle des Bundes oder für eine solche Stelle bekanntgeworden ist,

b) in den Fällen des Absatzes 2 Nr. 2, wenn der Täter von einer amtlichen Stelle des Bundes verpflichtet worden ist;

3. von der obersten Landesbehörde in allen übrigen Fällen der Absätze 1 und 2 Nr. 2.

解析

1. 本條於2012年，由原來之第353b條與第353c條合併而成。重點是新增第3a項，主要目的是，強化刑法或刑事程序法上之新聞報導自由，給予媒體特殊之阻卻違法事由。這個從犯行為，不包括教唆（教唆行為不能阻卻違法）。

2. 本條不僅保護公務上之秘密、公務上秘密之物件與消息，亦保護人民對於公務或其他公職之守密信賴。

3. 第1項處罰之行為，為未經授權而公開秘密。第2項之處罰行為，為向未經授權之人告知公務上之物件或秘密，或公開週知。

4. 本罪行為須引發具體之危險結果，亦即造成公共利益之損失（Nachteil）。

5. 本罪須得到授權（請求），才能予以追訴。提出授權之人，依洩密之狀況而不同。可以授權之人分別為聯邦議會議長、聯邦最高行政首長、各邦最高行政首長。

第353c條　　刪除

§ 353c weggefallen

第353d條　　違背法院審理之法定禁止公開罪

下列行為，處一年以下自由刑或罰金：

1. 法院非公開之審理，或法院審理中相關事實之公文書，法律禁止公開而予以公開，
2. 於非公開法院審理獲知之事項或該事項有關之公文書，法院基於法律規定諭知保密義務，而予以公開，
3. 在公開審理前或訴訟程序尚未終結，將起訴書或刑事訴訟程序、罰鍰程序或懲戒程序之公文書，將全部或部分重要內容以文字公開。

§ 353d Verbotene Mitteilungen über Gerichtsverhandlungen

Mit Freiheitsstrafe bis zu einem Jahr oder mit Geldstrafe wird bestraft, wer

1. entgegen einem gesetzlichen Verbot über eine Gerichtsverhandlung, bei der die Öffentlichkeit ausgeschlossen war, oder über den Inhalt eines die Sache betreffenden amtlichen Dokuments öffentlich eine Mitteilung macht,
2. entgegen einer vom Gericht auf Grund eines Gesetzes auferlegten Schweigepflicht Tatsachen unbefugt offenbart, die durch eine nichtöffentliche Gerichtsverhandlung oder durch ein die Sache betreffendes amtliches Dokument zu seiner Kenntnis gelangt sind, oder
3. die Anklageschrift oder andere amtliche Dokumente eines Strafverfahrens, eines Bußgeldverfahrens oder eines Disziplinarverfahrens, ganz oder in wesentlichen Teilen, im Wortlaut öffentlich mitteilt, bevor sie in öffentlicher Verhandlung erörtert worden sind oder das Verfahren abgeschlossen ist.

1. 本條處罰者，為法院之「非公開審理程序」應該守密之事項，而予以公開。
2. 第1款僅有抽象之規定，公開法律所禁止之「非公開審理」之內容，或對於「非公開審理」之相關公文書予以公開，即受處罰。
3. 第2款規定，法院針對「非公開之審理」，諭知在場之一切人守密義務，行為人違反此項諭知而加以公開，即受處罰。
4. 第3款規定，「起訴書」或「刑事訴訟程序、罰鍰程序或懲戒程序」之公文書，在公開審理前或訴訟程序尚未終結前，不得公開，卻予以公開，即受處罰。

第354條　　刪除

§ 354　weggefallen

第355條　　侵害稅務秘密罪

(1) 下列情形，未經授權而公開或利用，處二年以下自由刑或科罰金：
　　1. 公務員知悉他人之資訊秘密而有下列情形：
　　　a. 於稅務案件中之行政程序、審計查核程序或法院審理程序
　　　b. 稅務犯罪之刑事程序或違反稅務秩序之罰鍰程序
　　　c. 從財政機關之通知中、法定課稅單中或相關課稅證明中
　　2. 公務員於前款所列情形，獲悉他人營業或商業秘密。
　　行為人因第1項第1款所指之程序而獲悉他人關係或營業秘密，視為公務員獲悉他人秘密。
(2) 下列之人，視為前項公務員：
　　1. 公務上負有特別義務者，
　　2. 公務上邀請之鑑定人，
　　3. 擔任教會或公法上其他宗教團體之公務執行者。

(3) 本罪未經行爲人之上級長官或被害人提出告訴，不得追訴。公務上邀請之鑑定人犯本罪，除被害人有告訴權外，涉及該事件程序之機關首長亦有告訴權。

§ 355 Verletzung des Steuergeheimnisses

(1) Wer unbefugt

  1. Verhältnisse eines anderen, die ihm als Amtsträger

      a) in einem Verwaltungsverfahren, einem Rechnungsprüfungsverfahren oder einem gerichtlichen Verfahren in Steuersachen,

      b) in einem Strafverfahren wegen einer Steuerstraftat oder in einem Bußgeldverfahren wegen einer Steuerordnungswidrigkeit,

      c) aus anderem Anlass durch Mitteilung einer Finanzbehörde oder durch die gesetzlich vorgeschriebene Vorlage eines Steuerbescheids oder einer Bescheinigung über die bei der Besteuerung getroffenen Feststellungen

      bekannt geworden sind, oder

  2. ein fremdes Betriebs- oder Geschäftsgeheimnis, das ihm als Amtsträger in einem der in Nummer 1 genannten Verfahren bekannt geworden ist,

  offenbart oder verwertet, wird mit Freiheitsstrafe bis zu zwei Jahren oder mit Geldstrafe bestraft. Verhältnisse eines anderen oder ein fremdes Betriebs- oder Geschäftsgeheimnis sind dem Täter auch dann als Amtsträger in einem in Satz 1 Nummer 1 genannten Verfahren bekannt geworden, wenn sie sich aus Daten ergeben, zu denen er Zugang hatte und die er unbefugt abgerufen hat.

(2) Den Amtsträgern im Sinne des Absatzes 1 stehen gleich

  1. die für den öffentlichen Dienst besonders Verpflichteten,

  2. amtlich zugezogene Sachverständige und

  3. die Träger von Ämtern der Kirchen und anderen Religionsgesellschaften des öffentlichen Rechts.

(3) Die Tat wird nur auf Antrag des Dienstvorgesetzten oder des Verletzten

verfolgt. Bei Taten amtlich zugezogener Sachverständiger ist der Leiter der Behörde, deren Verfahren betroffen ist, neben dem Verletzten antragsberechtigt.

解析

1. 本條保護稅務義務之秘密，同時保護合乎事實之稅務申報。
2. 本罪屬於特別犯，但並非租稅犯。本罪之行為人，包括公務員、公共事務上負有特別義務之人、公務上受到召請之鑑定人、承擔教會公務之人、其他公法上宗教協會之公務承擔者。
3. 本罪之行為方式，為公開或利用特定之事實情況，主要是他人之稅務相關秘密資訊。
4. 本罪須告訴乃論。關於告訴權人，主要是行為人之上級長官與被害人。

第356條　　訴訟代理人之背信罪

(1) 律師或其他法律輔佐人，於受委任之同一法律案件，違背義務向雙方當事人提供諮詢或協助，處三月以上五年以下自由刑。
(2) 得對造當事人同意，損害自己當事人之利益，而有前項行為，處一年以上五年以下自由刑。

§ 356 Parteiverrat

(1) Ein Anwalt oder ein anderer Rechtsbeistand, welcher bei den ihm in dieser Eigenschaft anvertrauten Angelegenheiten in derselben Rechtssache beiden Parteien durch Rat oder Beistand pflichtwidrig dient, wird mit Freiheitsstrafe von drei Monaten bis zu fünf Jahren bestraft.
(2) Handelt derselbe im Einverständnis mit der Gegenpartei zum Nachteil seiner Partei, so tritt Freiheitsstrafe von einem Jahr bis zu fünf Jahren ein.

解析

1. 本條保護之法益，爲委任律師之當事人之法律利益，以及司法實務上律師之眾望。

2. 本條爲抽象危險犯，背信犯及特別犯。行爲人主要爲律師，亦可能爲其他法律輔佐人。如得到許可爲被告擔任辯護人之大學法律教師，租稅案件上受財政機關請求協助之會計師、稅務專家、簿記專家。

3. 依照通說，破產程序中之破產管理人，即使具有律師身分，亦不屬於本條之法律輔佐人。

4. 本條處罰之行爲方式，爲針對同一個受委任之法律案件，律師或其他輔佐人違背義務，向雙方當事人提供諮詢。

5. 第2項規定，針對同一個法律案件，獲得他造當事人之同意，以損害自己當事人爲目的，同時提供雙方當事人諮詢，處罰更重。

第357條　誘使下屬犯罪

(1) 上級長官誘使或試圖誘使部屬從事公務上之違法行爲，或放任部屬從事公務上之違法行爲，依其引誘或容忍之違法行爲處罰。

(2) 負有監督或考核職責之公務員，參與受監督或受考核公務員之違法行爲，適用第1款之規定。

§ 357 Verleitung eines Untergebenen zu einer Straftat

(1) Ein Vorgesetzter, welcher seine Untergebenen zu einer rechtswidrigen Tat im Amt verleitet oder zu verleiten unternimmt oder eine solche rechtswidrige Tat seiner Untergebenen geschehen läßt, hat die für diese rechtswidrige Tat angedrohte Strafe verwirkt.

(2) Dieselbe Bestimmung findet auf einen Amtsträger Anwendung, welchem eine Aufsicht oder Kontrolle über die Dienstgeschäfte eines anderen Amtsträgers übertragen ist, sofern die von diesem letzteren Amtsträger begangene rechtswidrige Tat die zur Aufsicht oder Kontrolle gehörenden Geschäfte betrifft.

1. 本條處罰長官「參與」部屬之公務上違法行為，包括成功或失敗之「教唆或幫助」，各依參與（誘使）之違法行為處罰。本條因而排除刑法第25條共同正犯之規定。
2. 本條處罰長官參與（誘使）部屬從事違法行為，如長官自己從事違法行為，即為正犯，與本條無關。
3. 本條處罰之長官，第1項為公務上之長官，第2項則為監督公務員。
4. 本條處罰之行為方式，為故意之誘使與試圖誘使（包括未遂）實施違法行為。
5. 本條處罰之行為方式，亦包括放任（Geschehenlassen），容忍已經發生之事情繼續。行為人必須有職責阻止違法行為之進行，方能成立本罪。

第358條　　附隨效果

第332條、第335條、第339條、第340條、第343條、第344條、第345條第1項及第3項、第348條、第352條至第353b條第1項、第355條及第357條之規定，除科以六月以上自由刑外，法院得宣告剝奪行為人擔任公職之資格（第45條第2項）。

§ 358 Nebenfolgen

Neben einer Freiheitsstrafe von mindestens sechs Monaten wegen einer Straftat nach den §§ 332, 335, 339, 340, 343, 344, 345 Abs. 1 und 3, §§ 348, 352 bis 353b Abs. 1, §§ 355 und 357 kann das Gericht die Fähigkeit, öffentliche Ämter zu bekleiden (§ 45 Abs. 2), aberkennen.

---

1. 犯本條所規定之各罪者，除處六月以上自由刑之外，法院得宣告剝奪擔任公職之資格。這是指，依照第45條第2項所宣告之從屬法律效果（Nebenfolgen）。

2. 依照第45條第2項，如德國刑法有特別規定者，法院得對於受判決人宣告二至五年之擔任公職之資格，或擔任公職候選人之資格。
3. 本條（第358條）即是第45條第2項所指之特別規定。但是，本條所定之剝奪內容，不包括擔任公職候選人之資格。

國家圖書館出版品預行編目資料

德國刑法翻譯與解析／甘添貴總主編. －－初
版. －－臺北市：五南，2018.03
　面；　公分
ISBN 978-957-11-9501-8（平裝）
1.刑法　2.德國
585.943　　　　　　　　　　106021649

1T45

德國刑法翻譯與解析

總 主 編 ― 甘添貴

主　　 編 ― 林東茂

副 主 編 ― 王皇玉、張麗卿

發 行 人 ― 楊榮川

總 經 理 ― 楊士清

副總編輯 ― 劉靜芬

責任編輯 ― 高丞嫻

出 版 者 ― 五南圖書出版股份有限公司

地　　址：106台北市大安區和平東路二段339號4樓

電　　話：(02)2705-5066　　傳　　真：(02)2706-6100

網　　址：http://www.wunan.com.tw

電子郵件：wunan@wunan.com.tw

劃撥帳號：01068953

戶　　名：五南圖書出版股份有限公司

法律顧問　林勝安律師事務所　林勝安律師

出版日期　2018年 3 月初版一刷

定　　價　新臺幣850元